木下　良著

日本古代道路の復原的研究

吉川弘文館

目　次

挿図目次

序　章

一　誤解されていた日本の古代道

筆者が始めて古代道路の調査を始めた一九七二年当時の日本の古代道路についての一般的な考えは、自然発生的な踏み分け道をいくぶん拡幅整備した、道幅も一～二メートル程度の曲折の多い小道であったろうというものであった。例えば、当時古代交通についての代表的な研究者であった田名網宏[1]は「古代では、都とその近傍をのぞく七道諸国の道路は、歩行と馬行を前提として作られ、その道路の幅は二メートル程度で事たりた。江戸時代の五街道の場合でも、大名の行列が最大なものであったから、せいぜい二列横（縦カ）隊の歩行でよく、現在わずかに残る旧五街道によってその規模は知られる。これが、交通機関に相応した日本の前近代の道路であり、それが永い間、日本の道路を性格づけてきた」と述べている。

世界的古代道路としては紀元前三世紀に始まったローマ道が直線的路線をとって計画的に敷設されていたことはよく知られていたが、当然日本の古代道路とは全く異質のものであると考えられていた。すなわち、古代史学の第一人者で古代駅制研究の先駆者として知られる坂本太郎[2]は、「西洋人と日本人とは道に対する考え方がかなり変っている。西洋人は道の機能をきわめて大切に考える。都市を作るにしてもまず道路を造る。坦々たる広野の中にも、険峻な山の中にも、道だけは完全に整備されたものが通じている」「日本では人が住み部落ができてから、隣に行き、町に行くために、道を作る。必要に応じて作られたのだから、計画性がなく、紆余曲折という形になる」「ローマン・ロードは至る所に遺跡が存在しているらしいが、これを日本にあてはめることはできない。道そのものに対する観念がちがう上に、道の造り方がまるでちがうのだから、古道の保存は難中の難である」と記している。

また歴史地理学の立場から古代道路の復原的研究を推進した藤岡謙二郎[3]も、「先史時代の踏分道から除々に発達し、整備され、もともと自然発生的であった人類及び彼等が生産する物資の自由な通路であったものが、のちに次第に統制が加えられ、道路の中にも特殊な機能が賦与され、やがて中近世にもなるとはじめて何々街道という名称で呼ばれるに到ったものと考えて差し支えないようである」と述べている。

このような日本の古代道についての既成概念は何に基づくものであろうか。坂本は計画性に乏しいとする日本人の国民性を挙げているが、藤原京に始まり平安京に至る古代都城は世界の何処にも見られないほどに計画的であったし、また全国的に普及していた条里制の施行に見られる、整々の方格地割も世界に類のないものであったことからみれば、古代の日本人が計画性に乏しかったとは思われない。一方、ヨーロッパでも中世起源の都市などはその道路は狭くて迷路的で、国内の幹線道路もきわめて劣悪なものだったらしい[4]から、西洋人も何時でも坂本が言うように計画的であったわけではない。

古代日本は律令を始めとする中国の制度を導入し、中央集権的国家体制を作り上げたので、道路造りも中国に倣ったはずである。中国では早くから「周道砥の如し、矢の如し[5]」といわれているように、古くから道路はよく整備されていた。特に、紀元前三世紀に中国を統一した秦は、皇帝の巡察道路として馳道と呼ばれる幅五〇歩（約七〇メートル）の大道を全国的に建設している[6]。推古天皇一五年（六〇七）遣隋使が派遣された当時、隋の皇帝は大運河を造ったことで知られる煬帝《ようだい》であったが、彼は道路の整備にも力をそそぎ、幅一〇〇歩（約一五〇メートル）という御道を造っている[7]。このような大道を通り、或いはその建設を目の当りにしたかも知れない遣隋使の一行は、中央集権国家の建設には道路網の整備が必要であることを痛感したことであろう。

翌一六年、遣隋使の帰国に同行して来朝した隋使裴世清が飛鳥に入京した際に、海石榴市《つばきいち》で迎えられているが、同地は飛鳥の東北に位置し、西北方にある上陸地の難波からの順路としては不適当である。このことについて、岸俊男(8)は当時の日本には外使を迎えるような道路が未だ整備されていなかったので、大和川の水運を利用したのであろうと解している。その後、『日本書紀』推古天皇二一年（六一三）一一月条に「自二難波一至レ京置二大道一」と見えるのが、おそらく最初の計画道路敷設を示すと考えられ、先ず外国の使者が通る上陸地から都までの道路が整備されたのであろう。その後も、例えば白雉四年（六五三）に百済・新羅使の入貢に際して「脩二治処処大道一」とあるので、外使の入朝などを機会に七世紀前半代頃から畿内各地に計画的道路造りが推進されたものと考えられる。

ユーラシア大陸の東西でほぼ同じ頃に秦とローマという古代国家が栄え、いずれも計画的道路網を形成していたことになるが、また旧大陸とは全く無関係に一五世紀になってから最盛期を迎えた新大陸のインカ帝国でも計画的道路網が整備されていた(9)。すなわち、世界史的に見て、中央集権的国家体制をとる古代国家ではどこでも共通して計画的道路網の整備を必要としたのであって、古代日本もその一環をなしたものであった。

その道路も中世の封建社会に入ると荒廃してしまったので、かつての計画的大道の存在は忘れ去られたのである。インカ帝国を征服したスペイン人は、インカの整備された道路網に驚嘆したというが(10)、スペインでもローマ時代にはローマ道が通っていた。ヨーロッパでも何時の時代も道路が整備されていたわけではなく、ヘルマン・シュライバー『道の文化史』(11)にも書かれているように、中世は極めて悪路になっていた。

中国でも近世から近代初期の道路は日本以上の悪路であったから、史上に見える大道の存在を疑問視する傾向があった。例えば、馳道の広さ五〇歩は五〇尺の誤記ではないかとする解釈が行われていた(12)。馳道の遺構は確認されていないが、始皇帝が匈奴に対する軍用道路として将軍蒙恬に造らせた直道は、陝西省と甘粛省の境界となっている山脈の子午嶺で、『史記』に「塹山堙谷」（山を塹《ほ》り谷を堙《ふさ》ぎ）と記されるように、山を切り通して窪地には版築で盛り土をした状況が認められ、道幅も山上で四〇～五〇メートルはあるというので、[13] 馳道の幅五〇歩も文字通りに受け取るべきであろう。後世の道路の状況から見て古代の道路を推測することはできないのである。

思うに、田名網が「江戸時代の五街道」を引き合いに出しているように、また藤岡が言っているように、道路は時代を追って発達するものという既成概念があって、江戸時代の道路でもこのようなものであったから、それから千年も以前の道路はおよそ想像がつくと考えられていたのであろう。

註

（1）田名網宏『古代の交通』（日本歴史叢書24）、吉川弘文館、一九六九年。
（2）坂本太郎「「歴史の道」随想」『文化庁月報』一一一、一九七七年。
（3）藤岡謙二郎『都市と交通路の歴史地理学的研究』大明堂、一九六〇年。
（4）ヘルマン・シュライバー・関楠生訳『道の文化史―一つの交響曲―』岩波書店、一九六二年。
（5）『詩経』小雅・谷風之什に「周道如砥如矢」と見える。
（6）中国公路交通史編審委員会編『中国公路史』第一冊、人民交通出版社、一九九〇年、一〇頁。同三四頁。
（7）前掲註(6)。
（8）岸俊男「大和の古道」橿原考古学研究所編『日本古代文化論攷』吉川弘文館、一九七〇年『日本古代宮都の研究』岩波書店、一九八八年、所収。
（9）梅原隆治「インカ古道に関する一考察」『論叢』二二、関西学院高等学校、一九七六年。
（10）梅原隆治「インカの古道」（講座考古地理学四『歴史的都市』学生社、一九八五年、による。）
（11）前掲註(4)。
（12）ジョセフ・ニーダム『中国の科学と文明』一〇、思索社、一九七九年。
（13）陝西省交通史編写委員会編『陝西古代道路交通史』人民交通出版社、一九八九年。

二　計画的古代直線道路の検出

前述したように、ローマ道を典型とする世界の古代道路は直線的路線をとって計画的に敷設されていたが、日本でも同様の道路遺構が存在する。

奈良盆地を南北に直線的に通る上ツ道・中ツ道・下ツ道の三本の平行道と、これに直交して東西に直線に通る横大路の存在は早くから知られていた。特に、下ツ道が平城京の朱雀大路の延長線上にあり、奈良盆地の条里を東西に二分する基準線になっていることは、既に幕末の嘉永（一八四八～五四）年間に北浦定政(1)が「(大和の)国中にわたり里は大道の東西に立ちわかれて何里と云」と指摘しており、これに従って明治末年に関野貞(2)が路東条里・路西条里の名称を付したところである。

さらに、一九四二年に田村吉永(3)は、下ツ道の左右に接する条里の坪が東西に広く、両方を合わせると約一五丈（約四五メートル）の余剰を生じることを認めて、これを下ツ道の本来の道幅であるとした。同様に横大路は約一〇丈（約三〇メートル）の道幅があったとしている。一九七〇年に秋山日出雄(4)は、両道共に三五メートルとして換算値一〇丈の幅としているが、千田稔(5)の計測によれば両道共に四二・五メートルで、高麗尺の一二〇尺に当たるとしている。なお、秋山は下ツ道に沿って寺川が流れることから、この幅は主としてその河川敷であったと解して、寺川を斉明紀に見える「狂心《たぶれごころ》の渠《みぞ》」に比定し、下ツ道はその堤防上の道路と考えているが、横大路の幅については特に説明を加えてはいない。

また、一九七〇年に岸俊男(6)は、藤原京の京域は中ツ道・下ツ道と横大路とを基準に設定され、また平城京も下ツ道を中軸に中ツ道を東の京極として設定されたと見られることを述べ、大阪平野でも長尾街道と竹ノ内街道とは元来は平行して東西に通る計画道路であったとして、前者が大津道、後者を丹比《たじひ》道とそれぞれ『日本書紀』に見える古道に比定し、また難波京の朱雀大路《すざくおおじ》を延長して両道に直交する「大道」の存在を指摘し、これを難波大道と仮称した。

また同年、足利健亮(7)は恭仁京の京域を想定し、その右京の中央を通る「作り道」の地名を残す古道の痕跡を認め、恭仁《くに》京も計画道路を基準に設定されたことを指摘し、さらに摂津・河内・和泉・近江など、畿内とその周辺地域において直線的に通る計画古道の路線の一部を復原した。

しかし、このような計画古道が全国的に存在するという認識が直ちには生まれなかったのは、律令制の展開は畿内を中心に行われても、必ずしも地方には十分に浸透しなかったのではないかとの考えが歴史学者の間には根強いものがあったからである。したがって、一九七二年に藤岡謙二郎を中心にして、二四名の歴史地理学研究者が分担して全国の古代駅路の調査(8)を実施した際にも、前に畿内とその周辺で直線的計画道路の存在を指摘した足利健亮が同様の計画道路の存在を意識して、備前・備中・備後三国の山陽道を調査したことを除けば、あまり留意されていなかった。

たまたま、この調査の過程で金坂清則(9)が担当した上野・下野両国の東山道や、筆者(10)が分担した肥前・肥後両国の西海道などで、駅路の想定線が空中写真や地形図に明瞭な直線の痕跡を残し、さらに現地調査によって切通しなどの道路状遺構も存在することが判明した。これらの遺構によれば、道幅も場所によっては一〇メートルを越える大道であったと考えられる状態であった。以来、この成果に基づいて他の国々の駅路についても再検討が行われるようになると、全国的に同様の直線的古代道の路線が次々に検出されることとなった。

以上によって、従来考えられていたような道路発達の概念とは全く異なる事実が判明した。すなわち、古代道路は精密な路線測量に基づいて土木工事を施して計画的に造成された大道であったが、その道筋は後世に継承されることなく廃道になった部分が多いということである。たしかに、日本の道路の歴史には自然発生の道路が主体を占めており、原始時代の踏み分け道と近世の街道との間には共通した性格が認められるが、この間にあって全く異質な古代計画道路が敷設されたものの、律令国家体制の崩壊と共に存在意義を失って廃道になり、一部を除いて殆どの部分は再び利用されることはなかったのである。

さらに、一九七五年に服部昌之は、[11]大阪平野には前記の推定大津道・丹比道の他にも、近世に八尾《やお》街道と呼ばれた東西に通る直線道路があることを指摘し、これを雄略天皇一四年（五世紀後半に比定）に見える「磯歯津道《しはつみち》」[12]に比定した。また、これらの諸道は南北に通る難波大道と直角に交差するが、摂津・河内・和泉の国境がこれらの直線道路に沿って階段状に屈折することから、計画古道が行政区画としても利用されたことを指摘した。また、奈良盆地では計画古道が郡界になっていることが多いことも指摘している。[13]昭和四七年の調査でも足利健亮[14]などが、古代道路が直線の現在の市町村界また大字界になっていることが多いことを指摘しているが、道路が国・郡・郷（里）の境界になることが多く、それが後世に踏襲されて現在に至っていることになる。

以上によれば、直線的古代計画道路は都城の設置、条里の施行、行政界など、古代的地域計画の基準線としての役割をも果たしていたことになる。足利健亮[15]は諸国国分寺が駅路に沿うことが多いことを指摘しているが、その後の研究成果によれば国府も多く駅路の分岐点に位置し、[16]駅路が通る郡の郡家も駅路に沿っていることが多い。

註

（1）註(2)関野論文に紹介されている。
（2）関野貞「平城京及び大内裏考」『東京帝国大学紀要工科』三、一九〇八年。
（3）田村吉永「大和の上中下道及び横大路に就いて」『大和志』九―五、一九四二年。
（4）秋山日出雄「条里制の施行起源」橿原考古学研究所編『日本古文化論攷』吉川弘文館、一九七〇年。
（5）千田稔「畿内―古代的地域計画との関係を主にして―」木下良編『古代を考える　古代道路』吉川弘文館、一九九六年。
（6）岸俊男「飛鳥から平城へ」坪井清足・岸俊男編『古代の日本』5近畿、角川書店、一九七〇年。『日本古代宮都の研究』岩波書店、一九八八年、所収。

(7) 足利健亮「恭仁京の京極および和泉・近江の古道に関する若干の覚え書き」『社会科学論集』創刊号、大阪府立大学教養部、一九七三年。『日本古代地理研究』大明堂、一九八五年、所収。
(8) 藤岡謙二郎編『古代日本の交通路』Ⅰ～Ⅳ、大明堂一九七八・九年。
(9) 金坂清則「上野国」「下野国」『古代日本の交通路』Ⅱ、一九七八年所収。
(10) 木下良「肥前国」「肥後国」『古代日本の交通路』Ⅳ、一九七九年所収。
(11) 服部昌之「古代における直線国境について」『歴史地理学紀要』一七、歴史地理学会、一九七五年。『律令国家の歴史地理学的研究』大明堂、一九八三年、所収。
(12) 五世紀代に計画的直線道路が敷設されたとは思われないから、磯歯津道そのものではなく、直線道路はその後身であろう。
(13) 前掲註(11)、『律令国家の歴史地理学的研究』。
(14) 足利健亮「備前国」「備中国」「備後国」藤岡謙二郎編『古代日本の交通路』Ⅲ、大明堂、一九七八年。『日本古代地理研究』大明堂、一九八五年、所収。
(15) 前掲註(14)『日本古代地理研究』四四七頁。
(16) 木下良「国府の「十字街」について」『歴史地理学紀要』一九、歴史地理学会、一九七七年。

三　古代道路の発掘

都城の街路は別として、地方における古代道路の発掘は、一九七〇年に大阪府高槻市で検出された山陽道駅路(1)が最初であろう。これは、淀川右岸の条里地割に斜行して摂津国嶋上郡家の前面を通る部分であるが、両側溝を備える石敷道路で、九世紀後半頃を境にして道幅が一〇～一三メートルから五～六メートルに狭められているという重要な事実も判明していたが、当時は古代道路についての一般的関心が乏しかったこともあって、その道路幅も郡家の前面で特別に広くなっているのだろうとして、特に注目されることもなかった。

しかし、一九七九年に群馬県高崎市内で金坂が想定した上野国の東山道駅路が発掘されたのを皮切りに、数カ所で調査された結果、両側溝間の心々幅約六メートルの道路が検出され、その一部が九世紀第3四半期の竪穴住居を切っていることから、九世紀後半以降の成立であることが判明したので、『延喜式』駅路には当たるとしても奈良時代には遡らないことが明確になった。[2]

また、一九八〇年代に入ると東京都国分寺市と府中市で宝亀二年（七七一）年以前の東山道武蔵路に当る幅約一二メートルの道路遺構[3]が次々に発掘され、さらに一九九〇年に埼玉県所沢市東の上遺跡[4]で同様の道路遺構が検出されたので、上野国邑楽郡から五ケ駅を経由して武蔵国に向かう駅路の路線を、従来は下総国北部を経由するとする『日本地理志料』以来の説を採ってきた埼玉県関係者の想定は全く否定され、西部から直接埼玉県域に入って武蔵野台地を南下したとする『大日本地名辞書』の説が正しいことを示すことになった。また、五ケ駅については固有の駅名と解する説と、武蔵路の駅数と解する説とがあったが、駅数を言う場合には「五驛」とすべきであるから、これは駅名であるとする田名網宏説[5]に従って、足利健亮[6]や金坂清則[7]は群馬県千代田町上五箇に当てたが、柏瀬順一[8]は駅数を言う場合に「箇」を付ける史料もあることを例証して、この場合は駅数と解すべきことを述べた。

さらに、平城京内長屋王邸出土木簡[9]に「武蔵國□□郡宅□驛菱子一斗五升」「霊亀三年十月」（七一七）と記した木簡が出土したので、その郡名と駅名及びその所在地が問題になった。従来知られなかった駅名であるから、武蔵路の駅になる可能性が高いが、菱の実を産しているから武蔵野台地上でないことは確実である。そこで木本雅康[10]は宅□駅を幡羅郡域に入る利根川渡河点の南岸に比定して、武蔵路の路線と五駅の位置をそれぞれ想定した。以上の想定には考古学による武蔵路の発掘成果、考古学と文献史学の共同作業による木簡解読の結果、文献史学による「五ケ駅」の解釈など、諸学の成果の上に立って歴史地理的な調査を行なったものである。

その後、一九九〇年に群馬県堺町（現在、伊勢崎市）矢ノ原遺跡で幅一三メートルの道路遺構が発掘され、八世紀末には廃道になったと見られる状況が認められた。前記の高崎・前橋間の道路遺構との間には時間的に若干の空白期があるが、新田町（現在、太田市）でも矢ノ原遺跡の延長上に同様の道路遺構が複数箇所検出されたので、これらは奈良時代の東山道駅路に当たると考えられ、奈良時代の駅路は上野国府を通らなかったが、平安時代に入ってから国府経由の路線に変更されたと考えられるに至った(11)。さらに、新田町（現太田市）の下新田遺跡(12)で前記奈良時代の道路とは別にほぼ東西方向に通る幅約一二メートルの直線道路が検出され、西方でやや北西に曲がるがその延長は不明である。この道路は八世紀後半に比定されるので、前記一三メートルの道路以後『延喜式』駅路以前の東山道駅路になる可能性が高い。

また、群馬県では一九八九年に駅路の通過地には当たらない藤岡市上栗須《かみくりす》で、八世紀末には機能を失ったと見られる、両側溝間の心々幅約六メートルの道路も発掘されており(13)、その進行方向は多胡碑があって多胡郡家の所在地と見られる吉井町御門《みかど》を指向していると見られるので、郡家間を繋ぐ道路に当たる可能性が考えられた。

また、金坂が下野国新田駅に想定した栃木県那須郡南那須町（現在、那須烏山市）厩久保《うまやくぼ》は、将軍道と呼ばれて源義家が通った奥州道という伝承がある直線道路に沿っているので、将軍道は東山道駅路を継承するものとしたが、その一部が一九八八～八九年に発掘調査(14)された結果、八世紀から一〇世紀に至る道路遺構が検出され、九世紀前半当時の道幅は約六メートルであるが、八世紀代にはより広かったと見られる状態が認められた。その後、栃木県内では幅一二メートル以上の道路遺構が数多く検出され、下野国府以遠の東山道駅路の路線はほぼ明確になっている(15)。

筆者が西海道肥前路に想定した佐賀平野を約一六キロ一直線に通る道路状痕跡も、昭和六二年（一九八七）に吉野ヶ里遺跡(16)の調査や神埼町の圃場整備に伴う調査(17)などによって、奈良時代に機能した道路遺構であることが確認されたが、道路幅は九～一七メートルと不定であった。その後も吉野ヶ里遺跡の東方約一キロに在って大規模な切通し遺構のある鳥ノ隈《とりのくま》台地から、肥前国府南面に至る約一〇キロの間の数カ所で確認調査(18)が実施された結果、少なくともこの区間においては大規模な古代道路の遺構であることが明確にされた。

また、二〇〇六年には兵庫県和田山町（現在、朝来市）加都《かつ》遺跡[19]で幅約八メートルの道路遺構が延長約三五〇メートルにわたって検出され、この道路の直線区間は約六〇〇メートルに及ぶと考えられた。その方向から但馬国朝来郡と播磨国を結ぶ山陰・山陽両道連絡路と考えられているが、このような道路の存在を記す文献は全く知られない。

以上のような発掘結果によって、歴史地理学的調査によって想定された直線道路は、まさしく古代道路であることが確認され、一方文献に見られない未知路線の道路の存在も知られるようになり、また奈良時代と平安時代とで駅路路線が変更された所もあることが判明した。

駅路の通過地ではない未知の道路の中には郡家などを繫ぐ地方的な道路と考えられるものがあり、これらも両側溝を備えて道幅は心々六メートル前後であるが、その多くは八世紀末に廃道になっている。筆者[20]はこれらの地方的道路を伝制に関して郡家間を連絡する道路と解して伝路の名称で呼ぶことにした。奈良時代の駅路は一二メートルまたは九メートルの道幅のことが多いが、平安時代に新設された駅路は六メートル前後の道幅を示し、また奈良時代には広かった道路が平安時代に入って道幅が狭められることもしばしば認められている。

これまで、関東地方における東山道と、九州北部における西海道で発掘調査の進展が見られるが、現在では全国的に七道の全てで古代道路が確認されてはいるものの、諸道によってかなりの差異がある。

一方、山陽道では駅が瓦葺であったことから駅跡が瓦の出土によって想定され、安芸国安芸駅想定地の広島県府中町下岡田遺跡[21]の調査を始めとして駅跡の発掘が駅路の発掘に先行し、またこれらの瓦出土地を結ぶことによって駅路の想定も行われるようになった。

註

（1）田代克巳「西国街道周辺の調査」『嶋上郡衙跡発掘調査概要』高槻市教育委員会、一九七一年。

（2）高崎市教育委員会『高崎市文化財調査報告書』第七集（矢島遺跡・御布呂遺跡）一九七九年。
（3）内田保之「国分寺市・府中市内で発掘された推定東山道跡」『古代交通研究』創刊号、一九九二年。
（4）所沢市埋蔵文化財調査センター「東の上遺跡　第六八・六九次調査」『所沢市埋蔵文化財調査センター年報』二（平成七年度）、一九九七年。
（5）田名網宏『古代の交通』吉川弘文館、一九六九年。
（6）足利健亮「（東国）交通」藤岡謙二郎編『日本歴史地理総説』古代編、吉川弘文館、一九七五年。
（7）金坂清則「上野国」藤岡謙二郎編『古代日本の交通路』Ⅱ、大明堂、一九七八年。
（8）柏瀬順一「上野国・下野国間における東山道野駅路の性格について―『続日本紀』宝亀二年十月二十七日条をめぐって―」『群馬文化』一九六、一九八三年。
（9）奈良国立文化財研究所編『平城京　長屋王邸宅と木簡』吉川弘文館、一九九一年、木簡三〇七、寺崎保広「長屋王家木簡郡名考証二題」（『文化財論叢Ⅱ』同朋舎、一九九五年）は郡名を「策覃」（「策覃」の異体字）として埼玉郡に当て、駅名「宅□」を「宅子」（ヤカゴ）と読んで埼玉県行田市谷郷《やごう》に比定している（『事典　日本古代の道と駅』吉川弘文館、二〇〇九年、一一四頁参照）。
（10）木本雅康「宝亀二年以前の東山道武蔵路について」『古代交通研究』創刊号、古代交通研究会、一九九二年。
（11）坂爪久純・小宮俊久「上野国の古代道路」『古代交通研究』創刊号、古代交通研究会、一九九二年。
（12）下新田遺跡発掘調査団『群馬県新田郡下新田遺跡』一九九一年。伊藤廉倫「群馬県下新田遺跡の道路遺構」『季刊考古学』四六、一九九四年。
（13）（財）群馬県埋蔵文化財調査事業団『上信越自動車道関係埋蔵文化財発掘調査報告書』第一四一・一八五・二〇五集（上栗須寺前遺跡）Ⅰ～Ⅲ、一九九二～一九九六年。
（14）中山晋「付録　鴻野山地区推定東山道確認調査概要」『栃木県埋蔵文化財調査報告書』一〇五、栃木県教育委員会、一九八九年。
（15）中山晋「下野国」古代交通研究会編『日本古代道路事典』、八木書店、二〇〇四年。

(16) 七田忠昭編『吉野ヶ里』佐賀県文化財調査報告書第一一三集、一九九二年。
(17) 緒方祐次郎「鶴前田遺跡」『佐賀県農業基盤整備事業に係る文化財調査報告書7』佐賀県文化財調査報告書第一一七集、一九九三年。
(18) 小松譲『古代官道・西海道肥前路』佐賀県教育委員会、一九九五年。
(19) 兵庫県教育委員会『加都遺跡Ⅰ』(兵庫県文化財調査報告二八五) 二〇〇五年。
(20) 木下良「古代交通研究上の諸問題」『古代交通研究』創刊号、古代交通研究会、一九九二年。
(21) 府中町教育委員会『府中町下岡田古代建物群遺跡調査報告』一九六三・一九六四年。『下岡田遺跡調査概報』一九六六・一九六七・一九八三〜一九八五年。

四　従来の古代交通路調査法

現在我々が用いている古代交通路の調査法について述べる前に、それまで用いられていた調査法についてまとめておく必要がある。

『延喜式』諸駅の位置比定は近世に始まり、各地で編纂された地誌類に諸駅の位置について述べるものもあるが、それらは極めて地方的であり、明治末年に刊行された邨岡良弼『日本地理志料』(一九〇一年)、吉田東伍『大日本地名辞書』(一九〇一〜一九〇三年)などに採り上げられているので、ここでは特に触れない。『日本地理志料』は『和名類聚抄』郷名の注釈書であるので駅名については一部脱落もあり、一般には『大日本地名辞書』が最もよく利用された。しかし、地名辞書としての性質上駅名も地名の一部として採り上げられているので、やはり駅名の一部の脱落があり、駅の記載順も系統的ではないので駅路路線の繋がりが明瞭でないが、これらを図示した吉田東伍『新編日本読史地図』(一九一七年)の刊行によってようやく明確になった。

『地名辞書』『地理志料』の両書にやや遅れて刊行された大槻如電『駅路通』（一九一一・一九一五年）は、現在殆ど見ることができないので、あまり知られていないが、駅路についての最初の専書として極めて価値が高い。一部の駅名を変更し駅を追加するなど、かなり恣意的な面もあるが、現在でもなお参考にすべき所も多い。

昭和に入ってからは、井上通泰『上代歴史地理新考』（一九四一・一九四三年）が前書で南海道・山陽道・山陰道・北陸道を、後書で東山道を採り上げているが、他に『播磨国風土記新考』（一九三一年）・『豊後国風土記新考』（一九三五年）がある。これらは風土記、及び風土記逸文の注釈を主にするものであるが、駅馬・伝馬の所在についても触れており、特に伝馬に言及していることは、それまでの諸書に見られない特徴である。

以上の諸書における駅の位置比定は、風土記や国史にたまたま見られる駅名以外は、『和名類聚抄』郷名に対比してその所属郡によって大略の所在地を知り、さらに駅名を現在地名に対照してその概略の位置を考定するもので、関係地名がない所では現在の中心集落に当て、また近世の交通路を参考にしながらこれを繋ぐものであるが、単に駅の所在比定に留まって、駅路の路線までには及んでいない。

このような中で、「古駅麻績に就いて」（『信濃』一月号、一九四四年）、「清水駅阯考」（『信濃』一―五、一九四九年）、「宿駅考」（『信濃』八―七、一九五六年）、「古代駅制路について」（『信濃』二一―一〇、一九六九年）など、一連の研究を発表した一志茂樹は小字地名に注目し、地形・水利などの地理的条件を勘案して、駅の所在地をより細かく考定した。また、駅路についても「大道」や「すぐじ」（直路）地名にも注目している。しかし、大道は各時代に用いられた用語なので、その地名を直ちに古代に遡らせることには留意する必要があることを戒めている。駅跡や駅路についての一志の研究は信濃国内に限られたが、その調査法は全国的に通用するものであった。

同様に、藤岡謙二郎『都市と交通路の歴史地理学的研究』（一九六〇年）は小字地名の他に地籍図を用いて、駅家に関係すると見られる小字地名を群として採り上げ、地形・水利の他に考古資料を参考にして、駅の立地条件などを考慮し、詳細な駅跡比定を行なった。また、大道地名に注目して駅路の路線想定も可能な所があることを指摘している。

したがって、藤岡を代表として一九七二年に実施された全国の古代交通路調査では、多く藤岡の方法が用いられた。此れに参加した筆者もそれまでには駅路調査の経験が無かったので、藤岡の方法による他はなかったが、小字地名と字図、遺跡地名表と分布図の収集は駅跡比定地に留まらず、駅路の通過が想定される全市町村について行なった。また、それまで行なっていた諸国国府の調査に効果があった空中写真や大縮尺の地図を利用することを加えた。

第一章　従来利用されてきた交通関係地名

これまでも多くの先人が利用してきたように、同時代史料が無い駅家の位置比定や駅路など古代交通路の想定には、地名が最も有力な第一の資料であることは間違いない。

先ずこれまでに多く利用されてきた地名について再検討しておきたい。

一　駅名と現在地名

『延喜式』兵部省駅伝馬条やその他の古文献に見える駅名とその比定地については、前著『事典　日本古代の道と駅』（吉川弘文館、二〇〇九年）に述べているので参照して頂きたいが、本書ではその比定地の地名の性格について述べることにする。

1　駅名と大地名

古文献にみえる駅名の位置比定は近世に多く各地で編纂された地誌類に行なわれ始め、明治末年の『日本地理志料』『大日本地名辞書』が全国的に採り上げている。これらの場合、地名と駅名の照合は当時の市町村名や大字名などの大地名である。これは、古代の駅などのような交通の要地は後世にも地方中心集落として残ったに違いないと考えたからである。事実これらの大部分は適当な箇所であることが多いが、現在これらの地名の多くは大規模な町村合併によって消失しているので、現在の自治体の何処に当るか検討を要する。また郡名を冠する駅名の場合は、具体的な場所までは判らないまでも、その郡内にあったことは判る。

しかし、駅名と同じ大地名も必ずしも適当ではないこともしばしばあるので留意する必要がある。例えば、『日本地理志料』が日向国救弐駅を建久二年（一一九七）の『日向国図田帳』に見える諸県郡救二院の地に当てるが、その所在地は現在の鹿児島県志布志市付近とされるので、この地方を通る駅路の存在はまず考えられない。

同様に、薩摩国市来駅は『角川地名大辞典46　鹿児島県』（一九八三年）や『鹿児島県歴史の道調査報告書（一）出水筋』（一九九三年）は市来町（現、いちき串木野市）・東市来町（現、日置市）に比定している。一方、『古代地名大辞典』（一九九九年、角川書店）は『鹿児島県史』（一九三五年）の「当時の駅路は国府と国府を結ぶものであり、英禰駅より肥後国水俣駅に至るには、距離の上からその中間に一駅を要するので、多く出水郡内に市来駅を求め、之を米ノ津辺かと推定している」を引用して、また遺称地として出水市武本地内に市来の地名があることを挙げている。『鹿児島県の地名』（一九九八年、平凡社）もほぼ同様である。しかし、出水市武本地内の市来は小字地名で「市来」「上市木」があるが、中世山門院の史料に見える地名市来に因むものと考えられてきたので、これを駅と結びつける説はあまりなかったのは、やはり現在は付近に集落もない小字という小地名であるからであろう。

しかし、薩摩国の駅名記載順は西海道西路の順路に従い、最後の高来駅だけが別路と考えると、市来駅は薩摩国第一駅として出水郡内になければならない。第二駅の英禰駅は阿久根市域にあることは間違いないので、肥後国水俣駅からの駅間距離から考えると出水市内ということになる。

一方、日置郡の市来とすれば、遠く南に迂回しなければならない駅路の経路が理解し難い。また、『延喜式』当時の伝馬は国司の赴任以外には利用されなかったが、大隅国に向かう伝馬は川内市にあった薩摩国府の付属駅とみてよい田後駅の伝馬で間に合い、市来駅の伝馬は不要になると考えられる。

2　駅名と小地名

駅名が現在地名として残る場合、小字などの小地名になることはなかろうと考えられたのは、前記したように交通の要地に置かれた駅は、後世に継続して地域の中心集落となり、ますます発展していったはずと考えられてきたからである。現在では駅路などの古代幹線道路は、既存の集落とは無関係に目的地に最短距離で到達するように、直線的路線を採って計画的に敷設されたことが明らかになっており、これに沿って駅家も計画的に設置されたが、律令制が衰退して中央集権的な国家体制が維持できなくなると、必ずしも一般人民にとっては便利ではなかった駅路は廃道になることがしばしばであり、これに沿って設置された駅も廃滅した。このような駅はその遺称も留まらないことになるが、たまに小字地名のような小地名として残ることがあるのであるがその例は極めて少ない。以下に例を挙げれば、藤岡謙二郎[1]が近江国鞆結駅の遺称として採り上げた滋賀県高島市マキノ町石庭の字「鞆結」は、筆者[2]が『延喜式』駅路の通過地として考えた越前国敦賀への通路になる白谷越の麓に位置しているが、特に大きな集落ではない。

おそらく、前出の鹿児島県出水市武本の字市来も市来駅の所在を示すものではなかろうか。県史などが想定した出水市米ノ津は海岸にあるが、駅路は概して海岸を通ることは少ないので筆者[3]は水俣駅から駅路を水俣市湯出温泉を経由して矢筈峠（三六〇メートル）で国境を越える経路に想定した。字「市来」はこの経路の延長上に位置している。

他に以下のような例がある。東海道相摸国浜田駅は神奈川県海老名市大谷の「上浜田」「下浜田」、弘仁三年（八一二）に廃された常陸国石橋駅は茨城県那珂市本米崎の字「石橋」、『常陸国風土記』に見える藻《め》嶋《しま》駅は同県日立市十王町の通称「目《め》島田圃《しまたんぼ》」、また『風土記』逸文に見える常陸国大神駅については、『茨城県の地名』（日本歴史地名大系8、平凡社、一九八二年）は「安侯駅を通って常陸国府と結ばれ、西に向かっては新治郡衙を通って下野国府へ続く重要な路線に位置していた」とあり、また笠間市（上稲田村）の項に「大神駅は当地に置かれたとの説があり」とあるがその根拠は示していない。一方、『角川日本地名大辞典8　茨城県』（一九八三年）は全く述べるところがない。しかし、同書に掲載する「小字地名一覧」によれば、岩瀬町（現、桜川市）平沢に「後大神」「大神西下り」「大神台」「大神後」など一連の大神地名があり、位置的に国府から新治郡家に向かう駅路と、河内駅から下野国に向かう連絡路との合流点に当る位置にあるので適当と思われる。これなどは、丹念に小字地名を検討すれば想定が可能なことを示す例である。

他に、東山道近江国清水駅は滋賀県安土町石寺の「清水が鼻」、信濃国長倉駅は長野県軽井沢町沓掛の字「長倉」、同多古駅は長野市三才の字「南多古」「北多古」に想定される。陸奥国の玉前《たまさき》駅は宮城県岩沼市南長谷の字「玉崎」、出羽国野後《のじり》駅は山形県大石田町駒籠を流れる「野尻川」、避翼《さるばね》駅は同県舟形町の「猿羽根《さばね》峠」、北陸道越中国川人《かわと》駅は富山県高岡市福岡町赤丸にある通称「川人明神」（式内浅井神社）、同佐味駅は同県朝日町泊にある「佐味神社」、山陰道丹波国野口駅は京都府南丹市園部町南大谷字「野口」、但馬国面治《めじ》駅は兵庫県新温泉町竹田字「米持《めじ》」、伯耆国清水駅は鳥取県琴浦町八橋の字「清水屋敷」「清水裏」「清水尻」「清水前」など、山陽道備中国後月《しちづき》駅は岡山県井原市高屋字「後月谷」、安芸国梨葉駅は広島県三原市本郷原を流れる「梨葉川」、木綿《ゆうつくり》駅は東広島市西条町寺家の字「夕作」、周防国勝間駅は防府市佐波令字「勝間」、南海道阿波国郡頭《こうず》駅は徳島県板野町阪西大寺字「郡頭」、西海道筑前国佐尉《さい》駅は福岡県二丈町鹿家字「才ノ原」、肥後国蚊藁駅は熊本県阿蘇市の旧阿蘇町と旧一の宮町の境にあった通称地名西河原に、同国仁王駅は水俣市広野字「仁王」、日向国夷守《ひなもり》駅は宮崎県小林市細野字「夷守」を、それぞれ遺称として付近に想定される。なお以上の駅名中特記しない限り『延喜式』駅名である。

註

（1）藤岡謙二郎『都市と交通路の歴史地理学的研究』大明堂、一九六〇年。

（2）木下良「敦賀・湖北間の古代交通路に関する三つの考察」『敦賀市史研究』二、一九八一年。
（3）木下良「肥後国」藤岡謙二郎編『古代日本の交通路』Ⅳ、大明堂、一九七九年。

二　駅家（ヤクカ・うまや）関係地名

駅家は音で「ヤクカ」、訓で「うまや」と言ったので、「厩」「馬屋」「うまや」地名、「うまや」が詰まった「まや」、「まや」から転化したと見られる「まえ（前）」などが注目されてきた。また、「うまや」が単に「うま（馬）」になっていることもあると考えられる。一方、「ヤクカ」関係の地名は少ない。

1　「うまや」地名

地方史研究において地名の利用が不可欠である事を強調した一志茂樹(1)は、古代・中世の宿駅について「わたしが踏査し得た多くの「うまや」にあっては、いはゆる「馬の口」から「馬の尻」までの距離は一二〇間ないし一五〇間ほどであり、その入口と考えられる箇所には必ずといってよいほど鍵の手がみられる。しかし、それは後代の宿におけるような大きな曲りではなく十数間のものが多く（おそらく駅門はこのやうな位置に設けられたものであろうが）或は後代にひきつづいてのものかも知れないが、わずかに町割のあとと堰を通じてゐる姿のうかがはれるのがほとんど一般といつてよい。しかも奇異なことに、このやうな形態は、律令官道の駅址にもほぼあてはまるのである」と書いているが、その前に「（律令制下の）官駅の規模は後代の宿《しゅく》の祖型であることを思わしめる」としているので、古代の駅《うまや》が中世の宿《しゅく》に連なると解していたようで、此処に述べる状況は中世の宿を意味するのであろうが、古代の駅もほぼ同様としている。

一志は近世の宿場のように街道に沿って家屋が展開し、両方の入口に駅門が在ったと考えていたようであるが、現在判明している古代の駅家は、国庁や郡家政庁などの地方官衙と同様に築地塀によって囲まれた庁舎・駅館が在って駅路に面して門を開いている。もとより門前にそのような駅路の屈曲は無く、また現在判明している古代駅路にそのような鍵の手の屈曲は見られない。

したがって、「馬の口」「馬の尻」などの地名は、古代の駅に関係するかもしれないが、また中世以降の宿《しゅく》に因むものであるかも知れないことに留意すべきであろう。以下に、駅跡に比定される「うまや」地名の代表的なものを挙げることにする。

東海道上総国では国府があった市原市に大字「大厩《おおまや》」の地名がある。『駅路通』はこれを大前駅に比定しており、市原市教育委員会『市原のあゆみ』（一九七三年）も同様である。しかし、大脇保彦(2)が指摘するように同じ市原市の島野字島穴に想定される嶋穴駅とは間に国府を隔てて八キロ程度の距離で、標準の駅間距離約一六キロ(3)に対してあまりにも短いので適当でない。島野には式内嶋穴神社もあるので嶋穴駅も同所で在ったことはまず間違いないからである。大脇は『寧楽遺文』（中）「造寺所公文」に見える「大倉駅」に想定される可能性もあるとしているが、自身は大倉駅を別地に当てている。なお、大前とする駅名については九条家本『延喜式』では天前《アマサイ》としており、大前は誤記の可能性がある。

筆者はこれを大倉駅に当ててよいのではないかと考える。『続日本紀』神護景雲二年（七六八）三月乙巳朔条に、東海道巡察使紀朝臣廣名等の言上によって、下総国井上・浮嶋・河曲の三駅と武蔵国乗潴・豊島の二駅は、山海両道を承けて使命繁多なるによって中路に准じて駅馬一〇疋を置くことになったことが見える。坂本太郎(4)はこれら下総の三駅を東京湾岸に比定して、当時相摸国三浦半島から東京湾を横切って上総・下総から常陸に向う東海道本道の路線に連絡するものと解したが、その付図によれば東海道本道は、上総国府から千葉市付近に想定する河曲駅に出て武蔵国からの路線に連絡することになっている。とすれば、河曲駅は当初から東海道本道に属していたことになるから、中路の標準駅馬一〇疋を置いていたはずである。しかし、河曲駅は神護景雲二年に駅馬を増置しているから、当時は本道ではなかった。すなわち、上総国府から下総国の東海道本道には別駅で連絡していたことになる。

宝亀二年（七七一）に武蔵国が東山道から東海道に所属替えになったので、『延喜式』に見えるように下総国では井上・茜津・於賦の三駅が東海道本道の駅になり、『日本後紀』延暦二十四年（八〇五）条に見えて下総国印播郡鳥取駅・埴生郡山方駅、香取郡真敷・荒海等駅など、かつての東海道本道だった諸駅が廃止されている。おそらく、大倉駅もそれまでの東海道本道の上総国府最寄り駅として機能し、下総国では河曲駅ではなく鳥取駅に直接連絡していたものと思われる。ところで、千葉市若葉区御殿町にある御茶屋御殿は徳川家康が江戸から下総国東金御殿に至る直通路として、一直線に通る御成街道を開き、その途中に宿泊・休憩所として置いたものであるが、ほぼこれら両駅の途中に位置している。その発掘調査に際して西北・東南方向に通る古代の溝が検出されたが、岡田茂弘[6]は古代道路の側溝に当たる可能性を指摘している。あるいは、上総国府最寄り駅から鳥取駅への駅路ではなかろうか。

大倉駅廃止の記事が無いのは、なお国府付属駅として機能していたのであろう。しかし、平安時代には坂本[8]が指摘するように国府付属駅を廃止するところも多く出てきており、上総国もその例に入るのであろう。上総国の『延喜式』諸駅の記載順が順路に従わないのも、このような駅の廃止と駅路の変更に関わるのではなかろうか。

なお大脇は、富津市大字本郷に小字「厩尻」と隣接して小字「清水」と通称地名「馬場」があるので、これらの地名を駅家関係と見て同地に大前駅を想定している。天前駅としても位置的には適当である。

近江国の東山道横川駅は桑原公徳[9]によって、滋賀県山東町梓河内に比定されるが、小字「馬屋谷」があり、現在は消失しているが梓河内の西端部に「馬屋ノ口」という地名があったという。

東山道上野国群馬駅は群馬郡駅家郷に当たるが、前橋が古くは厩橋であったということから、『大日本地名辞書』

が「前橋は古書厩橋に作り、群馬郡駅家郷の地なり」とし、井上通泰も[10]「前橋を近世までも厩橋と書きてマヤバシと唱えき。さてそのマヤ橋のマヤは駅家なれば群馬駅址は今の前橋市内に在るべし。（中略）国府に最近きは此駅なり。恐らくは国府の東一里（四キロ）許にぞありけむ。両地は今は利根川によりて隔てられたれど古は利根川はもとの群馬郡と勢多郡との間即今の前橋市より東方を流れしにて今の広瀬川は当時の河道なりといふ」としているように、前橋の地名が駅家によるとすることは広く行なわれていた。しかし、国府の最寄駅としてはやや離れている感がある。

ところで、奈良時代の駅路[11]は遠く南を通っていて、当時の駅は別に南方にあったと思われるが、そこから国府への連絡路は国府中軸線を延長した日高条里の基準線[12]と目される南北道路と考えられ、新たに開かれた平安時代の駅路が国府の南を東西に通って、南北路と十字街[13]を作ることになるので、その地点が駅家の設置場所としては適地ではなかろうか[14]。地名としての前橋が駅家に因むものかどうか不明であるが、少なくとも現在の前橋市街地にはなかった可能性が高い。

下野国新田駅は、夙に『駅路通』（上・一九一一年）が現在の那須烏山市鴻野山《こうのやま》の長者ヶ平に比定しているが、さらに金坂清則[15]はその西南に「厩久保《うまやくぼ》」の地名があることを指摘し、源義家に因んで「将軍道」と呼ばれる直線道路を東山道駅路に比定した。その後、この道路は発掘調査されて古代道路であることが確認されたが、その遺跡名も厩久保遺跡[16]と呼ばれている。

福島県須賀川市中宿に「うまや」の地名があり、陸奥国磐瀬駅に比定されているが、発掘調査[14]によって八世紀前半の集落跡が検出され、和銅開珎一二点を出土している。

山陽道播磨国賀古駅は今里幾次[17]や高橋美久二[18]によって、兵庫県加古川市古大内字中畑で瓦を出土する古大内《ふるおおうち》遺跡に比定されているが、その直ぐ北に「駅池《うまやいけ》」がある。池の北の野口にある教信寺は高橋が指摘するように、『後拾遺往生伝』（巻上）に「我是播磨国賀古郡賀古駅北辺沙美弥教信也」と見える僧教信に因む寺であるから、駅の位置比定は間違いなく、池の名も同駅の所在に因むものと思われる。

また播磨国大市駅は、姫路市太市中にあって瓦を出土する向山遺跡(19)に比定されるが、その東北に接して字「馬屋田」があり、その一町北を推定山陽道が通る。また道路の北側は字「前田」で、これも「うまやだ」から「まやだ」「まえだ」と転化した可能性がある。一般に前田は集落の南側にあるものが多いが、ここは北側になるからである。

備前国諸駅の中で、高月駅は岡山県山陽町（現、赤磐市）「馬屋」に、また津高駅は「馬屋上」「馬屋下」の地名を根拠に岡山市一の宮地区の辛川市場に比定されていた。辛川市場は明治二〇年（一八八七）測図の地形図によれば馬屋村であった。しかし、高橋(20)が提唱するように、山陽道諸駅の駅館が瓦葺であり駅跡には瓦が出土するはずであるとの考え方からすれば、前者は此れに該当するが、後者は該当しない。また、辛川市場は後述する条里余剰帯の存在によって知られる駅路路線からも外れるので、その「馬屋」地名は古代の駅に因むものとは言えない。今川了俊の『道行ぶり』によれば、応安四年（一三七一）二月廿日に京都を発った了俊は、（山城国）山崎・（摂津国）湊川・（備前国）福岡などに宿った後、「辛川とかやいふ所にとどまりて」とあるので、辛川は当時の宿《しゅく》であったらしい。とすれば、ここの馬屋地名は中世の宿に関係した地名である可能性が高い。津高駅については、条里余剰帯に沿って瓦を出土する岡山市富原の富原南遺跡(21)が適当と考えられている。

周防国勝間駅は防府市佐波令《さばりょう》にある周防国庁の朱雀路を南に突き当たった旧海岸に位置する字勝間を遺称とするが、国庁の南に一町を隔てて東西に通る現在の国道二号に沿って条里余剰帯が認められるので、山陽道駅路を踏襲すると見られるが、朱雀路の西方一町を隔てた国道の南側に条里の二坪分を占める字「馬屋田」がある。駅田を意味するのかまたは駅の跡地を意味するかは不明であるが、いずれにしても勝間駅は国庁に接近して設けられたことが判る。

南海道伊予国越智駅は今治市上徳字「御厩《みんまや》」(22)に比定されているが、同地は条里余剰帯(23)を伴う太政官道と呼ばれる直線道路に沿っており、駅の位置としては適当と思われる。讃岐国でも条里余剰帯によって想定される駅路に沿って高松市御厩町があるが、三渓駅と河内駅のほぼ中間に当って『延喜式』の駅所在地ではない。しかし、服部昌之(24)は当地が駅路走向の方向変換点に当たることから、当初は駅が置かれた地でなかったかと推定している。また、服部は丸亀市郡家町の「馬池」も甕井駅(25)の所在に因むものではないかとしているが、これは条里余剰帯によって想定される駅路からは離れた位置にあるので適当でない。

また、金坂清則(26)が越前国阿味駅に想定した地点も「御厩《みんま》」である。

次に、「うまや」が「まや」「まえ」に転化したと見られる例を挙げる。

足利健亮(27)は東海道伊勢国飯高駅を直線駅路想定線に沿う松阪市駅部田《まえのへた》町に比定した。この町名は「うまやのへた」が「まやのへた」になり、さらに転化したものらしく、「まや」が「まえ」になる例である。これが「前」と表記されていたら、おそらく気付かれなかったであろう。

高橋美久二(28)は、『延喜式』所載の駅馬が明石卅疋、賀古卌疋、草上卅疋という異例の駅馬数は、明石駅と賀古駅、賀古駅と草上駅と間にそれぞれ一駅があったが、これらが廃止されて、その卅疋の駅馬を十疋ずつ前後の駅に増置した結果によるものとの解釈を示したが、明石市魚住町長坂寺《ちょうはんじ》に長坂寺遺跡と呼ばれる瓦出土地があり、明石駅と賀古駅との中間にあった駅に比定される。その前面東に古前《ふるまえ》中池と古前下池があるが、池の名前は「ふるうまや」が「ふるまや」「ふるまえ」と転化した可能性があるとしている。これも瓦の出土によって駅の所在が考えられるので、駅家に因む名称と考えることもできるが、池の名前だけでは想像も付かないことになる。

備後国は『延喜式』によれば三駅であるが、大同二年（八〇七）の駅馬減省の官符によれば五駅であった。『延喜式』の三駅に芦田郡に所属する駅は無いが、『和名類聚抄』郷名には芦田郡に駅家郷があるので廃駅に因むものと考えられる。高橋(29)はこの駅を府中市父石町の瓦出土地に比定した。その所在地の小字地名が「前原」である。高橋によれば、この他にも浅井馨(30)が現在の広島市安芸区瀬野川町中野の前原に安芸国荒山駅を、また現在の広島市安佐南区伴の前原に伴部駅を想定し、これらは「駅原」の転化と考えたという。高橋は、長門国臨門駅も下関市「前田」に在って瓦を出土する前田遺跡に比定している。

肥後国分尼寺は熊本市出水町陣山の地に比定されるが、その東隣に字「西掘馬屋」「東掘馬屋」がある。肥後国には国分尼寺を思わせる蟇長者屋敷と鞠智城に当たる米原長者屋敷とを繋ぐ「車路」と呼ばれる古道があったとの伝承がある。「車路」については後記するが、この馬屋は「車路」の起点に当たることになる。

単に「うま」「馬」になった例としては、最初に一志茂樹が述べている「馬の口」「馬の尻」があるが、信濃国麻績駅の想定地麻績村麻績町に「馬口《うまのくち》」地名があり、『麻績村誌』（上、一九八九年）はここに駅跡を想定し、猿が馬場峠越えの駅路を想定し、途中にある真米《まごめ》地名にも留意している。また一帯の地は通称地名で立石と呼ばれているので、後述するようにこれも関係地名になる。

また、筆者(31)は西海道肥後国蚊藁駅(32)を現在阿蘇市になっている旧一の宮町と旧阿蘇町との町界に在って両町にまたがる通称地名西河原に比定したが、両町にそれぞれ「馬の跡」の小字地名がある。

東海道常陸国榎浦駅(33)・山陽道播磨国越部駅(34)・南海道伊予国山背駅(35)・西海道豊前国田河駅(36)・肥後国豊向駅(37)の想定地にそれぞれ「馬立《うまたち》」の地名がある。これらの箇所ではこの地名の意味について述べられていないが、駅館を「うまやたち」と呼んでそれが詰まって「うまたち」になったとは考えられないだろうか。ところで、東九州自動車道建設に伴う埋蔵文化財発掘調査で、鹿児島県曽於市財部町南俣の高篠遺跡(38)で平安時代の掘立柱建物群が墨書土器、石帯・帯金具などを伴なって検出され、大隅国大水駅に関わる遺跡ではないかとされているが、大水駅は菱刈郡大水郷に比定され、当地は日向国に入る可能性があるので、筆者は嶋津駅に関わるものではないかと考えているが、その隣地にも「馬立」の地名がある。

ところで、佐賀県吉野ヶ里町から神埼市にかけての吉野ヶ里遺跡(39)は、弥生時代の環濠集落として国の特別史跡になっているが、その志波屋地区を古代道路が切通して通っている。その切通し周辺には奈良時代の掘立柱建物群があり、帯金具や木簡、「神埼厨」「厨鉢」などの箆書土器などを出土しているので、神埼郡家または『肥前国風土記』に見える「神埼郡驛壹所」に当たる可能性があると考えられている。古代道路に沿ってその西方約四〇〇メートル(40)に神埼市「馬《ま》郡《ぐい》」の集落がある。駅と郡家を合わせたような地名であるが、浜松市伊場遺跡出土の二一号木簡に見られる「驛評」を思わせるものがある。周知のように大宝令以前の「評」が大宝令によって「郡」になっているからである。

同様の地名は静岡県浜松市に「馬郡《まごおり》」町が、鳥取県名和町（現、大山町）御来屋《みくりや》に「馬郡《うまごうり》」、隣接して名和に東「馬《うま》郡《ごうり》」・西「馬郡《うまごうり》」の小字地名がある。浜松のそれは近世東海道に沿っており、古代駅路にも沿っている可能性があるが、栗原駅関係遺跡と考えられる伊場遺跡からは西に約八キロの距離がある。名和町のそれは名和神社の西方に当るが、空中写真と現存直線道路によって想定される山陰道駅路(41)は神社の門前を横切って馬郡を通る。『延喜式』の和奈駅は奈和駅の誤記と見られるが、駅跡は中林保(42)によって馬郡付近に想定されている。これらの地名が駅評を継承するものであれば、駅の設置は七世紀代に遡ることになる。

2　「駅」地名

前記したように駅・駅家の音の「ヤク」「ヤクカ」が地名として残る例は極めて少ない。最も代表的なものは佐賀県神埼市駅ヶ里《やつがり》で、『延喜式』には見えないが前述したように『風土記』神埼郡の条に「驛壹所」とあるものの遺称と考えられ、また延喜五年（九〇五）の『筑前国観世音寺資財帳』（平安遺文一九四）の「水田章」に「肥前国神埼郡七条駅家里」と見える所でもある。

大分県宇佐市を流れる駅館《やっかん》川は豊前国宇佐駅の駅館に因むもので、川の辺に同駅の駅館が在ったことを示す。

近江国甲賀駅は東海道の駅であるが、甲賀市土山町頓宮に比定される。ここはその地名にも窺われるように、斎王群行の際の頓宮でもあった。神英雄(43)によれば、頓宮の直ぐ近くにある古墳は八束《やつか》古墳と呼ばれているという。八束《やつか》は駅家《やくか》の転化である可能性も考えられよう。

信濃国浦野駅は、沓掛地名で述べるように『大日本地名辞書』は青木村沓掛に比定したが、現地では青木村大字当郷字岡石・惣門にかけて、奈良・平安時代の竪穴住居跡や掘立柱建物群を検出した、岡石遺跡(44)を駅推定地としている。浦野駅が錦織駅と共に駅馬一五疋を置くのは保福寺峠越えの難路を控えてのことと思われるが、岡石遺跡は峠下からはかなり離れており、むしろ次の曰理《ワタリ》駅に近い位置にあるので、筆者は特に駅跡を意味する遺物の出土を見ない限り同遺跡は適当でないと考えている。青木村教育委員会の教示によれば、より峠下に近い位置にある青木村の中心集落田沢の小学校敷地に「やっか」の地名があるというから、位置的にも適地であり留意すべきである。また『麻績村誌』（上、一九八九年）所収の延宝九年（一六八一）の「信州筑摩郡麻績町村検地帳」の「田地」の部によれば、「馬の口」の他に「やっか」の地名が見え、現在地は不明であるがこれも駅家の遺称である可能性がある。

駅を「エキ」と読む例もある。最も代表的な例は福山市駅家《えきや》町で、『日本地理志料』が大字近田にある馬宿山最明寺を品治《ホムチ》駅跡に比定した所である。現在の最明寺は場所を変えており、その旧地とされる中島遺跡（最明寺跡南遺跡(45)）で奈良時代の瓦を出土するので、これが駅跡と考えられている。なお、駅家町の町名は大正二年（一九一三）に五大字が合併して新村を作った際に、品治駅の跡地であることから付けた村名に由来するので古来の地名ではなく、本来的に「エキヤ」の読みは無いと思われる。なお、駅跡想定地の東南に「馬之瀬」の地名がある。

周防国石国駅は岩国市関戸に想定されるが、ここに「駅口」の地名がある。その読みは不明であるが、『角川日本地名大辞典35　山口県』の「小字一覧」にも特に振り仮名を付していないので、おそらく「えきぐち」と読むのであろう。

金田章裕(46)は東海道尾張国新溝駅を名古屋市内の明治一七年（一八八四）の町名に見える、北駅町・南駅町に想定した。現在の西区幅下に当る。駅町の読みは不明であるが、おそらく「えきまち」であろう。金田は城下町時代の宿駅の地点ではないとしているが、福岡猛志(47)によれば、近世の大伝馬町・小伝馬町を明治になってから改めた町名であるという。

上野国群馬駅については前記したように前橋市街に当てる説が一般であったが、別に前橋市小相木《こあいぎ》を地元では「こえき」と発音するので、古駅として群馬郡駅家郷に比定する説もあるという。前記した十字街から約二キロ東南に当る。国府周辺は群馬郷で在ったと考えられるから、それとは別地に設けられたというのだが、もともと郷の前身である里は五十戸を単位に編成され地域によるものではなく、駅家郷は五十戸に満たなくても成立したから、駅家郷を特に国府から離さなければならない理由にはならないであろう。「こえき」は「まやばし」より駅との関係は薄いように思われる。

足利健亮(48)は備中国には大同二年（八〇七）に五駅があったが、『延喜式』では四駅になっていることに関して、真備町川辺に比定される河辺駅と、矢掛町毎戸遺跡とされる小田駅との間の距離が長いことから、河辺駅と後月駅との間に本来は二駅が在ったが、これを新たに置いた一駅に改めたと解して、廃止された二駅を矢掛町の小字江木《えぎ》と井原市神代町の上松木《まつぎ》と下松木に求めた。江木を駅の遺称と解し、松木《まつぎ》は足利が備前国珂磨駅に想定した熊山町松木と同様に「馬次《まつぎ》」の転化と見るものである。しかし、奈良時代からの山陽道の駅跡では瓦を出土するはずで、毎戸遺跡は瓦が出土するが、江木・松木は両地共に瓦の出土を見ないので、少なくとも奈良時代からの駅とは考えられず、以上の足利説は成り立たない。足利は中国地方では谷合の地名を「えき」ということが多いことを断った上であえて採り上げているが、やはり駅を「エキ」ということはなかったのではなかろうか。

3 「まつぎ」地名

足利が採り上げた松木《まつぎ》地名についても若干検討しておきたい。松木は山陽道と南海道の駅跡比定にしばしば採り上げられてきた地名で、伊予国では大岡駅を川之江市（現、四国中央市）妻鳥《めんどり》町松木に、越智駅を今治市松木に想定する説があり、前者は羽山久男も採り上げている。日野尚志によれば、川之江を通る南海道駅路は条里余剰帯によって明瞭であるが、松木からは三〜四町離れており、伊予国には松木地名が多いので、慎重に検討する必要があるとしている。また筆者の調査によれば、今治市の松木は、条里余剰帯の検出によって明確になった駅路には沿わず、伝路と考えられる別路に沿っていた可能性が高い。すなわち、小松町（現、西条市）松ノ元遺跡で検出された道路は伝路と考えられ、その延長は桑村郡と越智郡界の椎ノ木峠を越えて松木に通じると考えられるからである。もともと古代の駅家を馬次（まつぎ）と呼んだかどうかも疑問で、むしろ中世的な呼び方を感じさせる。松ノ元遺跡の道路は八世紀末に廃道になったのは、延暦一一年（七九二）の伝馬の廃止に伴うものと考えられるが、官道としては廃止されてもその路線はなお後世まで利用されて、中世以降も主要道路となっていたのではなかろうか。松木は中世の馬次に関係した地名と考えることもできよう。

(49)(50)(51)(52)(53)(54)

4 『古代日本の交通路』における「うまや」「駅」地名

以上は駅を意味すると見られる「うまや」地名とその関係地名について代表的な例を挙げたが、念のために一九七二年の全国調査の結果をまとめた藤岡謙二郎編『古代日本の交通路』全四巻を一覧すると以下のような例がある。

東海道では、金田章裕(55)が遠江国猪鼻駅の所在地に想定した静岡県新井町北西部に「馬ノ上」がある。

東山道では、美濃国土岐駅想定地の岐阜県瑞浪市小田町に「馬屋」がある。坂本駅想定地の中津川市駒場に現在は無くなっているが、かつては「馬屋の尻」の地名があり、中津川市神坂にも「土馬屋」があり、また中津川市街地にも「厩の下」があるという。桑原公徳[56]は神坂から中津川さらに駒場に移転したと考えた。

北陸道では、越前国朝津駅想定地の福井市浅水の字末次は、馬次《まつぎ》を末次《まつぎ》と書いたのが末次《すえつぎ》と読まれるようになったと解する説があるらしいが、果たしてどうだろうか。加賀国朝倉駅の一比定地福井県坂井町（現、坂井市）大字前谷《まえだに》は、『日本地理志料』が「疑駅家谷之転」とするところである。

山陰道では、因幡国の山崎駅想定地の鳥取県岩美町長谷・岩井に「厩ヶ坪」、敷見駅想定地の鳥取市桂見に「馬ノ谷」がある。出雲国の野城駅は島根県安来市能義の能義神社（元、野城神社）付近に想定されるが、近くの矢田に「馬ノ谷」「馬ノ谷出口」がある。千酌駅想定地の松江市千酌には「馬見谷」がある。

山陽道では、播磨国の佐突駅想定地の姫路市北宿に「馬ヶ谷」、中川駅想定地の兵庫県三日月町（現、佐用町）末広に「前谷」、備後国安那駅想定地の広島県神辺町（現、福山市）に「馬崎」などがあり、安芸国種篦駅想定地の廿日市町平良に今は不明になっているが「馬屋迫」があった。安芸国真良駅は遺称地名のある三原市高坂町真良に比定されるが、その北の「馬井谷」の地名を重視する説がある。

南海道では、淡路国の大野駅の一比定地洲本市内膳に「馬屋尻」、福良駅想定地の南淡町（現、南あわじ市）福良に「馬宿」、讃岐国の引田駅想定地の引田町（現、東かがわ市）に「馬宿」、伊予国の越智駅想定地の今治市富田に「御厩」、土佐国の頭駅想定地の南国市比江の土佐国府南端に通称地名「厩の尻」などがある。

西海道では、筑前国の額田駅の想定地福岡市西区橋本に「御厩ノ後」、筑後国の狩道駅想定地の福岡県山川町中田に「御厩」、豊前国の杜埼駅想定地の北九州市門司区楠原に「オンマヤノ上」「オンマヤ道ノ下」などがある。

註

(1) 一志茂樹「宿駅考」『信濃』八―七、一九五六年。『地方史の道―日本史考究の更新に関聯して―』信濃史学会、一九七六年、所収。

(2) 大脇保彦「上総国」藤岡謙二郎編『古代日本の交通路』Ⅰ、大明堂、一九七八年。

(3) 『養老廐牧令』「諸道置駅条」に「凡そ諸道に駅を置くべくは、卅里毎に一駅を置け」とあり、これを現代距離に換算すれば、『雑令』に「凡そ地を度らんに五尺を歩となす。三百歩を里となす」とあり、この尺は令大尺で一尺がほぼ三五・三センチであるから、一歩は一七六・五センチ、一里は五二九メートル、三〇里は一五・八八五キロ、約一六キロになる。

(4) 坂本太郎「乗潴駅の所在について」『西郊文化』七、一九五四年。『日本古代史の基礎的研究』下、一九六四年、所収。『古代の駅と道』（坂本太郎著作集八）一九八九年、所収。

(5) 千葉市教育委員会・御茶屋御殿跡調査会『千葉御茶屋御殿跡』第5次調査概報、一九九二年。同第6次調査概報、一九九三年。

(6) 岡田茂弘の教示による。

(7) 木下良「「国府と駅家」再考―坂本太郎博士説の再検討―」『國學院大學紀要』三〇、一九九二年。

(8) 坂本太郎「国府と駅家」『一志茂樹博士喜寿記念論集』一九七一年。『古典と歴史』一九七二年、所収。『古代の駅と道』（坂本太郎著作集八）一九八九年、所収。

(9) 桑原公徳「近江国」藤岡謙二郎編『古代日本の交通路』Ⅱ、大明堂、一九七八年。

(10) 井上通泰『上代歴史地理新考―東山道―』三省堂、一九四三年。

(11) 坂爪久純・小宮俊久「古代上野国における道路遺構について」『古代交通研究』創刊号、一九九二年。

(12) 横倉興一「上野国府周辺における条里遺構の問題点」『条里制研究』二、一九八六年。

(13) 木下良「国府の「十字街」について」『歴史地理学紀要』一九、一九七七年に述べるように、『出雲国風土記』に見える「国庁の北の十字街」に黒田駅が置かれたのを筆頭に、諸国国府には十字街を形成することが多く、駅もそこに置かれることが多い。

(14) 木下良「上野・下野両国と武蔵国における古代東山道駅伝路の再検討」『栃木史学』國學院大學栃木短期大學史学会、一九九〇年。
(15) 金坂清則「下野国」藤岡謙二郎編『古代日本の交通路』Ⅱ、大明堂、一九七八年。
(16) 中山晋「付録　鴻野山地区推定東山道確認調査概要」『栃木県埋蔵文化財調査報告』一〇五、栃木県教育委員会、一九八九年。
(17) 須賀川市教育委員会『うまや遺跡』一九八八年。
(18) 今里幾次「播磨国の瓦葺駅家」『古代を考える』一七、古代を考える会、一九七八年。同『播磨考古学研究』今里幾次論文集刊行会、一九八〇年、所収。
(19) 高橋美久二「古代の山陽道」『古代を考える』一七、古代を考える会、一九七八年。「播磨国賀古駅家について」『歴史地理研究と都市研究』上、大明堂、一九七八年。
(20) 高橋美久二『古代交通の考古地理』大明堂、一九九五年。
(21) 岡山県教育委員会『岡山県埋蔵文化財報告』二三、一九九三年。
(22) 片山才一郎「今治平野の条里と伊予国府」『人文地理』一三―二、一九六一年。羽山久男「伊予国」藤岡謙二郎編『古代日本の交通路』大明堂、一九七八年。
(23) 条里余剰帯については第五章において詳述するが、条里地割に一町を越える所があることから、その余剰分が道路敷に当たると考えるものである。
(24) 服部昌之「讃岐国」藤岡謙二郎編『古代日本の交通路』Ⅲ、大明堂、一九七八年。
(25) 甕井駅の所在地は多度津市とする説が多いが、筆者は条里余剰帯による駅路想定と駅間距離から考えて善通寺市街が適当と考えている。
(26) 金坂清則「古代越前国地域整備計画についての一試論―今立・丹生郡を中心に―」『日本海地域史研究』五、文献出版、一九八四年。「北陸道―その計画性および水運との結びつき―」木下良編『古代を考える　古代道路』吉川弘文館、一九九六年。

(27) 足利健亮「日本古代の計画道路」『地理』二三―六、古今書院、一九七九年。『日本古代地理研究』六章二節、大明堂、一九八五年。
(28) 前掲註(20)、三章二節。
(29) 前掲註(20)、三章四節。
(30) 浅井馨「安芸国の古駅路」『尚古』七九、一九二〇年。
(31) 木下良「肥後国」藤岡謙二郎編『古代日本の交通路』Ⅳ、大明堂、一九七九年。
(32) 『延喜式』は「蛟槀」とするが、高山寺本『和名類聚抄』駅名には「蛟藁」とあるので、これをとり「カワラ」と読んだ。
(33) 大脇保彦「常陸国」『古代日本の交通路』Ⅰ、大明堂、一九七八年。
(34) 武藤直「播磨国」『古代日本の交通路』Ⅲ、大明堂、一九七八年。
(35) 羽山久男「伊予国」『古代日本の交通路』Ⅲ、大明堂、一九七八年。
(36) 戸祭由美夫「豊前国」藤岡謙二郎編『古代日本の交通路』Ⅳ、大明堂、一九七九年。戸祭は『延喜式』田河駅に比定するが、駅間距離から考えると東に偏しているので、筆者（『香春町史』上巻、二〇〇一年、「古代官道と条里制」）は『延喜式』当時には駅はなく、郡名を冠する田河駅は郡家関係遺跡が検出された田川市伊田に在ったと考える。しかし、鏡山には同地で没した筑紫大宰率河内王の墓があり、大宰率が何の施設も無い所で没したとは考えられないが、同地は田川郡の端にあって郡家とは考えられないこと、東に豊前国府に向う道と、藤原広嗣の乱の時はその軍勢が通ったと考えられる、北に大宰府路の到津駅に通じる道との分岐点に当る交通の要地であること、その他『万葉集』に見える抜気大首の歌なども参考にして、同地には奈良時代の駅（香春駅ヵ）が置かれていたが、おそらくは豊前国府の移転に関係して駅家の配置の変化があったと考える。
(37) 前掲註(31)。
(38) 鹿児島県埋蔵文化財センター『高篠遺跡―東九州自動車道（末吉財部ＩＣ～国分ＩＣ間）建設に伴う埋蔵文化財発掘調査報告書―』（鹿児島県埋蔵文化財センター発掘調査報告書71）二〇〇四年。
(39) 七田忠昭編『吉野ヶ里』佐賀県教育委員会、一九九二年。

(40)　全長一一六・五、最大幅六・二、厚さ一・〇センチの大型のもので、表裏にそれぞれ三行ないし五行、七段以上にわたって人名と「椋《くら》」「屋」の数量を記したもので、人名は五十数名以上に及ぶ、「敷智郡屋椋帳」とでも呼びうるものであるが、その中に「駅評人」がある。駅評については、山中敏史（『古代地方官衙遺跡の研究』塙書房、一九九四年）が駅家の機能を包括する評であろうと解している。

(41)　木下良「鳥取県大山山麓の道路遺構（山陰道伯耆国清水・名和駅間）」木下良編『古代を考える　古代道路』吉川弘文館、一九九六年。

(42)　中林保「伯耆国」藤岡謙二郎編『古代日本の交通路』Ⅲ、大明堂、一九七八年。

(43)　神英雄『阿須波道と垂水頓宮—国史跡垂水斎王頓宮跡及び周辺地域の総合調査報告書—』滋賀県土山町、一九九六年。

(44)　川上元「岡石遺跡（東山道浦野駅推定地）」『日本考古学年報』二八、日本考古学協会、一九七七年。

(45)　福山市埋蔵文化財発掘調査団『最明寺跡南遺跡現地見学会資料』福山市教育委員会、一九九八年。

(46)　金田章裕「尾張国」藤岡謙二郎編『古代日本の交通路』Ⅰ、大明堂、一九七八年。

(47)　福岡猛志「式内社と新溝駅」『新修名古屋市史』一、一九九七年。

(48)　足利健亮「吉備地方における古代山陽道・覚え書き」『歴史地理学紀要』一六、一九七四年。「備中国」藤岡謙二郎編『古代日本の交通路』Ⅲ、大明堂、一九七八年。『日本古代地理研究』大明堂、一九八五年、八章二節。

(49)　『愛媛県史概説』愛媛県、一九五九年。森実善四郎『川之江郷土物語』一九六九年。川之江市教育委員会編『川之江市史』一、一九七〇年。

(50)　前掲註(49)『愛媛県史概説』。

(51)　羽山久男「伊予国」藤岡謙二郎編『古代日本の交通路』Ⅲ、大明堂、一九七八年。

(52)　日野尚志「南海道の駅路—阿波・讃岐・伊予・土佐四国の場合—」『歴史地理学紀要』二〇、一九七八年。

(53)　木下良「古代道路の複線的性格について—駅路と伝路の配置に関して—」『古代交通研究』五、一九九六年。

(54)　柴田昌児「伊予国・道前平野の道路遺構について—松ノ元遺跡の道路遺構を中心に—」『古代交通研究』五、一九九六年。『松ノ元遺跡』愛媛県埋蔵文化財調査センター、二〇〇一年。

(55) 金田章裕「遠江国」藤岡謙二郎編『古代日本の交通路』Ⅱ、大明堂、一九七八年。
(56) 桑原公徳「美濃国」藤岡謙二郎編『古代日本の交通路』Ⅱ、大明堂、一九七八年。

三　沓掛

1　「沓掛」地名についての従来の解釈

池田末則『日本地名伝承論』（一九七七年）は、交通地名として追分・沓掛の二つを挙げて、沓掛については「（奈良）県内に「沓掛」という小字が約一五例も残っており、内、「沓掛場」が五例となっている。沓（草鞋）を樹木に掛けた所で、吉田東伍博士は「沓を掛けておく店の義、すなわち駅亭。諸国にこの名が多い」（『大日本地名辞書』）といわれている。『日本地名学』地図篇（鏡味完二著）にも、「この地名の半数例（三四例中）が峠下の集落名である」とみえる。「追分」と同様、「沓掛」も千股（吉野町）、水間峠・米谷（天理市）、諸木野（榛原町）などの峠の近傍、交通要路に分布する。信州の「追分宿」「沓掛宿」は全国的に有名である」としている。

そこで、吉田東伍『大日本地名辞書』（一九〇〇）を見れば、以下のように全国で一〇箇所の「沓掛」を取り上げているので、これらについてのその後の考察を加えて述べることにする。

山城（京都）乙訓郡沓掛《クツカケ》（現、京都市右京区）の項、「大江山東の駅舎也、駅路東の方塚原より岡村（葛野郡川岡村）に出で京都に通ず、沓掛は履を懸け置く店の義にて即駅亭なり、諸国の古駅に此名多し」としており、これが前記したように池田が採り上げた所であるが、ここに言う駅路・駅亭・古駅は必ずしも古代のものとは限らないらしい。吉田は『延喜式』大枝駅を丹波国篠村（現、亀岡市）に当てている。

志摩（三重）志摩郡磯部郷《イソベ》（現、三重県志摩郡）の項、「和名抄、答志郡駅家郷、延喜式、志摩国磯部駅馬四疋。今磯部村大字上之郷沓掛の辺に当る、即伊雑の上郷にて、沓掛と云は駅舎の旧地たるべし。（下略）」。藤本利治[1]は当地に長者屋敷跡と称される所も在ることから磯部駅として適当としているが、沓掛の地名は古いものではないとして、一般に沓掛地名は峠下とか村境や国境に多いことを指摘している。また、岡田登[2]は磯部駅については貞治六年（一三六七）の「安国寺住持真茂沽却状」に見える伊雑神部内上郷小田に在る畠地の東限として見える古厩が適当として、沓掛の一キロ余南の上之郷に比定し、沓掛は青峯山登拝に関る地名で、長者も行者を指す可能性があるとしている。

豊後（大分）国埼郡田原（現、大分県西国東郡大田村）の項、「高田の東南三里、波多方嶺の下なる山村にして、沓掛駅とも云う。（下略）」としているが、その駅路のことには触れていない。ここは国東半島両子山南麓に位置し、豊後高田市で周防灘に注ぐ桂川の上流域にあり、豊後高田市と杵築市とを繋ぐ道路のほぼ中間点になる。地名は弘安一〇年（一二八七）の「田原別符御供米惣徴符」に「一石　沓懸」とあるのが初見というが、古代駅路は宇佐市に比定される宇佐駅から宇佐市安心院《あじむ》に比定される安覆駅を経由して豊後国に入り当地は通らないので、古代駅路とは無関係である。

越中（富山）下新川郡布勢郷《フセ》（現、富山県黒部市）の項、「和名抄、新川郡布留郷、〇本書布留とあれど、今聞く所なし、三州志に布勢の誤なるべしと云う、之に従へば、天神、経田、西布施、東布施、田家、前沢、三日市、生地、石田、村椿等片貝川より北、黒部川までを域内と見るべきか。延喜式に布勢駅あり。水橋より之を経て佐味に向ふ。今大布施村に沓掛の大字あるは、即駅址なるべし」。沓掛は黒部川南岸にあるが、近世初期の北陸街道の渡河点に位置している。布勢駅については、富山市水橋町を遺称とする前駅水橋と、朝日町泊にある佐味神社附近に想定される次駅佐味との駅間距離を考えると、沓掛は佐味駅に寄り過ぎるので、両駅のほぼその中間地点にあって式内布勢神社がある片貝川の支流の布施川渡河点附近が適当であろう[3]。沓掛からは約五キロ隔たっている。

尾張（愛知）東春日郡定光寺《ヂヤウクワウ》（現、愛知県瀬戸市定光町）の項、「今掛川村大字沓掛に在り、即尾州藩祖敬公の廟の在る所とす。名古屋を去る六里」とあるが、特に沓掛の地名に付いては述べていない。ここは庄内川中流域左岸の山中にあり、特に重要な街道の通過地ではなく、古代交通路との関係も考えられない。

尾張（愛知）愛知郡沓掛《クツカケ》（現、愛知県豊明市沓掛町）の項、「名所図会云、沓掛は古の両村駅とす、近世此村の南一里、落合の辺を海道とは為したり。（下略）」とする。同地には両村山があり、諸説一致して両村駅の所在地とするが、特に梶山勝(4)は平城京式の瓦を出土する同地の上高根行者堂遺跡を駅関連遺跡に想定している。

信濃（長野）小県郡沓掛《クツカケ》の項、「今青木村の大字とす、浦野町の西二里にして、保福寺峠の下一里、即延喜式、浦野駅十五疋とある古店にして、筑摩府より此を経て、亘理（小県郡）清水（佐久郡）に向へる者とす。（下略）」とあるが、駅名の遺称地浦野から二里（約八キロ）離れていることは、通常の駅間距離が約一六キロであることから考えると、必ずしも遺称地がそのまま駅跡とは限らないにしても離れすぎている感がある。

信濃（長野）佐久郡沓掛《クツカケ》の項、「今東長倉村の大字にて、即古の長倉駅とす、延喜式に長倉十五疋と載せ、碓氷峠を越ゆる山亭なり、追分より一里、更に一里にして、軽井沢に至る。（下略）」。すなわち近世の中山道沓掛宿の地で、長倉の字地名もあり諸説一致して長倉駅跡とする。

武蔵（埼玉）大里郡榛沢《ハンザハ》の項、「（前略）又比企郡、男衾郡より用土村に至り、針ヶ谷を経て、本村沓掛に通じ、五十子本荘駅に赴くを、俗に鎌倉街道と云ふとぞ、蓋中古の一路なるべし。（下略）」として、鎌倉街道関係の地名としている。

下野（茨城）猿島郡沓掛《クツカケ》の項、「今沓掛村と云ふ、岩井駅の北二里、飯沼の沢田に臨める村落なるが、下妻への往来にあたる、沓掛の名も駅次なりし故に因るか、諸国に其例あり。（下略）」とあるが、特に古代道路の通過地とは考えられていない。

以上によれば、吉田は沓掛を駅亭に因む地名とするが、その駅は特に古代とは限らないことになる。すなわち、一〇箇所の中で、古代の駅に当たるとするのは五箇所であるが、その中でも越中国布施駅や信濃国浦野駅想定地の沓掛等は、果たして駅の所在地として適当か疑問がある。

『大日本地名辞書』には日向国球麻・救弐駅については言及がないが、喜田貞吉(5)は現在の宮崎県清武町沓掛を球麻駅に比定し、また藤岡謙二郎(6)は同地付近に救弐駅を想定したが後には別地を挙げている。永山修一(7)は諸説を紹介・批判して、なお疑問を残しながら同地を球麻駅としている。

坂本太郎(8)は『続日本紀』神護景雲二年（七六八）三月乙巳朔条に見える武蔵国乗潴駅を東京都杉並区天沼に当てているが、隣地に沓掛や神戸（ゴウド）(9)の町名があることを指摘し、「それが昔の宿駅の遺名であることは、多くの人の一致した考えである（「大日本地名辞書」、栗岩英治「信濃地字略考」など）」としているので、坂本も沓掛宿駅説に従っているると見てよい。

また、一志茂樹(10)によれば、柳田国男も「沓掛」は「駅」のことだと明言しているとしているが、柳田(11)は沓掛を道路に関する地名とはするものの、道祖神と同様に旅の安全を願う祭祀関係の地名と見ているようで、前記地名辞書の駅亭説は証拠の無い想像説であると全く否定している。

一志自身は各地の沓掛の立地条件を検討した結果として、「そのほとんどすべてが駅などの設定できる箇所に存在してゐないといふことである。峠の麓とか、原野や森林地帯の入口とか、村落地帯を遠く隔たつてゐるところとか、河岸とか、通路難の箇所とか、当時の地形や植生に還元したみた場合、寂寥で、不便な箇所と推考されるところにのみ存在してゐるといつてよく、いはば、後代の通路における一杯茶屋でも設けるにふさはしい箇所にみられるのである」として駅との関係を全く否定している。ただし、沓掛地名自体は鎌倉時代には使われなくなった古い地名であるとしているが(12)、その根拠は不明である。しかし、一志の説は古代の長倉駅の想定地で近世の宿場としても栄えた中山道の沓掛宿の例などを無視しているので極言と思われるが、鏡味も指摘するように峠下に多いことは確かで、また黒部市の沓掛のように渡河点など、交通の難所に掛かる地点にあるので、履物を改めたことから生じた地名と考ええられ、そのような地点に駅が置かれることは十分にあり得ることではなかろうか。

前記の中山道沓掛宿、現在の軽井沢町沓掛には小字「長倉」「長倉山」があり、『延喜式』「左右馬寮御牧」の長倉牧と共に駅馬一五疋を置く長倉駅の所在地と考えられる。同駅の駅馬が中路の標準一〇疋より多いのは、同様に駅馬一五疋を置く上野国の坂本駅と共に、碓氷峠越えの難所を控えているからである。

近江国岡田駅は一般に草津市追分町付近に想定する説がとられてきたが、足利健亮[13]はこれを不適当として湖南市甲西町三雲に想定した。その論拠は十分に説得的で桑原公徳[14]もこれに従い、三雲に沓掛地名もあることを指摘している。三雲は野洲川の渡河点に当たり、また仁和二年（八八六）以前の東海道は三雲から峠を越えて野洲川の支流杣川の谷に出たと考えられるので、いずれにしても交通の難所を控える位置にあった。

静岡県三ヶ日町日比沢は『日本文徳天皇実録』嘉祥三年（八五〇）五月壬辰（一五）条に見えて、橘逸勢が没した遠江国板築駅の所在地であるが、此処にも沓掛の地名がある。同地は近世姫街道の通称で知られた本坂峠越えの経路であるので、峠を控える位置に在った駅である。

栃木県大田原市湯津上は磐上駅の想定地であるが、同地に沓掛沢の地名がある。

これらの沓掛地名は駅の所在地に在るが、必ずしも駅そのものを意味するものではない。

また、一志は「この地名が中世に入っての「宿《しゅく》」制度の出現に伴ってのものではないといふことは、その所在地点が中世に入つてからの通路とは思えない箇所にしばしば散見してゐることと、古代の官道筋に多くうかがへることからおよそ推定し得るのである」と古代起源が多いことを指摘しながらも、「しかし、注意しなくてはならないことは、中世に入つても、地方によつては、なほ、この語が使用されてゐたと思はれることで、この地名が見えたからとて、ただちにそれを古代にまで遡らせて定位せしめて考察の資に供することには、慎みを必要とする。それは、「うまや」の場合についても同様のことがいへるかと思ふ。結局するに、「宿《しゅく》」が出現しても、周辺的な現象として、地方では、それの普及するまでは、なほ、前時代からの「うまや」や「くつかけ」等の交通語を使ってゐた期間があったとみるのを穏当としよう」としている。

黒坂周平(15)は福島県須賀川市のうまや遺跡が磐瀬駅に当たると見られることを述べているが、その南方の鏡石町との境界に沿って二カ所の沓掛地名があることに留意し、その市町界が東山道駅路に当たる可能性についても述べている。『福島県地名総覧』（福島県、一九七〇年）によれば前田川と和田の両大字に属しているが、この場合も沓掛は駅には当らないことになる。また、黒坂は滋賀県愛知川町にも沓掛地名のあることを挙げているが、具体的に駅との関係については述べていない。

2　筆者が見た沓掛地名

以上の他にたまたま筆者が見かけた沓掛地名として、以下のようなものがある。

三重県関町沓掛は鈴鹿峠の南麓にあり、関町古厩から関町中心部に想定される鈴鹿駅からは六キロ以上離れた地点にあるので、駅家とは直接の関係はなくやはり峠下と言う交通難所を控えた位置にあることが留意される。

滋賀県西浅井町沓掛は『延喜式』主税上「諸国運漕雑物功賃」条に見える越前国敦賀津と近江国塩津との間の運送路の、国境の深坂峠南麓に位置しているので、これもまさしく峠下ということになる。

また、筆者(16)は後記七章二節3に述べるように、熊本県玉名市で発掘確認された肥後国玉名郡家(17)の南北中軸道路に対して、これと交差して東西に通る道路痕跡を認めたので、筑後国三毛郡から肥後国玉名郡に至る伝路であろうと考えた。その西方への延長部に当って玉名市大字築地に字沓掛の地名がある。

また、筆者[18]は宮崎県日向市美々津に比定される日向国美弥駅から次駅去飛へ向う駅路の路線を、耳川南岸で現在の国道一〇号の西方約一キロを国道に平行して直線的に通る、日向市東郷町と都濃町との市町界の線に想定したが、その延長上に沓掛の地名があるので、路線想定の可能性が高まったと考えている。

以上のように見てくると、沓掛地名が駅になることもあるが、多くは峠下とか渡河点とか交通の難所を控えて休憩し、履物を改める地点に付された地名のようである。いずれにしても、沓掛地名の存在が古い交通路に関わることは確かなので、古代交通路を考定する際の参考になる。要するに沓掛地名は、主として交通の難所にさしかかって履物を改めることから起った地名と考えられ、そのような地点にしばしば駅家が置かれることもあったが、そのまま駅を意味するものではないと考えられる。また平坦地であっても、駅の中間的地点で休息に適した場所にも付された可能性がある。以上のように、駅そのものを意味するものではないが、古い交通路に関係した地名として留意すべきであろう。

註

（1）藤本利治「志摩国沓掛考」『人文地理』一八―五、一九六六年。「志摩国」藤岡謙二郎編『古代日本の交通路』Ⅰ、大明堂、一九七八年。

（2）岡田登「磯部町の原始・古代」『磯部町史』一九九七年。同史料に見える畠地は西と北を「大道」に限られるので、主要道路に沿っていたことが明らかであるから、駅家の所在地として適当と思われる。「古厩」地名は現存しないが、字「中古前」「下古前」の古前が「古厩」の転化と見る可能性がある。

（3）木下良「近世に至る北陸道の概観」「古代」『富山県歴史の道調査報告書―北陸街道―』富山県教育委員会、一九八〇年。

（4）梶山勝「古代東海道と両村駅―豊明市出土の平城宮式軒丸瓦の提起する問題―」『名古屋市博物館研究紀要』二三、二〇〇〇年。

（5）喜田貞吉『日向国史』一九二九・三〇年。
（6）藤岡謙二郎「古代日向の地域的中心と交通路」『地理学評論』四六―一〇、日本地理学会、一九七三年では救弐駅を沓掛付近とするが、同「日向国」藤岡謙二郎編『古代日本の交通路』Ⅳ、大明堂、一九七九年では喜田と同じく現在の宮崎市田野町としている。
（7）永山修一「日向国の官道」『宮崎県史』通史編古代2、一九九八年。
（8）坂本太郎「乗潴駅の所在について」『西郊文化』七、杉並区史編纂委員会、一九五四年。『日本古代史の基礎的研究』下、吉川弘文館所収、一九六四年。『古代の駅と道』（坂本太郎著作集八）吉川弘文館、一九九八年、所収。
（9）神戸地名について、坂本は「沓掛に隣する神戸（ゴウド）地名も各地に存在するものであって、「大日本地名辞書」はその場合常にこれを上代の郡家の遺名と解している。この地を古の多摩郡家の址と解することは多少の疑いを抱かざると得ないが、ともかく神戸（ゴウド）というような地名が古い因縁を持つ土地を示していることは認められると思う」としている。
（10）一志茂樹「地名を中心とした地方史研究」『信濃』二七―三、一九七五年。『地方史の道―日本史考究の要所に関聯して―』信濃史学会、一九七六年所収。
（11）柳田国男「沓掛の信仰」『郷土研究』四―一二、一九一七年。
（12）一志茂樹「宿駅考」『信濃』八―七、一九五六年。『地方史の道―日本史考究の要所に関聯して―』信濃史学会、一九七六年所収。
（13）前掲註(10)。
（14）足利健亮「恭仁京の京極及び和泉・近江の古道に関する若干の覚え書き」『社会科学論集』一、大阪府立大学、一九七〇年。「近江の土地計画」『日本古代地理研究』大明堂、一九八五年。
（15）黒坂周平『東山道の実証的研究』吉川弘文館、一九九二年。
（16）桑原公徳「近江国」藤岡謙二郎編『古代日本の交通路』Ⅰ、大明堂、一九七八年。
（17）木下良「肥後国の古代道路」『南関町史』特論、二〇〇二年。「肥後国」『事典　日本古代の道と駅』吉川弘文館、二〇〇九年。

(18) 玉名市秘書企画課『玉名郡衙』玉名市歴史資料集成第一二集、一九九四年。
(19) 木下良「日向国」『事典　日本古代の道と駅』吉川弘文館、二〇〇九年。また、前掲註(7)には橋村修の教示によるとして挙げているが、橋村は筆者の調査時の同行者である。

四　長者屋敷と糠塚

はじめに

長者屋敷については斎藤忠の論考があり[1]、長者屋敷と称される地に礎石・土塁等の遺構が存在し、また古瓦などの出土を見ることから、宮殿跡・国衙跡・郡衙跡・寺院跡・駅舎跡等の古代遺跡であることが多いが、縄文時代の遺跡が見られることもしばしばあることを指摘している。

その中で古代の駅に比定されたものとして、中山信名(一七八七〜一八三六)による近世の地誌書『新編常陸国誌』[2]に、常陸国新治郡下土田村中根(現、千代田町)の長者屋敷について、「按ズルニコレ駅家ノ長者ノ宅趾ナリ。凡諸国ニ在テ、長者屋敷ト称スルモノ、皆駅長ノ宅ナリ」とし、また多珂郡石滝村(現、高萩市)の海辺の稲村というところの長者屋敷が藻島駅に当たるとして、ここに長者の鐘掛松という木があることを挙げて「長者ノ宅趾ニ、鐘掛松アルコトハ、茨城郡袴塚村ノ長者屋敷ノ所ニモ云シ如ク、駅伝ノコトノ急ヲ告ルガ為ナリ」とあることなども述べている。そこで、改めて『常陸国誌』巻八「古蹟」に見える中根の「長者屋敷」を見れば、「本国ノ内ニ長者屋敷ト云モノ数多アリ、信太郡君山村〔榎浦驛趾〕、行方郡手賀村〔曽根(曽尼)驛趾〕、茨城郡安古村〔安侯驛趾〕、同郡袴塚村〔河内驛趾〕、久慈郡薬谷《くすりや》村〔雄薩驛趾〕、多賀郡伊師村〔藻島驛址〕等ノ類、皆コレ驛家ノ舊趾ナリ」と列挙している。

これらの中で、先ず下土田のそれは駅名が挙げられていないが、『延喜式』やその他の史料によっても此処に該当する駅はない。また、近世の街道には面しているが、筆者[3]が想定した駅路からは一キロ余外れている。石滝村のそれは、列挙された中の伊師村（現、日立市十王町）と同所で、日立市と高萩市との境界の石滝台と呼ばれる台地上に在るので、『国誌』に言う「海辺」とは状況が異なるが、まさしく筆者が想定する駅路に沿っていて、藻島の遺称地名「目島田《めしまたん》圃《ぼ》」にも近いので可能性がある。ここで鐘掛松のことが記されるが、『菅家文草』の「行春詩」に「驛亭楼上三通鼓」とあって、駅楼に太鼓が置かれていたことが判るが、鐘を用いたかどうかについては文献的には不明である。藻島駅について筆者[4]はここより二キロ程南の日立市十王町伊師本郷が適当と考えたが、旧十王町史編纂に関しての調査[5]で、同地の愛宕神社北方で道路遺構が確認され、神社境内では掘り込み地業を施した建物跡が検出されているので、これらが駅路と駅家跡に当たる可能性が考えられたが、ここも長者山と呼ばれている。その後の調査[6]によって掘り込み地業は九世紀以降の建物遺跡であることが判明したので、弘仁三年（八一二）に廃された藻島駅にはなりえない。これらの建物群は礎石建ての倉庫に当るが、現段階ではその性格は不明である。郡家またはその別院にしては小規模であるので、郷に置かれた正倉になる可能性はあろう。ところで、これらの下層から掘立柱の建物遺構の存在が知られるので、それが駅家関係の建物になる可能性がある。

その他は、信太郡君山村（現、稲敷市江戸崎町）には確かに榎浦駅が在ったと思われる[7]が、保科長者の屋敷跡とする場所は瓦を出土するので寺跡と思われる。行方郡手賀村と玉造村との境にある長者屋敷（現、行方市）は、曾祢長者の居所として『常陸国風土記』行方郡の条に見える曾尼駅に擬され、ここにも鐘掛松があることを記している。ここは大字手賀の字唐ヶ崎にあるので手賀長者館跡または唐ヶ崎長者館跡とも呼ばれる遺跡で、豊崎卓[8]も手賀長者が駅長ではなかったかとしているが、国分寺瓦との類似性も指摘される奈良時代の軒丸・軒平瓦が出土しているので、駅長級の屋敷や私寺とは思われない。律令期の駅長は駅戸の中から選ばれて終身の任命ではあるが世襲されるものではなかったから、少なくともこの瓦の年代が比定される奈良時代後期から平安時代前期に、駅長がそれほどの権勢を持ってはいたとは考えられないからである。現在、曽尼駅はここから一キロ余北方の大字玉造字緑ヶ丘に囲まれる字天竜の飛地部分に想定されている[9]。

安古村（現、笠間市友部町安居《あご》）は確かに安侯駅の遺称地名であり、その長者屋敷は駅に因む可能性が高い。同地の東平遺跡[10]で大型の礎石建建物跡や掘立柱建物跡が確認されているが、いわゆる長者屋敷の地ではない。袴塚村（現、水戸市）のそれは現在の渡里町の長者山のことと思われるが、斎藤も述べているように那賀郡の郡家とその関係寺院に当たる可能性が高い。河内駅も近くに在ったと考えられるが、長者伝説地そのものではない。薬谷村（現、常陸太田市金砂郷町）のそれは炭化米や瓦を出土するので、久慈郡家または関係寺院跡と考えられる。付近に駅の存在も考えられ、従来は雄薩を「おさと」と読んで薬谷の隣接地大里《おおさと》に通じることから雄薩駅に比定されていたが、九条家本『延喜式』には「雄薩《ヲサカ》」の振り仮名を付し、またその傍註によれば別名「刑部《おさかべ》」であったことが判り、また『延喜式』の記載順に従えば雄薩駅は最北端の駅とすべきであって、ここは田後駅であろう。次駅が山田で駅路は山田川の谷を通っていたから、その下流の駅を田後にしたことは十分に考えられる。

斎藤は、小宮山楓軒（一七六四～一八四〇）による水戸藩領の地理書『水府志料』の、茨城郡今渡村の中で長者宅について触れ、「いにしへ旅亭のあるじを長と称せし事も見ゆれば、此長者屋しきは、駅舎の大なる者かと思はる」と記していることも述べている。ただし、これは今渡村ではなく台渡村の誤りであるが、『国誌』に、袴塚村にありとす。今は台渡村に属す」としているので、『常陸国誌』に記すものと同所である。ここでも「かねかけの松」が出てくるが、これは源義家に滅ぼされた長者が入水するに際して黄金を入れた財布を掛けたので、その名があるとしている。

斎藤はまた、宮本元球（茶村）の『常陸（誌料）郡郷考』（一八五九年）の中でも、「羽賀の西隣君山村に長者宅址あるは、是駅長にて、亦古駅の確証なり」とすることも挙げているので、当時は一般に長者屋敷を古代の駅長に当てる考え方があったらしい。

斎藤は明治以降も大槻文彦が「陸奥国古駅路考」[11]の中で、陸奥国玉造駅について「栗原郡の柳目（真坂の東）を経て、宮野村（今の国道）に出ずる道あり。其宮野の北、黒瀬といふ地に、長者屋敷とてあるは、駅長の居なりしなるべく」と述べ、また胆沢駅に関しては「胆沢駅は、同郡（胆沢郡）水沢町の西北なる上葉場《うははば》ならん（其東南に下葉場、南北二村あり）。葉場は馬場の意にて、即ち駅舎なるべく、村中の心月寺は古寺なる由にて、掃部《かもん》長者の遺跡遺物を蔵し、掃部長者の事、古昔の富豪として伝説す。即ち駅長なるべし」など、駅跡を長者屋敷伝説地に求めていることを挙げている。

1　大槻如電『駅路通』が取り上げる長者屋敷

大槻文彦の兄は、『駅路通』上下（一九一一・一九一六年）二冊を著した大槻如電であるが、文彦と同様に長者屋敷を多く採り上げている。『駅路通』上巻は大路・中路の山陽道・東山道・東海道の順に執筆しているので、その記載順に取り上げると、先ず山陽道では安芸国荒山駅を安芸郡中野村（現、広島市安芸区）として「荒山の名を村中に存し又長者原といふもあり駅址とす」としている。水田義一[12]に依れば、『芸藩通史』にも中野村に荒山の名が残っているとあるそうだが、現在では不明であるという。しかし、想定駅路と駅間距離から見て如電が言う広島市安芸区瀬野川町中野が適地である。一八九八年測図の五万分の一地形図によれば、その北方約二キロの瀬野川沿いに長者原の地名が見えるが、駅路は川沿いではなく峠越えで通ったと考えられるので、同地は川岸の狭隘の地でもあり駅の所在地としては不適当と見られる。

山陽道に続いて大路であった西海道大宰府路では、筑前国美野駅を美濃として、糟屋郡仲原村（現、粕屋町）に比定し、「駅趾未詳なれど北に長者原あり駅長の遺墟として此地に定む」としている。美濃とした根拠は記していないが、美野を「みの」と読んだのであろうが、九条家本『延喜式』には「美野《ヨシノ》」と振り仮名を付している。これは貝原益軒『筑前続風土記』（一七〇九年）に「長者原新長者町　下中原村の境内に在て、博多より篠栗へ行大道の左右也。其所に長者屋敷の址とて有。礎少残れり。此長者何の時住しにや。太平記に、既に長者か原と云名あれは、久しき世のことなるへし。（下略）」とあり、『太平記』云々は巻第三十八「菊池大友軍ノ事」に見える。当地は瓦を出土して塔の心礎も残るので、駅跡ではなく寺跡であることは確実で、長者原廃寺また駕輿丁廃寺と呼ばれている。なお、想定される駅路からは若干離れており、最も確実性が高いと思われる日野尚志(13)の駅跡想定によれば、美野駅よりは夷守駅に近い。

東山道では、先ず下野国に『延喜式』にはないが、三鴨・田郡（田部）両駅間の距離から考えて、国府付近にも駅が在ったとして、国府の存在を想定する総社村（現、栃木市惣社町）に都賀駅なる駅を想定し、「五万長者の故事を伝ふれど是れ都賀駅長ありしを証すべし」とする。本来下野国府附近に駅が置かれていたと考えることには同感であるが、発掘によって確認された下野国府跡(14)は栃木市田村町に在って、国庁の南に朱雀路が伸びており、東山道駅路はその南を東西方向に直線に通る栃木・小山市界に想定(15)されるので、五万長者屋敷についての知見はないが、惣社町に在ったとすれば二キロ以上も離れることになるので、おそらく駅とは無関係であろう。

また同国新田駅を塩谷郡葛城村（現、さくら市喜連川町）に比定し、「葛城村に長者平といふ所あり土中より焼米を出す伝云ふ鴻野長者とて後三年の役に清原氏に心を通じ八幡太郎を害せんとせしが事顕れ焼打にせられ其墟より焼米を出すなり即駅長の墟なり」としている。これはさくら市ではなく隣地の那須烏山市に入るが、近くに厩久保の地名もあって金坂清則(16)も新田駅に比定した所である。鴻野山の長者原遺跡は発掘調査されて官衙的な建物群・倉庫群などが検出された(17)。倉庫群の存在は単なる駅跡とは考えられず、郡家別院を兼ねたとも考えられるが、那須烏山市とさくら市との境界を通る直線道路が源義家に因んで将軍道と呼ばれ、これも発掘調査(18)の結果平安時代に幅約六メートル、奈良時代にはより広かったと見られる東山道の遺構であることが判明したので、長者原遺跡が新田駅跡であることは先ず間違いないと思われる。

陸奥国では先ず安達駅を安達郡北杉田村（現、二本松市北杉田）に比定し、「此村に郡山また長者宮等の名あり長者は虎丸長者と称し其遺墟より享保中方寸の古銅印を掘出す其再模の印影より見れば駅家郷印の草躰文字と認むべし同所より礎石古瓦を出し又焼米も現在掘採すべし村老の伝に後三年の役に八幡太郎来りて宿営を求む長者肯はざれば打焼に逢ひしものと」としている。しかし、これは郡山の地名から安達郡家跡と考えるべきで、発掘調査の結果でも安達郡家跡(19)とされている。如電は関連して安積郡郡山町（現、郡山市）にも「同じく虎丸長者の趾とて古瓦焼米を出す一事両処に伝へて彼此定め難しされども安積の郡山は郡山旧事考に文治中伊東氏大和の郡山より此地を賜り本領の名を移して郡山といふとあり虎丸長者の居館といふも伊東氏の事を混同して伝へし者と覚ゆこの郡山町は国道の要地にて今日は鉄道四通の衝に当れど古駅路とは東西二里許を隔ち居たり」としているが、これも現在発掘調査の結果では安積郡家跡(20)とされている。なお、如電は駅路が郡山市街の西方を通ったと考えているようであるが、市街地南部の荒井猫田遺跡(21)で現在の国道に近く、幅約九メートルの古代の駅路が、やや経路を異にする中世の「奥の大道」と共に発掘されている。

『駅路通』は陸奥国湯日駅を信夫郡飯坂町（現、福島市飯坂温泉）に比定し、「飯坂は湯日坂にも名高き温泉場なり」「一荒山縁起という物語に有宇中将云々。「けふ白川の関こえて、あさかの沼の花かつみ、かつ見ぬ方に旅だちて三日と申すに、さもいみじき人の家居ある処に着かせ給ふ。門前の小家にやどかりて、あるじの女房に如何なる人ぞとのたまひければ、朝日長者どのとて陸奥にその名かくれましまさずと申けり。」湯日を誤りて陽日とかき其誤書に就きアサヒとよむ安積沼より飯坂に至る山路今程十三四里もあれば三日の行程にかなへり朝日長者は湯日長者を誤り伝へたるものされど湯日温泉神社と共に其趾に就きては所伝なし」としているのは、高山寺本『和名類聚抄』駅名に「陽日」とし、『日本紀略』寛平九年（八九七）九月条に「陸奥国湯日温泉神」とあることによるものであるが、『延喜式』の記載順で岑越駅と逆になるので、記載順に従って湯日駅を安達町湯井（現、二本松市）に比定する『大日本地名辞書』などの説が駅名の読みから見ても適当であろう。

陸奥国柴田駅については、「立石長者の遺墟あり又文治の役に頼朝卿此地に逗留して而して後に多賀国府に入りしなり」として、柴田郡船迫（現、柴田町）に比定し、また出羽路との分岐点であるとしている。後述するように立石地名や立石そのものが古代交通路の沿線に存在することが多く、古代道路や駅の所在に何らかの関係があるのではないかと考えられるので(22)特に注目されるが、出羽路の分岐を考えると僅かに東方に位置している。

『駅路通』は大槻文彦が挙げた玉造駅の長者屋敷については何等の言及もないが、栗原駅については栗原村（現、栗原市）に比定し、「村南黒瀬に長者屋敷とて駅趾あり（下略）」として文彦の言う長者屋敷を挙げている。

また、胆沢駅については文彦と同様に胆沢郡上葉場村（現、水沢市佐倉河）に比定して、「葉場ハバ馬場にて即ち駅家なり掃部長者とて駅長の遺墟あり土中より焼米を出す村人は長者の米倉なりと云伝う」としている。佐倉河は胆沢城の所在地であるが、胆沢駅は胆沢城の近くに在った筈であるからこれが駅跡になる可能性は高いと思われる。その高山掃部長者屋敷を発掘調査した結果(23)、焼米と焼籾の塊は出たが屋敷跡の確認は出来なかったという。

また陸奥国に『延喜式』に無い長岡駅という駅を栗原郡長岡村（現、古川市宮沢）に想定し、『日本後紀』延暦十五年（七九六）十一月己丑（二）条に「陸奥国伊治城、玉造塞、相去卅五里。中間置レ駅、以備二機急一」とある中間駅に比定し、「長岡は国道高清水町の南一里にて北に長者原あり駅家の墟とす」としている。この地は宮沢(24)遺跡として調査されたが、名称不明の城柵遺跡と考えられ、玉造柵・覚鱉城・長岡郡家などに当てる諸説があり確定しないが駅跡ではない。

東海道では尾張国に『延喜式』にない草津《かやつ》駅という駅を海東郡萱津村（現、甚目寺町萱津）に想定し、「上萱津に高富長者の墟あり下萱津に真名長者の跡あり共に駅長の遺趾なり」としている。同地は承和二年（八三五）の官符に見えて渡舟を増置した所で、東海道・東山道駅路の主要な渡河点として同官符には一一の河川が挙げられているが、参河国飽海川（豊川）岸の渡津駅以外には河岸に駅は置かれていないし、また前後の駅間距離から見ても特に駅を置く必要はなかったと思われる。

下総国浮島駅について、武蔵国豊島郡浅草之宿（現、東京都台東区浅草）は墨田川の流路が変遷して元下総国であったとし、その待乳山が浮島で、砂尾不動堂は宝亀年中砂尾長者の建立とされるが、此の長者はすなわち駅長であったとする。また下総国井上駅を千葉郡千葉町（現、千葉市）として「駅趾未詳なれど上総常陸両駅路の分岐地とて千葉町の猪鼻台を井上として此地に定む更科（級）日記に真野長者云々の記事あるも此辺の事と覚ゆ井上駅長とすべし」としている。井上駅は市川市国府台で「井上」記名の墨書土器が出土しているので、国府最寄駅として市川市内に在ったと考えられており(25)、千葉市には河曲駅が想定される(26)ので、浮嶋駅はその中間の船橋市付近にあったことになる。『更級日記』に見える「まののてふ（真野の長）」については不明であるが、井上・浮島両駅についてはこれらに従うべきであろう。

常陸国では『常陸国風土記』に見える行方郡榎浦駅と多賀郡藻島駅、『延喜式』の安侯駅と雄薩駅など、前に述べたように『新編常陸国誌』にも挙げられる、それぞれの長者屋敷について述べている。

『駅路通』下巻は小路に属する諸道であるが、先ず北陸道について近江国鞆結駅を高島郡海津村（現、高島市海津）に比定し、「海津に万貫長者の遺蹟とてあるは駅長の旧居」としている。鞆結駅は海津に近いがやや内陸に想定され(27)るので、海津には当たらないであろう。万貫長者については不明であるが、海津は湖港として栄えたので、船主などとしての長者伝説はありうるであろう。

越後国三島駅を三島神社のある刈羽郡柏崎町（現、柏崎市）に比定し、「寿永の頃越丸長者の名あるは駅長ならん」とする。三島駅は柏崎市に想定されるが、越丸長者伝説が寿永（一一八二〜一一八五）の頃とあるので律令期の駅には直接の関係はないと見るべきであろう。

山陰道と南海道については特に長者屋敷に就いての記載は無い。

西海道については、先ず筑後・肥後両国を経て薩摩国府に向う駅路について述べるが、筑後国御井駅を御井郡府中村（現、久留米市御井町）として、「隣邑和泉村長者屋敷の称あり又古瓦をも出すと駅家の趾なるべし」としている。和泉村は現在の久留米市東相川町に当たり、和泉の地名は御井の郡名の本になった朝妻の清水に由来するというから、その長者屋敷は第三期筑後国府[28]に当る可能性が高い。『延喜式』駅路はその西方約一キロの第一期国府西方を通っていたと考えられる[29]ので、和泉村の長者屋敷とは無縁であろう。

次に豊後国府に向う駅路では、筑前国隈崎駅を夜須郡長者町（現、筑前町）に比定して、「駅趾未詳長者は駅長の称なり諸国駅家の遺名として長者原長者屋敷等の名を伝ふ故に此地に定む西隣に笹隈村あり」としている。この長者屋敷は貝原益軒『筑前続風土記』（一七〇三年）に、夜須郡「八並長者宅址」「三並村の下、八並と云所にあり。明暦の比までは、礎ありしを、堤を築く用にとりて今はなし。上座郡宮野村にも、八並長者か宅址あり。長者と称せしは、さばかりの富人にてありけるにや。其時代姓名詳ならす。此宅のあとの畠に、焼米の石に成たる多し」とするものである。日野尚志[30]はこの長者屋敷を夜須郡家に、また宮野村（現、朝倉市大字須川字八並）のそれを朝倉郡家に比定したが、筆者[31]は九州北部の各地に見られる八並（八波）地名は、いずれも倉庫の立ち並ぶ状況から生じた地名と解した。すなわち、福岡県糟屋郡宇美町大字四王寺字八波が大野城の倉庫跡である以外は、いずれも郡家の倉庫群に由来するものであろうことは、大分県中津市永添字八ツ並西後[32]で検出された倉庫群が豊前国下毛郡家の正倉院に当ることからも確実である。

肥前国切山駅について「式に切山と作るは草字誤写」として新山《にいやま》駅とし、佐賀県神崎（埼）郡仁比山村（現、神埼市）に比定し、「長者原を駅趾とす」と述べる。さらに「天平勅願を称する仁比山護国寺あり」とするのは、駅跡に寺が置かれたとするのであろうが、同地は谷間に在って発掘[33]によって確認された佐賀平野を通る駅路からは二キロ程離れており、また基肄駅と佐嘉駅との中間駅としては佐嘉に寄り過ぎている。

また、肥前国野鳥駅を南高来郡千々石町（現、雲仙市）に比定し、「駅趾未詳なれども村北に野鳥坂あり又此辺に長者屋敷の名も伝ふと云ふ故に此地に定む」としている。野鳥坂は雲仙火山を横断する道路に位置するが、長者屋敷はおそらく中央火口原の田代原にある五万長者の別荘と称される所を云うのであろう。『駅路通』は此の駅を島原半島南端に在ったと考えられる『本朝世紀』天慶八年（九四五）六月二十五日の大宰府解に見える「肥前国高来郡肥最埼警固所」への連絡路に位置するとしているが、『延喜式』による限りでは野鳥駅は肥前国最終駅で、熊本県宇城市三角町に想定される肥後国高屋駅への連絡駅と考えられるので、山中の田代原は不適当であり筆者[34]は同駅を島原市に想定した。ところで、五万長者伝説地は島原半島北部の国見町多比良にあった肥前国高来郡家に関係する寺院跡をいうが、木本雅康[35]は、ここから登って田代原で駅路に連絡する伝路の存在を想定している。すなわち郡家から駅路への連絡路があって、その交点が長者の別荘と言われたものであろう。野鳥駅を島原市に想定すれば、田代原は前駅山田とのほぼ中間に位置することになるから、伝路との連絡所を兼ねた休憩地としての性格を考える事は可能であろう。

『駅路通』は出羽路を小路に位置づけているが、避翼駅を最上郡舟形村（現、舟形町）に比定して、「国道の猿羽根峠サバネは郡界の分水嶺なり舟形はその嶺北にて亦最上川の岸頭なり長者原を駅趾とす」としている。『日本地理志料』『大日本地名辞書』『上代歴史地理新考』など、いずれも同地に比定し、新野直吉[36]もこれに従っている。ただし『地名辞書』と『新考』は、『続日本紀』天平宝字三年（七五九）に見える避翼駅と『延喜式』の避翼駅とは別地として、ここは前者の駅跡と『延喜式』の避翼駅と『続日本紀』天平宝字三年（七五九）条に見える避翼駅とは位置を異にするとして、船六隻を置く『延喜式』の同駅は、北西六キロの新庄市本合海が適当としている。

他に、『続日本紀』に見えて和銅四年（七一一）に設置された諸駅中、山本駅を京都府綴喜郡山本村（現、京田辺市）三山木に比定し、「平安遷都以前は此駅より宇治橋にかかりて山科駅に通ぜしなり」として、「山科駅趾は小野の北旅辻の長者池其処」（上巻漏）と付け加えている。

『駅路通』が挙げる駅家に想定される長者屋敷は以上のようであるが、検証した所では確かに駅跡に比定できるものもあるが、郡家跡とすべきものがかなり多い。長者屋敷伝説地では瓦を出土し焼米を出す所が多いが、駅跡では「瓦葺粉壁」であった大路の山陽道と西海道大宰府道の諸駅を除けば、一般には瓦の使用は無かったと考えられる。また焼米も多くは郡倉の跡を示すものと言えるので、これらの長者屋敷伝説地は郡家跡か寺院跡の場合が多いと考えられる。

2　『古代日本の交通路』に取り上げられている長者屋敷

藤岡謙二郎編『古代日本の交通路』Ⅰ～Ⅳ（一九七八・九年）に挙げられる全国の駅家想定地に関して長者屋敷に触れたものを列挙すれば以下のようなものがある。

東海道では藤本利治(37)が志摩国磯部駅想定地に駅長の邸と伝える長者屋敷跡があるとしており、金田章裕(38)が参河国鳥捕駅を長者屋敷の小字地名がある、安城市宇頭町に想定している他、大脇保彦(39)が挙げる常陸国安侯駅想定地の持丸長者屋敷がある。安侯駅跡については前述したように、発掘調査された場所はいわゆる長者屋敷跡ではないようである。

東山道では、金坂清則(40)が下野国新田駅について、『駅路通』に挙げられる鴻野長者伝説地を適当としている。

山田安彦(41)は陸奥国で、『駅路通』が『延喜式』にない長岡駅に想定する「長者原」については明確な根拠がないとして、前記した城柵遺跡の検出のことにも触れている。また、『駅路通』が胆沢駅とした掃部長者伝説地は、発掘調査の結果否定的で在ったことを挙げている。出羽国では、舟形町の「長者原」を諸説が避翼駅に比定したことを挙げているが、自説は明確にしていない。

北陸道・山陰道・山陽道・南海道では特に言及したものがない。

西海道では、筆者は、(42)近世の地誌書『肥後国誌』に託磨（託麻）郡国分村の蜑長者屋敷と菊池郡米原長者屋敷とを繋ぐ「車路」があったとの伝承があるが、蜑長者は国分尼寺に当たり米原長者は鞠智城に当ることから、肥後国府または国府成立以前の肥後国の中心地であったと見られる託麻評家と、鞠智城とを繋ぐ軍用道路の存在を考定したことがある。このことは地名「車路」の節に詳述するが、筆者は国分尼寺建立以前に駅家が置かれていたと考える。瓦を出土する尼長者屋敷伝説地は国分尼寺跡とされているが、『肥後国誌』詫磨郡本庄手永の「長者屋敷」の項には「亦馬糞塚杯云モ其長者ノ飼タル馬糞ナリト云」として、馬を多く飼っていたことを述べており、またその隣地には字「掘馬屋」「東掘馬屋」があるからである。

また、筆者は(43)肥後国仁王駅を、(44)水俣市仁王木《にわき》の字仁王の南側台地に「長者屋敷跡」という伝承地があることを挙げて、あるいは駅家跡はここに求められようとしたが、現地は確認していない。

以上、極めて僅少な例であるが、筆者が挙げた肥後の二例を除いて殆どが東北日本にあることが注目される。

3　ぬか塚と駅家

斎藤はまた長者屋敷に関連した地名として「ぬか塚」についても述べている。すなわち、小宮山楓軒の『楓軒雑纂』に、「常陸所々に長者の居所と云うあり。其近所にぬか塚と称する塚ある多し。久慈郡薬谷村に万石長者の居址あり今田間に往々古瓦を出す。その隣村大里村にぬか塚あり。行方郡大生村に大生殿の塚と称するあり。又ぬか塚あり。新治郡井関村に長者峯あり。亦はしか塚あり。はしかとはぬかの事なり。皆古昔長者の糟糠を委棄せし塚なりと云へり。按に、古への富めるもの、今多金銀を以て富とする如く、多米穀を以て富とセルと見えたれば、万石長者の称もあることにて、糟糠を委棄せしも多かるべければ、其様もありしことなるべし。又長者は古の厚徳ありし人にて、死すれば墳墓を築き人々も往て拝せしなるべし。古言拝をぬかづくと云故に、ぬかつくと云へるを、後人糟糠の義にとりたがへたるなるべしともおもへり」とあることを挙げている。

これは、ぬか塚を長者の墳墓にぬかづくことから起った地名のように解している。筆者は長者が多くの馬を飼っていて、その飼料になる糠が塚をなすように多かったからだという別の説を見たことがあるが、その出典を思い出せない。この方が長者を駅長に結び付けるには適した説になるようである。

糠塚地名を古代の駅と結び付けた例としては、『古代日本の交通路』によれば、出羽国[45]で『続日本紀』天平宝字三年（七五九）条に見える雄勝駅を、新野直吉[46]や誉田慶恩・横山昭男[47]などが秋田県羽後町糠塚に比定したことが挙げられる以外には例を見ないようである。

たまたま筆者が知る糠塚地名には以下のようなものがある。

筆者[48]は『延喜式』では陸奥国最北部の駅とされる磐基駅が江釣子村（現、花巻市）新平遺跡[49]に比定されたので、これから志波城・徳丹城に至る間の駅路を考定したことがある。新平遺跡の北約一キロに「糠塚」、東方約一キロに「下糠塚」の地名があるので、これらは磐基駅関係地名である可能性が考えられるが、また花巻市糠塚の地名がある。新平から徳丹城までの間は約三四キロに達して通常の駅間距離の二倍以上になるので、中間に中継ぎ的な施設を必要としたのではないかと考えるが、花巻市の糠塚は筆者の想定駅路線に沿って丁度この中間に当るので、中継施設があったとすれば、それに因む地名である可能性が考えられる。なお、ここの地名起源については、飢饉の際の餓死者を「すりぬか」（籾殻）で葬ったことから、付けられた名称ではないかと言われ、天明三年（一七八三）の飢饉のものと伝える塚碑も残っているということであるが、既に『正保郷村帳』（一六四四〜一六四八）に村名が出ているようであるから、右の説には疑問がある。

五万分の一地形図「烏山」によれば、栃木県高根沢町文挟に「糠塚」の地名が見える。前記した下野国新田駅跡に比定される那須烏山市鴻野山の長者平の南南西約二・五キロに当るので、これとの関係が考慮される。『角川日本地名大辞典』（9・栃木県）の「小字一覧」によれば、文挟《ふばさみ》には「糠塚」「上糠塚」「下糠塚」「糠塚前」があり、隣地の伏《ふす》久《く》にも「上糠塚」もあるのでこれらは一連の地名と思われるが、伏久には「将軍道」の地名も在るので東山道沿線に近いことも判る。

また、栃木県黒羽町（現、大田原市）寒井《さぶい》にも「糠塚」があり、五万分の一地形図「大田原」には「糠塚原」と出ている。ここは磐上駅が想定される湯津上《ゆづかみ》村（現、大田原市）湯津上から黒川駅が想定される那須町伊王野とのほぼ中間地点に当たり、木本雅康[50]によって想定された駅路路線も明瞭ですぐ近くを通る。木本によれば、その地名伝承については前掲の「ぬかづく」に起因するとされているようであるが、何に額づいたのかは判らない。また、武茂村（現、馬頭町）富山に「糠塚」があるが、近くに長者屋敷関係地名はなく、想定される駅路からも離れている。

筆者が花巻市の「糠塚」について想定したように、二駅間の中間に何らかの施設を置いたと考えることができるならば、黒羽町寒井の「糠塚」も、丁度二駅間の中央に位置しているので、何らかの中継施設が置かれたのかも知れない。

出羽国では山形県天童市にも市街地東部に糠塚がある。最上駅は山形市に村山駅は東根市に比定されるので、その中間やや村山駅よりになる。従来[51]は村山郡家想定地である東根市郡山に村山駅も在ったとして、羽州街道やＪＲ奥羽線の西側最上川よりに駅路路線を想定する説が一般であるが、駅路は必ずしも郡家を通る必要はなく、駅路の通過地としては山麓寄りが適当と考えられるので、天童市の糠塚附近を通過した可能性がある。緩やかな扇状地上にある孤立小丘陵であるから、駅路路線設定の目標としても好適である。

ところで、和銅五年（七一二）の出羽国建国当時の国府は鶴岡市付近に在ったと考えられているが、同年陸奥国から最上・置賜二郡が加えられているので、両郡と国府との連絡路が必要であった。また、陸奥国府から最上・置賜両郡への連絡路も在ったはずである。当時は征夷・征狄の方策が採られていたので、両国間の連絡は極めて重要な課題であった。ところで、『延喜式』[52]駅路は最上川沿いに通るので北方を迂回することになり、より直通路線が必要とされたと考えられる。そこで筆者は山間地の難路になるが湯殿山の下を通る六十里越の路線を考える。とすれば、東山道本道からの分岐点は天童市ということになるので、その糠塚は分岐点の目標としての役割も果したのではなかろうか。

また、秋田県雄和町（現、秋田市）にある秋田空港の西北に糠塚山（一〇二メートル）がある。『続日本紀』天平宝字三年（七五九）九月己丑（二六日）条に、「始置二出羽国雄勝・平鹿二郡、玉野・避翼・平戈・横河・雄勝・助河、并陸奥国嶺基等駅家一」とある、これらの駅は従来の解釈では出羽国雄勝城への道と解されてきたが、筆者は天平九年（七三七）正月丙申（二一日）条に「先是、陸奥按察使大野朝臣東人等言。従二陸奥国一達二出羽柵一、道経二男勝一、行程迂遠。請征二男勝村一以通二直路一」とあることから考えると、それから約二〇年後に開通した駅路は雄勝を経由して秋田に到達するものであったと考える。仙北郡仙北町（現、大仙市）払田にある払田柵[53]は平安時代の雄勝城であるとされるので、雄勝駅もその附近に在ったと思われる。次駅助河は『日本三代実録』元慶二年（八七八）の秋田城下の蝦夷の反乱に加わらず服属した蝦夷の村の一つに、現在の秋田市河辺町に想定される助河があるので、この地に当てることができよう。とすれば、駅路は秋田空港附近を通った筈であるから、この地名も何らかの関係がある可能性がある。

この他に、『角川日本地名大辞典』（21・岐阜県）の「小字一覧」によれば、飛驒国石浦駅想定地の高山市石浦町に「ぬか塚」の地名を見たが、現地は確認していない。

以上はいずれも東北日本の例であるが、西南日本では熊本県宇土市網津《あみづ》町に「糠塚」の小字地名がある。同地は隣地の住吉町と共に緑川の河口近くにあって、緑川から加勢川を通じて熊本市国府町に在った肥後初期国府に連絡する、国津[54]であったと考えられる地点である。「糠塚」地名の由来については聞いていないが、古来の港に起った長者に因むとも考えることができよう。

註

（1）斎藤忠「長者屋敷考」『一志茂樹博士喜寿記念論集』一九七一年。『日本古代遺跡の研究・論考編』吉川弘文館、一九七六年、所収。
（2）中山が編纂したものを、色川三中（一八〇二～一八五五）が訂正した常陸国の地誌。
（3）木下良「常陸国古代駅路に関する一考察―直線的計画古道の検出を主として―」『國學院雑誌』八五―一、一九八四年。
（4）木下良「常総地域の古代交通路について」『常総地域における交通体系の歴史的変遷に関する総合的研究』（科学研究費による研究成果報告書・代表岩崎宏之）一九九二年。
（5）片平雅俊「古代道路跡と藻島駅家跡比定地の調査―日立市十王町伊師所在藻島駅路跡・長者山遺跡―」『考古学ジャーナル』五六六、二〇〇七年。
（6）日立市では国庫補助を受けて二〇〇八年から五カ年計画で長者山遺跡の調査を実施している。
（7）前掲註(3)。
（8）豊崎卓『東洋史上より見た常陸国府・郡家の研究』山川出版社、一九七〇年。「駅家と駅道」『茨城県の歴史』山川出版社、一九七三年。
（9）木下良「「香島に向ふ陸の駅道」について」『茨城県史研究』七六、一九九六年。
（10）黒澤彰哉ほか『岩間町東平遺跡発掘調査報告書』岩間町教育委員会、二〇〇一年。
（11）大槻文彦「陸奥国古駅路考」『歴史地理』三―六、『復軒雑纂』所収。

(12)水田義一「安芸国」藤岡謙二郎編『古代日本の交通路』Ⅲ、大明堂、一九七八年。
(13)日野尚志「西海道における大路（山陽道）について」『九州大学文学部九州文化史研究所紀要』三二、一九八七年。
(14)大金宣亮・田熊清彦・木村等『下野国府』Ⅲ（栃木県埋蔵文化財調査報告書42）、栃木県教育委員会、一九八一年。同『下野国府』Ⅳ（栃木県埋蔵文化財調査報告書50）、栃木県教育委員会、一九八二年。大金宣亮・田熊清彦・木村等・大橋泰夫・中野正人『下野国府』Ⅴ（栃木県埋蔵文化財調査報告書54）、栃木県教育委員会、一九八一年。大金宣亮・田熊清彦・木村等・大橋泰夫『下野国府』Ⅵ（栃木県埋蔵文化財調査報告書63）、栃木県教育委員会、一九八五年。田熊清彦『下野国府』Ⅷ（栃木県埋蔵文化財調査報告書90）、栃木県教育委員会、一九八八年。
(15)木下良「上野・下野両国と武蔵国における古代東山道駅伝路の再検討」『栃木史学』四、國學院大學栃木短期大學史学会、一九九〇年。
(16)金坂清則「下野国」藤岡謙二郎編『古代日本の交通路』Ⅱ、大明堂、一九七八年。
(17)大橋泰夫・安藤美広「長者ヶ原遺跡」『（財）とちぎ生涯学習文化財団埋蔵文化財センター年報』一二、二〇〇二年。板橋正幸『長者ヶ原遺跡』栃木県教育委員会・（財）とちぎ生涯学習文化財団、二〇〇七年。
(18)中山晋「付録　鴻野山地区推定東山道確認調査概要」『栃木県埋蔵文化財調査報告書』一〇五、栃木県教育委員会、一九八九年。木下実ほか『東山道駅路発掘調査報告書―厩久保遺跡・助治久保遺跡・清水畑遺跡の調査―』（那須烏山市埋蔵文化財調査報告1）栃木県那須烏山市教育委員会、二〇〇七年。
(19)根本豊徳・中村真由美「清水台遺跡」条里制・古代都市研究会編『日本古代の郡衙遺跡』雄山閣、二〇〇九年。
(20)高松俊雄「福島県清水台遺跡」条里制・古代都市研究会編『日本古代の郡衙遺跡』雄山閣、二〇〇九年。
(21)福島県郡山市都市開発部・福島県郡山市教育委員会・（財）郡山市埋蔵文化財発掘調査事業団『荒井猫田遺跡（Ⅱ区）第14次発掘調査報告』二〇〇二年。
(22)木下良「「立石」考―古駅跡の想定に関して―」『諫早史談』八、諫早史談会、一九七六年。
(23)板橋源・花山寛美「高山掃部長者伝説焼米出土遺跡」『岩手大学学芸学部研究年報』一六、一九六〇年。
(24)「宮沢遺跡」『東北自動車道遺跡調査報告書』Ⅲ（宮城県文化財調査報告書二八）宮城県教育委員会、一九八〇年。

(25)　山路直充「下総国井上駅について」『市立市川考古博物館年報』一九九二年。
(26)　吉野秀夫「『更級日記』の足跡を追う」千葉歴史文化サロン発表資料、二〇〇八年。
(27)　藤岡謙二郎『都市と交通路の歴史地理学的研究』大明堂、一九六〇年。木下良「敦賀・湖北間の古代交通路に関する三つの考察」『敦賀市史研究』二、一九八一年。
(28)　「筑後国府跡　合川町・東合川町・朝妻町・御井町」『久留米市史』一二・資料編・考古、一九九四年。
(29)　木下良「西海道の古代官道について」『大宰府古文化論叢』下、吉川弘文館、一九八三年。「古代道路の複線的性格について—駅路と伝路の配置に関して—」『古代交通研究』五、古代交通研究会、一九九六年。
(30)　日野尚志「筑後川流域右岸における条里について—筑前国夜須・上座・下座三郡、筑後国御原・御井（一部）二郡の場合—」『佐賀大学教育学部研究論文集』二三、一九七五年。
(31)　木下良「律令制下における宗像郡と交通」『宗像市史』通史編二、一九九九年。
(32)　中津市教育委員会『長者屋敷遺跡』中津市文化財調査報告書26、二〇〇一年。
(33)　佐賀県教育委員会『古代官道・西海道肥前路』一九九五年。
(34)　木下良「肥前国」藤岡謙二郎編『古代日本の交通路』Ⅳ、大明堂、一九七九年。
(35)　木本雅康『古代の道路事情』吉川弘文館、二〇〇〇年。
(36)　新野直吉「令制水駅の実地研究」『日本歴史』一八四、一九六三年。
(37)　藤本利治「志摩国」藤岡謙二郎編『古代日本の交通路』Ⅰ、大明堂、一九七八年。
(38)　金田章裕「参河国」藤岡謙二郎編『古代日本の交通路』Ⅰ、大明堂、一九七八年。
(39)　大脇保彦「常陸国」藤岡謙二郎編『古代日本の交通路』Ⅰ、大明堂、一九七八年。
(40)　金坂清則「下野国」藤岡謙二郎編『古代日本の交通路』Ⅱ、大明堂、一九七八年。
(41)　山田安彦「陸奥国」「出羽国」藤岡謙二郎編『古代日本の交通路』Ⅱ、大明堂、一九七八年。
(42)　木下良「「車路」考—西海道における古代官道の復原に関して—」『歴史地理研究と都市研究』上、大明堂、一九七八年。
(43)　木下良「肥後国」藤岡謙二郎編『古代日本の交通路』Ⅳ、大明堂、一九七九年。

(44)『延喜式』には「仁主」とあるが、高山寺本『和名類聚抄』には「仁王」とあり、相当する現地に「仁王」の小字地名があることから、高山寺本『和名類聚抄』の駅名が正しいと考える。
(45) 山田安彦「出羽国」藤岡謙二郎編『古代日本の交通路』Ⅱ、大明堂、一九七八年。
(46) 新野直吉『古代東北の開拓』塙書房、一九六九年。
(47) 譽田慶恩・横山昭男『山形県の歴史』山川出版社、一九七〇年。
(48) 木下良「事例研究、7岩手県和賀郡江釣子村・紫波郡紫波町間の直線的古道状痕跡（東山道・陸奥国）」『日本古代律令期に敷設された直線的計画道の復原的研究』（科学研究費報告書）國學院大學、一九九〇年。
(49) 板橋源「岩手県江釣子村新平遺跡発掘概報—古代駅家擬定地—」『岩手大学学芸学部研究年報』一五、一九五九年。
(50) 木本雅康「下野国那須郡を中心とする古代交通路について」『歴史地理学』一四八、歴史地理学会、一九九〇年。
(51) 例えば「むらやまのえき」『古代地名大辞典』角川書店、一九九九年。
(52) 木下良『事典　日本古代の道と駅』吉川弘文館、二〇〇九年、「東山道・出羽国」参照。
(53) 高橋富雄「払田柵と雄勝城」『日本歴史』一九七三年。阿部義平「古代の城柵について」一九八二年。鈴木拓也「払田柵と雄勝城に関する試論」『古代東北の支配構造』吉川弘文館、一九九六年。
(54) 木下良「肥後国府の変遷について」『古代文化』二七—九、一九七五年。

五　清水と井戸

『養老廐牧令』「須置駅」条に「凡諸道須レ駅置者。毎二世里置二一駅一。若無二水草一處。随レ便安置。不レ限二里数一。其乗具及蓑笠等。各准二所レ置馬数一備之」（傍線筆者）とあるように、駅家の設置場所としては先ず水草の便が考慮された。『延喜式』駅名にも近江国・信濃国・伯耆国にそれぞれ清水駅があり、下総国に井上、美濃国と武蔵国に大井、伊予国に近井、筑後国に御井、豊後国に石井、日向国に長井など井の付くものがあり、また肥後国と大隅国には大水駅があるなど、水に因む駅名が多い。

1　清　水

一志茂樹は「宿駅考」[1]と言う論文で、特に古代とは限定していないが古道のあり方として、「粮米・馬粮をはじめ、ときには宿舎等、物資の補給源としての村落と滾々として湧く清水とを点綴することは、古道成立の基礎条件とすべきであろう。よく古道にそうて、何々清水があり、箱清水のごとくいみじくも古色掬すべき地名を残してゐる例が少なくない」と述べて、清水が古道成立の基礎条件の一つであることを述べている。

藤岡謙二郎も「小字名と地形の検討からする『延喜式』の諸駅及び交通路の歴史地理学的研究」[2]で、先ず『延喜式』以前の交通路として奈良時代の大和から近江に至る道路が、木津川東岸の京都府綴喜郡井手町にある「玉水」の名で知られる清泉の所在地を経由したと考えられることを挙げ、『延喜式』駅路では山陰道丹波国野口駅想定地の園部町（現、南丹市）東本梅に駅名と同じ字「野口」の近くに字「清水谷」があること、佐治駅想定地の兵庫県青垣町（現、丹波市）中佐治に字「大道田」「畑大道」などと共に「清水」があることを、また摂津国を通過する山陽道葦屋駅が想定される兵庫県芦屋市打出に「清水谷」があることなどを挙げて、古代駅の所在地における清水地名に注目している。

『古代日本の交通路』Ⅰ～Ⅳ（一九七八・九年）によれば、畿内では言及する所がないが、東海道では大脇保彦[3]が上総国大前駅[4]を千葉県富津市本郷の字厩尻附近に想定するが、これに付している字図によれば、その隣地に字「清水」がある。東山道では桑原公徳[5]が近江国清水駅を足利健亮[6]の研究に従って滋賀県安土町西老蘇の「清水鼻」を遺称として同地に比定し、美濃国各務駅を想定する岐阜県各務原市鵜沼に関係地名として大道と共に字「清水」を挙げている。信濃国清水駅は一志茂樹[7]によって長野県小諸市諸に想定されたが、青木伸好[8]は同地には土井清水・弁天清水などと呼ばれる湧水地があり、字「清水田」もあることを述べ、また長倉駅に想定する軽井沢町沓掛の字図を示しているが、駅名の遺称である字「長倉」の南に字「湍水」と記すものがある。滝沢主税編『明治初期長野県町村字地名大鑑』によれば「端水《はしみず》」らしい。陸奥国では『福島県史』（一巻、一九六四年）が岑越駅を福島市「清水町」に手懸かりを求めようとしているということである。

北陸道では真柄甚松(9)が濃飯（飫）駅に比定する福井県小浜市平野に駒田と共に「谷清水」の地名を挙げている。

山陰道では但馬国において武藤直(10)が養耆駅に想定する兵庫県養父市関宮町八木に字「清水」があることをあげている。中林保(11)は伯耆国清水駅を想定する鳥取県琴浦町八橋に「清水屋敷」「清水裏」「清水尻」「清水前」など一連の清水地名が在ることを挙げ、また出雲国野城駅の遺称地である島根県安来市能義の隣地矢田に馬の谷などの地名と共に「清水」地名のあることを挙げている。

山陽道では言及が無い。南海道では服部昌之(12)が阿波国郡頭駅を徳島県板野町板西大寺に駅名をそのまま残す字「郡頭」があることを指摘しているが、その付図に拠れば郡頭の東方約五〇〇《メートル》に字「泉口」、さらに三〇《メートル》に字「清水」がある。羽山久男(13)は伊予国近井駅を井守神社のある土居町中村字大道の上に想定し、駅名は湧泉のある井守神社に因むものとする。

西海道では高橋誠一(14)が筑前国石瀬駅を斉明天皇の磐瀬行宮が在ったとされる福岡市南区三宅に比定したが、旧三宅村に大字「清水」があることを挙げている。戸祭由美夫(15)は豊前国社埼駅を複数の「ヲンマヤ」地名のある北九州市門司区楠原に想定し、「泉ヤシキ」の字名があることを挙げているが、その付図によれば「ヲンマヤノ上」の隣地に在る。また戸祭が担当した豊後国でも、荒田駅を大分県玖珠町で荒田の転化と見られる有田の小字名のある大字大隈に想定するが、その付図（図1—1）によれば有田の隣地に「鑓水《やりみず》」「御手水《おちょうず》」がある。これ等は同地の亀都起《きつき》神社境内にある湧水(16)に由来するものであろう。

肥前・肥後両国は筆者(16)が担当したが、肥前国山田駅想定地の長崎県雲仙市吾妻町（旧山田村）に「御手水平《おちょうずだいら》」「御手《おちょう》水堤《ずづつみ》」があり、肥後国では大水駅の駅名は想定地の熊本県南関町大津山麓にある菖蒲井に由来すると考えられる事をあげ、江田駅比定地の和水町江田には台地上を横切る道路状痕跡があり、その西台地下に字「志水」東台地下に「御

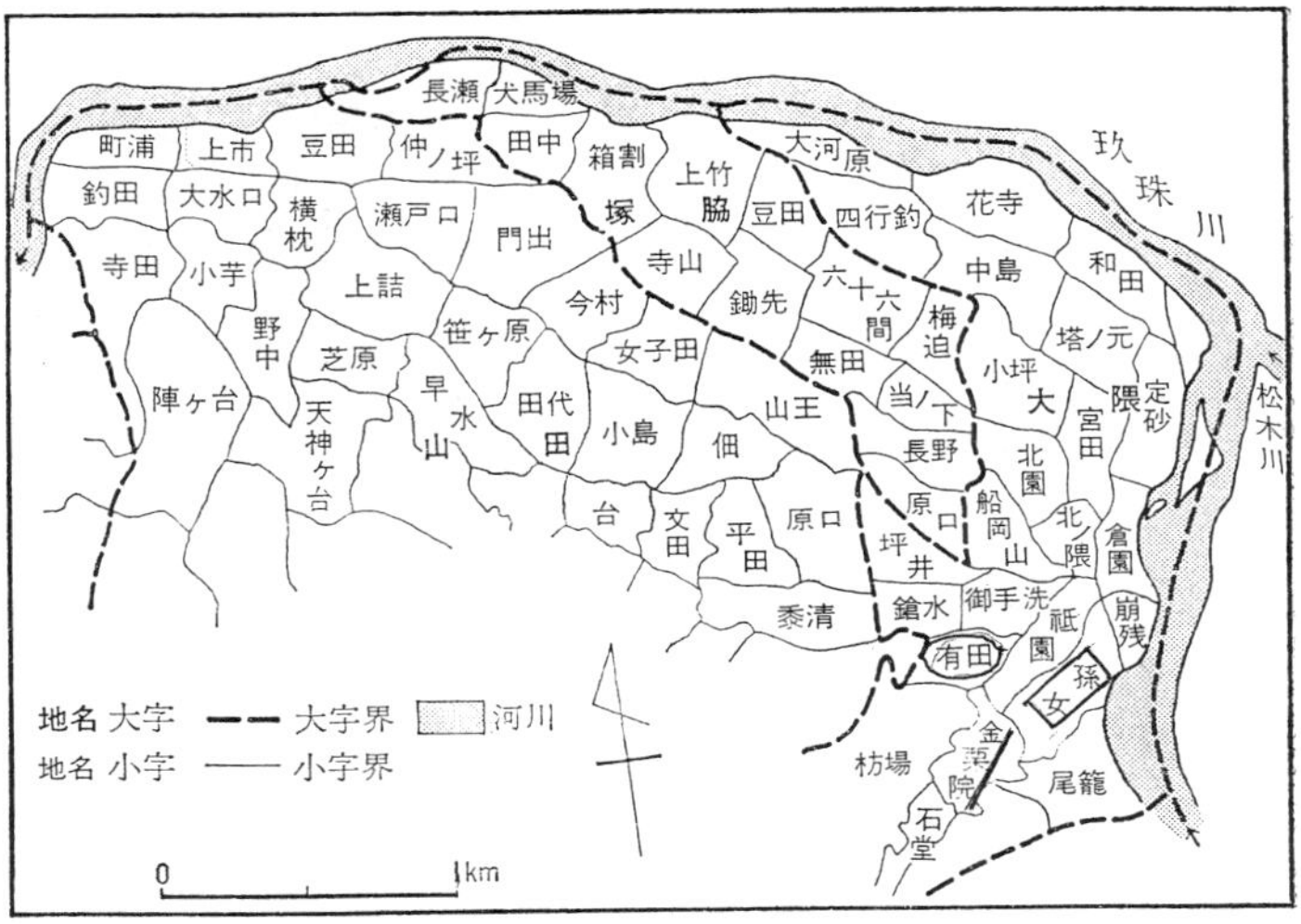

図 1—1　豊後国荒田駅想定地の小字（戸祭由美夫原図に加筆）

手水」の通称地名があり、坂本駅想定地の菊陽町原水では付図に「水尻」地名、二重駅には阿蘇外輪山の急崖下の湧水、高屋駅を想定した宇城市三角町波多には「清水」「御手洗」の字名があることなどを指摘した。その他では、高橋誠一(17)が壱岐国優通駅を想定する長崎県壱岐市石田町西触に「泉」地名があることをあげている。

『古代日本の交通路』では国ごとの担当者によって地名の取り上げ方が異なるので、ここに挙げられなかった所でも再検討すれば、より多くの泉・井地名が見出される可能性がある。例えば、東山道美濃国不破駅は従来『保元平治物語』や『吾妻鏡』などにも出て古代末から中世に宿《しゅく》として栄えた青墓（岐阜県大垣市）とするものが多かったが、『古代日本の交通路』Ⅱで桑原は「駅馬・伝馬の機能・管理から考えれば、国府と郡家の推定地の中間にある垂井付近が妥当のように考える。」としている。筆者(18)も同感であるが、垂井地名の基になった「垂井の泉」の存在が駅家立地のかなり重要な条件と

図1—2　吉野ヶ里遺跡の奈良時代の遺跡
古代道路の切通しと井戸．切通しの北側(左)に「神崎部駅」と思われる掘立柱建物部，南側の森は日吉神社(未発掘)．

なったと考えている

長野県文化財保護協会編『信濃の東山道』（二〇〇五年）によって、東山道駅路沿いの清水地名を見ると以下のようなものがある。美濃と信濃国境の神坂峠（一五九五メートル）は東山道随一の難所であるが、その美濃側の峠下海抜一一〇〇メートル程の地点に「強清水《こわしみず》」の湧水がある。付近で須恵器や土師器も出土しており、古代の旅人の休息利用が知られる。伊那盆地を通過した東山道駅路が深沢駅を過ぎて辰野町今村徐鼻《よけばな》の隘路に差し掛かるが、ここには「徳本水」と呼ばれる清水がある。伊那から松本平へ越える善知鳥《うとう》峠を越えた上西条の神社境内にも「強清水」と呼ばれる湧泉がある。

松本平から保福寺峠を越えて上田盆地に出るが、西側の峠下に一遍上人に因む「一遍清水」がある。同書には採り上げていないが、東側の中腹にも「一杯清水」の湧水がある。清水駅については前記したが、想定地小諸市諸には浅間山麓の湧水地が多い。

2　井　戸

湧水の無い所では井戸を掘る必要があり、佐賀県吉野ヶ里遺跡[19]で検出された古代道路と奈良時代の建物遺構は、『延喜式』には見えないが『肥前国風土記』神埼郡に「驛壹所」とある駅に関ると見られるが、道路に沿って大型の井戸が発掘され、その排水路は道路側溝に繋がっていた（図1—2）。また、肥後国佐職（佐色）[20]駅は熊本県葦北町佐敷を遺称地とするが、佐敷の隣地花岡の木崎遺跡の井戸から「佐色驛」記載の木簡[21]が出土しているなど、駅に井戸は付き物と言ってよい。

清少納言『枕草子』の「井は」の最初に見える「ほりかねの井」は狭山市堀兼に在って歌枕として知られているが、武蔵野台地上で名の通り井戸を掘り兼ねる所であるから、深く井戸を掘るために螺旋状に下る、いわゆる「まいまいず井戸」の形式をしている。当地は宝亀二年（七七一）武蔵国が東山道から東海道に所属替えになるまで、東山道武蔵路の路線に当たると見られるが[22]、その後も交通路としては機能し、鎌倉時代にも鎌倉街道の一路線として利用されていた。

次に挙げられる「玉の井」は、京都府井出町に在って井出の玉水として知られたが、ここは藤岡が指摘しているように、木津川右岸を通る平城京からの東山道・北陸道の路線に当たる。平安時代にも京都と南都奈良を結ぶ主要道路であった。またその次に挙げられる「走り井は逢坂なるがをかしきなり」とあるように、古来の交通の要所であった逢坂山にあり「関の清水」として知られた。

註

（1）一志茂樹「宿駅考」『信濃』八―七、一九五六年、『地方史の道―日本史考究の更新に関聯して―』一九七六年、所収。
（2）藤岡謙二郎『都市と交通路の歴史地理学的研究』大明堂、一九六〇年。
（3）大脇保彦「上総国」藤岡謙二郎編『古代日本の交通路』Ⅰ、大明堂、一九七八年。
（4）従来の『延喜式』諸本に上総国大前とある駅は、九条家本『延喜式』に天前《アマサイ》とあるのが本来の駅名で、諸本の大前は誤記と考えられる。
（5）桑原公徳「近江国」藤岡謙二郎編『古代日本の交通路』Ⅱ、大明堂、一九七八年。
（6）足利健亮「恭仁京の京極および和泉・近江の古道に関する若干の覚え書き」『社会科学論集』一、大阪府立大学、一九七〇年。
（7）一志茂樹「清水駅址考」『信濃』一―九、一九四九年。
（8）青木伸好「信濃国」藤岡謙二郎編『古代日本の交通路』Ⅱ、大明堂、一九七八年。
（9）真柄甚松「若狭国」藤岡謙二郎編『古代日本の交通路』Ⅱ、大明堂、一九七八年。
（10）武藤直「但馬国」藤岡謙二郎編『古代日本の交通路』Ⅲ、大明堂、一九七八年。
（11）中林保「伯耆国」藤岡謙二郎編『古代日本の交通路』Ⅲ、大明堂、一九七八年。
（12）服部昌之「阿波国」藤岡謙二郎編『古代日本の交通路』Ⅲ、大明堂、一九七八年。
（13）羽山久男「伊予国」藤岡謙二郎編『古代日本の交通路』Ⅲ、大明堂、一九七八年。
（14）高橋誠一「筑前国」藤岡謙二郎編『古代日本の交通路』Ⅳ、大明堂、一九七九年。
（15）戸祭由美夫「豊前国」「豊後国」藤岡謙二郎編『古代日本の交通路』Ⅳ、大明堂、一九七九年。
（16）木下良「肥前国」「肥後国」藤岡謙二郎編『古代日本の交通路』Ⅳ、大明堂、一九七九年。
（17）高橋誠一「壱岐国」藤岡謙二郎編『古代日本の交通路』Ⅳ、大明堂、一九七九年。
（18）木下良監修・武部健一著『完全踏査　古代の道―畿内・東海道・東山道・北陸道―』吉川弘文館、二〇〇四年。

(19) 佐賀県教育委員会『吉野ヶ里』（佐賀県文化財調査報告書一一三）一九九二年。
(20) 前掲註(16)。
(21) 山本崇「二〇〇八年全国出土の木簡」第三〇回木簡学会報告資料、二〇〇八年。
(22) 木下良「上野・下野両国と武蔵国における古代東山道駅伝路の再検討」『栃木史学』四、國學院大學栃木短期大學史学会、一九九〇年。

六　大道・大路その他の道路関係地名

1　大道について

『日本書紀』仁徳天皇十四年条に「是歳作㆓大道㆒置㆓於京中㆒、自㆓南門㆒直指之至㆓丹比邑㆒」の記事があり、また推古天皇二十一年（六一三）に「自㆓難波㆒至㆑京置㆓大道㆒」、孝徳天皇の白雉四年（六五三）には百済・新羅使の来朝に際して、「脩㆓治處處大道㆒」などの記事が見えるので、古代幹線道路を考える際に「大道」（ダイドウ・おおみち）地名に留意する必要があることは当然である。

但し、「大道」「大路」の語は古代に限って用いられたものではない。中世の土地関係の文書に示される四至にしばしば「大道」や「大路」が出てくるが、これらは当時その地方での幹線道路を言うことが多く、必ずしも古代の駅路のように全国的な大道とは限らない。したがって、現在地名に残る大道や大路もそのまま古代駅路とすることはできないことに留意しなければならない。もっとも地名として残るからには、それなりの主要道路ではあったことを意味するのであろう。

例によって藤岡謙二郎編『古代日本の交通路』全四巻を一覧すれば、以下のような例が挙げられているので、その後の知見も加えながら検討してみたい。

（1）畿　内

大和国で秋山日出雄(1)が大和郡山市額田部北方の「大道東」「大道西」を挙げて、平安時代に入って高市郡から移転した国府であるとする大和郡山市今国府と、額田部南方の板東の板屋ヶ瀬に在ったと想定する国府外港との連絡路に当たるのであろうとして、これらは上・中・下の三道とは無関係であることから、当時は大和川の水運が重視されたことを意味すると解している。しかし、今国府は平群郡であるが『和名類聚抄』には「国府在高市郡」とあるから、少なくとも一〇世紀当時の国府は高市郡にあり、大和の国府に付いて論じた和田萃(2)も今国府への移転は一一世紀以降としているので、おそらく秋山説は見当違いであろう。これらの地名は田村吉永(3)が路東条里と路西条里の一町の食い違いに関わるとして採り上げた、幅一町の大道に因む地名であるが、これについては道路と条里との関係について論じる際に述べることにする。

摂津国と河内国では難波京の正中線を南に延長した難波大道がある。これは岸俊男(4)がその路線の存在を指摘し、発掘(5)によって幅一八メートルの大道が確認され、その沿線の大阪市天王寺真法院町に当って「下ノ大道」「下ノ大道口」などの字名があるところから付けられた名称であるが、最初に述べた仁徳天皇十四年条に見える大道を思わせるものがあり、また推古天皇二十一年の難波から飛鳥に至る大道であった可能性もある。後者の経路は一般的に竹之内峠を越えて大和では横大路に連絡すると考えられている。

和泉国において、足利健亮(6)が和泉国府を通る小栗街道は条里の界線に沿って直線的に通っており、古代の南海道駅路を踏襲したものと思われるが、その沿線には「東大路」「西大路」という集落名が見られることを指摘している。なお、小栗街道は『説教節』の「小栗判官」で小栗判官が熊野に向った際の街道と言う意味で、中近世の熊野街道であるが、この付近では古代駅路の路線が後世まで踏襲されたことを示す。

（2）東海道

平安時代の東海道は近江国で東山道と分かれるが、足利健亮[7]は条里に沿って西南・東北に直線に通る東山道に対して、東海道はこれから直角に分岐したと考え、野洲川の谷口に位置する伊勢落集落は古くは伊勢大路であったということから、これを目指す経路を想定したが、これに沿って字「小大道《こだいどう》」「下小大道」があること、また、甲西町朝国に「大道」、土山町頓宮に「上大道」などの地名があることをあげている。

金田章裕[8]は駿河国永倉駅を黄瀬川左岸長泉町本宿に想定しているが、その付図によれば御殿場方面への道路の東側に「大道東」の字がある。

秋山元秀[9]は、甲斐国で御坂峠を越えた駅路が国府方面に向う道路に沿って、御坂町上黒駒に「大道」の小字地名があることを記している。また、相模国では海老名市大谷の小字「上浜田」「下浜田」を遺称として浜田駅を同地に比定するが、その付図によれば、ここから東北方に向う近世の厚木街道に沿って、房地に「道ノ上」「道ノ下」、柏ヶ谷に「大道付」の小字地名を見る。ほぼ直線的に通る厚木街道の路線はほぼ古代駅路を踏襲したとみてよいであろう。

大脇保彦[10]による常陸国では、『風土記』に河の両岸にあったとする河内駅名を残す、北岸にある水戸市上河内町に隣接する田谷町に「大道」の地名がある。

（3）東山道

桑原公徳[11]によれば、美濃国の方県駅想定地岐阜市長良に「長良大路」、各務駅想定地各務原市鵜沼に道下・中道・馬場・清水などの地名と共に「大道」、坂本駅の一比定地中津川市駒場に前に述べた「馬屋の尻」と共に「大道上」があるという。

『古代日本の交通路』では採り上げていないが以上の他に、信濃国では黒坂周平『東山道の実証的研究』（一九九二年）によれば伊那市から箕輪町にかけての春日街道と呼ばれる直線的道路(12)に沿って、「大道」「大道上」「大道東」「大道上」などがあり、最後の箕輪町大字中箕輪字「大道上《おおみちうえ》」の大道上遺跡(13)では、道路に平行して西側に九世紀後半の遺物を伴う溝が検出され、現在道路下方には硬化面が認められたので、これらは東山道に因む地名と遺構であろうと考えられる。

（4）北　陸　道

桑原公徳(14)による近江国では、三尾駅の遺称地である滋賀県高島郡安曇川町（現、高島市）三尾里の近くに字「駒田」「大道浦」、また饗庭昌威氏所蔵の『注進木津庄引田帳』(15)に見える「東大道」地名が新旭町（現、高島市）の道路沿いに、今津町（現、高島市）上弘部に字「大道西」、鞆結駅想定地のマキノ町（現、高島市）石庭の「鞆結」「北鞆結」の東側の道路に沿って字「大道東」「大道西」などがある。

真柄甚松(16)による若狭国では、弥美駅想定地の福井県美浜町河原市に現在道路を挟んで字「大道ノ下」と「駒ヶ田」がある。

真柄による越前国では、松原駅想定地の福井県敦賀市松原町字松原の東北海岸寄りに字「中道通」「大道通」、また真柄が丹生駅に想定する越前市広瀬町字「上馬塚」「下馬塚」の東北方の現在道に沿って字「大道筋」、阿味駅に想定する越前市味真野に字「東大道」「西大道」などがある。ただし、真柄の想定によれば阿味駅は北陸道幹線から東方に突出した形の行き止りになるので疑問が持たれる。その後、門井直哉(17)は淑羅駅と朝津駅の間に、丹生駅を通る路線と阿味駅を通る二路線並存説を発表しており、この説では駅路は味真野を通ることになるが、『延喜式』では他にこのような駅路の並行路線は無く全く例外的になることに問題がある。

越後国では、鶉石駅想定地の新潟県能生町大字鶉石の東方約二キロに大字「大道寺」があるが、小林健太郎(18)は駅路が海岸部を通ると思われるので、内陸に位置する同地を駅路関係とするには疑問があるとしている。また小林が大家駅を想定した出雲崎町には大字勝見に字「古道」、大字尼瀬に「大道《おおみち》」「大道下」などの小字地名がある。小林は柏崎市剣野町の三島神社付近に想定する三島駅から、寺泊町に想定する佐渡への渡海駅である渡戸駅に至る駅路は、海岸伝いに通ると解したが、足利健亮(19)は現在のＪＲ越後線にほぼ沿う内陸ルートを提唱していた。その後、和島町島崎・両高で検出された八幡林官衙遺跡(20)で「□家驛」と書かれた墨書土器が出て大家駅との関係が推測されたが、さらに八幡林遺跡の東南約二キロにある同町小島谷にある下ノ西遺跡(21)で「驛」と読める可能性のある墨書土器が出土し、平城京馬寮跡で確認された「馬の洗い場」類似の長大な土坑が検出され、これを駅跡とみる可能性が強くなったので、海岸路線は駅路ではないことになる。

足利健亮(22)の担当になる佐渡国では、佐渡国府関連遺跡と考えられる真野町若宮遺跡に近接する、同町四日市の高野《こうや》遺跡で「驛」と読める墨書土器が出土していることから、佐渡国最終の雑太駅を同地に比定する。その付図「国府址とその付近」によれば、松埼駅に想定される畑野町松崎から小佐渡山地を越えて国分寺付近から国府に向う道路が「大道」、その東方を流れて国府域を東から北にまわるように流れて国府川に合流する川が「大道川」、国府から東方に佐渡島を横断する方向に通る道路が「横大道」とされている。

（5）山　陰　道

竹岡林(23)は、山城国から丹波国に入る老ノ坂の山城側麓である京都市西京区大枝沓掛町の南側にある大枝西長町に「大道星東筋」「大道星西筋」の小字があることを指摘しているが、これが何を意味するかは述べていない。近世の街道は沓掛を通るので無関係である。「星」が何を意味するかも不明であるが、両字の間の線は足利健亮(24)が想定した奈良時代の山陰道の推定路線にほぼ当たるので、これに関する地名の可能性がある。

丹波国に入ってからの山陰道本道沿いに、大枝駅想定地の亀岡市篠に「古大道」があり、星角駅想定地の兵庫県氷上町（現、丹波市）石生付近について列挙される地名の中に「大路」があるが所属大字を記していないので地図上では求めることができない。佐治駅想定地の青垣町（現、丹波市）中佐治から山垣にかけての小字地名に「大道田」「カゴ畑大道下」「松倉大道下」などがあるという。竹岡は丹後支路を星角駅で分岐するとしているが、この経路は迂回路になるので、高橋美久二[25]や武部健一[26]が示すように篠山町（現、篠山市）西浜谷に想定される長柄駅で分岐するとする説が適当で、二〇万分の一地勢図によれば、これに沿って春日町（現、丹波市）東部に「大路」地名があるが竹岡は挙げていない。竹岡が挙げる地名の中でも春日町鹿場《かんば》「中大道」、同町野上野《のこの》「北中大道」「南中大道」は高橋や武部が想定する路線に沿っているようである。その先は、市島町（現、丹波市）矢代「大道ノ上」「大道ノ下」を経て竹岡が市島町上竹田段宿に想定する日出駅に達し、福知山市正明寺「大道ノ下」、同市笹尾「大道」、同市今安「大道」「大道下」と続いて、福知山市瘤ノ木に想定される花浪駅に達し、与謝《よさ》峠を越えて丹後国に入るのであろう。竹岡は駅名を花浪ではなく『延喜式』の一本にある前浪として花浪駅比定地を通らず、福知山市下佐々木「大道」、同市中佐々木「大道」、同市雲原「大道迫下」「大道下モ」と通る経路をとって与謝峠に達すると解して、その入口に当る福知山市小田に駅を想定するが、『延喜式』古写本の九条家本などは花浪としており、またこの経路は不自然な迂回路になるので適当でない。大道地名は必ずしも古代の駅路によるものではないことを改めて留意したい。

竹岡による丹後国でも、与謝峠降り口の加悦《かや》町（現、与謝野町）与謝に「上ハ大道」「上大道」「大道下」があり、金屋の「滝大道」、野田川町（現、与謝野町）三河内の「大道」と続き、加悦町明石の「大道」は別路に当たるようで、勾金駅は野田川町四ツ辻が適当と考えられる。

武藤直が担当した但馬国には大道関係地名は挙げられていない。

以遠の山陰道については中林保[27]が担当している。まず因幡国東部では、ほぼ現在の国道九号の路線をとって海岸地方を通る経路と、雨滝街道と呼ばれる国府川沿いの内陸を通る経路との二説があり、中林保は前者を採るが、この経路は国府町中郷に在った国府を通らないことが適当でないように思われる。中林は国府町の国分寺北方に「大道」があり、国府南方に東西に通る通称「奈良道」と呼ばれる古道があって、東方の岡益にも「大道」があることを挙げて、これらは岡益から南方に通って、『日本後紀』大同三年（八〇八）に見えて廃止された莫男・道俣両駅を経て美作国東部を通って播磨国に通じる駅路に当るとしているが、国府から南に向かう経路は他に適当な路線があるのに、この経路は東方に迂回することになるので、むしろ前記の因幡国東部の内陸路線から国府に出る道と解するのが自然ではなかろうか。

国府の西方には鳥取平野の正方位をとる条里が展開するが、後に戸祭由美夫(28)が指摘するように、そのほぼ平野の中央に位置する独立丘陵の「大路山《おおろやま》」を目標にするかのように、西北と西南から条里に斜向して通る直線の道路状痕跡があるので、これらが駅路に当るのではなかろうか。その西方路線が山陰道本道に当ると思われ、中林が敷見駅を想定した鳥取市桂見に達する。伯耆国では大道地名は挙げられていない。

出雲国においては、宍道駅を想定する宍道町（現、松江市）佐々布に小字「大道」がある。

石見国では、仁摩《にま》郡の中心地で条里が施行されている仁摩町（現、大田市）仁万《にま》に小字「大道」、江津《ごうつ》市都治本郷に「大道」「引馬」、浜田市上府《かみこう》に「大道」「大道下タ」などが挙げられているが、他に神英雄(29)は温泉津《ゆのつ》町福光に「大道ヶ廻」、江津市都野津《つのづ》に「大道」地名があるとする。

（6）山　陽　道

播磨国は武藤直(30)が担当し、明石川西岸の旧林村地籍内に「大道一丁目」「大道二丁目」があるとしているが、筆者(31)は明石川西岸の西国街道に沿って後述する条里余剰帯が存在することと「大道ノ上」の小字があることを見出した。

千田稔(32)は『続日本紀』延暦八年（七八九）十二月条、同十年十一月条に見える播磨国の「水児船瀬《かこのふなせ》」の位置を加古川右岸の加古川市東神吉町升田の字船ヶ瀬に比定する可能性について、近くに「大道」地名があることから、古代山陽道は加古川市野口町古大内に推定されている賀古駅から北を廻って、日岡山麓を西に向って加古川を渡ったと考えられることを挙げて、同地が水陸交通の結節機能を有していたことを指摘している。駅路がこのような迂回路をとるとしたのは、加古川右岸の三角州未発達の地を通過するとは考えられないとしてのことであるが、加古川左岸の各駅想定地間を直線に結ぶ路線が、空中写真に明瞭な痕跡を残して大字界にも合致することから駅路の名残と見られるが、賀古駅想定地以西でも加古川両岸に展開する条里地割に対して認められる条里余剰帯にそのまま接続するので、少なくとも当初の山陽道駅路は直線的に三角州を横断していたことを示す。とすれば、大国の「大道」地名は本来の山陽道駅路とは別路の関係地名ということになる。

布勢駅は龍野市小犬丸《こいぬまる》の小犬丸遺跡に比定され、発掘調査されて駅跡であることが確認されたが、武藤の付図「布勢駅家付近」によれば、遺跡の北側に字「大道ノ上」、南側に「大道ノ下」がある。龍野市街地南部から東光寺を通ってこれに通じる道路に沿って条里余剰帯が認められることから、当時の山陽道駅路であることは明らかである。一方、その付図に示されるように、その南方の北沢にも字「大道」地名がある。武藤はこれについて触れていないが、その東方の太子町は法隆寺領　鵤　荘《いかるがのしょう》の旧地で、嘉暦四年（一三二九）の『播磨国鵤荘絵図』(33)には同荘を東西に横切る「筑紫大道」「大道」が描かれており、また永徳二年（一三八二）の『播磨国弘山荘田畑実検絵図』(34)は鵤荘の東西南北に分散する同荘の条里坪付を示すが、それぞれ文字で記される東方の「八町縄手大道」と、西方の「大道」はいずれも鵤荘の「筑紫大道」と「大道」の東方延長と西方延長に当る。これらは中世の山陽道であったことを示し、揖保川を渡って武藤の図に見える北沢の「大道」を通って小犬丸の「大道ノ下」に至って古代山陽道に合することになる。(35)なお、今川了俊の『道行ぶり』では途中の経路は不明であるが、「恋の丸」とあるのが小犬丸のことと思われるので、中世山陽道の道筋も以上に挙げた「大道」地名によって知ることができる。

足利健亮(36)は後掲図5―12のように、備中国では国分二寺の前面を直線に通る総社市と山手村の境界線を駅路路線に想定し、これに沿って「大道下」の地名があることを挙げているが、この想定路線に沿っては明瞭な条里余剰帯が認められ、また尼寺前のその延長線上で古代道路遺構[37]が発掘確認されているので、この想定は適当である。

周防国周防駅の位置については光市小周防《こずおう》に当てる説と、熊毛町（現、徳山市）呼坂《よびさか》に比定する説とがあり、後者は今川了俊の『道行ぶり』に「海老坂《えびさか》」と言う地名が見えるのを呼坂に当てたもので、「呼坂《エビ》」とした例もあるらしい。水田義一[38]は小周防をとり、八木充[39]も疑問符を付しながら小周防とし、また武部健一[40]もこれを採っている。ところで、『（山口県）歴史の道調査報告書山陽道』（一九八三年）によれば下松市久保市に「大道」地名があることを挙げている。この「大道」は呼坂に連なる路線に位置しているので、この地名が古代に基づくものであれば呼坂説が有利になるが、これまで見て来たように中世起因の「大道」も多いので、これだけでは判断できないが、筆者は呼坂経由が最短距離の路線をとり、小周防経由は迂回路になるので前者を採りたい。水田が呼坂説を排する理由として「呼坂を通過する道は丘陵地を直線的に切り取って作った人工的な道路で、その起源を古く遡るには根拠が乏しい」としているが、このような状態こそ古代道路の特徴であることが今では明らかになっているからでもある。

水田も指摘しているように、『大日本地名辞書』が周防国八千《ヤチ》駅を現在の防府市台道《だいどう》に比定しているのは、大道とも書かれることによるものらしいが、地名の起源について『防長地下上申』によれば、豊臣秀吉が朝鮮出兵の際に台ヶ原に仮屋を設けたので台の道と書いて台道になったとし、一方『防長風土注進案』には秀吉が古道を改めて大道にしたが、大道が転じて台道になったとするなど諸説があるようである。

（7）南　海　道

服部昌之[41]の担当になる紀伊国では、奈良時代の南海道は大和国から紀ノ川沿いに紀伊国に入ったが、寿永二年（一一八三）の作成と見られる『神護寺領紀伊国挊田荘図』[42]に「紀伊川」に沿って「大道」が描かれているのが、これに当ると思われる。駅路の廃止後もなお大道と呼ばれていたことになる。『日本後紀』に見えて弘仁二年（八一一）に廃された萩原駅も同荘域に当る和歌山県かつらぎ町萩原に比定されるが、服部の付図によれば、同町西飯降に「大道上」「大道下」、同町大藪に「大道脇」の小字地名がある。

阿波国では、服部は石隈《イハノクマ》駅を『大日本地名辞書』に従って鳴門市木津に比定するが、服部によればその西方大代に「大道」、段関に「大通」「馬越」の地名があるという。

讃岐国では、服部は甕井《モタヒキ》駅を丸亀市郡家《ぐんげ》町付近に想定し、そこから観音寺市柞田《くにた》町に比定する柞田《クヌタ》駅に至る駅路を、三野町（現、三豊市）下高瀬「大道」、豊中町（現、三豊市）笠田笠岡「大道」、善通寺市植田町「大道」、同市柞田町「大道」を結ぶ路線に想定している。以上の路線は丸亀平野から西に現在の国道一一号や高松自動車道と同様に、弥谷山（三八二メートル）と火上山（四〇九メートル）の間を通っているが、丸亀平野に見られる条里余剰帯は飯山《はんざん》町から善通寺市に通じているので、これを採れば火上山の南を東部山（三一二メートル）との間の大日峠を越えることになる。甕井駅の前駅河内駅は国府と同所に在ったが、讃岐国府から伊予国に向うには前者の路線はやや迂回路になるのに対して、後者はほぼ直通するので駅路として適当である。両道は笠田笠岡で合流するので、下高瀬の「大道」は駅路から外れることになる。とすれば、那珂郡家付近を通る前者路線は郡家間を繋ぐ伝路に当たるのではなかろうか。

羽山久男(43)による伊予国においては、第一節で述べたように大岡《オホヲカ》駅を川之江市（現、四国中央市）妻鳥《めんどり》の松木《まつぎ》に比定するが、付図にその想定する駅路に沿って「大道」の小字が記されている。しかし、条里余剰帯はその四町北を通るので、この「大道」地名は南北に通って山背《ヤマシロ》駅を経由して土佐国に通じる駅路に関わる可能性がある。

近井《チカヰ》駅想定地の土井町中村に「大道」、周敷《主フ》駅想定地の西条市周布の隣地吉田に「大道の下」、越智《ヲチ》駅想定地の今治市上徳御厩付近に「大道上」「大道下」「大道添」などの小字地名があげられている。なお、これらに沿う道路は後に四章一節で述べるように「太政官道」と呼ばれ、これに沿って条里余剰帯が認められるので、古代駅路として適当と思われる。

（8）西海道

高橋誠一[44]は筑前国島門《シマト》駅を福岡県遠賀《おんが》町島津に比定するが、ここから津日《ツヒ》駅に想定する玄海町上八《こうじょう》への途中の遠賀町波津に「大道」、また古賀市筵内《むしろうち》を遺称とする席打駅への途中の玄海町牟田尻《むたじり》に「大道」があることを指摘する。しかし、日野尚志[45]が指摘するように、山陽道と同様に大路に当る大宰府道の諸駅は瓦を出土すると考えられ、また駅馬廿三疋と廿二疋を置く島門・津日両駅の中間には廃止された一駅が在ったと考えられるが、瓦の出土によってそれぞれ想定される三駅は、島門駅が芦屋町芦屋の浜口（月岡）遺跡に、駅名不詳の廃止駅が宗像市武丸の武丸大上げ遺跡に、津日駅が福津市畦町《あぜまち》の畦町遺跡にそれぞれ想定され、これらを結ぶ路線は直線的である点も迂回路を採る高橋の想定路線より適当である。したがって、遠賀町波津と玄海町牟田尻の両「大道」地名は駅路とは無関係ということになる。

豊後国に通じる駅路を踏襲したと見られる旧朝倉街道に沿って夜須町に「大道下」、朝倉町大庭に「大道端」、また把木《はぎ》町を通る県道福岡・日田線に沿って「大道畑」などの地名があることなどが挙げられている。

豊前路について高橋は綱別駅の遺称地である庄内町（現、飯塚市）綱分は駅の位置として不適当として、その北約二キロの同町有井に字「大道畑」「馬立」などがあることから、現在の国道二〇一号に踏襲される路線を想定した。しかし二章三節で述べるように、豊前国田河郡では四箇所の「車路」地名と、これに沿って直線的に通る田川市と糸田町との市町界などによって復原される駅路[46]は、まさしく綱分背後にある筑前・豊前国境の関の山峠を目指しているので、やはり綱別駅は綱分に比定されるべきで、有井の「大道畑」「馬立」両地名共に駅路とは無関係ということになろう。

筑後国では、駅路が女山神籠《ぞやまこうご》石《いし》の下を通ることを想定して瀬高町大草に「大道端」があること、狩道駅は「御厩」「作道」「山大道」などの小字地名のある山川町甲田が適当としている。

豊前・豊後両国では、戸祭由美夫[47]の担当で、豊前国では田川市後藤寺に「車路」、夏吉に「大道添《おおみちぞい》」の地名があることを挙げているが、古代の駅ないしは官道の存在を明確に示すものではないとしている。しかし、田河駅は夏吉付近に想定するのを適当[48]とし、また前記したように「車路」地名は駅路に当たると考えられる。豊後国では直入駅を竹田市に想定すると、阿蘇外輪山の坂梨峠を越えて肥後国阿蘇谷に向う路線に「大道」その他の地名があり、また南郷谷に向う路線にも同様に「大道」等の地名があることを指摘して、このような地名では必ずしも官道路線を想定できるものではないことを指摘している。

肥前国と肥後国は筆者[49]が担当したが、想定古代駅路の沿線では野鳥駅の所在が想定される島原市街地に近い旧杉田村内に「大道上」「大道下」などの地名が認められるが、現地は確認していない。それ以外には採り上げていないが、試みに『角川日本地名大辞典』(41・佐賀県)(42・長崎県)の「小字一覧」を見れば、佐賀県では現在佐賀市域に入っている佐賀郡高太郎村に「大道《おおどう》」、同郡淵村に「大道《おおみち》」があり、また現在鹿島市に入っている藤津郡音成村に「大《だい》道《みち》」を見るだけであるが、これらは想定駅路から外れる位置にあり、「おおどう」「だいみち」などの読みは何らかの当て字の感がある。長崎県では長崎市・佐世保市・平戸市・福江市・松浦市・西海町(現、西海市)・小浜町(現、雲仙市)・加津佐町(現、南島原市)などにも見られるが、いずれも想定駅路からは離れている。

肥後国では、想定駅路に沿うものとして、西海道西路では植木町広住の「大道端《おおみちばた》」、熊本市鶴羽田《つるはだ》の「大道端《だいどうばた》」、同市明徳《めいとく》の「大道下《おおみちした》」、城南町今吉野の「大道上《おおみちかみ》」、津奈木《つなぎ》町千代《ちよ》の「大道《だいどう》」、肥後・豊後連絡路では阿蘇市車帰《くるまがえり》の「大《おお》道下《みちした》」、同市波野《なみの》の「大道《おおみち》」「上大道」「中大道」「下大道」「大道日向《ひむき》」などがあるが、熊本市弓削《ゆげ》町の「大道ノ上《おおみちのうえ》」、同市竜田《たつだ》町上立田《かみたつだ》の「大道端《だいどうばた》」は近世豊後街道に沿ってはいるものの古代道路に沿うかどうかは疑問である。また、肥前連絡路に位置するものとしては、宇城《うき》市古保山《こおやま》の「大道《だいどう》」がある。菊池市野間口の「大道端」は、『延喜式』駅路ではないが古代道路の「車路」[50]に沿うと考えられるが、山鹿市方保田《かとうだ》の「大道ノ下《だいどうのした》」と同市名塚の「大道《だいどう》」はその想定路線からもかなり離れている。一方、菊池市森北の「大道下《おおみちした》」は鶴嶋俊彦[51]が想定する鞠智《くくち》城から二重《ふたえ》峠方面に通じるとする「車路」に当たる可能性がある。しかし、また古代道路とは無関係と思われるものも多く、例えば阿蘇南郷

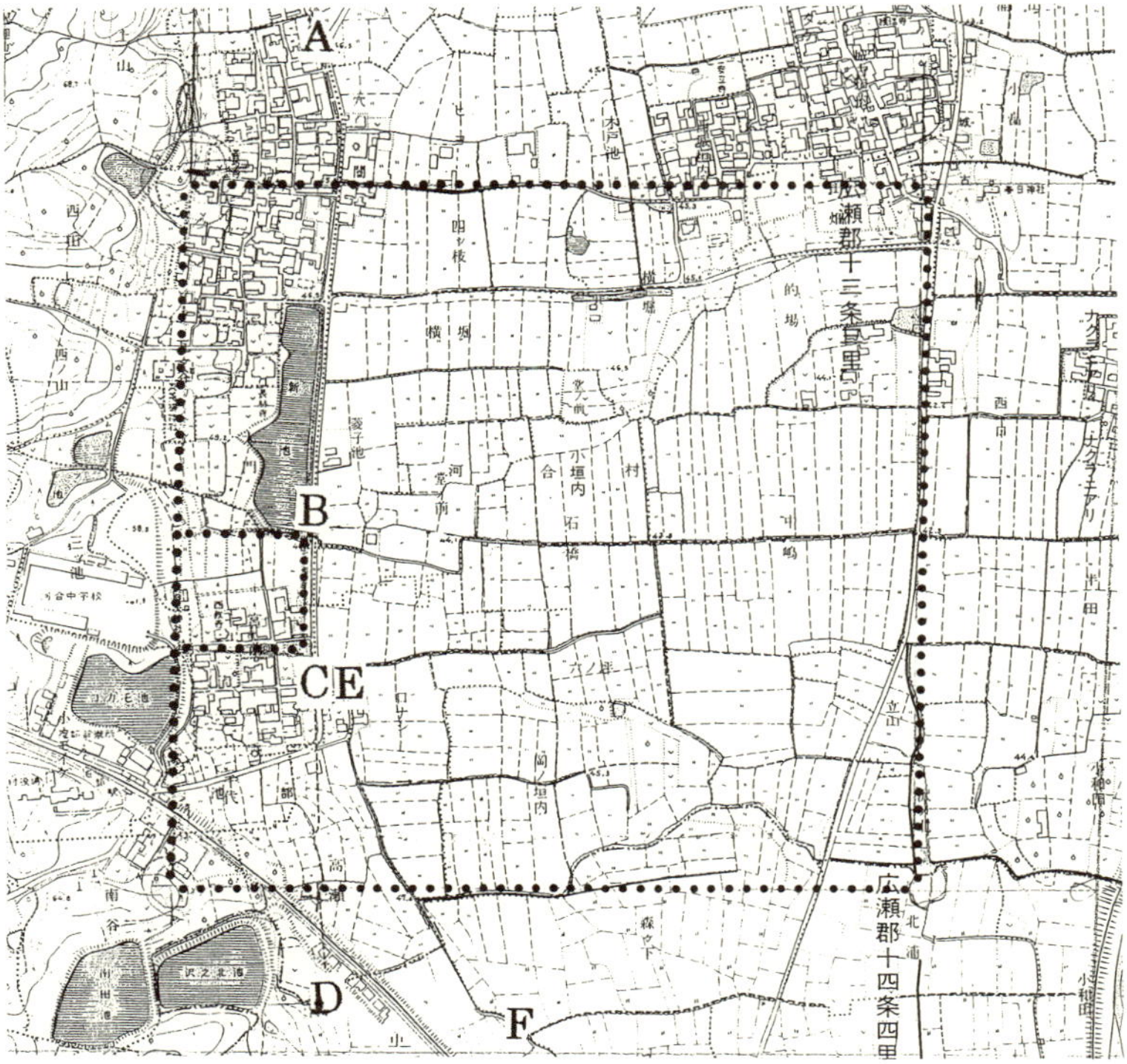

図 1—3 「大和国小東庄内山村吉則紛失状」に見る大道
（「大和国条里復原図」No. 53 の部分を 50% に縮小）

谷には多数の大道地名があり、これらは前記したように戸祭が挙げる豊後国側の大道地名と対応するものであるが、少なくとも『延喜式』駅路とは無縁である。

『古代日本の交通路』では大隅・日向・薩摩の三国と壱岐・対馬の二嶋については、特に大道地名について触れていない。

ところで大道とはどのようなものを言ったのであろうか。古文書に見える「大道」の場所が特定できる所は少ないが、たまたま『平安遺文』掲載の康和三年（一一〇一）の「大和国小東庄内山村吉則紛失状」（四―一四六〇）に見える「広瀬郡下倉郷十三条三里卅三坪地百八十ト　便田一段百八十ト東大道□助高領南畔西北畔」の地点を橿原考古学研究所編『大和国条里復原図』（由良大和古文化研究基金、一九八一年）によって見れば、図1―3に示すように同坪は奈良県広陵町池部の字宮野にあたり現在は寺地と水田になっているが、その東側を南北に通る道路（A―B―C）があるので、この道路が「大道」に当るのであろう。北はそのまま延びるようであるが、南はD点で行き止まりになるので、あるいはE―Fになるのかも知れない。下ツ道の西方約三キロを平行する道路になる。他の集落に通じる道路ではあるが、もとより駅路ではなく近世の街道でもない。

また、岡陽一郎[52]は中世の「大道」について、多くの史料を挙げて当時の大道は馬一頭が通れる程度の所もあり、必ずしも実質的に大きな道ではなかったこと、また土地の売券[53]の四至の三方が大道に限られている例を挙げて、おそらく大道が大きく屈曲していて、その蛇行部分に土地があったのだろうとしている。この例は特別であるが、大道が二方を限る例はしばしば見られるというが、律令期の官道は直線的に通るから、このような状態になることはおよそ考えられない。結局、当時の大道は「自分達の住む地域（郷村級での）の枠を超え、外部へ延びる存在と認識されていたといえる。」と結論しているが、筆者が挙げた前記の康和三年の史料の大道も同様と考えられるので、既に平安時代末期の大道は駅路などの官道の遺称とは限らなかった。

上野国では太田市東今泉町大道《だいどう》の大道西遺跡と大道東遺跡[54]で奈良時代の東山道駅路跡が検出されているので、まさしく大道地名は古代駅路を意味するようにみえるが、ここの場合もこの地名を発掘された古代道路に関係があるとするには大きな疑問がある。特に大道東遺跡での知見によれば、この道路は七世紀第3四半期に敷設されて八世紀後半には廃道になった後は集落になり、一方その後の道路は一キロ余り北の太田市市場町の道原遺跡[55]で検出されているので、そのように早い時期に廃道になって別路が開かれ、おそらく忘れ去られたであろう道路が地名の元になるとは思われないからである。むしろ大道東・西を分ける現在道路が何時開通したかは不明であるが、少なくともこの地方の幹線道路であるから、これを大道と言った可能性が高いように思われる。

以上の例から考えれば、古代の幹線道路が大道と呼ばれた事は文献に徴して事実であるが、大道の呼称はより地方的な道路として後世にも用いられたので、そのまま古代道路の遺称と見ることは慎まなければならない

2　大　路

「大道」地名は全国的に各地に見られるが、「大路」（おおじ）地名はそれほど多くは無い。

「大路」の名で呼ばれる道路は都城の大路を別にすれば、大和平野南部を東西に横切って、南北道路の「下ツ道」と共に大和国条里地制の基準線となった「横大路」が最もよく知られる。この道路の呼び名について和田萃[56]によれば、史料的には古代まで遡りえないが、建久四年（一一九三）四月六日の「葛下郡平田御荘総追捕使清原正秀注進状」（『淡山神社文書』二八）に、「磯野郷」（大和高田市磯野町を中心とした一帯）四至として「北限横大路ヨリ北二町行西東畦際」とあるのが最も古く、続いて建仁元年（一二〇一）の「検非違使庁問注申詞記」（『東大寺文書五』四七号）や永仁二年（一二九四）の「大仏灯油料田記録」に「横大路」の称が見え、また永正十二年（一五一五）に作成された「大和国膳夫荘差図」には「横大路」の記載があることを指摘している。なお、『鎌倉遺文』（二一―六六七）に載せる前記『淡山神社文書』文書には「横路」と在って「大」は欠けている。

和田はさらに、永久六年（一一一八）の「佐美助近田地売券」（『平安遺文』一八八四）や文永元年（一二六四）の「僧継賢名田作手流状」（『東大寺文書九』八〇八）では、横大路を「大道」と記し、嘉元四年（一三〇六）の「舎弟大法師快玄寄進状」（『東大寺要録』巻九）では「横道」としていることを挙げて、一二世紀末頃にはヨコノオホミチ（横大路）と称されており、時には単にオホミチ・ヨコミチと呼ばれていたようであるとしている。

和田によれば、横大路周辺の現在小字地名に、桜井市戒重町「横内」、橿原市小綱町「大道」、同市曽我町「大路堂町」、大和高田市「横大路」町、当麻町竹内「大道」があり、「横内」（ヨコウチ）は横大路（ヨコオオジ）あるいは横

道（ヨコミチ）の転化であろうとしている。

さらに、和田は路西六条と七条の間、三里以西に限って存在する幅一町の地帯を地元ではヨコウチと称していることを挙げ、田村吉永[57]の想定する幅一町の道路に触れて、これが『日本霊異記』下巻第十六話に見える「従㆓鵤聖徳王宮前之路㆒指㆑東西行。其路如㆑鏡、広一町許、直如㆓墨縄㆒」と見える大道に相当すると思われることを指摘する。また路西八条の中央にも「横道」[58]と証する東西道があるので、横大路の称は東西に走る直線道を指す一般呼称と考えられ、いわゆる横大路は大和と河内・難波を結ぶ大道として最も多く利用された結果、一二世紀末頃には既に横大路の呼称が固有名詞化され、現在に至ったものであろうとしている。

なお、和田[59]によれば「大和国磯野荘指図」（『日本荘園絵図集成』下、所収）にも「横大路」の記載があるとしているので『日本荘園絵図集成』によって確認しようとしたところ、図に大きく描いている道路が横大路に当ると見られるが、道路名称の記載については認めることができなかった。また、同絵図についての『日本荘園絵図集成』解説によれば、長禄四年（一四六〇）の「契約申磯野与岡崎之里際目事」（『淡山神社文書』二九）にも「磯野際目西端自横大路ゑ二町行云」とあることがあげられている。

ところで、法隆寺の南大門前を東北方向に通り、富雄川を渡った附近からは路西条里六条と七条の界線に沿って下ツ道に達する、ほぼ現在の国道二五号に踏襲される道路があるが、これに沿って「横内」「大道畑」「横大路」の小字地名がある。千田稔[60]は「北の横大路」と呼んでいるが、前記の田村はこの道路が添下郡と平群郡の郡界に沿ってクランク状に屈折して南折し、二条南で下ツ道に合する幅一町の東西道路になったと解している。田村と千田との解釈は異なるが、確かに南の「横大路」に匹敵する「北の横大路」であった。なお、仁安二年（一一六七）の「大和国高向姉子畠売券」（『平安遺文』七―三四四二）に見えて、「平群郡坂門郷八条九里廿七坪内」に在った「豊国垣内」の四至に「北限大道」とあるのは、法隆寺南大門の前を過ぎるこの道路の西方延長に当たる可能性が高い。秋山日出雄[61]は前記の路西八条の「横路」を北の横大路に比定しているが、想定されるその路線からは三町半程南に位置することになるので、和田が言うように別の「横路」と考えるべきであろう。北の横大路はさらに西南に延びて、奈良時代に難波津への道として盛んに利用された、竜田道に通じることになるのはまた秋山が指摘するところである。

京都市の横大路は伏見区の地域名として知られていたが、その元になった道路については浅井了意『出来斎京土産』（一七〇八年）に「横大路あるひは横小路《よこをち》といふ。世にあやまりて、よこうちといへり。下鳥羽の北のはしを東のかたへ出る道あり。竹田に出る。もとは鳥羽の離宮の横大路なり」と、鳥羽離宮当時に始まった東西道路であるとしているが、大和国の横大路と同様に「よこうち」とも呼ばれたことが知られる。また釈白慧（板内直頼）『山州名跡志』（一七〇二・一七一一年）は「在二下鳥羽南一　人家大路ノ東西ニアリ。此所無レ古。秀吉公代此堤ヲ築テ、北ハ鳥羽南ハ淀ニ至シム。其レヨリ皆人家ヲ堤ノ上左右ニ移スナリ。古ニハ東方今田畠ノ地ニシテ中ニ往還道アリ。号二横大路一伏見ノ城ヨリ当レ西此路摂津河内等ヨリ到レ都街道ナル謂ナリ」としているので、秀吉が堤防を築いてからの南北道路を言うと解する説もあったようであるが、既に『園太暦』の文和二年（一三五三）六月九日条に「鳥羽横大路辺」と出ているので、そんなに後世の成立ではない。

これを古代に遡る東西道路と考えたのは足利健亮[62]が初めてであろう。足利は大和国の横大路と同様に山城盆地を東西に横切る古代の幹線道路であったと考え、紀伊郡条里の三条と四条の界線を東に延長すると桃山丘陵の最南野突端に達することになり、一方、一二世紀末から一三世紀中頃までに成立したと見られる通称「山科郷古図」（別称「山城国宇治郡中条里古図」）に見えて、七条九里にある「地蔵堂」は現在の宇治市六地蔵に当るが、ここから西南に伸びる道路が描かれて九条八里の南辺に達している。この地点は現在では宇治川の南岸に在るが、秀吉の伏見城築城によって宇治川の流路は北に移された結果で、これをそのまま西に通せば桃山丘陵の末端をかすめて、前記の想定線に連なることになるという。さらにこの想定線を西に伸ばせば長岡京の南北京極の中間に当る姉小路に達することになるので、この道路は長岡京域設定の基準線にもなったのではないかとするものである。

足利は大和盆地の横大路が飛鳥・藤原京と難波京とを結ぶ道路であり、北の横大路もまた平城京と難波京を結ぶ道で在ったことを考えると、山城盆地の横大路がそれに匹敵する重要性を持ったのは長岡京の時代をおいて以外は考えられないとして、長岡京から東方に出る東海道・東山道・北陸道を兼ねた駅路として設定されたものとしている。しかし、足利説には問題がある。長岡京を出る官道としての横大路なら、何故小路の綾小路に連なるのかという疑問である。足利は平安京から出た諸道の駅路は皆羅城門から出たという説を述べており、極めて傾聴すべき説であると筆者は考えているが、長岡京では全く異なることになるからでもある。

筆者は、既に長岡京設定以前から横大路は存在していた可能性があるのではないかと考えている。すなわち、大化二年（七四六）正月に発せられた改新詔に見られる畿内国の四至に「北は近江《あふみ》の狭狭波《さざなみ》の合坂山《あふさかやま》」があり、難波京から出た道路は後の山陽道を北に辿って後の山城国に達して、東に合坂山に向うことになるので、未だ条里制施行以前のことであり正東西道路ではなかったとしても、山城盆地を東西に横切る道路があったことになる。後に条里制が施行されて正東西道路に直されたのではなかろうか。それはともかくとして、山城盆地の横大路も東西の幹線道路であったことには間違いない。

筆者[63]は肥前国で、佐賀平野を約一六キロ東西方向に一直線に通る、道路状痕跡を空中写真によって見出し、これを西海道肥前路に比定したが、その大部分は現在道路とは重ならず廃道になっている。その間にあって、現在道路と重なり神埼市川寄を通る部分が、地元では「横大路」と呼ばれていることを、七田忠志[64]の教示によって知った。近世の川寄村は横大路村とも言われていたらしいが、『佐賀県の地名』（平凡社）によれば、大治元年（一一二六）の「櫛田社大宮司職補任案」（『櫛田神社文書』）に「院御領神崎御庄」の中に横大路があるという。この道路痕跡は吉野ヶ里を始めとする数箇所で発掘調査[65]されて古代道路跡であることが確認されたので、ここでも東西に通る幹線道路が「横大路」

と呼ばれ、それが村名になったのであろう。

広島県竹原市新庄町に「横大道《よこだいどう》」の地名があり、『角川日本地名大辞典34　広島県』の「小字一覧」にも「横大道」とあるが、明治三一年測図の五万分の一地形図「竹原」図幅には「横大路」と出ているので、両様の書き方が使われていたのであろうか。新庄町は『和名類聚抄』郷名の安芸国沼田郡都宇郷の比定地として、また『延喜式』都宇駅の想定地でもあったが、『広島県史』(66)はその横大道に駅を想定している。ここは近世山陽道が東西に通り国道二号がその路線をほぼ踏襲している。

なお、何故東西幹線道路を横大路と呼ぶのかということについて、一般に南北を縦として東西を横とする考えがあったからとされる。条里方格を意味する阡陌について、阡を「タテサノミチ・タテシノミチ」、陌を「ヨコサノミチ・ヨコシノミチ」と読ませているので、阡を縦、陌を横の道としていることが知られるが、『大漢和辞典』によれば、阡は「あぜ。あぜみち。田間を南北に通る小路。一説に東西に通る小路」として、『説文新附』の「阡、路東西為レ陌、南北為レ阡」とあるのを引用して、一般的には阡が南北、陌が東西の小路であるとしているからである。

しかし千田稔(67)は、阡陌の語が初出する『日本書紀』成務天皇五年の秋九月条には、「五年の秋九月に、諸国に令《のりごと》して、国郡に造長《みやつこをさ》を立て、県邑に稲置《いなき》を置《た》つ。並に盾矛《たてほこ》を賜ひて表《しるし》とす。則ち山河を隔《さか》ひて国県を分ち、阡陌《たたさのみちよこさのみち》に随ひて、邑里を定む。因りて東西を日縦《ひのたたし》とし、南北を日横《ひのよこし》とす。山の陽《みなみ》を影面《かげとも》と曰《い》ふ。山の陰《きた》を背面《そとも》と曰ふ。是を以て、百姓安く居《す》みき。天下事無し」とあることを挙げて、ここでは東西を縦、南北を横としていることを指摘している。そこで、日本では古くは東西方向すなわち太陽の運行方位を「タテ」としたらしいことが知られるが、後に中国からもたらされた都城設定の原則は北辺部に宮殿を配置して南面するので南北が主軸になる。このような原則が導入されてから、方位の縦と横の関係が変化したのであろうとしている。

土地の売券等に大道と同様に大路とする例も多くは無いが見られる。例えば建久九年(一一九八)の『官宣旨案』

（『鎌倉遺文』一〇二四）に見える安芸国世能荒山庄は世能村と荒山村からなるが、世能村の四至に「西限大路」と見える。隣村の荒山村は『延喜式』駅路の荒山駅の所在地と見られるので、史料は駅制衰退後の中世に入ってからものであるが、この大路は旧駅路を意味した可能性が高い。

京都府宇治市六地蔵にあった藤原氏の墓所の祠堂として置かれた浄明寺の寺領四至は、永暦元年（一一六〇）五月五日に山城国在庁官人等に発せられた「後白河院庁下文」に「□限大路　南限岡屋河　西限伏見坂紀伊郡堺　北限車路」とある。

浄明寺の四至と車路については後述するが、ここでは大路の意味について考えておきたい。奈良時代以前の東山道・北陸道は山科盆地を通り、また『日本後紀』延暦二十三年（八〇四）六月己巳（廿六）条に見えて廃止された山科駅があった。したがって、この大路は廃止された旧駅路と考えるのが最も自然であろう。

3　その他の道路関係地名

（1）　駅路（うまやじ）

承和十二年（八四五）十二月の「紀伊国那珂郡司解」（『平安遺文』一―七九）に記す「墾田並野地池山」の所在地を示す四至には「西至駅路」「南至駅路」とあるように、駅路の場合は明確に「駅路」と記したのであろう。しかし、現在地名で「駅路」として残る例を見ない。駅路を思わせる地名としては駅路《うまやじ》からの転化が考えられる「馬路《うまじ》」がある。

東山道近江国では野洲市に馬路石辺神社があり、足利健亮(68)が想定する東山道に沿っているが、一方では同市の西河原遺跡群で出土した木簡に「馬道郷」や「馬道里」が見えるので、これらとの関連が考えられる。また、木簡にある「馬評」は浜松市伊場遺跡出土木簡に見える「駅評」と同様で評家に包括された駅を意味し、また西河原遺跡群は夜須郡家に比定されることから、高橋美久二[69]や市大樹[70]によれば初期東山道は条里地割に沿って西河原遺跡付近を通り、駅家も馬道郷・馬道里に在ったが、後に足利の想定路線に変わって駅も『延喜式』の篠原駅に移転したと想定した。足利の想定になる近江国の東山道駅路は他郡では条里地割に沿うのに夜須郡では沿わないこと、一方『延喜式』篠原駅は足利の想定が適当と考えられるからである。

山陰道丹波国には亀岡市馬路町があり、大堰川の北岸に在って初期丹波国府が想定される千代川遺跡[71]の対岸に位置しているが、後に国府は馬路町池尻[72]に移転したとする説がある。また、国分僧・尼二寺も馬路の東南約一・五キロに在って、両地を結ぶ直線の道路は古代道路を思わせるものがある。足利健亮[73]はこの道路を奈良時代の山陰道駅路に比定した。全国的に国分寺は駅路に沿うことが多いことが主な理由であるが、馬路の地名も一つの根拠となっている。しかし、西海道豊後国など国分寺が駅路に沿わない例もあり、基本的な問題として丹波国に入った駅路は保津川から大堰川の右岸を通っているのに、往復二回の渡河を繰り返してわざわざ左岸に渡る理由が考えられない。確かに国分寺から馬路を通る道路は古代道の面影をよく残してはいるが、これを山陰道駅路とするのは適当でないと考えられる。あるいは丹波国と若狭国とを結んでいた駅路か、または国内の主要道路であった可能性も残るので、なお検討する必要がある。

山陽道では赤穂市西有年《うね》に「馬路谷」の地名があるらしいが、同地は近世山陽道には沿うが古代山陽道の路線ではない。

南海道では、阿波国に数箇所の「馬路」「馬地」地名がある。北部では吉野川沿いの三好郡に三野《みの》町（現、三好市）勢力《せいりき》の「馬路《うまじ》」、三加茂町（現、東みよし町）西庄の「馬路《うまじ》」、井川町（現、三好市）東井内の「馬路《うまじ》」で、前二者は吉野川流域の左岸と右岸に位置しているが、後者は吉野川の支流井内谷川を四キロ弱入った谷中に在る。また中部では名西郡神山町阿野の「馬地《うまじ》」と同町下分の「馬地《うまじ》」で、鮎喰川上流の山間地に在るが、以上の地名は駅路との関係は考えられない。南部では牟岐《むぎ》町牟岐浦の「馬地《うまじ》」と海部町（現、海陽町）高園の「馬路《うまじ》」であるが、この地方は『日本後紀』延暦十六年（七九七）に廃止された四国周回駅路の通過想定地で、平城京出土木簡に「阿波國那賀郡武藝驛」「阿波國那賀郡薩麻驛」と記すものがあり、前者は牟岐に当ると見られると考えられるから、これらの地名は駅路に関係する可能性がある。(74)

土佐国では安芸郡馬路村がよく知られている。此処も山中で東に山伏峠から吹越峠を越えて徳島県海部町との連絡は考えられるが、足利健亮(75)はより南の地蔵峠を通る経路を考えている。

その足利は四国周回駅路の路線考定に際して、幡多郡佐賀町（現、黒潮町）佐賀の「大馬地」「小馬地」の地名に注目している。しかし、四国の「馬路」「馬地」地名には山中に位置して駅路に関係ないものが多いので、山地特有の地名である可能性が考えられよう。

（2）作り道

主要古代道路が直線的路線をとって道路工事を施して計画的に造成された道路であることが判明している現在、「作り道」「造り道」という地名も注目に値する。足利健亮(76)は特にこの地名に注目して、先ず「鳥羽の作り道」について以下の史料に注目している。『徒然草』（一三三〇〜三一年）に「鳥羽の作道は、鳥羽殿建てられて後の号にはあらず。昔よりの名なり。元良親王、元日の奏賀の声、甚だ殊勝にして、大極殿より鳥羽の作道間で聞こえけるよし、李部王の記に侍るとかや」と、遅くとも天慶六年（九四三）に五四歳で没した元良親王の時代までは遡ることを述べている。ただし、現存の『李部王記』にはこのことは見えないという。

『京都の歴史』（一九六八年）は、この道路が平安京造営以前から存在していて、平安京はこの先行古道を朱雀大路に設定して計画されたとする説があるのに対して、①鳥羽の作り道が条里のあぜ道に重ならないこと、②この道が仮に先にあったとしても、平城京における下ツ道ほどの重要性を持っていたとは考えられないとしている。

しかし、足利は『九条家文書』三に所収の「山城国紀伊郡条里々坪付帳」に示される「朱雀大路」「作道」が一反ないし二反の面積をとって連続していることから考えて、作り道は条里長地型二反を占めて通っていたので一二間（約二〇メートル）以上の幅員を持っていたこと、また詳細な地割調査を行なった結果、この道は各里の一三坪から一八坪に至る坪列の東畦を東限とすること、すなわちこれらの各坪の東畦を東辺として西に拡張して道路を設定したことを明らかにした。従って、作り道は条里の坪界線を基準に設定されたことになるが、紀伊郡条里と平安京条坊は一度内外ではあるが厳密には方位を異にするので、作り道またはその拡張以前の条里坪界線が平安京都市計画の基準線になったことは考えられないとする。

足利はさらに、鳥羽の作り道が鳥羽の「秋の山」で西南方向に転じて、桂川の対岸乙訓郡条里を斜めに切る直線道路の久我畷に通じ、これらは平安遷都後に新設された山陽道・南海道併用道であったとしている。久我畷は発掘調査[77]によって平地に盛土をして造成された道路であったことが明らかにされている。これも一種の作り道であろう。

また足利[78]は京都府木津町南部の条里地帯に、幅一〇メートル前後の窪地が南北に連続して通ることに気付き、これを道路の遺構ではないかと考えた。これを北に追跡すると、その延長は木津市街を通って木津川を渡り、泉橋寺の西側の道路に接続するが、その道路の東側に「東作り道」西側に「西作り道」の小字が現存するので、この道路が作り道と称されていたものと判断した。泉橋寺は『行基大菩薩行状記』に「天平十三年辛巳（七四一）木津川に大橋をわたし、狛の里に伽藍を立、僧院として泉橋院と号す」と見えるものである。したがって泉橋もこの「作り道」に架けられたことになる。とすれば、この「作り道」は奈良坂を越えて木津川を泉橋で渡り、木津川右（東）岸を北に通ってさらに宇治橋を渡り、山科盆地に入ってから東山道と北陸道に分岐する奈良時代の駅路に当ることになる。七節で述べるように宇治橋は大化二年（六四六）に架けられているから、「作り道」の築造時期が問題になるが、道路の路線そのものはおそらく藤原京時代には機能し、その東山道及び北陸道であったのであろう。足利はこの幹線道路を中軸に恭仁京の右京域が設定されたとする。

このように、「作り道」地名は古代道路想定の重要な手懸かりになるが、『古代日本の交通路』では以下の例が述べられている。小林健太郎[79]は北陸道越中国白城駅を『越中史徴』が提唱し、石川旭丸（「白城駅考」『越中史壇』九、一九五七年）が支持して論を展開した、富山県小杉町（現、射水市）白石に比定する説を妥当とする。その根拠として前駅日理駅から白城駅に向かう駅路は、射水郡海岸に大きく入り込んでいた放生津潟の南岸を通ることになるが、その途中に新湊市（現、射水市）「作道《つうりみち》」の地名があり、式内道神社があることを挙げている。また、水田義一[80]は山陽道長門国埴生駅の比定地山口県山陽町埴生に「大道」「作り道」の地名があることを指摘している。

（3）直路（すぐぢ）

一志茂樹[81]は「宿駅考」に「「すぐじ」と呼ばれている軍事上若しくは何か特殊の目的によって開通せられた道ならばともかくとして、一般的には、古道とて、村落から村落を縫って通じてゐたことは、今も昔も、あまり変りのないところであろう」と記している。この場合「古道」には駅路も含んで考えていたようで、一方では軍用道路のような村落の無い場所をも直線的に通る道路も存在したことを考えていたようであるが、具体的に例示されていないので、その実態については不明である。しかし、一志が考えていたような「すぐじ」こそ、まさしく現在判明している駅路などの官道の姿を示している。

そのようなことから、長野県の古道研究者間には用語として一般化したものと思われ、長野県下には小字地名として「直路《すぐじ》」が各地に存在するので、振り仮名がなくても県人は「すぐじ」とすぐ読めるが、他地方にはあまり無い地名であるので「ちょくろ」と読んで、古代道路の特性として知られるようになった直線道路を想像するのではなかろうか。

筆者が知る限りでは古文献に見える直路は、『続日本紀』天平九年（七三七）正月丙申（二十二）条に、「先レ是、陸奥桉察使大野朝臣東人等言。従二陸奥国一達二出羽柵一、道経二雄勝一、行程迂遠焉。請征二雄勝村一以通二直路一。詔二持節大使兵部卿従三位藤原朝臣麻呂、副使正五位上佐伯宿禰豊人、常陸守従五位上勲六等坂本朝臣宇頭麻佐等一、発遣二陸奥国一。判官四人、主典四人」とあるものがあり、これは陸奥国から出羽柵に直通する路という意味で、必ずしも直線的路線という意味ではないようである。

また、中国では、紀元前三世紀に中国全土を統一した秦の始皇帝が、軍事上の総指揮をとった司令部があった首都咸陽の北にある離宮林光宮（現在の陝西省淳化県梁武帝村）から、匈奴に対して設けた前進基地の九原（現在の内蒙古自治区包頭市西南）に至る一八〇〇里（約七五〇キロ）の間に、将軍蒙恬に命じて敷設した「直道」にも相通じるものがある。『史記』「蒙恬列伝」に「秦始皇帝欲游天下、道九原、直抵甘泉、乃使蒙恬通道。自九原抵甘泉、塹山堙谷、千八百里」「塹山堙谷、通直道」などと見えているところである。一方、『続日本紀』天平九年四月戊午（一四）条に見える、大野東人の道路開削の記事には「自導新開通道惣一百六十里、或剋レ石伐レ樹、或塡レ澗疏レ峯、従二賀美郡一至二出羽国最上郡玉野一八十里」とあるのは前記の記事に類似しており、「直道」に対して「直路」であるから、この記事はこの道路を開削した大野東人を蒙恬に擬したものではなかろうか。

日本にも「直道」と称する道路がある。『行基年譜』の「天平十三年記」に見える「直道一所在下自二高瀬一生馬大山登口上」と見えるもので、生馬大山は生駒山であるが、高瀬は大阪府守口市高瀬町に当たる。和田萃[82]は一八八七年発行の二万分の一仮製地形図に見える淀川右岸の南大道村との間に同年記に「高瀬大橋在二島下郡高瀬里一」とある高瀬大橋の存在を、高瀬から生駒山西麓の辻子谷口へ西北から東南にほぼ直線に通る道路を想定している（図1―4）。一方、淀川右岸の道路の延長線上には、やはり行基が設置した垂水布施屋が在ったので、この道路はさらに続くことになる。

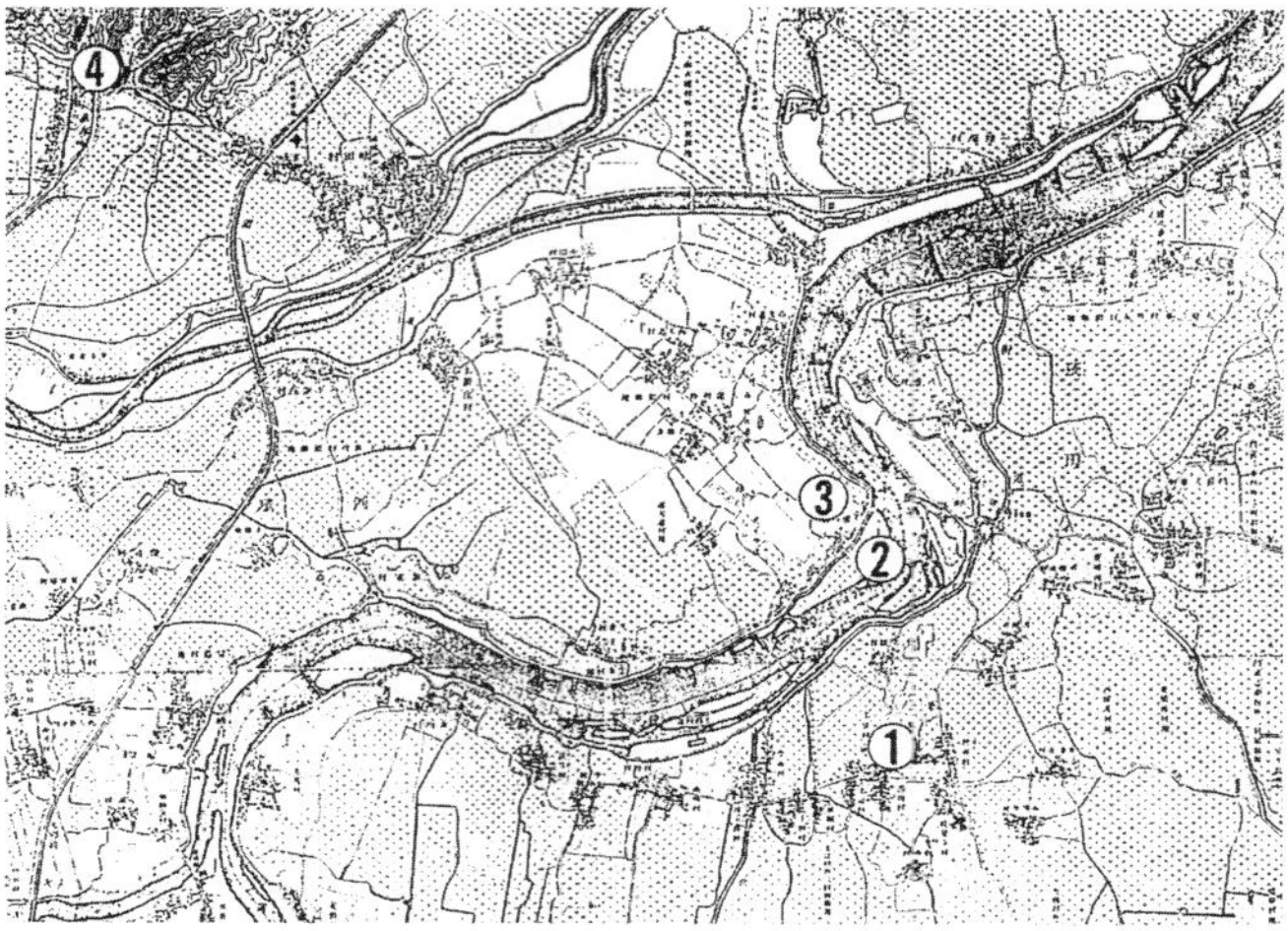

図1―4　和田萃が想定する行基の直道の淀川渡河点（和田萃原図）

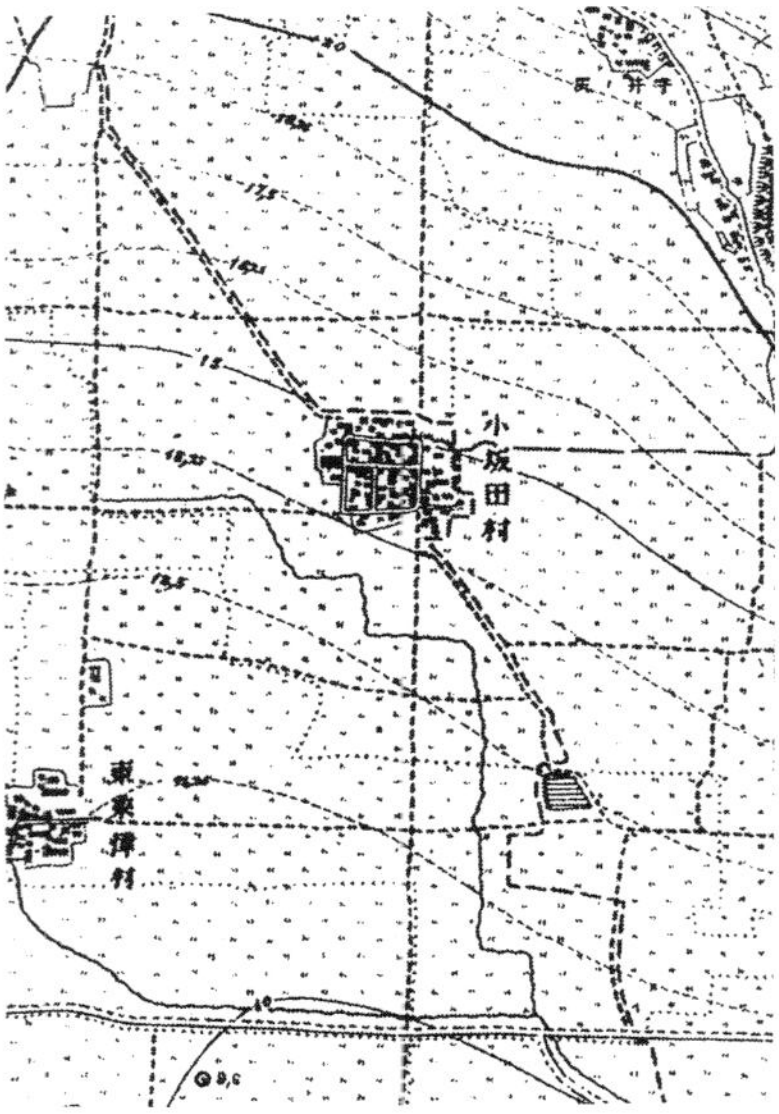

図1―6　大阪空港内にあった豊島・川辺郡界（足利健亮原図）

また、足利健亮[83]は『住吉神代記』に見える「豊島郡城辺山」について述べる部分に見える「山中有二直道一、天皇行二幸丹波国一還上道也」とある直道を、大阪府・兵庫県界になっている長尾山の稜線伝いに直線的に通る道路に比定した（図1―5）。足利は、この直道は天皇の行幸路であり、秦の直道は始皇帝が通り、現在の陝西省と甘粛省の境界をつくる子午嶺の稜線伝いに通ることとの共通点をも指摘する。さらに足利は現在の大阪（伊丹）空港が設置される以前の仮製地形図に、条里地割を斜めに切って西北・東南方向に直線に通る大阪府・兵庫県界もこの直道に連なるかも知れないとしているが、筆者は前記の行基の直道にも連なる可能性が高いようにも思っている（図1―6）。

直道も直路も共に直通と言う意味で、必ずしも平野部を通る駅路などが示す定規で引いたような直線的路線ではない。おそらく一志もそのような意味で述べたものであろうが、果たして長野県下の「直路」「すぐじ」地名はそのような道路を意味するものであろうか。

長野県文化財保護協会編の『信濃の東山道』（二〇〇五年）には、古墳時代以来の古道としての「古東山道」、「令制東山道」（『延喜式』東山道本道）、「東山道支道」（『延喜式』北陸道連絡路）、「木曽路」（『続日本紀』に見える吉蘇路）、その他に『延喜式』以前に越後国沼垂柵・磐舟柵への連絡路であったとする「越後路への連絡路」などの諸道を採り上げているが、その中で「令制東山道」の美濃国坂本駅の想定地の一つである岐阜県中津川市の一色に「直路」、育良駅

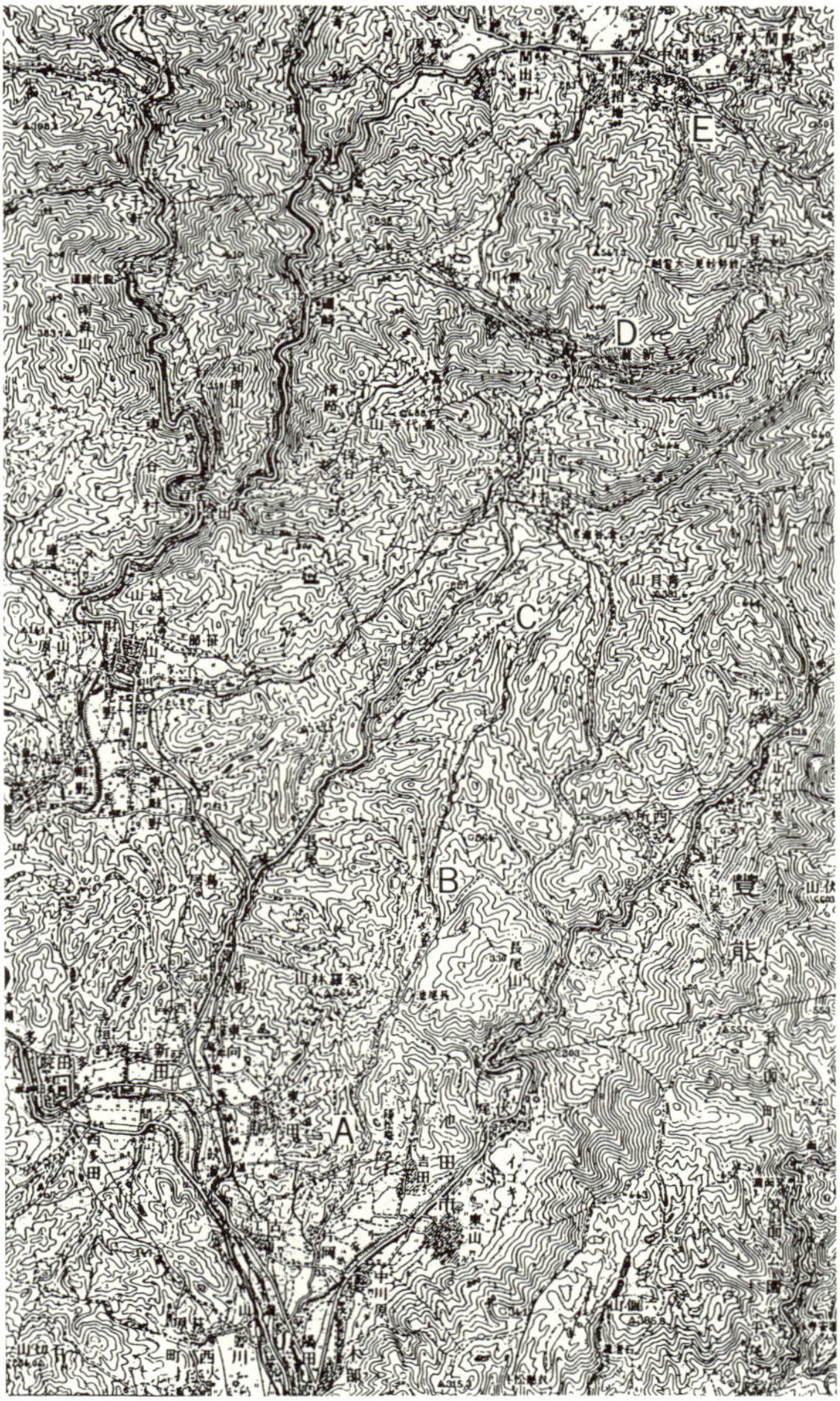

図1—5　足利健亮が『住吉年代記』に見える直道に比定する能勢街道

から賢錐駅への途中として伊那郡家の想定地である飯田市恒川遺跡付近に「すぐじ」、「東山道支道」の麻績駅から曰理駅への途中として、『更埴市史』が想定する路線が戸倉町の「直路」を通るとしていることなどを挙げている。見落としがあるかもしれないが、思ったより少ないという印象を受けた。

そこで、滝沢主税編『明治初期長野県町村字地名大鑑』(84)によって「直路」「すぐじ」地名のある三〇旧村（一村に複数の関係地名があることもある）を地図上に落としてみたところでは、駅路に起因する地名とは考えられないようである。それぞれの「直路」地名の存在する地点について具体的な調査をする必要があるが、この地名は長野県と其周辺地域では知られるが、他地方では全く見られない地名であることから、あるいは長野県やその周辺に多い小祠の「すくじ」(85)の転化である可能性もあるのではないかと疑われる。

（4）　山道（せんどう）

『岐阜県史』通史編古代（一九六〇年）に、「本巣郡には「仙道」という古道が存在する。本巣郡眞正町の浅木から、国領・清水・竹後・乱橋・二軒屋・馬伏を通り、糸貫川をこえて仏生寺・加茂・芝原から岐阜市に入り、又丸・西改田・川部・上尻毛などを通って木田に至る。この間に「仙道」または「先道」という小字がある（『本巣郡志』）。この「仙道」は何時のものかわからないが、もし東山道のなごりであるとすると、眞正町の浅木から籔川をこえた西が大野町の郡家（小字の名）で、此れは大野郡衙の所在地と思われるので、大野駅もこのあたりに考えるべきであろう」として、仙道・先道地名が東山道の名残である可能性を述べている。

一志茂樹の後継者として長野県史古代編を担当することになった黒坂周平はこれを参考に、長野県東山道研究会を組織して長野県内の「せんどう」地名を調査した結果、先ず美濃・信濃国境の神坂峠から阿知駅想定地とされる阿智村駒場までの間に「大山洞《おおさんどう》」と言う地名を中心に大山洞日向・大山道日影・大山道上・大山道下などが、いずれも東山道が通ると思われる路線に沿って存在することを認めた。また、確実に東山道が通過していると考えられる小県郡東部町（現、東御市）では、大字県と五町にそれぞれ「山道《せんどう》」があり、これらは互いに接している。

長野県東山道研究会は黒坂の指揮下に信濃国以外の東山道も調査しているが、黒坂[86]によれば、近江国では想定される東山道に沿って豊郷町八目に道路を挟んで「千堂」と「北千堂」「中千堂」、またその南の高野瀬に「南千堂」の字名があることを指摘している。

また、陸奥国篤借駅を白石市越河の字「山道前」「山道浦」「山道下」「山道根川原」など一連の「山道」地名に比定しているが、その想定駅路からはかなり離れる難点がある。陸奥国ではさらに、栖屋駅と黒川駅間の路線を大和町太田に「遠仙道」があることから、これに沿う県道吉岡塩釜線が古代駅路を踏襲するものとした。

（5）　特有の道路関係地名

地方的に特有の道路関係地名があることがある。

「五万堀」

茨城県小美玉市美野里町の羽鳥・江戸・羽刈の各大字に、それぞれ五万堀[87]と呼ばれる窪地があり、これらは源義家

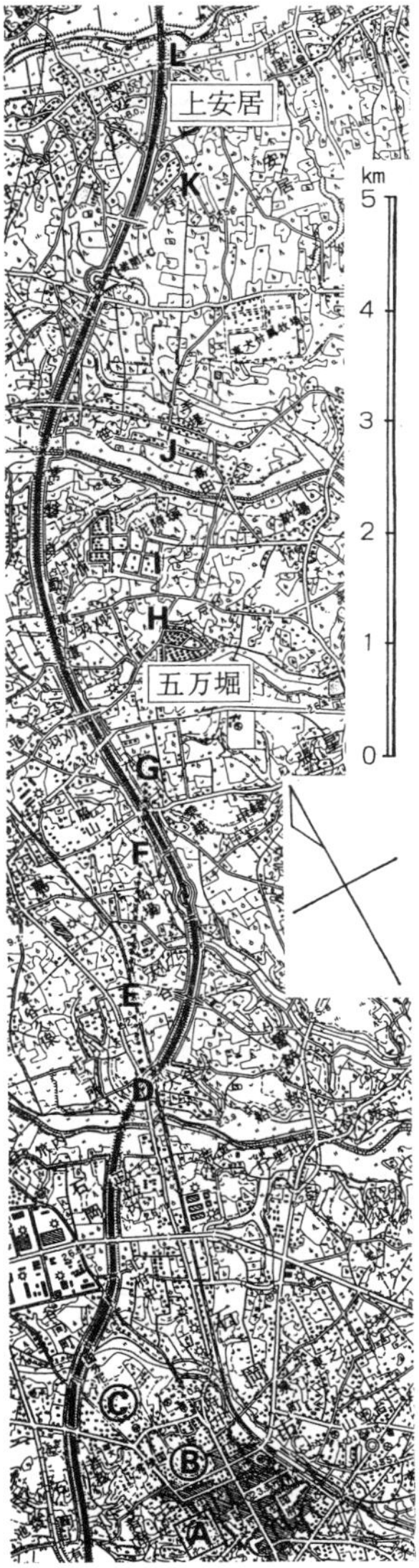

図1―7　「五万堀」地名が残る場所（A 国府，K 安侯駅想定地）

図1—8　笠間市岩間町友部の「五万堀」（西南より東北）

が五万の軍勢を率いて通過した当時の奥州街道の跡であると伝えるが、これらの地名は図1—7に見える直線上にあることが注目され、この線に沿って羽鳥の五万堀から一キロ弱は道路があるが、その先は新しい開墾のために消滅している。しかし、美野里町手堤から先は直線の小道が約二キロ続いて笠間市岩間町域に入る。先はまた不明になるがその延長は安侯駅の想定地である安居《あご》に達する。

さらに涸沼川を渡った笠間市友部町にも、この直線道を境界にする長兎《ながと》路《ろ》と仁古田《にこだ》の両大字に、この道路に沿ってそれぞれ五万堀の字名がある。ここは図1—8に示すように小切通し状の地形で、幅三メートル程の道路が底面を通り一段高くなって幅約六メートルの壇状の平坦地になっていて、その全体は幅約九メートルの道路であったらしい。

なお、安居までの直線道路の方位は北三三度東であったが、以北は北三六度東と僅かに向きを変えて約三・五キロ続く。その先はまた不明になるが、涸沼前川の渡河点付近で断片的に一キロ余が辿られ、そのまま延長すれば那珂郡家関係寺院とされる水戸市渡里《わたり》町の台渡廃寺の東側に出て、那珂川の河岸に下る切通しに達する。那珂川の対岸には河内駅の遺称の上河内町がある。

以上は、筆者が五万堀なる古道痕跡の伝承に留意して行なった駅路の想定であるが、一九九九年に岩間町の五万堀付近が発掘調査[88]され、奈良時代から平安時代に至る幅六〜一〇メートルの道路遺構が検出された。また、安侯駅想定地の東平遺跡[89]でも大型の礎石建物跡や掘立柱建物跡が確認され、また付近から「騎兵長」の墨書土器が出土した。

また小美玉市高崎にも「五万堀」がある。(90) ここは『延喜式』駅路には当らないが、『常陸国風土記』行方郡条に曾尼駅のことを述べる際に見える「向二香島一陸之駅道也」に当る可能性がある。

この地名がこの地方では古代駅路に因むことは確かであるが、源義家当時は既に駅制は衰退していたから、伝承自体は疑問である。おそらく、軍用道路でもあった古代駅路が通っていたことが伝承され、その痕跡を前九年の役・後三年の役などで武人として著名な義家に結びつけたのであろう。また、小美玉市高崎の「五万堀」は義家の通過路としては適当でないように思われる。

「太政官道」

大道地名の所で伊予国越智駅付近の大道地名について述べた際に、これらが「太政官道」と呼ばれる道路に沿うことを触れた。これは片山才一郎(91)の教示によるものであるが、筆者(92)が二五〇〇分の一地図で計測したところ、この道路に沿って約一五メートルの条里余剰帯が認められた。

「勅使道」

宇佐神宮がある豊前国には、宇佐神宮へ奉幣の勅使が通ったという道路が「勅使道」と呼ばれている。宇佐使は『続日本紀』天平九年(七三七)「四月乙巳朔、遣二使於伊勢神宮、大神社《オオミワ》、筑紫住吉・八幡二社及香椎宮一、奉レ幣以告二新羅无禮之状一」とあるのを初見にして、即位の奉告、即位後一代一度の神宝奉献、反乱などの国家危急の際に行なわれ、元亨元年(一三二一)の後醍醐天皇の即位による派遣以後中絶したが、延享元年(一七七四)復興した。『兵範記』によれば、仁安三年(一一六八)高倉天皇即位報告の使者は五剋の駅鈴を給されているから、駅路を経由したことになる。もっとも、当時駅制は殆ど崩壊していたので山陽道諸国司に対して「逓送官符」を出している。

宇佐使は永く続いたので、後世は瀬戸内海を船で行き、豊前国府の東を流れる祓川の下流の今井津(行橋市今井)に上陸し、同市草葉の草葉宮(豊日別神社)に参拝してから宇佐に向ったというから、現在「勅使道」と呼ばれているものは、大部分が駅路自体であるが一部異なる場所もあるようである[93]。しかし、戸祭由美夫[95]も利用しているように、駅路想定には極めて重要な参考になる。

註

（1）秋山日出雄「大和国」藤岡謙二郎編『古代日本の交通路』Ⅰ、大明堂、一九七八年。
（2）和田萃「大和国府について」『国史論集』一九七二年。
（3）田村吉永「大和平野に於ける條里制施行の年代」『大和志』九―八、一九四二年。
（4）岸俊男（「難波―大和古道略考」『小葉田淳教授退官記念国史論集』一九七〇年。『日本古代宮都研究』岩波書店、一九八八年、所収）において存在を指摘した路線に沿って発掘確認された道路をいう。
（5）大和川・今池調査会『大和川・今池遺跡』一九八一年。
（6）足利健亮「和泉国」藤岡謙二郎編『古代日本の交通路』Ⅰ、大明堂、一九七八年。
（7）足利健亮「恭仁京の京極および和泉・近江の古道に関する若干の覚え書き」『社会科学論集』一、大阪府立大学、一九七〇年。『日本古代地理研究』七章二節、大明堂、一九八五年。
（8）金田章裕「駿河国」藤岡謙二郎編『古代日本の交通路』Ⅰ、大明堂、一九七八年。
（9）秋山元秀「甲斐国」藤岡謙二郎編『古代日本の交通路』Ⅰ、大明堂、一九七八年。
（10）大脇保彦「常陸国」藤岡謙二郎編『古代日本の交通路』Ⅰ、大明堂、一九七八年。
（11）桑原公徳「美濃国」藤岡謙二郎編『古代日本の交通路』Ⅱ、大明堂、一九七八年。
（12）黒坂周平『東山道の実証的研究』吉川弘文館、一九九二年、五二・五三頁。
（13）蓑輪町教育委員会『大道上遺跡』一九九六年。
（14）桑原公徳「近江国」藤岡謙二郎編『古代日本の交通路』Ⅱ、大明堂、一九七八年。ふじ
（15）「大道」地名とは直接関係ないが、この地名をあえて挙げたのは、若狭国弥美駅想定地にも大道地名と共に駒ヶ田があり、類似地名が共に存在するからである。

(16) 真柄甚松「若狭国」「越前国」藤岡謙二郎編『古代日本の交通路』Ⅱ、大明堂、一九七八年。
(17) 門井直哉「越前国丹生郡・今立郡の北陸道」『自然と社会』二〇〇六年。
(18) 小林健太郎「越後国」藤岡謙二郎編『古代日本の交通路』Ⅱ、大明堂、一九七八年。
(19) 足利健亮「(東国)交通」藤岡謙二郎編『日本歴史地理総説』古代編、吉川弘文館、一九七五年。
(20) 山本肇・高橋保・田中靖他『八幡林遺跡』和島村教育委員会、一九九二・一九九三・一九九四年。
(21) 田中靖「新潟県和島村下ノ西遺跡検出の官衙遺跡―第5・6次調査の概要―」『条里制・古代都市研究』一七、二〇〇一年。
(22) 足利健亮「佐渡国」藤岡謙二郎編『古代日本の交通路』Ⅱ、大明堂、一九七八年。
(23) 竹岡林「丹波国」藤岡謙二郎編『古代日本の交通路』Ⅲ、大明堂、一九七八年。
(24) 足利健亮「乙訓郡を通る計画街路としての古山陰道について」藤岡謙二郎編『洛西ニュータウン地域の歴史地理学的調査』京都市都市計画局洛西開発室、一九七二年。『日本古代地理研究』所収。
(25) 高橋美久二『歴史の道調査報告書第三集―山陰道―』兵庫県教育委員会、一九九三年。
(26) 武部健一『続古代の道―山陰道・山陽道・南海道・西海道―』吉川弘文館、二〇〇五年。
(27) 中林保「因幡国」藤岡謙二郎編『古代日本の交通路』Ⅲ、大明堂、一九七八年。
(28) 戸祭由美夫「邑法平野地割考」『人文地理学の視圏』大明堂、一九八六年。
(29) 神英雄「石見国の古代山陰道」『いしずえ』〈財〉島根県建築設計事務所協会、二〇〇五年。
(30) 武藤直「播磨国」藤岡謙二郎編『古代日本の交通路』Ⅲ、大明堂、一九七八年。
(31) 木下良「空中写真に認められる想定駅路」『びぞん』六四、美術文化史研究会、一九七六年。「山陽道の駅路―播磨を中心に―」『古代を考える』一七(古代山陽道の検討)、古代を考える会、一九七八年。
(32) 千田稔『埋れた港』学生社、一九七四年。
(33) 「鵤荘実検絵図」西岡虎之助編『日本荘園絵図集成』上、東京堂出版、一九七六年。
(34) 「播磨国弘山荘実検絵図」西岡虎之助編『日本荘園絵図集成』下、東京堂出版、一九七七年。

(35) 岸本道昭「山陽道の南下」『山陽道駅家跡―西日本の古代社会を支えた道と駅―』同成社、二〇〇六年。
(36) 足利健亮「吉備地方における古代山陽道・覚え書き」『歴史地理学紀要』一六、一九七四年。『古代地理研究』八章二節。他に「備中国」藤岡謙二郎編『古代日本の交通路』Ⅲ、大明堂、一九七八年に略述。
(37) 葛原克人「備中国分尼寺」『岡山県史』考古資料、一九八六年。
(38) 水田義一「周防国」藤岡謙二郎編『古代日本の交通路』Ⅲ、大明堂、一九七八年。
(39) 八木充「古代の山陽道」『歴史の道調査報告書　山陽道』山口県教育委員会、一九八三年。
(40) 木下良「肥前国」「肥後国」藤岡謙二郎編『古代日本の交通路』Ⅳ、大明堂、一九七九年。
(41) 服部昌之「紀伊国」「淡路国」「阿波国」「讃岐国」藤岡謙二郎編『古代日本の交通路』Ⅲ、大明堂、一九七八年。
(42)「神護寺領紀伊国挊田荘図」西岡虎之助編『日本荘園絵図集成』上、東京堂出版、一九七六年。
(43) 羽山久男「伊予国」「土佐国」藤岡謙二郎編『古代日本の交通路』Ⅲ、大明堂、一九七八年。
(44) 高橋誠一「筑前国」「筑後国」「壱岐国」「対馬国」藤岡謙二郎編『古代日本の交通路』Ⅳ、大明堂、一九七九年。
(45) 日野尚志「西海道における大路（山陽道）について」『九州大学文学部九州文化史研究所紀要』三二、一九八七年。
(46) 木下良「「車路」考―西海道における古代官道の復原に関して―」『歴史地理研究と都市研究』上、大明堂、一九七八年。「西海道の古代官道について」『大宰府古文化論叢』上、吉川弘文館、一九八三年。「豊前路駅家の変化の可能性」『香春町史』上、二〇〇一年。
(47) 戸祭由美夫「豊前国」「豊後国」藤岡謙二郎編『古代日本の交通路』Ⅳ、大明堂、一九七九年。
(48) 木下良「古代官道と条里制」『香春町史』（上）、二〇〇一年。
(49) 前掲註(40)。
(50) 木下良「「車路」考―西海道における古代官道の復原に関して―」『歴史地理研究と都市研究』上、大明堂、一九七八年。
(51) 鶴嶋俊彦「肥後北部の古代官道」『古代交通研究』七、一九九七年。
(52) 岡陽一郎「中世の大道とその周辺」藤原良章・村井章介編『中世の道と物流』山川出版社、一九九九年。
(53)「覚満田地売券」（『鎌倉遺文』一五四一三文書）

(54)（財）群馬県埋蔵文化財調査事業団『大道東遺跡―東山道が走る古代の大集落跡―』現地説明会資料、二〇〇五年。
(55)柿沼弘之「もう一つの「東山道駅路」」『埋文群馬』（財）群馬県埋蔵文化財調査事業団、二〇〇六年。
(56)和田萃「横大路とその周辺」『古代文化』二六―六、一九七四年。
(57)田村吉永「大和の上中下道及び横大路に就いて」『大和志』九―五、一九四二年。
(58)「五師僧長深田地売券」（『平安遺文』三―一〇九七）に「平群郡八条八里十坪横路北副字古麻田」、「法隆寺五師慶舜処分状」（『平安遺文』五―一九六七）に「字横路」を見るが、和田が挙げる三四四三号文書には見られない。
(59)和田萃「横大路と竹ノ内街道」上田正昭編『探訪　古代の道』（一・南都をめぐる道）、法蔵館、一九八八年。
(60)千田稔「下ツ道の条里について」上田正昭編『探訪　古代の道』（一・南都をめぐる道）、法蔵館、一九八八年。
(61)秋山日出雄「大和国」藤岡謙二郎編『古代日本の交通路』Ⅰ（一九七八年）
(62)足利健亮「山城国」秋山日出雄「大和国」藤岡謙二郎編『古代日本の交通路』Ⅰ（一九七八年）、『日本古代地理研究』所収。
(63)前掲註(40)。
(64)故人、吉野ヶ里遺跡の発見者として知られる。
(65)七田忠昭編『吉野ヶ里』佐賀県教育委員会（佐賀県文化財調査報告書一一三）一九九二年。小松譲『古代官道・西海道肥前路』佐賀県教育委員会、一九九五年。
(66)福尾猛市郎「山陽道と駅制」『広島県史』原始・古代、一九八〇年。
(67)千田稔「横大路の歴史地理」上田正昭編『探訪　古代の道』（一・南都をめぐる道）、法蔵館、一九八八年。
(68)足利健亮「近江の土地計画」『日本古代地理研究』大明堂、一九八五年。
(69)高橋美久二「古代近江国の東山道」『地図と歴史空間』大明堂、二〇〇〇年。
(70)市大樹「西河原木簡群の再検討」（財）滋賀県文化財保護協会・滋賀県立安土城考古博物館編『古代地方木簡の世紀―西河原木簡から見えてくるもの―』（財）滋賀県文化財保護協会、二〇〇八年。
(71)木下良「丹波国府新考」『史朋』四、史朋同人、一九六四年。（財）京都府埋蔵文化財調査研究センター『千代川遺跡』

（京都府遺跡調査報告書一六）一九九二年。
(72) 鵜島三壽「丹波国府の移転―「丹波国吉富庄絵図写」をめぐって―」前掲註(71)『千代川遺跡』。
(73) 足利健亮「古山陰道の変遷」『新修亀岡市史』本文一、一九九五年。
(74) 長谷正紀「阿波国の駅家と駅路について」『和歌山地理』一、一九九一年。
(75) 足利健亮「山陽・山陰・南海三道の土地計画」『新版古代の日本』④中国・四国、角川書店、一九九二年。
(76) 足利健亮「鳥羽の作り道と久我縄手」『日本古代地理研究』大明堂、一九八五年。
(77) 戸原和人ほか「長岡京跡左京第五三次（7ANMSB地区）調査概要」『長岡京文化財調査報告書』一四、一九八五年。
(78) 足利健亮「恭仁京の歴史地理学的研究、第一報―現景観の観察・測定にもとづく朝堂院・内裏・宮域および右京『作り道』考―」『史林』五二―三、一九六九年、『日本古代地理研究』所収。
(79) 小林健太郎「越中国」藤岡謙二郎編『古代日本の交通路』Ⅱ、大明堂、一九七八年。
(80) 水田義一「長門国」藤岡謙二郎編『古代日本の交通路』Ⅲ、大明堂、一九七八年。
(81) 一志茂樹「宿駅考」『信濃』八―七、一九五六年。『地方史への道―日本史考究の更新に関聯して』信濃史学会、一九七六年、所収。
(82) 和田萃「行基の道とその周辺」上田正昭編『探訪古代の道』三（河内みち行基みち）法蔵館、一九八八年。
(83) 足利健亮「摂河泉の古代計画道路」『日本古代地理研究』大明堂、一九八五年。
(84) 長野県が所蔵する明治一九年（一八八六年）完成の「地字調」を原資料とする。
(85) 柳田国男「石神問答」一九四一年再刊、『柳田国男著作集』一二、筑摩書房、一九六三年、所収。
(86) 黒坂周平『東山道の実証的研究』吉川弘文館、一九九二年。
(87) 木下良「常陸国古代駅路に関する一考察―直線的古道跡の検出を主として―」『國學院雑誌』八五―一、一九八四年。
(88) 仲村浩一郎『総合流通センター整備事業地区内埋蔵文化財調査報告書』茨城県教育財団文化財調査報告書一六二、二〇〇〇年。
(89) 黒澤彰哉ほか『岩間町東平遺跡発掘調査報告書』岩間町教育委員会、二〇〇一年。

(90) 木下良「「香島に向ふ陸の駅道」について」『茨城県史研究』七六、一九九六年。
(91) 片山才一郎「今治平野の条里と伊予国府」『人文地理』一三―一、一九六一年。
(92) 木下良「愛媛県今治市域を通る太政官道と条里余剰帯（南海道伊予国越智駅付近）」木下良編『古代を考える　古代道路』吉川弘文館、一九九六年。
(93) 大分県教育委員会『宇佐大路―宇佐への道調査―』（大分県文化財調査報告書八七）一九九一年。
(94) 戸祭由美夫「豊前国」藤岡謙二郎編『古代日本の交通路』Ⅳ、大明堂、一九七九年。

七　渡河関係地名

1　渡《わたり》（曰理）地名

古来大河の渡河に当っては都合のよい場所がかなり限定されるので、歴史的な渡河点が形成される。いったん渡河点が固定すると、そこには両岸の陸上交通路が収斂し、また水陸交通の結節点にもなるので、商業活動が活発になり都市的集落が発達する。いわゆる渡津集落で、地名も曰理（亘理）・渡・渡里・渡利などと表記されることが多い。『延喜式』兵部省式「諸国駅伝馬」条には、東山道信濃国に二箇所の曰理駅と越中国に曰理駅があるが、『和名類聚抄』郡郷名にも陸奥国曰理郡、下総国印旛郡曰理郷・美濃国賀茂郡曰理郷・美濃国可児郡曰理郷・陸奥国信夫郡曰理郷・陸奥国曰理郡曰理郷・出羽国飽海郡曰理郷・越中国婦負郡曰理郷・因幡国八上郡曰理郷・豊後国日高郡曰理郷・肥後国菊池郡曰理郷などがあり、また『和名類聚抄』には見えないが『肥前国風土記』によれば肥前国養父郡曰理郷があった。これらの曰理はいずれも渡河点に当るので本来渡であったものが、好字令によって二字で表記されたもの

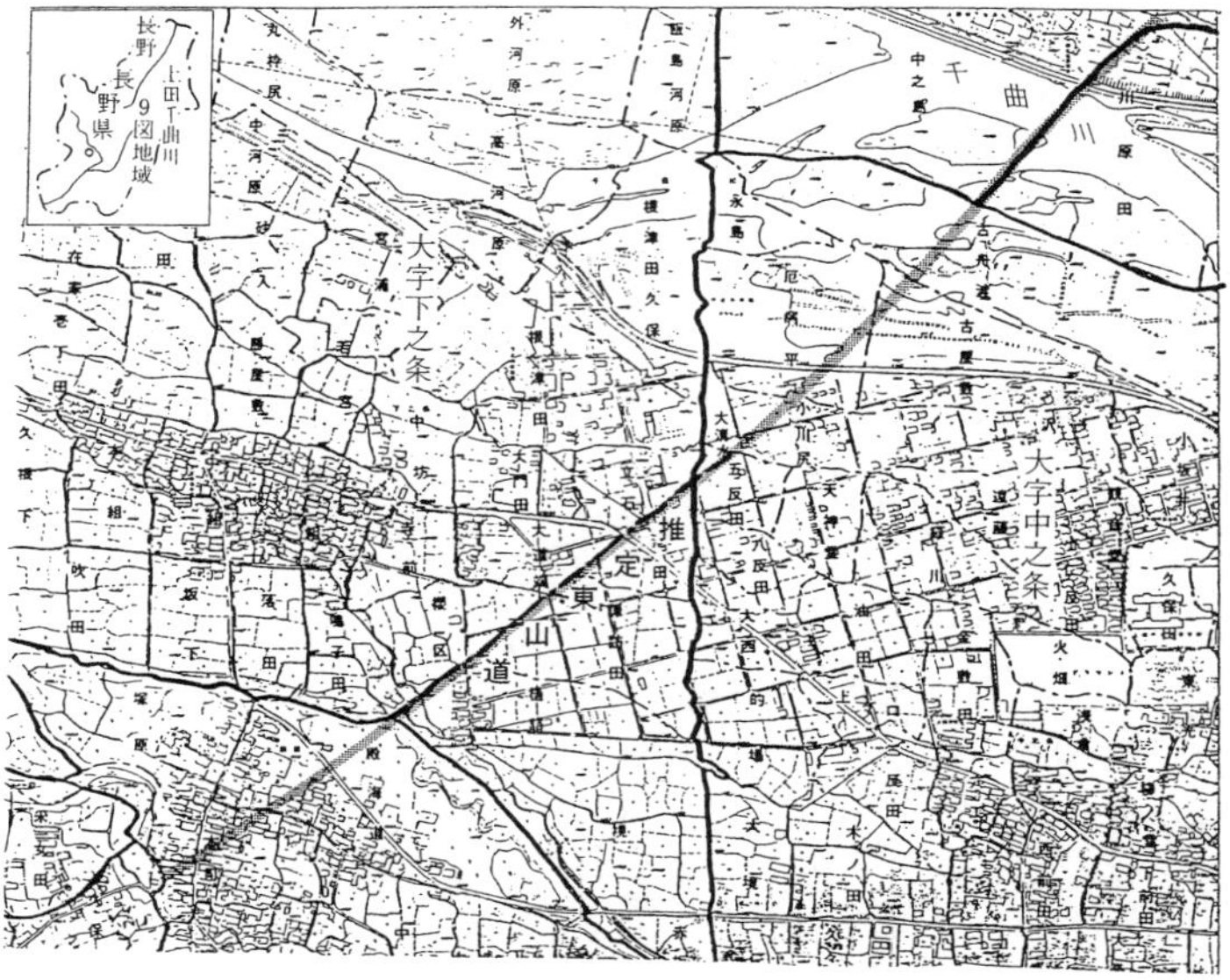

図1—9　上田市の千曲川南岸の字界図と想定駅路（黒坂周平原図）

である。いずれも曰理であるが、後世は亘理と書くことが多い。

先ず『延喜式』駅名に見える曰理駅は、いずれも大河の渡河点に位置しているが、信濃国では国内に二箇所の同名駅があるということは、何かと不都合なことがあると思われるが、あえてその駅名が用いられたのは渡河機能が重視されたからであろう。信濃国で駅馬十疋を置く曰理駅は、東山道本道の千曲川の渡河点に位置するが、黒坂周平[1]は左岸の上田市諏訪部《すわべ》に想定している。また対岸の駅路路線を、上田市下之条から中之条にかけて条里地割を斜めに切る直線の字界線に比定しているが、これに沿って下之条に「大道端」「立石」などの小字地名が見られるので、ほぼ間違いないと思われるが、その路線が河岸に達した所に中之条字「古舟渡」がある（図1—9）。また、駅馬五疋を置くもう一つの曰理駅は、東山道から越後国の北陸道への連絡路が、犀川の渡河点に位置して左岸の長野市小市に想定されている。[2] 犀川右岸の長野市四ツ屋地区蔵の元禄七年（一六九四）の絵図に「古舟渡大道」と記し、ここを高瀬と言って現地には「延暦十三年（七九四）に舟場を立てた」との伝承があるという。その伝承の真偽は別としても、古くからの渡し場であったことは間違いないであろう。ただし、『延喜式』の駅は渡河点では都側の岸に置かれることが多いので、前記千曲川も右岸、ここも犀川右岸が適当ではなかろうか。

北陸道越中国曰理駅は『延喜式』主税上「諸国運二漕雑一物功賃」条に見える越中国曰理湊と同所として、庄川と合流した小矢部川河口付近左岸の射水市六渡寺《ろくどうじ》から、国府がある高岡市伏木辺に比定する説が多かったが、右岸には潟湖の放生津潟が広がり、駅路はこれを南方に迂回しなければならないので、これらの地点は不適当である。伏木から約四キロ遡った左岸の高岡市守護《しゅご》町に渡《わたり》の地名がある。曰理駅を考えるに当って渡の地名は無視できず、また当地は小矢部川と庄川旧流路の合流点の直ぐ下流で、一つの流路を渡ればよいから渡河に適した地点である。さらに越中国と能登国とを繋ぐ道路にも接続する位置にある水陸交通の要地であったから、曰理駅と共に『延喜式』主税寮上「諸国運漕雑物功賃」に見える越中国曰理湊も同所と見てよいであろう。前駅の川人駅(3)は福岡町赤丸に比定されるので、小矢部川左岸を通って来た駅路はここで能登からの道路を合わせて、東に曲がって渡河して放生津潟の南側を通ることになる(4)。

『延喜式』駅名には曰理の他にも、渡津を意味した駅名として東海道参河国に渡津《ワタムツ》駅、北陸道越後国に渡戸《ワタリベ》駅がある。前者は豊川西岸の小坂井町平井に在ったと思われるが、豊川は古代に飽海川と言って承和二年（八三五）六月二九日の官符によって渡船を二艘から四艘に増やされている。この渡りは長徳二年（九九七）の成立とされる『枕草子』に「わたりは」としてその第一に挙げる「しかすがのわたり」とされ、また寛仁四年（一〇二〇）に上総介の任期を終えた作者の父菅原孝標に伴われて帰京の旅に始まる『更級日記』にも、「参河と尾張となるしかすがのわたり」としているが、これは作者の勘違いで国境ではなく参河国内であった。渡りの名の由来は不明であるが、「しかすがに」は「そうはいうものの」とか「さすがに」の意であるから、その地名の面白さから歌枕として知られ、これを詠んだ多くの歌がある。

越後国渡戸駅は新潟県分水町渡部《わたべ》を遺称地として「船二隻」を置くので佐渡国への渡津駅と見られるが、大槻如電

『駅路通』（下、一九一五年）は信濃川の渡河点に置かれた駅と解している。『延喜式』では船だけを置く駅は他になく、純粋の水駅ということになる。坂本太郎は[5]『延喜式』では他の渡海駅には船を備える例が無いから、或いはこれが唯一の例になるかも知れないが、他の渡海駅には船が置かれないのに、ここだけに置かれているのは疑問であるとしている。そこで、『袖中抄』所引の古記に、弘仁十三年（八二二）に国分寺尼法光が百姓済度のため、「越後国古志郡渡戸浜」に布施屋を建て、墾田四〇町余と渡船二艘を施して、往来の人を穏便ならしめたとあることを挙げて、渡戸駅の場合はこの古記と何等かの関係ある攙入ではあるまいかとしている。しかし『延喜式』諸本に同様に「渡戸船二隻」と見えることを単に攙入としていることは疑問で、やはり文字通りに解すべきではなかろうか。なお、前記の「古記」に見える渡戸浜は駅家と同所と考えられるが、船二隻は「百姓済度」の為に置かれたものであるから、駅船とは別に置かれたものであろう。また、坂本は[6]古記に見えるこの記事は「渡海の船ではなく、川を渡る船であったようにしか思われない」としているが、坂本も渡戸の位置については通説に従って現在の分水町渡部をとっているようであり、ここは現在でこそ信濃川放水路が通っているが、当時は船で渡るような大河は無かったので、何を根拠にしたのか不明で、やはり佐渡への渡海を意味したとみるべきであろう。とすれば、ここでは駅名や渡戸浜の「渡」地名は海峡の渡を意味することになる。ところで、国史大系本『延喜式』には「船二疋」としているので、これに拠った研究者は困惑し小林健太郎は[7]駅馬の脱落があったと考え、二疋の駅馬と数隻の船が置かれたと解した。しかし、これは国史大系だけの誤記である。

郡名と郷名に見える陸奥国曰理郡と同郡の曰理郷は、現在宮城県最南端の太平洋岸にあり、阿武隈川下流部南岸に位置しており、養老二年（七一八）の石城国分国の際には石城国に属した。曰理の名は現在の亘理町にあった亘理宿・亘理要害などに残るので、その郷域は亘理町一帯と考えられる。その位置から考えて阿武隈川の渡河点に因む地名であろう。養老三年（七一九）に設置され、弘仁二年（八一一）廃止された海道十駅の駅路の北部が当郡を通過して、阿武隈川を渡って山道の駅路に合流していた筈であるから、その渡河点でもあったのであろう。なお、同町逢隈の上郡・下郡の地名は郡家の所在を示し、下郡椿山の丘陵上の三十三間堂遺跡が郡家遺構とされる。(8)

下総国印旛郡曰理郷は、千葉県佐倉市臼井周辺に比定され、『大日本地名辞書』は印旛沼とこれに注ぐ鹿島川に沿う湖津と解しているが、単なる港ではなくこれらの渡し場と解釈すべきであろう。

美濃国賀茂郡曰理郷と可児郡曰理郷とは木曽川を挟んでそれぞれ両岸に在ったと考えられ、可児市に渡・今渡の地名があるので、渡河点は木曽川に架かる太田橋附近と考えられ、可児郡曰理郷は可児市周辺、賀茂郡曰理郷は対岸の美濃加茂市一帯に比定される。なお太田橋の上流約二キロで木曽川は飛騨川を合流し、下流は日本ラインの峡谷になるので、同地附近が渡河の適地であった。

陸奥国信夫郡曰理郷は、福島市に大字渡利があり、古くは亘理とも書いたというので、同地を中心にした一帯に比定される。渡利は福島市域を北流する阿武隈川東岸にあるので、阿武隈川の渡河に関係した地名と考えられる。

出羽郡飽海郡曰理郷は東急本に載るが高山寺本には由理郷とあり、当地には由理柵・由理駅などがあるので、果たしてどちらが正しいか判らない。

越前国足羽郡曰理郷は、『大日本地名辞書』は大渡・小渡の地名がある現在福井市に入っている東安居村に比定しており日野川の渡河点として適当のようである。

越中国婦負郡曰理郷は遺称地が無く所在地不明であるが、神通川の渡河点を中心にした郷と考えられ、富山城下の神通川旧流路に近世架けられていた船橋の地を古来の渡し場と見て、富山市五福から呉羽にかけての地に比定する説がある。『延喜式』磐瀬駅は神通川河口部右岸の富山市岩瀬を遺称として同地に比定されるので、『延喜式』駅路の渡河点は神通川下流に在ったと考えられるが、一方六章に後述するように、富山市街西方の神通川左岸の呉羽丘陵に、これを横切る道路痕跡(9)が認められるので、『延喜式』以前の駅路は富山市街附近を通ったと考えることができる。

因幡国八上郡曰理郷は、鳥取県八頭《やず》郡郡家《こおげ》町殿《との》に和多理《わたり》神社があるので、この一帯に想定される。同地は千代川の支流八頭川の北岸に位置しているので、その渡河点であったのであろう。なお、郡家町には白鳳期の土師百井廃寺があり、八上郡家も附近に在ったと考えられる。八上郡には『日本後紀』大同三年（八〇八）に智頭郡道俣駅と共に廃された莫男駅があった。これらは美作国を経て山陽道に連絡する駅路で在ったと考えられている。莫男駅も八上郡家附近に置かれていたと考えられている。[10]とすれば、曰理郷もこの駅路の渡河点であった可能性がある。

豊後国日高郡曰理郷は、大分県日田《ひた》市渡里《わたり》に比定される。『和名類聚抄』に日高の読みを「比多《ひた》」としており、『豊後国風土記』や『延喜式』では日田郡である。日田市街は筑後川の上流三隈川の北岸にあり、『延喜式』石井駅の遺称地日田市石井は三隈川南岸にあるが、同地に駅を考えると筑前国把伎駅からの駅路はいったん筑後川を渡って筑後国に入り、筑後国から豊後国に入ることになり、石井からはまた三隈川を渡って次駅荒田に向うことになり、極めて不自然な経路をとることになる。そこで、筆者は第五章に後述するように大分県管内の歴史国道調査[11]に際して、日田市石井郷が三隈川北岸に及んでいたのではないかとして、把伎駅からは筑後川北岸を通って、大山峠で国境を越えて豊後国に入る駅路を想定したが、この路線は渡里を通って三隈川の支流花月川を渡ることになる。また、日野尚志[12]が想定した筑前国嘉麻郡から当地に通じ、天平十二年（七四〇）の藤原広嗣《ひろつぐ》の乱に際して、広嗣の弟綱手《つなで》の軍勢が通った道に推定した駅路もこの渡を通ることになる。

肥後国菊池郡曰理郷は、熊本県菊池市亘《わたる》に比定される。亘は菊池市街東南の菊池川北岸にあって、その渡河点に当たると考えられる。その西北方約三キロに古代山城の鞠智城が在り、鶴嶋俊彦[13]が想定した鞠智城から二重峠・二重駅に通じる「車路」の渡河点になる可能性がある。

『肥前国風土記』に見える「曰理《わたり》の郷郡《さとこほり》の南にあり」は、「往昔《むかし》、筑後《つくしのみちのしり》の国の御井川《みゐがわ》の渡瀬《わたりせ》、甚《いと》広く、人も畜《けもの》も、渡り難《がて》にしき。ここに、纏向《まきむく》の日代《ひしろ》の宮に御宇《あめのしたしろ》しめし天皇《すめらみこと》、巡狩《めぐりみそなは》しし時、生葉山《いくはやま》に就《つ》きて船山《ふなやま》と為《な》し、高羅山《かうらやま》に就きて梶山《かぢやま》と為して、船を造り備へて、人物《ひとけもの》を漕《こ》ぎ渡しき。因《よ》りて曰理《わたり》の郷《さと》といふ」とある。すなわち、筑後川の渡河点が広いので人畜も渡るのが困難だったので、応神天皇が国内巡視した時に、生葉郡の山から船材を、久留米市の東にある高良山から梶材を取って船を造り備えて渡船にしたので、ここを曰理郷と云うのである、とするものである。筑後川の旧流路が大きく北に曲流して、宝満川との合流点の下流部北岸の、佐賀県鳥栖市水屋町・高田町・安楽寺町附近に比定されている。鳥栖市街の乗る台地と久留米市街の乗る低位段丘面との間で低地が最も狭い位置に在り、支流宝満川の合流点下流であるから、古来の渡河点としては最も適当な位置であろう。ただし、駅路はその東方を通る。

すなわち、西海道西路は肥前国基肄駅で肥前路を分岐した後、図1—10に示すように直線の肥前・筑後国境を六キロ余り南下した後、やや西に曲がった国境線に沿って約二キロ直線に通り、この区間で宝満川を渡る。直線国境が終わってからは、宝満川と筑後川旧流路を国境にするので、駅路の路線は不明確になる。しかし、直線国境の延長線とすれば、二キロ弱で筑後川に達する。その地点が久留米市宮ノ陣町で、此処にも渡の地名があるので、駅路の渡河点と考え

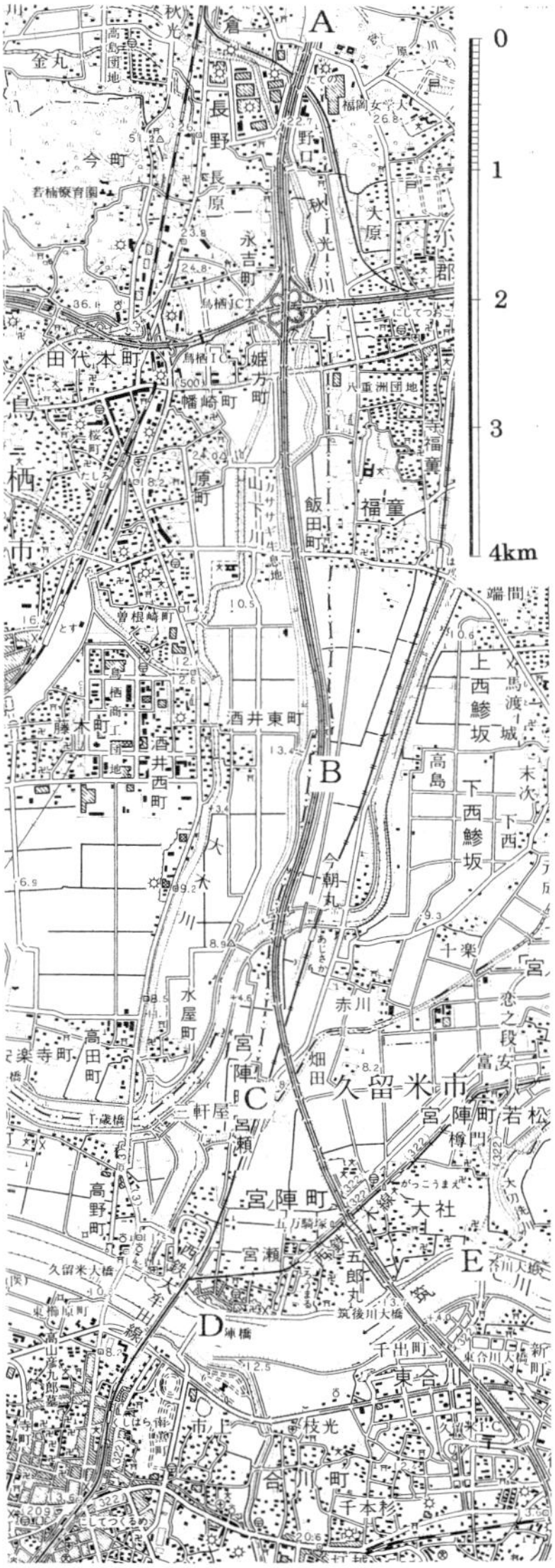

図1—10　筑後・肥前国境(福岡・佐賀県境)と筑後川渡河点

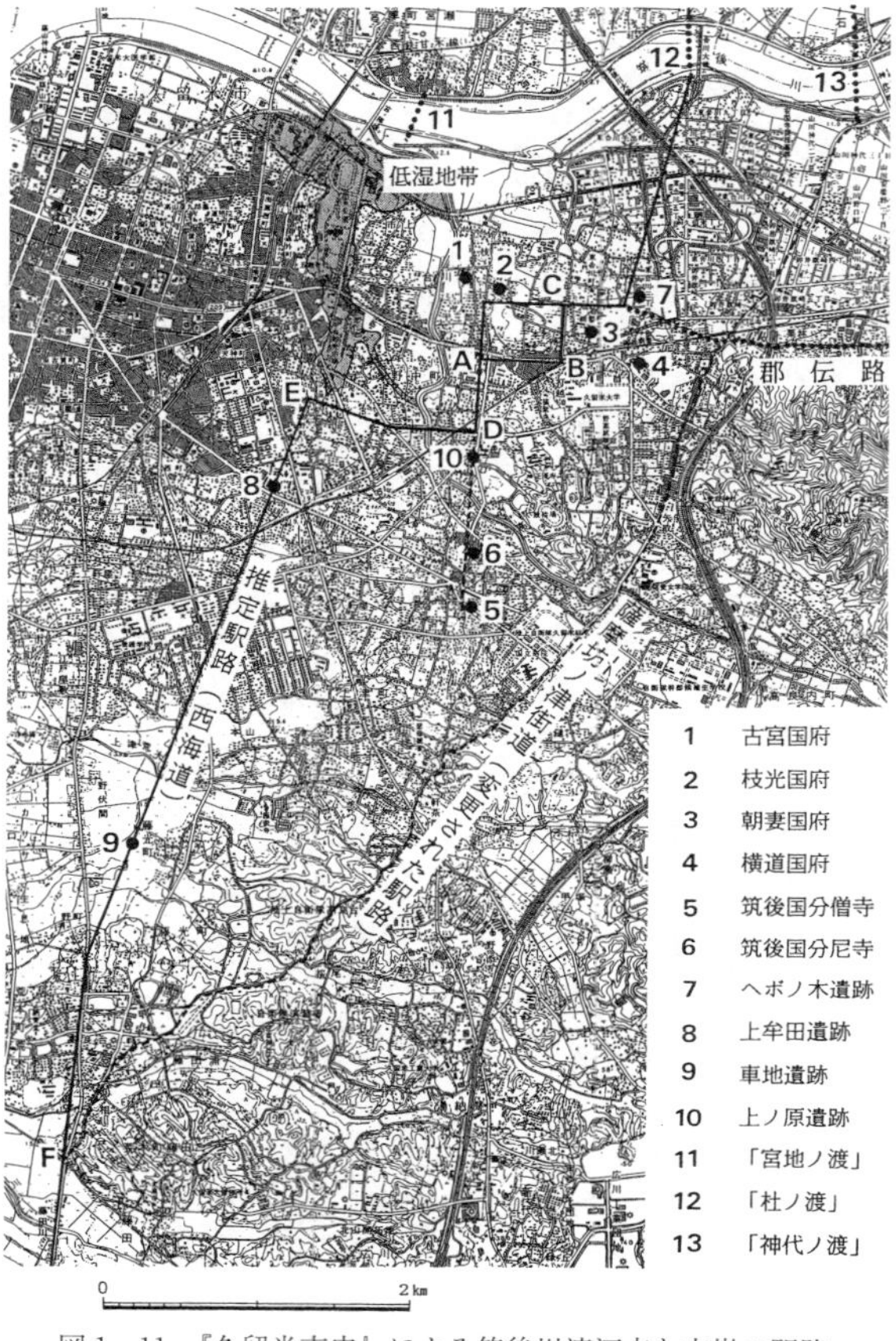

1	古宮国府
2	枝光国府
3	朝妻国府
4	横道国府
5	筑後国分僧寺
6	筑後国分尼寺
7	ヘボノ木遺跡
8	上牟田遺跡
9	車地遺跡
10	上ノ原遺跡
11	「宮地ノ渡」
12	「杜ノ渡」
13	「神代ノ渡」

図1―11　『久留米市史』による筑後川渡河点と南岸の駅路

て適当である。

　これに対して『久留米市史』（一二・資料編考古、一九九四年）は、駅路の筑後川渡河点を『太平記』「菊池合戦ノ事」の「杜ノ渡《エヅリワタリ》」[14]に比定し、約二キロ上流の「杜ノ渡《もりのわたし》」[15]（図1―11）とするが、岩波古典文学大系本『太平記』の注記はこれを宮の陣としている。北朝側の少弐は味坂庄《あじさかのしょう》（小郡市鯵坂に比定）に陣を取っているから、宮の陣がその前面になるが、南朝側の菊池は高良《こうら》山《さん》・柳坂・水縄山《みのうやま》に陣を取ったとするので、市史の言う渡河点で渡ったとするのが自然で、結局、風土記に見える曰理郷の他にもさらに渡河点が二箇所あったと考えられる。

市史のいう駅路は図に示すように、杜の渡しで筑後川を渡って、想定御井郡家（ヘボノ木遺跡）の南で西に折れて国府の方向に向い、国府付近で南に曲ってまた西に向い、更に南に曲がるという階段状の屈曲を示している。これに対して、宮の陣で渡れば所々の字界を繋いで直線的に通るので、駅路の在り方としては適当である。市史は筆者が想定する宮の陣からの路線は低湿地を通ることになるので不適当で、また一部の発掘調査でも道路遺構は検出されなかったとするが、少々の湿地は盛土をして通る例がかなり各地で見られるので、必ずしもこの説は受け取れない。また、道路遺構が検出されなかったのも、何らかの事由で道路遺構が消滅したことも考えられよう。市史は駅路が肥前国基肄駅に通じるとするものの筑後川北岸の路線については述べていない。筆者は、[16]宮の陣が駅路の渡河点で、市史のいう「杜の渡し」は伝路の渡河点であろうと考える。『延喜式』においては西海道では伝馬が駅に置かれる例が多いが、ここでは駅馬は御井駅に伝馬は御井郡に置かれており、「杜の渡し」を通る路線は想定御井郡家を通ることになるからである。また、市史が発掘して東西に通る駅路とした部分は、国府と郡家を結ぶ連絡路と考えることができよう。

『常陸国風土記』那珂郡の条に、「郡より東北のかた、粟河を挟みて駅家を置く。本、粟河を迊（めぐ）らして、河内の駅家と謂ひき。今も本の随（まま）に名つく」とあるが、粟河は今の那珂川で、『延喜式』河内駅は那珂川南岸の水戸市渡里《わたり》町に比定されるが、対岸に水戸市上河内町があるので、元来は両岸に駅の施設が置かれたのであろう。また北岸の上河内町は周りを那珂川の旧流路が廻って、まさに「粟河を迊らして」という状況を示している。[17]大河を船渡しする場合は、両岸に駅を設ける必要があったのだろう。『延喜式』駅家では山陰道石見国の江東・江西の二駅が江川の両岸に置かれたとみられるが、それ以外は全て一方に置かれているのは、駅馬も船渡しするようになったのではなかろうか。『延喜式』では原則的に河の都側の岸に駅が置かれているようである。

前記した清少納言の『枕草子』に見える「水はしのわたり」[18]は富山市水橋の常願寺川河口にある渡し場で、その西岸に『延喜式』越中国水橋駅があり、その水橋荒町・辻ヶ堂遺跡が駅跡として有力視されている。

駅路の渡河点に残る「渡」地名として、東海道参河国矢作川の渡河点を筆者等[19]は岡崎市渡町に想定した。それまでの駅路は現在の国道一号にほぼ踏襲される近世東海道よりもやや北を通るが、渡町は国道より南に位置している。岡崎市街南部を流れる矢作川の支流大平川の本流との合流点のやや下流で渡河したためと考えられ、従って矢作川より東側では大平川北岸を通る近世東海道と異なり、駅路は大平川南岸を通って山綱駅に向うことになる。近世東海道は矢作川本流を矢作橋で渡ってから約六キロの地点で大平川を渡ることになるが、古代駅路は一回の渡河ですんだわけである。

ところで、山綱駅の前駅鳥捕駅は金田章裕[20]が安城市宇頭町に比定し筆者等もそれに従ってきたが、荒木敏夫[21]によれば、矢作川河床遺跡で採集された「驛」記載の一〇世紀段階のものと見られる墨書土器があり、これは鳥捕駅を意味する可能性が高い。その出土地点は明確ではないが、現矢作川の本流国道一号線の矢作橋より下流にあたる地点と推察できるという。この墨書土器出土地が鳥捕駅の所在地を示すとすれば、前記鳥捕駅比定地は矢作川から約三キロ離れているので、別地を考えなければならないことになる。この際、駅路の矢作川渡河点と考えた岡崎市渡町は、矢作橋より下流に位置しているので先ず考えられる候補地になる。しかし、同地は前の尾張国両村駅から約一八キロあるが、次の山綱駅までは約一二キロであるから、駅間距離としてはかなり不均等である。

墨書土器が果たして駅の所在地を意味するか問題になる。荒木によれば、渡A地区とされる矢作川河床遺跡では「郡符」の墨書土器をも出土して郡家関連遺跡と見る可能性があるということであるが、遺構としては旧河道の検出と現河道の中に散在する井戸の確認・発掘だけであり、これらが古代に遡るという確証は未だ得られていないという。若し郡家とすれば、駅が近くに在った可能性もあるが、「驛」記載の墨書土器が駅家を離れて郡家跡で出土した可能性も考えられないではないので、ここでは事実関係のみを挙げて、鳥捕駅の所在地についての比定は保留することにする。

中村太一[22]は山陽道の支路としての美作路について述べているが、『延喜式』によれば播磨国内には越部・中川二駅を置くが、美作国内には駅は置かれていない。その想定路線が杉坂を越えて美作国内に入り、英田郡家を過ぎて勝田郡家に向う途中、美作町北部の梶並川渡河点西岸に渡里地名があることを指摘している。近世の出雲往来も通っているので、古来の渡河点であろう。

以上は越後国渡戸駅が渡海関係の地名と考えられる以外は全て渡河関係地名であるが、或いは渡海に関係するかも知れないものに、『公式令』「朝集使」条に、朝集使が駅馬の乗用を許される境界として、見える北陸道の「神濟《かんのわたり》」がある。神濟については『令義解』に「謂。越中與二越後一界河也」とあり、『令集解』にはさらに「釋云。高志道中與二道後一界」が付け加わっている。いずれにしても越中国と越後国との境とあるから、そのまま解釈すれば現在の富山県と新潟県境の境川に当たる。しかし、坂本太郎[23]や田名網宏[24]はこれを神通川に当てており、その根拠は不明である。富田景周『越登賀三州志』（一八一二年）に「近来、国学者の説に、今の神済は即ち神通川と云うは、神済をかんすみと唱ふるゆゑ、好事の徒之を音に移し、今の神通川に策合せしものにて誤なり、神済は今の境川なり」とあるように、以前から神通川に当てる説があったらしい。神済と神通の語の類似性から起こったものだろうか。

『日本地理志料』は神名式に載せる新川郡神度神社に着目して、新川郡北部は当時越後国に属していたのではなかろうかと解して、国境の川を常願寺川に比定している。この説に対して井上通泰[25]はこの論には地理的に合わない所が在るとして批判し、また境川についても「此の川の事にはあらじ。神ノワタリは神ノミサカなどの如くカシコキ渡の義と聞こえて今のサカヒ川の如き小流とは思はれざればなり」として黒部川説を提唱している。しかし、それぞれ越中国内を流れる川を国境と見なすこれらの諸説には無理がある。

米沢康[26]は東日本における朝集使が駅馬への乗用を許される境界として、東海道の足柄坂や東山道の碓氷山がいずれも交通上の難所で、両側の駅馬が特に多いなど特別のものがあり、また「御坂」の称や祭祀遺物の出土などいわゆる通過儀礼としての祭祀が行なわれたなど、共通したものであることから、神済もこれに匹敵する場所であると思われるとして、これを越中・越後国境に近く両側の駅に多数の駅馬が置かれる難関として知られる親不知に比定し、祭祀が行なわれた事については神度神社との関係を考えた。式内神度神社については多くの式内社と同様にいくつかの異説があり、前記森尻とする説もあるが、また朝日町宮崎にあてる説がある。宮崎には現在鹿島神社があるが春日神としたものもあって、必ずしも社名は確定したものではなく、一般に宮崎明神と呼ばれていたようである。米沢は森田柿園『越中史徴』（一九五一年）に「此宮崎は往古は甚だしき出崎ありて、渡海船の泊所なりしかど、波濤の為に欠けゆき、遂に泊所もなく成れり。泊てふ地名在るも、往昔船泊所足りし時の遺称なりといへり」とあることから、宮崎の地名は地勢上の岬と海上交通に占めたその位置、そして、おそらくここで航行の安全を祈る神の奉祀が行なわれたことに基づくと推断されるとして神度神を宮崎に比定した。すなわち、神濟は川ではなく陸上の難所である親不知を船で海上から渡ったと解するものである。

『公式令』には単に「神濟」とあって、これを「河」とするのは『令義解』に始まるので、九世紀前葉における明法家の解釈であるとして、また『令集解』の釋説には「高志道中與道後界」とあって河とは言っていないことにも注目している。また、海の濟についても、『日本書紀』継体天皇二十四年是歳条に「向離《むかさ》くる壱岐の和駄利《わたり》を目頰子《めづらこ》きたる」という歌謡があり、また『万葉集』に見える「玉鉾の　道行く人は　あしひきの　山行き野行き　にはたづみ　川行き渡り　勇魚《いさな》取り　海道《うみぢ》に出ては　畏きや　神の渡は　吹く風も　和《のど》には吹かず　立つ波も　凡《おほ》には立たぬ　とゐ波の　立ち塞《さ》ふ道を　誰が心　いたはしとかも　直《ただ》渡りけむ　直渡りけむ」（一三―三三三五）また、同様（一三―一三三九）などを挙げてこれがあったことを例証している。

2　橋に関わる地名

渡し場と同様に橋を架ける地点にも適地があり、いったん橋が架かると両岸の交通路が集中するので、人が集まり商業活動も盛んになって都市的集落が発達し、これを橋畔集落と言うが橋本の地名はまさしく橋畔を意味している。橋本地名については後述することにして、先ず史料に見える著名な橋について述べる。

その架橋年代が知られて最も古いのは、大化二年（六四六）に架けられたという宇治橋である。『日本書紀』天武天皇元年（六七二）五月是月条に「菟《う》道守橋《じのはしもり》」の語が見えるので、既に橋が架かっていたことは明らかであるが、『帝王編年記』に「宇治橋造橋銘」が載せられ「大化二年元興寺僧道登・道昭、奉勅始宇治川橋」とあるが、寛政三年（一七九一）に北岸の橋畔にある橋寺放生院でほぼ同文の石碑断片が出土したので、文字通りの事実と見られる。現在の宇治橋を通る道路は南西に一直線に通るが、橋を基準に路線が設定されたものと見られ、したがって橋の位置は古来ほぼ同地点であろう。

勢多橋は『日本書紀』天武天皇元年（六七二）の壬申乱で七月辛亥（二二日）に、「（大海人皇子軍の将である村国連）男《を》依等《よりら》瀬田に到る。時に大友皇子《おほとものみこ》及び群臣等《まへつきみたち》、共に橋の西に営《いほ》りて、大きに陣《つら》を成せり」とあり、既に橋が架けられていたことが判る。架橋の時期は不明であるが、天智天皇六年（六六七）三月に都を近江に遷したので、東国との連絡に必要として国家的観点から橋が架けられた可能性が高い。

一九八七年から実施された瀬田川河床の発掘調査(27)で、古代の橋脚台遺構が検出されたが、これから判明する橋の位置は現在地より約八〇メートル下流であった。橋脚台の構造に新羅の首都であった韓国慶州の月精橋で発見された橋脚台との類似性が指摘されている。唐《から》（韓《から》）橋と呼ばれるようになったのは、単に欄干を有する中国風の橋というだけではなく、このような構造上韓の橋に類似することもあったのではなかろうか。その橋脚台に使用された部材を年輪年代測定したところ、五〇四年および六〇七年の年代が得られたので、勢多橋の築造は六〇七年以降であることが判明したが、いずれにしてもかなり早い時期であることが判る。

舘野和己[28]は、発掘調査によって確認された橋脚の構造が月精橋遺跡のそれに類似することから外来の技術によって架橋されたものと見られるが、天智天皇二年（六六三）の白村江の敗戦と百済の滅亡に伴って多くの亡命百済人が来朝し、百済王族の余自信《よじしん》と鬼室集斯《きしつしゅうし》ら男女七百余人を蒲生郡に遷し置くなど、近江国には多数の亡命百済人が居住して大津宮に仕える人も多かったから、勢多橋も亡命百済人の技術力を動員して、近江朝廷によって造られた可能性が高いと見ている。

橋の東岸が橋本である。駅路は橋本から東方に通って、約一キロで近江国府[29]の南正面に達するが、またその途中の堂ノ上遺跡[30]は勢多駅跡に比定されるので、橋本は近江国府や勢多駅家の影響を強く受ける位置にあった。栄原永遠男[31]は『東大寺文書』から天平宝字六年（六七二）当時、近江国府配下の市の存在を指摘し、その所在地を橋本の字市ノ辺に想定している。

橋本地名で最も知られるのは京都府八幡市橋本町で、現在橋は無いが山崎橋の南岸に当ることから生じた地名とされる。山崎橋は『行基年譜』によれば、神亀二年（七二五）九月一日に弟子と共に山崎川のほとりにきたが、船を得られず留まった。河中に大きな柱が立っているのを見て尋ねたところ、昔道昭が架けた橋の柱の名残であるという。そこで、行基も発願して、同月一二日から山崎橋を架け始めたという。道昭は元興寺の僧であるが、『続日本紀』文武天皇四年（七〇〇）三月一〇日条の道昭死去の記事に「山背国宇治橋、和尚之所二創造一者也」とあり、宇治橋断碑によれば、大化二年に道登が架けたとあるので両者の関係は不明であるが、山崎橋も先ず道昭が架けたとすれば、少なくとも七世紀に遡ることになる。

平城京からの山陽道駅路は『続日本紀』和銅四年正月丁未（二日）条に見える、「始置二都亭駅、山背国相楽郡岡田駅、綴喜郡山本駅、河内国交野郡楠葉駅、摂津国嶋上郡大原駅、嶋下郡殖村駅、伊賀国阿閇郡新家駅[32]一」とある中の、京都府京田辺市山本に在ったと考えられる山本駅から、大阪府枚方市楠葉に想定される楠葉駅を経て、その西で淀川を渡ったと考えられ、一方山陰道は足利健亮[33]が想定するように、山本駅から楠葉駅に向う途中の京田辺市岡村付近で山陽道と分れて東北方に直進し、淀で宇治川や桂川に合流していた木津川旧流路の左岸に沿って、三川合流後の淀川を越えて老坂に向ったと考えられるので、いずれも山崎橋は通らない。

しかし、『続日本紀』延暦三年（七八四）七月癸亥（四日）条に、「仰㆓阿波・讃岐・伊予三国㆒、令㆑進㆘造㆓山崎橋料材㆖」とあるのは、都が山城国に移ってからは山陽道駅路が山崎を通り、南海道駅路は山崎橋を渡って楠葉駅から淀川東岸を南下することになったことに関係しての措置で、山崎橋は政府の管轄下に置かれるようになったのである。山崎には駅が置かれ、また港にもなったので、交通の要地として発達し、弘仁二年（八一一）に山崎駅が行宮になり、弘仁一〇年以降は河陽離宮と称された。さらに、貞観三年（八六一）には利用されなくなった離宮を山城国府に転用したので、山城国の中心地的集落となってますます発展した。その後、山崎橋についての記事は多く、しばしば断絶したが架け替えられている。

承平四年（九三四）に土佐守の任期を終えた紀貫之が、一二月二一日に国司の館を出て、翌年二月一六日に京都の自邸に着くまでの、海路帰京の途次を女性の日記に仮託して記した『土左日記』によれば、翌年二月一一日に山崎津に着く前に、「やまざきのはしみゆ。うれしきことかぎりなし」と記している。なお、貫之は山崎で上陸し四日逗留した後、一六日に車で京都に入っている。

しかし、その後橋は壊れたらしく天慶八年（九四五）に造山崎橋使が任命されているが、『日本紀略』長徳元年（九九五）一〇月二一日条によれば、一条天皇の石清水行幸の時は既に橋は無く、船橋を造っている。以来中世を通じて橋が復活することはなかった。天正二〇年（一五九二）豊臣秀吉が橋を架けたが、これも長持ちすることなく、その後は渡船となった。

山崎の対岸の橋本は山崎と共に栄え、『栄花物語』巻三八「松のしずえ」に後三条院の天王寺参詣に石清水八幡に詣でた後、橋本から乗船したが、「橋本の津といふ所に下らせ給ひて御覧ずれば、国々の船共も御船共も、目も遥かに寄せわたしたり」とあり、船着場でもあった。

静岡県新居町橋本は橋下とも書かれるが、浜名湖口の浜名川に架けられた浜名橋のたもとに発達した橋畔集落で、中世には東海道の宿として繁栄した。浜名湖が現在のように舞阪・新居間で大きく海に通じるようになったのは、明応七年（一四九八）の地震・津波で湖口が切れたことによって生じたもので、その開口部を今切口と呼ぶが、それまでは浜名川という一河川によって海に繋がっていた。その浜名川に架けられた橋が浜名橋で、古来の東海道は浜名橋を渡って砂洲の部分を通っていたらしい。最初の橋が何時架けられたかは不明であるが、『日本三代実録』元慶八年（八八四）九月戊午朔条に、「遠江国浜名橋長五十六丈、広一丈三尺、高一丈六尺。貞観四年修造、歴二廿余年一、既以破壊。勅二給彼国正税稲一万二千六百卌束一改作焉」とあって、九世紀代には国の管理下にあって作られた、長さ約一七○《メートル》・幅約九《メートル》の大橋であったことが判る。歌枕としても知られ、清少納言の『枕草子』の「橋は」にも「浜名の橋」が見えている。しかし、寛仁四年（一〇二〇）の上総国から京への旅に始まる『更級日記』には、「そのわたりして浜名の橋に着いたり。浜名の橋、下りし時は黒木をわたしたりし、この度は、跡だに見えねば、舟にて渡る。入江にわたりし橋也」とあるので、一一世紀初め頃は皮も削らぬ丸太の粗末な橋になっていて、それも間もなく無くなってしまったらしい。その後も浜名橋は架け替えられているが、永正七年（一五一〇）に流失して以来永く再建されることはなかった。

『延喜式』遠江国猪鼻駅の位置に就いて、金田章裕[34]は、近世の東海道筋からは外れた湖西市寄りの新居町北部として、駅路の通過路線をJR東海道本線や新幹線の通るルートに想定しているが、大山誠一[35]は「天平十二年（七四〇）遠江国浜名郡輸租帳」の第二断簡と第三断簡に跨って記される郷名不詳の某郷を駅家郷に比定して、駅家郷の構造を分析しているが、また空海作とされる「遠江国淡海図」に見える郷の位置を参考すれば、駅家郷に比定される某郷は、新居郷の南側すなわち新居町浜名に在ったことになるとしている。浜名橋の重要性を考えると附近に駅が在ったと考えてよいのではなかろうか。

大河に橋を架けることは古代では少なかったから、橋本の地名も古代にまで遡るものは多くはない。例えば、行政体名として橋本を名乗る和歌山県橋本市の地名は、天正一五年（一五八七）高野山の客僧木食応其が紀ノ川に長さ一三〇間（二三四メートル）の橋を架けて、高野山参詣の便を図ったので、橋の北詰めに町が発達し、橋本と呼ばれるようになったという。

唐橋と言えば瀬田橋が有名であるが、京都市南区にも唐橋の地名がある。近世は葛野郡唐橋村であった。境域は平安京左京九条一坊と二坊の一部、京外の紀伊郡条里の佐井佐里・下布施里などの地で、九条大路が村域内を東西に通っており、羅城門跡や西寺跡などを含んでいた。地名の由来について、『京都府地誌』（一八七五～一八八五年）は「本村往時大内裏西大宮通九条坊門ニ当ル、唐或辛橋即九条坊門ノ別名ナレバ中古ヨリ唐橋ノ称起コリ」としている。『拾芥抄』中巻「京程部」の「小路廿六広各四丈」の中に「九条坊門　唐橋起レ自北」とあることによるものであろう。『帝王編年記』には東寺境内を「南北二町南九条北唐橋」としているので、これも九条坊門小路を唐橋と称したことになるが、これらは、もともと唐橋という橋が九条坊門小路の何処かにあったことから起ったものであろう。

一方、『京羽二重織留』（一六八九年）は「東寺の西梅が小路の南山崎道にあり、いにしえ韓人来朝の時此橋を経て鴻臚館に入る、此故に唐橋と称す」ともある。山崎道は西国街道のことであろうが、ここは平安京内のことなので何処に当るのか不明であるが、東寺の西とあるので朱雀大路を意味しているようにも思われる。

村井康彦(36)は、唐橋の地名は「羅城門外の溝（湟）にかけられた橋が唐風であったことによるものであろう。『三代実録』仁和三年（八八七）五月十四日条に、「是の日、始めて韓橋を守る者二人をおく、山城国徭丁をもってこれに充つ。件橋往還要路、人跡不レ絶」とある。ただし、この韓（唐）橋は、鴨川に架けられた橋かもしれない。同じく元慶三年（八七九）九月二十五日条に、「この夜、鴨河辛橋やく、大半を焼き断つ」とある。仁和の橋守りは、これが再建されたのち置かれたものであろうとしている。また、『拾芥抄』による京内の道路の別称に「九条坊門＝韓橋」とあることを指摘して、「これによれば、九条坊門の末の、鴨川に韓橋があったようにも思える。羅城門南の韓（唐）橋とは別個のものであるが、詳細は不明である」として、唐橋・韓橋（辛橋）には羅城門前と鴨川とに二つあったとしている。

羅城門外に唐橋があったとすれば、足利健亮[37]が指摘するように、各駅路は都城の正門である羅城門を出た筈であるから、唐橋はこれらの駅路に位置していたことになる。

筆者[38]は『日本書紀』大化二年（六四六）正月の「改新詔」に見える畿内国の四至のうち、西方を限る「赤石の櫛淵」を神戸市西区押部谷町細田の住吉神社前にある明石川中流域の奇淵《くしぶち》（櫛淵）に比定した。そこで、難波京からこれに向う駅路は、足利健亮[39]が指摘した「難波京から有馬温泉を指す計画古道」を通って有馬温泉に、有馬温泉からは六甲山系北側の高原地帯を西に通って播磨国に入る路線を想定した。この路線が有馬温泉の西方で北流する武庫川の上支流を渡る地点に唐橋の地名がある。山間の地方的な道路に架けられた橋に唐橋の名が付くとは思えないので、これが幹線道路であったことを示すものではなかろうか。

広島県福山市県神辺町には備後国分寺があり、山陽道駅路の通過地であるが、福山市に合併以前に出した『神辺町史』（上、一九七二年）に、「山陽道は東から来たって本町に入り八尋から国分寺前を経て湯野の丁屋に至り道上を西に走っていた。いまも八尋以西国分寺前までの道路を駅往還（ウマヤオウカン）と称し、名残をとどめている」とある。足利健亮[40]は、その経路には備中国後月駅を入れることができないので、これを原初山陽道と解し駅路の変遷を考慮しているが、明確な判断は示していない。筆者はこの付近の条里地割を検討した結果、駅往還に沿って条里余剰帯が認められるので、この道筋が原初山陽道に違いないと考えた。さらに、この駅往還が芦田川の上支流高屋川を渡るところが唐橋である。ここでは唐橋は確実に駅路に架けられた橋であった。

前記した清少納言の『枕草子』には、「橋は　あさむづの橋。長柄の橋。あまびこの橋。浜名の橋。一つ橋。うたたねの橋。佐野の舟橋。堀江の橋。かささぎの橋。山すげの橋。をつの浮橋。一すぢ渡したる棚橋、心せばけれど、名を聞くにをかしきなり」とある。想像上の橋もあり、所在不明の橋もあるが、この中で「あさむづの橋」は越前国丹生郡の浅水川に架かったいた橋と思われ、そのたもとに朝津駅[41]が在った。

橋は僧侶が架けたものが多いが、また橋畔に橋寺を置いて橋の管理をすることがあった。最も有名なのは前記した行基が泉川（木津川）に架けた泉大橋の北岸に在った泉橋寺で、橋が架けられた天平一二年（七四〇）またはその翌年にその供養のために建立したとされる。その後、橋は流れたが貞観一八年（八七六）三月一日付の太政官符に「応レ依レ旧充二浪人二人一令レ護二泉橋寺並渡船仮橋等一事」とあって、当時は渡船や仮橋が架けられていた。この橋は平城京から出て近江国に向う東山道・北陸道併用路に架けられたものである。

千葉県成田市でニュータウンの建設工事中、「以宝亀五年　二月十二日　肥前国佐嘉郡　椅寺之鐘」と陽刻の在る半鐘が出土した。佐嘉郡で橋寺を置いて管理するほどの橋は、国府の西を流れる嘉瀬川以外に考えられない。佐賀平野を一六キロ余にわたって一直線に通る道路痕跡[42]があり、数ヶ所の発掘調査によって奈良時代の道路であることが確認されたが、国府の南側で嘉瀬川を渡ることになる。後に豊臣秀吉が朝鮮出兵の際に名護屋に向かって通ったというので、名護屋橋と言う橋が現在架かっている地点である。この「椅寺」が大願寺廃寺など附近に在って従来知られている寺院なのか、別の寺院なのか不明であるが、地方にも橋寺が存在したことを示すものである。なお、肥前国の鐘が千葉県で出土したのは、中世に地頭として肥前国に赴いていた千葉氏などが持ち帰ったものらしい。

註

(1) 黒坂周平『東山道の実証的研究』吉川弘文館、一九九二年、四四頁。
(2) 長野県文化財保護協会『信濃の東山道』二〇〇五年。
(3) 国史大系本・神道大系本『延喜式』は「川合」とするが、これは『和名類聚抄』郷名に合わせたもので、九条家本・内閣本などにある「川人」が正しい。
(4) 木下良「近世に至る北陸道の概観・古代」『富山県歴史の道調査報告書―北陸海道―』富山県教育委員会、一九八〇年。
(5) 坂本太郎『上代駅制の研究』至文堂、一九二八年。『古代の駅と道』(坂本太郎著作集八)吉川弘文館、一九八九年所収。
(6) 坂本太郎「水駅考」『日本古代史の基礎的研究』下、吉川弘文館、一九六四年。『古代の駅と道』(坂本太郎著作集八)吉川弘文館、一九八九年所収。
(7) 小林健太郎「越後国」藤岡謙二郎編『古代日本の交通路』Ⅱ、大明堂、一九七八年。
(8) 鈴木朋子「三十三間堂官衙遺跡」条里制・古代都市研究会編『日本古代の郡衙遺跡』雄山閣、二〇〇九年。
(9) 西井龍儀・小林高憲「呉羽古道の調査」『大境』二五、二〇〇五年。
(10) 中林保「因幡国」藤岡謙二郎編『古代日本の交通路』Ⅲ、大明堂、一九七八年。
(11) (株)長大『平成19年度大分管内歴史国道に関する調査検討業務報告書』二〇〇八年参照。
(12) 日野尚志「日田周辺における古代の歴史地理学的研究」『九州天領の研究―日田地方を中心として―』一九七六年。
(13) 鶴嶋俊彦「肥後国北部の古代官道」『古代交通研究』七、一九九七年。
(14) 「杜ノ渡」については、国民図書株式会社日本文学大系は「ゆづりわたし」、岩波古典文学大系は「エヅリノワタリが、」と振り仮名を附しているが、「ゆずりはのわたり」と読む本もあるようである。「杜」は普通「もり」で、市史のいう渡河点の北岸に宮ノ陣町大杜の地名がある。「ゆずりは」は「杠」と書くようである。
(15) 木下良「古代道路の複線的性格について―駅路と伝路の配置に関して―」『古代交通研究』五、古代交通研究会、一九九六年。
(16) 木下良「「車路」考―西海道における古代官道の復原に関して―」『歴史地理研究と都市研究』上、大明堂、一九七八年。

鶴嶋俊彦「古代肥後国の交通路についての考察」『地理学研究』九、駒沢大学大学院地理学研究室、一九七九年。鶴嶋俊彦「肥後国北部の古代官道」『古代交通研究』七、古代交通研究会、一九九七年。

(17) 木下良「常陸国古代駅路に関する一考察―直線的計画古道の検出を主にして―」『國學院雜誌』八五―一、國學院大學、一九八四年。

(18) 富山市教育委員会『フォーラム古代の道と駅』（資料）二〇〇〇年。

(19) 木下良監修・武部健一著『完全踏査　古代の道―畿内・東海道・東山道・北陸道―』吉川弘文館、二〇〇四年、五三頁。

(20) 金田章裕「参河国」藤岡謙二郎編『古代日本の交通路』Ⅰ、大明堂、一九七八年。

(21) 荒木敏夫「矢作川河床遺跡採集の「驛」墨書」『岡崎市史研究』一〇、一九八八年。

(22) 中村太一「山陽道美作支路の復原的研究」『歴史地理学』一五〇、歴史地理学会、一九九〇年。『日本古代国家と計画道路』吉川弘文館、一九九六年、所収。

(23) 坂本太郎「朝集使考」『日本古代史の基礎的研究』下・制度編、吉川弘文館、一九六四年。

(24) 田名網宏『古代の交通』日本歴史叢書、吉川弘文館、一九六九年。

(25) 井上通泰『上代歴史地理新考 南海道 山陰道 山陽道 北陸道』一九四一年。

(26) 米沢康「神濟考」「神濟を廻る史的環境」『北陸古代の政治と社会』法政大学出版局、一九八九年。

(27) 滋賀県教育委員会・(財)滋賀県文化財保護協会『唐橋遺跡』一九九二年。

(28) 舘野和己「古代国家と橋」小笠原好彦編『勢多唐橋―橋に見る古代史―』六興出版、一九九〇年。

(29) 滋賀県教育委員会『滋賀県文化財調査報告書六・史跡近江国衙発掘調査報告』一九七七年。

(30) 滋賀県教育委員会「瀬田堂ノ上遺跡調査報告Ⅱ」『昭和五〇年文化財調査年報』一九七七年。

(31) 栄原永遠男「奈良時代の流通経済」『史林』五五―四、史学研究会、一九七二年。

(32) 従来は「始置二都亭駅一」として、以下の諸駅が都亭駅であるように読んでいたが、足利健亮「いわゆる都亭駅始置記事をめぐって」『日本古代地理研究』（大明堂、一九八五年）が指摘するように、都亭駅は平城京内の駅で以下の諸駅は都亭駅と同時に設置されたと解されるので、それに対応する返り点を付している。

(33) 足利健亮「乙訓郡を通る計画街路としての古山陰道について」藤岡謙二郎編『洛西ニュータウン地域の歴史地理学的調査』京都市都市開発局洛西開発室、一九七二年。『日本古代地理研究』「古山陰道の復原」大明堂、一九八五年。
(34) 金田章裕「遠江国」藤岡謙二郎編『古代日本の交通路』Ⅰ、大明堂、一九七八年。
(35) 大山誠一「古代駅制の構造とその変遷」『史学雑誌』八五―四、一九七六年。
(36) 村井康彦「平安京の形成」「市域の変貌」『京都の歴史』1・平安の新京、學藝書林、一九七〇年。
(37) 足利健亮「都城の計画について―恭仁京・平安京を中心に―」上田正昭編『都城』社会思想社、一九七六年。『日本古代地理研究』大明堂、一九八五年、所収。
(38) 木下良「「大化改新詔」における畿内の四至について―「赤石の櫛淵」の位置比定から―」『史朋』二七、史朋同人、一九九二年。
(39) 足利健亮「難波京から有馬温泉を指した計画古道」『歴史地理研究と都市研究』上、大明堂、一九七八年。『日本古代地理研究』大明堂、一九八五年、所収。
(40) 足利健亮「吉備地方における古代山陽道・覚え書き」『歴史地理学紀要』一六、歴史地理学会、一九七四年。「備中国」「備後国」藤岡謙二郎編『古代日本の交通路』Ⅲ、大明堂、一九七八年。
(41) 真柄甚松「越前国」藤岡謙二郎編『古代日本の交通路』Ⅱ、大明堂、一九七八年。
(42) 木下良「空中写真に認められる想定駅路」『びぞん』六四、美術文化史研究会、一九七六年。同「肥前国」藤岡謙二郎編『古代日本の交通路』Ⅳ、大明堂、一九七九年。

第二章　古代交通路関係新地名の検出

前記したように、地名の時代比定は極めて困難であるが、古代交通関係地名についても出来るだけ古代交通に関係する特有の地名を検出する必要がある。筆者は各地の駅家想定地や古代道路路線に共通して出てくる地名の検出に心掛けた。その結果、これまではあまり注目されていなかった地名が幾つか浮かび上がったので、これらについて述べる。

一　馬込・馬籠

1　駅家関係地名としての馬込

マゴメという地名がある。一般に馬込または馬籠と書かれることによって、馬を囲い込む場所を意味するものと思われ、山中襄太著『地名語源辞典』（一九六八年）は、「駒込と同じく、馬を込めておいた牧場をいう意味であろう」とし、また鏡味完二・鏡味明克著『地名の語源』（一九七七年）によれば、「①狭い谷。②牧場」で、①は「狭間を越える」意味のマゴエ（馬越）の類語であるとしている。

鏡味の①は説明不十分で理解し難いし、②の牧場もそのまま馬込には通じない。山中が言おうとしているように字義から考えて、馬を放牧しておくような広い牧場ではなく、集めた馬を囲い込む場所で、アメリカで言うコラル（corral）に当たるものであろう。

マゴメ地名を駅家に関連させてとりあげたのは、米倉二郎[1]が近江国府域を想定した際に、想定地の中央にある小字地名間米《まごめ》を馬込の転化として勢多駅に比定した例があるが、その後は駅家の想定に関してマゴメ地名を特に採りあげた研究は無かったようである。

一九七二年に藤岡謙二郎を代表として実施した全国の古代交通路調査で、筆者[2]は出身地の長崎県諫早市に肥前国船越駅が比定されることもあって、西海道の肥前・肥後両国を担当した。

調査に際しては、諸駅想定地はもちろん駅路通過地においても、小字地名と出来うれば字図の収集に努めたが、その結果として駅家想定地にはマゴメ地名が認められることが多いことに気が付いた。すなわち、肥前国では新分駅想定地に「馬込」、肥後国では高屋駅想定地に「馬込」、豊向駅想定地に「馬籠・真米」、朽網駅想定地に「馬込」、佐職駅想定地に「馬込」、水俣駅想定地に「馬込」などである。これらは肥前国の一五駅、肥後国の一六駅の中から見て、必ずしも多いとは言えないが、また偶然とも思えないものがある。

この地名は、いずれも奥行きの浅い谷の入り口に当ることが多く、谷口を塞げば馬を囲い込むのに適した地形で、特に「狭い谷」でもなければ、「狭間を越える」ような地形でもない。駅家の場合、全ての駅馬を常時厩舎に繋留しておく必要はなく、非番の馬はこのようなマゴメに放留されていたのではなかろうか。

試みに『角川地名大辞典43熊本県』所収の「小字一覧」によって調べた結果、見落としもあると思われるが、他に一〇箇所の馬込・真米地名を見出した。ところが、その中の七箇所は天草諸島内にあって、古代の駅とは全く無関係と思われるので、早急に駅家関係地名とすることはできない。

そこで、一九七二年の調査の成果をまとめた藤岡謙二郎編『古代日本の交通路』全四巻（一九七八・一九七九年）を一覧すれば、筆者以外に駅家関係地名としてマゴメ地名を採りあげたものは、青木伸好[3]による東山道信濃国宮田駅の

「まごめ」と、高橋誠一(4)が西海道壱岐嶋伊周駅の一比定地にあった「馬込」との二例に過ぎなかった。

しかし、直接に関係地名としては挙げないものの、周辺の地名としてたまたま文中に見えるもの、また特に文には出ないが付図中に見えるものなどを拾い上げると、東海道では金田章裕(5)執筆の尾張国両村駅の付図「二村山付近地形図」中に「間米」地名が見え、同じく金田執筆の遠江国「□摩駅と天龍川付近の交通路」の文中に「馬込川」があり、さらに秋山元秀(6)執筆の武蔵国大井駅の文中に「馬込」がある。また、西海道では戸祭由美夫(7)執筆の豊後国荒田駅の付図「玖珠盆地左岸の小字」（図1―1）の中に「孫女」がある。その場所は、戸祭が駅名の荒田の転化と考えられるとした小字「有田」から二～三〇〇メートルの距離にあり、また日野尚志(8)が玖珠郡家関係地名とした小字「金栗院《こんぞういん》」に隣接しているので、これらと無関係ではありえないであろう。

前述のように、マゴメが馬を込めておく場所とすれば、牧はもちろん郡家・国府また軍団などにも関係ある地名ということになろう。もとより、マゴメが古代に起因する地名であるとする根拠はないが、間米・真米・孫目・孫女などと書く場合は、既にその本来の字義を失っているので、その地名由来は古く失われていると思われる。また、馬籠をマカゴと読む場合も同様であろう。

いずれにしても事例研究を積み上げる必要があるが、先ず信濃国について若干の検討を行った(9)。

2　信濃国のマゴメ地名について

長野県庁には明治一七・一八年（一八八四・五）に作製した全県下の『地名取調帳』が保存されている。かつて筆者はこれを一覧して、長野県内のマゴメ地名は意外に少ないという印象も持ったことがあるが、同取調帳を基本に補訂を加えた、瀧澤主税編の『明治初期長野県町村字地名大鑑』（一九八七年）を改めて見直してみると、次の八箇所を得た。

① 佐久郡中畑村字馬込《うまごめ》
② 佐久郡草越村字馬込《まごめ》
③ 筑摩郡麻績町村真米《まごめ》・同梶浦字真米《まごめ》・同円明字真米《まごめ》
④ 筑摩郡与川村字馬籠《まごめ》
⑤ 筑摩郡田立村字馬込《まごめ》
⑥ 筑摩郡馬籠《まごめ》村
⑦ 伊那郡小河内村字馬篭《まごめ》
⑧ 伊那郡宮田村北割字真米《まごめ》・真米畑《まごめばた》・真米沢《まごめざわ》

以上であるが、他にも若干見落しがあるかも知れない。

これらのうちで、駅路または駅家の所在に関係するものがあるかどうか、以下若干の検討を試みたい。ただし、現地調査を実施したものではなく、また字図などによって具体的な位置を知りえたものも少なく、単に小字地名表によってその所在大字（旧村）または集落を地形図上に見ての概察に過ぎない。

① 中畑村字馬込　同地は現在の南佐久郡佐久穂町に属して千曲川の上流左岸に位置しているが、特に駅路・駅家との関係は考えられない。あるいは、隣の集落に馬越《まごえ》があるので、鏡味の①に当たるものかも知れない。なお、ウマゴメの読みはやや特別であまり例を見ない。

② 草越村字馬込　草越は現在の北佐久郡御代田町に属して湯川渓谷北岸に位置しているが、字「馬込」の具体的な場所については確認していない。軽井沢町長倉を長倉駅の所在地とすれば、ほぼその西南五キロ余に当たるが、東山道が入山峠を通っていたとすれば、長倉駅の位置はやや南に想定され、馬込との距離も近くなろう。一志茂樹(10)は祭祀遺跡の存在を根拠に古代の碓氷坂は入山峠であるとするが、その発掘調査(11)では古墳時代の遺物は出土したものの、

奈良・平安時代の遺物は認められなかったので、この説は根拠を失った。一方、上野国坂本駅の所在については、松井田町原に比定する説が有力で、関越自動車道上越線建設に伴う発掘調査(12)で、同地の近世中山道沿いに布掘りの柱穴を有する官衙風建物跡が検出され、駅跡に当たる可能性が極めて濃くなった。同地を駅跡とすれば、古代の碓氷坂は近世中山道と同様に熊野神社前の碓氷峠に当たる可能性が高くなり、長倉駅も中軽井沢（沓掛）付近ということになるから、この馬込は駅路・駅家との関係は薄くなろう。

③　麻績町村真米　現在の東筑摩郡麻績村麻績で、『延喜式』麻績駅の比定地であるが、真米の集落を始めとして、一連の真米地名があって注目される。一志茂樹(13)は駅路が一本松峠（九三一メートル）を越えるものとして、その峠下の宮本に駅跡を比定し、神明宮の存在や延宝の検地帳に見られる「本宿」「もと宿」「一ノ口」などの地名に注目して、「一ノ口」は「市の口」で麻績駅の入り口であったとして、麻績町村は背後の城山にあった山城の町屋として、また戦国時代に開通した猿ヶ馬場峠（九六六メートル）下の交通集落として、中世以来発達した集落であるとしたが、特に「真米」の地名には留意していない。

古代駅路が一本松峠を通るとすれば、峠により近い隣村永井の松場あるいは峠下の大野田あたりが、駅家の位置としては適当のように思われる。猿ヶ馬場峠の街道としての開通は戦国時代としても、麻績川の谷から郡界の聖・冠着山系を越えて長野方面に向かうのには最短の経路で、それまでも全く利用されなかったとは思われない。古代駅路は、幾分高度は高くても地形的に最短距離をとることが多く、必ずしも既開拓地のみを通過するとは限らなかった。そのために、律令体制の崩壊後は廃道に帰してしまうことも多かったと考えられるので、猿ヶ馬場峠越えの方が古代官道の経路としては相応しいように思われる。

このような観点に立てば、猿ヶ馬場峠にかかる地に「真米」集落があり、さらにこれに隣る梶浦と円明にも、それぞれ「真米」の小字地名があることは注目すべきであろう。となると、東沖の馬ノ《うまの》口《くち》の小字地名も無関係には思えない。馬ノ口を駅家の口として同地付近に麻績駅の所在を、真米をマゴメとして非番の駅馬の配置場所と考えることができよう。特に、当地の場合、用字にその本来の字義を失って当て字を用いていることから考えて、その地名の由来をかなり古く遡ることができる。(14)

④　与川村字馬籠　　現在の木曽郡南木曽村に属し、木曽川左岸の支流与川に沿って通る木曽古道に面する与川にある。木曽古道を大宝二年（七〇二）の「岐蘇山道」または和銅六年（七一三）の「吉蘇路」に当たるとすれば、これらに因む可能性がある。次に述べる山口村馬籠からの距離もほぼ標準の駅間距離に当たるが、東北方約一〇キロの大桑村長野には字馬ヤ《うまや》があり、さらに上松町上松に沓掛《くつかけ》、同町荻原に字萬場《まんば》があり、途中の諸所に大道《おおみち》地名があるので、一連の古い交通路の存在が考えられる。

⑤　田立村字馬込　　前者と同様に現在の木曽郡南木曽村に属しているが、木曽川右岸に位置して木曽西古道といわれる交通路の通過地に当たる。西古道は木曽川右岸を通して遡って大桑村殿に至ったとするもので、これを大宝の「岐蘇山道」また和銅の「吉蘇路」に当てる説がある。この経路は岐阜県に入る木曽川中流部の八百津・福岡間の下刻の激しい支谷の渡河に困難があると思われるが、成立の時期はともかくとして交通路として機能したことは、近世の諸書にも記されるところである。田立にはさらに馬留《まどめ》、他にも牧・内牧・牧ガ平など牧関係地名もあるので、馬込も牧関係地名である可能性が考えられる。

⑥　馬籠村　　現在は岐阜県中津川市に越境合併して話題になったかつての山口村馬籠で、近世の中山道馬籠宿として、また島崎藤村の出身地としてよく知られているが、その地名についての考証はあまり聞かない。

本来、木曽谷は美濃国恵那郡に属しており、大宝二年に「岐蘇山道」、和銅六年には「吉蘇路」開通の記事があり、両道の異同については諸説があり、また古代遺跡の無い木曽谷に官道が通過したとは考えられないとする説もあるが、(15)前述したように古代官道は必ずしも既存集落の存否に関わらず、未開拓地にも必要があれば通したので、難路の神坂峠越えのバイパスとして、木曽谷ルートが開かれた可能性は十分に考えられるところである。またこのような人跡稀な山中に道を開いたからこそ、その功績によって笠朝臣麻呂以下の美濃国司等が褒章を得たのではなかろうか。このように考えれば、馬籠はまさしく神坂峠越えと木曽谷道との分岐点近くに位置したことになる。

ところで、『延喜式』における美濃国最終駅は駅馬三〇疋を置く坂本で、中津川市駒場または千旦林に比定されるが、『古代日本の交通路』Ⅱで「美濃国」を担当した桑原公徳は、これらの土地が峠下からかなり遠いことを疑問として、峠下の神坂に土馬屋・踏掛など古い交通路に関連すると思われる小字地名の存在、また中津川に厩の下の字名があることなどを考え合わせて、坂本駅は当初は文字通り坂本の神坂地区にあったが、自然災害の危険などから中津川、次いで駒場へ移転したのではなかろうかとしている。当初の坂本駅の想定地が木曽路との分岐点に当たるということからも妥当のように思われるが、さらに中津川市落合で桁行六間梁行二間の方形掘り方を有する八・九世紀の掘立柱建物を検出した落合五郎遺跡は、坂本駅家関連の遺跡ではないかとされるので、この説は極めて有力になった。

以上によれば、馬籠はまさに当初の坂本駅のマゴメに当たることになる。また、中津川や駒場に移転してからも、三〇疋の駅馬を一箇所に集中して置いても、負担を分散させることはできないから、その一部は途中の便宜な場所に分置して、駅使が乗り継ぐようにしていたのではないだろうか。さらに憶測を逞しくすれば、峠部分はなお距離も遠く地形も険峻であるから、この間は替馬を伴うことにして、峠下の乗継場には一〇～二〇疋を配置していたのではなかろうか。そのように考えると、馬籠は駅馬の分置場所としても適地ということになろう。

阿知駅の場合、駅家が現在の阿智村駒場に置かれていたとすれば、峠下の園原あたりが同様の中継地と考えられる。最澄（伝教大師）が神坂峠を越える旅人の難を援けるために、峠の両側に布施屋を建てたが、信濃側の広拯院は園原に比定され、美濃側の広済院は神坂地区の霧ヶ原とされるが、一般の旅人のためにもそのような施設が必要とされたように、駅使にも駅馬交換と休憩のための設備は当然設けられていた筈である。

なお、④から⑥の三地は木曽谷にあって、古代は美濃国に属していたことを付記しておく。

⑦　小河内村字馬籠　　現在の箕輪町に属するが、幸いに箕輪町の字界図を恵与されたので、その所在位置を検討すれば、天竜川左岸の小支流沢川の渓口部北岸に南小河内の字「馬籠」とその中に「馬込」が、その隣地の字「中ノ小屋」の中にも「馬籠」があり、これらは一連の地名と考えられる。

天竜川右岸には、一連の山道《やまみち》（本来はセンドウか）、大道（オオミチ・ダイドウ）地名を伴い、東山道駅路を踏襲したと見られる春日街道が通り、支流深沢を渡る部分の南岸には河崖を直角に切る大規模な切通し遺構があり、その北岸の大出の中道遺跡(18)は深沢駅跡に比定されるが、切通しの南側の大道上遺跡(19)では古代道路遺構が発掘確認されている。

馬込から駅家想定地までの距離は約三キロであるが、天竜川を隔てての駅家付属施設は考え難いので、駅路とは別個の存在であろう。馬込の前面の長岡には直路《すぐじ》・真瀬口《ませぐち》などの小字地名があって注目される。ただし、直路の地名は前記したように駅路とは無関係の場合が多いと思われ、直ちに直線道路を意味するものとは限らない。

⑧　宮田村北割字真米・真米畑・真米沢　　現在の上伊那郡宮田村で、『延喜式』宮田駅の遺称地であり、篠田徳登(20)および『下伊那史』は北割を駅跡に比定し、「まごめ」地名にも言及している。『古代日本の交通路』の青木伸好もほぼこれに従うが、駅跡は柏木に比定する。

宮田では春日街道は前記諸説の駅想定地よりは東側を通過しているようなので、駅家は春日街道に沿って設置され、その付属施設としての馬込が山寄り西方に設けられたのではなかろうか。ここでも、麻績の場合と同様に当て字を用いていることから、由来するところは古いものと考えられる。

結局、長野県で古代の駅家との関係が考えられるのは、信濃国内では宮田駅と麻績駅、美濃国に入る坂本駅関係のものだけである。

3　牧と馬込

最初に述べたように馬込は駅家に限らず、国府・郡家・軍団・牧など馬を扱う、他の施設にも関係する可能性がある。前述の田立の馬込の場合、牧との関係の可能性について触れたが、ほかではどうであろうか。

信濃国は古代官牧が多く置かれた国であるが、馬込地名は多くはなく特に官牧の想定地との関係は認め難いようである。もちろん、私牧や後世の牧に因むことも考えられないではないが、馬込地名が古代官牧とは特に関係がないとすれば、私牧であっても古代牧に関係するものではないと考えることができよう。しかし、この点については、なお信濃と同様に官牧が多く存在した国々について検討してみる必要があろう。

甲斐国については、山梨県全県下の小字地名を収録した、山梨県総務部地方課編『山梨県地方鑑』（一九七三年）によれば、二二箇所のマゴメ地名が認められ、『延喜式』甲斐国三駅中加吉・河口両駅の想定地に近くマゴメ地名があるが、一方官牧の存在が多く想定される北巨摩郡には皆無であることから見れば、やはり古代牧に関係する地名とは考えられない。〈21〉

近世幕府の馬牧が置かれていた下総国では、馬込は一般に近世牧に関係した地名と受け取られている。すなわち、放牧していた馬を取り集める場所を捕込というので、これに関係した地名と考えられているようで、小金牧の中の庄内牧の捕込は現在の野田市花井手中野の馬込であった。他には見られないが佐倉牧の中の油田牧の捕込は香取市九美上字駒込であるから馬込と駒込は同一であろう。『角川日本地名大辞典・12千葉県』の「小字一覧」に見る限りでは馬込地名は六箇所しかなく、それも東京湾岸の船橋市から利根川流域の印西市を結ぶ木下《きおろし》街道沿いに集中し、その途中の鎌ヶ谷市域に最も多い。以上は馬込地名の多い鎌ヶ谷市教育委員会の教示によるもので、当の鎌ヶ谷市の馬込地名は少なくとも近世牧の捕込ではないことになる。

そこで筆者[22]は、相摸国三浦半島から東京湾を横断して上総国に上陸した奈良時代の東海道本道は、下総国東南部を通って常陸国に向かうが、武蔵国からの東山道連絡路や下総国府から常陸国に向かう駅路としてはあまりにも迂回路になるのでより直通路はないかと考えた。とすれば、前記の木下街道の路線が適当でこれに沿って船橋市馬込町、鎌ヶ谷市道野辺に馬込沢・馬ノ下の小字地名、また印西市別所と平岡にそれぞれ馬込の小字地名がある。このような路線は文献には見えないが、後述するように筆者[23]は相摸国から武蔵国にかけての近世の中原街道を奈良時代に駅路の一路線に想定し、また実際に兵庫県朝来市和田山町加津遺跡[24]では文献に見えない古代道路が検出されているので、可能性はあるように思う。

おわりに

以上、肥後国をきっかけにして信濃国を中心にマゴメ地名について若干の検討を試みた。結局、麻績と宮田のマゴメ地名はそれぞれ麻績駅と宮田駅に関係するものと認めることができるようで、中山道馬籠宿の馬籠も美濃国坂本駅に関係する可能性が強いといえよう。前記したように、木曽谷は本来美濃国に属していたから、信濃国に限って言えば一五駅中二駅の該当例があるだけであるから、その適用性は高いものではないが、ほぼ確実な例があると言うことは、駅関係地名としてはなお有効と言うべきであろう。

他に馬込地名を駅家関係地名として採り上げたものに森田悌[25]がいる。すなわち、『続日本紀』神護景雲二年（七六八）三月乙巳朔条に見える武蔵国乗潴駅を旧東京府荏原郡中延村から馬込牟田にかけての字天沼に比定し、『延喜式』に見える大井駅はその後身とするものであるが、馬込は駅家関係地名としている。

なお、肥後国の馬籠地名が浅い谷に多いことを述べたが、たまたま山陽道播磨国佐突駅想定地付近に「馬の谷」地名があることを知ったが、同様の例が他に在るかもしれない。

地名には地方的な特色があるが、古代律令期の地方施設を考える際には、全国的に共通して適用できる関係地名を採り上げる必要があろう。駅家関係地名としてマゴメはその一例であるが、駅家そのものを示すものではない。駅家そのものを示すウマヤ・マヤ地名などとセットになっておれば、より有力な根拠となるが、類似地名のコマンバ・マンバなどは全国的には適用できないようなので、なお検討の余地があろう。

しかし、いずれにしても地名の起源や変化は画一的に捉えることができないものがあり、過去の景観復原の資料としての地名は、あくまでもヒントに過ぎないことを留意しなければならない。

註

（1）米倉二郎「近江国府の位置について」『考古学』六―八、一九三五年。
（2）木下良「肥前国」「肥後国」藤岡謙二郎編『古代日本の交通路』Ⅳ、大明堂、一九七九年。
（3）青木信好「信濃国」藤岡謙二郎編『古代日本の交通路』Ⅱ、大明堂、一九七八年。
（4）高橋誠一「壱岐国」藤岡謙二郎編『古代日本の交通路』Ⅳ、大明堂、一九七九年。
（5）金田章裕「参河国」「遠江国」藤岡謙二郎編『古代日本の交通路』Ⅰ、大明堂、一九七八年。
（6）秋山元秀「武蔵国」藤岡謙二郎編『古代日本の交通路』Ⅰ、大明堂、一九七八年。
（7）戸祭由美夫「豊後国」藤岡謙二郎編『古代日本の交通路』Ⅳ、大明堂、一九七九年。
（8）日野尚志「日田周辺における古代の歴史地理学的研究」『九州文化研究所紀要』一六、一九七一年。
（9）木下良「馬籠（マゴメ）考―古駅想定の手掛りとして―」『信濃の歴史と文化の研究』二、黒坂周平先生喜寿記念論文集、一九九〇年。
（10）一志茂樹「古代碓氷坂考」『信濃』一〇―一〇、信濃史学会、一九五八年。『入山峠』軽井沢町教育委員会、一九八三年、採録。
（11）『入山峠―長野県北佐久郡軽井沢町入山峠祭祀遺跡発掘調査報告書―』軽井沢町教育委員会、一九八三年。

(12) 水田稔「群馬県碓氷郡松井田町原遺跡で発見された掘立柱建物跡について」『月刊考古学ジャーナル』三三二、一九九一年。松井田町教育委員会『関越自動車道（上越線）地域埋蔵文化財発掘調査報告書　横川大林遺跡・横川萩の反遺跡・原遺跡・西野牧小山平遺跡』一九九七年。
(13) 一志茂樹「古麻績駅に就いて」『信濃』昭和一九年一月号、信濃史学会、一九四四年。
(14) 『麻績村誌』上（自然編・歴史編）一九八九年は、筆者と同様の解釈をしている。
(15) 藤森栄一「美濃国岐蘇山道」『峠と道―埋れた峠、失われた路―』一九七二年。
(16) 桑原は踏掛としているが、『角川日本地名大辞典・21岐阜県』「小字一覧」によれば、沓掛とあるので桑原の誤記であろう。
(17) 渡辺誠『岐阜県中津川市落合五郎遺跡発掘調査報告書』一九八八年、中津川市教育委員会。
(18) 長野県教育委員会『長野県中央道埋蔵文化財発掘調査報告書―蓑輪町』一九七四年。
(19) 蓑輪町教育委員会『大道上遺跡』一九九六年。
(20) 篠田徳登「宮田駅考」『伊那考古』二、「宮田駅址私考」『伊那路』一―三。
(21) 従来、甲斐国加吉駅は加古の誤記と考えて、加古坂とも書かれた籠坂峠下の山中湖南岸に想定されていた。しかし、九条家本『延喜式』には加吉の「吉」に「キ」の振り仮名を付しており、また足柄峠道を通行不能にした富士山の延暦の噴火による溶岩流は、山中湖畔に達していると認められるので、従来の駅路路線の想定は成立しない。したがって、駅の記載順を駿河国からの順路とは逆に考えていたのも、順路通りの記載順とする可能性が高く、とすれば加吉駅は国府に近い最後の駅となる。その所在地は不明であるが、平安時代の国府があったとされる東八代郡御坂町国衙付近であろう。駅路を踏襲したと考えられる鎌倉街道沿い、国衙東南方の金川原に「馬込」地名がある。
(22) 木下良「下総国古代駅路想定試論」『於おと祢』（千葉県立大利根博物館報）七―四、一九八六年。
(23) 木下良「総説「神奈川の古代道」」『神奈川の古代道』藤沢市教育委員会博物館建設準備担当、一九九七年。
(24) 吉敷雅仁ほか「加都遺跡」『平成十年度年報』兵庫県教育委員会、一九九九年。兵庫県教育委員会『加都遺跡Ⅰ』（兵庫県文化財調査報告二八五）、二〇〇五年。
(25) 森田悌「武蔵国乗潴駅について」『続日本紀研究』二七二、一九九〇年。

二　立　石

はじめに—肥後国飽田郡立石村の立石について—

古代交通路に関係がありそうな地名として「立石」に関心を持つようになったのは、一九七二年の古代交通路調査で肥前・肥後両国を担当した際に収集した地名の中で、各駅想定地に共通して存在する小字地名は駅関係地名の可能性があるが、先ず注目されたのが前掲の「マゴメ」で、次いで留意されたのが「立石」である。その中で最初に目に止まったのは、近世の地誌書『肥後国誌』[1]飽田郡立石村の条に、「貞観二年五月五日合志郡ヲ割テ山本郡ヲ置レシ時其来由ヲ碑銘ニ彫刻シ建テタル故ニ立石村ト云此村飽田合志山本三郡ノ界ニシテ今飽田郡ニ属ス其後故アリテ此石ハ合志郡上生村ニ移セリ其所以ハ上生村ノ條ニ審カナリ」とあることである。

上生《わぶ》村に移したという立石については、同書の合志郡上生村条によれば、天文（一五三二〜一五五五年）の頃、本村に居た力自慢の男が立石村の立石を引きずって持ち帰ったので、その石は今上生村の観音堂の前にあるが碑文は摩滅してしまったとある。現在、合志市上生の観音堂の前にそれらしい石があるが、もとより碑文はなく、地表高五〇センチほどの石で、もともと碑文が彫られていたようにも思えない。

『日本三代実録』によれば、山本郡の分置は貞観元年（八五九）五月四日のことで、『肥後国誌』は一年間違っているが、伝承にしても立石が郡の分置という政治的事件を碑文にして記念碑的に立てたと伝えられることが留意されたのである。しかも、そこは郡家の所在地ではなく郡界である。そのような場所に立てたということは、そこは人目につく交通路に沿った地点だったからではなかったろうか。

図2―1　熊本市改寄の立石（右側）

現在は熊本市改寄《あらき》町になっている同地には、図2―1のように阿蘇玄武岩の柱状節理に従って切り出された、人の背丈ほどの自然石の石柱が立っている。上生にある石に比べるとかなり大きいのは、元の石のように他所へ持ち去られないようにとの配慮からではなかろうか。立石の西方約二キロの鹿本郡植木町植木は近世小倉街道に沿う交通の要地として、古代の高原駅にも比定されていたが、立石の地は東西約三〇〇メートル・南北約四〇〇メートルの長方形に空堀状の窪地が廻っており、その内部からは奈良・平安時代の遺物を散布するので、この地こそ高原駅跡に相応しいのではないだろうか、とすれば、立石は駅の所在に関わった可能性がある。

しかも、立石から南方に熊本市街に向かって直線状の道路が延びて熊本大学の構内に行き当たり、その構内の黒髪町遺跡(2)は蚕養《コカヒ》駅関係遺跡と考えられているが、その現在道路が湾曲して通る部分を直線的に繋ぐ部分に幅一〇メートル以上の切通し遺構が残っているので、この道路こそ古代駅路の名残と思われる。

肥後国の駅路調査の結果、江田駅想定地の和水町江田(3)には、台地を横切る形で道路遺構と思われる幅七～八メートルの空壕状の窪地が約一五〇メートル続き、その東端北側が小字「立石」であるが、それらしい石は見られない。また、球磨駅想定地(4)の城南町では、筆者が(5)『和名類聚抄』国郡部に肥後国「益城万志支国府」とある肥後国府に想定した、同町宮地の段丘下に通称地名「立石」がある。筆者は(6)球磨《クマ》駅を宮地の南に隣る隈庄《くまのしょう》に比定した。

肥前国では、筆者が新分駅に想定した長崎県大村市草葉郷(7)に「馬込」と共に「立石」の地名があり、また船越駅に想定した長崎県諫早市立石町[8]にも通称地名「立石」があるが立石そのものはない。

1　多賀城碑

前記、肥後国高原駅跡に想定した熊本市改寄町立石が、山本郡分置を記した碑文であったとの伝承から考えると、陸奥国府でありまた鎮守府も置かれていた多賀城の修造を記念して、天平宝字六年（七六二）に建てられたという、多賀城碑の所在地もまた「立石」であることが留意される。

壺《つぼ》の碑《いしぶみ》とも呼ばれたこの碑文は、仙台藩による偽作とする説が明治以来行われていたが、現在では安倍辰夫や平川南らの研究[9]によって、ほぼ真作と考えられることが指摘されている。その碑文は以下のようなものである。

先ず碑面の上部中央に大きく「西」と書かれ、その下の界線で囲まれた中に、

　　　　去京一千五百里
多賀城　去蝦夷国界一百廿里
　　　　去常陸国界四百十二里
　　　　去下野国界二百七十四里
　　　　去靺鞨国界三千里

此城神亀元年歳次甲子按察使兼鎮守将
軍従四位上勲四等大野朝臣東人之所置
也天平宝字六年歳次壬寅参議東海東山
節度使従四位上仁部省卿兼按察使鎮守
将軍藤原恵美朝臣朝獦修造也

天平宝字六年十二月一日

この碑文に、多賀城は神亀元年（七二四）に大野東人によって築城され、天平宝字六年（七六二）に藤原恵美朝獦《あさかり》が修造したことが記されているが、多賀城の発掘調査による年代観も、以上の記述によく適合しているという。

多賀城碑は朝獦による修造を記念して建てられたものと解されているが、古代交通路を研究する者としては、碑文の初めの部分に多賀城から国内外の各地への距離を挙げていることに留意せざるを得ない。また、碑は多賀城正門である南門を入って直ぐ右手に西を向いて建てられ、覆屋の中に収められているが、門外には朱雀大路とも言うべき幅二三〓《メートル》の大道が南に延び、約五町南にこれにやや斜交して幅一二〓《メートル》の東西道路が通っている。この東西道路を西に行った所に東山道陸奥国栖屋《スネヤ》駅が想定されているが、碑文に大きく「西」と刻まれているのは、東山道駅路を経て各地に通じることを意味していると思われるので、これは一種の道路標識と言うことができる。

すなわち、多賀城碑は立石の理想型を示すものではなかろうか。現在全国各地に見られる古代道路に関わると考えられる立石も、何らかの目印としてできれば碑文を刻むことが望まれたが、現実にはその余裕がないまま自然石のまま建てられたと考えることができる。

2　東京都葛飾区立石

東京都葛飾区は古代には下総国葛飾郡に属していたが、そのほぼ中央を曲流して南流する中川の西岸に、立石一丁目から八丁目、東立石一丁目から四丁目までの町名がある。旧立石村に起因する町名であるが、明治一三年（一八八〇）測量の迅速測図「市川駅」図幅によれば、現在の立石八丁目がほぼ旧立石村に当たる。立石の地名起源としては、文政八年（一八二五）に成った『新編武蔵風土記稿』に、「立石村は村内熊野神社の神体立石なるより起これる村名なりと土人云へり」とあり、『大日本地名辞書』もこれに従い、『人類学雑誌』の記事を引用して、これはいわゆる石棒で、欠損の余長さ凡二尺、最大部分の周囲凡一尺二寸としている。縄文時代の遺物である石棒の存在から立石と呼ばれる例は、東北日本にはよくあるらしいが、『新編武蔵風土記稿』はさらに稲荷社の立石についても、「立石稲荷と号す、これも神体石にて直径二尺許、高さ一尺程下は土中に埋り、其形状牛に似たり、此石冬はかけ損し、夏に至れは元の如くなれり、かく寒にかけ暑に愈ると云は活蘇石なるへし」とし、また山王社の末社疱瘡神についても、「神体は三尺程の石也、土人疱瘡石と云、小児疱瘡に罹るとき祈念すれは必災なしと云」と記しているので、それぞれ別地に神体石が三個あったことがわかる。

筆者は一九七五年七月に現地を訪ねたが、立石稲荷の石が最もよく知られ、葛飾観光協会が建てた説明板には、「立石　立石は通称『立石様』といわれ、現在では『立石稲荷』として祀られている古い石で立石という町名の起こりもこの石から出ています。今では一センチ程露出し、また一名根有り石ともいわれ、その石の深さは計り知ることが出来ないとされ、かつて、立石の根底を探ろうと村民が数日間にわたり地下を掘り下げましたが、いくら掘ってもかぎりがなく、村内に疫病が流行したので、その祟りではないかと恐れをなして取りやめ、以来『立石の霊石』として奉祀したといわれています」と記している。

この石を掘る話は滝沢馬琴が文政八年（一八二三）につくった兎園会会員の随筆集『兎園小説』にも出ており、それによれば、元名主新右衛門の畑の中にあったので、耕作の邪魔になるというので掘り出しにかかったが、なかなか掘り切れなかったので、祠を建てて稲荷明神として崇め祀ったというとあり、それほど古い話ではなさそうである。

現在の立石は地面すれすれで、石柵を廻らしてあるので、図2―2に見られるようにようやくその存在を知ることができる状態である。説明板に長方形八〇センチ余といい、『風土記稿』に直径二尺許とあることを見れば、これが石棒でないことは確かである。深さが計り知れないと云うのは、霊石を強調するために作られた話であろう。この立石については、鳥居龍蔵(10)がメンヒルに、永峯光一(11)が古墳石室の石材に比定していた。もともと、当地は荒川の旧河道であ

図２―２　下総国葛餝の立石（葛飾区郷土と天文の博物館提供）

る中川の流域にあたる低湿な三角州で、このような巨石は自然には存在しないので、明らかに何らかの目的で人為的に置かれたことになる。

さて、明治初年の測量になる二万分の一迅速測図を見れば、隅田川東岸の隅田村から江戸川西岸の中小岩村まで一直線の道路が認められる。隅田は現在の墨田で、隅田川の渡河点として最も相応しく、一方の中小岩の対岸は市川市国府台《こうのだい》で下総国府の所在地であるから、この道路が武蔵から下総国府に至る最短路を示すものと考えることができる。地形的に見ても、武蔵野台地の東端から下総台地の西端まで、荒川と古利根川の作る沖積平野を最短距離で横切る路線である。既に吉田東伍が『大日本地名辞書』〈坂東〉の「奥戸」の項に、「墨田村より立石、奥戸を経、中小岩に至り、下総府に至る一径あり。今も直条糸の如く、古駅路のむかし偲ばる」として、古代駅路に比定している。

筆者[12]は当初、諸種の想定地があった下総国井《ヰ》上《カミ》駅を当地に比定したが、市川市国府台で「井上」の墨書土器が出土したことから、国府付属駅として市川にあったことが判明した[13]。とすれば、従来また各所に比定されていた武蔵国豊《ト》島《シマ》駅は、この直線道路に対する井上駅の位置から考えて、上野台地の谷中霊園内が適当と筆者は考えている。駅間距離も約一三キロと適当である。

以上の状況から考えれば、この立石は渡河点を示す標石として設けられたのではなかろうか。公権力によって設置された標石であるから、これを除去したり毀損することを禁忌とすることによって、後世に伝えられたことになる。なお、谷口榮(14)は、永峯説と筆者説を整理して古墳の石室石材として持ち込まれたものを、官道整備の時に標識として転用したとする考えを提示している(15)。

図2—3　松任市の石の木塚

3　石川県松任市石ノ木塚

石川県松任《まっとう》市（現、白山《はくさん》市）石立町にある石ノ木塚は、手取川扇状地の扇端部に位置し、北西約二〇〇メートルで日本海に達する地点にあり、市指定史跡になっている。八〜一〇世紀には当時の手取川本流であった比楽《ひらか》河が塚の南西約一キロを流れていたので、加賀国の国津であったと考えられる『延喜式』主税式「諸国運漕功」条に見える比楽湊や、兵部省式「駅伝馬条」に見える比楽《ヒラカ》駅も近くに在ったと考えられる(16)。「石立」地名の文献上の初見は正応四年（一二九一）の『遊行上人縁起《ゆぎょうしょうにんえんぎ》絵』で、遅くともこの頃には石ノ木塚は存在していたと考えられる。

以下、図2—3によって石ノ木塚の現況を述べる。塚は五基の四角い柱状の石からなり、高さ一五七センチの最大の石を中央に置いて、四本の石が此れを取り囲むように東西南北の四方に配置され、各辺四メートル弱の四辺形を作っている。中央の石と南端の石には、それぞれ西南面に長方形の掘り込みがあるが、南側のものは鑿《のみ》の跡が新しく後世の加工と思われる。古くから人々の関心を集めてきたので多くの伝承があり、浦島太郎に因むもの、弁慶の手形と伝えるもの、船を繋ぐ杭、橋の杭、中世のこの地の豪族であった狩野氏の墓、また石の根が能登石動山まで続いているとか、石は出雲から運ばれてきたなど各種の伝承がある。

慶長一〇年（一六〇五）に加賀藩主前田利常が調査させているが、また天保一一年（一八四〇）には藩の元書物奉行津田鳳卿が調査して、五基の立石の高さをそれぞれ七、六、五、四、三尺と計測している。大正一二年（一九二三）には石川県史跡名勝調査で上田三平が立石の根を確認して、地表下三尺埋没していると報告している。

松任市教育委員会が一九九三年に三箇所にトレンチを入れて調査した結果、立石当時の地表は現地表下五〇〜四〇センチと見られ、天保の計測結果から見て、その当時の地表もそれと大きくは変わっていないと考えられる。立石設置当時の地表付近もしくはその下約一〇センチから、平安時代中頃の土器を出土したので、この頃から正応四年（一二九一）の間に設置されたものと考えられる。

五基の立石は図のように加賀産の凝灰岩を方角状に加工して、深さ三〇〜五〇センチの穴を掘って埋めたものであるが、特に基礎は認められていない。立石の時期は一〇世紀後半から一三世紀後半に限定されるが、大正一二年の調査の際に須恵器甕が出土していることと、この調査では土師器以外に決め手となる遺物がないことから、一〇世紀後半から一一世紀頃が立石の時期である可能性が高いという。

調査に当たった木田清は、方位を意識した石の配置から航海との関係が考えられるので、比楽湊に関係が在るのではないかと考えている[17]。

4　山口県下の山陽道沿線の立石

山口県教育委員会『歴史の道調査報告書　山陽道』（一九八三年）によれば、多くの立石の例が挙げられている。最も代表的なものが、山口市陶《すえ》にある立石である。陶には史跡周防鋳銭司《じゅぜんし》跡があるが、その前面の近世山陽道を少し西に行った所の北側道路脇に図2—4のような高さ約一・五メートルの平たい石が立っている。近世の地誌書『防長風土注進案』に「此石むかし東西南北をわかつためにたてたるもののよし申伝に御座候事、又評、何のために建置たるか考ふる所なけれとも、しいておもふに、此辺たて石と地名に存れるはおそらくかの鋳銭司のありし所の入口にて、標石にたてたるものなるへけん」と記している。またその傍から北に入ったところに春日神社があるので、神社参道の目印と考える可能性もある。なお、山陽道周防国八千《ヤチ》駅はその東方約五〇〇メートルの鋳銭司《すぜんじ》字矢田に想定されている。

図2—4　山口市陶の立石

この他にもいくつかの立石あるいは類似物がある。例えば、宇部市瓜生野から吉見に至る近世の街道は、厚東川の河岸を避けて丘陵越えに通るが、川沿いの古道は崖下を通る交通上の難所になっており、そこに立石があったらしい。『防長風土注進案』には「立石壱ツ、同村之内ゆるぎ堂古往還道端ニ有之、竪六尺、幅四尺程、右武蔵防弁慶、壇之浦合戦之帰リニ此石ニ弥陀、勢至、観音の三尊之梵字を長刀の石突を以書付たる由、世人弁慶石と申伝へ候」とあるという。現在ユルギ堂の脇に石があるが、これとは異なるらしい。また、井東茂夫の教示によれば、この辺の字地名は「大道」「大人方《おおにんがた》」があるというが、共に古代道路との関係が考慮される地名である。古代山陽道長門国阿潭《アタミ》駅は右岸の吉見に想定する解釈もあるが、一般にはこれを温泉に因む駅名と見て、厚東川左岸の宇部市温見《ぬくみ》または持世寺温泉に比定されている。しかし、以上の地名群と立石の存在からみれば右岸を通った可能性が窮めて高い。ともかく、この立石は交通の難所に関わるものらしい。

また、特に立石の名称は付されていないが、防府《ほうふ》市《し》浮野《うきの》の路傍に高さ二・三メートルの花崗岩の石柱が立っている。その北にある阿弥陀寺への参道の分岐点に位置しているので、同寺への道しるべとも、同寺の四至の境界石とも言われているが、ここから五〇㍍ほど西に旅籠屋として栄え大名の休憩所も勤めたという家があって、その後裔は立石家と云うので、この石と何らかの繋がりがあるのであろう。とすれば、これも浮野峠（八八㍍）の峠下に立てられた立石である可能性がある。ところで、正治二年（一二〇〇）の「周防阿弥陀寺田畠坪付」（『鎌倉遺文』二―一一六四）に「佐波令九段」の中に「立石里廿六坪一段」がある。八木充の教示によれば、これらの田畠坪付の復原はなされていないが佐《さ》波令《ばりよう》は阿弥陀寺よりずっと西方になるので、両者に直接の関係は無さそうである。とすれば、佐波令にも立石が存在したのではなかろうか。

歴史の道調査報告書には載せられていないが、筆者が学生等と旧山陽道を訪ねて車で中国筋を通った際に、山口県岩国市から玖珂郡玖珂町との境界の欽明峠（二一〇㍍）を越えた所にある、欽明天皇に縁があるという欽明寺と道路との間の畑の中に、人の背丈ほどの自然石が立っているのを見掛けた。特に立石という名称もないようであるが、典型的な立石の形容を示しており、欽明寺の門前だけに注目された。

5　その他の事例

筆者が各地の駅路調査で目に付いた立石について述べると、以下のような例がある。

① 福島県安達郡本宮《もとみや》町立石　本宮町仁井田地区で近世街道が低い丘陵を迂回して通る部分を直通する道路状痕跡が空中写真によって認められ、その延長部にも同様の痕跡が二箇所にわたって認められるので、筆者はこれを古代東山道の路線に想定した。(18) 陸奥国安達《アタチ》駅は従来本宮町や二本松市北杉田に想定されているが、次の湯日《ユロ》駅は安達町油井《ゆい》を遺称とすることがほぼ確実なので、駅間距離から考えると北杉田では近すぎる。本宮町とすれば、同町立石は低い台地になっていて、駅家の所在地として適当な地点と考えられる。

② 宮城県柴田郡村田町沼部字立石　東山道駅路は陸奥国柴田駅で出羽路を分岐するが、その柴田駅は大河原

町から柴田町にかけて比定される。立石は大河原町と柴田町との間で村田町が僅かに白石川に面する地点にあり、山地が河岸に迫った狭隘の地を国道四号が通過しているが、ここ以外には通路がないという要衝の地である。大槻如電『駅路通』（上・一九一一年）は立石長者の伝説をあげて駅跡を柴田町船迫に比定している。いずれにしても、この立石は交通路と密接な関係があることは間違いないと思われる。

③　福岡県古賀市大字薬王寺字立石　　古賀市大字筵内《むしろうち》は西海道筑前国席打《むしろウチ》駅の遺称であるが、日野尚志[19]はここを直線的に通る唐津街道が、古代駅路をほぼ踏襲するものと考えた。ところで、大字筵内の東南は北からそれぞれ薦野・米多比《めたび》・薬王寺の各大字に接しているが、大字界に接して薬王寺の字立石がある。

筆者は一九九五年に『宗像市史』（通史編第二巻・一九九九年）「律令制下における宗像郡と交通」執筆のための調査に現地を訪れた。同地は低い丘陵部を切って東北から西南にかけて幅三〇メートル前後の帯状の窪地（図2—5）が通っており、その東南側に地名の由来と伝えられる、図2—6のような巨大な石が倒れて横たわっている。帯状窪地の南側には工場が在って窪地を塞ぐ状態になっているが、その南はまた幅約一〇メートルの切通しになっていて帯状の道路状遺構がある。さらに、筵内と他の三大字との境界に沿って、米多比に「大道添」「サヤノモト」[20]、筵内にも「大道添」、薦野には「大人」[21]などいずれも古代交通路に関係深いと思われる小字地名がある（図2—7）。すなわち、ここでは唐津街道ではなく、筵内と三大字との境界線が古代道路すなわち西海道大宰府路の道筋を示すものと思われる。

なお、大路に格付けられる大宰府路の駅家は、山陽道の諸駅と同様に瓦葺駅館であったと思われるが、大字筵内には瓦の出土地はないので、席打駅は前記の大字界によって想定される駅路の延長部、立石から西南に約四キロの青柳にある瓦出土地が考えられよう。同地は駅路が南に方向を変える地点に当たることから考えても適地と思われる。

④　福岡県久留米市合川町立石・西立石　　筑後国府[22]は前後四地を移転しているが、一〇世紀前半までは久留米市合川町の高良《こうら》川以東の低い段丘面にあった。その国府の北側の地点が字「立石」で、長者屋敷の伝説がある。一方、

高良川の西岸の市上も同位の段丘面上にあるが、その北側の筑後河畔に小字「西立石」がある。前記の「立石」に対応しての地名であろう。

久留米市以南の筑後平野を通る駅路は、各地に残る「車路」地名と、これらを結ぶ痕跡を空中写真によって認めることができ、それがまた市町村界や大字界になっているところが多いことから、筆者[23]はこれを駅路に想定したが、久留米市と筑後市の数箇所で発掘調査され、古代道路跡であることが確認されている。久留米市内では市街地化のため

図 2—5　筑前国席打駅想定地付近の帯状窪地

図 2—6　筑前国席打駅付近の立石

追跡できないが、そのまま北に延長すれば西立石を通り筑後川岸に達する。その対岸の久留米市宮ノ陣渡町は渡河点を意味する地名であるが、これまた筑後・肥前国境を踏襲する直線の福岡・佐賀県境を通ったと見られる西海道西路の延長線上に位置している。すなわち、駅路は西立石を通ったと考えられるので、ここは渡河点に建てられた立石か、あるいは御井《ミヰ》駅に関係する可能性もあると考えたい(24)。高良川右岸の立石も国府に関係する交通施設と考えることも出来よう。

⑤　佐賀県神埼市吉野ヶ里遺跡志波屋四の坪地区に在る立石状の石

初期西海道肥前路は吉野ヶ里遺跡の台地を切通しているが、吉野ヶ里遺跡の報告書(25)によれば切り通し部の北側斜面の上部に径約一・三×一・五メートル、厚さ〇・四メートルの石が立っている。その基部の北側に位置する土壙には一三世の土師器の杯や小皿などが埋置されて信仰の対象になっていたらしい。この北側台地上で検出された奈良・平安時代の建物群は『肥前国風土記』神埼郡の項に「駅壱所」とあるものに想定されるから、或いはこれも駅の所在を示す立石と考えることができよう。

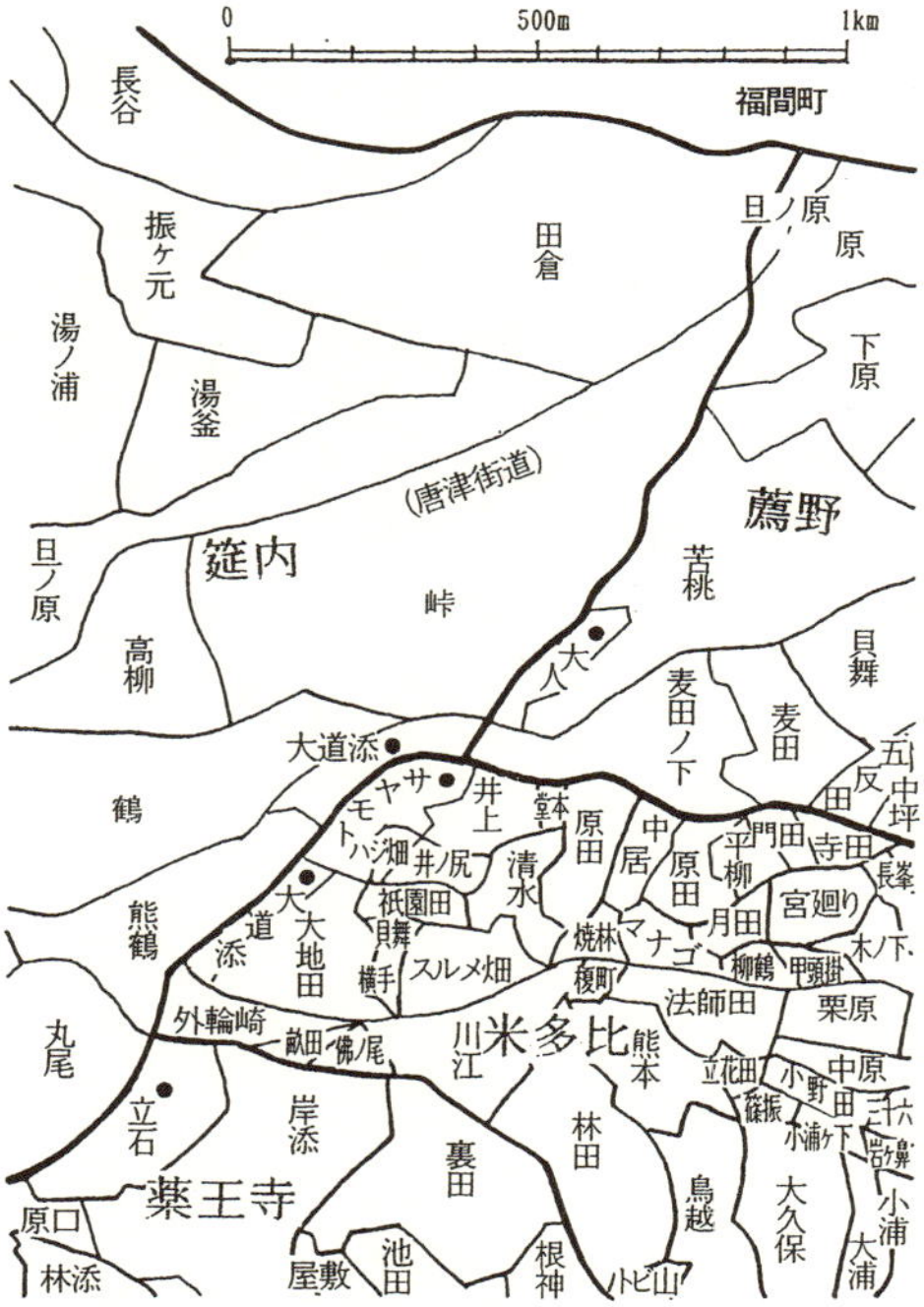

図2—7　席打駅遺称地(古賀市大字莚内)の境界に沿う道路関係地名

⑥　佐賀県武雄市南片白の立石　　肥前国杵島《キシマ》駅は武雄市北方《きたがた》町に鹽田駅は嬉野市塩田《しおた》町にそれぞれ比定され、その間の駅路は『肥前国風土記』に見えて歌垣で知られる杵島《きしま》山の西麓を通ることになる。小城郡に属する高來《たく》駅は多久市東多久に比定さ

図2—8　武雄市南片白の立石（向井一雄撮影）

れるが、これから杵島郡に属する杵島駅に至る郡界の峠は、現在も長崎自動車道が通る馬神峠を考えて、杵島駅はその峠下の北方町北方とする説が多かったが、現地を踏査しての観点からは、谷筋を通る馬神峠よりは尾根筋を登るその東約一キロに在る志久《しく》峠が適当で、したがって杵島駅もその峠下の北方町木ノ元になると考えた。

杵島駅想定地の南は六角川流域の低湿地を横切らなければならないが、木ノ元からは最短距離で横断することが出来ることから見ても適当である。木ノ元から南の六角川の対岸を見ると、駅路は杵島山塊の勇猛山（二五八メートル）とその西に連なる二〇六メートル峰との間の鞍部を通過するものと考えられる。その鞍部を越えたところが片白・南方白であるが、南方白は通称立石とも呼ばれ、集落内の観音堂の傍に巨大な立石（図2—8）がある。

服部英雄[26]によれば、杵島山西麓は古代末から中世にかけての長嶋庄域であるが、『橘中村文書』建治三年（一二七七）の「おうた十町分地頭領家田地屋敷注文案」に「上立石里」が見えるので、それ以前から立石は存在していたことになる。

南片白の南で想定駅路は杵島山とその西に連なる**おつぼ**山（五四メートル）との間の大峠を越えることになるが、この付近の道は近世初期の長崎街道であった。なお、**おつぼ**山には史跡**おつぼ**山神籠石があるが、峠道に面してその東門があるので、古代山城としての**おつぼ**山神籠石は駅路に面していたことになる。西日本の古代山城の多くが駅路など古代交通路に沿って立地することは高橋誠一[27]が指摘しているところである。もっとも、この付近の長崎街道は新旧二期に渡って路線を変えており、おつぼ山神籠石を調査した鏡山猛[28]や高橋はおつぼ山の西麓を通る後期の路線を駅路に当て、筆者[29]もこれに従っていたが、今回の調査によって近世初期の街道路線にほぼ踏襲されていたことが判明した。

おわりに

以上の諸事例によれば、その立地に関して幾つかの類型を認めることができる。

ひとつは多賀城碑や駅家想定地の立石のように、何らかの官的施設の存在を示すと見られるもので、鋳銭司前の立石もこれに当たり、松任市の石ノ木塚が比楽湊に因むものであれば、これは国津に対するものということになる。次に交通の難所・要所に立てられたもので、渡河点や切通し、河岸の隘路などに置かれたものがある。もっとも、渡河点の場合は渡し舟の維持・運営のための施設があった可能性があるので、前者の分類に入れるべきかも知れない。もちろん、立石地名は自然の立石に由来するものもあり、近世の道標などを言う場合もあると思われるので、その判別には留意が必要であるが、古代交通路想定のヒントには十分になりうるようである。

註

（1）明和九年（一七七二）肥後熊本藩士で軍学師範であった森本一瑞が、藩命を受けて既に成瀬久敬が先人の著作をもとに各地の史跡・事績、社寺の縁起、山川邑里などについてまとめた『肥後国志草稿』一八巻を増補して『肥後国誌略』二五巻を編纂した。その後、明治一七年（一八八四）に水島貫之・佐々豊水が森本本を増補校訂して『肥後国誌』一四巻を活字本で刊行した。さらに、大正五・六年（一九一六・七）に後藤是山が水島本を基本に、欠落している郡を新史料で増補して『肥後国誌』上・下二巻を出版した。現在、一般に利用できるのは、昭和四六年（一九七一）青潮社が復刻出版した『肥後国誌』上・下二巻による。

（2）甲元真之ほか『熊本大学埋蔵文化財調査室年報』三・四、一九九七・八年。

(3) 木下良「肥後国」藤岡謙二郎編『古代日本の交通路』Ⅳ、大明堂、一九七九年。
(4) 前掲註(3)。
(5) 木下良「肥後国府の変遷について」『古代文化』二七―九、古代学協会、一九七五年。
(6) 前掲註(3)。
(7) 木下良「肥前国」藤岡謙二郎編『古代日本の交通路』Ⅳ、大明堂、一九七九年。
(8) 木下良「「立石」考―古駅跡の想定に関して―」『諫早史談』八、諫早史談会、一九七六年。立石町は駅名の遺称地である旧大字船越名の一部で、現在は船越町とは別地になっている。
(9) 安倍辰夫・平川南『多賀城碑―その謎を解く―』雄山閣出版、一九八九年。
(10) 鳥居龍蔵「武蔵野のメンヒル「南葛立石村の立石」」『武蔵野』七―二、武蔵野会、一九二四年。
(11) 永峯光一「葛西地区における考古学的調査」『北東低地帯文化財総合調査報告書』一、東京都教育委員会、一九七〇年。
(12) 前掲註(8)。
(13) 山路直充「下総国井上駅について」『市立市川考古博物館年報』一九九二年。
(14) 谷口榮「立石様研究ノート」『博物館研究紀要』五、葛飾区郷土と天文の博物館、一九九八年。
(15) この部分は主として前掲註(8)に拠っているが、葛飾区郷土と天文の博物館考古学調査報告書『立石遺跡Ⅰ』二〇〇五年を参考にした。
(16) 『延喜式』「諸国運漕功」条には越前国の港として比楽湊を挙げるが、加賀国には海路を記さず、「諸国駅伝馬」条には加賀国比楽駅が挙げられ、現在地名にも石川県石川郡美川町平加町があるので、比楽湊も加賀国に在ったことは確実である。『延喜式』には何らかの誤記・脱落があるものと考えられる。あるいは、加賀国の越前国からの分置が遅く、平安時代にはいってからの弘仁一四年（八二三）に行われたことに起因するのかも知れない。
(17) 以上は、木田清「石川県松任市石竪町の立石「石ノ木塚」の調査について」『古代交通研究』四、古代交通研究会、一九九五年による。
(18) 木下良『日本古代律令期に敷設された直線的計画道の復原的研究』國學院大學、一九九〇年。

(19) 日野尚志「西海道における大路（山陽道）について」『九州大学文学部九州文化史研究所紀要』三二、一九八七年。

(20) 「道祖の元」であろう。交通神としての道祖神の起源は明確ではないが、佐賀平野を一直線に通り、奈良時代の駅路に想定される道路痕跡に沿って、現在道路からは離れた位置に男根状の道祖神がある。

(21) 第四節「大人」参照。

(22) 筑後国府については、『久留米市史』一二（資料編　考古）に詳細であるが、第一期国府（合川町字古宮）七世紀末〜八世紀半ば、第二期国府（合川町字阿弥陀・脇田）八世紀半ば〜一〇世紀前半、第三期国府（朝妻町）一〇世紀半ば〜一一世紀末、第四期国府（御井町字横道）一一世紀末〜一二世紀後半となっており、それぞれ古宮国府・枝光国府・朝妻国府・横道国府と呼ばれている。

(23) 木下良「「車路」考—西海道古代官道の復原に関して—」『歴史地理研究と都市研究』（上）大明堂、一九七八年。第三節「車路」参照。

(24) 駅路が市上を通るとする筆者の説に対して、『久留米市史』資料編〈考古〉にまとめられる「古代官道跡」では、国府西方の筆者の想定腺上で行った発掘調査では本来道路が存在しなかったとして否定し、また湿地を横切ることでも不適当として、筑後川の渡河点を上流約二キロの地点に想定し、南岸の各所で発掘された道路跡から、御井郡家とされるヘボノ木遺跡付近を通って西折し、国府付近で南に折れた後に再び西折して、車路の線に達する経路を想定している。これに対して筆者は、『延喜式』に伝馬が御井郡に置かれていることから考えて、ヘボノ木遺跡付近の道路は伝路で、また東西に通る道路は国府と郡家との連絡路であろうと考え、発掘によって存在しなかったとされることについては、前後の駅路のあり方からみて直線的に通るのが自然なので、なんらかの理由で消滅したのであろうと考えている。

(25) 佐賀県教育委員会『吉野ヶ里』（佐賀県文化財調査報告書16）一九九二年。

(26) 服部英雄「肥前国長嶋庄と橘薩摩一族」『景観にさぐる中世』新人物往来社、一九九五年。

(27) 高橋誠一「古代山城の歴史地理—神籠石・朝鮮式山城を中心に—」『人文地理』二四—五、一九七二年。小田富士雄編『西日本古代山城の研究』日本城郭史研究叢書13、名著出版、一九八五年所収。

(28) 鏡山猛『おつぼ山神籠石』一九六五年。

(29)　前掲註(7)。

三　車路・車道

1　肥後国の車路

「車路」地名に初めて留意されたのは、一九七二年の古代交通路の調査に際に肥前・肥後両国を担当した筆者が、肥後国において『延喜式』駅路ではないが、肥後国府と鞠智城《くくちじょう》と連絡する官道の存在を思わせる「車路」の伝承があることを知った時である。すなわち、近世の地誌書『肥後国誌』(1)飽田郡下立田村「泰勝寺竜田山」の項に、「里俗ノ説ニ当寺ノ杉馬場ハ旧日豊国宮ノ杉馬場ナリシト云又馬場ヨリ西ニアル小径ヲ車路ト称ス往昔詫磨郡国分村ニ居タル蟚長者カ女ヲ菊池郡米原長者ニ嫁ス此時大ヒナル車ヲ作リ財宝夥敷載テ米原ニ送ルニ道路狭キ故白川端ヨリ北方菊地ニ至ル迄新ニ道ヲ作リテ彼車ヲ挽キ通シタル処故車路ト称シ菊地迄其迹アリト云」（傍線筆者）とあるものであるが、尼長者ともされる蟚《あま》長者伝説地は熊本市出水町今字陣山にあって、国分尼寺跡としてほぼ確実視される遺跡で、また米原《よなばる》長者伝説地は山鹿市菊鹿町米原にあって鞠智城跡に確定されているものである。

既に『熊本市史』（一九三二年）の著者平野流香は、蟚長者屋敷《あまちょうじゃ》を国府跡に擬定し、米原長者伝説地は鞠智城跡に推定されることから、国府と鞠智城とを結ぶ官道がこの「車路」であろうとの見解を示している。しかし、国府跡は尼長者とも称される蟚長者伝説地には馴染まないし、松本雅明(2)によって出水町国府が発掘調査された結果、その地にほぼ間違いないと思われる。筆者は(3)、蟚長者伝説地は国分尼寺跡と考えるべきであろうが、国分尼寺と鞠智城との関係は考え難いので、車路の機能はやはり国府または国府成立以前の肥後国の中心地であった可能性が高い託麻評家（郡家）と鞠智城とを連絡する官道で、『延喜式』駅路以外にも官道の存在を知ることができる点で重要な意味があると考え、近世の菊池往還に沿う菊池市泗水町吉富にも字「車地」が存在することから、車地も車路と同じと考え、その路線が菊池往還に踏襲されたものと想定した。

その後、鶴嶋俊彦[4]は菊池往還を東に外れた菊池市出田にも字「車地」があることを指摘して、筆者の想定路線を修正し、さらに山鹿市中村に字車地、鍋田に字車路などがあることなどを指摘して、車路は鞠智城下を通って玉名郡南関町に比定される『延喜式』大水駅で西海道西路に連絡するものとした。その後、『南関町史』執筆の過程で宝暦一四年（一七六四）の『玉名郡南関手永肥猪村田畑下名寄御帳』に「車地原」が見えるので、車路が南関町肥猪を通り、近世小倉街道とは異なる道筋をとることが判明した。[5]「車地原」は現在の字名には残っていないが、名寄帳によれば「車地原」は「東ハ後田下ケ名境ノ面限、南ハ坂本下ケ名境ノ道限、西北ハ坂上村境ノ小道限」とあるので、坂上村に接して後田の西、坂本の北に位置していたことになる。また、名寄帳に見える「たんくわ田」は「西ハ車地原下ケ名境ノ御山限」とあるので、「車地原」は「たんくわ田」の西に位置していたことになる。現在の肥猪には東豊永の境界に接して北から下後田・反（段）鍬田・坂本の各字があり、近世の坂本村は東豊永に当たるので、車地原は以上の三字の中、特に反（段）鍬田に吸収された可能性が高いように思われる。なお、反（段）鍬田は服部英雄[6]が指摘するように、行脚僧の宿泊地である旦過屋を経営する田であったとする中世的地名であれば、同地は中世にも交通路に沿っていたことが判る。また、正平六年（一三五一）に菊池武光が征西将軍懐良親王を奉じて筑後に進攻した際の、関城攻略の拠点が肥猪原であったことが「三池頼親軍忠状」（肥後三池文書）によっても知られるので、同地は古代・中世を通じて交通の要地であったことが判る。

なお、鶴嶋[7]はさらに鞠智城から阿蘇外輪山の二重峠に出て肥後・豊後連絡路の二重駅に連絡する車路の存在も指摘している。二重駅は阿蘇市車帰《くるまがえり》に想定されるが、この地名は外輪山火口原側が急斜面であることから、車の使用ができないことを意味するものであるが、ここを除けば広範囲に車が利用されていたであろうことをうかがわせる。

ここで、改めて尼長者と車路の関係を考えてみよう。

先ず、鞠智城の築城を記す文献はないが、『続日本紀』文武天皇二年（六九八）五月甲申（二五日）条に見えて、天智天皇四年（六六五）に築かれた大野・基肄両城と共に繕治されているから、鞠智城も両城とほぼ同じ頃の天智朝に築かれたものと考えられる。とすれば、その当時は未だ常設の国府は存在せず、国内の中心的評家に併置されていたと考えられる。すなわち、蜑長者屋敷の所在地とされる陣山の南約五〇〇《メートル》の出水二丁目から神水本町にかけて検出された神水遺跡(8)に想定される託麻評家であろう。

蜑（尼）長者伝説地は、『肥後国誌』詫磨郡本庄手永「長者屋敷」の項に「里俗ノ説ニ往古此所ニ長者栖リ尼長者ト云所以ヲ知ラス唐帝ノ姫ヲ嫁ス此時唐土ヨリ夥シク瓦ヲ渡シテ居宅ヲ葺シム其瓦礫今ハ林間草底ニ多クアルヲ国分寺ノ屋瓦トハ謬リ也ト云亦馬糞塚杯云モ其長者ノ飼イタル馬糞ナリト云（中略）世ニ蜑長者ト呼シト云里俗ノ説是非ヲ知ラス」（傍線筆者）として、馬を多く飼っていたことを記しているが、字陣山の東隣に西堀馬屋・東堀馬屋の小字地名があることも注目される。これらは此処に駅的な施設があったことを意味するものではなかろうか。

陣山の西方は低地になっており、山麓の湧水を利用した水前寺公園から流れ出る加勢川の流路があるが、その西に国分僧寺があり、またその西を南北に駅路が通じ、さらにその西に初期国府がある。すなわち、国分尼寺は阿蘇外輪山麓の末端台地上の陣山にあって、沖積地に位置している僧寺とは地形的に立地を異にしているのは極めて異例である。これは、鞠智城の築城当時は託麻評家に国府が並置されており、これと鞠智城とを連絡する軍用道路的な官道として車路が敷設され、陣山に駅家が置かれていたが、後に国府が整備されると駅家はその近くに移り、国分尼寺の建立に際して駅家の跡地またはその隣地が利用されたのであろう。その結果、上記のように混同した蜑長者伝説を生むようになったのではなかろうか(9)。

さて『肥後国誌』に言う「車路」は熊本大学の校地北西部で行き止まりになっている、下立田と坪井・室園との旧村界を作っている小道と考えられ、立田山西南麓を僅かに迂回するが、それからはほぼ正北方に台地上を刻んで直線的に通る凹道となっている旧菊池往還につながり、また改寄の立石にも通じている。その清水町亀井の丘陵部では僅かに東方に弓なりに迂回する部分があり、その弦に当たる直結線上に約二〇〇メートルにわたって幅一五メートル前後の帯状窪地が続くことから、[10]筆者はこの路線を西海道西路の駅路に想定した。その後、熊本大学構内の黒髪町遺跡[11]で道路遺構と大型の掘立柱建物群が検出され、「馬」銘のへら書き土器や「國」銘の土製印が出土したことから、養蚕駅跡に比定されているので、この路線が駅路に当たることは間違いない。西海道西路は熊本市清水町亀井で肥後・豊後連絡路を分岐した後なお北上するが、菊池往還は堀川を渡った地点で駅路と分かれて、東北方向に向かう。

『詫磨文書』に見える治承二年（一一七八）の「藤崎宮々掌木行近田畠売券案」（『平安遺文』三八五八）によれば、「肥後国鹿子木東庄内橘村」に在った行近の私領田地畠地の四至に「東限車大路」と見えるのは、熊本市薬園町から坪井四丁目に至る間の西海道西路に当たると思われるので、車路ないし車大路の呼称が少なくとも平安時代末期までは遡ることが判る。

『(熊本県)飽託郡北部に於ける史蹟並ニ天然記念物調査』（一九二〇年）に「車キャァト　古道」として、「飽託郡清水村大字山室　菊池旧道特ニ山室ノ一部ヲ車キャァトト云フ　後醍醐天皇ノ御代征西将軍護良親王八代ノ征西府ヨリ菊池ニ御幸行ハル道ナリシヲ以テ御車街路トイヘリ　後訛リテ車キャァトトイヘリシカ」としているが、キャァトは街道が訛ったものである。また護良親王は懐良親王の誤りであるが、この道も車路と同じものを云うと思われ、諸種の伝承が行われていたことが判る。

ところで、平凡社地方資料センター編『地名に刻まれた歴史』（一九八八年）には、「車大路（くるまおおじ）」としてこれを採り上げているが、「車路」の名称については述べるところがない。同書は平凡社刊の都道府県ごとにまとめた『日本歴史地名大系』編纂に関連して出されたものであるので、『熊本県の地名』（一九八五年）を見ると、項目として挙げるのは「車大路」で「車路」は文中に記されるのみである。しかし、車大路の白川の渡河点「子飼橋」の項では『肥後国誌』を引用しているが、前記したように『肥後国誌』には「車路」が詳しく述べられており、また現存地名としても「車路」または「車地」であるから、一般的名称は車路であったと思われる。

また、『地名に刻まれた歴史』の「割野（わりの）」では、期限によって耕作する土地を変える割地制度のことを採り上げているが、その最後に「「割」に関連する地名の他に、車田・車地・車路なども、割地制度や交替で耕作する土地を示していることが多い」としている。しかし、車田・車地はともかく車路地名は筆者が調べた限りでは全て古代官道を意味しているので、この解釈は誤りである。なお、車路を車地と書くこともあるが、車地地名は水車の設置場所を意味することもあると思われるので注意を要する。

2　筑後国の車路

『福岡県史資料編』（六・八輯、一九三六・一九三七年）所収の「明治十五年字小名調」によれば、筑後地方には六箇所の「車路」「車地」地名が知られるが、さらに現地調査によってこれらを確認し、さらに一箇所を追加した。列挙すれば以下のとおりである。

	（明治十五年字小名調）	（現在）
A	御井郡野中村車地	久留米市市野中町字車地
B	御井郡藤光村車地	久留米市藤光町字車地
C	三潴郡荒き村車地	久留米市荒木町字車路
D	上妻郡一条村車地	筑後市広川町字車路

E　（不記載）　　　　　　　筑後市大字熊野字車路
F　上妻郡前津村車路　　　　筑後市大字前津字車路
G　山門郡重富村車地　　　　山門郡山川町大字重富字車路

以上によれば、「車路」が「車地」とも書かれ、同一のものであることが判る。一箇所だけ離れているGを除いてこれらの所在を示せば図2―9・10のようになり、次のような事実を指摘できる。

(一)　七地点全ての「車路」「車地」が、筑後・肥後連絡の最短路線に位置している。
(二)　ほとんどの「車路」「車地」が近世の交通路に近接しているが、必ずしも沿ってはいない。
(三)　五地点の「車路」「車地」は大字界に接し、その大字界のかなりの部分が直線である。
(四)　A―B―C、G―D、D―E―Fはそれぞれ一直線上にあるが、その方向は御井、三瀦、上妻・下妻諸郡の主要条里の方位に合致する。

そこで、「車路」「車地」を古駅路の遺称として、これらを連ねる直線状の駅路を想定すれば、これに合致する大字界はまた駅路線を継承したものと考えることができる。以上の観点から以下に若干の考察を試みる。

『延喜式』および高山寺本『和名類聚抄』によれば、筑後国駅家は御井・葛野・狩道の三駅でそれぞれ駅馬五疋を置いているが、郡名を冠する御井駅は御井郡に、葛野郷は上妻郡にあるので葛野駅も上妻郡に在ったことが判る。狩道駅の関係郷名は知られず遺称地名もないが、前後の距離的関係から見て山門郡に置かれていたと見られる。

①　御井駅とその付近の駅路　　旧御井郡域の想定駅路は久留米市街を通るために、特にA付近は明瞭にし難いが、A―B―Cをつなぐ北二〇度東の線は御井郡条里と同方位で、A以北では筑後川左岸とこれに続く小支流筒川の狭小な谷底に認められる条里型地割にも合致している。また、B付近の上津荒木川流域にも若干の条里型地割が認められ、これにも合致する。

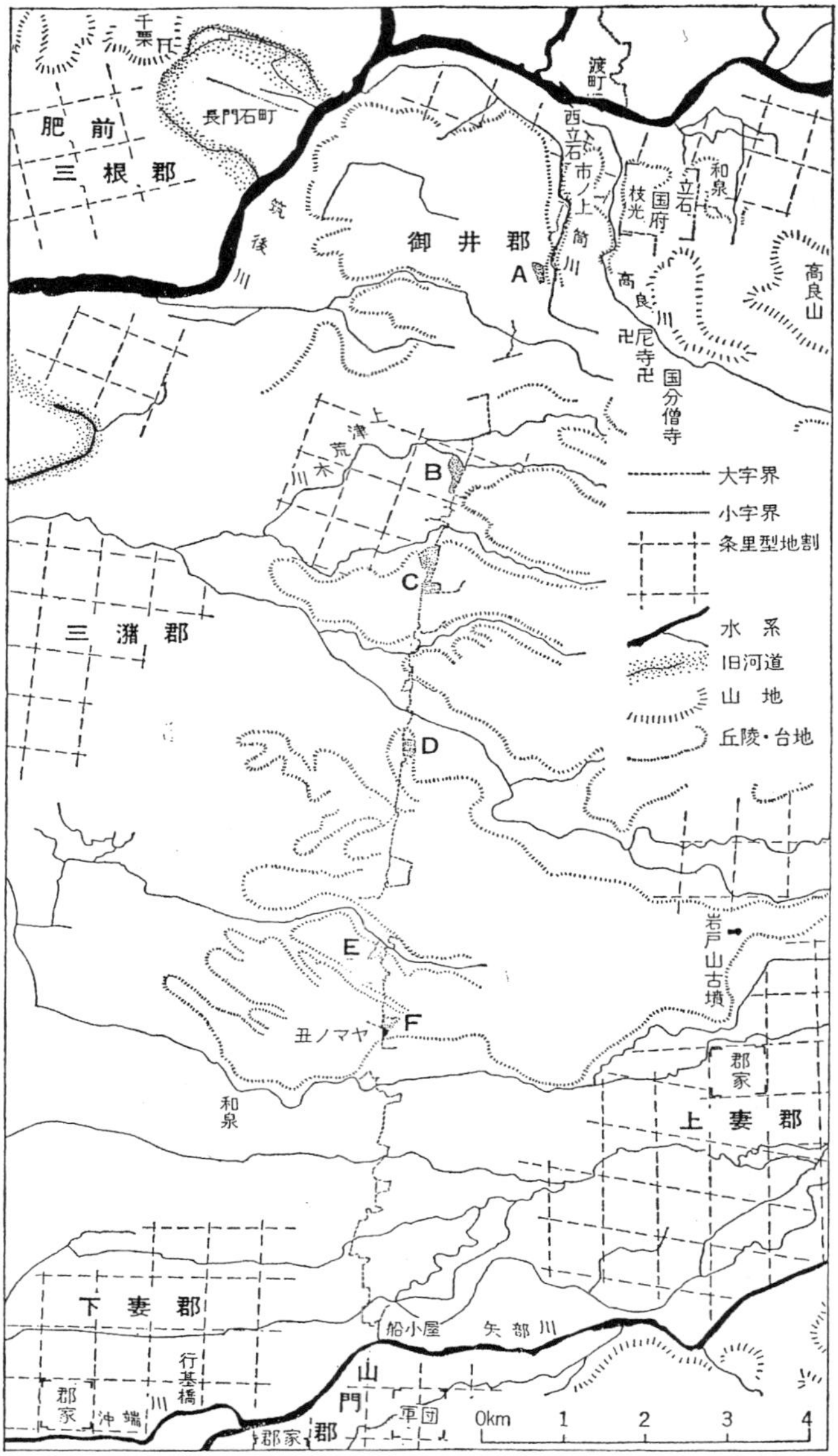

A　久留米市野中町字車地
B　〃　藤光町字車地
C　〃　荒木町字車路
D　筑後市一条字車路
E　〃　熊野字車路
F　〃　前津字車路

図2—9　筑後国御井郡・三潴郡・上妻郡の「車路」(A〜F)

A—Bの北への延長線が筑後川に達する部分は、旧宮地橋の架橋地点で、前述したように対岸の宮ノ陣町に「渡町」があることから知られるように古くからの渡河点であった。筑後川北岸の駅路は筑後・肥前国境を踏襲する、直線の福岡・佐賀県境を通ったと考えられるが、ほぼ南北走する国境線は筑後川に近付いてからは、この渡河点に向うようにやや西偏して通っている。とすれば、立石の節でも述べたように、この路線が国府の西側を通る付近に御井駅が置かれたと見てよいだろう。

② 葛野駅とその付近の駅路

葛野駅の所在については、Fに接して字「丑ノマヤ」があり、「丑」はともかくとして「マヤ」の地名は注目される。地形的にも台地の末端に位置して矢部川の低地に臨み、駅の所在地として適地と思われるので、筆者はこれを葛野駅の遺称と考えた。

D—E—F間の想定駅路は殆ど洪積層の台地上を通るが、D—E間は近世道あるいは現国道に踏襲され、E—F間のそれは空中写真にかなり明瞭な地割線を辿ることができる。しかし、果樹園が多く宅地開発も進展しつつある現地では、その痕跡は必ずしも明確ではなく道路遺構とみられる溝状窪地を一部確認できただけである。

F以南の矢部川低地では、なお一キロ余りの路線をたどることができるが、その南は明確にしえな

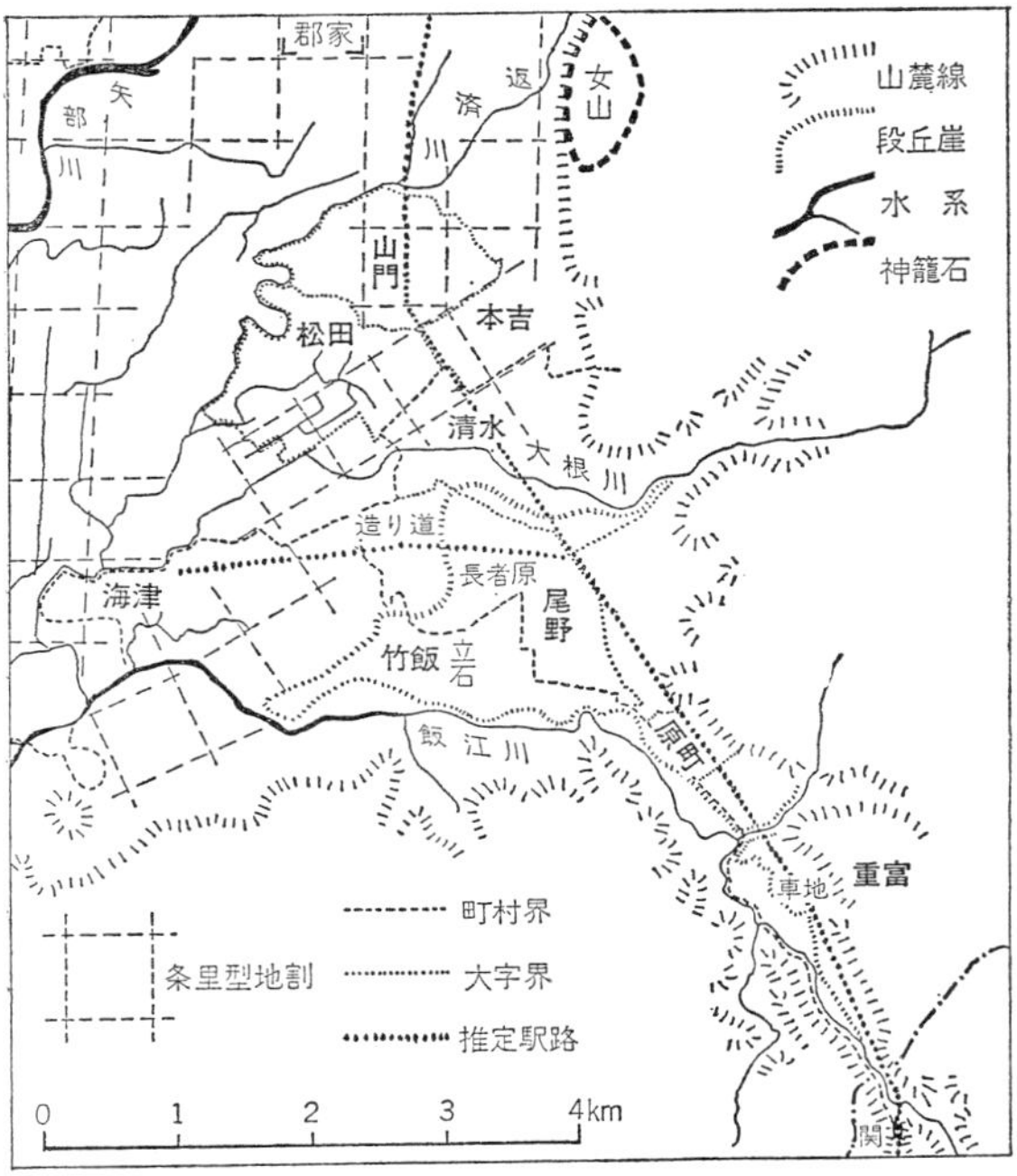

図2—10　筑後国山門郡の「車路」

い。おそらく、北二度東方位の下妻郡・上妻郡の条里に従い、筑後市船小屋付近に至るものであろう。

③　狩道駅とその付近の駅路（図2―10）　狩道駅については『地理志料』は原町（みやま市山川町）を、『地名辞書』と『駅路通』は海津（みやま市高田町）を想定し、日野尚志[12]も海津とする説に従い、また駅路がみやま市瀬高町本郷で矢部川の分流沖端川に架けられた行基橋を通った可能性が高いとして、条里地割に沿う駅路路線を想定している。しかし、その路綫は海津付近の低湿地を特に迂回して通ることになり、これは狩道＝海津説自体の疑問点でもあるが、また曲折の多い日野の想定路線は不自然である。「車路」地名によって想定した御井駅から葛野駅に至る駅路路線を考え、また肥後国初駅大水が南関町に比定されるところから、駅路は飯江川の河谷を通ると考えられるので、狩道駅はその渓口部以外には考えにくい。古くは『地理志料』が、近くは足利健亮[13]が尾野（みやま市山川町）に想定しているが、筆者も山川町尾野に「長者屋敷」「立石」「馬見塚」などの地名もあることから、ここに狩道駅を想定するものである。段丘の末端に位置して矢部川流域の低地に臨む地点にあることは葛野駅想定地とも共通している。

飯江河谷では、その西側を飯江川が下刻しているので、駅路は図のように東側に発達している段丘面上を通過したと考えられ、Gの車地地名も段丘面上にある。この地方では、具体的な駅路の痕跡を求めることができないが、山門郡南部の条里が北三三度西を示して、飯江河谷の軸に合致するので、低地では条里に沿い、台地上ではその延長線になる直線の駅路が考えられる。とすれば、瀬高町大字本吉と山川町清水との町界線の一部となっている線が明瞭で、その台地上への延長はまた山川町大字尾野・立山徒との界線となり、さらに是を延長すればGに達する。

本吉と松田の北に接する瀬高町山門は『和名類聚抄』山門郡山門郷の地とされ、ここから北は下妻郡域と同様のほぼ東西南北の条里となる。しかし、山門の大字域に入ってなお約四〇〇メートルに上述の北三三度西の駅路想定線の延長が認められるので、この線の有意性がうかがわれる。日野によれば山門郡家は山門の北方約二キロの坂田に想定されるが、郡名を負う山門が方位を異にする条里の接点にあり、また駅路の屈折点に位置するとすれば、やはりこの地に何らかの中心地性を見ることができるように思われる。

山門以北、矢部川畔に至る間には、特に明瞭な道路状痕跡や特有の大字界などは認められないが、しいて推測すれば、山門・坂田間は北三度東の地割に従い、坂田以北では部分的に認められる北三度東地割に沿って、筑後市船小屋対岸の矢部川畔に達する線が考えられよう。

なお、尾野西方の低地には、斜行する周辺地割とは異なってほぼ東西方向に通る一本の明瞭な線が認められ、これに沿って「造り道」の小字地名もあることが注目される。その延長は高田町域の北八〇度東の条里地割に沿うと見られるが、高田町今福字行里に想定される三毛郡家を経由して、熊本県玉名市にあった肥後国玉名郡家に至る伝路に当たるのではなかろうか。また、海津には海門《みかど》（みかど）の地名もあって注目されるが、飯江川の支流大根川の合流点に位置し、さらには矢部川の分流返済川に連なる旧河道も、各所に曲流の痕跡を残してここに合流している。これらの点から見れば、海津は文字通りの港津で、この道路は駅家と港津の連絡路にもなったのではなかろうか。

筆者[14]が以上の想定を行った後、この想定路線に沿って久留米市[15]で四箇所、筑後市[16]で五箇所の発掘調査によってそれぞれ古代道路の遺構が検出され、「車路」地名による駅路想定が妥当であったことが証明され、また葛野駅を想定した丑ノマヤの西側に隣接する羽犬塚山ノ前遺跡[17]からは「□郡符葛野」と読める土器を出土したので、ここが駅関係遺跡であることは間違いない。

3　豊前国の車路

『福岡県史資料編』（十輯、一九三九年）所収の「明治十五年字小名調」では、豊前国内で左記八箇所の「車路」「車地」地名が見受けられる。

A　田川郡鼠ヶ池村車地　　田川郡糸田町大字鼠ヶ池字車地

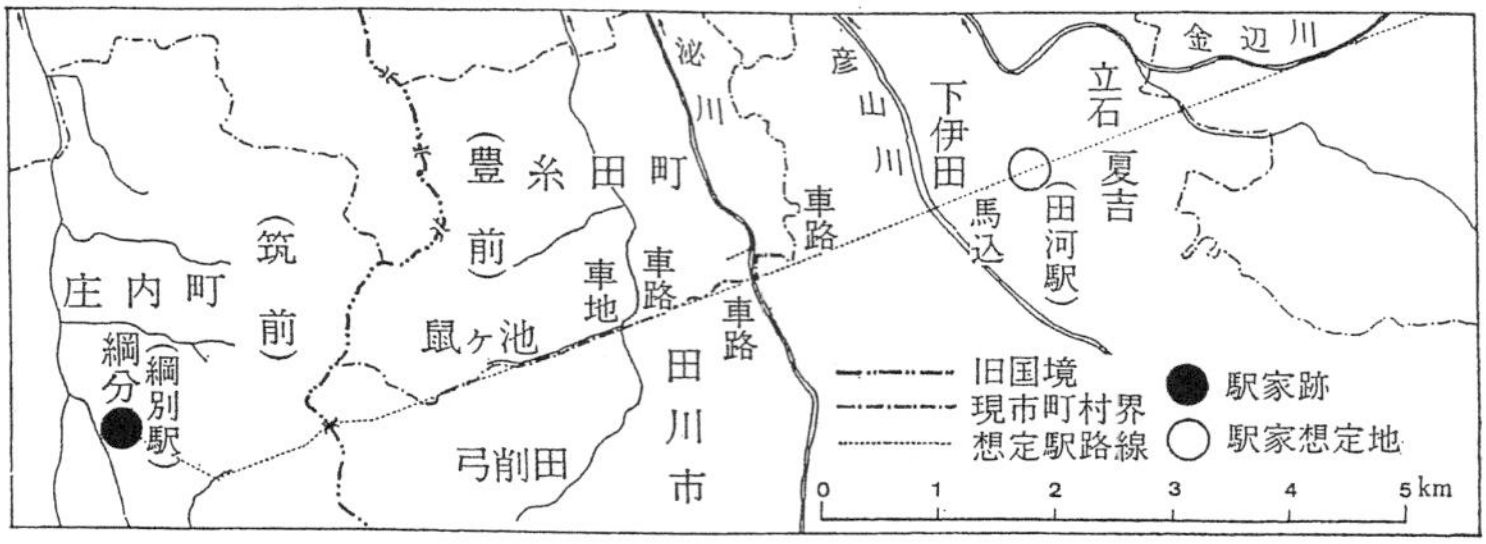

図2—11　豊前国田河郡の「車路」

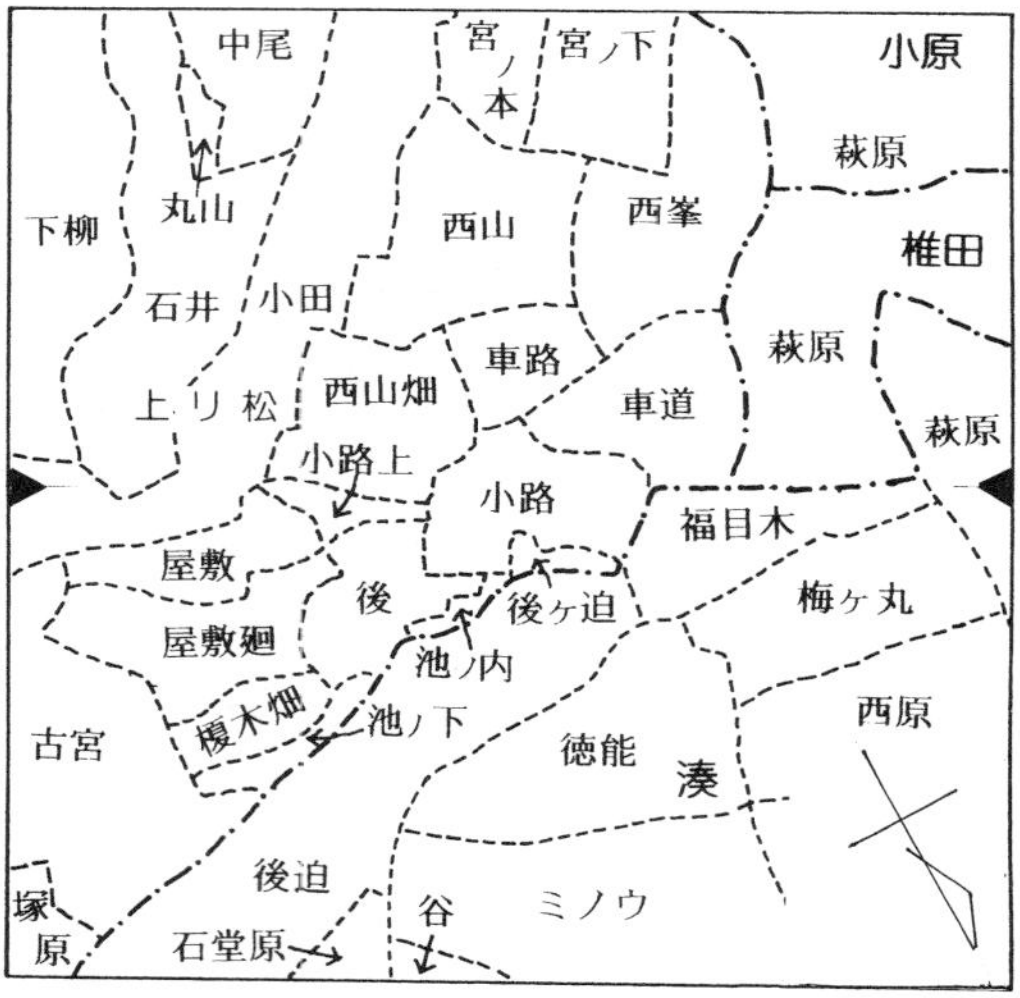

図2—12　福岡県築上町にある「車路」と「車道」地名
（椎田の「くるまじ」と「くるまみち」）

B　田川郡糸田村車地　　田川郡糸田町大字糸田字車地

C　田川郡河原弓削田村車路　　田川市川宮六七三〜六七四番地

D　田川郡河原弓削田村車路　　田川市川宮一二七九、一二九〇〜一二九一番地

E　京都郡中黒田村車地　　京都郡勝山町（現在、みやこ町）大字中黒田字車地

F　築城郡上り松村車路　　築上郡椎田町（現在、築城町）大字上り松字車路

G　上毛郡荒堀村車地　　　　　　豊前市大字荒堀字車地
H　上毛郡塔田村車地　　　　　　豊前市大字塔田字車地

以上の中でAからDまでの四箇所は図2―11に示すように一直線上に連なって認められる。すなわち、糸田町と田川市の市町界は条里地割に沿って直線状に通る溝状の窪地となっているが、糸田町二箇所の「車地」はその市町界線に沿っており、田川市二箇所の「車路」はその延長線上に位置している。この市町界線を西方に見通すと筑前と豊前との国境山地の関ノ山と呼ばれる鞍部に通じ、その西麓は筑前国綱別駅の所在地とされる嘉穂郡庄内町（現在、飯塚市）綱分である。一方、東方を見通すと『地名辞書』が田河駅の所在地とした夏吉（田川市）や、『駅路通』が同駅に比定した伊田（田川市）を通って、香春町の香春岳山麓の金辺川左岸に達し、ここでも条里地割に沿っている。東夏吉に「立石」「大道添」、下伊田には「真米」などそれぞれ古代交通路との関係が考えられる地名がある。また下伊田遺跡(18)では郡家正庁の脇殿を思わせる二間×一二間の細長い南北棟の掘立柱建物が検出されているが、これを郡家関係の建物とすれば、郡名を冠する田河駅はその近くに位置していたことが想定される。以上の状況から見て、ここでも「車路」「車地」地名による駅路の想定は成り立つと考えられる。

Eは京都郡勝山町（現在、みやこ町）新町付近に想定される多米駅から東北に通って京都峠を越えて苅田町馬場に想定される刈田駅に向かう駅路に沿うものと見られる。

Fは筆者(19)が空中写真に明瞭な道路痕跡を残す例として紹介した、豊津町（現在、みやこ町）惣社に在った豊前国府西南部を通って東南に豊後方面に向かう駅路の延長線上に位置している。椎田町（現在、築城町）域でもかなり明瞭な道路痕跡を残しているが(20)、字「車路」もこれに沿っている。また図2―12のように同時に字「車道」地名も存在しており、これも同じ道を意味するらしいが、「車路」地名と「車道」地名の異同については後に詳論したい。

G・Hは何れも豊前市域を通る国道一〇号に踏襲される想定駅路、古代末期から中世にかけては宇佐神宮への勅使下向の道ということで勅使道と呼ばれていた路線に沿っている。

4　山陽道の車路

山陽道でも数カ国で「車路」「車地」地名を見ることができる。

①　長門国阿内（下関市）の場合　下関市東北部の大字阿内に小字「車路」がある。『角川地名辞典』「阿内」項によれば、鎌倉期から南北朝時代のものと推定される『長門国豊浦郡阿内包光名絵図』には「大道」「古馬路」「鳥越路」などの地名が見えるということなので、古い交通路があったことがうかがわれるが、海岸近くを通ると推定される山陽道駅路からは三キロほど内陸に位置しているので、駅路に関係するものとは思われない。現地は東北方に低い峠を越えて鞠川町に通じる通路に位置しているが、『日本書紀』天智天皇四年（六六五）に築かれた長門城の所在は不明なので、鞠智城と「車路」との関係を参考にして、長門城をその先に求めることができないかとする解釈もあるが、現在の時点では全く不明である。

②　長門国車地（宇部市）の場合　宇部市を流れる厚東川中流域左岸の国道二号沿いに大字「車地」（くるまぢ）がある。『厚狭郡史』（一九二六年）は地名の由来について、「往古、久留馬地と称し、山陽道阿潭駅が栄えていた頃に同駅の隣接地であったころからこの地に馬を留めて駅馬の用を為したため」とし、古代駅路との関係を述べている。しかし、阿潭駅はここから四キロも離れた吉見に比定されるので、駅との間の直接的な関係は考え難い。やはり、既に見てきたように「車路」からの転化とみて、道路自体を意味するものと考えたい。

③　備中国川辺（真備町）の場合　『延喜式』備中国河邊駅は、『和名類聚抄』備中国下道郡河邊郷にも当たる岡山県吉備郡真備町の大字川辺に比定される。川辺は高梁川右岸に在って、近世も山陽道の宿場であった。足利健亮[21]は、近世山陽道から三町北に平行する線に古代駅路の路線を想定している。いずれも条里に沿っているが、北側の線

が高梁川以東の想定駅路線にスムーズに接続し、またその線は一・五キロにわたって北接する岡田との大字界を作っているからである。

その川辺に字「車地」があるが、想定される駅路からは南に二町ほどずれている。

④　備前国香登（備前市）の場合　『和名類聚抄』備前国和気郡香止（加々止）郷の遺称地である香登（かがと）は吉井川下流左岸に在って現在備前市に属しているが、その西香登に字「車路」がある。同地は国道二号にほぼ踏襲される近世山陽道に沿っているが、古代山陽道はほぼＪＲ山陽本線沿いに北を通るので、山陽道駅路に関係した地名ではない。

しかし、『延喜式』主税上の「諸国運二漕雑物一功賃」条に見えて、美作国からの雑物を積み出した備前国片上津は、香登の東六キロにあるが、美作国からの運送は吉井川の水運に依ったと考えられるので、香登付近で陸揚げした雑物を片上津に運ぶ経路に当る可能性があろう。

5　畿内の「車路」

①　奈良から北に出る道としての車路

庄園領主としての南都諸大寺の庄園物資輸送の道路の記載として、既に永島福太郎(22)が採り上げた「春日社司若宮神主祐茂記」に見える次の一五道の中に「車路」がある。

注進　御供用途　可レ令二運上一路々事

東路　簀河路　誓多林路　田原路　福住路

南路　上津道　中津道　下津道

西路　大坂路　亀瀬路　信貴路　生馬越路　上津鳥見路

北路　木津路　車路　笠置路

右十五ヶ所道　注進如ㇾ件

嘉禎二年（一二三六）十月　日

秋山日出雄[23]によれば、これらの諸道は春日社を中心に東北から時計廻りの順に記載されているので、北路の中の木津路は歌姫越か、あるいはＪＲ関西線に沿って奈良市の佐保田に至る道路であると思われ、車路は奈良坂を通って平城京東京極道に出る現在の奈良街道を、笠置路は後世の柳生街道を指すと考えられるという。

②　宇治市六地蔵に在った浄明寺領の四至に見える車路[24]

浄明寺は藤原氏の墓所の祠堂として、寛弘二年（一〇〇五）道長が創建したもので宇治木幡に在ったが、永暦元年（一一六〇）五月五日山城国在庁官人らに発せられた「後白河院庁下分[25]」に、その寺領を「□限大路、南限岡屋河、西限伏見坂紀伊郡堺、北限車路」と記している。浄明寺は現在の宇治市木幡小学校の地とされるので、吉村亨[26]は図2―13のように、その東限の大路を三十番街道に当て、北限の車路は日野法界寺南堺の一部であったとして六地蔵北側の山科川東岸に東西道を図示しているが、大路・車路の性格については述べるところがない。

一方、足利健亮[27]は山科から木幡附近の古道について、鎌倉時代初期頃の作成とされる『山科郷古図』を参考にして、図2―14のように直線的路線をとって計画的に作られたと見られる古代道路の復原を行ない、h―g―i―j―k―y―d―c―lから小関越に至るルートを奈良時代の北陸道駅路としているが、浄明寺領に見えるこれら二道については記すところがない。『山科郷古図』ではJ点に一宇の建物を描いて「河原崎」との地名を特に記していることから、この三叉路は平安時代には極めて重要な地点で在ったと思われるとして、奈良時代の北陸道もj点を通ると考え、図に二重破線で示す三十番街道は除外している。

吉村が三十番街道を「大路」に比定した根拠は不明であるが、もしこれが大路であったとすれば、奈良時代の東山

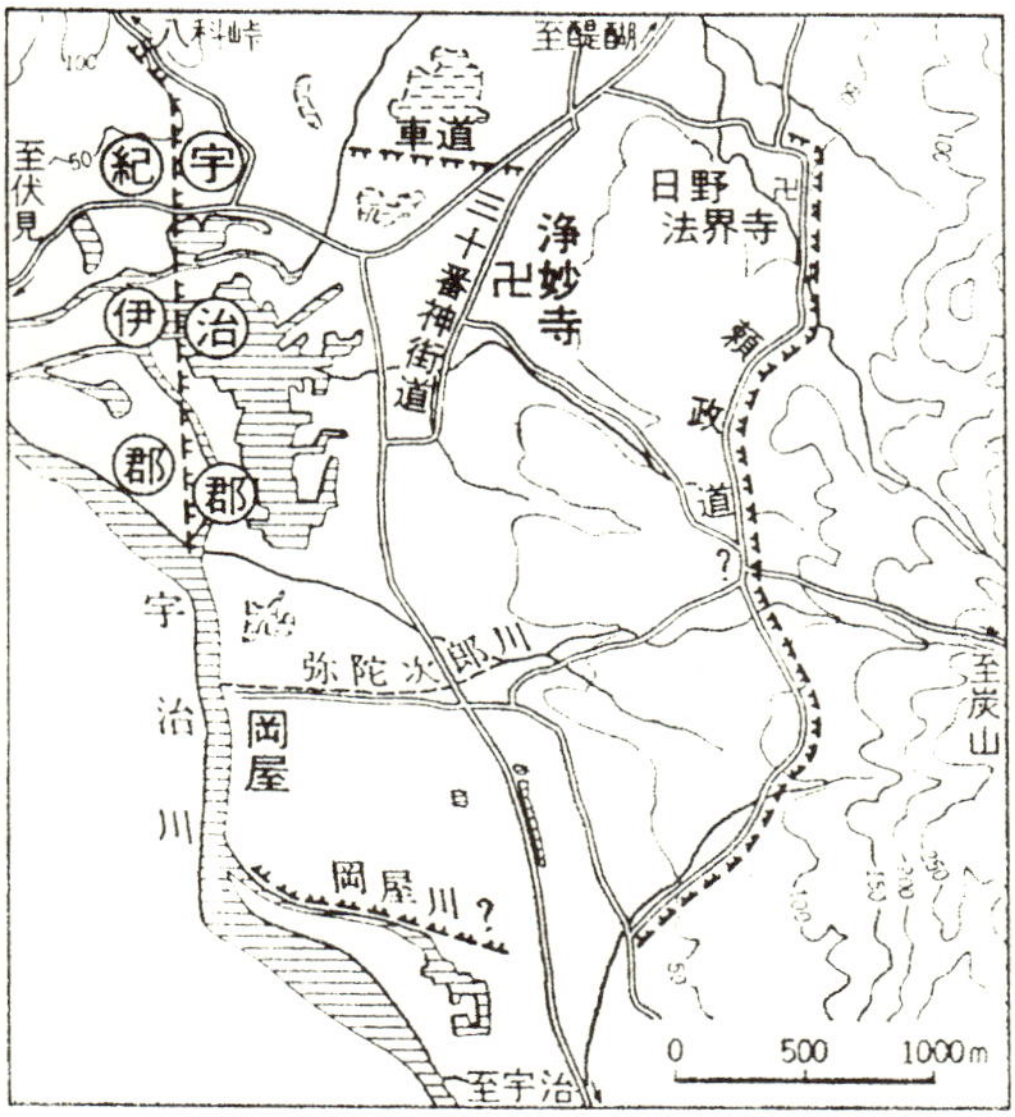

図 2―13　吉村亨による浄明寺領の境界（破線，『宇治市史』１所収）
原文書では「車道」ではなく「車路」になっている

道・北陸道としては最短距離を通る三十番街道がもっとも適当で、ｊの分岐点が重要になったのは平安時代に入ってからのことではなかろうか。

一方の「車路」は前記奈良の車路と同様に、後世の奈良街道の前身に当る平安京と南都とを繋ぐ道であったと考えられる。一九二二年測図の三〇〇〇分の一京都市都市計画基本図「桃山」「日野」図幅によれば、山科川を挟んで東西に通る直線の土堤状道路があり、その特に明瞭な東岸の部分を吉村が車路に当てたものと思われるが、これは本来山科川の谷部を横切っていたもので、東端で三十番街道に接続

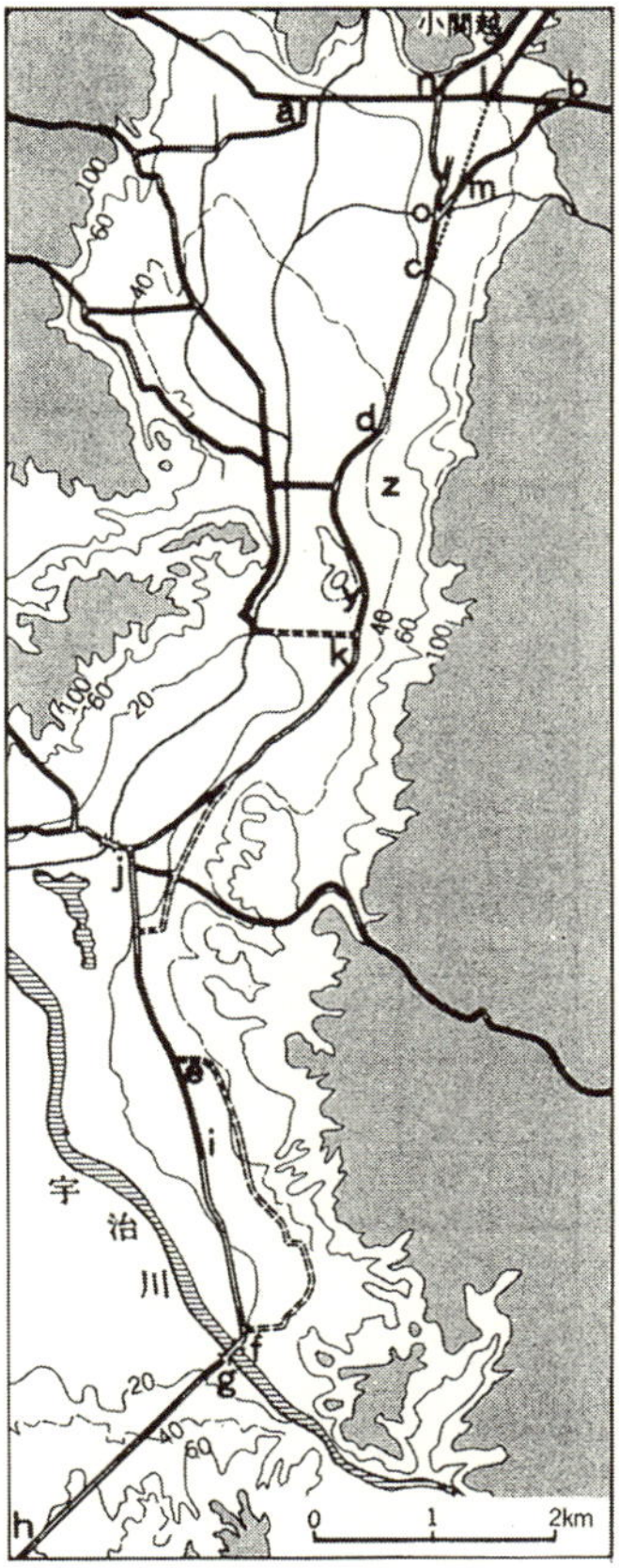

図 2―14　仮製地形図に見える宇治郡の古道（足利健亮原図）

し、西端からは伏見丘陵を横切る現在の府道「六地蔵・下鳥羽線」に接続する。以上の路線は、平安京と南都を繋ぐ道路としては最短路線になるが、『山科郷古図』には不記載である。なお、以上のように想定される車路は、一九四六年米軍撮影の空中写真にも明瞭であるが、現在は開発工事によって破壊されて全くその痕跡を見ない。

③　大津市三井寺町の車路

大津市三井寺町（旧、神出）に字「車路町」がある。山科盆地から小関越えを通って三井寺下に出る古代北陸道の道筋である。現在知る限りにおいて「車路」地名の最北地に当り、他は全て畿内と以西の山陽道と西海道に存在することから見れば異例である。最初に述べた肥後国の「車路」が鞠智城に関係して敷設されたと考えられ、また肥前国基肄城内に「車道」、城下に「車路」地名があって、これらの地名が天智朝に築城された古代山城と密接に関連することから考えて、これらの「車路」が大津宮から発したと考えれば、その最初の地名ということになる。

なお、建久八年（一一九七）の「石山寺領検田帳」（『鎌倉遺文』九四六号文書）に「車道」が見えるが、国名も郡名も記されていないので、その所在地は不明であるが、石山寺の寺領が三井寺下に在るとは考え難いように思われるので「車路町」とは別地ではなかろうか。これが石山寺の近傍とすれば、近江国には鎌倉時代に遡る類似地名が別にあることになる。

6　車路と車道

古代山城研究の先駆者であった鏡山猛(28)は、基肄城の山上を廻る土塁線の内側にある平坦地について、「土塁内側の平坦地の幅は自然地形で一〇メートル以上のものもあるが、通例二メートル程度である」とし、「土塁内側の平坦地は車道（くるまみち）と名付けられている」（傍線筆者）と述べて、「事実幅二〜三メートルの平坦地では車も通じ得るが、南水門阯に下る道などでは傾斜が急で、もともと車より人馬の往来に便したものであろう」としている。大野城の土塁についても、

「内側は人馬の通れる程度の小径が通じている」と記すものの、特に車道の語は用いていない。他の山城について述べる中で、讃岐城山城でも北方に「車道と称する土塁と平坦地がある」（傍線筆者）と述べる。

また、下関市火の山を長門城に比定した豊元国[29]は、「火の山の東側、周防灘に面する山麓から山頂にかけて車路（くるまみち）がある。これが近年の道路でないことはその名称（讃岐の城山にもある）と、今日八十歳を越える土地の古老が祖父より聞き伝えていることからでも首肯できる。一間幅の石敷の通路である」（傍線筆者）と記している。鏡山も前述の基肄城のそれについて本文には「車道」と書いているが、土塁断面図には「車路」としているので、両様の書き方があったのであろうか、しかしいずれも「くるまみち」と呼んだらしい。

前記したように、椎田町上り松[30]には字地名「車路」と「車道」があるが、どちらも駅路を指すものであることは疑いない。近江国内にも「車路」と「車道」とが在ったと考えられることも前記した。基肄城の場合も[31]、『太宰府市史』（環境資料編）に収める文化三年（一八二〇）の作製になるとみられる「太宰府旧蹟全図　南図」（書き起こし）には基肄城跡の全域が含まれるが、南水門と見られる石垣状の遺構の側を通る川に沿った道路の横に「□迄車道ト云」とあって、谷沿いに南北に通る道を意味しているらしい。とすれば、「車道」は必ずしも土塁内側の平坦面だけを示すものではないことになる。

一方、基肄城下南側の基山町大字宮浦に字「車路」がある。しかし、ここは駅路の通過地とは考えられず、むしろ前述の南水門から出てきた「車道」に連なる可能性が高い。前述の椎田町上り松の「車路」と「車道」が同じものを言ったと同様に、基肄城でも「車路」と「車道」とは同じものではなかったろうか。とすれば、土塁線の内側に通る車道も平坦地を通る車路も同類と考えられていたことになろう。肥後国の車路が鞠智城に関連する軍用道路であったことを思えば、それが城内にも通じて土塁線に沿う車道になったとしてもおかしくはないように思われる。

「太宰府旧蹟全図　北図」（書き起こし）は前記の「南図」と対をなすものであるが、これには大野城の全域が含まれている。大野城下東方に「御本社」と記す太宰府天満宮が記されているが、その東北に当たって「クルマジ谷」「クルマジ」「上クルマジ」があり、「クルマジ」に沿って点線路が描かれている。これは太宰府天満宮北方から低い峠を越えて竈門神社方面に通じる道路に当たるらしいが、以遠は何処に通じるか不明である。いずれにしても、これも駅路にはならないので、あるいは鞠智城下の「車路」と同様に大野城に連なる軍用道路であった可能性がある。長門国の「車路」が長門城に通じるものかどうかは不明であるが、前述したように駅路とは異なる地点に存在する車路地名は長門城探索の手懸かりになる可能性はあるのではなかろうか。

7　車路地名の持つ意味

車路は文字通り車の通る路であったのであろう。田名網宏[32]が「(古代には)車による輸送も見られたが、しかし、車は京及びその周辺など平坦地に限られ、その輸送距離も短いものであった。山地は峠の多い日本の地形では、車や馬車の発達は阻害され、大きな発達はみるまでにはいたらなかった」と書いているように、一般に地方での車の使用は無かったと解されていた。これは、古代道路が自然発生の踏み分け路をいくぶん拡幅整備した程度の小径と考えていたから、到底車の通行はありえないのと考えられたのであろう。しかし、現在判明している駅路を主体とする古代官道は十分に車の通行に堪えるものであったし、一部の道路跡[33]では轍の痕跡が明瞭に残っており、実際に地方でも車が用いられていたことは明白である。

筆者が最初に車路地名に注目したのは最初に述べた肥後の車路で、それは鞠智城に関連したものであり、また前述したように西日本の古代山城には多く車道の名称が残り、車路地名の分布も今の所西日本に限られていることから、その車は先ず軍用輜重車ではなかったかと考えられる。筑後国の車路地名が駅路に当たり、その葛野駅想定地の地名が「丑ノマヤ」であることから考えると、これらは牛車であった可能性が高い。とすれば令の規定には無いが、これらの駅では駅馬による移送以外に牛車による輸送も行なっていて、駅に牛も飼われていたのではなかろうか。このように考えると、筑後国葛野駅想定地の「丑ノマヤ」地名は不思議ではない。また、『延喜式』には無いが、『肥前国風土記』に見える「神埼郡驛壹所」に想定される吉野ヶ里遺跡で検出された奈良時代の掘立柱建物建物群と一諸に出土した墨書土器に「丑殿」とあるのも、同様に考えることができよう。

「公式令」「行程」条に「車廿里」とあり、駅間距離がまた廿里を標準にしていたことも偶然では無いように思われる。田名網が言うように、日本の地形は険しく山坂が多いので、長距離を継続しての車の使用は出来なかったと思われ、急坂の坂下や渡河点に「車返・車帰」（くるまがえし・くるまがえり）の地名を見ることがあるが、平野部においては広範囲に使用されたのではなかろうか。

次に考慮する必要があるのは車持部のことである。車持部は輿輦のことをつかさどり、朝廷の車の製作、物資の輸送に従事した氏族ということになっているが、その車も都とその周辺以外は殆ど使用されることはなかったとされている。たまたま『豊前国仲津郡丁里太寶二年（七〇二）籍』（正倉院文書）中の某戸の寄口に車持君が見える。仲津郡は奈良時代の豊前国府の所在地で国府付近の駅路の痕跡もよく残っているが、『和名類聚抄』郷名には丁里の関係郷名は見えないし、丁里の所在地は不明である。他の地方にもしばしば車持部の存在が知られる。兵庫県朝来市山東町柴の柴遺跡[34]は「驛子」云々の木簡を出土して山陰道但馬国粟鹿駅関係遺跡とされるが、遺跡周辺の小字地名に「くらもち」がある。車持は「くるまもち」が転化して「くらもち」とも言われたらしいので、いささか気になる地名である。

註

（1）　第二節、註（1）参照。

（2）松本雅明「肥後の国府—託麻国府址発掘調査報告—」『古代文化』七—三、一九六六年。
（3）木下良「「車路」考—西海道における古代官道の復原に関して—」『歴史地理研究と都市研究』（上）大明堂、一九七八年。
（4）鶴嶋俊彦「古代肥後国の交通路についての考察」『地理学研究』九、駒沢大学大学院地理学研究室、一九七九年。
（5）木下良「古代の交通と関所」『南関町史』（特論）、二〇〇二年。
（6）服部英雄『地名の歴史学』角川書店、二〇〇〇年。
（7）鶴嶋俊彦「肥後国北部の古代官道」『古代交通研究』七、一九九七年。
（8）大城康雄・鶴嶋俊彦ほか『神水遺跡発掘調査報告』熊本市教育委員会、一九八六年。
（9）木下良「「国府と駅家」再考—坂本太郎博士説の再検討—」『國學院大學紀要』三〇、一九九二年。
（10）木下良「空中写真に認められる想定駅路」『びぞん』六四、一九七六年。
（11）甲元真之ほか『熊本大学埋蔵文化財調査室年報』三、一九九七年。同四、一九九八年。
（12）日野尚志「筑後国上妻郡家について」『史学研究』一一七、一九七二年。
（13）足利健亮「（西海道）交通」藤岡謙二郎編『日本歴史地理総説』（古代編）、吉川弘文館、一九七五年の図85に「狩道（尾野？）」としている。
（14）前掲註（3）。
（15）久留米市教育委員会『古代官道・西海道跡　諏訪野町上牟田地区の調査』久留米市文化財調査報告書四五、一九九二年。「西海道二次」『平成九年度　久留米市内遺跡群』久留米市文化財調査報告書一四〇、一九九八年。『上津藤光遺跡群Ⅱ』久留米市文化財調査報告書一四五、一九九八年。
（16）筑後市教育委員会『筑後市東部地区遺跡群Ⅵ』（筑後市文化財調査報告書三六）、二〇〇一年。
（17）筑後市教育委員会「羽犬塚山ノ上遺跡」『筑後市内遺跡群Ⅳ』筑後市文化財調査報告書四五、二〇〇二年。
（18）田川市教育委員会『下伊田遺跡群』田川市文化財調査報告書四、一九八八年。
（19）前掲註（10）。
（20）木下良「古代官道」『椎田町史』上、二〇〇五年。

(21) 足利健亮「吉備地方における古代山陽道・覚え書き」『歴史地理学紀要』一六、一九七四年、『日本古代地理研究』大明堂、一九八五年、収録。
(22) 永島福太郎『奈良文化の伝流』中央公論社、一九四四年。
(23) 秋山日出雄「大和国」藤岡謙二郎編『古代日本の交通路』I、大明堂、一九七八年。
(24) 木下良「宇治市町並・六地蔵から京都市伏見区桃山に至る「車路」」『日本古代律令期に敷設された直線的計画道の復原的研究』（科学研究費補助金（一般研究C）研究成果報告書）一九九〇年。
(25) 『平安遺文』（七―三〇九三）。
(26) 吉村亨「荘園の発展」『宇治市史』一、一九七三年。
(27) 足利健亮「交通路の発達」『宇治市史』一、一九七三年。
(28) 鏡山猛『大宰府都城の研究』風間書房、一九五八年。
(29) 豊元国「長門城について」小田富士雄編『西日本古代山城の研究』日本城郭研究叢書13、名著出版、一九八五年所収。
(30) 前掲註(20)。
(31) 木下良「鳥栖市域とその周辺の道路事情」『鳥栖市誌』二、二〇〇五年。
(32) 田名網宏『古代の交通』「就役民の行旅と調庸・雑物の輸送」吉川弘文館、一九六九年。
(33) 下新田遺跡発掘調査団『群馬県新田郡下新田遺跡』一九九二年など。
(34) 西口圭介ほか「柴遺跡」『平成12年度年報』兵庫県教育委員会、二〇〇二年。

四　大　人—巨人伝説と古代道路・烽—

1　肥後国の大人地名

前記したように筆者は一九七二年に始めて古代交通路の調査に当り、肥後・肥前両国を担当したが、その際に肥後国において、従来から長崎駅の一比定地であった不知火町（現在、宇城市）長崎、一般に片野駅の比定地とされていた八代市上片町・東片町・西片町の中の上片町、従来の諸説とは別に筆者が坂本駅に想定した菊陽町原水の三箇所にそれぞれ「大人足」という小字地名があることに気付いた。諸駅想定地に共通して存在する地名ということで何か駅跡に関係ある地名とは思われたが、その意味を理解できないまま、報告書の『古代日本の交通路』Ⅳ（一九七九年）には付図（図2—15）にそれぞれ地名を記入しておくだけに留まっていた。

改めてこれを採り上げたのは木本雅康である。[1]すなわち、筆者が國學院大學大学院の講義でこのことを話したのを覚えていた木本は、『常陸国風土記』那賀郡の平津駅家の条に、駅家の西に在る大櫛《おおくし》の岡に因む巨人伝説を述べ、その足跡が「長さ卌餘歩、廣さ廾餘歩なり」とあることから、「大人足」は巨人の足跡を意味するのではないかと考えた。そこで、菊陽町で現地調査をした結果、「大人足」は地元では「ううひとがし」または「おひとがし」と呼んでいるが、『菊陽町史研究資料集』第五集に次のような記述があることを知った。

一　大人足

柳水区の字名である。読んで字の如く大きい人の足跡であり、二重の峠に一歩があり、次が大人足、その次が馬上のタツ穴（今は杉木立がある）だそうだ。同じ地区の人でも逆の方向に進み、タツ穴、大人足、二重峠、しか

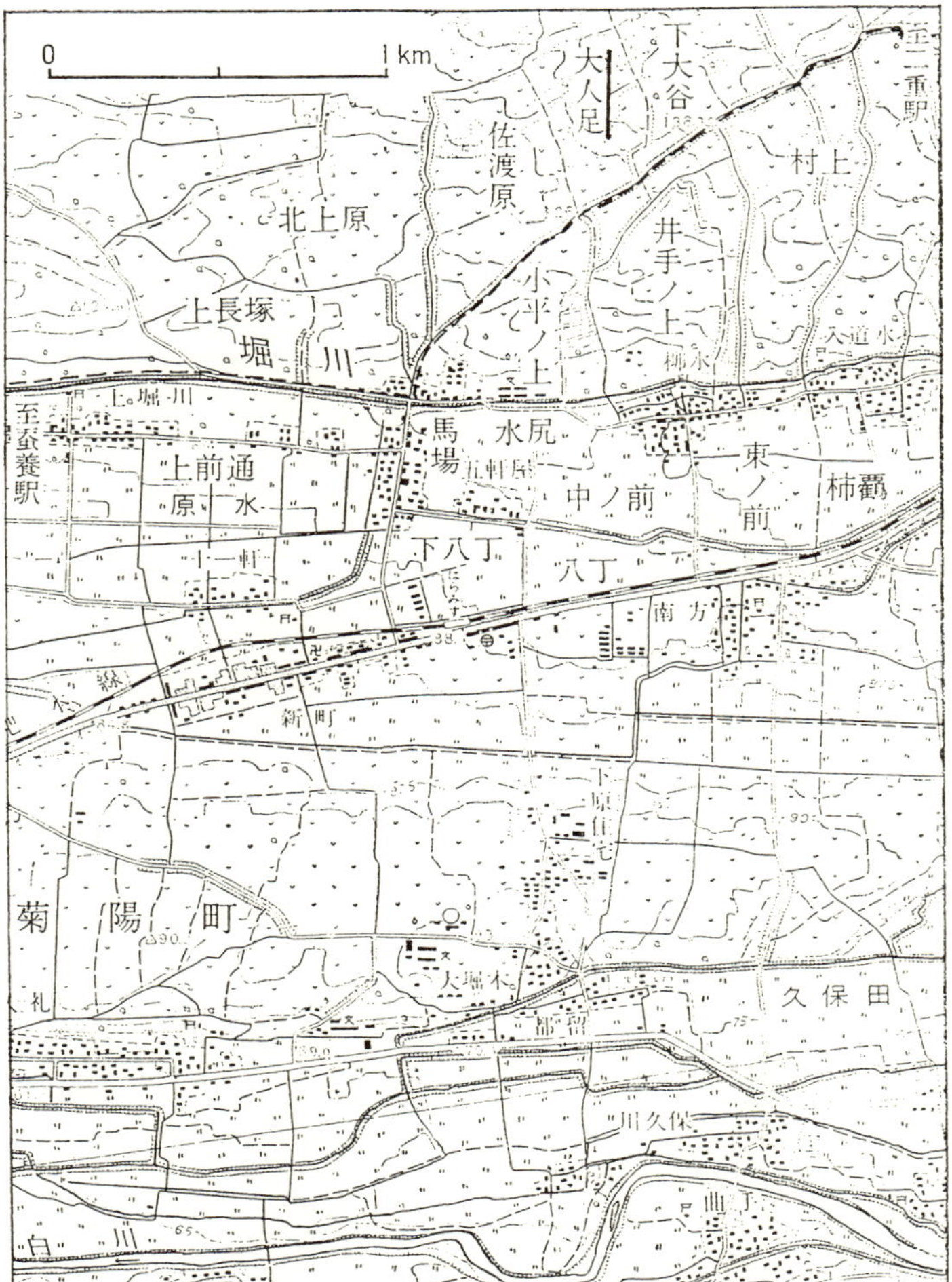

坂本駅想定地付近（2万5千分の1地形図「肥後大津」より）

図2―15　肥後国3駅想定地にある「大人足」地名

も大きい人の膝の跡と言う人もいた。阿蘇の伏流がこの一帯で、地下タンクとなっており、その間道によるところの穴らしい。

二重峠は阿蘇の外輪山西壁を越える峠であるが、その東麓が二重駅の想定地である。とすれば、巨人が両駅間を一

長崎駅想定地付近（2万5千分の1地形図「松橋」より）

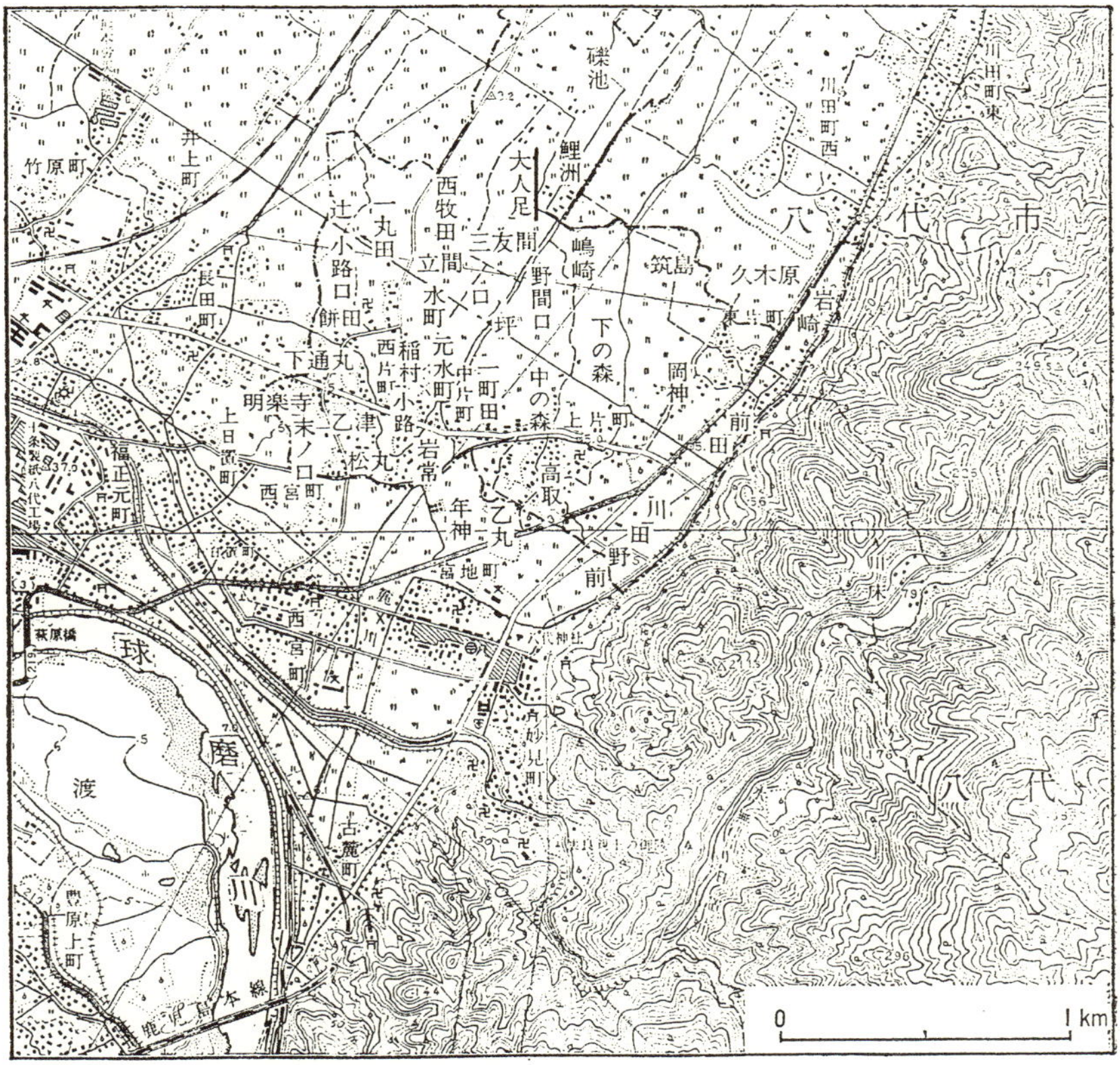

片野駅想定地付近（2万5千分の1地形図「八代」より）

歩で歩いたということになる。

不知火町長崎では「オクトガシ」と呼び、九州山地のどこかに大男の第一歩があり、長崎の大人足はその二歩目であるという伝承があるという。

そこで木本は、「ダイダラ坊」「ダイダラボッチ」や「弥五郎どん」などと呼ばれる巨人伝説が各地にあるが、その中には「大道法師」と呼ばれるものもあることに留意して、現在判明している古代駅路は幅九〜一二メートル程度の大道で、目的地と目的地を最短距離で結ぶ直線の大道であったから、そういった駅路や、またその乗り継ぎ施設である駅家を、初めて見た当時の人びとは、強烈な印象を受けたに違いない。そのことが、やがて巨人伝説と、駅路や駅家を結び付けていったのではなかろうかと考えた。

以上の木本の解釈に接して、改めて一九七二年当時の資料を見直したところ、筆者が高屋駅に想定した三角町（現在、宇城市）波多にも「大人形」があった。改めて現地を訪れたが、これは宇土半島の脊梁山地を通る九州自然歩道沿いに在り、現在は蜜柑畑になっているかなり広い窪地であった。これも古代交通路に関係する地名とすれば、筆者が前駅長崎からの駅路は起伏の多い海岸を避けて尾根伝いに通っていたであろうと考えたことに対応する。

片野駅想定地は水田地帯であるが、近年の圃場整備によって平坦化される以前は、「大人足」の地点は窪地になっていたという。

『角川日本地名大辞典・43熊本県』の「小字一覧」によれば、他に益城町小池にも「大人足」地名があって池になっているらしいが、駅とは無関係のものもあるということになる。また、河内町（熊本市）船津に「大人ヶ本」（オトナガモト）が在った。同地には「長崎」の小字地名もあって長崎駅の一比定地であるが、位置的に駅路の通過は考えられない。波野村（現在、阿蘇市）小地野に小字「上大人・大人・下大人」があるが、通説通りに豊後国直入駅を竹田市に比定できれば、肥後・豊後連絡路に沿う可能性はある。

2　駅路や駅家想定地に見られる「大人」関係地名

①　安芸国木綿駅想定地付近の「大人」地名　　木本が「古代の駅家と巨人伝説」を発表した直後に、安芸国木綿《ユフツクリ》駅定地の東広島市寺家在住の井東茂夫から、寺家にも「大人」地名があると報せてきた。ここでは「ダイニン」というらしいが、現地には特に巨人伝説は存在しないということである。水田義一(2)が推定した直線道路の痕跡が残り、筆者(3)も明瞭な直線駅路の例として空中写真を掲げて示した路線に沿って木綿駅の遺称である「夕作《ゆうつくり》」地名があるが、これより少し東方の地点であるという。

その後、井東(4)は広島県・山口県下における「大人」地名を始めとする古代道路関係地名の調査を精力的に実施しているが、その中に以下②③のようなものがある。

②　山口県宇部市瓜生野の「大人方」地名　　山陽道長門国阿潭《アタミ》駅はその読みから温泉に由来するものとして、宇部市持世寺温泉に比定するのが一般であった。近世の山陽道とほぼこれを踏襲する現在の国道八号は、古代道路関係の地名である宇部市車地で厚東川を渡ってその右岸を通るが、持世寺や阿潭の類似地名の温見《ぬくみ》は左岸にある。筆者は現地の地形状況から見て右岸には山地が河岸に迫る狭隘部があるので不適当と考えて左岸を通るものと考えていた。

しかし、井東の調査によれば、その狭隘部に「大道」と「大人方（オオニンガタ）」があると言う。さらに『山口県歴史の道調査報告書　山陽道』によれば、同地には「立石」もあったらしい。立石は交通の難所に立てられる例も多いのでここもその例であろう。以上のように古代交通路に関係があると考えられる地名が三つも揃っていることから、駅路は右岸を通っていた可能性が高く、したがって阿潭駅の所在も瓜生野付近に想定すべきであろう。

③　広島県廿日市市大野町林が原の「大人足跡」　　これも井東の研究調査による一例である。大野町林が原は近世山陽道に沿う位置にあるが、『大野町誌』「伝説」に、「大人（大仁）の足跡」「林カ原に長さ一六間（約三一・六

メートル）、まわり四三間（八五メートル）ばかりの地があって、この地はむかしから耕作しないといい、地がくぼになっていて、形が足跡に似ているので、大人の足あとだといいつたえている」（芸藩通志）とあり、ここは池になっていたが、昭和二〇年の水害で砂が流れ込み今は畑になっている。その中ほどに小さい宮をたてているのは、元は耕作しないことになっていたから、祟りを恐れてのことであろう」としているという

大野は大野瀬戸を隔てて厳島に対峙する位置にあるが、林が原と約三キロを隔てる高畑は、吉田東伍が『万葉集』（巻五―八八六）に見えて肥後国益城郡の人大伴熊凝《くまごり》が死んだ高庭駅家に比定した所で、『延喜式』の濃唹《ノオ》駅と同所と考えられている。『大野町誌』に山地の地名として「馬の口」があり、『芸藩通志』の「大野・口谷尻村」の図にも「馬ノ口山」が見えるが、高畑の東北に位置して想定駅路背後の一七〇メートルの山のようであるから、「駅家の口」を意味するのかも知れない。

④　伊勢国飯高駅想定地付近の「大足」地名　　伊勢国飯高駅については、足利健亮の研究[5]によって三重県松阪市駅部田《まえのへた》に比定され、その前後の直線的駅路痕跡も明瞭である。たまたま、筆者が二〇〇三年一一月に松阪市を訪れた際に、市街地図を見て駅部田町の隣地が「大足」であることに気付いた。読みは「オワセ」である。足利の想定駅路に沿って現地を歩いたが、市街地化されていて格別の地形的特徴は見ることが出来なかった。オワセの地名からは三重県尾鷲《おわせ》市を思い浮かべるが、同地に巨人伝説があるかどうかは知らない。

⑤　佐賀平野の直線古道に沿う「大人」地名　　佐賀平野地方の小字地名は明治六年（一八七三）以降の地租改正に伴なって変更され、機械的に数詞的地名を多用した新地名を付したので、現行の小字地名は歴史的資料にはならない。古い字名は通称地名として地元で用いられているので、服部英雄[6]は聞き取りによってこれらを収集して地図に示した。それによれば、三根町（現、みやき町）切通に「大人（ウーシト）サンノ足跡」と三田川町（現、吉野ヶ里町）萩原に「ウーワシカタ」がある。図には後者に「人足形」の当て字を付しているが「大足形」であろう。この両者は

図2—16に示すように、約二キロ離れているが、共に筆者[7]が想定した佐賀平野を一六キロ一直線に通る古代道路路線に沿っている。前者の大字名切通は三田川町との境界付近に在った切通しに由来しており、後者は現在も明瞭な遺構の残る鳥の隈切通しの続きの部分に当たり、現在切通しは無いが、地形的に見ておそらく以前は鳥の隈同様の切通しになっていたと考えられる。すなわち、大規模な切通し遺構を巨人の足跡と見たのであろう。

鳥栖市平田町にも「大人」（ヲーヒト）地名がある[8]。ここは前記の直線道の路線からは外れているが、佐賀平野には前記の直線道の他に、その南に条里の二里を隔てて平行する路線と、その北側に東方でやや開く形で併走する道路がある。前者は平安時代に駅路になったと思われる路線で、後者はおそらく神埼郡家と養父郡家とを結ぶ伝路と考えられるが、この大人地名は後者に沿う可能性がある。

⑥　福岡県古賀市の「大人」地名　　第二節立石の項で述べたように、筆者[10]は筑前国席打《ムシロウチ》想定地付近の駅路を調査した際に、席打駅の遺称地古賀市の大字筵内と薦野・米多比・薬王寺の間の大字界に沿って、立石の他に二箇所の大道添・サヤモト（道祖元）など古代駅路に関係深いと思われる小字地名が連なることから、この大字界が駅路の路線になると想定したが、その後大人地名のことが判ってから、ここにも大人の小字地名が存在することに気付いた。これら一連の地名群（図2—7）は相互に合い俟って古代道路想定の有力な資料になることになる[11]。

⑦　水戸市内原町の大字「大足」　　既に木本が指摘しているように、内原町の大字「大足」（おおだ）はダイダラ坊に因む地名であるが、水戸市渡里《わたり》町に想定される常陸国河内駅と桜川市岩瀬町平沢に想定される、『常陸国風土記逸文』に見える大神駅との間の連絡路の通過地に当る。すなわち、かつて筆者[12]が指摘したように河内駅想定地の水戸市渡里町から西南西方向に向う明瞭な直線の道路状痕跡を水戸市加倉井町付近まで辿ることができるが、その方向から見て大神駅に向う奈良時代の道路の可能性が高い。大足はほぼその延長上に当っているが、この付近では特に道路状痕跡を認めることはできないし、大足の地名由来になる痕跡も不明である。

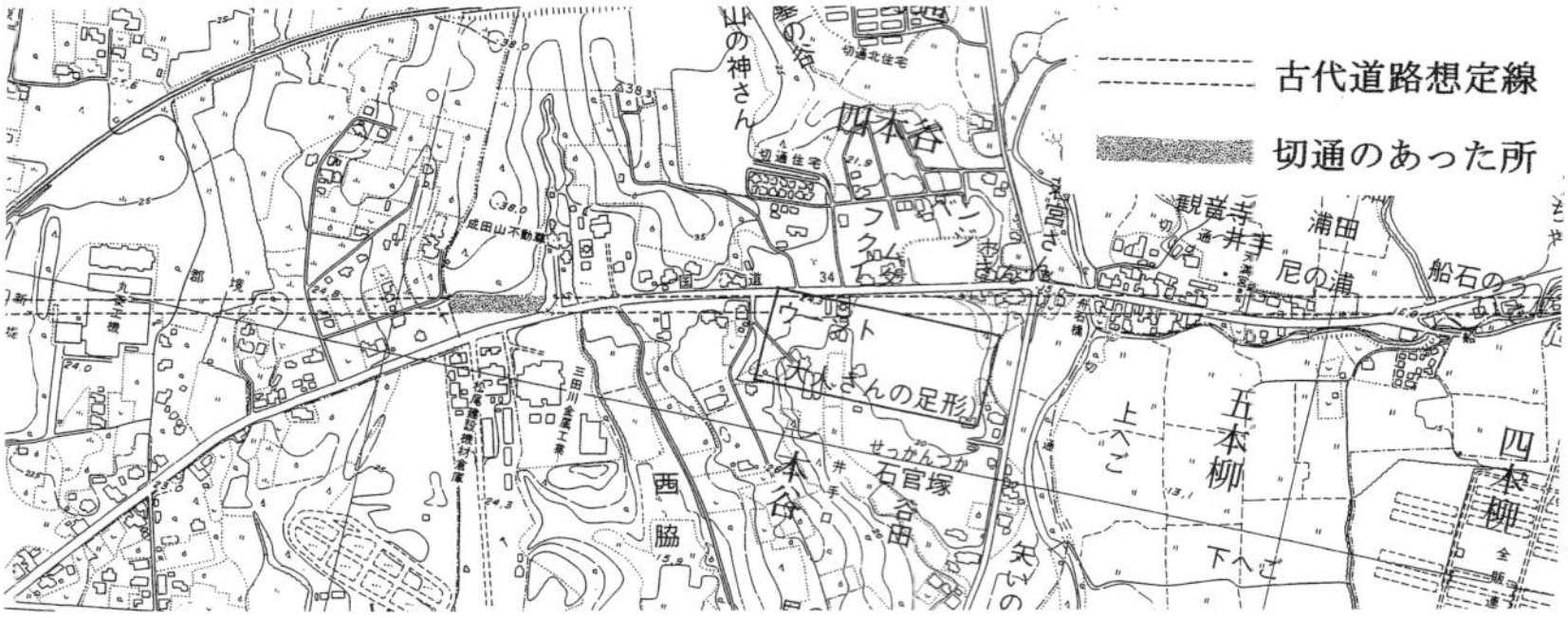

駅路にある「大人」地名

⑧　鹿児島県下の大人地名　鹿児島県の地名を研究している平田信芳は、県内に大人（三）・大人足（二）・大人形（二）・大人跡（一）・大人足跡（一）・大人足形《だいにんあしがた》（一）・人足　形《にんそくがた》（一）の他に、これらに関係があるかと思われる大広《おおひろ》形《がた》（二）・定シ足形（一）などの地名があり、これらの地名はいずれも主要交通路に沿っているということを知らせてきた。括弧内の数字は地名数を示す。

筆者は二〇〇五年春に平田と共に、『延喜式』西海道西路に関係する可能性のある、出水市武本の大人足、末吉町二之方の大人、阿久根市大川の大人について現地を調査し、また二〇〇六年春は平田と共に、『延喜式』駅路ではないが、霧島市国分に在った大隅国府と大口市に想定される肥後・日向連絡路の大水駅とを結ぶとみられる古代官道路線との関係が考えられる、横川町上ノの大人形、牧園町下中津川の大人形、菱刈町徳辺の大広形を調査した。この官道路線は夙に大槻如電『駅路通』（下・一九一五年）が、『延喜式』主計式の大宰府までの貢調の行程が日向・大隅・薩摩三国共に「上十二日、下六日」であることに注目して、日向経由の東路や薩摩経由の西路の他に、大隅国から肥後国に直通する官道が在ったことを指摘したところであり、また武久義彦(13)は天承二年（一一三二）閏四月日の太宰府庁官人等解（『正宮文書写』）に「八幡正宮御殿丑寅方向三町許、於往古大路字宮坂麓顕現八幡御名御石体二基」と見える「往古大路」がこれに当るとして、大隅国府から武久が大水駅を想定する菱刈町までの路線を想定している。

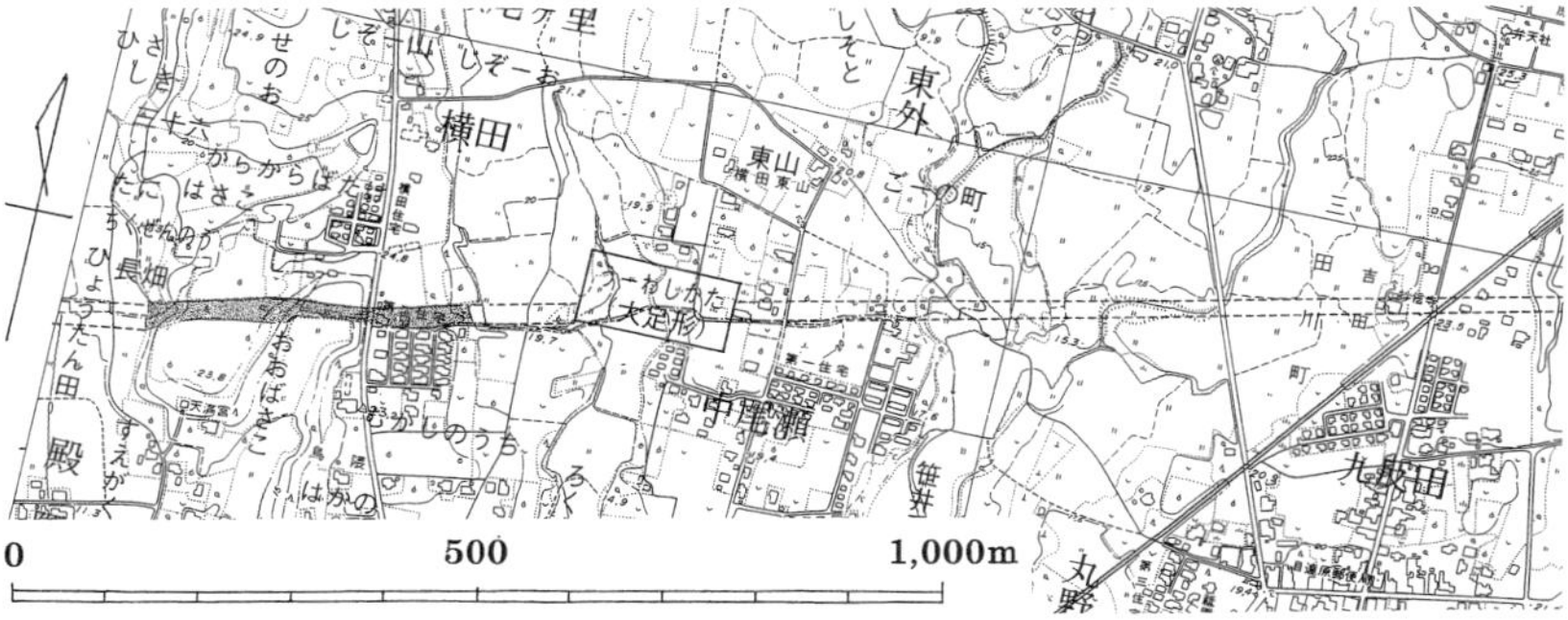

図2—16　佐賀平野の直線

これらの調査の結果、確実に駅路に関わると見られたのは、阿久根市大川の大人だけであった。それは、筆者が一九九三年に学生と一緒に西海道南部の駅路想定路線を車で通った際に、ほぼ此処を通ったであろうと想定した線に沿う位置にあった。ただし、筆者等が車で通った現在道路に並行して西の海側を通る旧道があり、その東側に「大人」西側に「小人」の字があって、これらの字地は全体的に窪地になっていることが見てとれた。

他に、出水市武本の「大人足」は、同じ武本の地内に市来の字名があって市来駅に想定される地点や駅路想定線からは約二キロ離れているので、これらとの関係は考え難いが、木本雅康(14)が想定する伝路との関係は考えられよう。

⑨「太宰府旧蹟全図　北図」に見られる「大人足形」　『太宰府市史』(環境資料編)に収める文化三年(一八二〇)の作成になるとみられる「太宰府旧蹟全図　北図」(書き起こし)に二箇所の「大人足形」の記載がある。その一つは大野城内東南部の土塁線内側と見られ、点線で示す小路に沿っている。城内の道路の分岐点に位置しているので、鏡山猛(15)作製の「大野城並に四王寺趾」の図に見える「尾花」と称する地点に当るらしい。土塁線に沿う道路はいわゆる「車道」に当ると思われるので、その切通し部分を巨人の足形と見た可能性がある。

もう一つは、現在の太宰府市と筑紫野市との境界に沿って筑紫野市牛島に至る道路の北側、太宰府市梅ヶ丘にある池ではないかと思われる。絵図には池らしい書き込みがあるからである。この道の性格は不明であるが、牛島は大字阿志岐の一部で、この道路は直線的に通る部分もあるので、或いは大宰府から蘆城駅に至る道だったのかも知れない。

⑩　和歌山県下の大人地名　『角川地名大辞典30・和歌山県』（一九八五年）の「小字一覧」によれば、東西・南北など対になる字名は一つに数えて県下に六箇所の「大人」地名を見出した。その中の四箇所が紀ノ川流域に在るが、橋本市妻の「大人之段」と河瀬の「大人之段」、高野口町嵯峨谷の「大人谷」は、紀ノ川右岸を通る奈良時代の駅路に沿う可能性があり、また紀ノ川以南に位置する和歌山市田屋の「大人神《だいじんがみ》」は、奈良時代に和泉国から孝子峠を越えて南下する駅路に沿う可能性があるが、いずれも現地は見ていない。

現地を確認したのは二箇所であるが、御坊市塩屋の「大人《おおひと》」は、現在の国道四二号に沿っており、また国道の西側の低地に小栗街道が並行して通っているが、小栗街道は熊野街道の別称であるから、この路線が少なくとも中世に遡ることは確実である。また、那智勝浦町下里にある「大人平見」は現地を確認した結果、海岸段丘上の平坦地にあるが凡そ幹線道路とは無縁と思われる。

南海道の駅路は和泉国から紀伊国に入り、駅家は萩原[16]・賀太の二駅で駅路は紀ノ川下流を通るだけであるが、奈良時代は大和国から紀ノ川中流に出ており、また平城宮出土木簡に天平四年（七三二）の「紀伊国安諦郡駅戸桑原史馬甘戸同広足調塩三斗」とするものがあるので、当時は安諦郡（在田郡）までは駅路が通じていたことが判る。『日本書紀』『万葉集』などによれば、斉明・持統・文武天皇などが「牟婁温湯《むろのゆ》」に行幸しているので、牟婁温湯までは駅路が通じていたのではなかろうか。

⑪　長野県望月町協和の「でいらん棒の足跡」　長野県では一志茂樹[17]の提唱による、神坂峠・雨境峠・入山峠などを代表とする、古墳時代以来の祭祀遺跡を連ねる交通路を想定し、令制東山道以前の主要道路という意味で古東山道と称している。その路線については諸種の想定があるが、全路線を通じての調査研究は押野谷美智子[18]が行なって

いる。

「でいらん棒の足跡」は押野谷の著書には掲載されていないが、個人的に提供された資料による。古東山道の雨境峠から望月に至る路線については諸説があるが、押野谷は立科町で東峯道と呼んでいるほぼ望月町との境界線に沿う尾根道を提唱しており、その途中に「でいらん棒の足跡」がある。「でいらん棒」とは「ダイダラ坊」のことであろう。

長野県文化財保護協会は一九八六年に東山道研究会を結成して東山道駅路の調査研究を始め、一九八九年には古東山道研究会も発足した。これらの調査成果をまとめた『信濃の東山道』（二〇〇六年）で、該当部分を執筆した福島邦男は望月町の八丁川水系の谷筋を通る路線と、ほぼ押野谷のいう東峯道に当る八丁地川の西側尾根を通る路線とを挙げている。

筆者は古東山道の路線について云々することは出来ないが、この付近の古東山道は律令期に入ってから伝路として改修利用されたと考えている。すなわち、『令集解』考課令「殊功異行」条に殊功の例として挙げられる「須芳山嶺道」[19]に連なり、諏波郡家と佐久郡家を連絡する路線である。雨境峠の祭祀遺跡の発掘調査[20]に関連して検出された、両側溝を備えた幅三～六メートルの道路は古墳時代の道とは考えられないので、それに当たるのであろう。なお、『枕草子』（三巻本）には「駅は」として挙げられる三駅の中に「望月の駅」があるので、この道路は平安時代末期には駅路として扱いを受けていたらしい。

古東山道は自然の通路であったので随時いろんな経路が選ばれたと考えられるが、計画的に設定された官道としては災害を受け難く、また見通しのよい尾根筋が多く選ばれるので、八丁地川の谷筋よりは東峯道の尾根筋が適している。それに沿って巨人伝説に因む「でいらん棒の足跡」があるのは興味深いものがある。

3　巨人伝説と古代交通路・烽

以上のように、巨人伝説に因む「大人」地名の中には古代交通路に関係すると思われるものがあり、最初に述べた肥後国三駅想定地のそれは確かに駅家に関係していると見られるが、多くの「大人」地名は少なくとも駅路など既に知られている古代交通路とは無関係である。従って、「大人」地名の中で古代交通路と関係があるかどうかは個々の調査に待たなければならないが、中には前記した望月町の「でいらん棒の足跡」のように伝路など未知の古代交通路に関係するものがあるかも知れないので、一つの手掛かりとしてはそれなりの意味があることになる。

ところで、佐賀県鳥栖市に「ウシどん」と呼ばれる巨人伝説がある。(21) 市内に現在は消滅している「ウシどんの足跡」と呼ばれる人の足跡に似た沼が二箇所にあったが、これはウシどんという大男が山を担いで歩いていて、誤ってこれを落としたので、その一つが鳥栖市の朝日山に、もう一つは福岡県筑前町と小郡市との境になっている花立山（城山）になり、そのときのウシどんの足跡が沼になったというものである。

朝日山（一三三メートル）は別名日隈山《ひのくまやま》とも呼ばれて、『肥前国風土記』に「養父郡烽一所」とある烽の比定地である。(22) 一方の花立山（一三〇メートル）については特に烽の比定地とはされていないが、筑前・筑後の国境設定の基準点になったと見られる独立峰で、豊後国方面からの烽の比定地として十分に考えられる位置と山容を示している。

ここで興味深いことは、古語で師匠・学者などの尊称を「大人（ウシ）」と言ったので、このウシどんは「大人（オヒト）」と同じではなかろうか。とすれば、巨人伝説は烽に関係するものもあるということになる。(23)

福岡県糸島郡志摩町の火山《ひのやま》（二四四メートル）も烽の比定地であるが、その山麓に「大人」地名があるのも、その一例になるかも知れない。(24)

いずれにしても、古代の大規模な道路工事の跡や迅速な通信・連絡のあり方が、巨人の営みになぞらえられたのであろう。

註

(1) 木本雅康「古代の駅家と巨人伝説」『本郷』三三、二〇〇一年。
(2) 水田義一「安芸国」藤岡謙二郎編『古代日本の交通路』Ⅲ、一九七八年、大明堂。
(3) 木下良「広島県東広島市域の道路遺構」『古代を考える　古代道路』吉川弘文館、一九九六年。
(4) 井東茂夫の研究調査はいずれも筆者に宛てた私信によるもので、井東の承諾を得て筆者なりにまとめた。
(5) 足利健亮「日本古代の計画道路」『地理』二一―一〇、一九七六年、古今書院。「大和から伊勢神宮への古代の道」『日本古代地理研究』大明堂、一九八五年。
(6) 服部英雄『二千人が七百の村で聞き取った二万の地名、しこ名―佐賀平野の歴史地名地図稿―』二〇〇一年、花書院。
(7) 木下良「空中写真に認められる想定駅路」『びぞん』六四、一九七六年、美術文化史研究会。「肥前国」藤岡謙二郎編『古代日本の交通路』Ⅳ、一九七九年、大明堂。
(8) 木下良「国郡制下の条里制と道路」『鳥栖市誌2』(原始・古代編)二〇〇五年。
(9) 日野尚志「西海道における大路(山陽道)について」『九州大学文学部九州文化史研究所紀要』三二、一九八七年。
(10) 木下良「律令制下のおける宗像郡と交通」『宗像市史』(通史編第二巻)一九九九年。
(11) 木下良「「大人」地名と古代交通路」『日本歴史』、六六五、二〇〇五年。
(12) 木下良「常総地域の古代交通路について」文部省科学研究費補助金(総合研究A)研究成果報告書(研究代表者岩崎宏之)『常総地域における交通体系の歴史的変遷に関する総合的研究』一九九二年。木下良「東海道―海・川を渡って―」木下良編『古代を考える　古代道路』吉川弘文館、一九九六年。
(13) 武久義彦「明治期の地形図に見る大隅国北部の駅路と大水駅」『奈良女子大学研究年報』三八、一九九四年。
(14) 木本雅康「古代の道路」『先史・古代の鹿児島』通史編、鹿児島県教育委員会、一九九六年。「古代伝路の復原と問題点」『古代交通研究』七、一九九七年。

(15) 鏡山猛『大宰府都城の研究』風間書房、一九五八年。
(16) 紀伊国第一駅を『延喜式』には荻原としているが、『日本後紀』弘仁二年条に見るように萩原が正しい。
(17) 一志茂樹「我が国中部山地上代交通路の一性格―雨境大門峠にみる―」『信濃』一〇―一〇、一九五八年。
(18) 押野谷美智子『信濃国に於ける幻の古東山道と須芳山嶺道を求めて―実地踏査による研究の記録と東峯道の発見の記録―』二〇〇〇年、自費出版。
(19) 木下良「『信濃の東山道』監修に当って」『信濃の東山道』長野県文化財保護協会、二〇〇五年。
(20) 雨境峠祭祀遺跡群調査団『雨境峠―祭祀遺跡と古道―』立科町教育委員会、一九九五年。小林幹男「蓼科山麓の祭祀遺跡と古道」『古代交通研究』五、一九九六年。
(21)『郷土研究』鳥栖市史話会、一九七四年。
(22) 服部昌之「古代における直線国境について」『歴史地理学紀要』一七、歴史地理学会、一九七五年。「国郡境界の画定」『律令国家の歴史地理的研究』大明堂、一九八三年。
(23) 木下良「鳥栖市域とその周辺の道路遺構」『鳥栖市誌』2（原始・古代編）二〇〇五年。
(24) 木下良「（コラム）地名「火山」と「大人」」『新修志摩町史』（上巻）福岡県糸島郡志摩町、二〇〇九年。

五　早馬地名と早馬神社

はじめに

筆者[1]は一九七二年の古代交通路調査で肥前・肥後を担当した際に、肥前国基肄《キイ》駅の所在が想定される佐賀県基山町の大字長野の奈良田に「はやまさ」と称する神社があることを知った。『基山町史』（一九七一年）には駅跡を同町木山口関屋附近とし、「基肄駅の南約二粁の地点の奈良田にある早馬天神は、基肄駅の駅鈴や錠などを保管したところともいうが、確証はない」とし、またその神社一覧の所に「はやまさ（基山町奈良田）はやまさは早馬様で、古代駅路の駅馬（はゆま）を祭るとか、または駅舎の錠を保管したところともいう。奈良田の「はやまさ」については後考を待たねばならない」としている。筆者はその時の報告書では駅の位置を関屋の西北約一・五キロの城戸に想定して、早馬神社は駅路に沿うものであろうとしたが、その後の検討によれば前記したように駅路は現在の佐賀・福岡県境に踏襲される肥前・筑後国境沿いに通ると考えられるので、「はやまさ」は駅路には沿っていないことになる。

また肥後国長崎駅については、長崎鼻という岬がある熊本県飽託郡河内町船津と、宇土郡不知火《しらぬひ》町（現、宇城市）長崎に比定する二説があり、筆者は後者が適当と考えたが、不知火町長崎には前掲「大人足」の図にも見えるように早馬の地名があることも一つの根拠とした。当時筆者は他にも各地に早馬神社があることを知らなかった。

その後、武久義彦[2]は大隅国蒲生駅を鹿児島県蒲生町下久徳の通称地名早馬地区に比定したが、ここには早馬神社の小祠がある。なお武久は鹿児島県下には他にも駅路から離れて、駅家や駅路とは無関係の早馬神社もあることを指摘している。

図2—17　早馬社の例

筆者も福岡県大牟田市に駛馬《はやめ》地名があることを知ったが、ここも駅路の通過地ではない。その後、大水駅の所在地とされる熊本県南関町の町史[3]に関わることになって、同町内にも数箇所の早馬神社があることを知った。

現在の筆者の知見によれば、早馬神社は前記佐賀県基山町以南、筑後・肥後・薩摩・大隅・日向の各地に在って、牛馬の守護神として祀られているらしく、多くは社殿のない図2—17のような小祠である。

大水駅は前記した車路との連絡関係から、当初は南関町東豊永に置かれたが、後には関下に移転したと解した。東豊永の東坂の上神社の境内摂社に早馬神社があり、関下の駅想定地の南五〇〇メートル程の北細永には早馬神社の石碑があって、やはり駅とは何らかの関係があるのではないかと考えられた。

1　駅馬守護神の可能性

たまたま、一九九五年八月中国江蘇省高郵市で開催された郵駅文化国際シンポジウムに参加したが、高郵市は大運河沿いの水陸交通の要地で古くから郵駅が置かれていた。明代の盂城駅跡が残っていて、これを復原して郵駅博物館にしているが、その構内に「馬神廟」があることを知った。中国では古代の駅制が後世にも影響を与えているので、馬神廟も古代に遡る可能性がある。日本でも駅で馬神を祀ったのが、後世に周辺に伝播して一般の牛馬神となったのではなかろうか。

印鑰《いんやく》神社[4]は国政の象徴であった国府の印鑰を中世初期に祀ったもので、もともと国府附近に在ったが、後にはこれを勧請して各地に広がった。国府以外に祀られる印鑰社も、筑前・筑後・肥前・肥後など西海道諸国に多いのも興味深い。

改めて、不知火町長崎を訪れたが、ここには早馬神社は無い。もともと早馬神社があったのだが、無くなって地名だけが残ったのだろうか。大牟田市の駛馬も同様である。

日向国水俣駅は宮崎県山之口町または三股町に比定されるが、三股町樺山山王原には早馬神社がある。駅跡に相応しい場所ではあるが、この神社は明治初年に県令三島通庸が建立したものというから直接の関係は認められないが、もともと近くに在ったのだろう。

以上の早馬地名と早馬神社の存在は西海道の一地域に限られるが、駅家との関係は無視できないように思われるので特に採り上げておく。

2　早馬類似地名

関連して、地名葉山も早馬の転化と考えられる可能性がある。松村一良[5]は筑後国御井駅を久留米市葉山に比定したが、また神奈川県葉山市も奈良時代に三浦半島を経由した東海道の一駅に当る可能性が考えられる。ただし、東北地方に祀られる**はやま**（羽山・葉山・端山・麓山）神[6]は、奥山に対する里近くの端山に因むとされ、駅馬とは無関係であるから、単なる**はやま**地名には注意する必要がある。

なお、筆者[7]は筑後国葛野駅を筑後市大字前津丑ノマヤに比定したが、隣接する大字羽犬塚中道遺跡[8]で奈良・平安時代の掘立柱建物群が検出され、「□郡符葛野」と判読できるものを含めて多数の墨書土器を出土したので、これ等が駅跡に関るものであることは間違いない。ところで、羽犬塚の地名については羽の生えた犬についての伝承があるが、これは単に文字から類推したものと思われ、松村一良が言うように「はゆまつか」からの転化である可能性が考えられよう。

註

（1）木下良「肥前国」「肥後国」藤岡謙二郎編『古代日本の交通路』Ⅳ、大明堂、一九七九年。
（2）武久義彦「明治期の地形図に見る大隅国の駅路と蒲生駅家」『奈良女子大学地理学研究報告』一九九二年。
（3）木下良「古代の交通と関所」『南関町史』（特論）、二〇〇二年。
（4）牛山佳幸「印鑰神事と印鑰社の成立」『日本歴史』三六五、吉川弘文館、一九七八年。
（5）松村一良「筑後地方を縦断する古代駅路」『ＭＵＳＥＵＭ　ＫＹＵＳＹＵ』九、博物館等建設推進九州会議、一九八三年。
（6）『日本歴史地名体系7福島県の地名』平凡社、一九九三年、「総論（はやま信仰）」。

（7）木下良「「車路」考―西海道における古代官道の復原に関して―」『歴史地理研究と都市研究』上、大明堂、一九七八年。

（8）筑後市教育委員会『筑後市内遺跡群Ⅳ』筑後市文化財調査報告書第一四五集、一九九八年。

第三章　地方官衙・施設と交通路との関係

中央集権的国家体制をとった律令国家の主要交通路であった駅路や伝路は、中央政府と地方の出先機関とを連絡することを主目的にするものであったから、国府をはじめとする地方官衙や城柵・関剗などの諸施設は、駅路に沿って設けられることを原則にしたと考えられるので、その所在地が判明しているものについて道路との関係を考察しておく必要がある。

一　国府と駅家・駅伝路

中央政府が駅制によって地方に伝達する文書類は大部分が各国国府に向けてのものであり、また地方から中央への報告も主として国府から出すから、国府が駅路に沿って位置することが原則であったと考えられることは、『出雲国風土記』に見えるように、「国庁意宇郡家」が東西に通る山陰道本道と隠岐国に向う「北に抂《まが》れる道」とが作る「十《じゅう》字街《じのちまた》」にあったことからも判る。発掘調査の結果では出雲国庁は想定される十字街の南約三〇〇メートルで発掘されたから、国府の広がりを考えれば実質的に駅路に接していたと云ってよく、また黒田駅は郡家と同所としており、これらの遺構は確認されていないが、この周辺にあったのだろう（図3―1）。駅家の位置としてはこのように駅伝路が交差する「十字街」が最も適当である。全国の国府の所在地を一覧しても図3―2に示すように駅路の分岐点に位置することが多い。

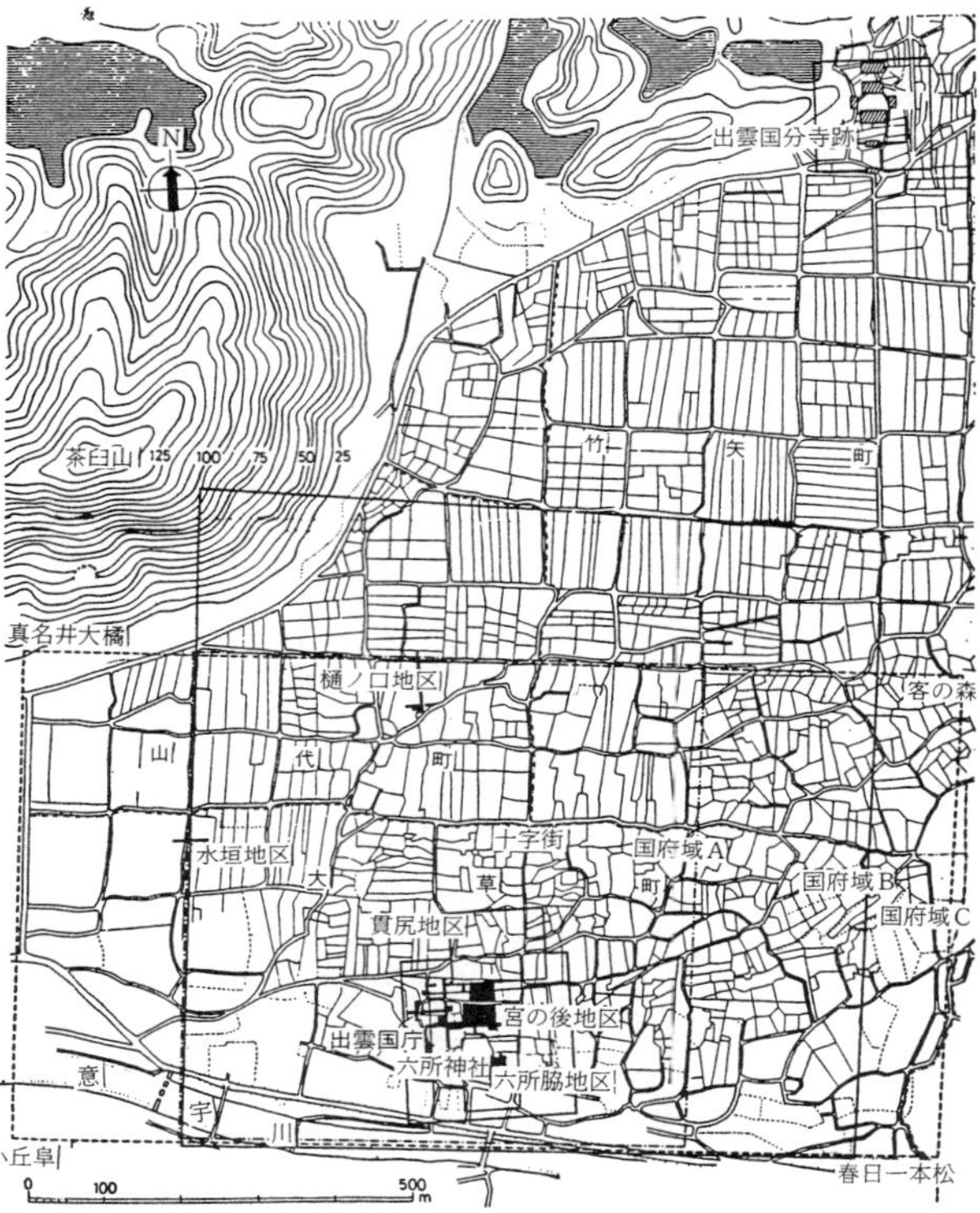

図3―1　出雲国庁と十字街(『出雲国庁跡発掘調査概報』による．条里にずれる国分寺前の参道に注目)

また、風土記の記事によれば、黒田駅はもと郡家の西北二里にあったが、「今は郡家の東に属けり」とあるので、当初は意宇郡家や十字街とは別地にあったことになる。おそらく国庁が設置されてから便宜を考えて移転したのであろう。ここで留意されることは、国府に先立って駅路や駅家は機能していたことである。実際に、発掘された諸国国府はいずれも八世紀に入ってから整備されているが、駅路は七世紀代に遡る遺構も各所で確認されている。

1　国府と駅家

坂本太郎[1]は『出雲国風土記』において国府・意宇郡家・黒田駅が同所にあり、また神門郡家と狭結駅も同所にあることから、「駅家は多くの場合、国衙郡衙と位置を同じくしたのではなかろうか」との観点から、先ず『和名類聚抄』郡郷部に示す諸国国府所在郡と『延喜式』諸駅との関係を中路・小路・大路の例としてそれぞれ東海道・北陸道・山陽道について考察した結果、東海道では国府と駅家が同所にあった例は、一五国中駿河一国であるが、北陸道では確実に同所の例は越後・佐渡二国で、越前・越中はどちらにも解されて不確かであり、若狭・加賀・能登は明ら

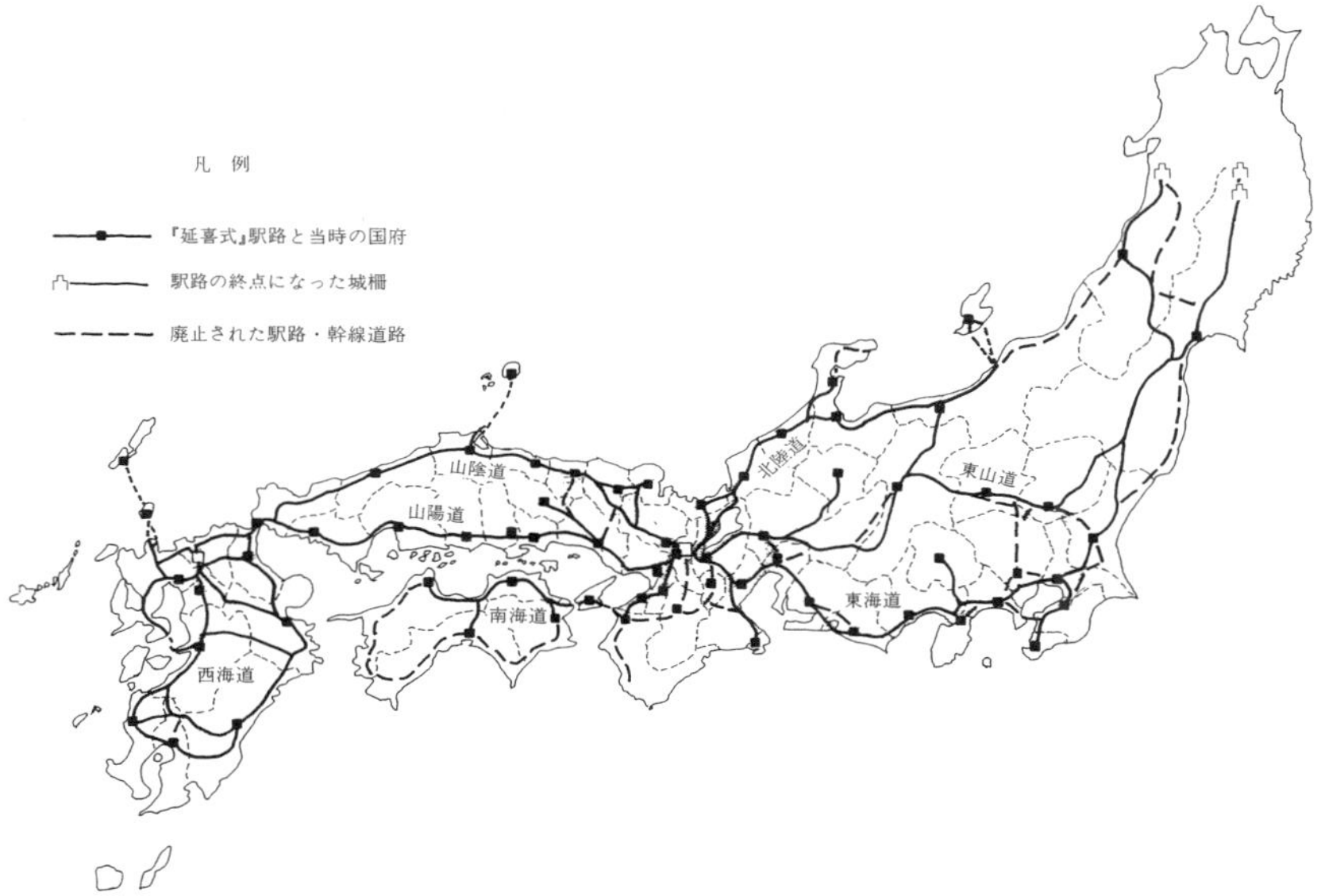

図3―2　全国国府の位置と駅路

かに同所ではないとし、山陽道では国府と駅家が同所にあるのは安芸・周防の二国に過ぎないとしている。

その結果に基づいて「国府と駅とが位置を同じくすることが必要であったろうと考えるのは、後の学者の推測に過ぎず、其れはさまで必要なことではなかったのである」と結論し、「しかし、必要が無いと言うだけでは、国府駅家非同所主義の理由とするには不十分である。私はもっと積極的に同所を避けようとする心理があったのではないかと推測する」として、「国府域内外の住民は国務に使役されて、駅務にまでは到底手がまわり兼ねたのではあるまいか。そうした配慮があって、駅はことさらに国府から離したのではあるまいか」としている。また「もっとも、こうしたことのできるのは、田園が開けて生産力にゆとりがあり、集落がにぎやかに存在している地方である。こうした地方では、駅路も合理的な路線をえらび、駅家も富裕な集落を点じて、駅制として便利な形を作ることができたのであろう。これに反し、山は海岸に迫って、道路はけわしく、周囲に豊かな田園もない所では、自由な選択は望むことができない。えらばれる集落は限られており、其れは国府としばしば同所とならざるを得ない。東海道に同所の例は僅か一つしかなく、北陸道に同所の例の比較的多くみられるのは、一つにはそういうことに理由があるのではあるまいか」との説明を加えている。

極めて興味深い論であるが、『延喜式』や『和名類聚抄』に示される一〇世紀当時は律令制が衰退し始めた時代であるから、果たして本来の姿を示しているか疑問があること、また採り上げている国府や駅家の位置についても異論があるところも多いことから、筆者は(2)五畿七道諸国のうち『延喜式』に駅伝馬の記載の無い大和・伊賀・伊豆・隠岐・美作・対馬を除く六一国一嶋について検討した結果は、坂本が駿河一国とした東海道は相摸・安房・下総を加えることになり、北陸道では坂本が上げた越後は外れて越前・能登・越中・佐渡の四国、また山陽道では確実なのは坂本が挙げた安芸・周防であるが播磨もこれに加えられる可能性がある。さらに、他の諸道を加えての調査結果は確実に国府と駅家が同所と見てよいのは二三国になり、調査した六二国中の割合三五・五パーセントは多いとは言えないが、坂本が出した三一国中五国の一六パーセントに比べるとかなり高い。

『和名類聚抄』では東海道遠江国府は豊田郡にあるが、旧稿ではこれを磐田郡の一時期の郡名とする解釈に従い、『延喜式』引摩駅を磐田郡駅家郷と見て、ほぼ国府と同所と見た。その後、名古屋市博物館本『和名類聚抄』によって、豊田郡は長上郡から分かれたことを知ったので、当時の国府と駅家は別地ということになる。したがって、前記の数値は旧稿と異なっている。

本来的な状況を示していたと思われる奈良時代を考えると、東海道では参河(3)・遠江(4)・上総(5)三国を加えることができ、山陽道備後国は高橋美久二(6)が指摘するように、『延喜式』駅家が所在しない国府所在の葦田郡に「駅家郷」が見え、大同二年（八〇七）の太政官符「応レ減二省駅馬参百肆拾疋一事」によれば備後国には五駅があったから、その後『延喜式』までの三駅に減らしたことになる。その際に、国府の所在郡の駅が減らされたのは坂本が言うような負担の問題が在ったのかも知れないが、本来は国府附近に駅があったことになる。また、山城国府は山崎駅を転用したものであり、安芸国府も安芸駅を国府にしたと見られるので、坂本の国府駅家非同所論とは逆の現象も見られる。(7)

坂本が国府に駅家を必要としなかった根拠の一つとして、平城京を始め我が国の都城には駅が置かれなかったとすることを挙げ、すなわち『続日本紀』和銅四年（七一一）正月丁未（二日）条の「始置都亭駅。山背国相楽郡岡田駅。綴喜郡山本駅。河内国交野郡楠葉駅。摂津国嶋上郡大原駅。嶋下郡殖村駅。伊賀国阿閇郡新家駅」を挙げて、本来都亭駅は都城に置かれた駅を言うが、平城京には駅は置かれなかったとして、この文の従来の読みに従って「始置二都亭駅一」で切って、都亭駅は以下の六駅であると解し、京内に駅を設ける必要を認めなかった日本の事情は、国府においても同様であったと考えたのである。しかし、この文は足利健亮が指摘するように、文の構成からいえば「置く」は最後まで掛かるのであって、都亭駅と以下の六駅を置いたと考えるべきである。都亭駅は中国と同様に都城の駅として平城遷都時に都内に置かれたのであろう。しかし、都亭駅は後の史料に見えないので間もなく廃されたと思われる。(8)

大宰府には『万葉集』に見える蘆城駅が置かれ、諸国国府にも国府駅が置かれたのではなかろうか。このように考えると、『延喜式』には国府に駅が置かれていない東海道常陸国や東山道下野国のように、隣駅との間が通常の駅間距離に当る国府には、もともと駅が置かれていたのであろう。大槻如電『駅路通』はこれらの国府には当然駅が置かれていたと解して、常陸国には茨城、下野国には都賀とそれぞれの郡名を名乗る駅の存在を提唱している。特に興味深いのは、やはり『延喜式』には国府付近に駅の所在が見えない山陰道但馬国には、所在郷名を名乗る高田駅を入れている。すなわち『日本後紀』に「延暦二十三年正月。遷但馬国治於気多郡高田郷」とあるところである。(9)

ところが、高田駅が実在したことは東野治之によって紹介された。すなわち、正倉院蔵鳥兜残欠より発見された文書によるものであるが、東野はこれを朝来郡の高田とし、柳雄太郎や松原弘宣は気多郡高田郷とした。筆者も但馬国(10)(11)(12)

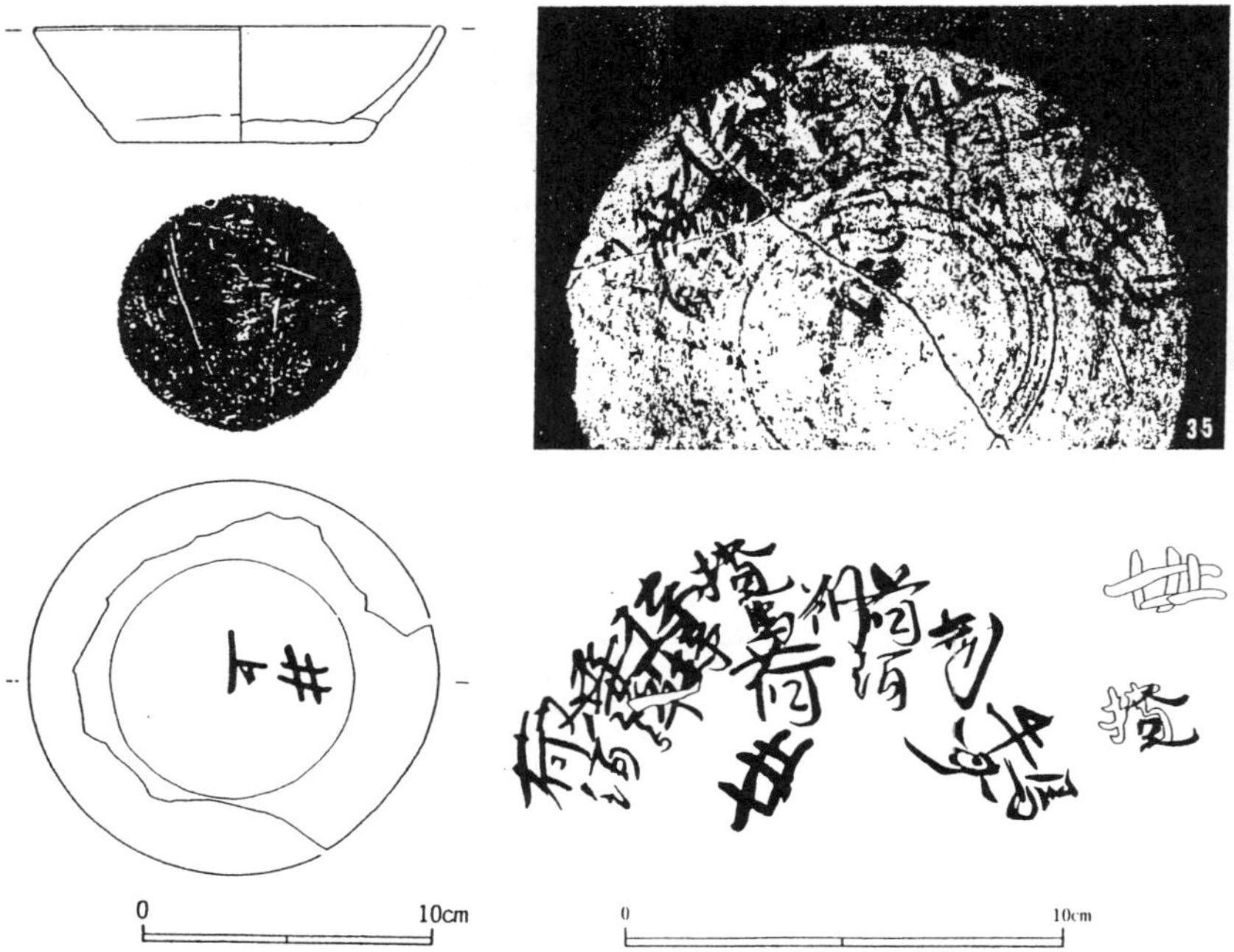

国府台出土

国分寺跡出土

「井上」「馬 牛□ 判 荷酒 判
□人足 馬荷 杍杍 遊女杍 荷酒」

図3—3　下総国井上駅関係墨書土器

の駅路について検討したことがあり、高田駅は延暦二三年（八〇四）に国府が置かれた高田郷にあったが、大同三年（八〇八）に廃された三駅の一になったものとした。なお、筆者は廃された三駅はいずれも駅馬五疋を置く山前・春野両駅と高田駅で、これらは丹後国から山陰道本道への連絡路に位置するものと解し、高田を除く二駅はその後復置されたとした。なお但馬国分寺は気多郡にあり、『但馬国正税帳』に見える駅使はいずれも気多郡関係者であることから、奈良時代の国府も気多郡にあったと考えられるから、同郡内の高田駅も国府に程近い位置にあったと考えられ、鳥兜残欠文書に見られ、高田駅子が出向していた「船所」は国府部局の一であった可能性が高いので、同駅は国府付属駅としての性格を持っていたと考える。

他にも山陽道備後国府は広島県府中市にあったと考えられるが、『延喜式』ではここには駅はない。大槻は国府所在郡名を冠する葦田駅の所在を述べる。大槻は言及していないが、『和名類聚抄』郷名には葦田郡駅家郷があるので、駅名はともかくとして国府付近に駅が置かれていたことは事実である。

『万葉集』によれば、蘆城駅では大宰府を離任する官人の送別の宴が度々開かれているが、同様に『万葉集』に見える「越中国射水郡駅館」は国府に付属していた曰理駅に当るが、ここでも宴会が催されたのではなかろうか。越中国では遊行女婦《うかれめ》の土師《はじ》の歌が載せられ、また遊行女婦の左夫流児《さぶるこ》に迷った史生尾張少咋《おくひ》を大伴家持が諭した歌があり、「左夫流児が斎《いつ》きし殿に鈴掛けぬ駅馬《はゆま》下れり里もとごろに」の戯《ざ》れ歌がある。このような遊女も宴会に座したのであろうが、少咋の妻が駅馬で下ったきたという現実にはありそうにないことが歌われているのは、これらの遊女が駅家に居たことを示すものではなかろうか。千葉県市川市にある下総国分寺出土の墨書土器[13]（図3—3）に、高台がとれた皿の裏側中央に「井・上」の組み合わせ文字、外側に左から「荷・酒・遊女・杼・人足・判・牛・馬」などの文字を落書風に書いたものがあるが、別に「井上」の墨書土器が国府の所在地とされる国府台で出土しており、井上駅は国府の付属駅であったと思われる[14]ので、ここにも遊女が居たのであろう。このように、国府付属の駅家は単に交通施設としてだけでなく、社交の場として国府機能の一部を分担していたようである。

なお、平安時代初期の駅伝制の変革によって、国司の任国への赴任が海路を取るようになった山陽道や南海道諸国では、国府の外港国府津に置かれた客館が国府付属駅に替わって客使接待の場になったようで、『菅家文草』によれば讃岐国守であった菅原道真は、国府の外港松山津にあった「津頭客館」で「備州」に赴任する国司と交歓している。松山津は国府から五キロ離れているが、これも広い意味では国府地域の一部を占めていたと言ってよいのであろう。

2　国府と駅路

『出雲国風土記』によれば、国庁の北の十字街が山陰道本道から隠岐国に向う「抂北道」との分岐点になっていたことが判るが、諸国の国府は駅路またはその他の道路の分岐点に位置することが多いので、以下にその例を挙げる。

先ず畿内では、『延喜式』当時の山城国府は、弘仁四年（八一三）に離宮に転用された山崎駅に、貞観三年（八六一）さらに国府を置いたものであるから、当然駅路に沿っていたことになるが、山崎駅は山陽道と南海道の分岐点であった。『和名類聚抄』に高市郡に在ったとする大和国府は和田萃[15]によって橿原市丈六の地に比定されるが、同地は大和盆地を南北に走る中軸道路の下ツ道と、東は山田寺方面に西は御所市長柄韓葛城山脈を水越峠で越えて河内に通じる東西道路との交点に位置していた。

東海道では、尾張国府には『延喜式』駅路は通っていないが、足利健亮[16]が考定するように、平安時代初期までは東海・東山道連絡路が通っており、また後世の下街道のルートをとって現在の春日井市から岐阜県瑞浪市で東山道本道に合する東山道別路が分岐していたと考えられる。参河国府は東海道と浜名湖北岸を通る二見道[17]との分岐点になっていた。東海道と二見道はおそらく遠江国府付近で合したのであろう。武蔵国府も『延喜式』駅路からは離れているが、武蔵国が東山道に属していた宝亀二年（七七一）までは東山道武蔵路で上野国に通じ、相模国夷参駅（神奈川県座間市に比定）を経て相模国の東海道、また乗潴・豊島両駅を経て下総国府に通じる駅路が分岐していた。下総国府は常陸国に向う東海道本道と上総国・安房国に通じる駅路との分岐点であった。上総国府も奈良時代には房総路と『日本後紀』延暦二四年（八〇六）に廃された常陸国に向う駅路との分岐点であったと考えられ、また常陸国府も奈良時代には東海道本道と『常陸国風土記』に見える行方郡曾尼駅から板来駅方面への駅路が分岐し、さらに『常陸国風土記逸文』に見える大神駅を経て下野国に向う東山道連絡路も分岐していたと考えられる。

東山道美濃国では国府の直ぐ南側にあった不破駅で、平安時代初期までは東山道と墨俣渡を経て尾張国への東海道連絡路とが分岐していた。下野国府は奈良時代には東山道駅路と前記『風土記逸文』に見える常陸国大神駅に至る駅路を分岐していた。

北陸道では、若狭国府[20]で当初近江国から入る駅路と越前国に向う駅路が分岐していたと考えられ、越中国府の付属駅曰理駅では能登国に通じる志雄路を分岐していた。

山陰道では前記したように、出雲国府が駅路の分岐点に位置していたが、因幡国府も美作国東部を通って播磨国に向う山陽道連絡路を分岐していた。

山陽道では播磨国府で美作路を分岐するが、和田山町（現、朝来市）加都遺跡[21]で検出された道路も播磨国府に通じていたと考えられる。また、美作路からは前記した因幡国への山陰道連絡路を分岐していた。

南海道では弘仁二年（八一一）また三年条に見えて廃止された名草駅が紀伊国府の付属駅であったと思われるが、また奈良時代の同駅は、紀ノ川沿いに通る南海道本道から紀伊半島南部に通じる駅路の分岐点であったと思われる。紀伊半島南部への駅路の存在は平城京出土の「紀伊国安諦郡駅桑原史馬甘戸同広足調塩三斗」とある天平四年（七三二）の木簡によって知られる。

西海道では、大宰府から西海道各地に向って五方向に駅路が放射していたが、豊前国府では大宰府から来る駅路が豊後国に向う駅路と大宰府路の板築駅に向かう駅路とに分れていた。『延喜式』当時益城郡に在った肥後国府[22]は城南町宮地に比定され、これに付属する球磨駅で薩摩国に向う西海道西路と長崎・高屋両駅を経て肥前国野鳥駅に通じる駅路とが分岐していた。日向国府の付属駅児湯駅は大隅国に向う西海道東路と大隅国大水駅を経て肥後国佐職駅に通じる肥後連絡路との分岐点であった。薩摩国府も大隅国に向う西海道西路から大隅国大水駅に至る駅路を分岐して居たと思われる[23]。また、『延喜式』駅路には含まれないが、大宰府への調を運ぶ日数が日向・大隅・薩摩三国同数であることから、大隅国府から大水駅で肥後国連絡路に合流する道路(24)も機能していたと思われる。

『延喜式』では西海道を除く諸道は単線的に通るので分岐路が少ないが、奈良時代にはより多くの駅路が機能していたと思われるので、分岐点に位置する国府はより多かったであろう。また、国府から伝路など国内各地に向かう道路が多く存在したと思われる。

3　国府の十字街

前記した『出雲国風土記』に見える十字街は国府と駅路分岐点との関係位置を明瞭に示す例であるが、他でも同様の例が見られるのではないかと考え、若干の国について考察を試みた。

美濃国府は岐阜県垂井町府中にあり、美濃国一の宮南宮神社のお旅所とされる地で国庁跡(25)が発掘されている。南に約二キロ離れる南宮神社との間を御幸道と呼ばれる南北道路が通っており、その中間で東山道駅路をほぼ踏襲すると見られる近世中山道と交差する。両道が交差する垂井市街は近世の宿場町であるが、古代不破駅も同地にあった可能性が高い。なお、藤岡謙二郎(26)は不破郡家も南宮神社付近にあったと想定している。とすれば図3―4に示すように、国府と郡家を結ぶ南北道路と東西に通る東山道駅路とが交差して作る十字街に駅家があったことになる。

上野国府は前橋市元総社町に想定されるが、国府の南側を金坂清則(27)が想定した東山道駅路が東北東方向から東方に向きを変えながらほぼ東西に通る。この駅路は発掘調査の結果によれば九世紀初頭に設置されたと考えられるので、『延喜式』当時機能していたことになるが、奈良時代の駅路は国府の約六キロ南を通っていたので、国府とこれを繋ぐ連絡路の存在が考えられるが、横倉興一(28)が推定した群馬郡条里の基準線に当る南北道路がこれに当たると見られ、『延喜式』駅路とは図3―5に示すように想定国府の南面で交差して十字街を作っている。従来、群馬駅の所在地としては厩橋と言っていた前橋市街地とするのが定説になっていたが、国府とはやや離れることになるので、筆者(29)はこ

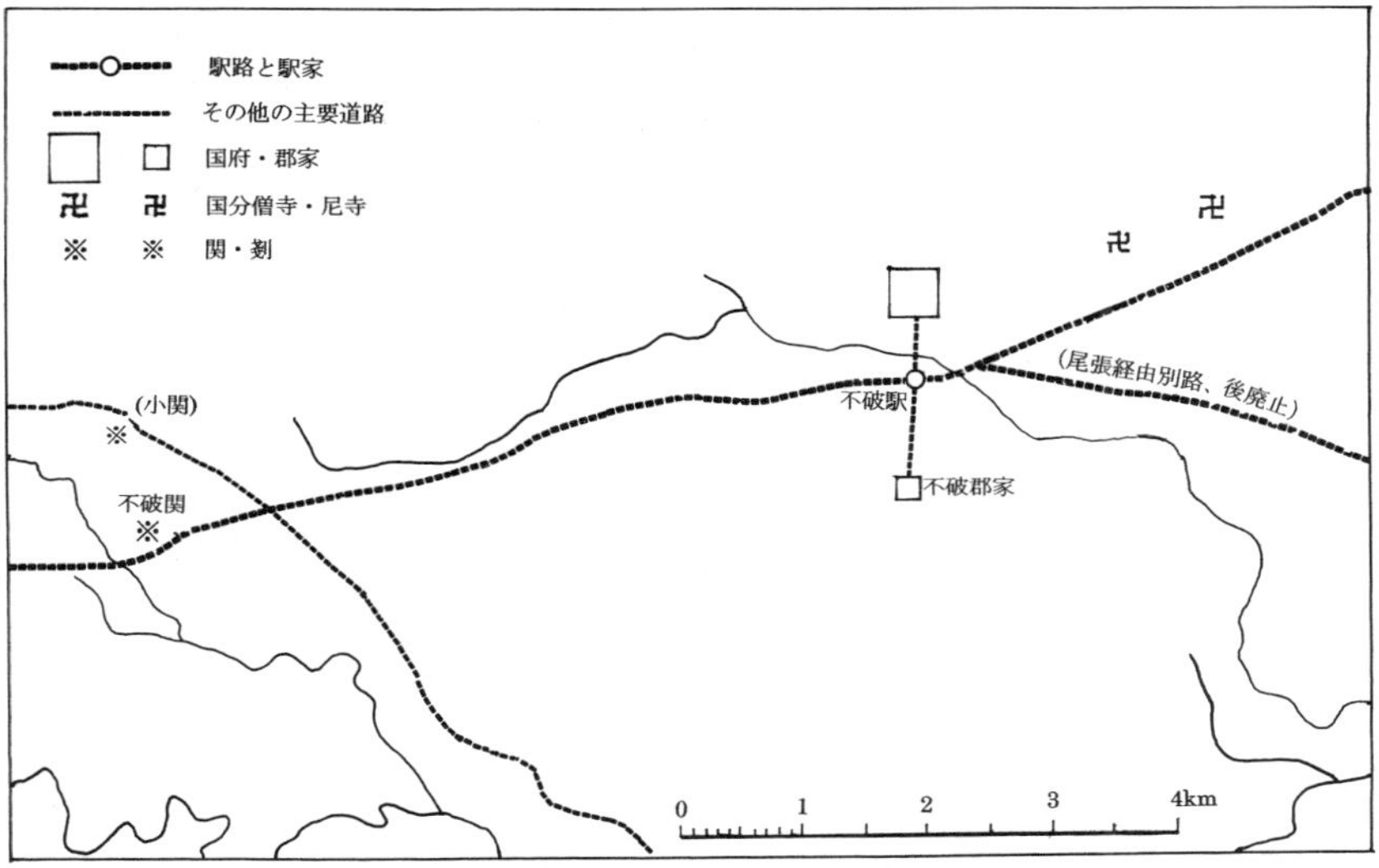

図3—4　美濃国府と不破関付近の交通路

の十字街こそ駅の位置としては適当と考えている。

初期備前国府は旧上道郡域に入る旭川左岸の岡山市国府市場に比定されるが、足利健亮[30]も指摘するように『延喜式』山陽道は此処を通らない。『和名類聚抄』によれば「国府在美能郡」としており、美能郡は御野郡に当たるので、『延喜式』当時の国府は旭川右岸にあったと考えられる。中村太一[31]の想定によれば、初期山陽道は吉井川渡河点附近から『延喜式』駅路とは別路を通って、初期国府に達していたとする。すなわち大代道と呼ばれる東西道路がこれに当たると思われるが、国府市場でこれに直交する南北道路があって南側はやや西向きに通るが、その交点付近の南古市遺跡[32]で大型の方形柱穴が検出され、奈良時代の掘立柱建物の一部と見られている。その北約五〇〇《メートル》の山麓に備前最古の寺院址賞田廃寺があり、また南一・五《キロ》に幡多廃寺がある。この十字街は国府関連遺跡の中心的位置に当ることが留意される。国府に付属駅があったとすれば、まさしくこの十字路が適地になろう。

防府市佐波令の周防国府域東部を通る近世山陽道は現在の国道に踏襲されるが、推定国庁域の南一町で北に直角に折れ、国庁域の中央を通って北側山麓でまた西に直角に折れるという、階段状の屈折を示している。国庁の南の屈折点に接して東北に字「朱雀《すざく》」があるので、南北道を朱雀と呼んだのであろう。そのまま東西に通る現在の国道に沿って条里余剰帯が認められるので、これが古代山陽道駅路の路線を示すと思われる。朱雀路を南に行った旧海岸部に位

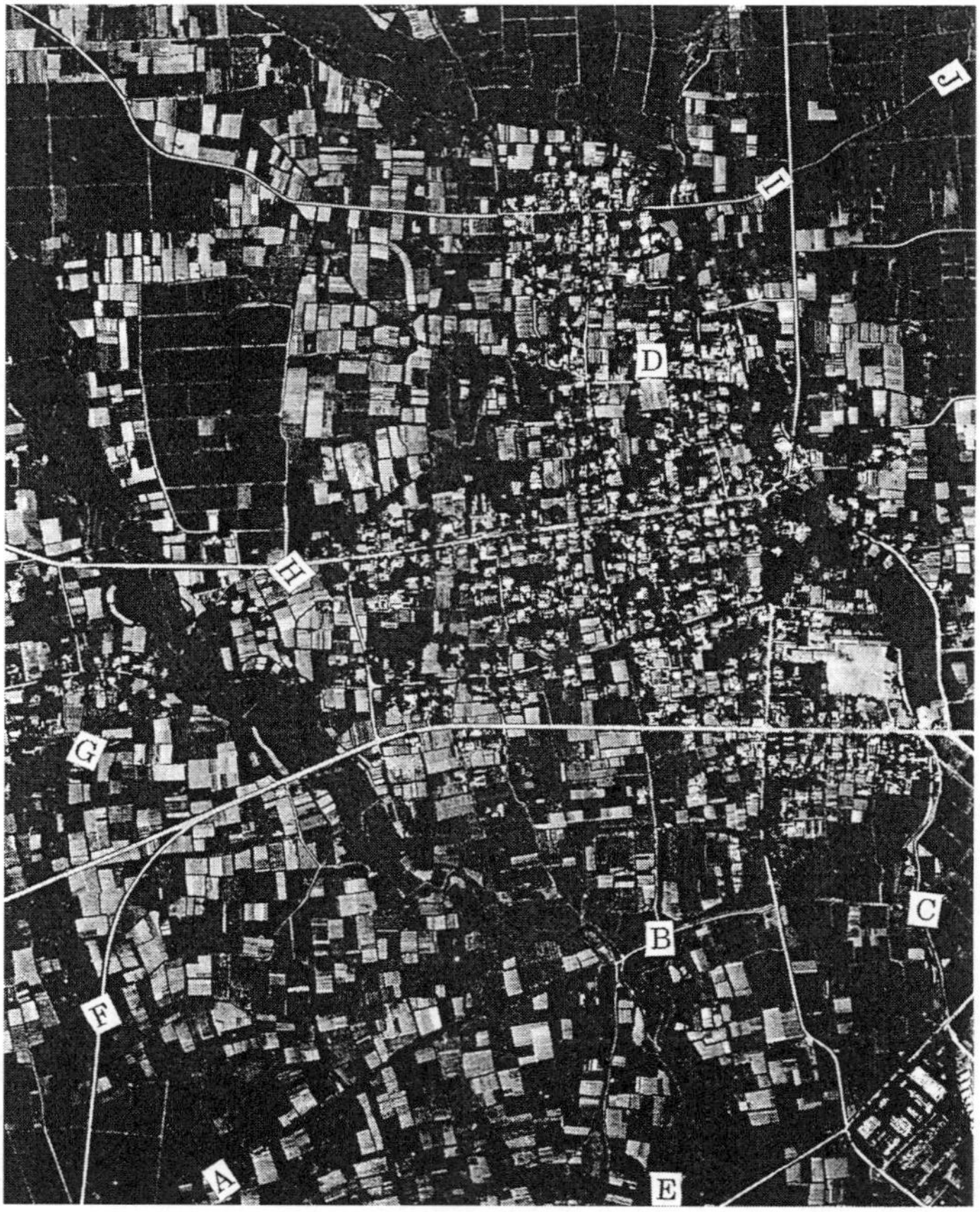

図 3—5　上野国府付近の「十字街」
A—B—C『延喜式』駅路　D　宮鍋社（国庁想定地）　B　十字街
B—E　日高条里基準線　F—G—H—J　A で分岐する道路状遺構

置して駅名の遺称である字「勝間」があり、屈折点の西二町目南側には字「馬屋田」があるので、勝間駅もこの付近にあったと考えられる。すなわち、国庁の南の十字街附近に駅家があったことになる。また、また朱雀路南端の東一町には字「船所」があって旧舟入を思わせる窪地になっているので、朱雀路南端の東西両側に水陸の交通施設があったことになる。

讃岐国府[33]は坂出市府中にあり、想定国庁跡に「讃岐國廳址」の碑が建てられ、その一帯は古瓦が出土する。その北側を「青龍」と呼ばれている南海道駅路[34]が通過する。四神の思想に基づいて東側に綾川の流路があるので、国庁の東側の道を称したものであろう。想定国庁の西南には塔跡を残し白鳳期の瓦を出土する寺院跡があり、菅原道真の詩文集『菅家文草』の「客舎冬夜」と題する詩に見える開法寺に当てられる。その註に「開法寺和在二府衙之西一」としているが、厳密には国庁跡の西南になる。国庁の北で駅路に直交して北に伸びる道路があり、その綾川を渡ってからの部分は「馬《うま》さし大貫《おおかん》(往還カ)」と呼ばれ、阿野郡条里の基準線になって海岸に近い雄山の麓に達している[35]。

綾川は雄山の西を流れて海に注ぐが、その下流旧河道と思われる所に国津神社があるので、綾川河口に国津があったと考えられる。また、『菅家文草』の「晩春遊二松山館一」と題する詩があり、松山館と呼ばれる官舎が海浜にあったことが判る。また別の詩に「津頭客館」とあり、ここで備州(備前・備中・備後三国の一)に赴任する国司を接待しているので、松山津が都への往復に利用され、他国への船も寄航する国府津であったと考えられる。同客館は松山郷にあったと思われるので、旧松山村の中心集落であった坂出市高屋町に当ると思われるが、その背後の丘陵に在る遍照院の天治元年(一一二四)在銘の瓦に「慈氏山松浦寺遍照院」とあり、当時この地が松浦と呼ばれた海浜であったことが判る。筆者は「松山館」はこの地にあったのではないかと考えているが、同地は雄山の東側になる。国津と松山津との関係は、前者は物資を輸送することから河川水運の便のある綾川河口に位置し、松山津はもっぱら人員に対する港として陸路で国府と連絡していたと考えられるので、松山津から国府へは「馬さし大貫」が利用されたのであ

図3―6　讃岐国府の「十字街」

ろう。

そこで、南海道駅路と「馬さし大貫」は十字街を作っていることになる（図3―6）。『菅家文草』の「行春詞」と題する詩に、「駅亭楼上三通鼓」「公館窓中一点燈」と見えて、国庁の館と駅楼とが対置していたことが知られるので、当地の河内駅も十字街の近くにあった可能性が高い。また、駅楼が鼓楼であったことも判るが、国庁の西に鼓岡があり、保元の乱後讃岐国に流された崇徳上皇の最初の配流地とされ、上皇を祀る鼓岡神社がある。鼓岡の名は駅家の鼓楼に由来するのではなかろうか。また岡の北麓に「内裏泉」と呼ばれる湧泉があり、崇徳上皇の御料水と伝えるが、湧水もまた駅家立地の必要条件である。

筑後国府(36)は久留米市域で四箇所の移転が知られるが、最初は久留米市合川町枝光にあった。筑後国内を通る西海道西路は既に述べたように、筑後川北岸では先ず肥前国との直線国境に沿って南北に通り、その後やや西に方向を変えて久留米市宮陣町字渡町に達して筑後川を渡ったと考えられる(37)。筑後川南岸の久留米市南部では、市街化している部分が多いことから路線を辿ることは困難であるが、一直線上に並ぶ三か所の「車路」地名を連ねる線として想定でき、その延長は初期国府の西方約一キロを通って渡町の対岸に達する。

一方、国府跡からは東方に通る道路遺構が発掘され、約一キロ東北にあって御井郡家に比定されるヘボノキ遺跡(38)に達するが、ここでもその北の杜ノ渡で筑後川を渡河すると見られる道路遺構と、東に延びる道路遺構とが発掘されている。そこで、『久留米市史』(39)は、筆者の言う車路路線の北部は低湿地を通ることになるので不適当とし、駅路は杜ノ渡で筑後川を渡って、ヘボノキ遺跡で西に曲がって国府附近に達し、国府前でまた南に曲がって国分寺方面に向かい、国府と国分寺の中間附近でまた西に曲がり、筆者の言う車路路線に達してから、これを南に通るという階段状に屈折する路線を想定しているが、筑後川北岸の路線については言及していない。

『延喜式』によれば、筑後国には御井・葛野・狩道の三駅があり、御井・上妻両郡と狩道駅に伝馬を置いている。伝馬は郡家に置かれていたとすると、御井・上妻両郡では駅路と伝路とが別路であったと考えられるから、御井郡家に比定されるヘボノキ遺跡から北に杜ノ渡に向う道路は伝路に他ならず、発掘された東西道路は国府と郡家との連絡道路であったと考えることができる。筑後川北岸では前記した筑後・肥前国境が駅路に当ることは確実なので、渡河点は宮陣と考えざるを得ない。

ところで、ヘボノキ遺跡で発掘された東に伸びる道路は、水縄山塊北麓の筑後川南岸の諸郡を連ねて、筑後川谷口で豊後国に入る西海道東路に連絡する伝路と考えられるが、西海道西路にも達していた筈である。一方、西方にも直線的に伸びる現在道があり、佐賀県みやき町（旧、北茂安村）白壁の千栗《ちりく》八幡宮のある山麓を流れていた、筑後川旧河道の曲流部に達しているので、ここで渡河して肥前国三根郡に至る道路の存在が考えられる。とすれば、ここでもこれらの道路の交点に十字街が形成され、駅家設置の基準点になっていたのではなかろうか。

以上のように考察してくると、国府と駅家・駅路とは密接な関係があり、国府に近い駅家は国府機能の一部を果たし、また駅路と伝路その他の地方的道路が作る十字街は、国府の都市計画の一要素になっていたと考えることができる。

註

（1）坂本太郎「国府と駅家」『一志茂樹博士喜寿記念論集』一九七一年。『古典と歴史』一九七二年、所収。『古代の駅と道』（坂本太郎著作集八）一九八九年、所収。
（2）木下良「「国府と駅家」再考―坂本太郎博士説の再検討―」『國學院大學紀要』三〇、一九九二年。
（3）伊場遺跡出土木簡に「宮地駅」が見え、同駅は三河国府附近にある宮路山麓に在ったと考えられる。
（4）奈良時代の遠江国府は磐田市御殿・二之宮遺跡にあり、また同遺跡では「駅家人□□□□×」の木簡も出土しているので、国府と駅家は同所にあったことが明確になった。
（5）『正倉院文書』「造寺公文」に見える「大倉駅」を国府付属駅として市原市大厩に比定する。
（6）高橋美久二「備後の駅と駅路」『古代交通の考古地理』大明堂、一九九五年。
（7）安芸国府は『和名類聚抄』には「国府在安芸郡」とあり、広島県府中町に想定されているが、国分寺は賀茂郡に入る東広島市西条にあるので、『広島県史』（一九六八年）は西条から府中への移転を考えている。安芸駅は瓦や木簡を出土した府中町下岡田遺跡に想定されているが、同遺跡の発掘調査によれば鎌倉時代まで継続していたことが知られる。駅家は一〇世紀後半には衰退したので、駅家だけでは鎌倉時代までの継続は考えられない。一方、小林利宣「安芸国府の研究」（『芸備地方史研究』二四、一九五八年）による国府想定地は、藤岡謙二郎『国府』（一九六九年）が指摘するように中世的様相が強いので、より後世に下岡田から移転したと考えられよう。すなわち、安芸国府は当初賀茂郡にあったが、安芸郡に移転し安芸駅に並置された。駅制の衰退後も国府の機能は鎌倉時代まで継続したことになる（木下良「国府と国分寺の関係について」『人文地理学の視圏』大明堂、一九八六年、参照）。
（8）足利健亮『日本古代地理研究』「いわゆる都亭駅始置をめぐって」、大明堂、一九八五年。
（9）東野治之「正倉院蔵鳥兜残欠より発見された奈良時代の文書と墨画」『ミュージアム』二七八、一九七四年。『正倉院文書と木簡の研究』塙書房、一九七七年、所収。
（10）柳雄太郎「駅伝制に付いての若干の考察」『古代史論叢』中、吉川弘文館、一九七八年。
（11）松原弘宣「水駅についての一考察―但馬国高田駅を通して―」『日本歴史の構造と展開』山川出版社、『日本古代水上交通

史の研究』吉川弘文館、一九八五年、所収。
(12) 木下良「山陰道旧駅路について—但馬国を中心として—」『但馬史研究』一二、一九八九年。
(13) 山路直充『下総国分寺跡〈平成元～五年〉発掘調査報告書』市川市教育委員会・市川市考古博物館、一九九四年。
(14) 山路直充「下総国井上駅について」『市立市川考古博物館年報』一九九七年。
(15) 木下良「山城国府の所在とその移転について」『社会科学』三—二・三、同志社大学人文科学研究所、一九六八年。
(16) 和田萃「大和国府について」『国史論集』一九七二年。
(17) 足利健亮「〈東国〉交通」藤岡謙二郎編『日本歴史地理総説』〈古代編〉吉川弘文館、一九七五年。
(18) 林弘之「東三河地方の古代二見道」『三河考古』一五、二〇〇一年。
(19) 奈良時代における東海道本道と房総路の分岐点を、坂本太郎「乗潴駅の所在について」(『日本古代史の基礎的研究』下巻、『古代の駅と道』所収)は現在の千葉市に比定する河曲駅とし、以来これに従うものが多いが、同駅は神護景雲二年(七六七)に駅馬一〇疋を置くようになったので、本来の東山道本道の駅ではないことになる。筆者は前記したように大倉駅を上総国府の付属駅に比定し、同駅で東海道本道と房総路が分岐したと考える。
(20) 若狭国府は未確認であるが、奈良時代の駅路は近江国から入って野〈飫〉駅を経由して国府に至り、国府から越前国に向かう駅路は玉置駅を経るので、国府が分岐点になっていたと考えられる。木下良『事典　日本古代の道と駅』「若狭国」参照。
(21) 吉識雅仁ほか「加都遺跡」『平成一〇年度年報』兵庫県教育委員会、一九九九年。兵庫県教育委員会『朝来郡和田山町加都遺跡Ⅰ—播但連絡有料道路五期合併施工事業に伴う埋蔵文化財発掘調査報告書—』〈兵庫県文化財調査報告二八五〉二〇〇五年。
(22) 木下良「肥後国府の変遷について」『古代文化』二七—九、一九七五年。
(23) 木下良監修・武部健一著『完全踏査続古代の道—山陰道・山陽道・南海道・西海道—』吉川弘文館、二〇〇五年。
(24) 『駅路通』が『延喜式』に見える大宰府までの日程が日向・大隅・薩摩三国同日数なので、大隅国府から肥後国佐職駅に通じる道路が機能していたことを指摘している。その路線については武久義彦の研究〈「明治期の地形図にみる大隅国北部の駅路と大水駅」『奈良女子大学研究年報』三八、一九九四年）がある。
(25) 垂井町教育委員会『美濃国府跡—第一三次発掘調査現地説明会資料—』二〇〇三年。
(26) 藤岡謙二郎「古代の政治地域と国府、郡家と関所—美濃国の場合—」『日本歴史地理序説』（塙選書一九）塙書房、一九六二年。
(27) 金坂清則「上野国」藤岡謙二郎編『古代日本の交通路』Ⅱ、大明堂、一九七八年。
(28) 横倉興一「上野国府周辺における条里遺構の問題点」『条里制研究』二、一九八六年。
(29) 木下良「上野・下野両国と武蔵国における古代東山道駅伝路の再検討」『栃木史学』四、國學院大學栃木短期大學史学会、一九九〇年。
(30) 足利健亮「吉備地方における古代山陽道・覚え書き」『歴史地理学紀要』一六、一九七四年。「備前国」藤岡謙二郎編『古代日本の交通路』Ⅲ、大明堂、一九七八年
(31) 中村太一「備前国における山陽道駅路の再検討」『古代交通研究』三、一九九〇年。『日本古代国家と計画道路』吉川弘文館、一九九六年所収。
(32) 岡田博「備前国」日本考古学協会一九九六年三重大会シンポジウム資料『国府—畿内・七道の様相—』一九九六年。
(33) 木下良「讃岐国府とその周辺」『国府—その変遷を主にして—』（歴史新書四四）教育社、一九八八年。
(34) 想定国庁から東方に向かう道が「青龍」と呼ばれていることは「四神」の「青龍」にあたることを意味し、これが綾坂を越える想定南海道に連なる。
(35) 金田章裕「国府の景観と文学における表現」『上代文学』九七、二〇〇六年（「古代都市の情景」『大地へのまなざし—歴史地理学の散歩道—』思文閣出版、二〇〇八年）は、讃岐国内を通る南海道駅路は条里プランの里の界線になっているので、ここでは筆者の想定線より南を通るとしているが、金田の想定線は綾坂に連ならないし、また綾川の流路を改変したと考えられる部分を通ることになるので適当とは思えない。
(36) 久留米市史編さん委員会『久留米市史』一二・資料編考古「筑後国府跡」一九九四年。
(37) 木下良「国府の「十字街」について」『都市の歴史地理』歴史地理学紀要一九、一九七七年。「「車路」考—西海道に於け

る古代官道の復原に関して—」『歴史地理研究と都市研究』上、大明堂、一九七八年。「西海道の官道について」『大宰府古文化論叢』上、吉川弘文館、一九八三年。

(38)『久留米市史』一二・資料編考古「ヘボノキ遺跡」。

(39)『久留米市史』一二・資料編考古「古代官道跡」。

二　郡家と交通路

1　郡家と伝馬

青木和夫は[1]、『廐牧令』置駅条に「其伝馬毎郡各五」とあり、天平期の諸国正税帳において『延喜式』兵部省式の伝馬設置地域以外でも伝馬売買が確認できることから、『延喜式』に見える状態は伝馬制衰退期の姿を示すものであって、「当初は全ての郡に伝馬を用意する計画で在ったと考えねばならぬ」とした。さらに柳雄太郎は[2]、『伊勢国計会帳』に見える「伝食帳十三巻」の十三という数値が当時の伊勢国の総郡数に一致することから、伊勢国では全ての郡で「伝食」が支給されていたことを意味すると指摘した。これに対して永田英明は[3]、「伝食」という言葉はあくまでも「食」を指す言葉であり、伝食を支給される人間が必ずしも伝馬を利用すると考える必要はない。「伝」の語と「伝馬」とは一応切り離して考えるべきであり、伊勢国全郡で「伝食帳」が作成されることが直ちに伊勢国全郡に伝馬が置かれていた事を示すとはいえない」としている。以上によれば、全ての郡が伝制による食料の供給は行なっていたが、必ずしも伝馬を伴うものではないということになる。永田によれば、伝馬は駅路に沿った郡だけに置かれたというが、果たしてそうであろうか。

そこで、伝馬は何処に置かれていたかということは、夙に坂本太郎[4]が指摘しているように、駅馬・伝馬の剋外増乗を禁じた延暦元年（七八二）十一月三日の官符に、「牓二示郡家並駅門一、普使二告知一」とあるので、伝馬は郡家に置かれていたことが判る。『延喜式』によれば、伝馬を置いている郡は駅路に沿っていることが多いが、必ずしも駅路に沿わない郡もあり、また駅路に沿う郡でも前記した筑後国御井郡のように郡家の位置が駅路から離れていることもある。

そこで、足利健亮[5]は上野国には碓氷・群馬・佐位・新田の四郡に伝馬が置かれているが、長元三、四年（一〇三〇、一）頃とされる『上野国交替実録帳』には、この四郡の郡家の建物の中に伝馬に関連する施設と思われるものの記載が無いことから考えて、伝馬は郡の管理下にはあるが郡家とは離れて主要交通路上に設けられた、「伝馬所」とでも言うべき施設に置かれたのではなかろうかと解している。確かに、群馬郡・佐位郡・新田郡の館には厩が見られない。前文が途切れている最初の某郡は碓氷郡に当ると思われるが、これには二館と見られる館、三館、四館いずれも「宿屋」に「厩」が付属している。また、新田郡では一館には四つの建物の三番目に「厨屋」とあるが、二館と四館（三館脱カ）は共に最後に「厨」としている。そこで、この「厨」は「厩」の誤記では無いかと見る解釈[6]もある。また、足利が言うように「伝馬所」と言うべき施設があるのなら、これも『実録帳』の中に記載さるべきではなかろうか。足利の言う伝馬所が当初から置かれたものか、それとも平安時代に入ってからのことか明らかでないが、筆者は交替実録帳作成当時既に律令制の衰退期に当っているので、駅伝制に関しても本来の姿を示すものではないと考えている。

『延喜式』では駿河国の伝馬は益頭・安倍・廬原・富士・駿河郡と横走駅の五郡一駅に置かれているが、天平十年（七三八）度の『駿河国正税帳』によれば、国内を過ぎる伝使は六郡で供給を受けている。駿河国には七郡があったが、この六郡について原秀三郎[7]は、「西から志太、益頭の郡家を経て、安倍または有度の郡家のいずれか一つを通り、さらに庵原、富士、駿河の各郡家をたどるものであったと見られる」としているのは適当と思われる。とすれば、駿河国府までの伝使、また駿河国からの伝使は、上下共にそれぞれ三郡で供給を受けるから、安倍郡にあった国府に至る間、遠江国からの伝使は志太・益頭と安倍郡または有度郡の三郡で、駿河国から伊豆国または相摸国に向う伝使は盧原・富士・駿河の三郡で供給を受けたのであろう。

　ところが遠江国境から駿河国府までの距離に対して、国府から相摸国境までの距離はほぼ二倍もあるので、著しく不均衡である。原が指摘するように、駿河国では伝馬の道と駅馬の道は異なるが、駅路にあっては遠江国最後の初倉駅と駿河国府の最寄駅である横田駅との間には小川一駅であるが、横田駅から相摸国境までの間には貞観六年（八四〇）までは息津・蒲原・柏原・長倉・横走の五駅があり、柏原が廃されてからも四駅があったことからみても、遠江と相摸両国国境までの距離が大きく異なることが判る。志太郡家は発掘調査された藤枝市御子ヶ谷遺跡(8)であるが、益頭郡家は藤枝市立花の郡遺跡(9)に比定され、その間は僅か三キロ弱に過ぎないので、それぞれの郡で伝の供給をしたとすれば、機械的に郡ごとに割り振ったことになる。このようなことから、『延喜式』では西側の三郡から志太郡を外して二伝とし、東側では駿河郡内の横走駅にも伝馬を置いて四伝に増やして距離的均衡をとったものと考えられる。以上のように、奈良時代は機械的に一郡に一伝を置いていたことになる。このようなことから考えると、やはり本来は全郡に伝馬を置いていたのではなかろうか。

　そこで、筆者(10)は郡家間を連絡する道路が機能していたとして、これを伝路の名で呼んだが、これに当ると見られる道路遺構も各地で発掘されている。松原弘宣(11)は伝馬制の前身として国造早馬制の存在を考え、その道路網もあったとしている。ただし、現在各地に発掘されている伝路は、両側溝を備えて心々幅六メートル前後の道路であるが、国造早馬制当時にはこのように整備された道路ではなかったであろう。

2　郡家と駅家・駅路

坂本は『出雲国風土記』において、黒田駅が国府・意宇郡家と同所にあり、狭結駅も神門郡家と同所にあり、駅路が通る三郡の中で二郡は郡家と同所に駅家が置かれていること、残る島根郡の千酌駅は隠岐への渡海駅であるから郡家と同所にはなりえないことを指摘して、駅家は国府・郡家と同所に置くことを原則としていたのではないかとした。また関和彦[12]は従来山陰道石見国託農駅を大田市仁摩町宅野に比定するのに対して、邇摩郡家の想定地である同市同町仁万にも宅野田の地名があることから、群家と駅家が同所に在ったとする。

ところで、静岡県袋井市坂尻遺跡[13]は遠江国佐野郡家跡とされるが、その出土墨書土器の中に「日根駅家」「駅長」「駅子」などがあって、『延喜式』駅名に見られない駅が郡家と同所にあったことが知られる。『延喜式』の駅では明確な場所は確定できないまま掛川市に想定される横尾駅が最も近いが、前記の墨書土器は奈良時代後期に属するので、奈良時代には日根駅が『延喜式』諸駅と共に存在していたとすれば、駅間距離が著しく不均等になる。とすれば、磐田市御殿二之宮遺跡に比定される引摩駅と島田市坂本字旧初倉に比定される初倉駅との間に、奈良時代には二駅が置かれていたが、平安時代に入ってからこれら二駅を廃止して中間に新たに横尾駅を置いたのではなかろうか。そこで、もう一つの駅は低湿地に木板を敷き並べてその上に砂利や土器片を混ぜて付き固めた奈良時代の道路遺構と、和銅開珎や奈良時代の瓦・墨書土器などを出土した、掛川市八坂別所遺跡[14]の周辺が想定される。八坂別所遺跡の性格は不明であるが、瓦を出土することなどから考えると同じ佐野郡内に入るので郡家ではないが、その別院になる可能性はある（図3―7）。

以上のように考えれば、奈良時代には郡家と駅家が同所に存在することも多かったが、平安時代になると郡家と駅家を別置する方向へ変わっていったと考えることができる。

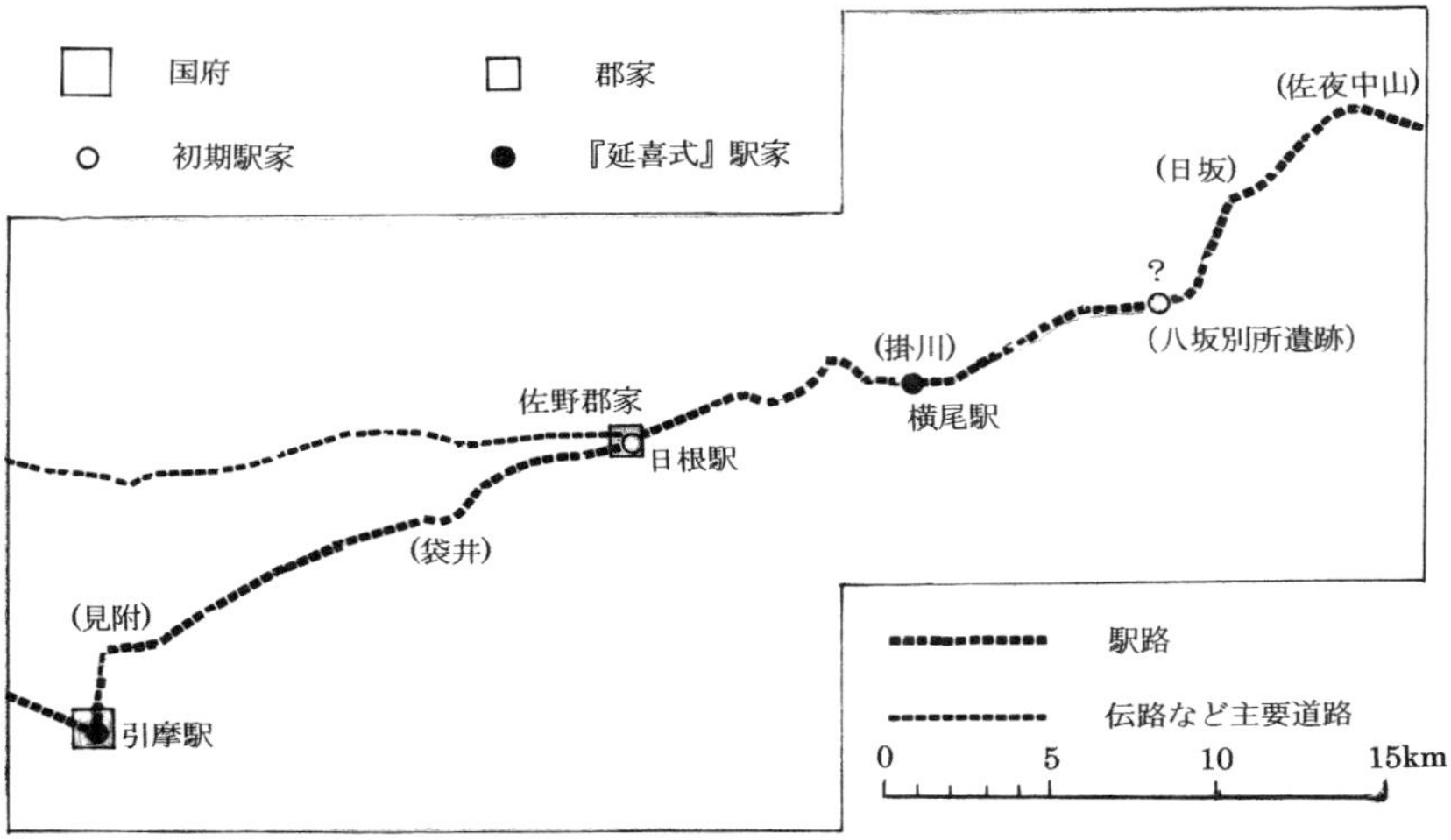

図3—7　遠江国佐野郡家（坂尻遺跡）と八坂別所遺跡

ところで、「駅評」という語がある。浜松市伊場遺跡出土木簡（第二一号）は所有者と建物を列記する「屋舎帳」とも言うべき大型の木簡であるが、その中に「駅評人」がある。狩野久[15]や山中敏史[16]は駅家の機能を包括した評を意味するものではないかとして、山中は岡山県立博物館蔵の七世紀中葉頃の須恵器細頸壺に記された刻書に見える「馬評」も同様ではないかとしている。「馬評」は滋賀県野洲市西河原地区出土木簡にも見えるが、ここも近江国安（野洲）評家の所在地とされ、また高橋美久二[17]や市大樹[18]が指摘するように、初期東山道駅路も同地を通っていたと考えられ、後に『延喜式』に見えて足利健亮[19]がその位置を想定した篠原駅を通る別路に変ることになる。

松原弘宣[20]は孝徳朝の全国立評とともに評家駅家制が成立したとする。大化前代には国造早馬制と屯倉早馬制があり、前者は主に伝制に後者は駅制に継承されたが、評家の中でも主要道路に沿うものに駅家的機能を持たせたので、評家の中には駅家機能をもつものと伝馬機能だけを持つものとができ、壬申紀に見える「駅家」は前者を、「郡家」は後者を意味すると解する。すなわち、当時の東海道が伊勢から直接三河に渡ったとする田中卓[21]の説を承けて、隠駅家や伊賀駅家は主要路に沿う駅家機能を有する評家であったが、三重郡家や桑名郡家は主要路に沿っていなかったので伝馬機能だけをもっていたとする。以上の松原の推論はきわめて興味深いものがあるが、壬申紀の「駅家」は果たして評家であったろうか。少数の従者を伴って吉野を脱出したばかりで、通過地の人心を掌握する必要があった大海人皇子が、評家を焼くという行動をとるのは不適当と思われ、むしろ敵側の施設としての駅家を焼いたのではなかろうか。「駅家」「郡家」の書き分けは、評家とは別に駅家が存在したことを示すと解する方がより自然ではなかろうか。

また松原は、孝徳朝に立評された評域内で天武朝の国郡里制の確立によって五〇戸一里制が施行されるに伴って駅家（早馬）業務遂行のために駅戸集団が形成され、その単位を「駅評」と称したとする。すなわち、前記伊場遺跡出土木簡に「五十戸人」とともに「駅評人」と見えるので、駅評は五十戸すなわち里に対応し、いわば里制駅家とも称すべきもので、里制駅家が成立するにおよんで、場所・施設は評家から離れるが、その管理・財政面ではなお評家の強い管理下にあったとする。

伊場遺跡には敷智郡家と栗原駅家関係の木簡が見られるので、郡家と駅家が同所に在ったと考えられる。ところで、伊場遺跡から約六キロ西南西に離れて馬郡《まごおり》（浜松市西区）の地名がある。駅評を「うまやごおり」と称したとすれば、その転化の可能性が考えられる地名である。同様に、山陰道伯耆国奈和駅[22]の想定地鳥取県大山町（旧、名和町）名和・御来屋《みくりや》の境界に馬郡《うまごおり》・東馬郡・西馬郡など一連の地名があるが[23]、その東側の名和神社境内を含む東長者原・西長者・中長者原・上長者原の地名があり、一帯は汗入郡家の地に比定できる可能性があると筆者は考えている。また、西海道肥前路は佐賀県神埼町の吉野ヶ里遺跡[24]を通っているが、その西側に馬郡《まぐい》集落があって駅路に沿っている。『延喜式』には見えないが、『肥前国風土記』には「神埼郡驛一所」が存在したことが記されている。吉野ヶ里遺跡では、駅路の切通しの北側台地上から西側の低地にかけて官衙的性格を持つと見られる奈良時代の掘立柱建物群が存在している。神埼郡家は確認されてはいないが、吉野ヶ里遺跡の西方、馬郡集落からその北方一帯の馬郡・竹原遺跡群[25]に想

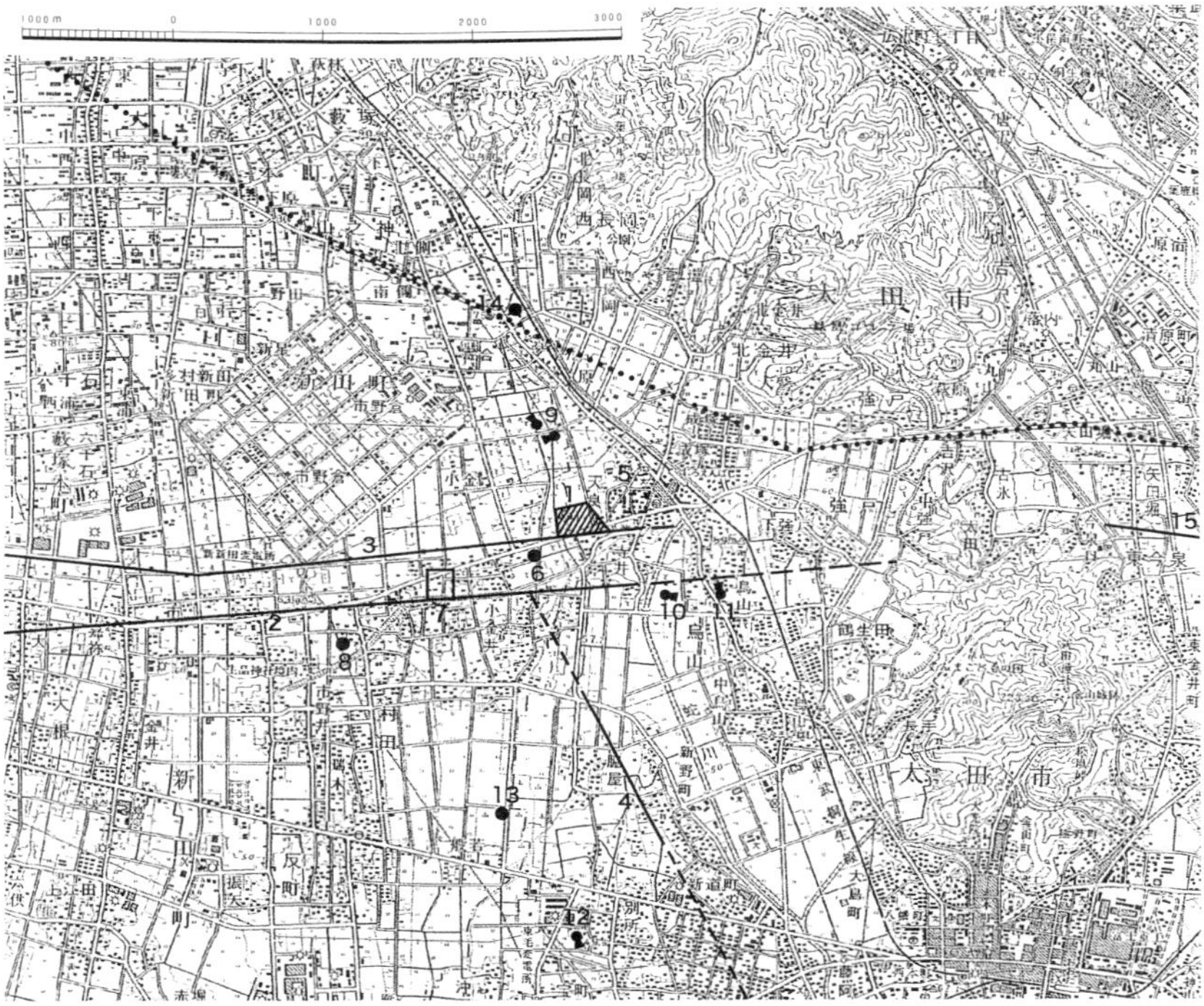

1　新田郡衙　　2　牛堀・矢ノ原ルート　　3　下新田ルート　　4　武蔵路
5　寺井廃寺　　6　笠松遺跡　　7　入谷遺跡　　8　境ヶ谷戸遺跡
9　二ツ山古墳　　10　鶴山古墳　　11　亀山古墳　　12　円福寺茶臼山古墳
13　中溝・深町遺跡　　14　西野原遺跡　　15　大道東遺跡　　‥‥‥‥‥延喜式駅路想定路線

図3—8　上野国新田郡家と東山道駅路
（平成22年度文化財シンポジウム「新田郡家と東山道駅路（予稿集）」に加筆）

定されている。以上三箇所の馬郡地名の場所はいずれも、郡家と駅家が共に存在したと考えられるので、馬郡の地名は駅評の遺称と考えることも可能ではなかろうか。

郡家と駅路との関係がほぼ明らかになった例として群馬県太田市天良町・寺井町・新田小金井町にかけて存在する新田郡家一帯がある。すなわち、その天良七堂遺跡が郡家正庁に当たり、郡庁の北と西に正倉域が想定され、これらを廻る台形に近い不整四辺形が郡家域の主用部をなすと考えられる[26]が、図3—8に示すようにその南辺に沿って八世紀後半以降の東山道に比定できる下新田ルートと呼ばれる幅約一二メートルの道路が北約八三度東方向に通っている。当地方では三時期の駅路の変遷がうかがわれ、下新田ルートはその第二期に当たり、最初の路線は下新田ルートの南約五〇〇メートルを北八五度東方向に直線に通る幅約一三メートルの道路で、八世紀後半には廃道になっているからこの時期に路線が下新田ルートに変更されたと考えられる。また下新田ルートはその西方で北約八五度西に方向を変えることが明らかになっているが、以西の経路は明らかでない。なお、『延喜式』新田駅付近の駅路の路線は明確でないが、北方約一・六キロに想定されている。したがって、奈良時代の新田駅と『延喜式』の新田駅とは別地ということになる。奈良時代の新田駅は郡家の西南西約一キロにある入谷遺跡に擬されたこともあるが、七世紀後半代の瓦葺建物跡が検出されているので駅跡としては疑問があり、結局不明である。しかし、宝亀二年（七七一）に廃止されて東山道武蔵路は新田駅で分岐していたから、おそらく当時の駅は郡家付近にあったのであろう。

註

（1）青木和夫「大和朝廷の道・律令国家の交通施設」『体系日本史叢書二四　交通史』山川出版社、一九七〇年。
（2）柳雄太郎「駅伝制についての若干の考察」『古代史論叢』中、吉川弘文館、一九七八年。
（3）永田英明『古代駅伝馬制度の研究』吉川弘文館、二〇〇四年、二五頁。
（4）坂本太郎『上代駅制の研究』一九三〇年。『古代の駅と道』（坂本太郎著作集八）吉川弘文館、一九八九年、所収。
（5）足利健亮「序説（二）」藤岡謙二郎編『古代日本の交通路』Ⅰ、大明堂、一九七八年。
（6）平川南『墨書土器の研究』吉川弘文館、二〇〇〇年。
（7）原秀三郎「郡家小考—交通機能を中心として—」『日本政治社会史研究』中、塙書房、一九八四年。
（8）藤枝市教育委員会『日本住宅公団藤枝地区埋文報Ⅲ—奈良。平安時代編—志太郡衙跡（御子ヶ谷遺跡・秋合遺跡）』一九八一年。

（9）藤枝市教育委員会『郡遺跡発掘調査概報Ⅲ―五九・六〇年度立花地区の調査―』一九八六年。
（10）木下良「近年における古代道路研究の成果と課題」『人文地理』四〇―四、一九八五年。
（11）松原弘宣「令制駅家の成立過程について」『古代史論集』上、塙書房、一九八八年。
（12）関和彦「古代石見の邇摩の道と官衙」『郷土石見』八一、二〇〇九年。
（13）小柴秀樹・篠原修二『坂尻遺跡―本文編―』袋井市教育委員会、一九九二年。加藤理文・松井一明『坂尻遺跡―遺物・総括編―』袋井市教育委員会、一九九五年。
（14）掛川市教育委員会『八坂別所遺跡発掘調査報道発表資料』二〇〇四年。
（15）狩野久「律令国家の形成」『講座日本歴史』一（原始・古代1）、東京大学出版会、一九八四年。
（16）山中敏史『古代地方官衙遺跡の研究』塙書房、一九九四年、三三八頁。
（17）高橋美久二「古代近江国の東山道」『地図と歴史空間』大明堂、二〇〇〇年。
（18）市大樹「西河原木簡群の再検討」（財）滋賀県文化財保護協会・滋賀県立安土城考古博物館編『古代地方木簡の世紀―西河原木簡から見えてくるもの―』（財）滋賀県文化財保護協会、二〇〇八年。
（19）足利健亮「恭仁京の京極および和泉・近江の古道に関する若干の覚え書き」『社会科学論集』一、大阪府立大学教養部、一九七〇年。「近江の土地計画」『日本古代地理研究』大明堂、一九八五年。
（20）前掲註(11)。
（21）田中卓「尾張国はもと東山道か」『史料』二六、皇學館大学史料編纂所、一九八〇年。
（22）『延喜式』には山陰道伯耆国第四駅を和奈とするが、『和名類聚抄』郷名には奈和郷があり、比定地の現在地名も名和であるから、駅名も奈和が正しいとおもわれる。
（23）中林保「伯耆国」藤岡謙二郎編『古代日本の交通路』Ⅲ、大明堂、一九七八年。
（24）佐賀県教育委員会『吉野ヶ里』（佐賀県文化財調査報告書一一六）佐賀県教育委員会、一九九二年。
（25）八尋実『馬郡・竹原遺跡群』神埼町文化財調査報告書四五、一九九五年。
（26）小宮俊久「新田郡衙の発掘調査成果」平成二十二年度文化財シンポジウム『新田郡衙と東山道駅路（予稿集）』二〇一一

年、太田市教育委員会。

三　古代山城・城柵と交通路

国史に見える古代の防衛施設としての城・柵には、東北辺境に置かれた柵・城と、西日本各地に設置された山城とがある。

1　西日本の古代山城（図3―9）

天智天皇二年（六六三）八月、百済復興を目指して朝鮮半島に出兵していた日本軍は白村江（今の錦江）で唐と新羅の連合軍に大敗して兵を引いたが、今度は唐と新羅の侵攻を恐れて以下のように一連の国土防衛のための施策を行なった。

天智天皇三年（六六四）是歳、「於二対馬嶋・壱岐嶋・筑紫國等一置二防與一烽、又於二筑紫一築二大堤一貯レ水、名曰二水城一」『日本書紀』

天智天皇四年（六六五）八月、「遣下二達率答炑春初一築中城於長門國上。遣下二達率憶禮福留。達率四比福夫於筑紫國一、築中大野及椽二城上」『日本書紀』

天智天皇六年（六六七）十一月、「築二倭國高安城、讃吉國山田郡屋嶋城、対馬國金田城一」『日本書紀』

天智天皇八年（六六九）是冬、「修二高安城一収二畿内之田税一」『日本書紀』

天智天皇九年（六七〇）二月、「修二高安城一積二穀與レ塩、又築二長門城一、筑紫城二一」『日本書紀』

文武天皇二年（六九八）五月、「令下二大宰府一繕中治大野・基肄・鞠智三城上」『続日本紀』

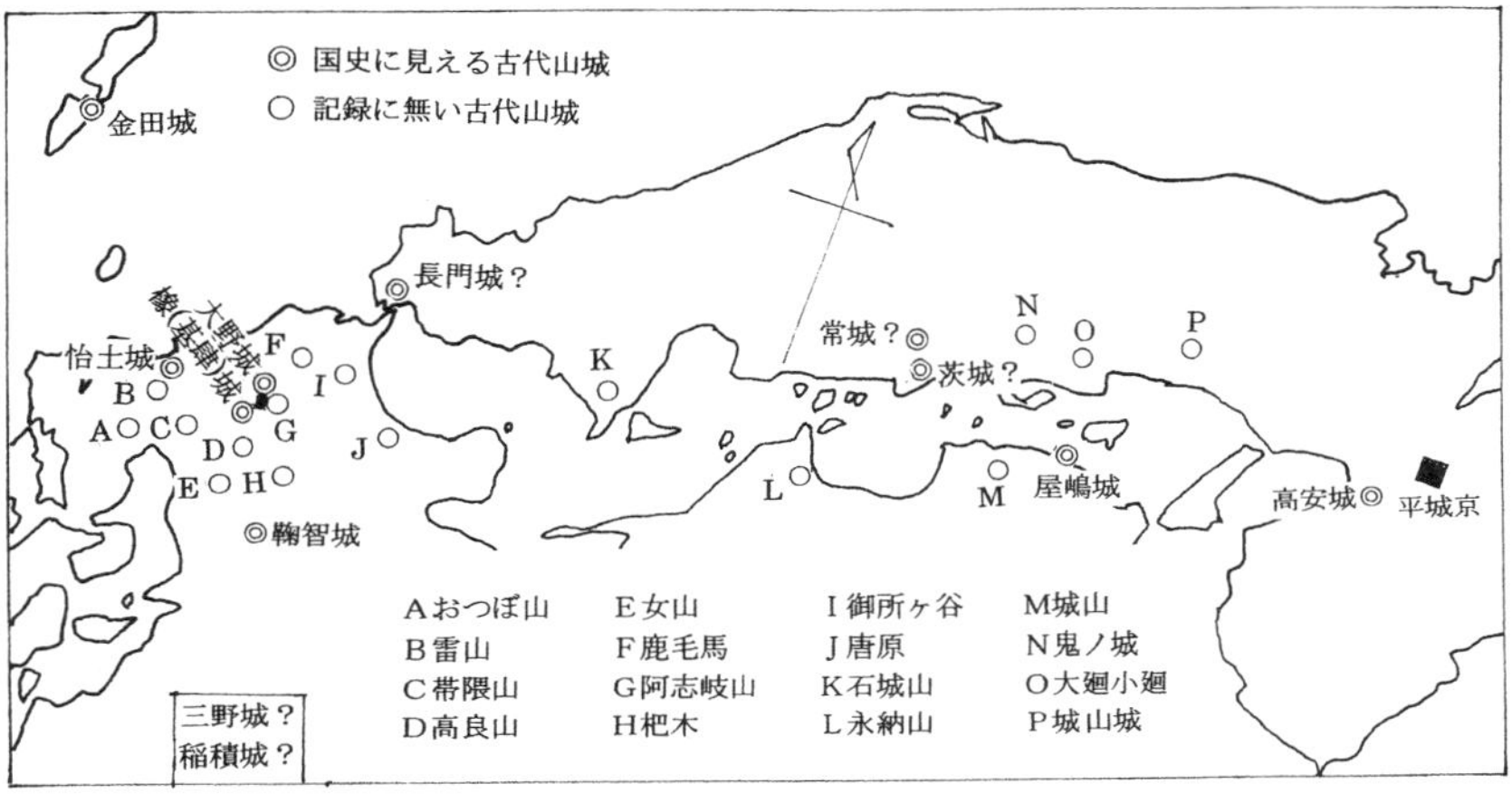

図3—9　西日本の古代山城

文武天皇三年（六九九）十二月、「令㆔大宰府修㆓三野、稲積二城㆒」『続日本紀』

養老三年（七一九）十二月、「停㆓備後國安那郡茨城、葦田郡常城㆒」『続日本紀』

天平勝宝八歳（七五六）六月、「始築㆓怡土城㆒、令㆔大宰大貳吉備朝臣眞備専㆓當其事㆒焉」『続日本紀』

以上に見える諸城は、先ず百済の亡命貴族に築城させていることから判るように、いわゆる朝鮮式山城といわれるもので、遺跡の明確な諸城はいずれも山上に築かれている。なお、最後の怡土城は単に防禦のためではなく、むしろ新羅征討のための拠点とされている。以上の諸城の中で三野・稲積二城は所在不明であるが、これを対外的な防衛の城としてではなく、隼人に対する城として南九州に設けられたとする説もある。それはともかくとして、以上の諸城は大和国の高安城を東端に、多くが瀬戸内海沿岸から北九州にかけて設けられている。

以上は文献に見る古代山城であるが、その他に文献に見えない多くの山城が同様に瀬戸内海沿岸から九州北部にかけて存在する。その中で岡山県総社市に在る鬼ノ城は、城門や土塁・石塁を廻らす内部に倉庫風の建物群を擁していて、文献に見える諸城と殆ど異ならない。また、香川県坂出市にある城山もこれに近いものがある。

しかし、多くは神籠石《こうごいし》と呼ばれていた、山頂または山頂から麓に掛けて列石を廻らすものである。神籠石として先ず知られたものは、福岡県久留米市高良山《こうらさん》の神籠石で、福岡県前原市の雷山《らいざん》神籠石、福岡県みやま市瀬高町の女山《ぞやま》神籠石、福岡県飯塚市の鹿毛馬神籠石などがこれに次ぐ。

その後、各所で次々に同様の遺構が発見され、愛媛県今治市の永納山を東端に山口県光市から田布施町にかけて石城山、福岡県下に前記した以外に行橋市の御所ヶ谷、上毛町の唐原、杷木町の杷木、佐賀県下では佐賀市の帯隈山、武雄市の**おつぼ**山などの神籠石が確認されている。

神籠石は長い間、これを霊域とする説と山城とする説とがあって論争が続いたが、山城とする説は列石だけでは防禦的機能にはなりえないとされるのが難点であった。しかし、**おつぼ**山・帯隈山・石城山・永納山・御所ヶ谷などの発掘調査の結果、列石の上に版築の土塁が築かれていたことが判明したので、その後は山城説に定着した。ただし、遺物が少ないことがあって構築年代がなかなか判明せず、かつては古墳の石材構築や加工技術との類似から七世紀中葉以前とする説が行なわれていたが、最近では出土土器の分析などから七世紀後半と見る説が有力である。とすれば、文献に見える古代山城と時期的にはかわりなく、また大野城の土塁の調査によって土塁の下層に列石も見られたので、両者の類似点も認められるようになった。

ところで、神籠石の名称の基になった高良山では、もともと神籠石は列石ではなく磐座《いわくら》と見られる巨石を意味していたので、これらの列石が古代山城であることが解明された現在では神籠石の名称は不適当として、最近発見された福岡県筑紫野市の阿志岐山城など同様の遺跡も古代山城と称され、以前に神籠石と呼ばれていたものも古代山城と称する所が多い。

その築造者については、七世紀中頃以前と解する説では、中央政権とは関係のない地方豪族と解する説が行なわれていたが、七世紀後半とする説では文献に見る古代山城と同様に、瀬戸内海沿岸から北部九州であることからも外敵に備えたものと解することになる。

2　西日本の古代山城と交通路との関係

これらの古代山城が律令国家の官道の沿線にあることを先ず指摘したのは高橋誠一(1)で、以下のような指摘をしている。

（一）　対馬金田城

金田城は深く湾入する浅茅湾の最奥部に位置して、遣新羅使が寄航した竹敷にも近く、まさしく大陸に対する最前線として海上交通の基地にもなる位置にあることを注目している。

（二）　雷山神籠石・怡土城・稲積城

現在の福岡県前原市に在る怡土城・雷山神籠石と、志摩町にあって壱岐・対馬を遠望できる火の山を稲積城と見て、怡土城と雷山が額田駅・比菩駅を経て肥前国松浦郡に入り、やがては壱岐・対馬に通じる駅路の沿線に位置し、また志摩との内側に在った糸島水道に沿う周船寺が大宰府の主船司に比定される海上交通の基地であることもこれら諸城の配置に関係があるとしている。

（三）　大野城・基肄城と大宰府

大宰府の北に大野城、南に基肄城があり、両城は大宰府から各方向に出る駅路を扼する位置にあることを指摘する。近年、両城の間東方の筑紫野市域に阿志岐（宮地岳）古代山城の遺構が確認され、豊前路の首駅蘆城駅を眼下に見下ろす位置にある。なお、高橋は『大日本地名辞書』などと同様に長丘駅から筑後国に向うとしているが、『万葉集』に筑後守葛井連大成《ふじいのむらじおおなり》が大宰帥大伴旅人の離任を嘆いて、「今日よりは城《き》の山道《やまみち》はさぶしけむ吾が通はむと念《おも》ひしものを」（五七六）と歌っているように、筑後国府から大宰府に至る道は基肄城のある基山に連なる峠を越えていたので、まさしく基肄城は筑後・肥前への駅路を扼する役目を果たしていた。

第二章第三節で述べたように、鏡山猛(2)や豊元国(3)は古代山城の土塁線に沿う道を車道・車路と称しているが、前記したように筆者はこれらの古代山城に通じる道路が車路と呼ばれ、また車道と書くこともあったと考える。

なお、高橋は山城ではない水城については特に触れていないが、大宰府の外港である博多津に通じる二本の駅路はそれぞれ水城の東門と西門から出ていた。

（四）帯隈山神籠石と肥前国府

帯隈山は佐賀平野の北側の山地にあり、東西に通る西海道肥前路を扼する位置にある。駅路に沿う肥前国府も近い位置にある。

（五）**おつぼ**山神籠石

おつぼ山神籠石は武雄市の東にそびえる杵島山西麓にあり、西海道肥前路の沿線に位置している。高橋はおつぼ山神籠石の発掘調査に携わった鏡山猛に従って、肥前路はその西麓を通る長崎街道に踏襲されたとしたが、近年筆者が踏査した限りでは近世初期の街道は**おつぼ**山の東側を通っていて、神籠石の門もこれに面している。ほぼこの街道に沿って各所に古代道路の痕跡があり、また古代道路の沿線にあることが多い立石もある。

（六）高良山神籠石・女山神籠石と筑後国府

筑後国の御井・葛野・狩道三駅を通る『延喜式』駅路は筑後平野を南北に通るので、高良山・女山《ぞやま》両神籠石の下方を通り、また久留米市枝光に在った筑後国府は高良山の麓に近い。また高橋は高良山からは帯隈山・大野城・基肄城・杷木・女山の各山城を望見できるので、各山城が烽伝達機能を兼備していたとすれば、高良山はキーステーション的な存在であったとしている。

（七）　鞠智《くくち》城と菊池平野

鞠智城の所在する菊池郡とその周辺の山鹿・山本の諸郡家について検討し、これらとの間の交通路があることを述べており、また鞠智城の近くに「火の岡山」があることから烽の存在をも考慮しているが、他の諸城とは遠く離れてまた対外的軍事施設としては、あまりにも南に位置していることに疑問を呈している。

高橋は気付かなかったが、本書第三章第三節で述べたように、古代の肥後国中心地であったと見られる託麻評家と鞠智城とを繋ぐ軍用道路と思われる「車路」[4]があり、さらに鶴嶋俊彦[5]によれば「車路」は大水駅に達して西海道西路に連絡し、また二重峠で豊後・肥後連絡路にも通じていた。

（八）　杷木神籠石と筑後川

杷木神籠石のある杷木町には『延喜式』杷伎駅の所在も考えられ、また斉明天皇の朝鮮出兵の際の朝倉宮にも近い。高橋は筑後川北岸を通る西海道東路の他にも南岸の筑後国諸郡を通る道路の存在をも考慮し、筑後川渓口部にある杷木神籠石がこれらの交通路を扼する位置を占めることに注目する。

（九）　鹿毛馬神籠石と遠賀川

神籠石のある飯塚市鹿毛馬は『延喜式』筑前国綱別駅の北方五キロ余の地点にあるが、高橋は遠賀川の水運を扼する地点に位置することに留意する。

（一〇）　御所ヶ谷神籠石と京都《みやこ》平野

御所ヶ谷神籠石は京都郡と仲津郡の境界になっている御所ヶ岳（二四七メートル）の北斜面の京都郡側に位置しているが、その麓を豊前路の駅路が東西方向に通っている。また行橋市草野には瀬戸内海の要津として知られる草野津があった。また高橋は言及していないが、同神籠石の南側には田河郡家から仲津郡家に至る伝路が通じていた[6]と考えられる。

（一一）　長門城と関門海峡

長門城は天智天皇四年と九年にそれぞれ築城の記事が見えるので二城が築かれたと見られるが、遺跡は全く不明である。諸説は関門海峡の戦略的重要性から下関市の火の山・霊鷲山・四王司山などに比定し、下関市長府に置かれた長門国府もこれら山地の麓にある。高橋も同様に瀬戸内海航路の重要性から関門海峡を視野に置く山地に注目している。

ところで、長門国に二城が置かれたとすれば、もうひとつの城は何処に在ったのであろうか。前述したように筆者は下関市阿内に複数の「車路」地名があることに留意した。ここは山間の小峠を越えて木屋川中流域の下関市菊川町に至るが、前記したように鞠智城に通じる軍用道路が「車路」と称されていたことを思い合わせると、或いはこの先に長門城の一城があったのではなかろうか。

（一二）　石城《いわき》山《やま》神籠石と瀬戸内海

石城山神籠石は光市と田布施町にまたがる石城山（三六二メートル）にある。山陽道周防駅は周南市呼坂または光市小周防に想定されるので、九キロもしくは六キロ離れている。一方、瀬戸内海は南方約八キロにあって見下ろされ、『万葉集』に見える「熊毛浦船泊之夜」とある熊毛浦は平生町小郡に比定され、南南東一三キロほどになる。高橋は石城山南麓の田布施町波野に「府中」などの地名があることから、国府の出先機関があった可能性や周防総領所や国造の居所であったかも知れないとし、また瀬戸内海の烽の連絡網の一環に当ることも指摘している。

（一三）　屋島城と城山《きのやま》城

天智天皇六年に築かれた屋島城は二九二メートルの溶岩台地の平頂面を利用した城であるが、坂出市城山に在る城山城も同様の溶岩台地上にあり最高地点は四六二メートルである。城山にも朝鮮式山城の遺構があるが文献に見えない。屋島は瀬戸内海に突出しているので、海上交通を監視できる位置にあるが、駅路は高松平野南側を通っているので八キロほど離れている。一方、城山は讃岐国府のすぐ西に聳えており、その直下を駅路が通る。(7)筆者は国府域を廻って流れる綾川の旧河口に国津を、城山の北方約五キロの坂出市高屋には、讃岐国司をしていた菅原道真の詩文集『菅家文草』に見える、「津頭客館」を置く「松山津」と呼ばれた国府津を想定した。

高橋が述べるところに筆者の知見を加えるとほぼ以上であるが、その後新しく神籠石ないし古代山城の発見があったので、これらと交通路との関係を述べれば以下のようである。

①　兵庫県たつの市新宮町の城山《きのやま》城の場合

城山城(8)はたつの市新宮町の亀山(城山四五八メートル)を中心に門礎石・礎石建造物・石塁などがあるが、全体の遺構は明確ではない。城の東側麓を山陽道美作支路が南北に通り、これに沿って越部駅の所在が考慮され、また南方には山陽道本道が東西に通過しているので、本城は両道を扼する地点に位置していることになる。

②　大廻《おおめぐり》・小廻《こめぐり》山城の場合

大廻・小廻山城(9)は岡山市東区瀬戸町笹岡にある大廻山(一九六メートル)と小廻山(一九九メートル)にかけて遺構が存在する。『延喜式』山陽道駅路は北方二・三キロの地を通るが、中村太一(10)が想定した初期山陽道駅路は同山城の直ぐ北麓を通る。

③　鬼ノ城《きのじょう》の場合

鬼ノ城(11)は総社市の北方に在る鬼城山(三九七メートル)に在って、吉備津彦に退治されたという鬼の温羅《うら》に因む伝説があって温羅遺跡と称されていたが、一九七一年に古代山城ではないかとの指摘があり、遺跡の範囲確認と実測調査が実施された結果、古代山城の遺跡であることが確認され、一九九三年以来の発掘調査によって城門や土塁も検出され、また城内からは四棟の礎石建物が確認された他にも多くの建物の存在が知られ、鍛冶工房の存在も明らかにされて壮大な全貌が判明した。また採集された土器類からその実年代は六八〇年以降とみられているので、文献に見る天智朝の諸城よりは若干後になることが判明した。山陽道駅路はその南方約八キロを通る。

④　永納山城の場合

永納山[12]は東予市と今治市、すなわち桑村郡と越智郡の境の山地に在り、発見当初は神籠石として紹介されたものであるが、まさしく南海道駅路を扼する地点にある。

⑤　唐原《とうばる》神籠石の場合

唐原神籠石[13]は福岡県上毛町下唐原の山国川左（西）岸にあるが、列石だけがあって土塁が築かれた痕跡はない。その東方約一・五キロを豊前・豊後路の駅路が通過している。なお、山国川下流の中津城の石垣に列石が多数転用されている。

向井一雄[14]は特に神籠石と呼ばれていた山城のうち、女山・おつぼ山・鹿毛馬の諸神籠石また阿志岐山城などは、特に駅路に面する側にのみ列石を並べ土塁を築いているが、反対側には列石すら見られないことを指摘して、これらの山城は駅路を強く意識して、駅路から見える地点を特に整備したもので、「見せる城」であったことを述べており、これらの築城時期は七世紀末の天武・持統朝であり、天武朝には新羅との間には友好関係があり、統一新羅との間に使節の往来が盛んであったので、整備されつつあった慶州王京が藤原京造営に影響を与えたとする見方があるが、三国を統一した新羅は九州五小京制を敷き、都城や各地の州治・小京に付属する山城の整備を行なっていたので、遣新羅使の見聞が官衙や駅路に隣接する山城築城のヒントになった可能性が高いとする。

さらに、七六年以降は羅唐戦争が休戦状態になったことによって、徐々に新羅との関係が友好から敵対へと変化していく過程で、一つの抑止力的な城郭として見せる城が築かれたと理解することができるとしている。また、この時期は南九州の隼人の叛乱が相次いでおり、叛乱鎮圧後は朝貢する隼人に対して律令国家・大宰府の武威を示すには見せる城でも十分な効果があったと思われると、極めて興味深い見解を示している。

3　東北日本の城柵と交通路との関係

国史によれば東北日本の城柵には以下のようなものが見える（図3―10）。

大化三年（六四七）是歳、越後国渟足柵（造置）『日本書紀』

大化四年（六四八）是歳、越後国磐舟柵（造置）『日本書紀』

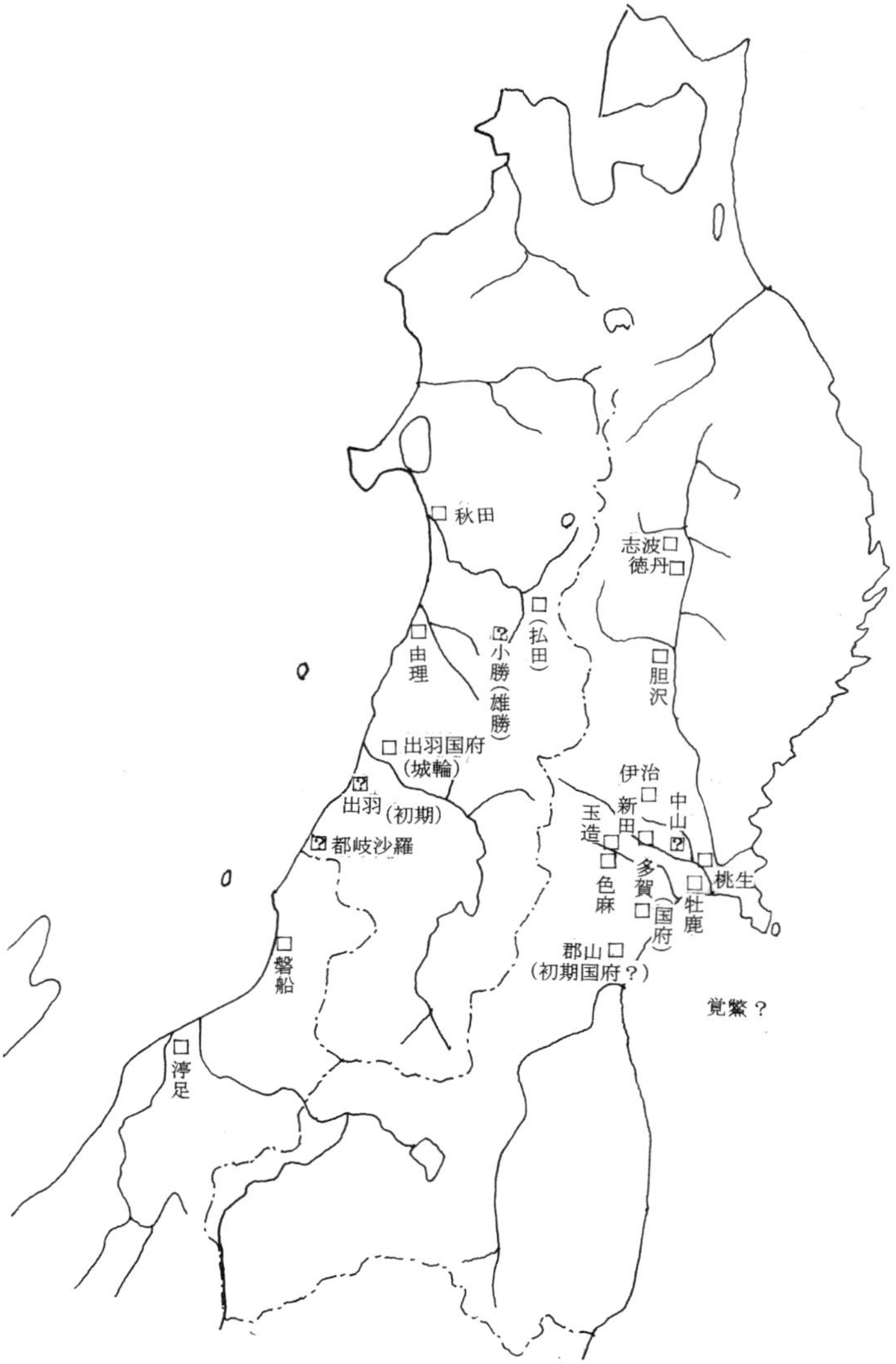

図3―10　東北日本の城柵

斉明天皇四年（六五八）七月、都岐沙羅柵造（既置）『日本書紀』
和銅二年（七〇九）七月、出羽国出羽柵（既置）『続日本紀』
天平九年（七三七）四月、陸奥国多賀柵・玉造柵・新田柵・牡鹿柵・色麻柵（既置）
天平宝字二年（七五八）十月、陸奥国桃生城（造置）『続日本紀』
天平宝字二年（七五八）十二月、陸奥国桃生城・出羽国小勝柵（始置）『続日本紀』
神護景雲元年（七六七）十月、陸奥国伊治城（造置）『続日本紀』
宝亀十一年（七八〇）二月、陸奥国覚鱉城（造置）『続日本紀』
宝亀十一年（七八〇）七月、陸奥国多賀城（既置）『続日本紀』
宝亀十一年（七八〇）八月、出羽国秋田城・由理柵（既置）『続日本紀』
延暦二十一年（八〇二）正月、陸奥国胆沢城（造置）『日本紀略』
延暦二十二年（八〇三）三月、陸奥国志波城（造置）『日本紀略』
延暦二十三年（八〇四）正月、陸奥国中山柵（既置）『日本後紀』
弘仁五年（八一四）十一月、陸奥国徳丹城（既置）『日本後紀』

文献にみえるのは以上で、大部分が遺跡も明確にされているが、都岐沙羅《つきさら》柵・小勝《おかち》柵（雄勝城）・覚鱉《かくべつ》城・中山柵などはそれぞれの遺跡が判明していない。一方、酒田市城輪《きのわ》にあり城輪柵と呼ばれるものや、大仙市払田《ほった》にあって払田柵と呼ばれるものなどは遺跡が明確であるが、本来の名称は不明である。柵・城の名称は、多賀柵が多賀城に小勝柵が雄勝城になり、渟足《ぬたり》柵も八幡林遺跡出土木簡(15)に見えるように沼垂城になったように、一般に柵が設置され後に整備されて城と呼ばれるようになることが多いと思われるが、天平宝字二年に造置された桃生《ももむのふ》城は同四年には桃生柵と見えるので、必ずしも柵から城になったとは限らず混用されることもあったようである。

この他に、『続日本紀』宝亀十一年十二月庚子（十日）条に見えて「賊之要害也」とある大室塞があった。塞の語は他にあまり例を見ないが、『日本後紀』延暦十五年（七九六）十一月己丑（二日）条に見える「玉造塞」は玉造柵のことと考えられるので、柵が塞とも称されたのではなかろうか。とすれば、大室塞は本来政府側の軍事施設として設置されたものが賊に奪われていたのではなかったろうか。

これらの諸城柵は蝦夷・蝦狄[16]に対する施設として防禦的機能を備えてはいるが、官衙的機能をも並置して、渟足柵は慶雲二年（七〇九）の威奈大村墓誌名に「越後城」と見え、沼垂城と呼ばれる以前に越後城と呼ばれたと見られるので、未だ国府設置以前のことであるが事実上越後を代表する施設として国府的存在であったと思われ、同様に出羽柵も出羽を代表する国府的施設であるが、その位置は征狄（征夷）の進展に応じて北方に移動し、和銅二年（七〇九）の出羽柵は現在の鶴岡市付近にあったと考えられるが、天平五年（七三三）に秋田に進出した。また多賀城は陸奥国府で城輪柵は出羽国府に比定され、秋田城は出羽国府またはその出先機関であったと思われる。以上のように国府またはこれに準ずる城柵があり、また牡鹿・新田・色麻・玉造・桃生・胆沢・志波など郡名を冠する城柵は郡家を兼ねたと思われ、伊治《これはる》城は『続日本紀』神護景雲元年十一月乙巳（三日）に「置㆓陸奥國栗原郡㆒、本伊治城也」とあるのでこれもまた郡家になったことになる。以上のように、東北日本の城柵は官衙的性格が強かったので、その立地も多くが低い丘陵または段丘上などに設置されていた。

以上のように東北日本の城柵は国府・郡家になるものが多いので、これらは当然交通路とは密接な関係があり、交通路の起点・終点または通過地に当ることが多い。例えば、『日本後紀』延暦二十三年五月癸未（十日）条に「陸奥国言。斯波城與㆓膽澤郡㆒、相去一百六十二里、山谷嶮□、往還多㆑艱、不㆑置㆓郵驛㆒、恐闕㆓機急㆒。伏請准㆓小路例㆒、置㆓一驛㆒。許㆑之」とあり、胆沢郡から斯波（志波）城までに駅路が開かれ一駅が置かれた。胆沢郡家は奥州市水沢区佐倉河に在る胆沢城と同所であったと考えられるので、それまでは胆沢城が陸奥国駅路の終点であったが、以来終点は盛岡市下太田にあった志波城に移ったことになる。しかし、志波城は弘仁二年（八一一）に水害によって廃城になり、これに替わって矢巾町西徳田に遺構が残る徳丹城が最前線基地になったので、以来徳丹城が駅路の終点になったと考えられる。

ところで、徳丹城の政庁域を南北に通る両側溝間の心々幅約一〇メートルから約六メートルに縮小された道路遺構(17)が検出されたので、この道路が延暦二十三年に敷設された志波城に通じる道路であった可能性が高い。徳丹城も最初から駅路に沿って設置されたことになる。なお、通常の駅間距離は三〇里であるから、一六二里は五駅間距離になるが、その間に一駅を置いただけなのは辺境地帯としての特別の措置だったのであろう。その駅は『延喜式』で陸奥国最後に挙げられる磐基駅ということになる。磐基駅については板橋源(18)が花巻市江釣子《えづりこ》の新平《につぺい》遺跡を発掘調査して同駅跡に比定した。同地を通る直線の道路痕跡が明瞭であることは留意されるが、位置的には胆沢城と志波城の中間よりはるかに南に偏し、また西方への迂回路になることも不自然である。

多賀城は駅路から離れた位置にあるが、最寄りの栖屋《すねや》駅に通じる連絡路として、多賀城市市川橋遺跡城南地区(19)と新田遺跡(20)とで、両側溝間の心々幅約一二メートルの道路遺構が検出されている。

ところで、色麻・玉造・栗原の諸駅を順序する駅路は、従来は色麻駅を色麻町四竈、玉造駅を岩出山町域、栗原駅を栗駒町栗原にそれぞれ比定し、駅路は羽後街道（国道四五七号）に沿って進み、岩出山町中心部からは主要地方道一七号栗駒岩出山線に沿って扇状地の裾を通る、旧称松山街道または陸奥上街道と呼ばれた路線が考えられていた。武部健一(21)もこれを採り、筆者(22)も漫然とこれに従っていたが、この路線は伊治城を通らない。一方、黒坂周平(23)は古川市宮沢にあって覚鱉城に想定される宮沢遺跡(24)や、築館町城生野に遺跡が確認されているが伊治城(25)を通るべきであるとして、色麻柵に比定される中新田町城生遺跡(26)から東方に曲がって、宮沢遺跡付近から北上して伊治城を通る、ほぼ羽後街道に沿う路線が適当とした。採るべき見解である。

出羽国ではその建国当初は北陸道に属していたので、越後国から駅路が延びていたと考えられ、鶴岡市山田遺跡で(27)出土した木簡に「□驛驛四驛子人□」と裏に八人の人名が記されており、北陸道の駅家に勤務する駅子の食料支給に関するものと推測されているが、初期出羽柵も鶴岡市域に在ったと考えられている。

秋田城は『延喜式』東山道駅路の終点であるが、『続日本紀』天平宝字三年（七三二）九月己丑（廿八日）条に「始置二出羽國雄勝・平鹿二郡、玉野・避翼・平戈・横河・雄勝・助河、幷陸奥國嶺基等驛家一」とあって開設された駅路は、一般に現在の横手盆地内にあった雄勝城と平鹿郡家までの駅路と解されているが、これら両地を終点とする駅路はあまり意味が無く、また途中で分岐する駅路も他に類例がない。一方、天平九年（七三七）正月丙申（廿二日）条に「陸奥按察使大野東人等言。従二陸奥國一達二出羽柵一道経二男勝一、行程迂遠。請征二男勝村一、以通二直路一」とあって、同年四月に大野東人は色麻柵を出て出羽国大室駅に至り、さらに北方に新道を開削しながら現在の山形・秋田県境に当る比羅保許《ひらほこ》山に達しているが、大室駅と玉野駅はほぼ同所と見られ、比羅保許山は平戈に他ならないので、これらの諸駅を連ねる駅路は東人が企図した「陸奥国から出羽柵に達する直路」が完成したものに当ると考えられる。当時の出羽柵は秋田城にあったから、この道路の起点は色麻柵で途中雄勝城を経由して終点は秋田城であったと考えるべきである。

因みに城柵名と同名の駅に陸奥国では色麻・胆沢があり、同所に在ったと考えられる。他にも前記したように栗原駅は栗原郡家であった伊治城と同所であった可能性が高い。出羽国では秋田・雄勝駅が城と同所であったと考えられるが、他に天平九年の大室駅に対して前記したように『続日本紀』宝亀十一年十二月庚子（十日）条に見える大室塞があった。当地は尾花沢市玉野に比定され天平宝字三年（七三二）の玉野駅も同所にあったと考えられている。

なお、徳丹城の遺跡からは運河状の遺構の存在が知られるが、おそらく北上川に通じてその水運を利用したのであろうと考えられる。胆沢城も北上川と支流胆沢川の合流点に近い位置にあり、水運の便があったと考えられる。また、桃生城も北上川に沿う位置にあるので、その水運を監視することができた。陸奥国の海運としては多賀城の外港として塩竈があり、同地の香津は国府津を意味すると考えられる。

一方、越後・出羽国では一部内陸部を除く諸城柵は日本海岸に位置しているものが多く港湾施設を備えていた。出羽国府であった城輪柵でも酒田市古湊がその外港であったと考えられ、『日本三代実録』仁和三年（八八七）五月廿日癸巳条には、地震後の地盤沈下のために「海水漲移、迫二府六里所一」とあるので、もともと国府付近まで舟運可能な状態ではなかったろうか。

4　方八丁と角方

筆者(28)はたまたま岩手県下の遺跡地名表を見ていて、その中に「方八丁」という小字地名または通称地名が多く存在し、それらの多くが城柵遺跡とされていることに気付いたので、一九六七年五月に東北六県の全市町村にアンケートを提出し、大字・小字・通称地名などで「方八丁」を称する地名と、これが変化した可能性をもつ「八丁」および八丁の付く地名とを、さらにその由来・遺構や遺物などについての回答を依頼した。回答を得たのは全四四五市町村中一八五で、回答率は四一・五パーセントに過ぎなかったが、該当地名が存在しない場合にも「なし」として回答するよう指示しなかったので、該当地名が存在しない市町村の回答が少なかったのであろうと考えられる。しかし、筆者が以前に知りえたものは全て含まれていたので、脱落したものは比較的少なかったようである。

これにもとづいて、同年と翌年にかけて現地調査を実施したが、その際に各地の有識者の教示によって若干の追加を得ることができ、また「方八丁」を「かっこう」とよみ、「角方」と作ることがあることを知った。「角方」地名については特に調査を実施できなかったので、他に存在する可能性があるが、たまたま筆者が知りえたものは一箇所だけである。

そこで知りえた「方八丁（角方）」と「八丁」地名の分布は図3—11に示すとおりであるが、「方八丁」は岩手県下の北上川流域に最も多く、さらに宮城県・福島県といずれも陸奥国内に分布し、出羽国には認められない。また「八丁」は両国にわたるが出羽に多く陸奥に少ない。なお、青森県下にはいずれの地名も存在しない。

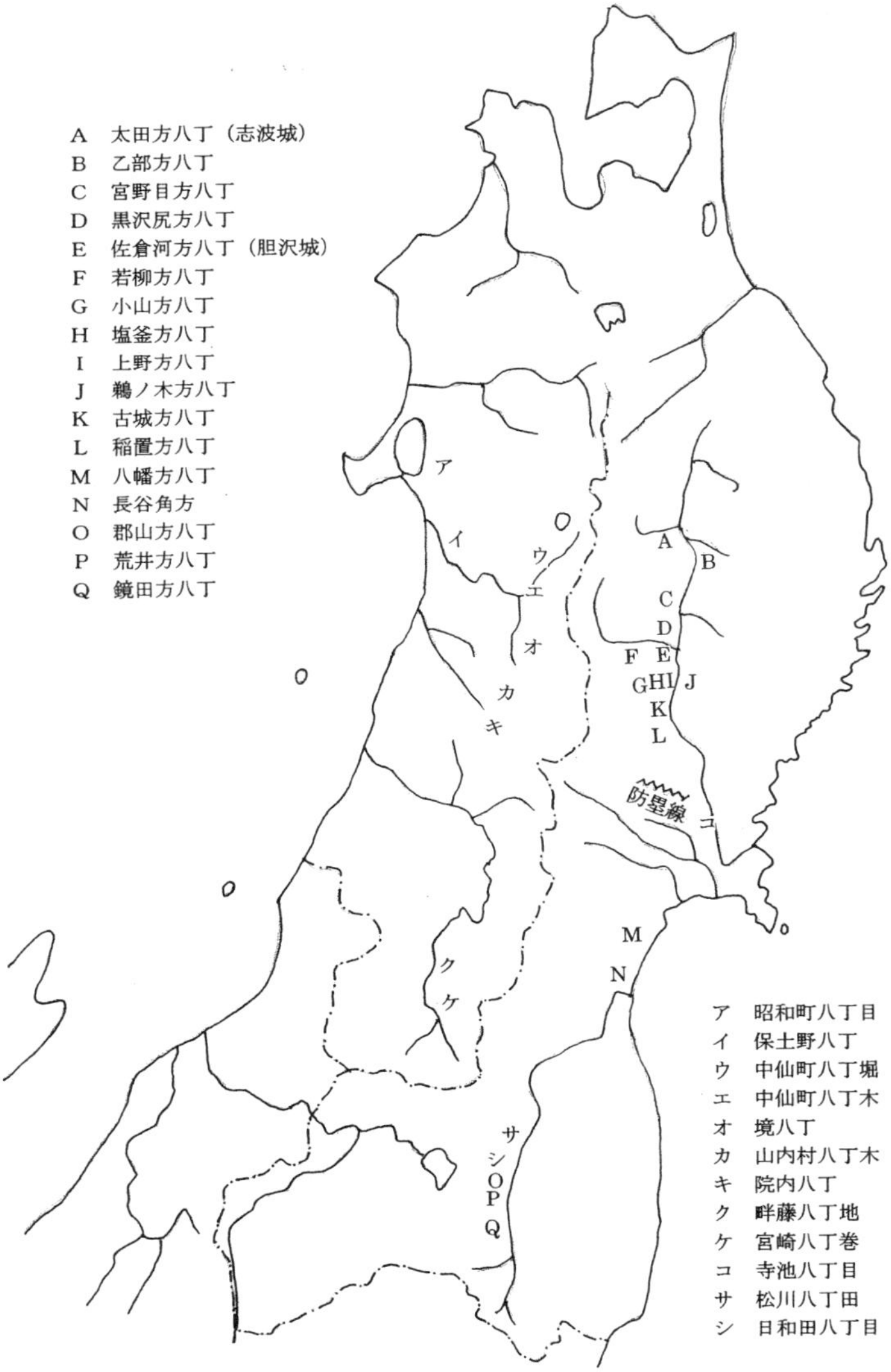

図3—11　東北地方の「方八丁」の位置

これらの地名を列記すれば、以下のとおりである。

岩手県盛岡市中太田（小字）「方八丁」・下太田（小字）「方八丁」　太田方八丁（志波城跡）
岩手県盛岡市乙部（通称）「方八丁」　乙部方八丁（集落跡）
岩手県北上市黒沢尻里分字上川岸（通称）「方八丁」　黒沢尻方八丁（源頼義の陣跡伝承地）
岩手県奥州市胆沢区佐倉川（通称）「方八丁」　佐倉川方八丁（胆沢城跡）
岩手県奥州市（不明区）塩釜「方八丁」　塩釜方八丁（詳細不明）
岩手県奥州市水沢区真城字上野「方八丁」　上野方八丁（詳細不明）
岩手県奥州市水沢区羽田町（字）鵜ノ木「方八丁」　鵜ノ木方八丁（集落跡）
岩手県奥州市胆沢区字小山（小字）「方八丁」　小山方八丁（集落跡）
岩手県奥州市前沢区古城（伝承）「方八丁」　古城方八丁（詳細不明）
岩手県奥州市前沢区白山稲置（伝承）「方八丁」　稲置方八丁（詳細不明）
岩手県花巻市葛（通称）「方八丁」　葛方八丁（集落跡）
宮城県多賀城市八幡（小字）「方八丁」　八幡方八丁（集落跡）
宮城県岩沼市南長谷（小字）「角方」　長谷角方（詳細不明）
福島県郡山市小字「方八丁」　郡山方八丁（詳細不明）
福島県郡山市荒井（小字）「方八丁」　荒井方八丁（集落跡）
福島県鏡石町鏡田（通称）「方八丁」　鏡田方八丁（集落跡）

「八丁」地名は秋田県に一〇箇所、宮城県に一箇所、福島県に二箇所を認めたが、その中で秋田市保土野の小字「八丁」は最北端とされる条里地割の中にあり、また横手市境の小字「上八丁」「下八丁」も条里地名は残らないが広範囲に広がる明瞭な条里状地割の中にあって柵木の出土を見たことがあるというので注目される。

さて、これらの方八丁は何を意味するのだろうか。先ず、胆沢城や志波城も方八丁と呼ばれていたことが注目され、太田方八丁や黒沢尻方八丁は前九年の役で源頼義の陣であったとの伝承があって軍事施設とされていた。また小山方八丁・鵜ノ木方八丁・葛方八丁は土塁の遺構が残って防禦的施設であったと考えられる。また、八幡方八丁は陸奥国府多賀城の城下にあり、郡山方八丁は郡家に付属していたと考えられ、また長谷角方は多賀城出土木簡に見える「玉前剗」に近い位置にあるなど、いずれも軍事的色彩が濃厚である。

方八丁という名称は八町四方の区画を意味するが、文字通り八町の区画を示すのは太田方八丁で、近世の古地図には八町四方の土塁線を描いている。筆者の調査当時、その南辺は「どてっぱた（土手畑）」と称する土塁状の高まりがあったが、後の発掘調査によって志波城の外郭線となる築地の跡が確認された。東辺と西辺はその名残を思われる部分が道路になっていたが、北辺は旧河道と思われる窪地に切られて不明になっていた。なお、南辺と東辺にはさらにその外側に約二〇間を隔ててまた同様の土塁城の高まりが一部認められたので、方八町の築地の一回り外にも周郭があったようである。

佐倉川方八丁は既に胆沢城であることが知られていたが、その外郭線は六町四方であった。しかし、周辺の地割を検討すれば西側と南側に約二町離れる線が見られるので、あるいはこれを含めて方八丁と言ったのかも知れない。その他に、ほぼ方八町の区画の可能性が考えられるのは、古城方八丁・稲置方八丁・八幡方八丁などで、これらはいずれも平坦地にあって周辺の小字界を纏めると方八町になると考えられないこともないという程度のものである。郡山方八丁や荒井方八丁なども低平地にあるのである程度の広がりが想定できるが開発が進んでいて詳細は不明である。その他は不整形のものが多く方形の区画は見出し難い。おそらく、方八丁の名称は文字通り八町四方の区画を理想としたが、不整形であっても同じような機能と性格を持つものも同様に称したのであろう。

辺境における律令時代の集落を考える場合には、まず『軍防令』「縁辺諸郡人居条」に「凡縁二東辺北辺西辺一諸郡人居、皆於二城堡内一安置。其営田之所、唯置二庄舎一。至二農時一、堪二営作一者、出就二庄田一。収斂訖、勤還。其城堡崩頽役二当処居戸一、随レ閑修理」とあり、『令義解』には「謂、堡者、高レ土以為堡、墇二防賊一也。此非二守固之城一。故役二居戸一修理。上条城隍崩頽者、是守固之城、故役二兵士一修理。彼此不レ同。仍立二両条一也」としている。また「城隍条」には註して「謂。隍者、城下坑《ミゾ》也」とあり、城堡と城隍を区別している。すなわち、兵士が拠る城隍を備えた「守固之城」と、一般人民を安置する「墇防之堡」とがあったことになり、多賀城・秋田城・胆沢城・雄勝城など史上に明らかな城柵が「守固之城」にあたる。

「墇防之堡」に安置される村落を村尾次郎[29]は「堡村」と呼んだが、高橋富雄[30]は伊治城想定地の北方前面約四キロの線に、約一〇キロにわたって連なる土塁線があり、新田柵や桃生城のそれぞれ想定地の前面にも同様の土塁線があることを指摘して、これを城堡に当るとした。

これらの長城的防塁はきわめて特徴的な遺構で、九州大宰府における水城の大堤を想起させるものがあるが、一般性を欠くように思われる。すなわち、陸奥についてのこれは開拓最前線の城柵に付属する設備であり、九州においてのそれは大宰府という最重要拠点の直接の防衛線であるという点で、それぞれ特殊で、きわめて軍事的意義の強い防塁であるからである。東北辺境においては前線の外側に置いてのみ蝦夷に対するだけでなく、既に内部にあって馴化した蝦夷に対してもたえず警戒を必要としたからである。しかも、その前線は時代と共に北進し、たえず変化するものであったから、城堡は広く国内にあまねく配置されたものであろうと考えられる。このように考えると、城堡は他にあまり例を見ない長城的な防塁よりは小羅城的な囲郭が適当のように思われる。この方が「営田之所」すなわち耕作地は城堡の外側にあって、「人居」を城堡の内に安置するという令文にも適わしい。東辺においては「方八丁」こそ城堡にあたるものではあるまいか。しかし、筆者も城堡としての長城的防塁を全く否定するものではなく、その特殊な形態と考えたい。すなわち、伊治城や新田柵など城柵が最も多く存在する大崎盆地には「方八丁」の分布は認められないからである。

また、筆者は「方八丁」の存在は律令国家の東北辺境の経営に配置された柵戸に関係したものではないかとも考える。柵戸は城柵に配置されることになっているが、これは必ずしも城柵内にのみ置かれたとは考えられない。例えば胆沢城には弘仁六年（八一五）の太政官符によって兵士四〇〇人・健士三〇〇人が配置されていたことが判明するが、延暦二十一年に胆沢城に配置された柵戸四〇〇〇人は、胆沢城の方六町の城域内には到底収容できないのではなかろうか。当然、胆沢城の軍政下にあった地域内の城堡に配されたと考えるべきであろう。

『和名類聚抄』によれば、胆沢郡には七郷があるが、二駅家と余戸を除けば、白河（陸奥国白河郡）・下野（下野国）・常口（常陸国カ）・上総（上総国）など出身国郡を思わせる郷名がある。また、北上川の対岸の江刺郡にも信濃・甲斐など国名を冠する郷名があり、この地方が多く植民村によって編成されていたことを知ることができる。而して「方八丁」がこの地方に最も多く分布していることからみれば、それらが植民によって居住されていたと考えられるのである。『日本地理志料』の比定によれば、古城・稲置・小山の各方八丁は下野郷に、上野・塩釜は常口郷に、また若柳方八丁は駅家（胆沢）郷にそれぞれ属するようである。

「方八丁」と交通路との関係を考えてみたい。もちろん、志波城や胆沢城にあたる太田方八丁や佐倉川方八丁は駅路に沿い、佐倉川には胆沢駅も関係していた。また葦屋駅は安積郡葦屋郷と同所と思われるが、葦屋郷の位置は郡山市付近とされるので、郡山方八丁はこれに関わる可能性がある。玉前駅は名取郡玉前郷と同所と思われ、長谷角方の隣地に玉前の地名があるので同地に考えられる。また、小山方八丁・若柳方八丁にはそれぞれ替馬壇・相馬壇の地名があり、交通的機能が考えられるが、駅路からは離れているので別路または支路に沿う地方的交通集落だったのではなかろうか。

また、阿武隈川と北上川は水運の便があるので、阿武隈川に沿う郡山方八丁や長谷角方、北上川に沿う稲置・鵜ノ木・佐倉川・黒沢尻・葛・乙部また太田の諸方八丁は河港としての機能を果たすか、または水運を監視する役割を果たしたものであろう。

最後に付け加えると、「方八丁」地名は東北地方以外に筆者が知る限りでは以下の四箇所がある。

茨城県石岡市石岡（小字）「方八丁」　石岡方八丁（集落跡）
山梨県笛吹市御坂町金川原（小字）「方八丁」　金川原方八丁（詳細不明）
長野県佐久市常和（小字）「方八丁」　常和方八丁（集落跡）
広島県福山市神辺町湯野（通称）「方八丁」　湯野方八丁（集落跡）

この中で、石岡は常陸国府の所在地で、御坂は甲斐国府の所在地であったから、これらの方八丁は国府に関係ある施設であった可能性が高い。特に石岡のそれは中世には城があったので、古代もなんらかの軍事施設があったのではなかろうか。神辺は備後国府からは若干離れているが国分寺の所在地であり、また同地に軍団の所在を考える説がある。佐久には特に官衙はないが、駅路とは別路の上野国への交通路の通過地を扼する地点にあり、なんらかの軍事的施設が置かれた可能性が考えられる。

註

（1）高橋誠一「古代山城の歴史地理」『人文地理』二四―五、一九七二年。小田富士雄編『西日本古代山城の研究』（日本城郭研究叢書、名著出版、一九八五年所収。
（2）鏡山猛『大宰府都城の研究』風間書房、一九六八年。
（3）豊元国「長門城の所在について」『日本考古学協会第二四総会研究発表要旨』一九五九年。

（4）木下良「「車路」考―西海道における古代官道の復原に関して―」『歴史地理研究と都市研究』上、大明堂、一九七八年。
（5）鶴嶋俊彦「古代肥後国の交通路についての考察」『地理学研究』駒沢大学大学院地理学研究室、一九七九年。同「肥後国北部の古代交通路」『古代交通研究』七、一九九七年。
（6）木下良「古代官道と条里制」『香春町史』上、二〇〇一年。
（7）木下良「古代都市としての国府」『歴史公論』二―一〇、雄山閣、一九七六年。同『国府―その変遷を主にして―』（歴史新書）教育社、一九八八年。
（8）新宮町文化財調査報告10『城山城』新宮町教育委員会、一九八八年。
（9）岡山市教育委員会『大廻小廻山城発掘調査報告』一九八九年。
（10）中村太一「備前国における古代山陽道駅路の再検討」『古代交通研究』三、一九九四年。『日本古代国家と計画道路』吉川弘文館、一九九六年、所収。
（11）村上幸雄「鬼ノ城の概要」『吉備地方文化史研究』一四、就実大学吉備地方文化研究所、二〇〇四年。総社市文化財発掘調査報告一八『古代山城鬼ノ城』総社市教育委員会、二〇〇五年。
（12）東予市教育委員会『永納山城遺跡調査報告書』一九八〇年。
（13）大平村教育委員会『唐原神籠石報道関係者発表資料』一九九九年。同『唐原神籠石調査概要』二〇〇二年。
（14）向井一雄「駅路からみた古代山城」『地図中心』四五三、（財）日本地図センター、二〇一〇年。
（15）新潟・八幡林遺跡『木簡研究』一三、一九九一年。
（16）律令政府は中華思想による東夷・北狄の語に応じて東山道の不服属民を蝦夷、北陸道のそれを蝦狄として、それぞれ征夷・征狄の対策を講じた。
（17）「徳丹城」『第三六回古代城柵官衙遺跡検討会資料集』二〇一〇年。
（18）板橋源「岩手県江釣子新平遺跡発掘調査概報―古代駅家擬定地―」『岩手大学学芸学部年報』一五、一九五五年。
（19）多賀城市教育委員会『市川橋遺跡（第二三・二四次調査報告書）』（多賀城市文化財調査報告書五五）、一九九九年。
（20）多賀城市埋蔵文化財調査センター『新田遺跡（第四・一一次調査報告）』（多賀城市文化財調査報告書二三）一九九〇年。

「新田遺跡—第三七次調査—」『第三四回古代城柵官衙遺跡検討会資料集』二〇〇八年。

(21) 武部健一『完全踏査　古代の道—畿内・東海道・東山道・北陸道—』吉川弘文館、二〇〇四年。

(22) 木下良『事典　日本古代の道と駅』吉川弘文館、二〇〇九年。

(23) 黒坂周平『東山道の実証的研究』吉川弘文館、一九九二年。

(24) 宮城県教育委員会「宮沢遺跡」『東北自動車道遺跡調査報告書』Ⅲ、宮城県文化財調査報告書六九、一九八〇年。

(25) 宮城県多賀城跡調査研究所『伊治城跡』Ⅰ～Ⅲ、多賀城関連遺跡発掘調査報告書三～五、一九七八～一九八〇年。築館町教育委員会『伊治城跡』築館町文化財調査報告書一～一五、一九八八～二〇〇二年。

(26) 中新田町教育委員会『城生遺跡』中新田町文化財調査報告書一・二、一九七八・一九七九年。同『城生柵跡』中新田町文化財調査報告書四～二六、一九八〇～一九九八年。

(27) 平川南・三上喜孝「山形県鶴岡市山田遺跡出土木簡」『市内遺跡分布調査報告書』鶴岡市教育委員会、一九九九年。須賀井新人「山形・山田遺跡」『木簡研究』二一、二〇〇〇年。

(28) 木下良「律令時代に於ける辺境村落の一類型—陸奥国の「方八丁」について—」『人文地理』二三—一、一九七一年。同、斉藤忠編『日本考古学論集』(2・集落と衣食住)、吉川弘文館、一九八六年所収。

(29) 村尾次郎『律令財政史の研究』吉川弘文館、一九六一年。

(30) 高橋富雄「古代辺境村落試論—いわゆる「堡村」の実態と問題点—」『東北大学教養部文科紀要』一〇、一九六二年。

四　関・剗と道路

1　関と剗

改新詔第二段に「初修㆓京師㆒、置㆓畿内国司・郡司・関塞・斥候・防人・駅馬・伝馬㆒、及造㆓鈴契㆒、定㆓山河㆒」とあ

って関塞の設置を定めている。『和名類聚抄』によれば、関は「境所に在りて以って出ずるを察し入るを禦ぐなり」、塞は「険悪之処所を以て内外を隔つなり」としているので、要するに関は出入を取り締まる所、塞は防衛の所とみることができよう。養老令では「関市令」に関の通過に関する規定、「軍防令」に関の守固についての条文があり、「衛禁律」に関を不正に通過しようとする者に対する罰則が規定されている。

「衛禁律」「私度関条」によれば、凡私度関者、徒一年。謂三関者。摂津長門減一等。余関又減二等。越度者、各加一等。不由門為越。（謂、公使有鈴符。軍防丁夫有物歴。自余各請過所而度。若无鈴符公文、私従関門過者。）已至越所而未度者、減五等。謂、已到官司応禁約之処。余条未度准此。（越度之人、已至官司防禁之所、未度准此者、謂、城及垣籬等、有禁約之処。已至越所、而未度者、皆減已越罪五等。若越度未過者、准上条減一等之例。）（下略）」とあって、正規の通行証無しに関を通ろうとする者に対する罰則を示しているが、先ず最も重要な関とされたのが三関で、次いで摂津と長門の関、それ以外の関と重要性に応じて罰の度合いを定めている。

そこで、三関であるが、『令集解』職員令「大国」条に「三関国、又掌関剗（謂。依律。関者検判之処。剗者塹柵之処是。釈云。剗柵也。名例律云。剗謂塹柵之所。関左右小関。亦可云剗也。跡云。剗者在関辺垣也。件云。剗者諸人往来可障。皆謂剗也。朱云。関剗二歟。名例律云々。而則為二事何。答。然也。又伴云。軍防令云。置関応守固者。並置配兵士。分番上下。其三関国者。設鼓吹軍器。国司分番守固。所配兵士之数。依別式。）及関契事。（私。公式令。諸国給鈴条云。其三関国。各給関契二枚。並長官執。无次官執。）」とあり、また軍防令「置関」条には、「凡置関応守固者。（謂。境界之上。臨時置関応守固。皆是也。）並置配兵士。分番上下。其三関者。（謂。伊勢鈴鹿。美濃不破。越前愛発等是也。）設鼓吹軍器。国司分番守固。（謂。目以上也。言三関者。国司別当守固。其余差配兵士。）所配兵士之数。依別式。」（カッコ内、割注）とある。

すなわち、三関は伊勢国鈴鹿関・美濃国不破関・越前国愛発関を言い、ここには兵士を配置し、鼓吹軍器を設けて、国司が分番して守っていたが、三関国には関と剗があり、関は「検判之処」として交通を取り締まり、剗は「塹柵之処」で防衛の拠点になるものであった。関には左右に小関があって、これも剗と言ったとある。不破関は岐阜県関ヶ原町にあって東西に通過する東山道駅路に対して、これに斜交して東南・西北に通じる道路との交点に位置しているが、その西北への道路に沿って「小関」の地名があるのは剗の遺称であろう。また、各方面の道路に沿ってそれぞれ剗が置かれたものであろう（前掲図3―4）。

次に摂津・長門であるが、『令義解』関市令「欲度関条」に、「凡欲レ度レ関者、皆経二本部本司一、請二過所一。（中略）若船筏経レ関過者、（謂、長門及摂津、其余不レ請二過所一者、不レ在二此限一。）亦請二過所一」とあるように、瀬戸内海の東西両端に位置して海上交通を取り締まる海関であった。その他の関は、『続日本紀』天平宝字元年（七五七）七月庚戌（四日）条に見える奈羅剗《ならのせき》や、同三年（七五九）十月戊申（一五日）条に見える尾垂剗、『万葉集』巻十八に見える礪波関、『出雲国風土記』に見える手間剗や戸江剗、『類聚三代格』承和二年（八三五）十二月三日官符に見える白川剗と菊多剗、『日本文徳天皇実録』天安元年（八五七）四月庚寅（二三日）条に見える相坂関・大石関・竜花《りゅうげ》関、『類聚三代格』昌泰二年（八九九）九月十九日官符に見える足柄関と碓氷関などが考えられるが、これらは舘野和己[1]が指摘するように全て国境に設けられたもので、伊勢・志摩国境の尾垂剗は所在不明でどちらの国に属するか判らないが、その他は、臨時に設けられた奈羅剗を除けば、いずれも都から遠い方の国の入口に設けられていたという。ただし、全ての国境に関が置かれたわけではないとする。

国境で都から遠い方の国内に置かれているということについては、三関については岸俊男[2]が外敵に備えるものというより、都での謀反などの事変に備えるものであったことを指摘している。

ところで、以上に列挙した諸国の例には関と剗とがあるが、前記したように関は「検判之処」で剗は「塹柵之処」とされていた。承和二年（八三五）十二月三日の太政官符「応下准二長門国開一勘中過白川菊多両剗上事」は、「右得二陸奥国解一偁。撿二舊記一置レ剗以來。干レ今四百餘歳矣。至レ有二越度一。重以決罰。謹撿二格律一。無レ見二件剗一。然則雖レ有レ所レ犯不レ可二輙勘一。而此國俘囚多レ數。出入任レ意。若不二勘過一、何用為レ固。加以進レ官雑物、觸色有レ數。商複之輩竊買將去。望請。勘過之事、一同二長門一。謹請二官裁一者。権中納言従三位兼左兵衛督、藤原良房宣。奉レ都勅、依レ請」とある。すなわち、白川剗と菊多剗は国境を出入する俘囚を取り締まることができないので、剗を関に改めたいとして許されたことを記しているので、剗は交通を取り締まることは出来なかったらしい。

関市令「欲度関」条には、「凡欲レ度レ関者。皆経二本部本司一請二過所一。官司検勘。然後判給。還者連二來文一申牒勘給。若於二來文外一。更須レ附者。験レ実聴之。日別惣連為レ案。若已得二過所一。有レ故卅日不レ去者。将二旧過所一。申牒改給。若在レ路有レ故者。申二随近国司一。具レ状送レ関。雖レ非二所部一。有二來文一者亦給。若船筏経レ関過者。亦二請箇所一」とある。関を通るには過所を要したが、剗では必要がなかったということになる。

ところで、舘野が強調するように、律令国家における人民支配は人民を本貫地に固定することにあった。すなわち、人民は本貫地において戸籍・計帳に記載され、原則として所属郡内で口分田を班給され、租庸調をはじめとする税や、兵士役・雑徭などの力役を課された。八世紀に入ってからは和銅三年（七一〇）の平城遷都を始めとして諸国の国府が造営され、条里制が施行され、天平年には相次ぐ遷都が行なわれ、国分寺の造営など大規模な国家的事業が進行してので、人民の負担は著しく増大した。その結果、役民の逃亡、公民の浮浪・逃亡が多く見られるようになった。その対策としては本貫地では五保の制によって連帯責任をとらせたが、一方では関で通行を取り締まった。関は軍事的な意味合いだけでなく、本貫地主義を守る意味でも必要とされたらしい。とすると、前記の諸剗は必ずしも浮浪・逃亡を取り締まることは出来なかったのではなかろうか。もっとも、『続日本後紀』承和二年十二月甲戌（四日）条に、「夷俘出レ境、禁制已久。而頃年任レ意、入京有レ徒。仍下二官符一、譴二責陸奥出羽按察使並国司鎮守府等一」とあるので、本来は白川・菊多両剗も夷俘の通行を取り締まることができたのに怠っていたと言う事なのかも知れない。

このように、関と剗の区分も明確でない部分があるが、遺跡や所在地が明らかな関・剗について述べれば以下の通りである。

2　三関と交通路

三関の中で最も調査が進んで明確なのは、岐阜県関ヶ原町松尾で発掘調査された不破関(3)で、ほぼ一町四方の築地塀で囲まれた中心官衙跡があり、その外側に北辺四六〇メートル・東辺四三二メートル・南辺一一二〇メートルの土塁を廻らし、西方は藤古川の段丘崖に面している。前掲図3—4に示すように関の中央を東山道駅路が東西に通過するが、その東方でこれに斜めに交差して西北と東南に通る道路があり、西北への道路は近世の北国脇往還となって近江国の湖北から北陸道に通じるが、その途中に小関の地名がある。前記したように「関左右小関。亦可レ云レ剗也」に当るものであろう。不破関が発掘された一帯はかつて大関村と呼ばれていたので、「関」が大関、「剗」が小関と呼ばれていたことになる。おそらく、それぞれの道路に剗が置かれていたのであろう。

三重県関町も鈴鹿関に因む地名で、関を廻る築地塀の跡が一部確認され(4)、関は近世の宿場町を含む台地上を中心にあったと思われるが、ここも図3—12に示すように東西に通る奈良時代の東海道と、西北の鈴鹿峠を越えてくる平安時代の東海道、東南に伊勢神宮方面に向かう駅路との交差点に位置していた。小関の地名はないが、おそらく西方の加太越と西北の鈴鹿峠などに剗が置かれていたのではなかろうか。

愛発関の位置は不明であるが、敦賀市域にあって主要交通路の交差点に位置したと思われ、一般には近世に西近江路と呼ばれた現在の国道一六一号と塩津からの路とが合して、関ノ前の地名がある敦賀市疋田に比定する説が多い(図3—13)。筆者(5)は各方面からの交通路が集まり、付近に関ノ谷・関ノ前などの地名もある敦賀市道ノ口に想定した。その後、足利健亮(6)や金田章裕(7)は、敦賀市域西部にあって若狭国境に近い所にある関地名を愛発関関係地名と解してい

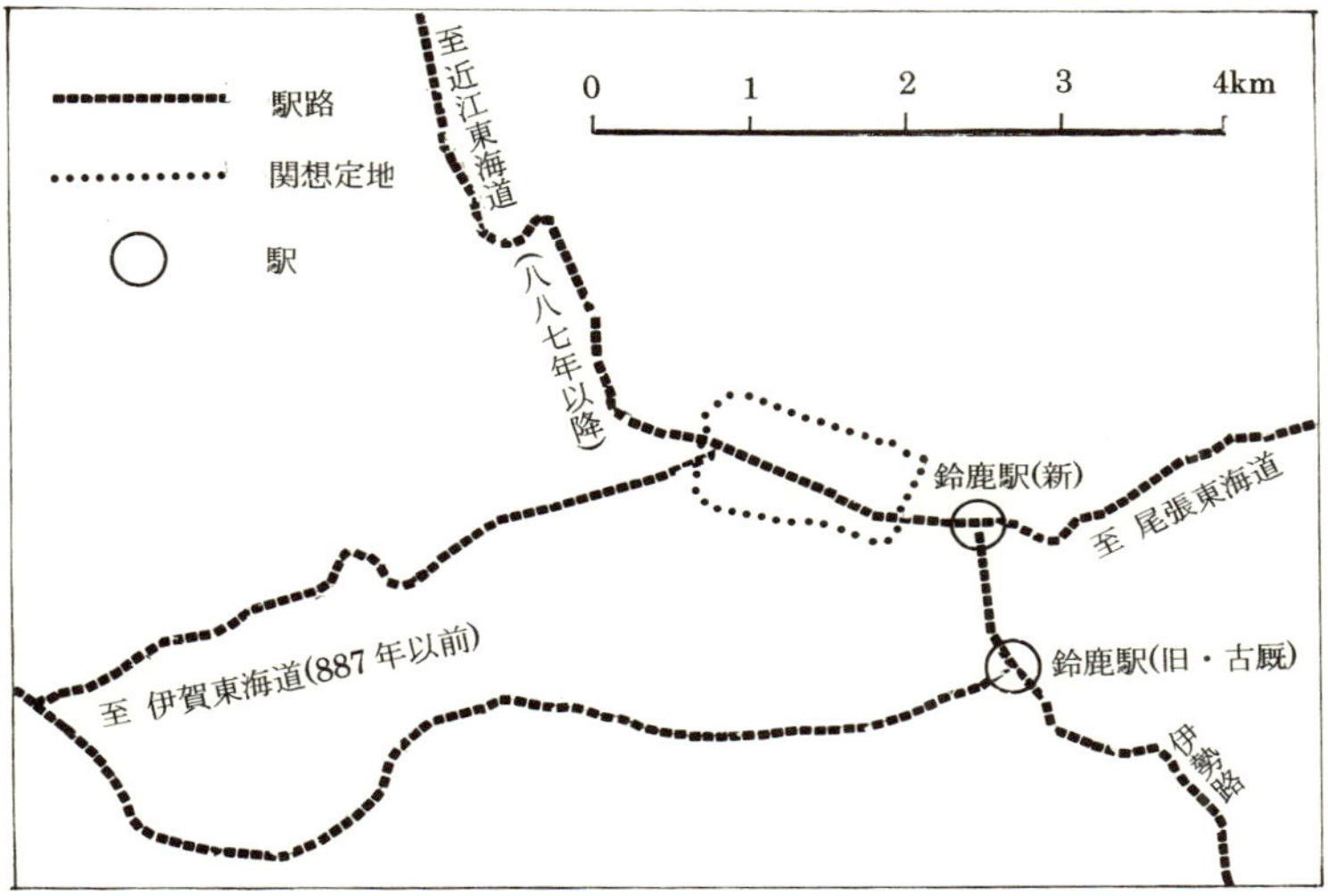

図3―12　鈴鹿関と交通路

るが、同地は主要交通路が交差するような地ではなく、また『続日本紀』天平宝字八年（七六四）の恵美押勝の乱の際の愛発関周辺における押勝の行動から見て、同地では説明困難であることから見ても不適当である。

近江国の逢坂関が何時設置されたかは明確でないが、『日本紀略』延暦一四年（七九五）八月己卯（一五日）条に「廃二近江国相坂剗一」と見える。三関の廃止後六年目のことである。その後の固関に際して、弘仁元年（八一〇）九月丁未（一〇日）「縁二遷都事一、人心騒動、仍遣レ使、鎮二固伊勢・近江・美濃等三国府并故関一」とあって、近江関は逢坂関のことと思われるが、それまでの愛発関に代わって三関の一つに加えられたことになる。逢坂関跡は一般に山科盆地と近江盆地の分水界に当って逢坂山と呼ばれる峠の部分に想定されるが、剗としてはともかく三関の一つとしては適当な位置ではない。山科盆地から近江盆地への通路の一つに小関越があり平安時代の北陸道の経路になっている。逢坂山は東海道が通過するが、両道の分岐点は山科の街中にある。また、盆地東部には奈良街道の追分があるので、主要交通路は山科盆地の内で交差していた。そのように考えると、逢坂関は山科盆地

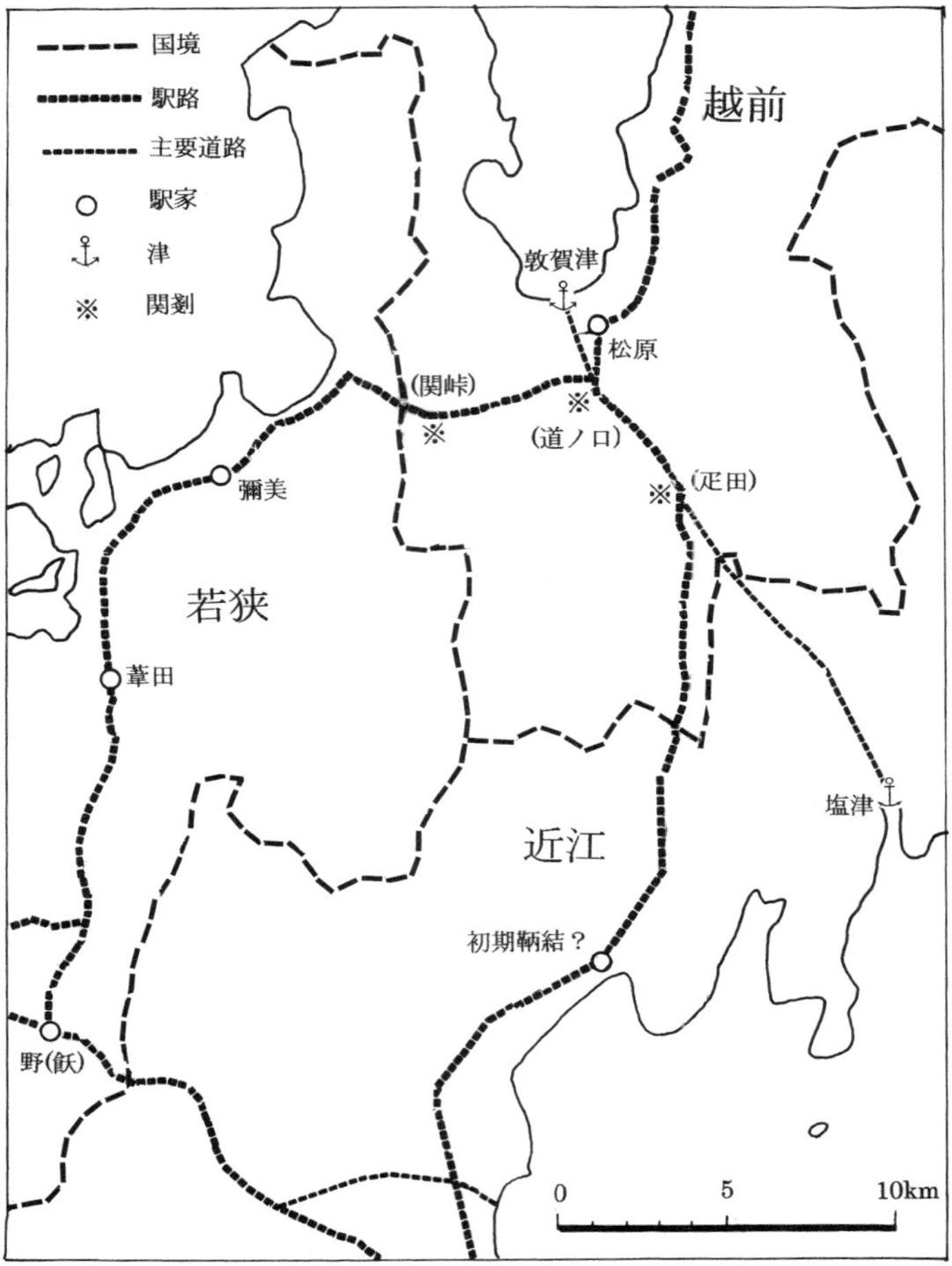

図 3—13　愛発関と奈良時代の交通路

内にあったのではなかろうか、近江と山城の国境は山科盆地内にあって、その東部は近江国に入っているのも、そのことに関係があるのではなかろうか。とすれば、延暦一四年に廃された相坂剗は逢坂山の隘路に在った小関の一つということになる。以上は全くの憶測であるが、そのように考えることも可能と思われるので、一応の私見として述べておく。

3　その他の関・剗と交通路

三関に次ぐものとして摂津関・長門関が挙げられているが、これらは海関であったと考えられる。長門関は関門海峡を通過する船舶を対象にしたと思われるが、対岸の北九州市門司区にも門司関があった。延暦十五年（九一五）十一月二十一日の太政官符「應レ聴下自二草野國埼坂門等津一往中還公私之船上事」によれば、豊前国門司も長門関と同様に交通の検察を行なう機能を有していたことが判る。ところで、長門関の位置については諸説があり、また赤間関・下関などの名称との関係などもあって複雑であるが、森哲也「下関の成立」（『下関市史』原始―中世、二〇〇五年）は、臨門駅の所在地として最有力な下関市前田の茶臼山遺跡(8)に長門関と臨門駅とが複合的に設置されていたと考え、八世紀末から九世紀初頭には駅路の変更に伴って、臨門駅・長門関共に下関市赤間町・唐戸町附近に移転したとしている。茶臼山遺跡は幕末に長州藩が砲台を建設していることからも、海峡を見張るには好適な場所であることが判る。摂津関については、特に場所を限定する説を見ないが、内陸水路との結節点を作る、現在の淀川に当る難波堀江の部分に位置したのではなかろうか。

　前記した承和二年（八三五）の官符で、長門関と同様の勘過を行なうことを要望した白河・菊多両剗は、関と名を変えることになるが、いずれも古代末期の歌枕として著名である。同官符に見える「置レ剗以來。于レ今四百餘歳矣」とあるのはそのままには受け取り難いが、五世紀当時大和政権の影響力は同地以北に及んでいたと思われるので、律令期の剗と同様ではなくても、主要交通路を扼して何らかの軍事施設が在ったことは考えられよう。白河関跡は寛政十二年（一八〇〇）に白河藩主松平定信が関跡と断定した、白河市旗宿の関の森が国の史跡に指定され、発掘調査(9)の結果では平安時代前期の遺物・遺構が検出されたが、関跡を確認するには至っていない。一方、以前からこれとは別地の白河市白坂にある陸羽街道の下野・陸奥国境には、分水界を挟んで下野側に男神の住吉明神、陸奥側に女神の玉津島神社と男女二神の境界神があるので、ここが白河関であるとする説[10]も根強いものがあり、最近では岡田茂弘[11]が「境の明神」の方が適当と考えると述べている。

しかし、少なくとも『延喜式』東山道駅路[12]は白坂ではなく旗宿を通過しており、一方の白坂は木本雅康[13]によれば伝路が通過していた可能性がある。とすれば、両者が相俟って国境を扼していたことになるので、剗の当時はともかくとして少なくとも関になってからの白河関は、それぞれの経路の国境に小関を置き、両道が集約する地点に大関が置かれていたと考えることはできないだろうか。とすれば、大関の位置としては旗宿の史跡の位置は不適当で、やや内陸に入り過ぎる感はあるが白河市関辺《せきべ》町などが考えられるのではなかろうか（図3—14）。

菊多関はその後の史料に見えないが、平安時代末期の歌枕として知られた勿来《なこそ》の関の名で呼ばれたとされ、福島県いわき市勿来町の丘陵上に源義家の歌碑を立てた関跡と称する所があるが、遺跡としての確証はなく、岩田孝三[14]も地形的にも関跡としては不適当と疑問視している。なお、勿来の名称について『新編常陸国誌』は「奈古曽は波越の意なり、この地大海に浜して波浪山下に至る、そのゆゑありといふべし」としているが、青木和夫と岡田の対談[15]で、青木は「蝦夷よ来る勿れ」と言う意味で言えば白河関も同じで義家が通ったのは白河関であったと考えている。また、岡田によれば多賀城の北側に勿来川があり、勿来の関もその辺に在ったとする入間田宣夫の説があることを述べている。

『出雲国風土記』意宇《おう》郡条の末尾に郡内の里程が書かれているが、「国の東の堺」に手間剗《てまのせき》が置かれていた。また、島根郡条の地形を記す部分に戸江剗《とのえのせき》がある。他に神門郡の石見国安濃郡との境の多伎伎《たきき》山、仁多郡の伯耆国日野郡との堺の阿志毗縁《あしびえ》山、飯石郡の備後国恵宗郡との境の荒鹿《あらか》坂、三次郡との堺の三《み》坂《さか》に常置の剗があり、また神門郡の石見国境に一箇所、仁多郡の備後国境に一箇所、飯石郡内の備後国に通じる道に沿っては三箇所の、それぞれ有事の際

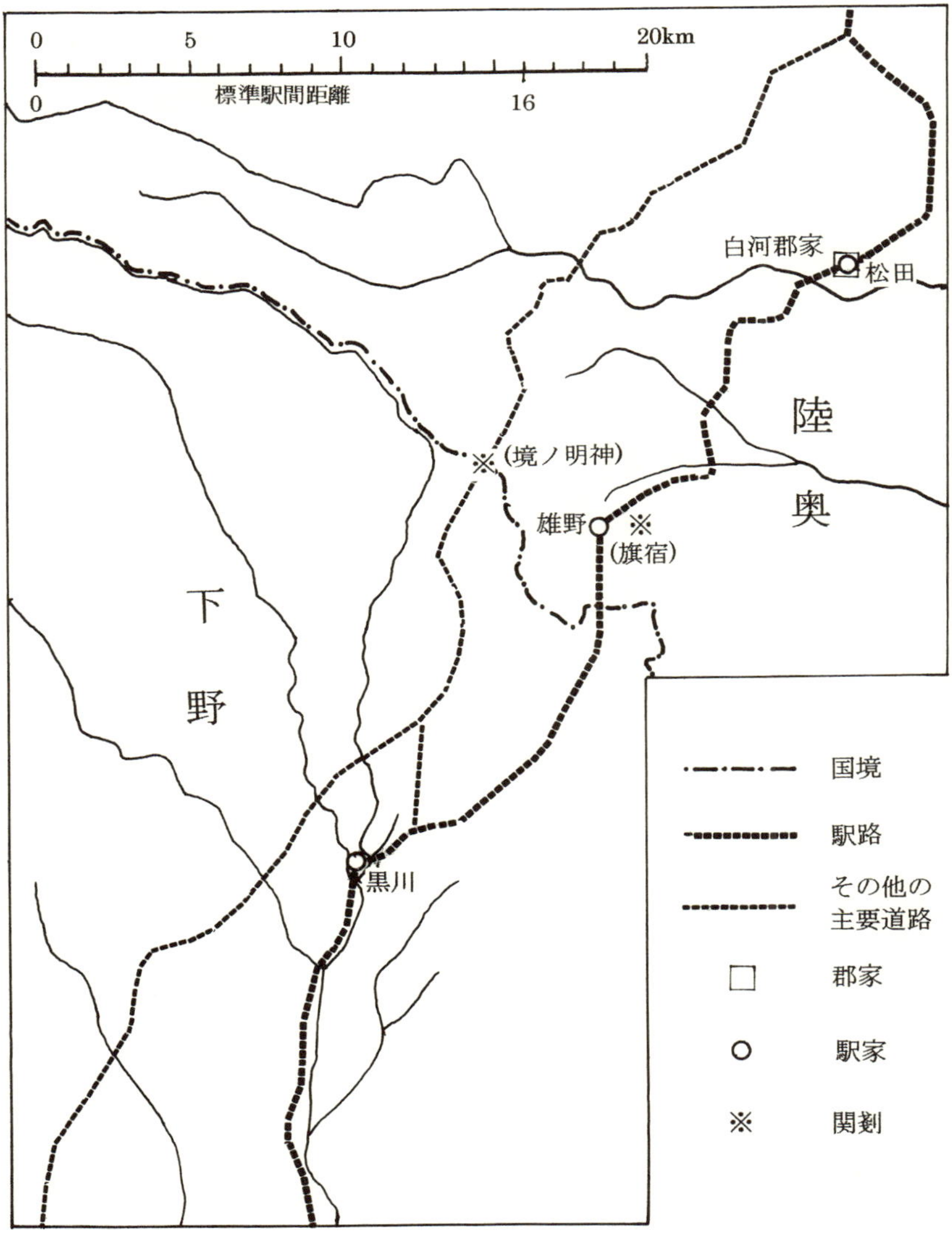

図 3—14　白河関関係地域

に置かれる剗があったが、手間と戸江の二剗以外は固有の名を付していないので、特に伯耆国境が重視されていたことを示すということができよう。これ等の剗でも勘過を行なっていたのであろう。

平城宮跡朱雀門の北側で、宮造営によって埋め立てられた下ツ道の西側側溝内から出土した木簡に、次のような過所木簡がある。

・関〻司前解近江国蒲生郡阿伎里人大初上阿伎勝足石許田作人

・同伊刀古麻呂大宅女右二人左京小治町大初上笠阿曾弥安戸人右二 送行乎我郡 鹿毛牡馬歳七 里長尾治都留伎

舘野[16]の解説によれば、この木簡は平城宮造営以前のもので、「郡・里」の地方行政組織や「大初（位）上」という位階表記から大宝令制下のものであることが判るので、八世紀初頭の藤原京時代に属するものということになる。おそらく藤原京と思われる左京小治町に本貫を有する、大初位上笠阿曾弥（朝臣）安の戸口である伊刀古麻呂と大宅女の二人が、近江国蒲生郡阿伎里の人である大初位上阿伎勝足石のもとの田作人となり、左京から近江に赴き、その帰途に用いられ大和に入って廃棄された木簡であるが、阿伎里長の尾治都留伎が彼ら二人を「我が都に送り行る」と「関々司の前に解」しており、二人の関通行の許可を求めているわけであるから、過所木簡というべきものであるという。阿伎里は『和名類聚抄』の安吉郷に当たるというが、近江国から藤原京へ帰るのだから山背国を経て大和国に入ることになる。奈良国立文化財研究所『平城宮木簡』二（解説）は、山背から大和に入る地点に関があったかとしているが、舘野はこの木簡と伴出した木簡に「大野里」の名が見え、また「五十戸家」「五十家」と記された墨書土器が出土していることから、同地には大野里家があったと見られ、山背から大和に入った地点にある里家が使用済みの過所木簡の処分をしたと考えられ、また、伴出した木簡に「捉人」云々と書かれた文書木簡もあり、これは「凡官私奴婢逃亡、経㆓一月以上㆒捉獲者、廿分賞一（後略）」という捕亡令官私奴婢条に関連するものである可能性を指摘し、すなわち国境近くにあった大野里家が関的な機能を果したと解している。

また、この過所的木簡は本貫地主義が法制的に成立した大宝令制定後まもなくで、まだ根付いていない頃のものであるという限定があったとしても、関市令義解欲度関条によれば、国司が発給すべき過所を、里長が作成し、それが通用していることは注目すべきであるとして、里家が関的な機能を果たしたことに関係があるのであろうことを示唆している。また、「関〻司」の語は複数の関の所在を思わせるが、舘野は全ての国境に関が置かれたわけではないので、一種の常套句とも言うべきものであろうとしている。

以上の舘野の解釈は極めて興味深いものがあるが、この場合は山背・大和国境でも都のある大和国側に関的な機能が置かれたことになり、前に挙げた原則に反することになる。また、正規の関ではなく国境付近の里家が関的な機能を果たしたとすれば、本貫地主義を貫徹するためにはすべての国境において同様な措置が採られたのではなかろうか。

関地名は全国的にかなり多く存在しているが、関は交通を取り締まるためのもので、交通路の要所に設けられるから、たまに灌漑水路の堰《せき》が転化して関になることもないではないが、一般に関地名の存在は交通路の存在を示す。しかし、関は古代から近世まで各時代を通じて設けられたから、関地名もそれが何時の時代に基づくものかを見分ける必要がある。特に、中世後期には通行料を徴収するための関[17]が各地に濫立したから、一つの交通路に沿って多くの関地名があっても不思議ではない。

註

（1）舘野和己「日本古代の交通政策」『日本政治社会史研究』中、塙書房、一九八四年。『日本古代の交通と社会』塙書房、一九九八年。

（2）岸俊男「元明太上天皇の崩御」『古代史講座』一一、学生社、一九六五年。『日本古代政治史研究』塙書房、一九六六年所収。

(3) 岐阜県教育委員会『美濃不破関』一九七八年。
(4) 『鈴鹿関』亀山市文化財調査速報二九—二、二〇〇六年。同三一—三、二〇〇八年。三重大学・亀山市教育委員会鈴鹿関第一次調査現地説明会資料『鈴鹿関と三関—聖武天皇と鈴鹿関—』三重大学人文学部考古学研究室、伊勢湾・熊野地域研究センター、二〇〇六年。
(5) 木下良「三関跡考定試論」『人文地理学論叢』柳原書店、一九七一年。
(6) 足利健亮「古北陸道の変遷と条里遺構」『志賀町史』一、一九九六年。
(7) 金田章裕「古道と条里」『今津町史』一〈古代・中世〉、一九九七年。
(8) 山口県教育委員会『前田茶臼山遺跡』山口県埋蔵文化財調査報告一八七、二〇〇三年。
(9) 白河市教育委員会『白河の関発掘調査中間報告』一九六〇年。
(10) 例えば、岩田孝三（『関址と藩界—その歴史地理的解明—』「二所の関の意味と白河の関—古関の関屋は白坂道か旗宿道か—」校倉書房、一九六二年）は、男女二所の明神がある白坂道が適当としている。
(11) 青木和夫・岡田茂弘編『古代を考える　多賀城と古代東北』吉川弘文館、二〇〇六年、「新しい古代東北像を求めて—総論」で青木和夫との対談中の発言。
(12) 金坂清則「下野国」藤岡謙二郎編『古代日本の交通路』Ⅱ、大明堂、一九七八年。木本雅康「下野国那須郡を中心とする古代交通路について」『歴史地理学』一四八、一九九〇年。
(13) 木本雅康「下野国の古代伝路について」『交通史研究』三〇、一九九三年。
(14) 前掲註(10)書、「勿来（菊多）の関址」。
(15) 前掲註(11)。
(16) 前掲註(1)。
(17) 相田二郎『中世の関所』畝傍書房、一九四三年。

五　烽と交通路

1　烽について

烽は昼は烟《けむり》、夜は火によって信号を送るいわゆる狼煙《のろし》のことで、「とぶひ」また「すすみ」とも言ったが、『軍防令』置烽条に「凡置レ烽皆相去卌里、皆有山丘崗隔絶、須二遂レ便安置一者。但使レ得相照見一、不三必要限二卌里一」とし、また烽昼夜条に「凡烽、昼夜分レ時候望、若須レ放レ烽者、昼放レ烟、夜放レ火。其烟尽二一刻一、火尽二一炬一。前烽不レ応者、即差二脚力一、往告二前烽一、問‐二知失レ候所由一、速申二所在官司一」とあるように、応答がない場合は次の烽へ徒歩の伝令を走らせなければならないので、見通しが利くからといって高山は不適当で、駅伝路などの交通路に沿った独立丘陵に置かれることが多い。また「凡烽置二長二人一。撿‐二挍三烽以下一。唯不レ得レ越レ境。（下略）」とあって、場合によっては複数の烽を撿挍する烽長を置いた

『出雲國風土記』『豊後國風土記』『肥前國風土記』には烽の記述があるので、それぞれその位置についての検討がなされてはいるが、必ずしも適当とは思えない所もある。瀬戸内海沿岸から九州北部にかけて「火の山」「火の岡」「日の山」「日隈山《ひのくまやま》」「烽火山《ほうかざん》」などと呼ばれる小山があり、それぞれ烽の比定地になっているが、一方、「とぶひ」からの転化で飛山《とびやま》と呼ばれるものもあり、さらに富山《とみやま》になることもあると考えられる。ただし、烽は各時代を通じて用いられたので、これらの関係地名も古代の烽の所在地とは限らないことに留意する必要がある。

烽は『常陸國風土記』には全く記載がなく、文献にも主として西日本に見え、特に延暦十八年（七九九）四月十三日の太政官符「応レ停‐二廃烽候一事」によって大宰府所部を除いて廃止されたことになっているので、東日本ではあま

り問題にされることがなかった。しかし、栃木県宇都宮市の中世の史跡飛山城で古代の烽の遺構が発見され、「烽家」と書いた墨書土器が出土した。[1] 烽家の語は『肥前国風土記』にも見え、従来は烽処の誤記と解されていたが、烽家が正しいことが明らかになった。飛山城の烽遺跡は九世紀とされるので、東日本でも延暦の廃止後に復活したことになる。また、『日本三代実録』仁和三年（八八七）五月二十日条に、出羽国府移転が議されているが、移転候補地になった最上郡大山郷保宝士野を不適当とした理由の一つに「烽候不レ接」とあるので、当時もなお烽が重視されていたことが判る。

2　烽想定地の例

烽は『風土記』などに記される他に、火の山などの山名から知られることが多いが、若干例を挙げれば以下のようなものがある。

①　『出雲国風土記』に記される諸烽の場合

『出雲風土記』巻末記に、「馬見烽　出雲郡家西北卅二里二百卅歩」、「土椋烽　神門郡家東南一十四里」、「多夫志烽　出雲郡家正北一十三里卅歩」、「布自枳美烽　嶋根郡家正南七里二百一十歩」、「暑垣烽　意宇郡家正東廿里八十歩」と五箇所の烽を記している。

秋本吉郎校注の日本古典文学大系『風土記』（岩波書店）の註によれば、馬《ま》見烽《みのとぶひ》は日本海と宍道湖両方に見通しの利く地である出雲市西北部の浜山（四七メートル）に、土椋烽《とくらのとぶひ》は出雲市の東南部稗原町戸倉にある大袋山（三六〇メートル）に、多夫《たぶ》志烽《しのとぶひ》は出雲市美談町にある旅伏山（四一二メートル）に、布《ふ》自《じ》枳《き》美烽《みのとぶひ》は松江市東部の新庄町にある嵩山（三三一メートル）に、暑《あつ》垣烽《がきのとぶひ》は安来市西部の西松井町にある車山（二〇八メートル）にそれぞれ比定して、土椋烽は馬見烽からの連絡を受けて神門・熊谷軍団に報知し、多夫志烽は馬見烽からの連絡を受けて宍道湖を隔てて布自枳美烽に送り、布自枳美烽は多夫志烽からの連絡を受けて意宇軍団に報知し暑垣烽に送り、暑垣烽は伯耆国に連絡するというものである。これらの烽の中で、暑垣烽は能義駅の西方約一キロの地点で烽の直ぐ北側を駅路が通過し、また布自枳美烽の西側から北側を廻って隠岐連絡路の駅路が通過している。その他の諸烽は駅路には沿わないが、各郡家間を連絡する伝路を利用できる位置にある。

②　山陽道周防国火の山の場合

山口市鋳銭司《すぜんじ》は周防鋳銭司の存在から生じた地名であるが、同地に火の山（三〇四メートル）があり、山陽道駅路から約二キロ離れ、豊元国[2]の烽の研究にも山陽道の烽路線に取り上げられている。当地は一部発掘調査され、若干の土器を出土したが烽の遺構は明らかにできなかった。

③　山陽道長門国火の山の場合

下関市前田にあって市街地の背後に聳える火の山（二六八メートル）は関門海峡の展望台として知られ公園になっているが、マイクロウェーブの中継地にもなっていて豊元国の山陽道の烽路線の起点になった所である。また豊[3]は同地に長門城の一つを想定している。同地は山陽道長門国最終の臨門駅に比定される前田遺跡[4]から約一キロの地点になる。

④　南海道讃岐国日山の場合

高松市三谷町に小独立丘陵の日山（一九二メートル）がある。三谷町は南海道讃岐国三谿駅の遺称地で駅跡は不明であるが、日山の北麓約一キロの地点を南海道駅路が通過しているので、その付近が適当である。

⑤　西海道筑前国火山の場合

福岡県糸島市志摩野北にある火山《ひのやま》（二四四メートル）は玄界灘を見下ろす位置にあり、ここにもマイクロウェーブの中継基地があるが、外国船の接近を監視するのに適した位置にある。西海道壱岐・対馬路の比菩駅想定地からは約六キロ離れている。ところで、その南麓に「大人《おおひと》」の地名がある。大人地名については二章四節で述べたように、大人とは巨人のことであるが、駅制による迅速な交通や烽制による遠距離の通信を巨人の営みになぞらえたものであろう(5)。

⑥　西海道豊前国日熊山の場合

福岡県築上郡上毛町大字大ノ瀬にあって国の史跡に指定された大ノ瀬官衙遺跡(6)は上毛郡家跡に比定されるが、その直ぐ北西側を通る豊前豊後連絡駅路に沿っていて、建物も南面せず東北西南走する駅路と同方向をとるなど密接な関係を示している。駅路の東北側に小丘陵の日熊山がある。

⑦　『豊後国風土記』に記される諸烽の場合

『豊後国風土記』には総記に烽五所とあり、大野郡一所、海部郡二所、大分郡一所、速見郡一所で日田・球珠・直入・国埼の四郡にはないので、日向国から受けて豊前国に送る烽の連絡はあったが、西海道東路や豊後・肥後連絡路に沿って九州山地を横断する烽の路線は無かったことになる。それぞれの烽の場所については記されていないが、秋本吉郎校注の日本古典文学大系『風土記』（岩波書店）の註によれば、大野郡の烽は豊後大野市と佐伯市との境界の佩楯山（七五四メートル）に、海部郡の烽は大分市の佐賀関半島にある遠見山（一七二メートル）と大分市久土にある姫岳（三八三メートル）に、大分郡の烽は大分市神崎の高崎山（六二八メートル）に、速見郡の烽は日出町と杵築市山香町の境にある鹿鳴峠（五六七メートル）それぞれ擬しているが、果たして日向国と豊前国への連絡が可能であるか、検討の余地があるように思われる。また古典文学大系『風土記』の附図によれば、豊後国から豊前国への駅路が鹿鳴峠を通るように想定しているが、この想定では宇佐市安心院に想定される安覆駅へ通じないので不適当である。おそらく速見郡の烽を駅路に沿って想定したのであろうが、駅路の想定自体が不適当であるから烽の想定も適当を欠くことになろう。尤も、筆者自身は豊後国の烽についての想定案はない。

⑧　『肥前国風土記』に記される諸烽の場合

『肥前国風土記』には先ず総記に烽弐拾所とあって、きわめて多数なのは当国が日本列島の西辺に位置し、北は玄界灘、西は東シナ海を隔ててそれぞれ大陸に臨む位置にあるからである。郡ごとの烽は、基肄郡に無く、養父郡に一所、三根郡に無く、神埼郡に一所、佐嘉郡に無く、小城郡に一所、松浦郡に八所、杵島郡に無く、藤津郡に一所、彼杵郡に三所、高来郡に五所である。特に松浦郡・彼杵郡・高来郡に多いのは、これらの諸郡が外海に面しているからであろう。

　養父郡と神埼郡にそれぞれ「烽一所」とあるのは、鳥栖市村田町にある朝日山（一三三メートル別名日隈山《ひのくまやま》）と神埼市尾崎にある日隈山（一五八メートル）に当てられ、日隈山にはマイクロウェーブの中継基地がある。両者の距離は約一六キロ（約三〇里）で烽の標準距離四〇里にはやや短いが、所属郡とその位置や山名から見てほぼ確実と見てよいだろう。日隈山の東南麓の城原《じょうばる》に四面廂の建物を含む多くの掘立柱建物建物群を検出し、丸鞆・巡方なども出土した熊谷遺跡[7]は烽家に当る可能性がある。西海道肥前路は朝日山の東南麓直下を、日隈山の南々東約一キロの地点を通る。

　小城郡の烽一所について、日本古典文学大系『風土記』（岩波書店）の註によれば「西南彼杵郡の烽及び西北松浦宇郡の烽から連絡をうけ、国府又は神埼郡の烽に連絡報知するためにおかれたものである」として、小城市栗原にある鏡山（一三五メートル）または多久市納所の両子山（三三八メートル）を挙げているが、駅路との関係を考えれば駅路に沿う小城市栗原の峰山（一三四メートル）が適当ではなかろうか。また岡村広法[8]は、古典文学体系の註説では松浦郡からも彼杵郡からも連絡できないとして、八幡岳（七六四メートル）を提唱しているが、高山で交通路との連絡が不便である。この場合、松浦郡からの連絡は玄界灘沿いに大宰府方面だけとして、国府への連絡は考慮する必要はなかったのではなかろうか。

　烽自体が風土記の中に記されているのは松浦郡「褶振峯」で、「在二郡東一烽[9]家名曰二褶振烽褶振烽一」とある。褶振《ひれふりの》峯《みね》は唐津市鏡にある鏡山（二八四メートル）で、『風土記』に記すように大伴狭手彦が任那に向かって船出した際に、弟日姫子（地元では松浦佐用姫という）が別れを惜しんでここに登って褶《ひれ》を振ったので、褶振烽と呼ばれるようになったというものである。北に約二キロの玄海灘を見下ろす位置にあって、外国船の接近を監視するに適しているが、溶岩台地からなる山頂は平坦面であるから、烽を設置するには最高地点か西展望台の場所付近が適当であろう。西麓付近に松浦郡家があり、南麓を西海道壱岐・対馬路が通り、大村駅は東方約三・五キロにある。

また、値嘉郷に烽三所とあるが、値嘉は五島列島で文字通りの最西端に位置する国防の最前線であるからである。値嘉郷の烽の位置については明らかでない。松浦郡の他の四烽は具体的な比定地はないが、北方に玄界灘に面する地域に置かれたのであろう。

藤津郡の烽一所については、井上通泰の『肥前風土記新考』は藤津郡と高来郡境の多良岳（九八三メートル）としており、また岡村は高来郡の一烽として多良岳を挙げるが、駅路からは遠く離れており、いずれにしても交通の便が悪いので次烽への徒歩連絡を考えると不適当である。おそらく藤津郡塩田駅からの駅路に沿って存在したのであろう。

彼杵郡の烽三所について岡村は、東彼杵町北方部の虚空蔵山（六〇九メートル）、西海市大瀬戸町松島の遠見山（二一七メートル）、西海市崎戸町江島の遠見岳（一二二メートル）を挙げている。木本雅康(10)は奈良時代に駅が在ったと考えられる東彼杵町南部にあって大村市界に近い武留路山《むるろ》（三四一メートル）が、想定駅路に沿う独立烽として烽の適地であることを指摘している。

高来郡の烽五所については、岡村は前記した多良岳の他に諫早市有喜町里の五五メートル地点、雲仙市国見町神代《こうじろ》の淡島（三五メートル）、雲仙岳（一三六〇メートル）、南島原市口之津町の愛宕山（二九一メートル）を挙げるが、雲仙岳は多良岳と同様に交通の便から考えて疑問がある。

ところで、駅路が彼杵郡から高来郡に入る峠を日の見峠（二〇〇メートル余）と言い、その西南約一・五キロには日岳（二五八メートル）がある。また、長崎市内には烽火山（四二六メートル）があり、野母半島先端にも日ノ山がある。長崎周辺には近世の狼煙《のろし》も置かれたので複雑ではあるが、これらの地名の中に古代の烽に由来するものもあるのではなかろうか。

3　烽のネットワーク

古代の烽についての研究は数少なく、個々の烽の所在地などについては市町村史などで採り上げられることがあるが、ネットワークとしての烽の連絡網については肥前国を中心に西海道の烽を採り上げた久保山善映[11]や、瀬戸内海沿岸の烽の連絡網について述べた豊元国[12]の研究が知られるが、近くは飛山城の烽に関連して採り上げられた例[13]がある。筆者[14]も肥後国鞠智城からの大宰府への烽連絡線について検討したことがあるが、前述した「車路」や西海道西路の駅路に沿うと考えられた。

志方正和[15]は、肥後国長崎駅を西海道西路から外れた地にある宇土半島基部の宇城市不知火町長崎に比定し、半島先端部に置かれた烽との連絡のための駅であるとした。前記したように烽と交通路は密接な関係があるが、烽の制度と駅制とは本来的に別の制度であるから、烽との連絡のために駅家が置かれることはないと思われる。筆者[16]も長崎駅は同地に比定し宇土半島先端部に烽の存在を考えるが、また半島先端部に高屋駅の所在を考定して肥前国への連絡路に属する駅とした。

ところで、『日本後紀』大同三年（八〇八）十月丁卯（十九日）条に見えて廃止された、能登国越蘇・穴水・三井・大市・待野・珠洲の六駅は、能登半島の先端まで通じる駅路がそれまであったことを示すが、井上通泰[17]は「珠洲駅は珠洲岬の北端、今の西海村（珠洲市）の大字狼煙にや」としているので、烽と結び付けたもののようにも考えられる。狼煙は半島先端部にあるので烽に起因する可能性は高いが、ここに駅を置く必要性は感じ難い。日本海に突出する能登半島は、対馬海流によって渤海船など大陸からの船が漂着することが多く、軍事的に重要な土地であったから、おそらく烽も設置され、また駅路も通したのであろう。

なお、古代の烽が置かれたと考えられる地点が、現在マイクロウェーブの中継地になっていることがしばしば見受けられる。光もマイクロウェーブもいずれも直進する性質から、時代を隔てて立地を同じくしたものであるが、古代の駅路と現代の高速道路とに共通性が見られるのと同様に、古代的事象の現代復帰として興味深いものがある。

註

（1）シンポジウム「古代国家とのろし」宇都宮市実行委員会・平川南・鈴木靖民編『烽（とぶひ）の道—古代国家の通信システム—』青木書店、一九九七年。

（2）豊元国「烽の研究」『広島県立府中高等学校学報』五、一九六八年。小田富士男編『西日本の古代山城の研究』日本城郭史研究叢書一三、名著出版、一九八五年、所収。

（3）豊元国「長門城の所在について」『日本考古学協会第二四回総会研究発表要旨』一九五九年。小田富士男編『北九州瀬戸内の古代山城』日本城郭史研究叢書一〇、名著出版、一九八三年、所収。

（4）石井龍彦「前田茶臼山遺跡」『山口県文化財』三一、山口県文化財愛護協会、二〇〇一年。

（5）木下良「鳥栖市域とその周辺の道路遺構」『鳥栖市誌』2（原始・古代編）二〇〇五年。「（コラム）地名「火山」と「大人」」『新修志摩町史』（上）福岡県糸島郡志摩町、二〇〇九年。

（6）新吉富村教育委員会『大ノ瀬大坪遺跡』新吉富村文化財報告書一〇、一九九七年。『大ノ瀬大坪遺跡Ⅱ』新吉富村文化財報告書一一、一九九八年。

（7）桑原幸則「熊谷遺跡の概要」『佐賀県における古代官衙遺跡の調査』佐賀考古学談話会、一九九七年。

（8）岡村広法『肥前風土記考』肥前風土記考出版委員会、一九七〇年。

（9）「烽家」は従来「烽処」の誤りと解されていたが、飛山城出土の墨書土器に「烽家」とあることによって「烽家」が正しいことが判明した。

（10）木本雅康「古代の官道」『長崎街道—長崎県歴史の道（長崎街道）調査事業報告書—』長崎県教育委員会、二〇〇〇年。

（11）久保山善映「九州における上代国防施設と烽火の遺蹟」『肥前史談』一二—六、一九三八年。

（12）前掲註（2）。

（13）前掲註（1）。

（14）木下良「古代の交通と関所」『南関町史』特論、二〇〇二年。

(15) 志方正和「駅馬・伝馬・烽」『熊本県史』総括編、一九六五年。
(16) 木下良「肥後国」藤岡謙二郎編『古代日本の交通路』Ⅳ、大明堂、一九七九年。
(17) 井上通泰『上代歴史地理新考』三省堂、一九四一年。

六　寺社と交通路

1　国分寺とその他の官寺

道路公団にあって高速道路の設計を担当していた武部健一[1]が、現代の高速道路と古代道路との関係に注目するようになったきっかけは、高速道路の通過予定路線が各地の国分寺の近くを通ることが多いことに気付いたことからであるという。例えば東名高速道路の場合は相模(海老名)・駿河(静岡)・三河(豊川)など、名神高速の場合は近江(大津瀬田)・美濃(関ヶ原)などである。結局、古代駅路と現代の高速道路が共に既存の集落とは無関係に目的地に最短距離で到達するように路線を設定するために、地形的に自ずから類似した路線をとった結果であるとの結論に達したのであるが、確かに駅路は中央政府と国府とを連絡するために設置され、国分寺は国府と密接な関係があるから、国分寺も駅路に近い場所にある筈である。

①　畿内の場合

奈良時代の山背国府は葛野郡にあったがその位置は不明である。国分寺は国府からは遠く離れた京都府木津川市加茂町御幣にある恭仁宮跡を転用したので「恭仁京宮跡(山城国分寺跡)」として史跡になっている。『延喜式』駅路は同地を通らないが、和銅四年(七一一)に設置された岡田駅が直ぐ近くにあったから奈良時代の東海道が近くを通っていた。

河内国府は大阪府柏原市国府に比定され、国分寺はその東方の大和川谷口の左（南）岸に位置しているが、その対岸を奈良時代の駅路と考えられる龍田道が通っていた。『延喜式』駅路は大和川の谷口を通っている。

和泉国府は大阪府和泉市府中に比定されるが遺跡は不明である。和泉国は天平十三年（七四一）の国分寺造営の詔勅の時点では河内国に属して成立していなかったから、国分寺も承和六年（八三九）になってから、既存の安楽寺を転用したもので、その遺跡は明確になっていない。

摂津職当時の国府は不明であるが難波京内にあったと考えられる。国分寺も大阪市内に関係地名が複数箇所あって、遺跡は確定していない。平城京から出た奈良時代の駅路(2)は河内国宮地駅を経て京域を通過し、「西成郡駅」を通ったと考えられるが経路は不明である。

② 東海道の場合

伊賀国府は三重県伊賀市坂ノ下字国町《こくちょう》で遺跡が確認され史跡になっており、国分寺は国府の南に約五キロ離れた位置にあってまた史跡になっている。『延喜式』駅路は伊賀国内を通らないが、壬申の乱で大海人皇子が焼いた伊賀駅は国府の南方約一二キロの同市古郡に想定され、また平城京から「都祁《つげ》山之道」経由の駅路も同駅を通ると考えられるので、当時の駅路は国分寺付近を通った可能性が高い。一方、和銅四年（七一一）に置かれた新家駅経由の駅路は国府を通るので国分寺からはかなり離れることになる。

伊勢初期国府は三重県鈴鹿市広瀬町で遺跡が確認され史跡になっており、国分寺はその東南約五キロの鈴鹿川北岸の段丘上に位置しており同様に史跡になっている。同地は旧河曲《かわげ》村にあり、駅路通過路線は確定されていないが河曲《かわわ》駅は付近に想定されるので近い位置を駅路が通っていた。

志摩国府は三重県阿児町国府に想定されるが遺跡は不明である。現在の国分寺は国府想定地の北北東一キロ余にあるが遺跡は明確でない。駅路は国府まで到達していたと見られるので、国分寺も大きくは離れないと思われる。

尾張国府は愛知県稲沢市国府宮町に想定され、(3)国分寺はその西南西約六・七キロの地点にある。『延喜式』駅路は国府を通らない。しかし、奈良時代には東山道との連絡路が国府付近を通っていたと考えられるが、その路線は不明であるから国分寺との関係位置も不明である。

参河国府は愛知県豊川市白鳥で遺跡が確認され、国分寺はその北東約〇・七キロに僧寺、約一キロに尼寺がいずれも遺跡が確認され史跡になっている。東海道本道は国府の西方を西北から東南方面に通っているので国分寺はかなり離れているが、浜名湖の北岸を通る「二見道」(4)が付近を通る可能性がある。

遠江国府は静岡県磐田市中泉の御殿二之宮遺跡に比定され、その一・二キロ北に国分僧寺跡が確認され史跡になっており、尼寺はその北方に想定されている。御殿二之宮遺跡で「駅家人夫」の木簡も出土しているので、引摩駅も付近にあったと考えられる。国分寺の東方は「今の浦」の入海になっていたので、駅路は国分二寺の東方を南北に通過していた可能性が高い。

駿河国府は従来総社との関係などから静岡市葵区の長谷通りに沿って存在したとする説が行なわれてきたが、その根拠は十分ではない。また国分寺は静岡市長谷町に国分寺を称する小堂があり一六世紀以来の文献にも見えるので、付近に在ったと考えられてきた。しかし、古代寺院跡を証する古瓦などは一切出土しないので、これに替わって一九三八年頃以来駿河区大谷にある片山廃寺を国分寺跡とする見解が有力になった。その直ぐ近くを東名高速道路が通過しているので、当初に述べた武部が高速道路の路線が国分寺の近くを通ると考えた最初の例である。これに対して『静岡市史』(原始古代中世)(一九八一年)は国府を長谷通りより南の駿府城域を含む地域に、国分寺も長谷町から城内東北部に想定している。国府跡が中世の守護大名今川氏の居館になった可能性は高く、それが駿府城の前身になったものであるから、国府についてては市史の見解をとるべきであろう。国分寺についても、これを継承する寺院が残っていることを考えれば、隣接する駿府城の築城によって本来の寺域は破壊されたと考えることができる。駅路との関係からみれば、国府最寄の横田駅は駿府城の約一キロ東方やや南よりの葵区横田町を遺称とし、曲金北遺跡で検出された駅路の延長線はその南約三〇〇メートルを通るので、国府・国分寺を市史のように考えれば、それぞれ駅路から一キロ余離れていたことになる。

伊豆国府の遺跡は不明であるが筆者[5]は静岡県三島市大宮町にある伊豆国総社であったと考えられる三島大社境内の瓦出土地を考えている。国分寺跡は西方に八〇〇メートル程離れる同市泉町にあって史跡になっている。延暦二十一年（八〇二）に「筥荷（箱根）路」が開かれるまでは駅路は通過してはいなかったが、駿河国から伊豆国府までは連絡路が通じていたはずであるから、国分寺の近くを通過していたことになる。

甲斐国府は山梨県笛吹市春日井町国府・同市御坂町国衙と二箇所に関係地名があり、山梨郡に属する前者から八代郡に属する後者に移転したと考えられるが[6]、その時期は明確でない。国分寺は僧尼両寺ともに国衙の東方約五・五キロの八代郡に属する同市一宮町国分にあって史跡になっている。駅路が山梨郡国府に通じていたとすれば、国分寺は駅路からやはり五キロ以上離れていたことになる。

相模国府は古代末から中世にかけて余綾郡に属する神奈川県大磯町国府本郷にあったが、それ以前は大住郡に属する平塚市四之宮にあったと考えられ、関係遺跡も検出されている。国分僧寺は高座郡に入る海老名市国分南一丁目に、尼寺はその北方約六〇〇メートルの同市國分北二丁目にあって共に史跡になっている。国府と国分寺は大きく離れており、駅路は平塚に箕輪駅、海老名市浜田町が浜田駅の遺称であるから、その間は一駅間ということになる。『延喜式』当時の駅路跡と見られる道路が検出された海老名市望地遺跡は国分僧寺跡の東方約一キロであるが、奈良時代の駅路を近世の中原街道筋[7]とすれば、約三キロ離れることになる。さらに、座間市に比定される夷参駅経由の駅路もあったが、その道筋は明確でない。

武蔵国府は東京都府中市宮町にある武蔵国総社である大国魂神社の境内から、その東方にかけての地に関係遺跡が検出され史跡になっている。史跡になっている国分僧寺は国府跡の北々西約二・五キロの国分寺市西元町二丁目にあるが、尼寺跡はその西方約五〇〇メートルに位置している。国分寺市内の数箇所で検出された東山道武蔵路は僧寺と尼寺の間を通過するが、これらは「国分寺跡　附　東山道・武蔵道跡」として史跡になっている。

安房国府は千葉県南房総市府中に想定されるが遺跡は明確でない。国分寺はその南約二キロの館山市国分に現在の国分寺があり、周辺に若干の古瓦を出土するが遺跡は明確でない。東海道房総路の最終駅白浜は水陸交通の便を考えて、府中の西方にあたる館山市正木に比定しているが、国府から国分寺への参道は敷設されていたであろう。

上総国府は千葉県市原市村上が有力想定地であるが遺跡は明確でない。国分寺は村上の直ぐ東側の台地上の惣社一丁目にあり、その東北約五〇〇メートルに尼寺跡があって共に史跡になっている。国府最寄の嶋穴駅は同市島野に比定されるので、養老川以南の駅路は海岸砂丘上を通ることになるが、以北の路線は明確でない。いずれにしても駅路は国府の近くを通るので、国分寺も遠くは離れていない。また、稲荷台遺跡G地点で検出された幅約六メートルの道路は、同市郡本にあったと考えられる市原郡家と同市小折に比定できる海上郡家とを結ぶ伝路の一部と考えられるが、この道も尼寺から約五〇〇メートル僧寺からは約一キロの地点を通る。

下総国府は千葉県市川市国府台《こうのだい》に想定され、和洋女子大学の校地で関係遺跡が検出されている。国分寺はその東一・二キロの同市国分に僧寺跡が、僧寺の西北に約五〇〇メートル離れて尼寺跡があり。共に史跡になっている。駅路の明確な路線は確定できないが、国府台南下を通過した可能性が高く、また前述したように僧寺境内出土の墨書土器（図3—3）に「井上」と駅名を記すものがあるから、国分寺も駅の近くにあったことになる。

常陸国府は茨城県石岡市総社に在る石岡小学校校地内で遺跡が確認され史跡になっている、その東北六〇〇メートル余に国分僧寺跡が、また北方一キロ余の地点に尼寺跡がありそれぞれ史跡になっている。石岡市域の駅路通過路線は明確でないが、国府南方と北方の駅路は比較的路線が明確(8)なので、それから推測すれば駅路は国府の東側を通過したと考えられ、とすれば駅路は僧寺の直ぐ東を通ったことになる。

③　東山道の場合

近江国府は志賀県大津市三大寺に遺跡が確認され、史跡に指定されている。国分寺跡は必ずしも明確でないが、国庁跡の西南約八〇〇メートルの同市野郷原にあって、名神高速道路の開通に当たって発掘調査された瀬田廃寺が最も適当のようである。とすれば、武部がいう高速道路が国分寺の近くを通る典型的な例になるのであろう。勢多駅については国庁跡の西南約四〇〇メートルの神領にある堂ノ上遺跡が有力視されている。国庁と駅路の通過地の関係は不明であるが、瀬田廃寺に比定される国分寺とは大きくは離れていないと思われる。

美濃国府は岐阜県垂井町府中で遺跡が確認され史跡になっている、国分僧寺は東方約二・五キロの大垣市青野にあり、遺跡も確認されて史跡になっている。尼寺の遺跡は確認されていないが、僧寺の西方約一キロの垂井町平尾の僧寺と同文様瓦の出土地に比定されている。東山道駅路はほぼ近世の中山道に踏襲されている可能性が高く、不破駅は垂井町垂井に想定される。垂井以東の中山道を踏襲する現在道はほぼ北六五度東方向に直線的に通るが、僧寺跡と尼寺跡は前掲図3—4に示すように、東西には並ばないでそれぞれ道路から北に三〇〇メートル前後離れているので、その位置は道路を基準にした可能性がある。

飛驒国府は岐阜県高山市に想定されるが明確でない。国分僧寺は高山市総和町にあって塔跡が史跡になっているが、伽藍配置は不明である。尼寺はその西方に五町離れて同市岡本町に存在し金堂跡が検出されている。東山道飛驒路最終の石浦駅は高山市石浦町を遺称地とするが、国分寺からは約二キロ離れている。しかし、駅路は国府までは通じていた筈であるから、国府の位置によるが国分寺からも大きく離れていなかったであろう。

信濃国府は『和名抄』に筑摩郡としており、長野県松本市里山辺に在る総社付近が候補地になっているが明確でない。一方、国分寺は山地を隔てた上田市にあり小県郡域に入るので、初期国府は小県郡にあり後に筑摩郡に移ったと考えられている。初期国府の位置については上田市常入《ときいり》にある信州大学繊維学部構内が有力視されているが確証はない。その東南約一・五キロの同市国分にしなの鉄道（旧JR信越線）の線路に跨って国分僧寺跡が、その西方に約五〇メートル離れて尼寺跡があり、尼寺は僧寺よりやや北よりに位置しているが、両者共に発掘調査されて遺構が確認され「信濃国分寺」として史跡になっている。駅路の通過路線は不明であるが、地形的に考えれば千曲川左岸を東南東から西北西に通った可能性が高い。とすれば、僧尼両寺が東西に並ぶことなく西の尼寺がやや北よりにあることも、美濃国と同様に駅路との関係に基づくのではなかろうか。なお、尼寺の東端の北約三三〇メートルの地点で幅約八メートルの南北道路が検出されており、国府と国分寺を結ぶ道路になる可能性がある。

　上野国府は群馬県前橋市元総社町に在ったことはほぼ確実と見られるが遺跡は明確でない。国分寺は高崎市東国分町に在って遺跡が確認され史跡になっている。尼寺はその東方約五〇〇メートルにあるが未調査である。国府想定地は僧寺の東南約一・五キロに当る。高崎市街西方から北六二度東方向に直線に通ってきた九世紀以来の駅路は、国府想定地の南で東方向に向きを変えるが、以東の路線は明確でない。それ以前の駅路はより南方を通ったと思われるので、それから国府への連絡路があったと考えられ、国府想定地の南面で前記の駅路と交差する南北道路がそれに当ると考えられる。したがって、国分寺は初期駅路からはかなり離れた位置にあったが、国府への連絡路からは二キロ弱の地点にあったことになる。

　下野国府は栃木県栃木市田村に遺跡が確認され史跡になっている。国分寺は国府の東北東方約二キロの下野市国分寺にあって僧寺が西に尼寺が東に並置され、その間は金堂間で二三〇メートル寺地の間は約四〇メートルである。共に遺構が確認されて史跡になっている。駅路は国庁跡の南約三〇〇メートルを東西に通る栃木市と小山市の直線境界に想定され[9]、西方にこれに続く道路痕跡を空中写真に認めることができる。以東は不明であるが、国分両寺の前面を通過することになる。

下野国には国分寺の他に東国では唯一戒壇を置く官寺として薬師寺があり、国分寺の東北東六キロ余の下野市薬師寺にその遺跡がある。国分寺前を通過した駅路はその確認された遺跡から考えて、薬師寺付近を通過したと考えられる。

陸奥国府は宮城県多賀城市市川にある多賀城で遺構が確認されて特別史跡になっている。国分寺は多賀城の西南九・五キロの仙台市若林区木ノ下に僧寺が、同区志波町に尼寺があり、それぞれ遺跡が確認され史跡になっている。駅路の通過地は不明であるが、栖屋駅は利府町菅谷《すがや》に比定されるので、それに至る駅路は国分寺の西方そう遠くない所を通過したと考えられる。

出羽国府はかなりの変遷があったと考えられるが、少なくとも平安初期の国府は山形県酒田市城輪にあって史跡になっている城輪柵に比定される。国分寺は現在では城輪柵跡の東約二キロの地点にあって史跡に指定された堂の前遺跡が有力視されている。最上川の水路を利用した駅路の国府最寄の飽海駅は城輪柵の南約八キロの最上川北岸に位置する酒田市飛鳥に想定される。堂の前遺跡を国分寺跡とすれば、おそらく駅路は国府と国分寺の間を通って山形県遊佐町にあったと考えられる遊佐駅に向かったのであろう。

④　北陸道の場合

若狭国府は福井県小浜市遠敷《おにゅう》から太興寺にかけての地が有力視されているが、確実な遺跡は確認されていない。ただし、最近検出された同市東市場・太興寺西縄手遺跡[10]は国府に関係する可能性が高い。国分寺は同市国分に現在の国分寺があり、その境内を中心に遺構が検出され史跡になっているが尼寺跡は不明である。駅路は奈良時代と平安時代で変化[11]しているが、奈良時代の駅路は東方から遠敷川南岸を国府に達し、国府からは川を対岸に渡って東北に通り、さらに北方に越前国の敦賀方面に向かったと考えられるので、駅路は国分寺前面を通ったことになる。

越前国府は福井県越前市京町に総社があるので、その付近に想定されるが遺跡は不明である。総社の東北数十メートルに国分寺を称する小堂があるが、付近に瓦など寺院跡を示す遺物は認められない。周辺には三箇所の古代寺院跡があるが、いずれも白鳳期以来の寺院であるから、本来の国分寺ではありえないことになる。結局不明ということになる。また、この付近を通る駅路についても二説がある[12]ので、国府・国分寺との関係も想定が困難である。

加賀国府は石川県小松市古府《こふ》町に比定されるが遺跡は明確でない。国分寺は『続日本後紀』承和八年（八四一）九月丁丑（十日）条に「以二加賀国勝興寺一為二国分寺一」との記事があるのは、加賀国が弘仁一四年（七五五）に成立したために、それまで国分寺はなかったからである。加賀国内の古代寺院で寺名の明確なものはなく勝興寺の位置も不明である。国府の比定地付近の古代寺院跡として、古府十九堂山に八世紀前半頃に成立した寺院跡と思われる小規模な瓦葺の建物があり、九世紀後半から十世紀前半にかけて整備された。付近で採集された土器に「勝」の墨書があり勝興寺を思わせるので、これを国分寺とみる可能性は高いであろう。駅路は海岸沿いに通り最寄駅は小松市安宅にある安宅駅で古府から約七キロの距離にある。

能登国府は石川県七尾市古府町に総社があって付近に想定されるが遺跡は明確でない。国分寺は『続日本後紀』承和十年（八四三）十二月乙卯朔条に「以二能登国郡内定額大興寺一、始為二国分寺一」とあるところであるが、国分の地名は国分寺所在の伝承によって付けられたもので、塔心礎や建物基壇の跡も存在していた。発掘調査の結果伽藍配置も明確にされ史跡として整備されている。駅路は『延喜式』能登路の最終駅越蘇は国分寺の西南約四キロの地点にあるが、奈良時代には駅路は能登半島先端に達していて、その越蘇・穴水間は海路を取ったと考えられるので、当時の越蘇駅は七尾港付近にあったと考えられる。駅路の路線は確定できないが国府付近、おそらくは国府と国分寺の間を通った可能性が高い。

越中国府は富山県高岡市伏木古府・古国府に想定されるが遺跡は明確でない。国分寺は古国府の北西に約五〇〇メートルの伏木一宮に字国分堂があり、一帯に奈良時代の瓦を出土するので同地に比定されるが遺跡は明確でない。国府の最寄駅は『万葉集』に見える「射水郡駅館」と見え、『延喜式』の曰理《わたり》駅にあたると考えられ、古国府の西南約四・五キロの高岡市守護町渡に想定される。駅から国府までは連絡路が延びていたと考えられるので、国分寺は連絡路から約五〇〇メートル離れていたことになる。

越後国府は上越市今池・上新町・子安にわたる地に想定されるが遺跡は明確でない。国分寺はその東南約一キロにあった本長者原廃寺が有力視されているが、遺跡が殆ど破壊されているので明確にし難い。北陸道本道は海岸近くを通るので、これらの遺跡とは八～九キロ離れているが、信濃国の東山道との連絡路の路線は明確ではないものの近くを通っていた可能性が高い[13]。

佐渡国府は佐渡市にあって国府川河口に近い真野六日町付近に想定されるが遺跡は明確でない。国分寺はその東南約一キロの同市国分寺にあって遺跡が確認され史跡に認定されている。松埼・三川両駅で上陸した駅路は小佐渡山脈で合して国中平野に下り、国府付近に想定される雑太駅に達したので、国分寺の直ぐ近くを通ったと考えられる。

⑤　山陰道の場合

丹波国府は京都府亀岡市千代川町拝田地区に想定され、国分寺はその東南東に大堰川を隔てて約八キロの同市千歳町国分に僧寺があり、遺構が確認されて史跡になっている。尼寺はその西方約五〇〇メートルの地点の河原林町河原尻にある。山陰道駅路は山城国境の老《おい》の坂《さか》を越えた亀岡市篠町篠付近に想定される大枝駅から、南丹市園部町南大谷字野口を遺称地とする野口駅に至ったが、その路線はほぼ国道三七二号に踏襲される。この駅路は国府を通らないので国府を経由する別路線があったと考えられるが、国分寺は駅路からは遠く離れることになる。一方、足利健亮[14]は大堰川左岸を直線的に通る道路が国分寺付近を通ることから、国分寺との関係を強調してこの道路を奈良時代の駅路を示すものとした。しかし、緊急を要する駅路が迂回して大堰川を二回渡ってまで、国分寺を通過する必要性は凡そ考え難い。おそらくは伝路または地方的な官道の一部であろう。

丹後国府は京都府宮津市府中地区または与謝野町男山地区などに想定する説があるが、いずれも遺跡等は不明である。国分寺は宮津市国分にあって史跡になっているが、瓦などの遺物は極めて少ない。丹波国から入って但馬国に向かう駅路は野田川町四辻で屈折し、その付近に勾金駅が想定されるので、国府へは連絡路が通じていたことになる。国分寺も連絡路から遠くは離れていなかったであろう。

『日本後紀』延暦二十三年（八〇四）正月壬寅（二六日）条に「遷㆓但馬国治於気多郡高田郷㆒」とある但馬国府は、兵庫県豊岡市日高町禰布ヶ森遺跡が有力であるが、奈良時代の国府は気多郡にあったと推測されるものの所在地は不明である。国分僧寺は禰布ヶ森遺跡の東方やや北よりに五〇〇メートル程の日高町国分寺に遺跡が確定されて史跡になっている。尼寺は僧寺の北方やや東寄り約一キロの地点に比定されている。一般に国分寺は国府の近くに位置するので、奈良時代の国府も遠く離れていないはずであるが、国分寺周辺も高田郷に含まれたと考えられ、国府は高田郷以外の地にあったことになるが結局所在地不明である。駅路の山陰道本道は気多郡を通らないが、丹後国経由の別路は国分寺付近を通過した可能性が高い。

因幡国府は鳥取市国府町中郷に遺跡が確認され史跡になっている。国分僧寺はその西南約六〇〇メートルの同町国分にあって塔跡・南門跡などが確認されている。尼寺は僧寺の東南東約八〇〇メートルの同町法華寺に比定されるが遺跡は明確でない。駅路の通過路線については諸説があるが、筆者[15]は国府の南方一キロ弱の地点を東西に通ると考えているので、国分両寺はかなり近い位置にあったことになる。

伯耆国府は鳥取県倉吉市国分寺に遺跡が確認され史跡になっている。その東約三〇〇メートルの同市国分寺から同市国府にかけて国分僧寺跡が確認されこれも史跡になっている。尼寺は僧寺の北東に五〇メートル程離れた字法華寺の地名が残る地に比定され、奈良時代の建物跡も検出されたが寺跡とするには疑問視する見解もある。駅路の通過路線は確定できないが、国府の背後の四王寺山南麓を通ったことは間違いないので、国分寺の付近を通ったことになる。

出雲国府は島根県松江市大草町で発掘確認され史跡になっている。国分寺はその北北東一・四キロの同市竹矢町に遺跡が確認されやはり史跡になっている。尼寺は僧寺の東北東約三〇〇メートルに比定され、僧寺と同系の瓦を出土するが遺構は明確にされていない。山陰道駅路は国庁の北二五〇メートルほどを東西に通る現在道路に踏襲されると考えられるので、国分僧寺の南約一キロを通ることになる。注目すべきは前掲図3―1に示すように僧寺の伽藍中軸線の延長上に、条里地割とは僅かに方位を異にする、幅約六メートルの礫敷の南北道路が約五〇〇メートルにわたって確認され、「附古道跡」として史跡に追加認定されていることである。あるいはこれが駅路との連絡路になる可能性がある。

石見国府は島根県浜田市下府町にある総社伊神神社付近に想定されるが、確定されていない。国分僧寺はその東北約一・六キロの同市国分町にあって奈良時代の瓦などを出土する金蔵寺境内に比定されるが伽藍配置は確認されていない。尼寺は僧寺の東約四〇〇メートルにあって「比丘尼所」「尼所」などの字名がある、国分寺を称する寺院周辺に比定され、僧寺と同様の瓦などを出土するが、遺構は不明である。確実な駅路路線は不明であるが、尼寺付近から僧寺付近を経て国府に達したと考えられている。

隠岐国府は島根県隠岐の島町下西甲野原にある総社玉若栖神社の東方約三〇〇メートルに想定されるが明確な遺跡は認められない。国分僧寺はその北北西約一・五キロの同町池田にある現国分寺境内に考えられ、尼寺はその東南五〇〇メートルほどの同町「尼寺山」「尼寺原」の地に考えられているが、共に若干の古瓦を散布するものの遺跡は明確でない。『延喜式』には隠岐国には駅路が通じていないが、『弘仁式』主税式上（断簡）には「隠伎国」に駅子が居たことを記しているので、奈良時代には隠岐国にも駅路が通じていたと思われる。とすれば、おそらく同町今津付近に上陸した駅路は国府付近を通って島後の北端まで通じており、国分寺付近も通ったのであろう。

⑥　山陽道の場合

播磨国府は兵庫県姫路市本町付近に想定されるが遺跡は明確でない。国分僧寺は同市御国野町国分寺にある現国分寺境内から北・西・南に広がる地域に遺構が確認され史跡になっている。尼寺はその約六〇〇メートルの地に比定されるが、明確な遺構は確認されていない。注目すべきことには僧寺から尼寺想定地にかけては周辺条里と異なるほぼ南北方位の条里状方格地割が認められることで、国分寺周辺に一連の土地計画がなされたことを思わせる。後に六章一節に述べるように、駅路は当初僧寺の境内を通過していたが、国分寺の造営によって路線を寺の門前を通るように改めたと考えられる。

美作国府は岡山県津山市総社に遺跡が確認され、国分僧寺はその東南東約五キロの同市国分寺にある現国分寺境内からその西方にかけて遺構が確認され史跡になっている。尼寺はその西方約四五〇メートルの地に想定され、一部発掘調査を実施し瓦等は出土したが明確な遺構は確認できなかった。『延喜式』には美作国内に駅は置かれていないが、美作国府までは駅路が通じていたと考えられ、中村太一[16]がその路線を検討しているが、国分僧寺の南を通って尼寺付近から北に向かって通り、さらに国府には東方から入る路線を想定している。

備前国府は当初上道郡に入る岡山市中区国府市場付近にあったが、後に『和名類聚抄』に「在美能郡」とある旭川西岸の御野郡に移り、さらに平安後期には上道郡に戻ったが、それぞれの位置は確定できていない。国分寺は国府市場の東北に約五キロの山地を隔てて、旧郡域も赤坂郡に属する赤磐市馬屋にあり、『延喜式』駅路を踏襲したと考えられる国道二七号を隔てて北に二〇〇メートル余に僧寺跡、南に一〇〇メートル余の地点に尼寺跡が比定される。僧寺は発掘調査の結果伽藍配置もほぼ明らかになり史跡に指定されているが、尼寺跡では僧寺と同笵瓦が出土するが遺構は明確でない。所在地の馬屋は『延喜式』高月駅の比定地であるが、初期国府の位置から考えると奈良時代の駅路は別路であったと考えられ、中村太一[17]が想定した路線は初期国府を通るが同地は通らない。

備中国府は岡山県総社市金井戸に想定されるが遺跡は明確でない。国分僧寺はその東南東約二キロの同市上林にあり、現国分寺境内を中心に展開し中門・南門跡が検出され史跡になっているが、金堂・講堂などは現在の建物に当るので不明である。現在は寺地の西部に塔があるが古代の塔跡は不明である。尼寺は僧寺の東方五七〇メートルにあって史跡になっているが、築地跡によって南北に長い伽藍の範囲が判明し、その中央に講堂があって二個の礎石を残し、その前面にはほぼ完全な形を残す金堂跡がある。駅路の一部が尼寺の前面で発掘され、後に五章二節に示すように僧寺の直ぐ前面を通る現在の自転車道路の路線に踏襲されている。まさしく、駅路に沿って国分寺が営まれたとみることができよう。

備後国府は葦田郡にあり広島県府中市元町付近に想定されるが明確な遺構は確認されていない。国分僧寺は福山市神辺町下御領にある現国分寺の境内の南側に金堂跡・講堂跡・塔跡と南門跡などが検出され、法起寺式の伽藍配置が想定されている。僧寺の西方約五〇〇《メートル》の同町湯野にある小山池の北岸にある小山池廃寺が国分尼寺に想定されていたが、発掘調査の結果東から金堂・塔・講堂が横に並ぶ白鳳時代末期の寺院跡であることが判明したので、一応尼寺説は消えたが、他に適当な寺院跡はなく同寺を尼寺に転用した可能性も考えられている。僧寺以東の駅路は六章一節に述べるように新旧二路が考えられるが、僧寺の前で合流して小山池廃寺の前面も通過するので国分寺と駅路との関係は深いと考えられる。

『和名抄』に「在安芸郡」とある安芸国府は広島県府中町に比定されるが、国分寺は遠く離れた賀茂郡に入る東広島市西条町吉行にあるので、国府の移転説が行なわれている。筆者もこれに賛同し、安芸駅に当る府中町下岡田遺跡が駅制が衰退した中世まで継続するのは国府であったからと解する。すなわち、国府移転に際して安芸駅を国府に転用した結果と考えるのである。しかし、賀茂郡にあったとする国府の位置は不明である。国分僧寺跡は前記した場所にあるが、塔跡を始めとして金堂・講堂・中門・南門や築地跡などが確認されて史跡になっている。尼寺跡は僧寺の東方二〇〇《メートル》の尼寺の地に想定されるが、遺構や遺物は未発見である。国分寺以東の駅路は中世の山陽道と近世の山陽道にほぼ踏襲されるとする二説[18]があるが、中世の道筋の方が適当であろう。この路線は国分寺の近くを通ることになる。

周防国府は山口県防府市国衙の地が「周防国衙」として史跡になっており、方二町の国庁域が想定されるが奈良時代の国庁跡は確認されていない。国分僧寺跡は国衙の西北約八〇〇メートルの同市国分寺町に現国分寺があり、その境内が「周防国分寺旧境内」として史跡になっており、古瓦などの出土を見るが遺構は必ずしも明確ではない。尼寺は僧寺の北方約三〇〇メートル余に現在法花寺を名乗る寺院があるが、古代の国分尼寺との関係は不明である。山陽道駅路は条里余剰帯の存在によって国庁域の南一町を東西に通り、朱雀の名が残る国府中軸道路との交差点から海岸にかけての地に勝間駅の存在が比定される。したがって駅路は国分寺の南方五町を通ることになる。

長門国府は山口県下関市長府宮の内にある忌宮境内を中心とする地域に想定されるが遺跡は不明である。その西北約二〇〇メートルに国分僧寺跡があり、金堂の基壇やその西南に塔跡が確認されたが全体的に遺構の残りが非常に悪く、現在では位置を移した礎石一個が道路脇に置いてあるに過ぎない。尼寺は僧寺の西北約三〇〇メートルに推定されるが、遺跡は全く不明である。駅路はほぼ近世山陽道に踏襲されて忌宮の前面を通過したと思われるので、国分寺からも遠くは離れていなかったことになる。

⑦　南海道の場合

紀伊国府は和歌山市府中の府守神社付近に想定されるが遺跡は明確でない。国分僧寺は和歌山県紀の川市東国分にあり、遺跡が確認されて史跡になっている。尼寺は僧寺の西方約五〇〇メートルの岩出市西国分にある西国分廃寺に当てる説があったが、奈良時代前期の瓦を出土し巨大な塔心礎が残るので「西国分塔跡」として史跡になっているが、一般に国分尼寺には塔は無かったので、これを国分尼寺とすることはできない。結局不明ということになるが、西国分に建立された白鳳期寺院を再建または改築して尼寺に転用した可能性も考えられている。『延喜式』に見える南海道駅路は国分寺付近を通らないが、奈良時代の駅路は紀ノ川北岸を通ったので、国分寺付近を通ったことになる。

淡路国府は兵庫県南あわじ市市十一ヶ所にある総社十一ヶ所明神付近に想定されるが遺跡は明確でない。現国分寺がその東方約一・八キロの同市八木国分にあって境内に塔の礎石などを残しているが、他の建物跡は不明である。尼寺は僧寺の北西約九〇〇メートルの古瓦を出土する地に想定されるが遺跡は不明である。『延喜式』当時の駅路は国分寺や国府付近を通らないが、神護景雲二年（七六八）に廃止された神本駅が国府の北北東一・六キロ、国分寺の西北西一・四キロの同市榎列《えなみ》下幡多《はだ》に想定されるので、それ以前の駅路は国分寺からも遠くはない所を通過していたことになる。

阿波国府は徳島市国府町府中《こう》を遺称地とするが、当初の国府はその西にある国府町観音寺にあったと考えられる。その南約一キロの国府町西矢野の現国分寺境内を中心に国分僧寺が、西方約八〇〇メートルの石井町石井に尼寺があり、両寺間は約一・五キロである。共に遺構が確認され尼寺跡は史跡に指定されている。『延喜式』当時の駅路は国府や国分寺付近を通らないが、延暦一六年（七九六）に廃止された四国周回路線の駅路は、国分寺付近を南北に通って阿波国南部に至り、土佐国に通じていたと考えられる。

讃岐国府は香川県坂出市府中にあり、国分僧寺はその東北東約一二・五キロの香川県高松市国分寺町国分に在る、現国分寺境内を中心に遺構が確認され特別史跡になっている。尼寺は僧寺の東北東約一・七キロの同市国分寺町新井にあって遺跡が確認され史跡になっている。この付近の駅路は明確でないが、国分寺の四〇〇メートル程南を東西に通って綾坂を越えて国府に達したと考えられる。

『和名抄』に「在越智郡」とある伊予国府は愛媛県今治市域に想定されるが、明確な所在地は不明である。国分僧寺は今治市国分にある現国分寺本堂の東に一〇〇メートル余の地点に塔の礎石が残存し「伊予国分寺塔跡」として史跡になっているが他の建物跡は不明である。尼寺跡は確証されていないが、僧寺の南東約一・三キロの今治市桜井に現法華寺があり、その前面に在る桜井小学校の校地で瓦が出土することから当地に想定する説が有力である。国分寺前面を通る道路が今治平野に入った部分では条里余剰帯が認められるので駅路に当ると思われる。とすれば尼寺も僧寺もほぼ駅路に沿って設置されたことになる。

土佐国府は高知県南国市比江に複数の国府関係地名があるので、同地に比定されるが遺跡は明確にされていない。国分僧寺は国府想定地の西南約八〇〇㍍に現国分寺があり、その境内が僧寺跡で現在の僧舎内庭に塔心礎が庭石として残され、残存する土塁や溝から寺域が想定され、瓦の出土地点から堂塔の配置が推測され史跡になっているが、明確な遺構は確認されていない。尼寺跡は不明であるが、国府推定地の東方約四〇〇㍍にあってその塔跡が史跡になっている比江廃寺を尼寺に当てる説もある。四国山脈を横断してきた『延喜式』駅路の最終の頭駅は国府付近にあったと考えられるが、延暦一六年（七九七）に新置された駅名には見えないので、奈良時代当時からあったと考えられる。したがって奈良・平安時代を通じて国分寺も駅路から遠くは離れていなかったことになる。

⑧　西海道の場合

西海道九国二嶋を管轄する大宰府庁は福岡県太宰府市観世音寺四丁目に遺跡があり、特別史跡として整備されている。戒壇を置く観世音寺は府庁域の東に約二〇〇㍍を隔てて寺域がある。筑前国府は大宰府庁の近くにあると考えられてきたが、『延喜式』主計寮上に「去レ府行程半日」とあるので若干の距離を置いていたことになるが、適当な比定地は無く不明である。国分僧寺は府庁の西約一㌔の同市国分四丁目にあり、遺構も確認されて史跡になっている。尼寺はその西約三〇〇㍍付近に二個の礎石が在り瓦を出土するが、遺構は明確にされていない。西海道の駅路はすべて大宰府から発するが、水城東門を通る大宰府道が国分寺に最も近い。またこれに平行する形で国分両寺の前面を通る道路が検出されているので、この道路はおそらく東門の駅路に連絡していたのであろう。

筑後国府は福岡県久留米市にあり、前後四期にわたる国府跡がそれぞれ確認されて史跡になっている。七世紀末から八世紀半ばにかけての第一期国府は同市合川町古宮にあり、これに続く一〇世紀前半までの国府もすぐ東に隣接する合川町阿弥陀・脇田にあった。国分寺は国府の南方約二㌔の同市国分町に僧寺跡があり、塔跡・講堂跡・築地跡などが検出されている。僧寺の北方約三〇〇㍍に尼寺の推定地があり、古瓦を出土するが遺跡は明確でない。[19]筆者は国府の西側を通る駅路を想定したが、『久留米市史（資料編・考古）』（一九九四年）は筑後川を筆者の想定地より東方で渡った後に西に方向を変えて、国府の南面を通ってまた南下し、さらに西方に向きを変えて筆者の想定路線に合するという複雑に曲折する路線を想定し、また国府から南に向かう駅路が西折した後、さらに南に向かう別路が国分寺への道になるとする。筆者の想定路からは約一・五キロ離れていることになる。

奈良時代の豊前国府は福岡県みやこ町国作に国庁跡が検出されている。国分僧寺はその西南約二キロの同町国分に現国分寺があり史跡になっている。尼寺跡は僧寺の東方四〇〇メートルの徳政に瓦が出土し、旧位置を離れていると思われるが数個の礎石があることから付近にあったと考えられている。駅路の痕跡は極めて明瞭で国庁跡の二〇〇メートル西南を通るので、国分寺も一キロ未満の位置にあったことになる。

豊後国府は大分市上野丘東部に関係遺跡が検出されているので上野丘にあったと考えられる[20]。国分寺はその西南西五キロ余の同市国分に現国分寺があり、その境内を中心に遺構が確認され史跡になっているが、尼寺に付いては不明である。筑前国から来る駅路と豊前国からの駅路が合する高坂駅は上野丘付近に想定される。一般に考えられる由布・長湯・高坂と通る駅路は国分寺付近を通らないが、この路線は迂回路になるので距離はかなり長くなるが、直接由布・高坂二駅間を結ぶ路線も在ったと考えれば、国分寺の北側約一キロを通った可能性が高い。

肥前国府は佐賀市大和町大字久池井《くちい》に国庁跡が検出され史跡になっている。その東南東約八〇〇メートルと約一キロの同町大字尼寺《にいじ》地内に東に僧寺が西に尼寺が存在する。僧寺では金堂・塔・中門などと方二町の寺域が確認されたが、寺域は集落内にあるので遺構の残存状況はよくない。尼寺跡は瓦などを出土するが遺跡は不明である。僧寺域南辺から六〇〇〜七〇〇メートル南を西海道肥前路が通っているので、僧尼両寺は駅路にほぼ沿う位置に設置されたとみることができる。

肥後国府は三箇所を移転したと考えられるが[21]、奈良時代の国府は熊本市国府《こくぶ》にあった。その東北東約九〇〇メートルに現国分寺が在り、その本堂の東南約六〇メートルの地点に塔心礎が現存しているが、調査の結果心礎の原位置は現本堂の南五〇メートルの地点で、また現本堂から東に講堂があったことが判明した。尼寺は僧寺の東約四〇〇メートルの水前寺にあって瓦を出土する陣山遺跡に比定される。薩摩国に向かう西海道西路は国庁の東五〇〇メートル余、僧寺の西三〇〇メートル余を条里地割に沿って南北に通る路線に想定される(22)。

日向国府は宮崎県西都市大字右松を中心とする妻北遺跡群で遺跡が確認され史跡になっている。国分僧寺はその南南西約一・四キロの同市大字三宅字国分にあって、古瓦を出土する五智堂の境内を中心に比定されるが遺構は明確でない。尼寺はその北六〇〇メートルの大字右松にあって瓦を出土する妻高等学校の校地に想定されるが遺跡は明確でない。大隅国に向かう西海道東路は国府付属駅と考えられる児湯駅から東南方に向かったので国分寺付近を通らない。肥後国南部に通じる駅路の明確な路線は不明であるが、次駅亞椰への進行方向から考えると国分寺付近を通ったことになる。

大隅国府は鹿児島県霧島市国分府中町に比定されるが遺跡は明確でない。国分僧寺跡はその東南約一・二キロの同市国分にあり、礎石一個が残り瓦片を出土するが遺跡は明確ではなく、尼寺跡については全く知られていない。日向国を経由した西海道東路と薩摩国を通った西海道西路はいずれも大隅国府を終点としたと考えられるが、特に東路は国府の東南方から来る路線も考えられるので(23)、この路線は国分寺付近を通過したことになる。

薩摩国府は鹿児島県薩摩川内市御陵下町から国分寺町にかけての地に想定され、奈良時代から平安時代にかけての遺物を出土している。国分僧寺跡は想定国府域の東に接して遺跡が確認され史跡になっているが、尼寺については不明である。西海道西路の駅路は国府付近を通過したと考えられるので、国分寺付近を通ったことになる。

壱岐嶋府は長崎県壱岐市石田町湯岳興触または同市石田町石田仲触に想定されるが、いずれも遺跡は明確でない。嶋分寺は『延喜式』玄蕃寮に「壱岐嶋直氏寺為㆓嶋分寺㆒、置㆓僧五口㆒」とあるものであるが、壱岐市芦辺町国分本村触に若干の礎石が残り瓦片を出土するが、遺構は明確でない。駅路は島南部にあった優通駅から島中央部を縦断して島北部の伊周駅に至るものであったから、嶋分寺付近を通過したと考えられる。

対馬嶋府は長崎県対馬市厳原町国分にある対馬市役所付近に、嶋分寺はその北に桜川を隔てた同市同町今屋敷にそれぞれ想定されるが、嶋分寺想定地で若干の瓦を出土しただけで遺跡は明確でない。『延喜式』では対馬嶋には駅が置かれていないが、『弘仁式』主税式上（断簡）によれば対馬にも駅子が居たことが判るので、駅路も通じていたことになる。駅路の通過地は不明であるが当然国府には通じていたはずなので、嶋分寺の近くも通っていたことになる。

多禰嶋は天長元年（八二四）に廃されたが、その嶋府は鹿児島県西之表市西之表にあったと想定[24]されているが遺跡は不明である。嶋分寺跡は想定地もない。『延喜式』駅路は種子島には通じていないが、前記『弘仁式』によれば「多褹」にも駅子が居たので、島内に駅路も通じていたことになる。駅路は嶋府に通じていたはずだから、一般に国府に近い位置に国分寺があることからみて、嶋分寺も駅路から遠くは離れていなかった可能性が高い。

以上によれば国分寺は少数の例外があるが、一般に駅路に沿うかあるいは近くに設置されたとみることができる。

2　神　社

神社は非常に多いが、その中でも伊勢神宮・下総国の香取神宮・常陸国の鹿島神宮などには参宮のための駅路が通じていた。殊に伊勢神宮は『延喜式』の伊勢国の諸駅中、鈴鹿駅で東海道本道から分れて神宮に向かう駅路に位置する三駅は駅馬各八疋を置いているが、志摩国府に向う以遠の駅は四疋になることからも、神宮までの駅路が重要であったことが判る。また弘仁八年（八一七）十二月二十五日の太政官符「応㆔多気渡会両郡雑務預㆓大神宮司㆒事」の中に「一　応修理駅家壱所在㆓度会郡㆒」とあって、度会駅の修理の権限が伊勢国司から大神宮司に移管されるなど、同駅と神宮との関係が深いことが判る。

『日本後紀』に見えて延暦二十四年に廃止された下総国四駅は、奈良時代に東京湾口を横切って上総国に上陸していた常陸国への駅路であったと考えられるが、その荒海・眞敷の二駅は香取社への参宮路であったと考えられる。また、鹿島社への駅路は『常陸国風土記』行方郡条に見える曾尼駅について、「向二香島一陸之駅道也」としている所で、また同郡板来駅もその一駅であろう。板来駅は『日本後紀』に見えて弘仁六年（八一一）に廃止されており、曾尼駅の廃止は国史に見えないが、ほぼ同じ頃に廃されたのであろう。

越後国伊神駅は従来同国名神大社で一宮になった蒲原郡にある伊夜比古神社の「伊」と「神」を意味するとして同社への参詣駅として付近に想定されてきたが、上越市の延命寺遺跡出土の木簡に「伊神郷」があり、同郷は頸城郡内に想定されるので伊神駅も頸城郡にあった可能性が高くなった。香取・鹿島のような国家的主要神への駅路も平安時代には廃止されたことを考えると、越後一国だけの名神大社へ駅路が通じていたとは考え難い。

ただし、豊前国宇佐郡にある八幡大菩薩を中心とする名神大社三座（宇佐神宮）は特に神護景雲三年（七六九）の道鏡事件以来中央との関わりが深く、昌泰元年（八九八）からは三年に一度奉幣勅使が派遣された。この勅使は瀬戸内海の海路をとって豊前国府に近い行橋市今井津で上陸し、以後はほぼ駅路をとって神宮に達した。その通路は勅使道

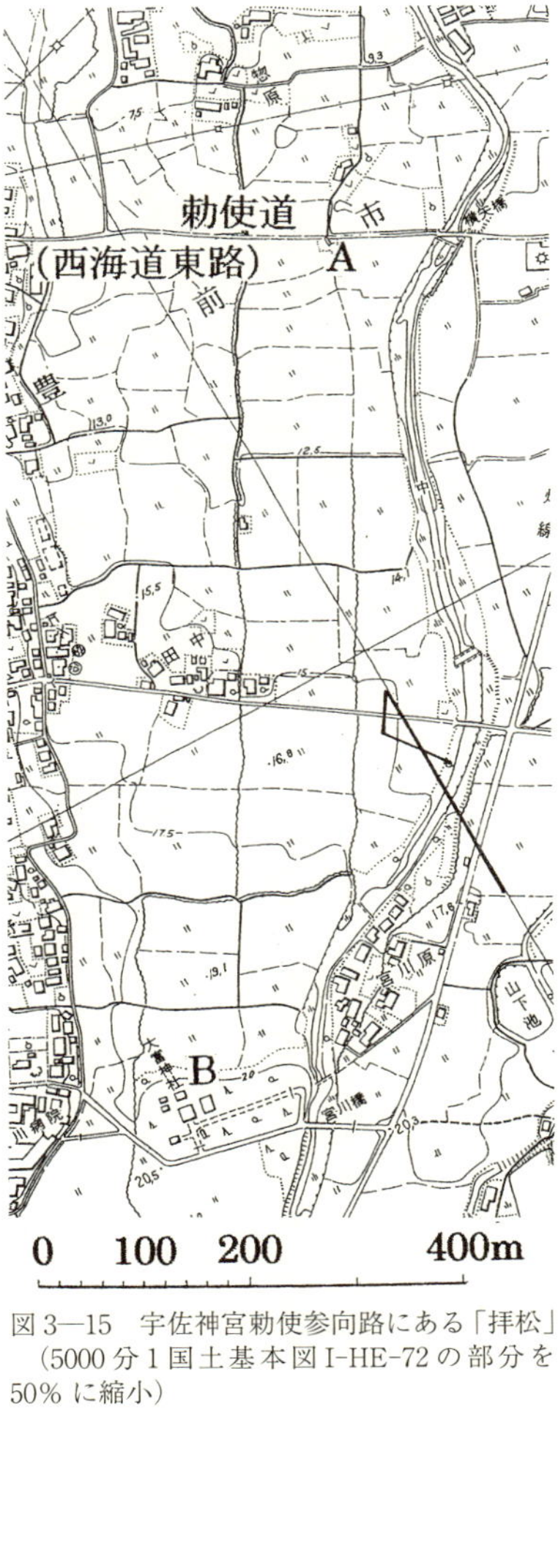

図3―15　宇佐神宮勅使参向路にある「拝松」（5000分1国土基本図 I-HE-72の部分を50％に縮小）

図3—16　駅路に沿う道祖神

と呼ばれ宇佐駅までは駅路と同じであるが、駅路は次の安覆駅に向って南方に曲がるので、宇佐駅の東方にある神宮に向かう勅使道は別路になるが、駅路とほぼ同等に整備されていたと考えられる。

讃岐国の駅路を想定中に気付いたことであるが、讃岐国一宮である香川郡名神大社田村神社はまさしく南海道駅路想定線に沿っていた。また上野国の『延喜式』駅路は前橋市に想定される群馬駅以東の路線は不明であるが、前橋市二之宮町に二宮赤城神社があり、駅路は付近を通った可能性がある。赤城神社を二宮と称したのは一二世紀前後と考えられるが、赤城神社は勢多郡名神大社で本来山体と山頂にある火口湖大沼を神体としたものであったと考えられるが、後世には山麓の前橋市三夜沢町にある赤城神社が栄えた。二宮赤城神社は駅路から赤城神社を奉拝するために祭られたのではなかろうか。

また、他にも駅路から奉拝される神社があったと考えられる。宇佐神宮への勅使参向路は西海道東路を踏襲するが、図3—15に示すようにこの路線に沿って「拝松《おがみまつ》」と呼ばれる所がある。地元の大富神社（③）の奉拝所跡（A）に松を植えたと伝える場所で、筆者が最初に訪れた一九八〇年頃には既に松は無くなっており標柱が立っていたが、現在は国道として拡幅されたのでそれも無くなっている。豊前市四郎丸にある大富神社は式内社ではないが、県無形文化財に指定されている請雨・除疫を祈願する感応楽や、県有形文化財に指定されている室町時代からの棟札などを残す古社である。もっとも、この奉拝所は古代に遡るものではなく、おそらくは中世以降のことと思われるが、参考までにあげておく。

職員令によれば各国守の職務の第一に「祠社」が挙げられており、特に平安時代末期になると国守の任地赴任は「神拝」のためであったから、国内諸社への参詣路は一応整備されていたと考えられる。

道路に沿う特定の神社としては、平田信芳(25)は日吉（山王）社が駅路など主要道路に沿うことが多いことを指摘しているが、たまたま筆者(26)は、福岡県築上町大字越路にある日吉神社が多米駅と下毛駅のほぼ中間にあって、空中写真に明瞭な痕跡が残る想定駅路の屈折点に当ることから、ここに築城駅の所在を想定した。また、佐賀平野を一直線に通る西海道肥前路は、佐賀県吉野ヶ里町田出で吉野ヶ里遺跡の台地を切通して通り、その北側台地上にある奈良時代の建物群は『肥前国風土記』に見える「神埼郡駅壱所」に比定されるが、その南側の台地上に日吉社がある。また、島根県松江市では、正確な場所は記憶していないが島根郡家想定地から千酌駅に向かう路線に沿って日吉社があるのを見かけた。しかし、何故に日吉社が駅路に沿うのかは不明である。

一般に交通神とされる猿田彦もしばしば駅路に沿って見受けることがある。その多くは単なる石碑であるが、肥前国賀周駅想定地の佐賀県唐津市見借《みるかし》には立派な社殿を設けた猿田彦神社がある。豊前国多米駅から初期国府方面に向う駅路は、第五章第二節で述べるように三箇所の丘陵を切通す路線を空中写真に認めることによって想定したものであるが、この路線が最西の切通しに入る前の水田地帯を通る部分に、筆者が最初に踏査した一九七五年当時は猿田彦の石碑があったが、その後の圃場整備によって撤去され現在は存在しない。

また、道祖神が駅路に沿って存在する例として、佐賀平野を横切る西海道肥前路が佐賀市金立町大字金立を通る部分に現在道路から約六〇メートル離れて旧駅路に沿う地点に石製男根状の道祖神がある（図3―16）。他にも二章四節の図2―7にも見られるように、駅路に沿って道祖神関係地名を多く見かけるので、現在存在しなくても以前は駅路に沿って道祖神が祀られることが多かったのであろう。

註

(1) 武部健一「高速道路の古代回帰」土木学会編『新体系土木工学』月報・五二、技報堂出版、一九八四年。
(2) 木下良『事典　日本古代の道と駅』吉川弘文館、二〇〇九年、「摂津国」。
(3) 木下良「国府と総社」『悠久』九一、二〇〇二年。
(4) 前掲註(2)書、「参河国」。
(5) 前掲註(2)書、「相摸国」。
(6) 木下良「国府研究の諸問題―甲斐国府跡をめぐって―」『文化史学』二二、文化史学会、一九六七年。
(7) 前掲註(3)。
(8) 木下良「常陸国古代駅路に関する一考察―直線的計画古道の検出を主にして―」『國學院雑誌』八五―一、一九八四年。
(9) 木下良「上野・下野両国と武蔵国における古代東山道駅伝路の再検討」『栃木史学』四、一九九〇年。
(10) 清水孝之「西縄手遺跡」「西縄手下遺跡（第二次調査）」『第二二回福井県発掘調査報告会資料―平成十八年度に発掘調査された遺跡―』福井県教育庁埋蔵文化財調査センター、二〇〇七年。
(11) 前掲註(2)書、「若狭国」。
(12) 前掲註(2)書、「越前国」。
(13) 前掲註(2)書、「越後国」。
(14) 足利健亮「古山陰道の変遷」『新修亀岡市史』本文編一、一九九五年。
(15) 前掲註(2)書、「因幡国」。
(16) 中村太一「山陽道美作支路の復原的研究」『歴史地理学』一五〇、一九九〇年。『日本古代国家と計画道路』吉川弘文館、一九九六年、「山陽道美作支路の復原的研究」。
(17) 中村太一「備前国における山陽道駅路の再検討」『古代交通研究』三、一九九四年、前掲註(16)書、「備前国における古代山陽道駅路の再検討」。
(18) 前掲註(2)書、「安芸国」。
(19) 木下良「「車路」考—西海道における古代官道の復原に関して—」『歴史地理研究と都市研究』上、大明堂、一九七八年。
(20) 前掲註(2)書、「豊後国」。
(21) 木下良「肥後国府の変遷」『古代文化』二七—九、一九七五年。
(22) 肥後国府と国分寺また想定駅路との関係は、木下良「肥後国府跡（託麻国府）と条里」条里制研究会編『空から見た古代遺跡と条里』大明堂、一九九七年、参照。
(23) 前掲註(2)書、「大隅国」「日向国」。
(24) 日野尚志「多褹嶋の国府・郡家について」『佐賀大学教育学部研究論文集』二二、一九七三年。
(25) 平田からの私信による。
(26) 木下良「古代官道」『椎田町史』上、二〇〇五年。

第四章　古代道路と条里

条里施行地においては、古代道路が条里地割に沿って通ることが多いことが多く指摘され、一般には古代道路が条里地割に沿っては通ると考えられてきたようであるが、両者の関係について特に論じられることはなかった。筆者は奈良国立文化財研究所が主催した一九八三年の条里制研究会[1]において、「条里から見た古道」についての報告を求められたが、筆者の立場は古道の方から条里を考えたので「古道と条里」[2]と題して報告することになった。その時の内容を主体にその後の知見を加えて両者の関係について論じたい。

条里制とは土地を一町方格の坪に区画した地割の集合体として管理する制度で、三六の坪からなる六町方格の里と、里を連ねた条にまとめて、条・里・坪をそれぞれ数詞で呼称したが、元々は阡陌《せんぱく》といわれる一町方格の区画設定が先行し、後に条里呼称が付されるようになったものである[3]。すなわち、阡陌の阡《せん》は「たてさのみち」と呼ばれて南北道路を、陌《はく》は「よこさのみち」とも呼ばれて東西道路を意味し、これらの直交する直線道路によって区画された方格地割である。当初はこのようにして区画された土地には天平七年（七三五）の「弘福寺領讃岐国山田郡田図」[4]に見られるように、各区画に固有名詞の地名が付けられていたが、天平宝字七年（七六三）の「山田郡弘福寺田内校出田注文」には数詞による条里坪名が付されるようになっている。

岸俊男[5]によれば、明らかに条里呼称法が用いられたのは天平十五年（七四三）の山背国久世郡「弘福寺田数帳」が最初と見られ、ここでは里は用いられているが条の呼称は未だ用いられていないという。岸は国郡里制の里との関係にも触れて、原理の異なる二つの「里」が同時に並存することは不合理なので、天平十二年頃の郷里制の「里」の廃止以後に条里呼称法の「里」が現れたと考えている。そこで岸は、このような数詞による場所の指定法は、藤原京では固有名詞で呼ばれていた坊が、平城京では数詞で条坊を呼んだことに倣ったものであろうとする。

以上によれば、一般に条里地割と呼ばれている一町方格の地割は本来阡陌地割であって、条里呼称とは区別すべきであるが、本書では通例に従って条里地割と言うことにする。

条里地割が直交する直線道路によって形成され、また古代道路が直線的路線をとっているので、当然両者の関係が問題になる。

註

（1）研究団体として一九八五年に発足した条里制研究会（現在、条里制古代都市研究会）に先立って、奈良国立文化財研究所は一九八二年から一九八四年にかけて三回の条里制研究会を実施した。本発表はその第二回に行なったものである。

（2）木下良「古道と条里」『条里制の諸問題Ⅱ—条里制研究会記録2—』奈良国立文化財研究所、一九八三年。

（3）服部昌之「条里制研究の現状と問題点」『条里制の諸問題Ⅰ—条里制研究会記録1—』奈良国立文化財研究所、一九八二年。『律令国家の歴史地理学的研究』「阡陌」大明堂、一九八三年。

（4）金田章裕『古代日本の景観—方格プランの生態と認識—』「弘福寺領讃岐国山田郡田図」吉川弘文館、一九九三年。

（5）岸俊男「条里制に関する若干の提説—郷里制・条里制・条坊制—」『条里制研究』一、一九八五年。『日本古代宮都の研究』岩波書店、一九八八年所収。

一　条里余剰帯の存在

1　条里余剰帯とは

古道と条里との関係を考える上で先ず重要な事実は条里余剰帯の存在である。条里余剰帯とは図4―1に示すように、一町方格の条里地割の中に帯状の余剰を認めることで、条里余剰帯の語を用いたのは筆者であるが、夙にこのことを指摘したのは田村吉永である。すなわち、田村は下ツ道と横大路は一町方格の条里地割に対して一定の余剰分があることから、これを道路敷と考えて下ツ道は一五丈、横大路は一〇丈の道幅があったとし、条里地割はこれらの道路を基準に道路敷を除外して施行されたことを明らかにした。その後の計測によって下ツ道も横大路も共に約四五メートルの余剰帯があることが判明したので、共に一五丈ということになる。戦時中に発表された田村の論文は知られないまま、その後秋山日出雄は下ツ道と横大路の余剰帯の幅をそれぞれ三五メートル換算値一〇丈であったとしている。また、秋山は下ツ道に沿う寺川は『日本書紀』斉明天皇二年（六五六）九月是歳条に見えて「狂心渠《たぶれごころのみぞ》」と呼ばれた香具山の西から石上山に至る運河の一部に当るとして、この条里余剰帯は主として運河の幅で、下ツ道はその堤防道ではなかったかとしている。

現在明らかになっている両道の余剰帯は共に約四五メートル（一五丈）であるが、発掘された両道は共に両側溝間の心々幅二三～二四メートルであるから、その外側に約一〇メートルずつの路側帯があることになる。路側帯がどのように使われたかは不明であるが、飛鳥地方で発掘された「狂心渠」の一部と見られる運河遺構は寺川に連なる可能性は大きいので、下ツ道に沿って西側に寺川が流れている区間では、西側の路側帯に運河を通したのではなかろうか。秋山の言うように、運河の堤防に下ツ道が通ったのではなく、道路の側溝が拡幅されて運河の機能を果たしたのではなかろうか。

或いはまた、天平宝字三年（七五九）六月二十二日の乾政官符「応㆔畿内七道諸国駅路両辺種㆓果樹㆒事」は東大寺の僧普照の奏状によって、駅路の両側に街路樹として果樹を植えることを指示しているので、これらの街路樹のスペースとして利用されたことも考えられる。

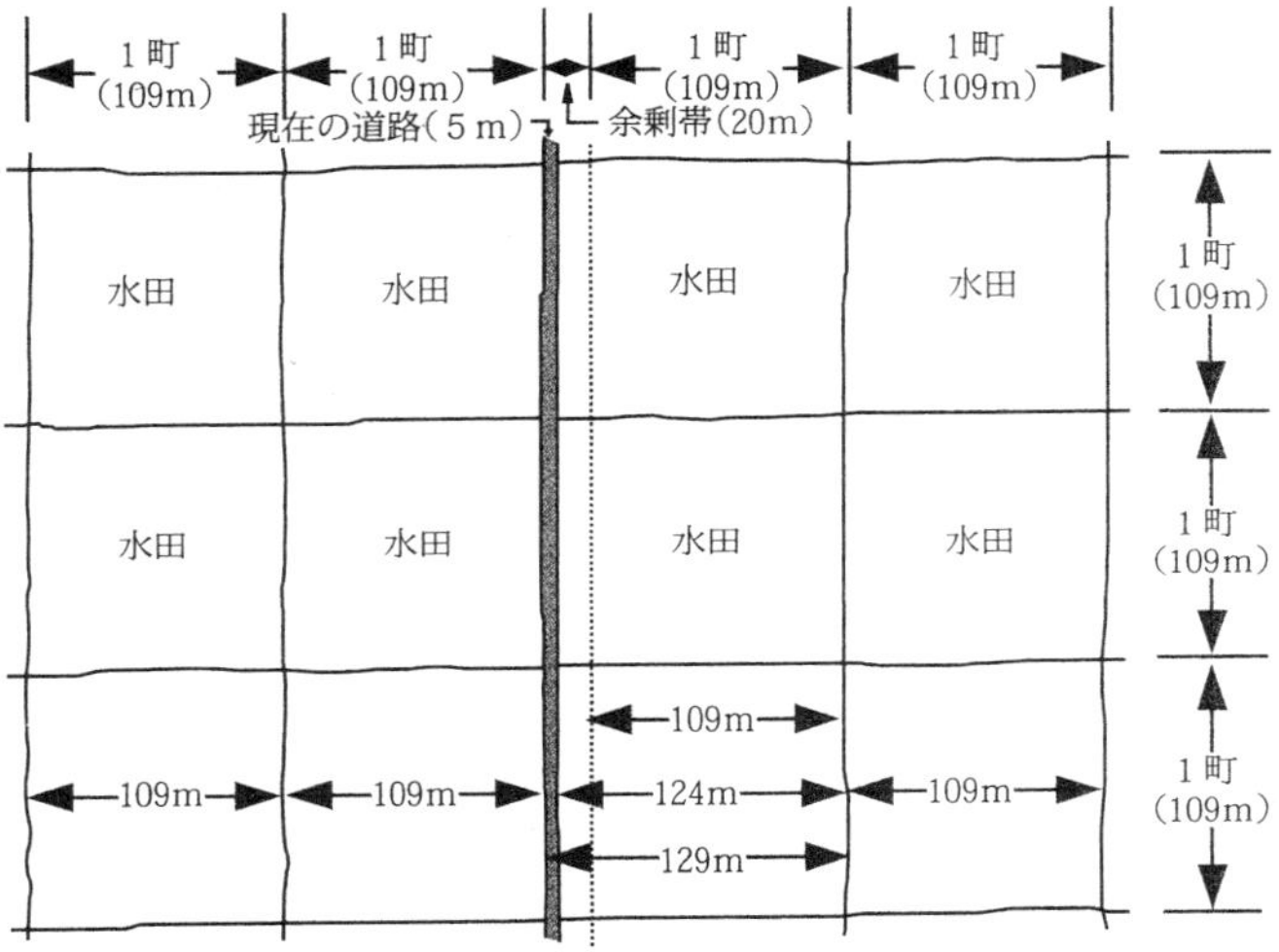

図4—1　条里余剰帯の概念図

現在の下ツ道には、近世に中街道と呼ばれた幅四〜五メートルの道が通っているが、その路線は旧下ツ道の幅四五メートルの範囲内を右往左往しているので、図4—2のA—B、C—Dのようにクランク状の屈折を作っているところがある。

約四五メートルの余剰帯がある下ツ道と横大路は一万分の一地図でも存在を知ることができるが、一〇〜二〇メートルの場合は少なくとも五〇〇〇分の一、できれば二五〇〇分の一地図が必要である。

筆者は一九七一・二年度にわたって明石短期大学の非常勤講師をしていた際に、学生の実習として市域各地の小字地名を調査させ、明石市の都市計画用二五〇〇分の一基本図に記入させた。その中で明石川右岸を通る西国街道に沿って「大道の上」があり、その北側の条里地割が他の箇所よりかなり広いことに気付いた。図上測定してみると図4—3に見るように道路の両側の二坪間が約二三五〜二三六メートルになるから二町約二一八メートルを引くと一七〜一八メートルの余剰が生じることになる。現在道路は約

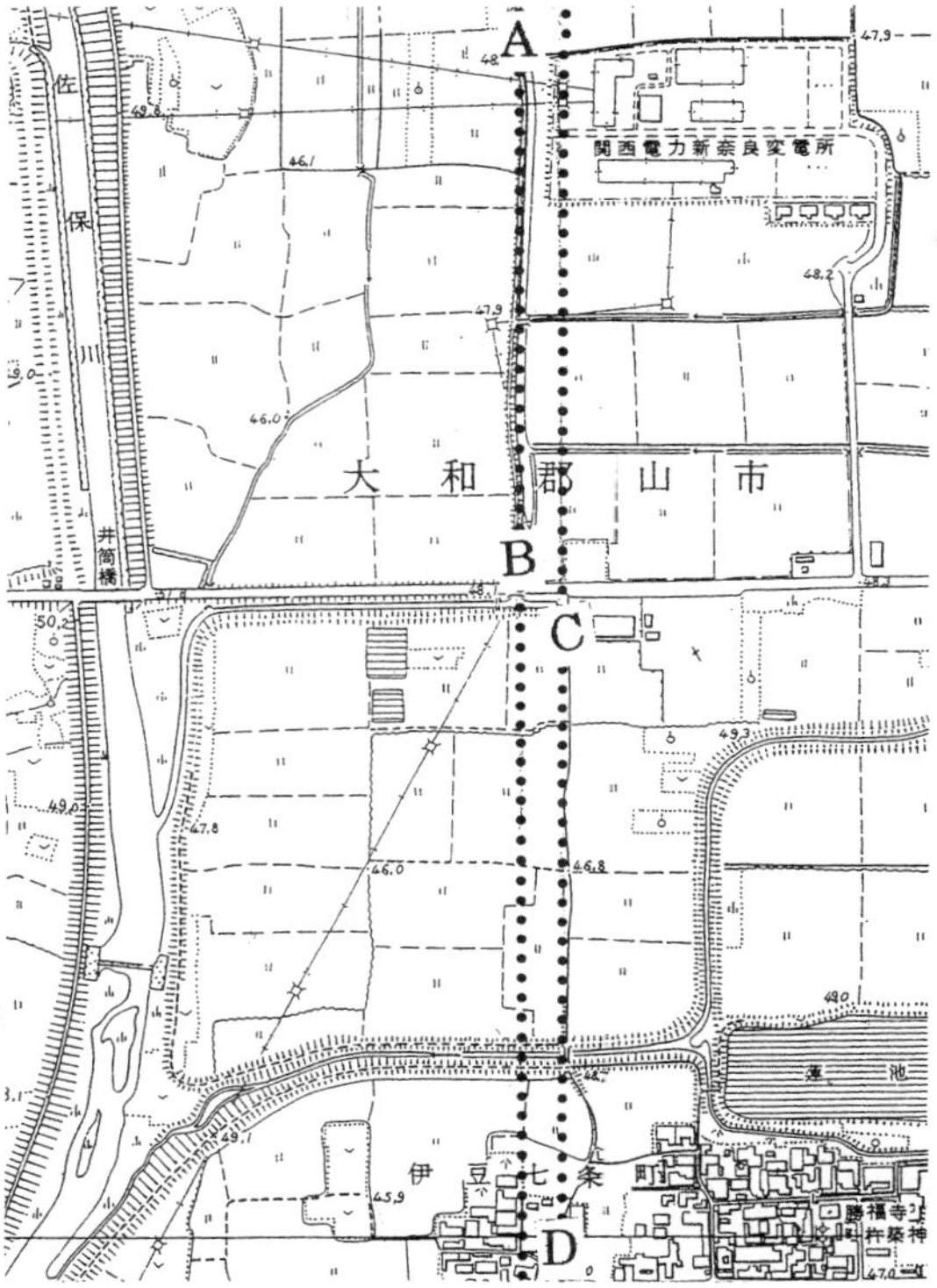

図4—2　下ツ道の余剰帯内に収まる現在道路のクランク状屈折A–B, C–D（5000分1国土基本図VI–PD–15の部分を50%に縮小）

四メートルであった。このことは、当初は幅一七メートル以上の道路敷があったが、後世に北側の水田が道路敷を蚕食して拡がり、道路幅が四メートルに狭まったことを意味する。大道の地名があって幅一七メートル以上の道路敷を持ち、また近世の山陽道に踏襲されていることから見て、これが古代の山陽道駅路であったことは間違いないであろう。なお、播磨国では条里を条坊というが、谷岡武雄(4)の復原によれば明石郡条坊の坊界は駅路の二町南になるので、此処では坊界線とは一致しないことになる。

以上は筆者が下ツ道と横大路以外に認めた最初の条里余剰帯であったが、五〇〇〇分の一国土基本図で各地の条里地割を計測した結果、山陽道では播磨国の姫路市域と龍野市域、備前備中国境付近、備中国分寺付近、備後国の神辺町（現、福山市）域、周防国府域など、南海道では讃岐国の高松平野や善通寺付近、伊予国の今治平野などで確認し、また近江国湖東平野においては足利健亮(5)の想定になる東山道駅路についても一五メートル前後の条里余剰帯を認めることができたが、西海道では全く認めることができなかった。

図4—3　明石川右岸の余剰帯（2500分1明石市地形図「王子」の部分を25%に縮小）

たまたま吉本昌弘[6]も筆者と同じく明石川右岸で同様の現象に気付き、さらに神戸市域などでも同様なことを確認したが、これらは道路敷に当るという意味で「道代《みちしろ》」と称した。平城京左京では九条大路の南側に京南特殊条里と呼ばれていた地域があり、これと京南路東条里との間には約四〇《メートル》弱の余剰帯があるが、その一部分に「道代」の小字地名があるので、吉本が用いた名称は適切であったことになる。

また、同じ頃に日野尚志[7]は讃岐国刈田郡において、二五〇〇分の一地図によって条里地割を計測した結果、各坪の一辺が四・四《センチ》であるのに対して、官道の通る里界線を中心にした東西二坪の合計が九・一《センチ》になることから、その中に南海道駅路の幅三《ミリ》すなわち実距離七・五《メートル》が含まれると考えられることを指摘している。

これら条里余剰帯の存在は、まさしく直

線道路が先ず条里地割（阡陌）施行の基準線となったことを示すものであるが、播磨国明石郡条坊のように必ずしも条里呼称の基準にはなっていない。

以下に各地の例を示す。

2 畿内の例

大和国では下ツ道と横大路が幅約四五メートル《メートル》の余剰帯をとるが、下ツ道は路東条里と路西条里とを分ち、それぞれの里呼称の基準にもなっているが、横大路は路東・路西共に条の境界にはなっていないので、条呼称の基準にはならなかった。一方、前記「道代」の小字地名のある条里余剰帯は、路東条里の条呼称の基準線であったが、足利健亮(8)はこれを平城京南大路と仮称し、霊亀元年（七一五）に開かれた都祁山の道に向かう道路の経路として、龍田道から北の大道を延長する路線と共に想定している。

しかし、その後の大和郡山市下三橋遺跡(9)の調査によって、平城京左京域は十条まであったことが判明し、当時の南京極はこの線の南に位置することになり、発掘調査でもこの想定道路は検出されなかった。現在の地割と地名だけでは道路の存在を云々できないことになるが、なおこの地条の性格については疑問が残る。

河内国において金田章裕(10)は、岸俊男(11)が丹比道と大津道とに比定した河内平野を平行して東西に通る竹内街道と長尾街道について、それぞれの北側と南側の条里地割を計測した結果、坪の辺長が一〇九メートル《メートル》より長いことが多いことを確認し、現在の長尾街道の東部が三町南にずれて通っている部分も、西側の道路路線の延長部において同様の状態を示すことから、本来の道路路線はそのまま直線に通っていたと考えられることを明らかにした。丹比道と大津道については足利健亮(12)の異説があるが、少なくとも竹内街道と長尾街道が特定の道幅を有して条里地割施行の基準線であったことは確認されたというべきであろう。また、難波京中軸線の延長で摂津・河内の南北国境になっている難波大道も同様にその両側の条里地割を計測すれば、やはり辺長が一〇九メートルより長いことが確認され、国境が長尾街道に沿って西に曲がってからも、そのまま南に延長した部分で同様の状況を示すので、難波大道がなお南に延びていたと考えられるという。

和泉国における南海道駅路は和泉市府中に想定される和泉国府を通る近世街道に踏襲されると考えられ、余剰帯は和泉郡で明瞭に認められるが、吉本昌弘[13]によれば日根郡でも二一〜二三メートルの道代が認められるという。

摂津国においては、吉本[14]がほぼ近世の西国街道沿いに八部・菟原郡の条里に対する約一五メートルの道代を認めたが、神戸市須磨区の妙法寺川右岸から余剰帯が認められなくなるので、駅路は妙法寺川の谷を遡って白川峠越えで播磨国に入ったものと解した。

摂津国有馬郡の三田盆地では谷毎に方位を異にする条里地割が認められるので、条里の施行を大化前代に求める落合重信[15]はそれぞれの地に割拠する族長の支配圏によって異なる方位の条里を施行したと解したが、吉本[16]はそれぞれに道代を認めたので、屈折して通る道路を基準に施行された結果であるとして、足利健亮[17]が想定した「難波京から有馬温線を指した計画古道」を延長する難波京当時の山陰道であろうとした。

3　山陽道の例

前記したように、明石川右岸で条里余剰帯を認めたので、播磨国全域にわたって検討した結果[18]、条里遺構が明瞭な地域では殆ど例外なく条里余剰帯の存在を認めることによって駅路の路線を想定することができた。

先ず加古郡には駅馬四〇疋を置く賀古駅があって、今里幾次[19]・高橋美久二[20]によって加古川左岸の低位段丘面上に位置して瓦を出土する加古川市野口町古大内遺跡に比定されている。同遺跡の直ぐ北側に駅池《うまやいけ》があるが、池の南岸に空中写真に明瞭な北四六度西方向に直線の道路状痕跡があり、野口と古大内の両大字界にも一致する。古大内遺跡の西

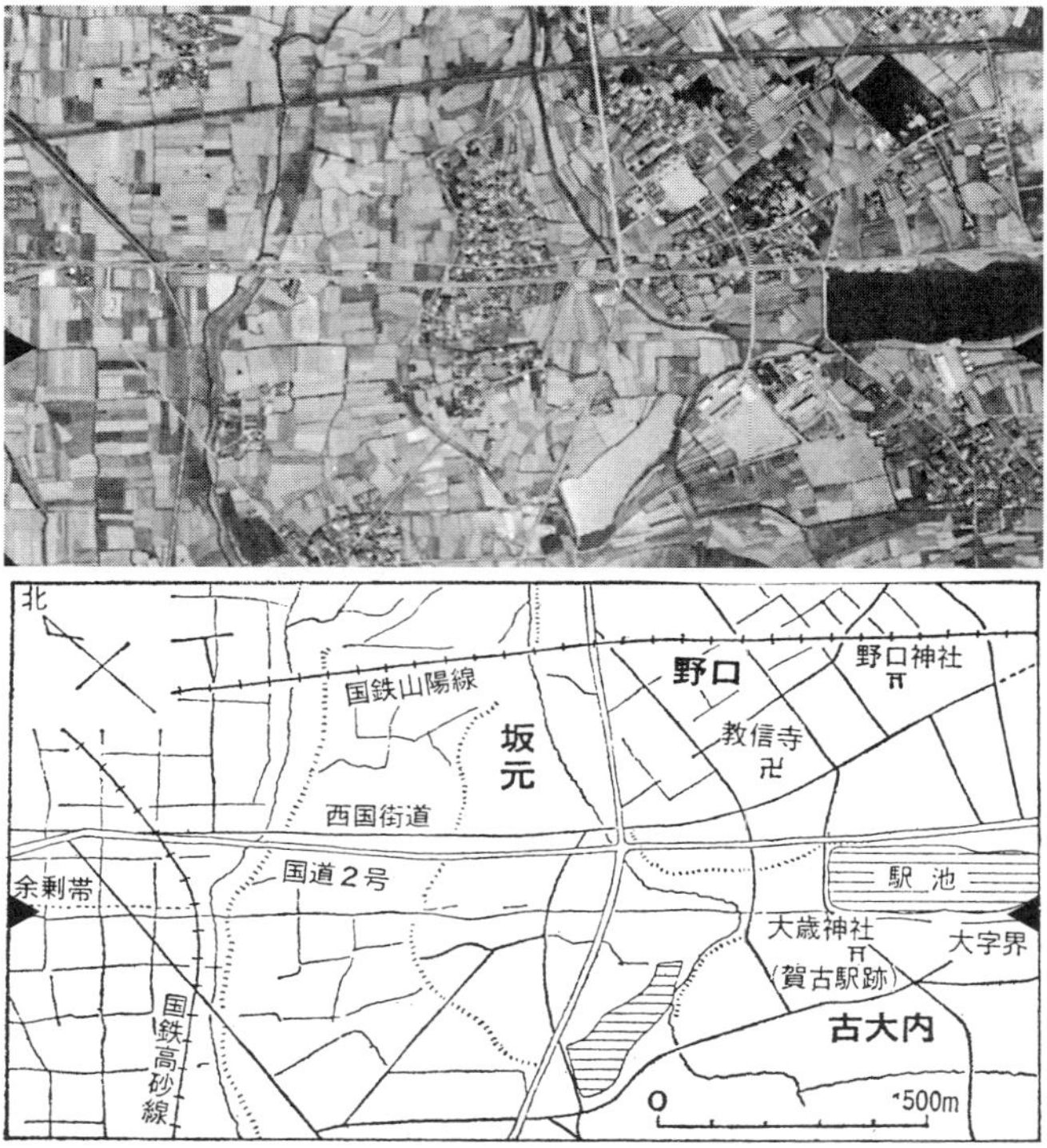

図4—4　賀古駅比定地付近の道路痕跡（空中写真はK. K-61-6, C14-9298の部分）

方約一・二キロから加古川流域低地となって北四四度東方位をとる条里地割が存在するが、まさしく前記の道路痕跡の延長部に幅一七～一八メートルの余剰帯が認められる（図4―4）。

駅地の北にある教信寺は『後拾遺往生伝』に載せる貞観八年（八六六）八月十五日に往生した僧教信が「我是播磨国賀古郡賀古駅北辺沙弥教信也」とするところである。

また野口神社は境内から国府系瓦が出土するので、今里幾次[21]は賀古駅の一部と解しているが、吉本昌弘[22]はその北側に認められる四〇間方格の東西南北地割を共に賀古郡寄地に想定している。

千田稔[23]は特に加古川右岸が三角州未発達で河川旧流路などの低湿地が多いことから、駅路は加古川流域の低湿地を通過したとは考えられないとして、北方の日岡山付近を迂回して右岸の加古川市大国の大道地名付近を通過するものとしたが、条里余剰帯は左岸のそれをそのまま延長した右岸の印南郡にも認められ、ＪＲ宝殿駅付近を通過して宝殿駅西方の七〇〇メートル付近で近世の西国街道を踏襲する県道平荘・魚橋線に合するので、少なくとも当初の駅路は加古川

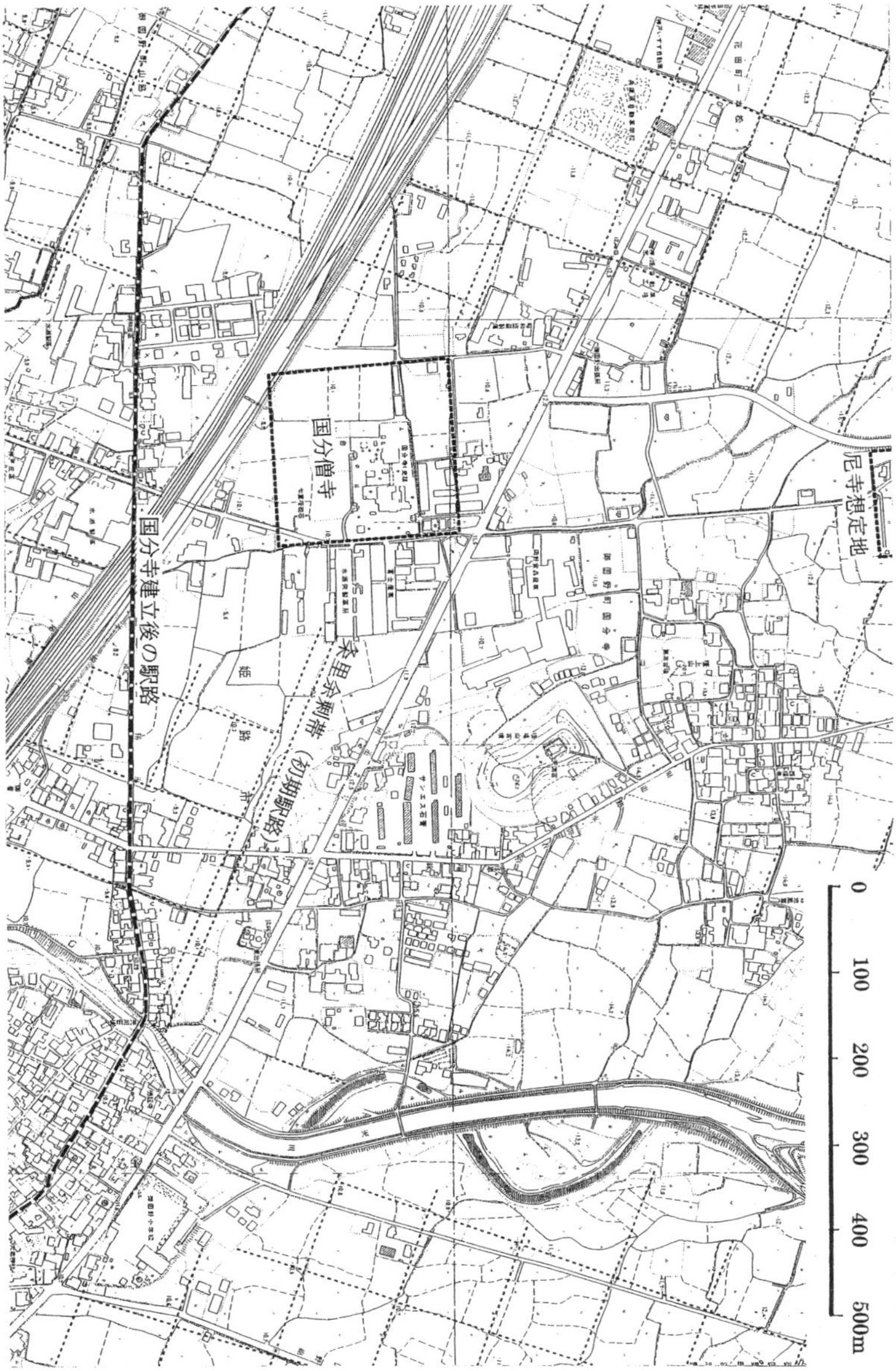

図4—5　播磨国分寺域内を通る余剰帯

下流平野を真っ直ぐに通っていたことになる。

以上の路線は谷岡[24]の復原になる加古郡条坊界線の二町南を通るので、加古川流域の条坊の阡陌は山陽道駅路を基準に施行されたが、条坊の呼称はこれとは関係なく付されたことになる。印南郡条坊の界線は不明である。

印南郡西部では北二二度東の条坊に直交して約一八メートルの余剰帯が認められるが、天川を渡って飾磨郡に入ると一町北にずれて認められるが、この余剰帯は図4―5に示すように国分寺域を通ることになる。国分寺域から国分尼寺域を含む一帯は、北二一～二三度東方位を示す飾磨郡主条坊と異なるほぼ正方位を示す方格地割が認められるが、主条坊に沿う余剰帯が僧寺域を通過するので、元々は主条坊の地割が施行されていたが、国分寺の造営に際して両寺とその周辺に新たな地割が設定されたと考えられる。山陽道駅路は僧寺域になる部分を通っていたが、国分寺の造営に伴って門前を通るように変更されたのであろう。

飾磨郡条坊[25]は左条と右条とに分かれていたらしいが、その境界は姫路市街北部で市川が大きく曲流する部分を通ることになるので、谷岡はおそらく本来の流路はそのまま南流して、これが左右条の境界になっていたが、後に姫路市街を避けるように人為的に流路を曲流させたものと解している。

ところで、右条の坊は海岸側から数える型式になっているが、その九坊と十坊の境界に沿って幅約一八メートルの余剰帯が認められ、これは近世の西国街道の路線にもなっている。左条の余剰帯は前記した国分寺域に認められるだけであるが、それを延長すれば右条のそれとは二町南にずれることになる。筆者[26]は姫路城の東南隅にある総社を北西隅にする一画がほぼ正方位に近い地割をとっているので、此処に国府域を想定していたので、条坊とは方位を異にする国府域を駅路が通過するために生じたずれであろうと解したが、山中敏史[27]が指摘するように、筆者が国府の地割に想定した正方位地割は中世以降の町割による可能性が高いので、余剰帯のずれは市川の渡河によると考え直すべきであろう。

揖保川流域の揖保郡条坊は北約三度西方位をとるが、特にその右岸に幅約一八メートルの明瞭な余剰帯（図4―6）が認

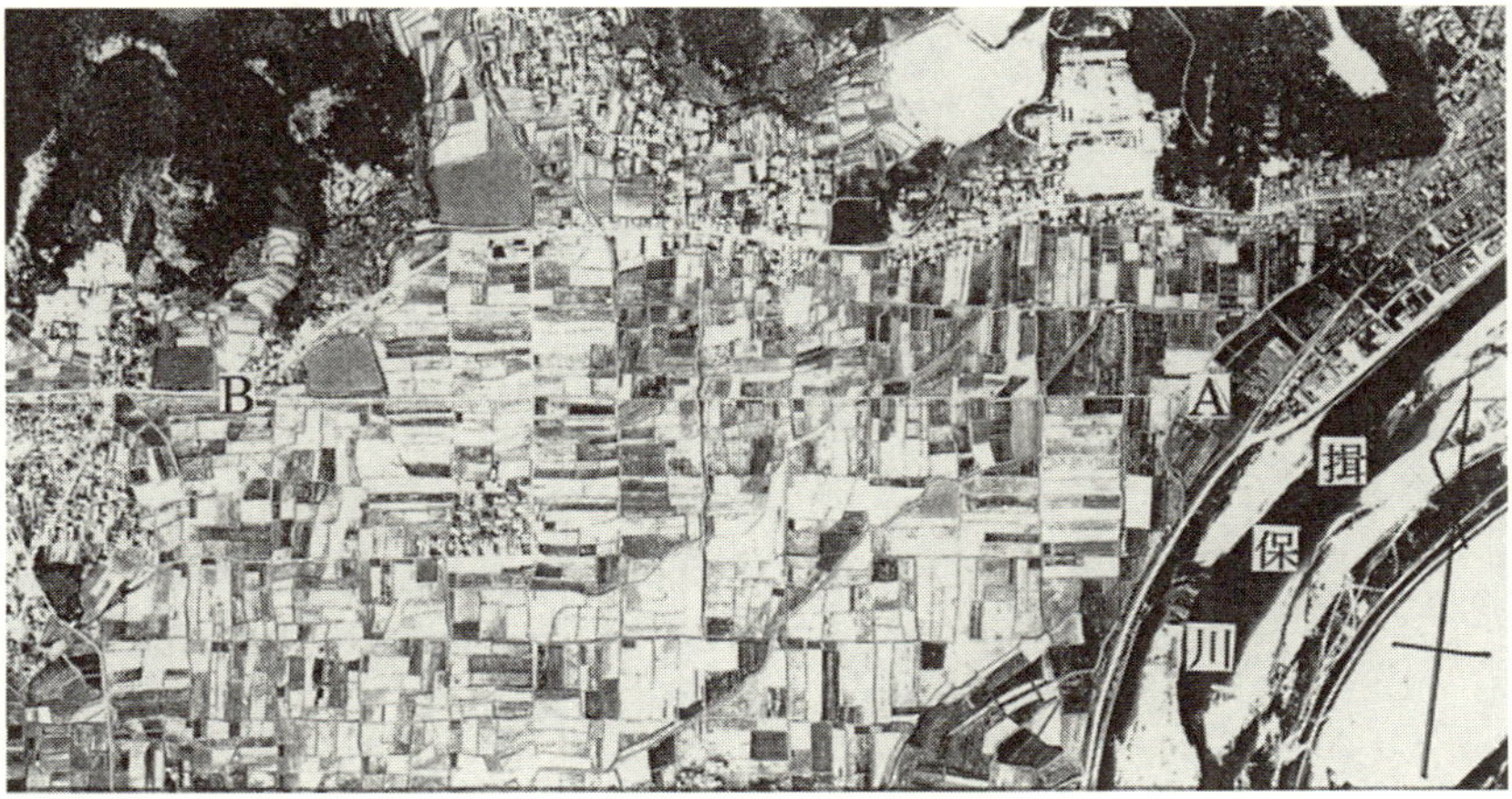

図4—6　揖保川以西の余剰帯

められ、谷岡[28]の復原になる揖保郡条坊の十四坊と十五坊の境界になっている。この余剰帯によって想定される山陽道駅路に沿って瓦を出土する小犬丸遺跡があり、発掘調査されて布勢駅家跡[29]であることが確認された。

赤穂郡では上郡町域に北一五・五度西方位をとる条坊があり、耕地整理が行なわれたが、旧条坊をほぼ踏襲した地割が残っており、ここでもこれに直交する方向の余剰帯があったことが判る。

山陽道本道の駅馬を削減した大同二年（八〇七）の官符によれば、播磨国の山陽道本道には九駅があったことが判り、『延喜式』に見える七駅の他に明石・賀古両駅の間に位置する長坂寺遺跡と、賀古駅と草上駅の中間には『続日本後紀』承和六年（八三九）二月戊寅（二六日）条に見える佐突駅があった。これらはいずれも国府系（国分寺式）瓦を出土するのでそれぞれの所在地が明確であるが、空中写真による直線の道路痕跡と条里余剰帯の存在から想定される駅路の路線は、まさしくこれらの遺跡を繋ぐことになるので、両者が相俟って播磨国における山陽道駅路想定の確実性を高めることになる。

美作路においても条里余剰帯が認められる。美作路は太市駅で山陽道本道から分岐したとする説もあったが、太市駅より手前の夢前川右岸には、山陽道主道に沿う余剰帯の北方の十一・十二坊の坊界線に沿っても余剰帯が認められるので、これが美作路に関係する余剰帯と思われる。また吉本[30]によれば、美作路が揖保郡に入った林田川と揖保川の間にも余剰帯が認められるという。しかし、越部駅想定地の新宮町馬立付近には北七度東方位の明瞭な方格地割が存在するが、余剰帯は認められない。同地は『日本書紀』安閑天皇二年五月甲寅（九日）条に見える播磨国越部屯倉の比定地であるが、谷岡[31]は揖保郡条里が一般に北約四度西方位を示すのに対して当地の地割方位が異なるのは、屯倉の地において先進的な計画的土地割、すなわち条里制の先駆形態が施行されたとする説[32]に対して一つの傍証になりうるであろうとしている。とすれば、ここでは駅路の敷設に先立って条里様の方格地割が施行されたことになるから、余剰帯が存在しないのは当然ということになる。

山陽道沿線には広大な条里施行地が比較的少ないせいもあって、播磨国以外については断片的にしか判っていない。備前国については中村太一[33]が、赤磐市熊山町から岡山市間の初期山陽道を『延喜式』駅路とは別路線に想定し、その途中の瀬戸町笹岡に幅一三〜一六メートルの条里余剰帯を検出している。当地は大廻小廻《おおめぐりこめぐり》古代山城の直ぐ北側に当たり、高橋誠一[34]が指摘した古代山城は駅路など古代交通幹線に沿うことが多いことにも合致し、また中村の想定路線は岡山市国府市場に想定される初期備前国府を通ることになるので、『延喜式』駅路が初期国府域を通らないことが疑問視されていたことも解決する。

備前国西部から備中国にかけては西国街道に沿ってほぼ全面的に条里余剰帯が認められ、備中国分寺前面では足利健亮[35]が近世山陽道を外れて、条里地割に従って東西に直線に通る旧総社市と旧山手村（現在、総社市に合併）の境界線を古代山陽道に比定した。今は自転車道路になっているこの路線に沿って余剰帯が認められ、その延長部に当たる国分尼寺前面で幅約六メートルの砂利敷道路跡が発掘[36]されている。また、川辺駅付近の駅路も足利によって近世山陽道の三町北側に平行する真備町（倉敷市に合併）大字岡田と大字川辺の境界に求められたが、五〇〇〇分の一国土基本図による計測で一五メートル前後の条里余剰帯を認めることができた。また小田駅は矢掛町毎戸《まいど》遺跡[37]に想定されたが、その直ぐ南側を通る主要地方道倉敷・井原線に沿っても条里余剰帯を認めることができる。吉本昌弘(38)によれば備中国以東の山陽道は美作路を含み、道代（条里余剰帯）が確認できるところでは、その幅員は一八メートルであるという。

また足利は備中・備後国境付近の駅路について、備中国後月《しちつき》駅に関係すると思われる地名後月谷が近世山陽道に沿う位置にあるが、一方備後国に入った神辺町（福山市に合併）に駅往還《うまやおうかん》と呼ばれる道路が近世山陽道とは別路になることから二様の経路が考えられるとして、駅往還に繋がる路線の備中側に稲置を意味すると思われる稲木地名があることなどから、駅往還が原初山陽道であった可能性が大きいとしている。これも足利は気付かなかったが、駅往還に沿って明瞭な条里余剰帯が存在し、また一章七節に述べた唐橋がある。以上のことから、『延喜式』駅路は近世山陽道と同様としても、駅往還が当初の路線であった可能性が高く、後に後月谷を通る近世山陽道の路線に変わったと考えられる。

福山市駅家《えきや》町は品治駅に因む町名で、駅跡は最明寺跡南遺跡(39)に比定される。その直ぐ南に沿って通る現在道路は大字中島と倉光・近田の両大字との境界になっていて、足利が駅路路線に想定したところであるが、此れに沿っても明瞭な条里余剰帯が認められる。

安芸国では駅路沿いの条里施行地が少ないので、明瞭な条里余剰帯を認めることができないが、筆者(40)は府中町下岡田遺跡(41)に比定される安芸駅から、筆者が広島市安佐南区大町に想定する大町駅(42)に至る駅路は、僅かに認められる条里余剰帯によって想定することができたと考えている。

周防国では周防国府のある防府市域では、東西に通る近世山陽道は国庁の南から朱雀路に沿って国府域を南北に通り、府域北辺に沿ってまた西に通るが、朱雀路に入る以前の路線に沿って条里余剰帯を認めさらに西方延長上に続くので、これが本来の山陽道路線であったことになる。

紀伊・淡路両国では地形的に条里施行地域を通る部分が殆どないので条里余剰帯は認められない。

阿波国においては『延喜式』駅路に沿っては明確でないが、木原克司・岡田啓子[43]が吉野川流域平野に五本の条里余剰帯を検出して、『延喜式』以前の阿波国南部に通じる駅路と三本の伝路などに当ると し、その一つは天平勝宝（七四九～七五七）から天平宝字（七五七～七六五）頃の成立とされる「阿波国名方郡大豆処図」の中に、板野郡と名方郡の郡界の道をして描かれているものに当るという。伝路に当る道路が条里余剰帯として現われることを指摘した最初のものであるが、その後も伝路に当る条里余剰帯が認められているので、これからも各地で確認されることであろう。

4　南海道の例

讃岐国においても条里施行地が多く条里余剰帯の存在が知られるので、ほぼ全面的に駅路路線の復原が可能である。先ずは東かがわ市大内町で東西に通る余剰帯が認められ、これに沿う中山の坪井遺跡[44]で幅約一〇メートルの道路遺構と八世紀代の大型の掘立柱建物群が検出され、郡の関所との見解もあるようであるが、特に郡界に関を置く例は無いようなので、筆者は『延喜式』以前の駅跡ではないかと考えている。服部昌之[45]も指摘しているように、讃岐国では新旧駅の位置の変化の可能性が考えられるからである。

寒川郡から三木郡東部にかけては東西南北方向の条里に対して東西に通る旧街道沿いに条里余剰帯が認められ、三木郡で北側山地の突出部である白山（二〇三メートル）の南側で街道と条里の約八〇度西方向に変って、この街道沿いに余剰帯が続いて三谿駅を過ぎる。三谿駅前後の山田・香川郡界付近の約七キロの区間は街道がやや南を迂回して通るが、余剰帯によって示される駅路はそのまま直線に続く。讃岐一宮田村神社はこの迂回部分の正しく駅路想定線上に乗っている。香川・阿野郡界は六目山（三一七メートル）と伽藍山（二二〇メートル）との間の鞍部を越すが、国分寺南面付近の路線はあまり明確でない。国分寺南側の関池の南側を通ると考えられるが、その西は郡名を負う綾坂を越えて綾川を渡ると

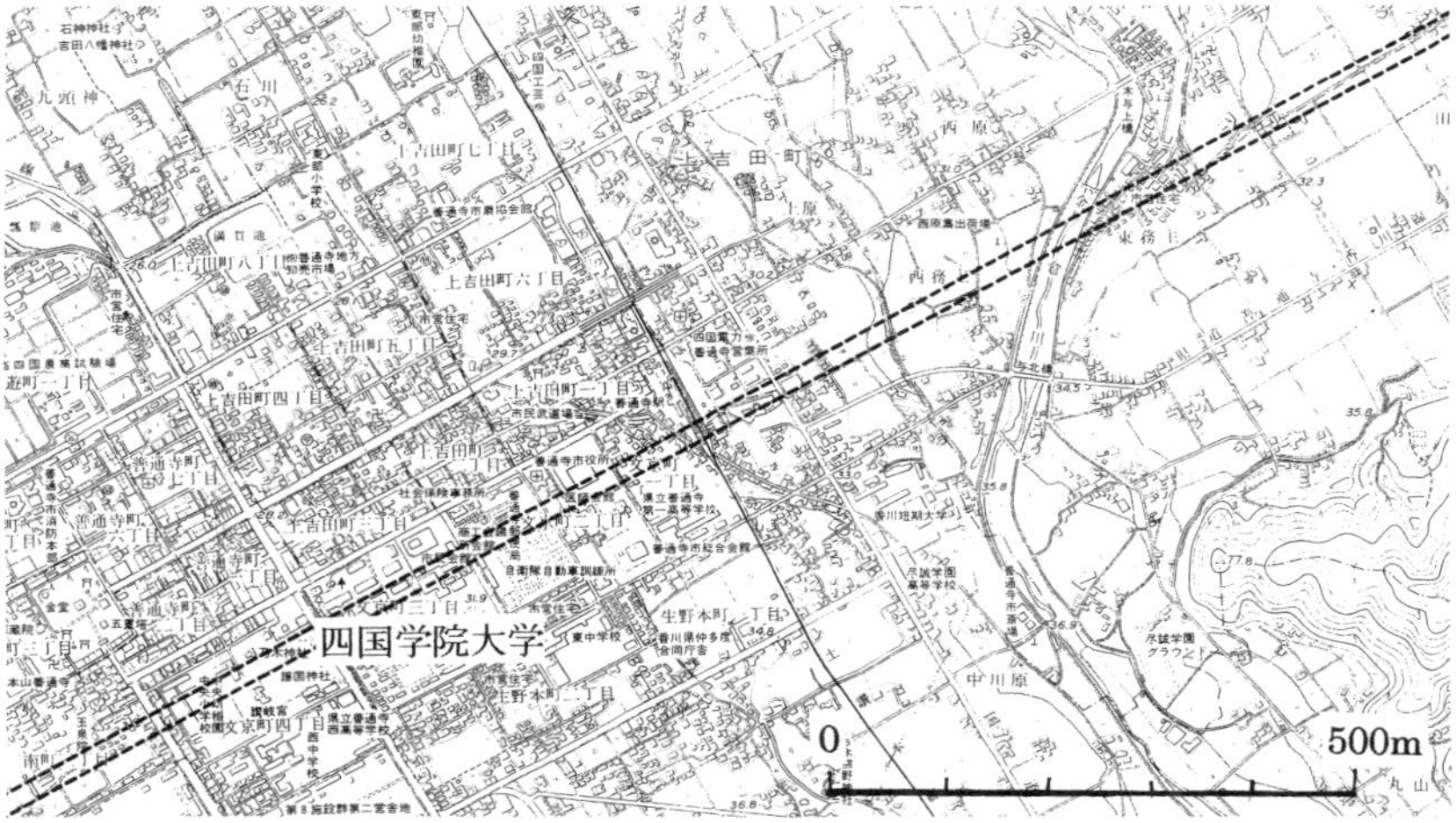

図4—7　善通寺市域の余剰帯

国府の領域に入る。この路線をそのまま西に延ばした道路は「青龍」と呼ばれる。この名称は四神の東を意味するので、東方から国府に入る道を示すと思われる。国庁域の発掘調査は実施されていないので、国庁の建物配置は不明であるが、或いは美作国庁のように東面していた可能性もある。なお、金田章裕(46)は讃岐の駅路がどこも条里境界線に沿っているとして、国府域の駅路通過地を筆者の想定より南に想定しているが、国府域想定地は条里一般の一町六〇間方格と四〇間方格の地割が錯綜しているので、一般条里とは異なるのではなかろうか。(47)筆者は想定府域の東南隅の綾川流路は規制されたものと考え、これに収まる四〇間方格(48)の東西南北八区画からなる国府域を想定した。

国府と河内駅を過ぎた駅路は鵜足郡界付近の山地を抜けて平坦地に出るが、続く那珂郡域まで一直線に通りそれぞれ条里余剰帯が明瞭で、これに沿う善通寺市の四国学院大学の構内で道路遺構が検出されているが、甕井駅もこの付近に想定される(図4—7)。堺の峠を越えた三野郡内では条里余剰帯はあまり明確でないが、刈田郡では日野尚志(49)が観音寺市の財田川南岸で一〇《メートル》〇前後の余剰帯を見出している。

伊予国では日野(50)の想定によるが、先ず大岡駅がある宇摩郡域では旧道に沿って条里余剰帯が認められ、従来大岡駅が想定されていた四国中央市川之江妻鳥《めんどり》町松木《まつぎ》からは三町余離れていることを指摘している。前記したように伊予国では松木地名を馬継の転化として駅の所在地に当てることが多いが、筆者[51]は前述したように古代駅跡になる場合もあるが、条里余剰帯から推定される駅路から外れることもあるので、中世の駅跡に関係するものではないかと考えている。大岡駅は土左路の分岐駅でもあるから、より東部の現在道路分岐地点付近に想定すべきであろう。近井駅も宇摩郡にあって四国中央市土井町に想定されるが、日野によれば条里地割に沿って旧道が通じ、これに連なる土井と入野の両旧村の直線境界に沿って条里余剰帯が認められるという。

新居駅は新居郡新居郷にあり現在の新居浜市域に当るが、同市池田から岸ノ下にかけて約九キロの区間をほぼ直線的に通る道路が駅路を継承するものと考えられ、船木・角野・泉川の旧村界にもなっていたが、一帯の条里地割は明確でなく余剰帯も確認できないという。日野は西部の右岸にある東松木・西松木に新居駅を想定しているが、想定駅路から八町も離れているので、不適当ではなかろうか。

道前平野の周敷・桑村両郡域には中山川右岸から大明神川に至る間には南東・北西方向の条里地割があり、これに沿って条里余剰帯が認められるので、周敷駅もその沿線の西条市周布に想定される。大明神川以遠はほぼ南北方向になるが、三芳・庄内旧両村界に続いて永納山古代山城下の谷口に達する。

越智郡に入ると、今治市桜井の国分尼寺跡比定地付近から国分寺門前を通って西北方向に七キロ余一直線に通る道路があり、片山才一郎[52]によればこれを「太政官道」ということであるが、片山はこれに沿う御厩に越智駅を比定した。

この道路に沿っては図4—8に示すように条里余剰帯が明瞭で、蒼社川右岸の今治市八町西で二〇メートル以上のクランク状屈折（A—B）を作っている。『延喜式』においては越智駅が最終駅であるから国府も付近にあったと思われるが、明確な所在地は不明である。条里余剰帯は越智駅以遠にも認められるので、延暦十六年（七九七）の四国周回路線の

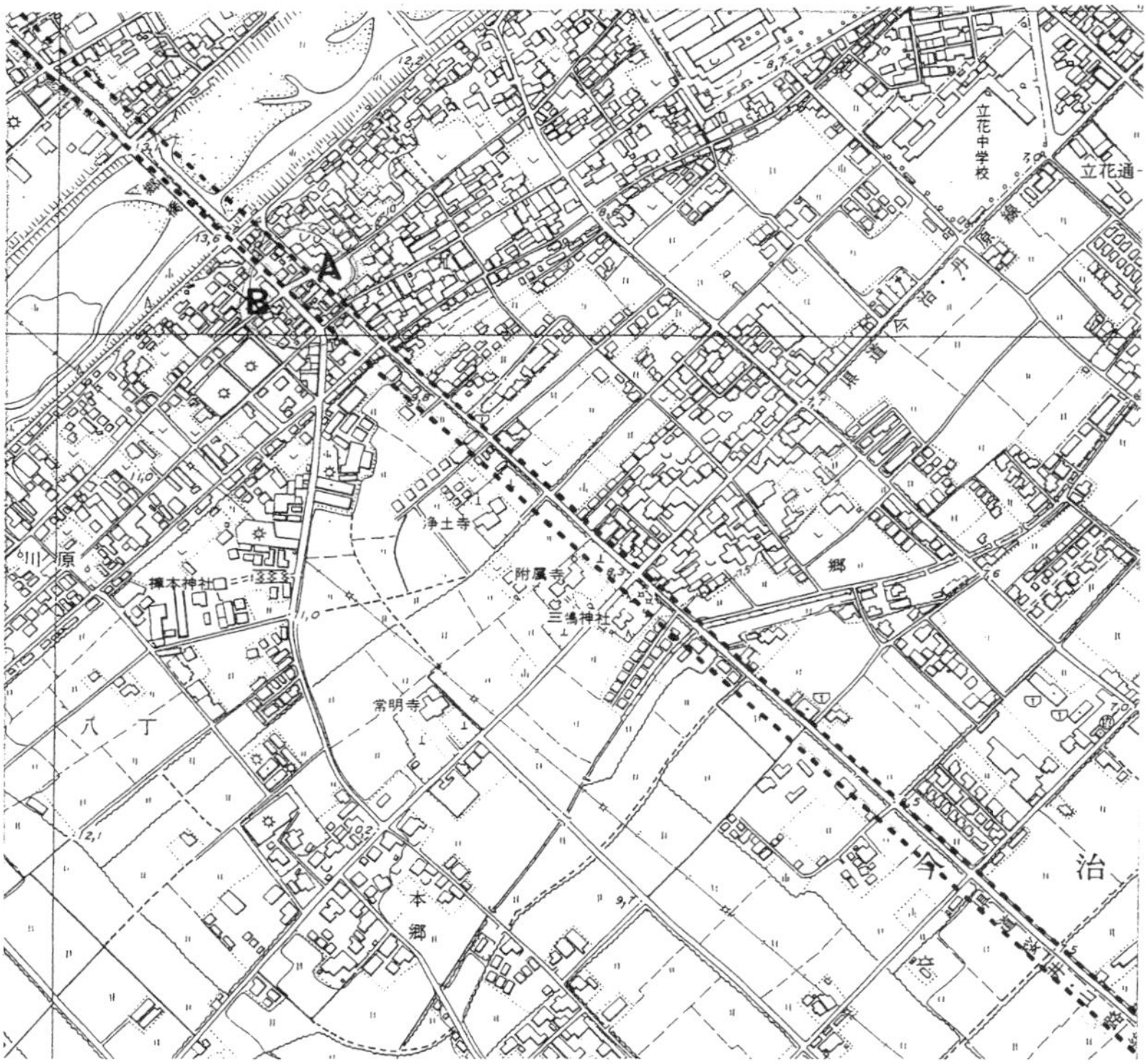

図4—8　伊予国の太政官道の余剰帯とクランク状屈折
（5000分1国土基本図N-GC-18の部分を50%に縮小）

廃止以前の状態を示すと思われる。なお、太政官道が何処までを言うのか聞き漏らしたが、直線道路が向きを変えて西約三〇度方向に三キロ足らず通る途中に延喜の集落名があることが『延喜式』駅路の終点付近にあるだけに注目される。延喜は肥前国でも駅路に沿って醍醐天皇を祀る延喜大王社があるが、ここでは何に由来する地名か不明である。

野間郡では目だった条里施行地がないが、日野によれば風早郡に入った北条町（現在、松山市）の条里施行地域にも条里余剰帯が認められるという。和気郡・温泉郡・伊予郡・久米郡の道後平野一帯は一連の東西南北の条里が施行されているが、条里余剰帯によって想定される旧駅路が先ず南北方向に伊予郡山地麓まで通り、以南はあまり明確ではないが一部の道路痕跡から西南に通ることが想定されるという。この路線について日野は長浜から大洲を経て八幡浜に至り、海を渡って西海道豊後国坂門津に達したとする南海・西海両道の連絡路を考えている。

一方、重信川南岸で前記駅路と分かれて東方に向かう駅路が想定され、一三キロ一直線に通った後に重信川上流から井内峠を越えて仁淀川支流である直瀬川・東川川の谷を通り、境野峠を越えて土左国にいり、再び仁淀川の支流である用居川・狩山川の谷を経て大峠を越え、さらに仁淀川支流の小川川・上八川沿いに下って、柏原から仁淀川の本流沿いに出て伊野に達し、鴨部・土佐一宮を経て土左国府に達する路線を想定している。

土佐国では日野は物部川右岸の香美郡条里に条里余剰帯を認め、その西北西方向の延長線が南国市比江に想定される国府域の正南遇を横切ることになり、これに沿う想定国府域内の通称地名「うまやのしり」を頭駅に比定した。『延喜式』に見える土左国の駅は頭駅・吾椅・丹治川の三駅であるが、『日本後紀』延暦十六年（七九七）正月甲寅（廿七日）条には「新置㆓土左国吾椅・舟川二駅㆒」とあるので、新置されたのは二駅で頭駅は以前からあった駅であると考えられることになる。なお、丹治川と舟川と駅名が異なることについて、筆者は本来の地名は丹治川《たちかわ》であるが、二字で表記するために丹川《たじかわ》としたが、『日本後紀』はこれを舟川と誤記し、『延喜式』は読みの丹治川をそのまま記したものと考えている。

その後、長岡郡条里にも二箇所の二系列の余剰帯(53)が認められたが、日野が指摘した余剰帯よりは幅が狭いので駅路ではなく伝路に当るものであろう。

日野は安芸郡にも若干の条里地割が存在するが条里余剰帯は確認できないとしている。

付　その他、西日本における条里余剰帯

以上のように山陽道と南海道では普遍的に認められる条里余剰帯は、西海道では少なくとも道路敷に当る条里余剰帯は全く認められない。山陰道では検出例がきわめて少ないが若干の指摘例がある。

兵庫県丹波市氷上町域を通る山陰道駅路は正方位条里に対して斜行するが、服部昌之[54]によれば駅路に沿う先行方格地割が存在したとする。また吉本[55]によればその先行方格地割中に約二三メートルの道代（道路敷）が認められるという。また、中村太一[56]によれば、出雲国意宇平野を通る山陰道の大庭丘陵にかかる直前の約四〇〇メートルの区間に約一四メートル幅の余剰帯が認められるという。

5　東日本での例

東海道では吉本昌弘[57]によれば、参河国府以東の豊川市宝飫郡域を通る東海道に沿って約一二メートルの条里余剰帯が認められるという。
筆者の知見では、磐田市玉越・西島と袋井市木原との境界付近は両市の二五〇〇分の一基本図によれば、ほぼ近世の東海道を踏襲する県道四一三号の両側に一辺長一〇〇メートル前後の整然とした方格地割が認められるので、条里そのままではないが条里地割に基づいて耕地整理をしたものと考えられる。そこで、その辺長を測定すれば旧東海道を含む地帯が約一二五メートル幅を示すので、この地帯の北側か南側かに一五メートル余の余剰帯があったことになる。筆者は以西の駅路の通過地を考えて南側が適当と考えている
静岡市曲金北遺跡[58]で両側溝間の心々幅約一二メートルの東海道駅路遺構が検出されたが、矢田勝[59]によれば、表層条里に見られる約一五メートル幅の余剰帯が南安東・稲川・八幡の諸旧村（いずれも現在静岡市駿河区）一帯に認められ、同遺跡はこの条里余剰帯の延長上に当るという。
東山道については、先ず筆者[60]が足利健亮の復原した近江国東山道に沿って条里余剰帯が認められることを指摘したが、その後高橋美久二[61]らによって追認されている。

美濃国では足利健亮[62]が奈良時代の東山道のルートを「国分寺の前面を西南西から東北東の方向に直進した東山道は、赤坂付近から角度を真東にとって（大垣）市域北部を貫き（中略）各務原方向を指して直進した」として、赤坂付近から美濃平野北部を迂回する『延喜式』駅路に対して、より直通的な原初東山道を想定している。竹中勝也[63]は具体的にその路線を考定しているが、この路線に沿って条里余剰帯が認められるという。

北陸道では耕地整理が早く進行して条里地割が殆ど失われたため、条里と古代道路との関係も不明なままであるが、金坂清則[64]が武生盆地を通る北陸道駅路に比定した、現在北陸自動車道の路線になっている一〇キロ余を直線に続く行政界は条里地割には合わないので、或いはこの部分に条里余剰帯が存在した可能性がある。

註

（1）木下良「空中写真に認められる想定駅路」『びぞん』六四、美術文化史研究会、一九七六年。
（2）田村吉永「大和の上中下道及び横大路に就いて」『大和志』九―五、大和国史会、一九四二年。
（3）秋山日出雄「日本古代道路と一歩の制」橿原考古学研究所編『橿原考古学研究所論集』吉川弘文館、一九七五年。
（4）谷岡武雄『平野の開発―近畿を中心として―』「加古川・明石川流域の平野」古今書院、一九六四年。
（5）足利健亮「恭仁京の京極および和泉・近江の古道に関する若干の覚え書き」『社会科学論集』一、大阪府立大学教養部、一九七〇年。やや修正して『日本古代地理研究』「湖東平野を通った東山・東海両道の復原」大明堂、一九八五年所収。
（6）吉本昌弘「古代播磨国における山陽道と郡家の復元的研究」『新地理』二五―一、地理教育学会、一九七七年。
（7）日野尚志「讃岐国刈田郡における官道（南海道）と条里・郷との関係について」『東北地理』二八―三、一九七六年。
（8）前掲註（5）『日本古代地理研究』。
（9）山川均・佐藤亜聖「大和郡山市下三橋遺跡（第二次調査）」第二回条里制・古代都市研究会現地見学会資料、二〇〇八年。
（10）金田章裕「長尾街道と竹内街道の測設と条里プラン」『長尾街道・竹内街道』歴史の道調査報告書三、大阪府教育委員会、一九八八年。

(11) 岸俊男「難波―大和古道略考」『小葉田淳教授退官記念国史論集』一九七〇年。『日本古代宮都の研究』岩波書店、一九八八年所収。
(12) 足利健亮「大阪平野南部の古道について」『人文』二八、京都大学教養部、一九八二年。『日本古代地理研究』「河内の大道と条里」。
(13) 吉本昌弘「古代駅伝路における道代の幅員について」『古代交通研究』九、一九九九年。
(14) 吉本昌弘「摂津国八部・菟原両郡の古代山陽道と条里制」『人文地理』三三―四、人文地理学会、一九八一年。
(15) 落合重信『条里制』八五～八九頁、吉川弘文館、一九六七年。
(16) 吉本昌弘「摂津国有馬郡を通る計画古道と条里」『歴史地理学会会報』一〇四、一九七九年。
(17) 足利健亮「難波京から有馬温船を指した計画古道」『歴史地理研究と都市研究』上、大明堂、一九七八年。『日本古代地理研究』所収。
(18) 木下良「山陽道の駅路―播磨を中心に―」『古代を考える』一七、古代を考える会、一九七八年。
(19) 今里幾次「播磨国分寺式瓦の研究―加古川市野口町古大内出土の古瓦―」『播磨郷土文化協会研究報告』四、一九六〇年。『播磨考古学研究』一九八〇年所収。
(20) 高橋美久二「播磨国賀古駅家について」『歴史地理研究と都市研究』上、大明堂、一九七八年。『古代交通の考古地理』大明堂、一九九五年。
(21) 前掲註(19)。
(22) 前掲註(5)。
(23) 千田稔『埋れた港』「賀古駅と水児船瀬」学生社、一九七四年。
(24) 前掲註(4)。
(25) 前掲註(4)「市川・夢前川流域の平野」。
(26) 木下良「国府と条里との関係について」『史林』五〇―五、史学研究会、一九六七年。「駅路との関係を主とする播磨国府域の想定―本町遺跡を草上駅跡と見て―」『本町遺跡』姫路市教育委員会、一九八四年。

(27) 山中敏史「本町遺跡の性格について」『本町遺跡』姫路市教育委員会、一九八四年。
(28) 前掲註(4)「揖保川中・下流域の平野」。
(29) 岸本道昭編『布勢駅家』『布勢駅家Ⅱ』龍野市教育委員会、一九九二・一九九四年。
(30) 吉本昌弘「美作路に関する歴史地理学的考察」『古代交通研究』二、一九九三年。
(31) 前掲註(28)。
(32) 竹内理三「条里制の起源」『日本歴史』二三、一九五〇年。『律令制と貴族政権―第Ⅰ部　貴族政権成立の諸前提―』御茶の水書房、一九五九年、所収。
(33) 中村太一「備前国における古代山陽道駅路の再検討」『古代交通研究』三、一九九四年。」
(34) 高橋誠一「古代山城の歴史地理―神籠石・朝鮮式古代山城を中心に―」『人文地理』二四―五、一九七二年。小田富士雄編『西日本古代山城の研究』日本城郭史研究叢書一三、名著出版、一九八五年、所収。
(35) 菅原克人「備中国分尼寺」『岡山県史』(考古資料)一九八六年。
(36) 足利健亮「吉備地方における古代山陽道・覚え書き」『歴史地理学紀要』一六、一九七四年。『日本古代地理研究』「吉備地方の古代山陽道の復原」大明堂、一九八五年。
(37) 岡山県教育委員会「毎戸遺跡」『岡山県埋蔵文化財発掘調査報告』五、一九七四年。
(38) 前掲註(13)。
(39) 福山市埋蔵文化財発掘調査団『最明寺跡南遺跡現地説明会資料』福山市教育委員会、一九八八年。
(40) 木下良「広島県府中町から広島市大町に至る想定山陽道駅路」『日本古代律令期に敷設された直線的計画道の復原的研究』(科学研究費報告書)國學院大學、一九九〇年。
(41) 府中町教育委員会『府中町下岡田古代建築群遺跡調査報告』一九六三・一九六四年。『下岡田遺跡発掘調査概報』一九六六・一九六七・一九八三～一九八五年。
(42) 『延喜式』では安芸・伴部・大町・種篦の順序になっている。伴の遺称地はかなり広いが、いずれにしても安芸駅からの距離が遠く、また途中に大町の地名があるので、大町を先に置くほうが駅間距離の点から適当と考える。

(43) 木原克司・岡田啓子「古代吉野川流域の条里と交通路」『鳴門教育大学研究紀要（人文・社会科学編）』一三、一九九八年。

(44) 香川県埋蔵文化財センター『いにしえの讃岐』（香川県埋蔵文化財センター情報誌五一―特集・讃岐の古代遺跡と南海道）二〇〇六年秋。東かがわ市歴史民俗資料館「讃岐の古代遺跡と南海道」『資料館だより』八、二〇〇六年九月一六日。

(45) 服部昌之「讃岐国」藤岡謙二郎編『古代日本の交通路』Ⅲ、一九七八年。

(46) 金田章裕「条里と村落生活」『香川県史』原始・古代、一九八八年。「国府の景観と文学における表現」『上代文学』九七、二〇〇六年。「古代都市の情景」『大地へのまなざし―歴史地理学の散歩道―』思文閣出版、二〇〇八年。

(47) 木下良「古代都市としての国府」『歴史公論』二―一〇、雄山閣、一九七六年。『国府―その変遷を主にして―』（歴史新書四四）教育社、一九八八年。

(48) 四〇間方格地割りについては柴田孝夫の論考『地割の歴史地理学的研究』古今書院、一九七五年に関東地方や阿蘇南郷谷などに六〇間方格の中に混じっている四〇間方格地割があることを指摘している。柴田によれば、四〇間方格が条里以前の地割であるということであるが、その論拠は理解できなかった。筆者の感じでは条里地割が再分割されてできたように思う。筆者は三河国府も同様に四〇間方格地割からなるものとしたが、他に吉本昌弘が加古川市野口に想定した播磨国賀古郡家域も四〇間方格である。また、国府域の想定ではいわゆる方八町域は再検討さるべきであるが、発掘によって確認された伊勢初期国府は四〇〇尺四方の方格地割で形成されているので、そのような例もあるということで留意する必要がある。

(49) 前掲註(7)。

(50) 日野尚志「南海道の駅路―阿波・讃岐・伊予・土左四国の場合―」『歴史地理学紀要』二〇、一九七八年。

(51) 木下良『事典　日本古代の道と駅』吉川弘文館、二〇〇九年。

(52) 片山才一郎「今治平野の条里と伊予国府」『人文地理』一三―二、一九六一年。

(53) 南国市祈年遺跡で条里に沿うほぼ南北方向の両側溝間の幅約六メートルの道路が検出され、条里地割に対して約八メートルの余剰帯を認める。一方、日野が駅路として物部川右岸に想定した余剰帯は一五メートルである。

(54) 服部昌之「古代における丹波国氷上郡の空間構成」『人文研究』二九―六、大阪市立大学、一九七七年。

(55) 前掲註(13)。

(56)　中村太一「『出雲国風土記』の空間認識と道路」『日本古代国家と計画道路』吉川弘文館、一九九六年。
(57)　前掲註(13)。
(58)　及川司・山中朝二・小澤敦夫・中尾欣司・笠井信孝『勾金北遺跡』静岡県埋蔵文化財調査研究所、一九九六年。
(59)　矢田勝「駿河国中西部における古代東海道—地籍図分析と発掘成果から見た古代東海道と条里遺構—」静岡県地域史研究会編『東海道交通史の研究』清文堂、一九九六年。
(60)　前掲註(1)。
(61)　高橋美久二「古代近江国の東山道」『地図と歴史空間』大明堂、二〇〇〇年。
(62)　足利健亮「歴史地理学的調査」『大垣市遺跡群細分布調査報告書解説編』大垣市文化財調査報告書五、大垣市教育委員会、一九九七年。『景観から歴史を読む—地図を解く楽しみ—』日本放送出版協会、一九九八年。
(63)　竹中勝也「美濃国西部における広域条里の再評価と計画道」『人文地理学会研究報告発表意要旨』二〇〇三年。『美濃国西部に於ける条里地割と古代交通路に関する一考察』竹中勝也（自費出版）二〇〇三年。「美濃国」『日本古代道路事典』八木書店、二〇〇四年。
(64)　金坂清則「古代越前国地域計画のついての一試論—今立・丹生郡を中心に—」『日本海地域史研究』五、文献出版、一九八四年。

二　条里地割に先行する斜行道路

前記したように、一般に条里地割と古代道路は平行するが、斜行する場合もある。先ず考えられるのは計画的直線道路の敷設は七世紀代に遡り、それらはそれぞれ目的地に向かって最短距離になるように敷設されたので、方位を異にした。それらのあるものは八世紀代に施行された条里の基線になったが、基線にならなかった諸道は条里に斜行することになる。このように考えられる諸道の例を以下に挙げることにする。

1　畿内の場合

（1）難波京を中心とする斜行道路（図4―9）

足利健亮(1)が指摘した「難波京から有馬温泉を指した計画古道」は摂津国東生・河辺・武庫三郡の条里を切って西北方向に直線的に通る。足利は『日本書紀』大化三年（六四七）一〇月一九日の有間の温湯への行幸を挙げて、本道が難波京時代には敷設されていた可能性を述べている。さらに、前述したように吉本昌弘(2)は本道が難波京当時の山陰道として機能し、有馬以遠に通じていた可能性を指摘している。ところで、大化二年正月の「改新詔」には畿内国の四至を次のように挙げている。「凡そ畿内《うちつくに》は、東は名墾《なばり》の横河より以来、南は紀伊の兄山《せのやま》より以来、西は赤石《あかし》の櫛淵《くしふち》より以来、北は近江の狭狭波《さざなみ》の合坂山《あふさかやま》より以来を畿内国《うちつくに》とす」と。(3)足利はこれらの四至の中で「名墾の横河」「紀伊の兄山」「近江の狭狭波の合坂山」について個々に論じているが、「赤石の櫛淵」については特に述べるところがなく、山陽道駅路の摂津・播磨国境を通過する部分について論じた際に、その付図の国境の堺川に（櫛淵）としているだけである。これは、吉田東伍『大日本地名辞書』が「今詳ならず、垂見村塩屋の境川の古名か、境川は播摂の州界なれば、孝徳天皇の時の畿内も正しく此に限られしや、（中略）猶考ふべし」と推測しているが、これに従うものが多く足利もこれを採ったのであろう。

また、以上の畿内の四至についての経路は大化以前に都があった飛鳥を起点として考える説が多く、長山泰孝(4)も同様で足利も同様であるが、飛鳥を起点にしての四至への距離は直線距離でとって東は三〇キロに過ぎないのに対して、南は四〇キロ、北は六〇キロ、西は七〇キロと非常に不均等である。また、大化元年十二月に都を難波長柄豊碕に遷しており、改新詔は同宮で発せられたのであるから、難波を中心に考えるべきであろう。

原秀三郎(5)は大化改新否定論の立場をとるが、『日本書紀』にいう大化元年ではなく大化五年（六四九）に即位した孝

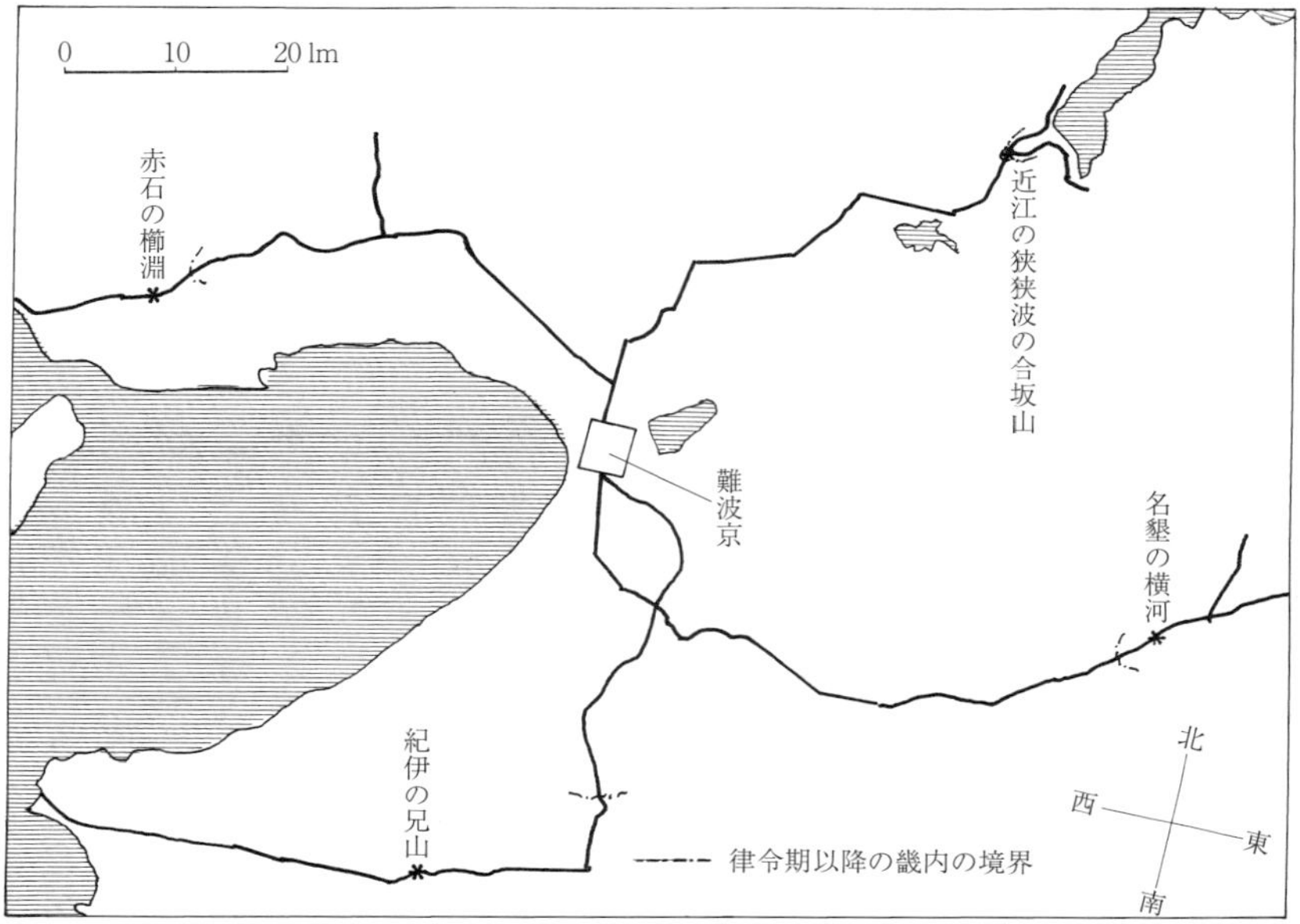

図4―9　「大化改新詔」に見る畿内国の四至への想定路線

徳天皇が、難波京の造営に掛かると同時に畿内を定めて、その中心に難波京を置いたとする解釈をとり、畿内の四至についても通説とは若干異なる想定をしている。すなわち、「名墾の横河」と「近江の狭狭波の合坂山」については通説に従うが、「紀伊の兄山」は河内から紀伊に越える和泉山脈の峠に当て、西の「赤石の櫛淵」は東の「名墾の横河」に対応して海岸ではなく川の渡河点に当てるべきであるとして加古川付近に想定するが、加古川は赤石（明石）の一般的範囲には入らないであろう。

通説の境川付近には特に櫛淵の地名はないが、神戸市西区押部谷町細田を流れる明石川中流に奇淵《くしふち》があり、櫛淵とも書くという。地元では「赤石の櫛淵」に当てる考えもあるらしいが、特に一説にならなかったのは、一般に想定される山陽道の路線から遠く約一〇キロも離れているためであろう。しかし、足利が指摘した有馬温泉への道路を更に西に延ばせば明石川の櫛淵の近くに達するので、[6]筆者はこの路線が難波京当時の山陽道であったと考える。櫛淵で明石川を渡ったところに雄岡山《おっこう》（二四一メートル）と雌岡山《めっこう》（二四八メートル）があって、国境に男女神を祀るという古習俗[7]にも合うからでもある。すなわち、難波京から有馬温泉までは山陰道と山陽道の共通路線であったことになる。足利によれば、難波京からの山陽道は有馬温泉への道路が、奈良時代以降の山陽道と交差する昆陽《こや》からは、奈良時代以降の山陽道をとるとするが、屈折する直線道路の経路は極めて不自然である。

とすれば、「近江の狭狭波の合坂山」への路線はどうであろうか。これは『続日本紀』天平一六年（七四四）二月戊午（二四日）条に聖武天皇が難波京から紫香楽宮《しがらきのみや》に向かって通った「三島路」から、奈良・平安時代の山陽道の路線を通り、山城盆地は横大路で横切って山科盆地に入ったものであろう。三島路も嶋下・嶋上両郡を通る後の山陽道も山科盆地東辺の道路も斜行道路である。

「紀伊の兄山」への経路は河内国南部を西北から東南に直線的に通る西高野街道から紀見峠越えが考えられるが、難波京から西高野街道に至るまでの経路については見当が付かない。おそらく難波大道は未だ通じていなかったと考えたいので、若干回り道になるが平安時代末期から通行が盛んだった熊野街道の路線も斜行道路なので、その可能性があると考えている。「名墾の横河」への経路については見当が付かないが、飛鳥を経由する必要はなかったであろう。

その他にも摂津国内には斜行道路が存在する。河辺郡から武庫郡を通る奈良・平安時代の山陽道も両郡の条里に斜行している。前記したように嶋上・嶋下郡を通る山陽道駅路も斜行していたので、この路線は奈良時代以前とすれば大津宮時代に始まるのかもしれない。この他にも、[8]足利は豊島郡条里を西方から東南方向に切る直線道路があって現在は大阪空港敷地内を通る大阪・兵庫府県境として残ることを指摘し、これを『住吉神代記』の「豊嶋郡城辺山」に関する文中に見える「山中有㆑直道㆒天皇行㆓幸丹波国㆒還上道也」を現在の池田市と川西市との大阪府・兵庫県境となっている尾根伝いの道に比定し、これに連なる道路であろうとしている。

（2）　河内国の斜行道路

前記した西高野街道の北部は河内・和泉国境をなすが、和泉国は元河内国に属していたので、当時は丹比郡と大鳥郡の郡界で、両郡の条里に対して斜行する形をとっている。

足利[9]によって想定された、河内国讃良・河内・高安・大県四郡を通る『延喜式』南海道駅路は、近世の東高野街道に踏襲される直線的路線が想定され、これらは正方位を取る条里の東限界付近を通るが、その北部は北がやや西により、南部ではやや東による方位を示している。『延喜式』駅路は長尾街道を西にとって曲がるが、長岡京当時の南海道はそのまま東高野街道の路線をとって紀見峠を越えて紀伊国に入ったとされる。秋山日出雄[10]は古市郡の条里は東高野街道を堺にして東西の地割が異なり、また東高野街道は両側の条里地割とは方位を異にするが、この道路を基準にしたと見られる条里状方格地割が若干認められることを指摘して、東高野街道を基準とする先行古地割の存在を想定している。

（3）　山城国の斜向道路

足利健亮[11]によれば、平安時代以前の山背（城）国の道路は、大和国内にあった都から北に向かう北陸道・山陰道の路線が南から北に通っていた。すなわち、中ツ道を北に延長した路線は、木津川を渡ってその右岸を北上し、山科盆地を通って近江国湖西に通じる北陸道になり、下ツ道を北に延長した路線は木津川左岸を北上し、淀川を渡って老ノ《おいの》坂《さか》を越えて丹波国に入る山陰道であった。平城遷都の翌和銅四年（七一一）に置かれた山本駅は後者の路線に置かれて、その先で西北にそれて河内国に入る山陽道を分岐した。これらの路線は折線状に通るが、山城国に一般の正方位条里とは斜行することになる。

2　畿内以外における条里に対する斜行道路

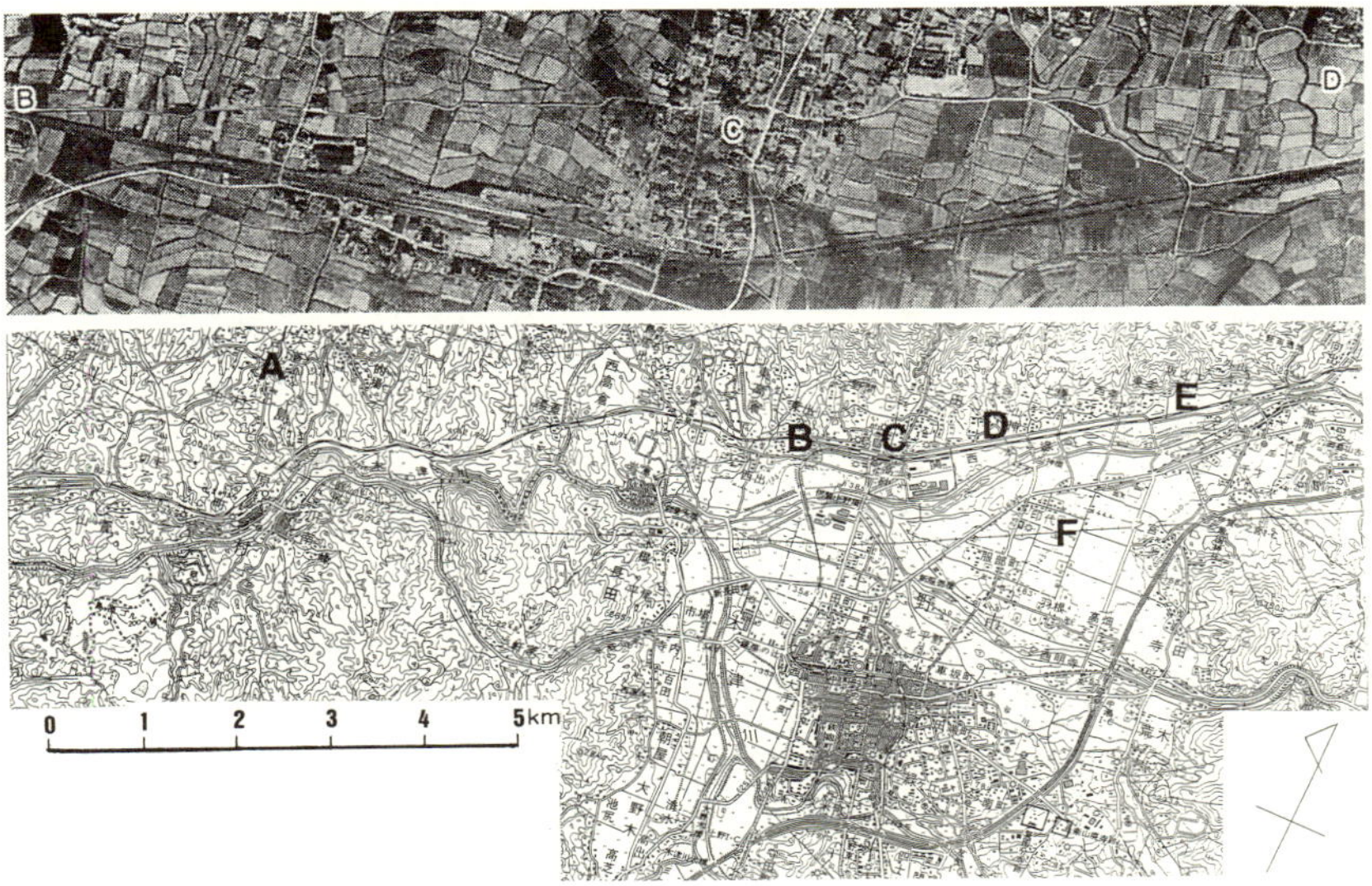

図4—10　伊賀国阿拝郡の斜行道
A 新家駅想定地　C 三田廃寺　E 伊賀国庁　下　従来の国府想定地
空中写真は1946年米軍撮影 M143A-6, 98の部分，地形図は5万分1「上野」の部分をそれぞれ縮小

畿内以外でも条里敷設に先行する道路が条里地割に斜行する例は存在するが、その場合の条里地割は必ずしも正方位をとるとは限らない。たまたま管見に入った事例を以下に列挙する。

（1）　東海道の斜行道路

伊賀国阿拝郡の場合　　伊賀国の条里については谷岡武雄・福永正三[12]による研究があるが、その阿拝郡における条里はほぼ正方位をとっている。ところで、筆者[13]は伊賀市北部で図4—10に示すように条里地割に斜行する直線の道路痕跡を、約一・七キロにわたって空中写真によって認めることができたが、これに沿って奈良時代の寺院跡である三田廃寺がある。この西方は木津川の河谷に入るので条里地割は存在せず道路痕跡も不明になるが、西方約五キロの地点に『続日本紀』和銅四年（七一一）正月二日条に見られる「伊賀国阿閇郡新家駅」があったと想定され、東方も道路痕跡は不明であるが、正しくその延長線上約二キロの地点で伊賀国府[14]が発掘確認

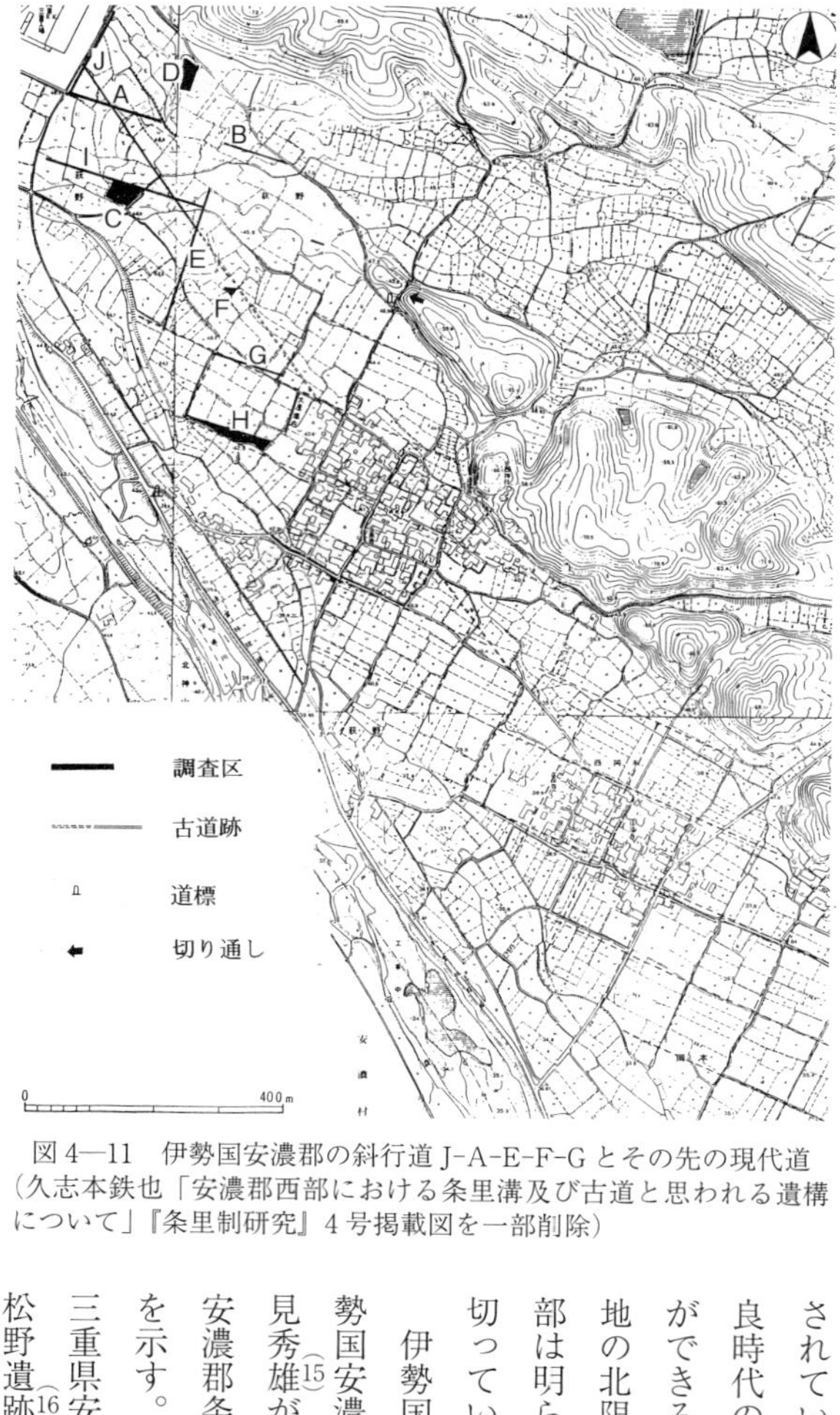

図4—11　伊勢国安濃郡の斜行道J-A-E-F-Gとその先の現代道（久志本鉄也「安濃郡西部における条里溝及び古道と思われる遺構について」『条里制研究』4号掲載図を一部削除）

されているので、この路線は奈良時代の東海道駅路と見ることができる。この路線は条里施行地の北限付近を通るが、その一部は明らかに条里地割を斜めに切っている。

伊勢国安濃郡の場合

伊勢国安濃郡の条里については仲見秀雄[15]が復原しているが、その安濃郡条里は北約一八度東方位を示す。ところが安濃川左岸の三重県安芸郡芸濃町大字萩野の松野遺跡[16]で、両側溝間の心々幅五メートル弱の道路が三箇所で検出され、三〇〇メートル余直線に通ることが認められたが、図4—11に示すようにその方向は条里に斜行し、またその延長上には現在道路が約二〇〇メートルの区間で存在しているので、少なくとも一・四キロを直線に通ったことが考えられる。この道路について、調査者は東海道伊勢路の可能性を示唆しているが、市村駅は岡田登[17]によって安濃川右岸の津市本馬寮に想定されており、この道路の延長方向には安濃町安濃があって安濃郡家の所在を思わせるので、伝路に当たるのではなかろうか。道幅もそれに相応する。なお、安濃郡における駅路の具体的路線は不明であるが、ほぼ安濃川に沿って右岸を通っていたはずであるから、おそらく条里に対しては斜行していたと考えられる。

伊勢国飯高郡と飯野郡の場合　一志郡から飯高郡を通る駅路については足利健亮[18]の研究があり、飯高駅を松阪市駅部田《まえのへた》に想定している。一志郡の条里は仲見[19]により、また飯高・飯野両郡と度会郡の条里については倉田康夫[20]、また櫛田川流域の飯野・多気両郡の条里については谷岡武雄[21]の研究・調査があるが、足利の想定する駅路は一志郡条里に沿って南下し、飯高郡に入るとまたその条里に沿って東約三〇度南方向に通って駅部田に至る。駅部田でまた若干方向を変えて東約一〇五度南方向に向かうが、駅部田から松阪市上川町に至る三キロ弱の区間は飯高郡条里に斜行することになり、道路痕跡を示す地割は僅かに残るだけである。上川町以東は飯野郡条里地割に沿って近世の参宮街道になって櫛田川に達する。

現在は櫛田川の分流となっている祓川が、飯野郡と多気郡の郡界をなすことから、かつては祓川が櫛田川の本流であったと考えられている。前記の直線道は現櫛田川と祓川の間には痕跡を認めないが、祓川右岸の多気郡域にある斎宮跡では明瞭な痕跡があり、発掘によって古代道路の遺構が確認されている。斎宮付近では条里遺構は認められず、斎宮跡は平安時代初期に設定されたと見られる、北が若干西に寄る方位の一辺一二〇メートル（約四〇〇尺）の方格地割を示す[22]が、これに斜行して入る駅路は内部ではこの方格に従って通るように変更されている。なお、多紀郡の条里もやや西偏する南北線を示すが、斎宮跡以遠の駅路路線は不明である。いずれにしても、前述の直線区間は櫛田川を渡って、三郡の八・五キロの区間を直線に通ったことになるので、条里に先行することは明らかで、飯野郡条里はこれを基準線にしたということになる。

武蔵国橘樹郡の場合　多摩川右岸の川崎市中原区・高津区は武蔵国橘樹郡であるが、ほぼ東西南北の条里が施行されていた[23]。条里に対して中原街道が直線的に斜行しており、一部に近世街道に特有のクランク状屈折が見られるが、筆者[24]は全体的に直線に通る中原街道を『延喜式』以前の東海道に想定する。また、東方に丸子橋で多摩川を渡ると自然に大井駅想定地のＪＲ大井駅付近に達するので、『延喜式』駅路もこの路線に合流するものと考えている。

（２）　東山道の斜向道路

近江国栗田郡の場合　　前記したように、近江国湖東平野を通る東山道駅路は条里に沿う部分が多く、またこれに沿って条里余剰帯の存在が認められているが、条里地割に対して斜行する部分も若干存在する。

近江国府は栗太郡域に入る。栗太郡の主条里は北三三度東方位をとるが、国府域からその北方にかけてはほぼ東西南北方向の条里状方格地割が存在し、想定される東山道駅路もこれに沿って通るが、服部昌之[25]は主条里地帯に入った駅路は右折して条里縁辺部を条里に斜行して直線的に通ることを指摘し、足利健亮[26]もこれに同意して、駅路が条里遺構の限界線を通ることから、その敷設は条里施行期に遡るとしている。この路線は約一・五㌔の草津市南笠町まで続くが、足利はその路線をそのまま延長して「野路の玉川」として知られる古泉池付近で、主条里に乗る路線になるとしている。

しかし、その後草津市野路岡田遺跡[27]で路面幅九〜一二㍍の道路が発掘され、その方位は主条里とも前記斜行道路とも異なるが、その南方への延長は空中写真にも痕跡が認められ、正しく南笠町で前述の斜行道路に接続することになるので、主条里に斜行しながら途中で若干方位が変わったことになる。ただし北方への延長は不明で、主条里に沿う駅路路線に何処で合流するかは明確ではない。いずれにしても、栗太郡南部の東山道駅路は条里に対して斜行していたことになる。

近江国野洲郡の場合　　野洲郡の条里は栗太郡主条里と同じ地割であるが、野洲郡内を通る東山道駅路について足利は条里とは無関係に通る近世中山道に踏襲されると解したが、その後、山尾幸久[28]は中主町（現在、野洲市）西河原地区出土の木簡の検討から、同地が七世紀には「馬道里」で「石辺君」が統治していたこと、守山市吉身町にある式内馬路石辺神社は、北五㌔の西河原に縁りがあることなどを指摘して、七世紀代の東山道は西河原地区を通る浜街道であったとした。高橋美久二[29]はこれを参考に、当初の東山道路線を浜海道は疑問として、栗太郡から連続して条里地割に沿う路線に想定したが、西河原地区を過ぎてからは東に折れて条里に斜行して通り、足利の想定路線に合致するものとして、概略の路線を示している。すなわち、足利説は鈍角三角形の底辺を通るのに対して、高橋説はその二辺を通ることになる。また、市大樹[30]は木簡の検討から西河原地区は安評家・野洲郡家であって、木簡にある「馬評」は伊場遺跡木簡にある「驛評」と同様で評家に包括された駅の存在を意味するので、当初の駅は評（郡）家と同所にあったが、後に別地に篠原駅が置かれたものであるとする。

上野国那波郡の場合　関東地方の条里については三友国五郎[31]の研究があり、金田章裕[32]も概観しているが東山道に属する上野・下野両国では一般にほぼ正方位の条里地割が見られ、上野国南部も同様である。上野国の東山道駅路は奈良時代と平安時代とで路線が変ったと考えられているが、高崎情報団地遺跡[33]・玉村町砂町遺跡[34]等で検出された幅約九《メー》《トル》の奈良時代の道路は、奈良時代の東山道と見られるが、北約一〇〇度東方位の直線路線を示して条里に斜行している。この逆方向は浅間山を指すので、これを目標に設定されたものと考えられている。この道路は旧利根川の流路であったと考えられる広瀬川を境に、以東は方向を北約八三度に変えて一直線に旧新田町（現、太田市）に達しているが[35]、その沿線には条里遺構を見ない。

（3）　北陸道の斜向道路

越中国砺波郡の場合　富山県小矢部市域は越中国砺波郡に属するが、耕地整理施行前はほぼ正方位の条里地割が認められていた。越中国砺波郡には東大寺領庄園があって、その絵図が残っていることから古い開発は知られるものの[36]、これらの庄園は庄川流域の僅かの地に限られていて[37]、本市域に見られた条里地域には及んでいなかった。本地域の条里については、谷岡武雄等の調査[38]があり、砺波郡ではほぼ正方位をとる条里遺構が断片的に認められるが、小矢部市域の小矢部川左岸に最も多いことを指摘している。その典型的な条里遺構が認められた石動・藪波地区の北反畝遺跡[39]の発掘調査によって、検出された条里状地割は中世初頭に始まるものであることが明らかになった。一方、本遺跡付近の大字埴生と綾子の境界は、東北東に小矢部市街方向に直線に通るので、ほぼ正方位の条里状地割を斜めに切る状況は空中写真にも明瞭に認められる。筆者[40]はこれを古代北陸道駅路に想定した。

駅路想定線は小矢部市街でやや北東方向に転じるが、此処にも明瞭な直線の痕跡を認め、その一部の桜町遺跡（産田地区）[41]で幅約六㍍の道路が検出され、ここでも南北の条里状地割を示す溝が道路遺構を切っている。以上のように、条里状地割自体が中世起源のものであるから、古代道に想定される路線が先行するのは当然であるが、以上の想定直線道路に平行する地割も認められるということであるから、これらの道路を基準にした条里状地割の施行があった可能性もある。

（4）　山陰道の斜向道路

丹波国氷上郡の場合

服部昌之[42]は丹波国氷上郡の条里と山陰道駅路を復原しているが、条里は狭小な谷合部を除いて大部分が正方位をとっているのに対して、山陰道駅路は郡域を東南から西北に通過するので、条里に斜行して通ることが多い。その中で星角駅所在地に比定される氷上町石生から、青垣町佐治に比定される佐治駅に向かって約二㌔の地点では、想定駅路に沿って道路を基準にした方格地割が存在して、一ノ坪から六ノ坪までの連続坪名があり、しかも坪の進行方向は周辺の条里の坪並とは逆になることから、服部は氷上郡における統一的な条里地割と条里坪並が成立する前に、直線道路を基準とする古い地割と坪呼称が存在した可能性を指摘している。吉本昌弘[43]が斜行する想定駅路に沿って方格地割の名残と「道代《みちしろ》」の存在を認めたのは、これに連なる地域であるから一連の古地割が存在したことが考えられる。すなわち、ここでは直線的に通る山陰道駅路を基準に条里も施行されたが、後に正方位条里に改変したことになる。

但馬国朝来郡の場合

兵庫県和田山町の円山川左岸の加都遺跡[44]で、東北東から西南西方向に約四〇〇㍍を直線に通る最大幅両側溝の心々八・四メートルの古代道路遺構が発掘された。この道路は、『延喜式』山陰道駅路の路線からは離れ、その走行から見て山陰道と山陽道の連絡路に当たると見られるが、文献にも知られない道路である。その報告書によれば、圃場整備以前この地域には特に条里地名は遺存しないが、北が僅かに東に偏する条里地割状の一町方格の地割が存在していた。直線古道はこの方格地割を斜めに切って通ることになる。

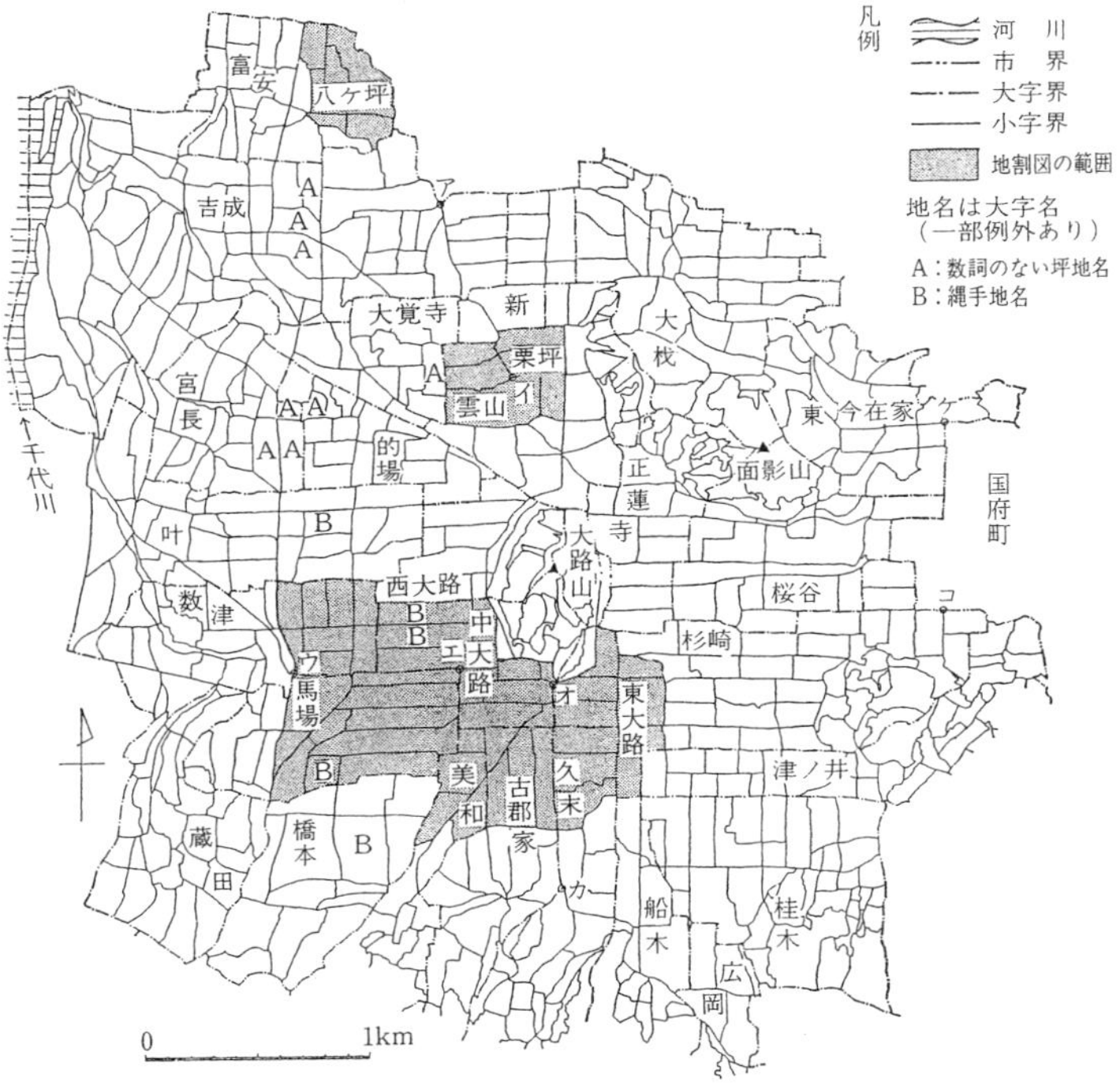

図4―12　因幡国邑法平野の斜行地割（戸祭由美夫原図）

因幡国邑美・法美両郡の場合　戸祭由美夫(45)は鳥取市南郊の邑法（邑美・法美）平野における、正方位をとる条里状方格地割について分析しているが、これらの方格地割は図4―12に示すように破線を堺に地割のずれがあり、東部・北西部・南西部の三地区に分けることができるというが、その境界は平野のほぼ中央に位置する大路山《おおろやま》をめぐって展開し、北西部と南西部の境界（エ―ウ）には約半町の条里余剰帯的存在が認められることである。また、これらの方格地割を斜めに切る直線も大路山から放射する形で認められる。

ところで、因幡国を通る山陰道駅路の経

路については、一般的には中林保(46)に代表されるように、佐尉駅を海岸寄りの福部村（現在、鳥取市）に想定して、駅路は湖山池南岸に想定する敷見駅に直通し、国府へは迂回路によって連絡することになる。一方、大槻如電『駅路通』（下・一九一五年）は内陸の袋川沿いの経路をとって、佐尉駅を国府南方の鳥取市津井に想定しているが、筆者は駅の比定地はともかく駅路の経路としては後者が適当と考えている。戸祭は大路《おおろ》山を文字通りに古代の大路に関係するものとして、大路山北麓から国府の南、国分寺の北を通って袋川東岸の高岡縄手道に達するルートと、大路山南麓から西南に方格地割に斜行して直線に通るルートとを、古代の「大路」だった可能性があるとして挙げている。むしろ筆者は大路山南麓から西方に伸びる半町の余地をもつ線（ウ―エ）に留意したい。すなわち、その先に続いて、やや北に向きを変えて千代川対岸に繋がる地割線もあるからである。これらの東西に通る線を以って山陰道駅路に想定したい。一方、戸祭が指摘するように大路山南麓から西南に通る斜線は斜行道路で、美作への陰陽連絡路に当たる可能性が考えられる。

（5）　西海道の斜向道路

筑前国の場合　　筑前国において大宰府から北に向かう大道の大宰府路は門址の残る水城東門を出るが、これを踏襲する現在道路は北四三度西方位をとって約一キロ継続し、その延長に当たって板付付近(47)で約半キロの小道が認められるが、これらを結ぶ路線上の数箇所で道路遺構(48)が確認されている。この地方の条里は水城の線に直角方向の北三七度西方位をとることが、鏡山猛(49)によって指摘されているので、この道路は条里地割に斜行することが判る。一方、大宰府と鴻臚館を結び、また筑前国早良・怡土両郡から肥前国松浦郡を経て壱岐・対馬に向かう駅路は水城西門を出るが、これを踏襲する現在道路はない。しかしこの路線の鴻臚館に至る間は多くの遺跡で路面または側溝が確認(50)され、その路線は北五五度西方位を示すので条里地割に対して斜行している。以上図4―13に示すように、両道共に条里地割に対して斜行しており、その路線を踏襲する現存地割は極めて少ないので、これらの道路は条里の施行に先行して敷設

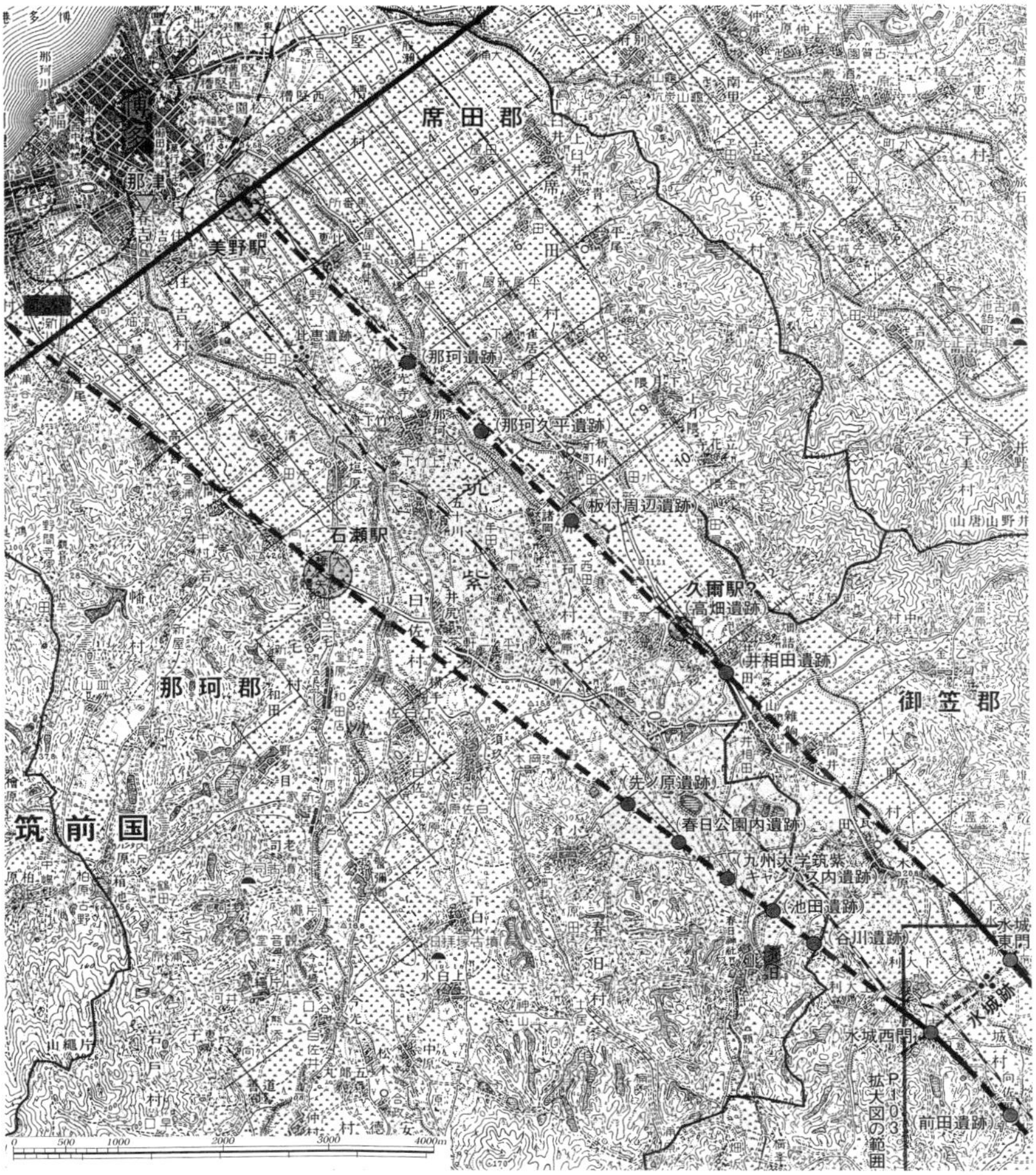

図4—13　筑前国水城北方の斜行道（平凡社刊『地図で見る西日本の古代』より）

されたことが明らかである。また、水城以南のこれらの両道は、前者は北三五度西、後者は北四四度西を指し、いずれも正方位をとる大宰府条坊または条里に対して斜行しているが、殆ど現存地割が存在しないことから見ても、条坊または条里に先行して敷設されたものと考えられる。

筑後国の場合　「車路」地名とこれら繋ぐ大字界によって復原された駅路は御井・上妻・下妻・山門諸郡の条里基準線であるが、筑後市羽犬塚射場ノ本遺跡[51]で検出された幅約六メートルの道路は葛野駅に向かうように北北西方向に通るので、同駅で駅路に合する伝路と思われるが、その設置は駅路よりは古いと見られるので、条里に斜向することでもあり、条里の施行には先行したのであろう。

大隅国の場合　南九州には条里地割を認めることは稀であるが、米倉二郎[52]は大隅国府の所在地である国分平野に条里が施行されたことを指摘し、武久義彦[53]も隼人町の鹿児島神宮の南西にやや菱形の方格地割が認められ、若干の数詞坪名も遺存することを指摘している。その東南方に当たって、これらの方格地割には接しないが、方格地割とは異方向の北東から南西に向かう直線道路があり、隼人塚に達するが、その延長上には幅約二五メートルの帯状地割となって海岸方向に向かっている。その周辺には条里状地割は認められないが、この帯状遺構は周辺の地割に不整合なので、武久はこれを駅路の痕跡と考えている。さらに、その東方にこれとほぼ平行してやはり直線の小道が一・六キロ程続いているので、武久は後者を前者の側道的存在であったか、あるいは後者が当初の駅路として計画・施行されたが、その東を流れる天降川の側方侵食の関係で、西方に前者が本格的な駅路として建設されたのであろうかと推測している。筆者[54]は駅路と伝路は多く並行路線をとることを指摘したことがあるが、あるいはこの両路もその例になるのではなかろうか。条里ではないが、直線古道が周辺地割と不整合の状態を示す例として挙げておきたい。

註

（1）足利健亮「難波京から有馬温泉を指した計画古道」『歴史地理研究と都市研究』上、大明堂、一九七八年。『日本古代地理研究』大明堂、一九八五年、所収。
（2）吉本昌弘「摂津国有馬郡を通る計画古道と条里」『歴史地理学会会報』一〇四、一九七九年。
（3）足利健亮『日本古代地理研究』大明堂、一九八五年。
（4）長山泰孝「畿内制の成立」坪井清足・岸俊男編『古代の日本』5・近畿、角川書店、一九七〇年。
（5）原秀三郎「大化改新と難波宮」直木孝二郎編『難波京と古代の大阪』学生社、一九八五年。
（6）木下良「「大化改新詔」における畿内の四至について—「赤石の櫛淵」の位置比定から—」『史朋』二七、史朋同人、一九九二年。
（7）岩田孝三『関址と藩界—その歴史地理的解明—』校倉書房、一九六二年。
（8）足利健亮『日本古代地理研究』大明堂、一九八五年、一八九〜一九一頁。
（9）足利健亮「河内国」藤岡謙二郎編『古代日本の交通路』Ⅰ、大明堂、一九七八年。『日本古代地理研究』大明堂、一九八五年所収。
（10）秋山日出雄「条里制地割の施行起源—大和南部条里の復原を手掛りとして—」橿原考古学研究所編『日本古文化論攷』吉川弘文館、一九七〇年。
（11）足利健亮「山城国」藤岡謙二郎編『古代日本の交通路』Ⅰ、大明堂、一九七八年。『日本古代地理研究』大明堂、一九八五年、所収。
（12）谷岡武雄・福永正三「伊賀国の条里制」弥永貞三・谷岡武雄編『伊勢湾岸地域の古代条里制』東京堂出版、一九七九年。
（13）木下良「三重県上野市域にみる古道痕跡（東海道伊賀国新家駅・国府間）」『古代を考える　古代道路』吉川弘文館、一九九六年。
（14）三重県埋蔵文化財センター『伊賀国府推定地』一九八九年。同『伊賀国府跡（第4次）』一九九一年、他。
（15）仲見秀雄「（伊勢国）安芸・安濃・一志郡の条里制」弥永貞三・谷岡武雄編『伊勢湾岸地域の古代条里制』東京堂出版、

一九七九年。
(16) 久志本鉄也「安濃郡西部における条里溝及び古道と思われる遺構について」『条里制研究』四、条里制研究会、一九八八年。
(17) 岡田登「伊勢国市村駅家所在地考」『皇學館論叢』一三—六、一九八〇年。
(18) 足利健亮「日本古代の計画道路」『地理』二一—一〇、古今書院。『日本古代地理研究』大明堂、一九八五年、所収。
(19) 前掲註(15)。
(20) 倉田康夫「(伊勢国) 飯高・度会郡の条里制」弥永貞三・谷岡武雄編『伊勢湾岸地域の古代条里制』東京堂出版、一九七九年。
(21) 谷岡武雄「櫛田川中・下流域の条里」藤岡謙二郎編『河谷の歴史地理』大明堂、一九五八年。「(伊勢国) 飯野・多気郡の条里制」弥永貞三・谷岡武雄編『伊勢湾岸地域の古代条里制』東京堂出版、一九七九年。
(22) 山中章「斎宮方格地割の設計」『条里制・古代都市研究』一七、条里制・古代都市研究会、二〇〇一年。
(23) 深谷正秋「条里の地理的研究」『社会経済史学』六—四、一九三六年。三友国五郎「関東地方の条里」『埼玉大学紀要』社会科学編歴史学・地理学八、一九五九年。足利健亮「多摩川南岸域の条里」『空から見た古代遺跡と条里』大明堂、一九九七年。
(24) 木下良「東海道」木下良編『古代を考える　古代道路』吉川弘文館、一九九六年。「総説・神奈川の古代道」藤沢市教育委員会編『神奈川の古代道』一九九七年。『道と駅』大巧社、一九九八年。
(25) 服部昌之「草津市とその周辺の条里」『草津市吉田の条里景観遺存地区の歴史地理学的調査報告』滋賀県草津市、一九七四年。
(26) 足利健亮『日本古代地理研究』大明堂、一九八五年。
(27) 岡田雅人「野路岡田遺跡の道路遺構について」『古代交通研究』一三、古代交通研究会、二〇〇三年。
(28) 山尾幸久「古代近江の早馬道」上田正昭編『古代の日本と渡来の文化』学生社、一九九七年。
(29) 高橋美久二「古代近江国の東山道」『地図と歴史空間』大明堂、二〇〇〇年。

（30）市大樹「西河原木簡群の再検討」（財）滋賀県文化財保護協会・滋賀県立安土城考古博物館編『古代地方木簡の世紀―西河原木簡から見えてくるもの―』（財）滋賀県文化財保護協会、二〇〇八年。
（31）前掲註(23)三友国五郎「関東地方の条里」
（32）金田章裕「（東国）開発」藤岡謙二郎編『日本歴史地理総説』古代編、吉川弘文館、一九七五年。
（33）長井正秋「高崎情報団地遺跡の古代道路遺構」『古代交通研究』四、古代交通研究会、一九九五年。
（34）中里正憲「群馬県砂町遺跡の古代道路遺構」『古代交通研究』九、古代交通研究会、一九九九年。
（35）坂爪久純・小宮俊久「古代上野国における道路遺構について」『古代交通研究』創刊号、古代交通研究会、一九九二年。
（36）金田章裕「東大寺領庄園の景観と開発」浅香年木編『古代の地方史』4（東海・東山・北陸編）朝倉書店、一九七八年。『条里村落の歴史地理学的研究』大明堂、一九八五年所収。
（37）弥永貞三・亀田孝之・新井喜久夫「越中国東大寺領庄園絵図について」『続日本紀研究』五〇、一九五八年に図示。
（38）谷岡武雄「歴史時代に於ける扇状地の開発」『平野の開発』古今書院、一九六四年。
（39）伊藤隆三「北反畝遺跡の調査からみた砺波郡西部域の条里地割」『条里制研究』六、条里制研究会、一九九〇年。「小矢部市内で発掘された古代道」『古代交通研究』一、古代交通研究会、一九九二年。
（40）木下良「古道と条里」『条里制の諸問題Ⅱ』奈良国立文化財研究所、一九八三年。「古代北陸道の交通・雑感」『加能史料会報』三、加能史料編纂委員会、一九八七年。
（41）小矢部市教育委員会「桜町遺跡（産田地区）」『平成五年度小矢部市埋蔵文化財発掘調査概報』一九九四年。
（42）服部昌之「古代における丹波国氷上郡の空間構成」『人文研究』二九―六、大阪市立大学、一九七七年。
（43）吉本昌弘「古代駅伝路における道代の幅員について」『古代交通研究』九、一九九九年。
（44）吉識雅仁・甲斐昭光「兵庫県和田山町加都遺跡の道路遺構」『古代交通研究』八、古代交通研究会、一九九八年。兵庫県教育委員会『加都遺跡Ⅰ』（兵庫県文化財調査報告二八五）二〇〇五年。
（45）戸祭由美夫「邑法平野地割考」『人文地理学の視圏』大明堂、一九八六年。
（46）中林保「因幡国」藤岡謙二郎編『古代日本の交通路』Ⅲ、大明堂、一九七八年。

(47) 木下良「福岡市博多区板付六丁目付近に存在した道路状遺構」（科学研究費研究成果報告書）『日本古代律令期に敷設された直線的計画道の復原的研究』國學院大學、一九九〇年。
(48) 山村信榮「大宰府周辺の古代官道」『九州考古学』七四、一九九三年。「筑前国」古代交通研究会編『日本古代道路事典』八木書店、二〇〇四年。
(49) 鏡山猛『九州考古学論攷』「三　筑紫地方の条里」吉川弘文館、一九七二年。
(50) 前掲註(48)。
(51) 筑後市教育委員会『羽犬塚射場ノ本遺跡（第四次調査）発掘調査報道関係資料』、二〇〇七年三月。小林勇作「福岡県筑後市周辺の遺跡―駅路と伝路―」『考古学ジャーナル』五六六、二〇〇七年。
(52) 米倉二郎「条里の南限―肥後及び大隅の条里―」『史学研究』六六、一九五七年。
(53) 武久義彦「国分平野西部の想定駅路」（科学研究費研究成果報告書）『空中写真判読を中心とする歴史的景観の分析手法の確立』奈良女子大学文学部地理学教室、一九九二年。
(54) 木下良「古代道路の複線的性格について―駅路と伝路の配置に関して―」『古代交通研究』古代交通研究会、一九九六年。

三　条里施行後に敷設された道路

1　条里に斜行する場合

以上に述べたように、一般的に古代計画道路は条里地割の施行に先行して敷設されることが多いが、条里施行後に敷設されたと見られる場合がある。これらがどのような形で現われるかについて、足利健亮[1]は図4―14に示すように、道が先行して敷設された後に条里が施行された場合は、道は条里地割に影響されて条里に順応した形に曲がる箇所が生じるのが通例であるとして、直線道が整然と条里地割を切るありようは条里地割が先で道が後と判断されるとしている。

後者の典型例として山城国乙訓郡を通る久我畷(2)を取り上げて、久我畷は平安京の朱雀大路の羅城門外への延長路である鳥羽作り道の先端から山崎駅に直行するために、正方位をとる乙訓郡条里を切って新たに作られた山陽道（南海道も併用）路線であるとし、一方、条里に先行した直線道路であったが、条里施行後に条里地割に沿うように変更された路線の例として、摂津国嶋上郡を通る山陽道(3)を挙げている。なお、平安京の朱雀大路は条里とは無関係に設定されたから、鳥羽作り道も条里施行後に条里地割と平行方向に新たに敷設された道路であるとする。服部昌之(4)によれば、条里制の確立は八世紀中頃で、阡陌の施行はそれを遡ることになるから、少なくとも平安京の設置当時には畿内においては条里制が施行されていたことになる。従って平安遷都に伴う道路の設置は条里以降であることは確実であるということになる。

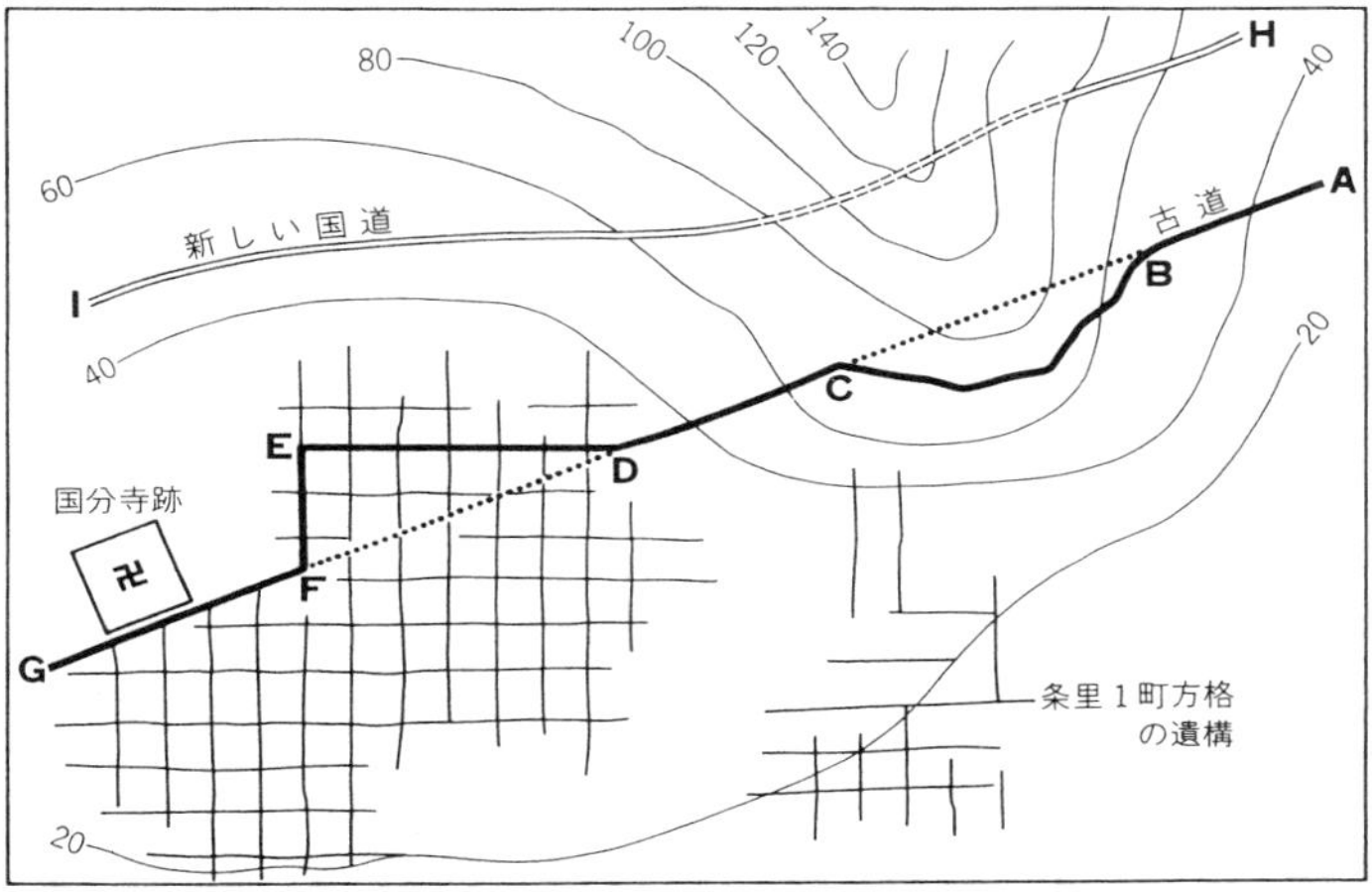

図4—14　足利健亮が云う条里地割による古代道路の改変

　しかし、足利が云うように、条里に先行して敷設された直線道路が、後の条里施行によってその地割に影響されて条里方格に沿うように路線が変更されるというのは、果たして事実であろうか。前記した全国各地に残る条里に対する斜行道路には、そのように変更された例は極めて稀であったように思う。少なくとも駅路または伝路として機能している間は、そのような変更はありえなかったのではなかろうか。足利が例として挙げた摂津国嶋上郡における山陽道駅路は、近世の西国街道の路線から外れる地点で発掘(5)されたが、九世紀後半に大規模な整備が行なわれていると云うことであるから、路線の改変はより後世のことになる。とすれば、条里に対して斜行する道路が条里に先行するか、条里が先行するかは極めて判断が難しく、少なくとも現存地割だけでは判断できないことになる。

上野国における東山道路線が初めて明確になったのは、金坂清則(6)による高崎から前橋に至る路線で、地形図に見える直線道路と直線的市町界によって想定され、また空中写真にも明瞭な直線の痕跡を示すものであった。金坂はこれを安中市上野尻・下野尻に比定される野後駅から、前橋市元総社町に想定される上野国府前面を通って、前橋市街に想定される群馬駅に至る東山道駅路とした。

この道路は数箇所で発掘調査(7)された結果、両側溝を備える幅四・五〜七メートルの道路が確認されたが、その敷設は九世紀後半を遡らないことが明らかになった。上野国にはほぼ正方位の条里遺構(8)が認められたが、前橋市の南方、高崎市の東方に最も広く分布しており、この道路もその条里遺構を斜めに切って通る。横倉興一(9)によれば、国府を中心にした群馬郡条里方眼は国分寺設定を規制しており、『上野国交替実録帳』に天平一四年（七四二）の田図が記されていることから、この頃には国内の条里地割はほぼ完了していたとの推測がなされている。また『交替実録帳』には弘仁二年（八一一）を初めとする班田図も挙げられているので、前記のように駅路が九世紀後半に敷設されたとすれば、明らかに条里地割が先行することになる。また横倉(10)によれば、東山道駅路は東西に並んだ二つの里の東北隅と西南隅を結んだ形で通ることになるので、駅路の設定は条里を基準に行なわれたことになる。

2　条里地割を利用したと見られる場合

（1）大和国の例

平安時代初期の成立と見られる『日本霊異記』下巻に「女人《にょにん》、濫《みだりがわ》シク嫁《とつ》ぎて、子に乳《ち》に飢《う》ゑしむるが故に、現報を得る縁《えにし》　第十六」という説話が載せられている。乳児を見捨てて再婚した女性が、乳が腫れるという報いを受けたという話であるが、文中にある次のような一節、「大和の国鵤《いかるが》の聖徳王《しょうとこおう》の宮の前の路より、東を指して行く、其の路鏡の如く、広さ一町許、直きこと墨縄《すみなわ》の如く、辺《ほとり》に木草立てり」がある。すなわち聖徳太子の宮殿であった後の法隆寺東院の前から東方に向かう道が、直線道で幅が一町ほどあったということである。この道路は斑鳩から東に向かう横打《よこうち》とか横道《よこみち》または北の横大路《よこおおじ》と呼ばれる道路に当る。

ところで、関野貞(11)によって復原された大和盆地の条里は、平城京南において下ツ《しもつ》道《みち》を堺に路東と路西とに分かれるが、添下《そうのしも》郡では路西条里は路東条里に対して一条と一町分すなわち七町北にずれており、平群《へぐり》郡との境界で一町幅の空白を置いて調整されるが、その境界は一・二里では七条と八条、三里以西は五条と六条の間になっている。

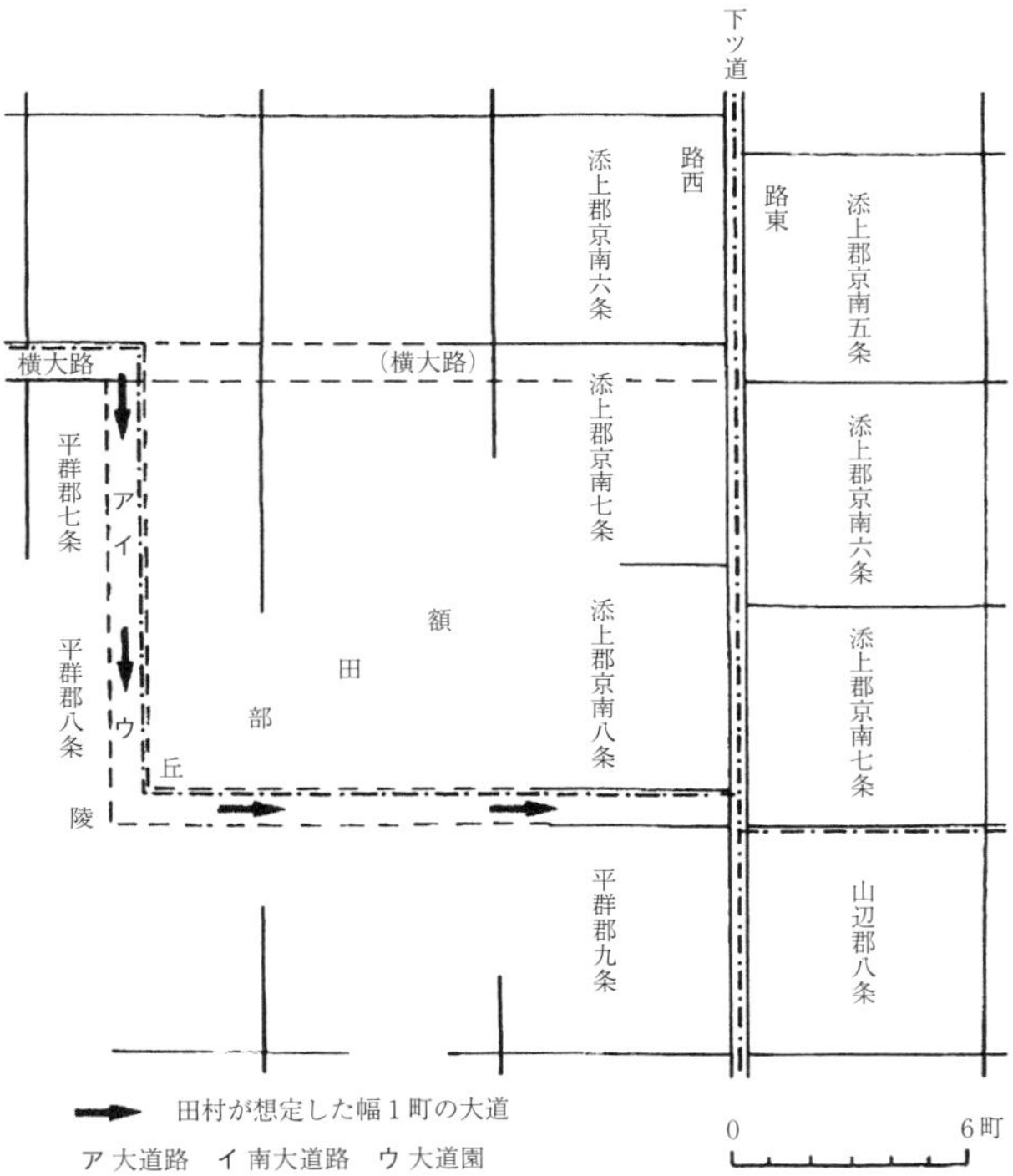

図4—15　田村吉永説による道幅１町の道路

この一町のずれについて、田村吉永[12]は図4—15に示すように、北の横大路から分岐して下ツ道に合する別路の敷地と解した。一・二里と三里以西とで南北に二条分のずれがあるが、田村はこの間を南北に繋ぐ道路の存在が、平群郡七条一里に存在する大道路・南大道路の両字地名、さらにその三町南の平群郡八条三里に存在する大道園の地名などによって想定され、さらにこの道路は東折して前記添上郡八条と平群新九条との間の幅一町の地帯に連なるとする。またこの道路は添下郡と平群郡の郡界に当たるとする。すなわち以上の大道はクランク状に屈折することになり、その道筋が郡界になっていることになる。

『大和国条里復原図』によれば、まさしく字大道路・南大道路と大道園の字名が南北に並んで見られるが、大道園の付近は額田丘陵にかかって条里地割は見られない。千田稔[13]は田村が道路の幅員が一町であったとする根拠を挙げていないことを指摘して、一〇〇《メートル》以上もある道路の存在は考え難いとしているが、両者共に言及していないものの『日本霊異記』の一文は注目すべきではなかろうか。少なくとも、霊異記が編纂された平安時代初期の人は、幅一町の道路に対して特に違和感を持っていなかったことになる。

現在は一般に北の横大路は添下郡七条の一番北側の坪列の南側に沿って、そのまま東に通って路東条里の添上郡五条と六条の堺をさらに東に通ると考えられており、田村説の場合何故屈曲路線をとるかが疑問になるが、もし条里施行後に大道を敷設する際に条里の坪をそのまま道路敷にしたと考えることができれば、その想定路線が郡界にもなっていることから見て、もっとも合理的な解釈になるように思われる。

（2）山城国の例

足利健亮[14]は保元三年（一一五八）の「山城国安祥寺領寺辺田畠在家検注帳案」（『平安遺文』二九二三号）に見える次のような記事に注目して、平安遷都後に山科盆地に新たに設定された東海道（兼東山・北陸両道）が幅員一町の大道として計画され、そのかなりの部分で実際に造成された可能性を指摘している。

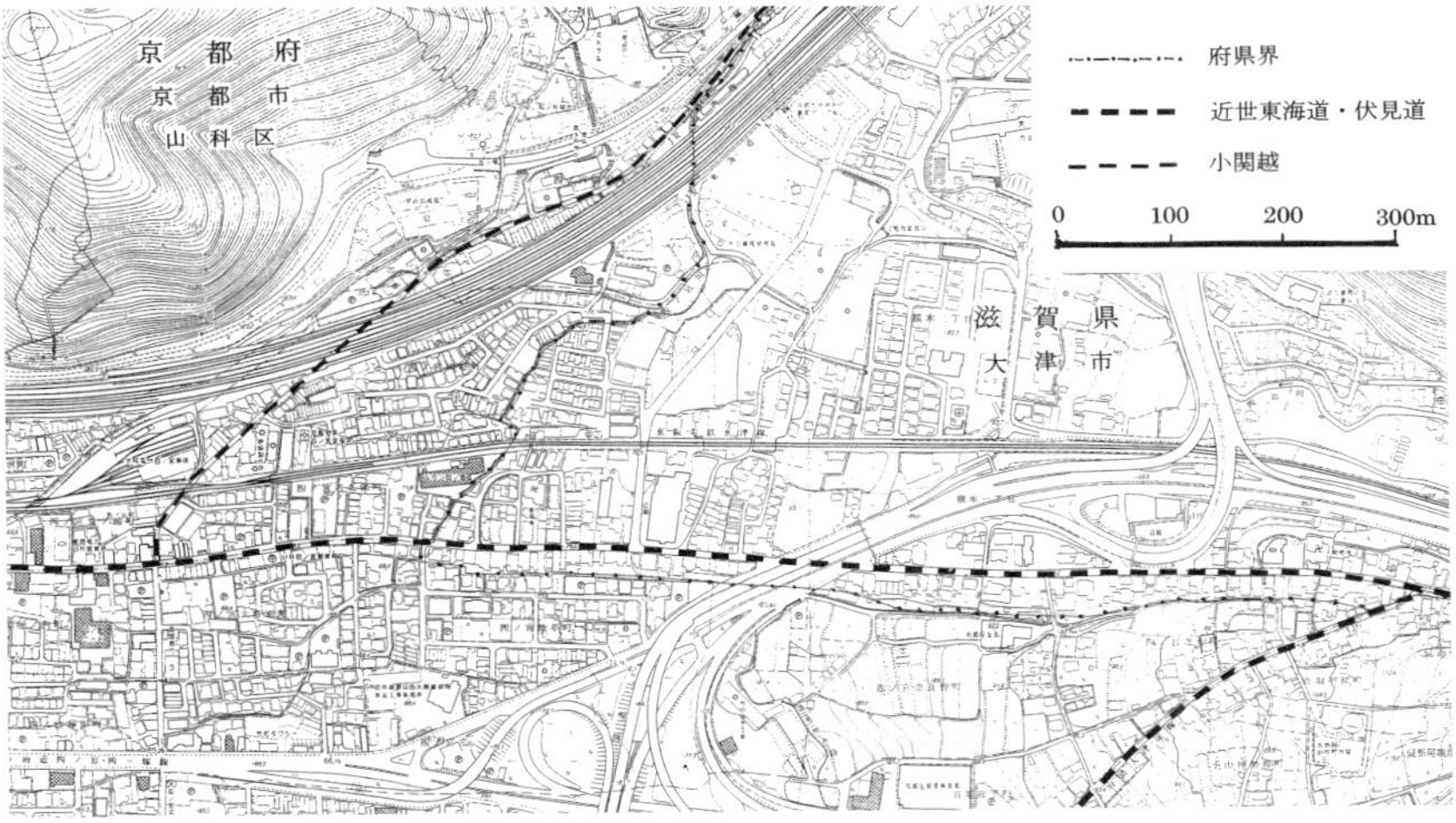

図4—16　山科盆地を通る東海道の遺構

寺中
一所一町 乍田六反 乍畠四反
（中略）
大路
大槻里
卅六坪一町 乍四反半 屋居一反 乍畠三反 池一反半　重次
石雲里
卅一坪一町乍畠九反　大路一反　備後掾
卅二坪一町巳乍畠　吉末
卅三坪一町巳乍畠
卅四坪四反巳乍畠　武恒
（以下略）

大槻里と石雲里は西東に並んでいるが、またこれらの坪は両里の北端の坪からなっており、近世の東海道は両里のほぼ北端を通っていた。そこで、これらの坪が「大路」の語で括られているということは、これらの坪が道路敷地になっていたのではないかとするものである。一方、石雲里三一坪のうち一反が大路と記されていることに注目すれば、この一反を坪の北辺に東西に配された長地型地割（六間×六〇間地割）の一反と想像して、幅六間の道路とすることも考えられるが、やはり最初に「大路」として括っている意味が不明になるので、足利は幅一町という大道が計画されたが、後には寺領に組み込まれて一箇所だけが島状に道路敷として残ったのではないかとする。史料が平安時代末期の保元という時代であることを考えると、十分に考えられる想定である。

これに対して、鳥居治夫[15]から幅一町は安祥寺の前面だけを意味するのではないかとの疑問が提出されたが、安祥寺の前面だけでなく、山科盆地を通る東海道がかなりの道幅を採っていたと思われることは、以下の状況からもうかがわれる。図4―16に示す場所は西が大津市に入った地点で、東は伏見道の追分までの一キロ弱の区間にわたっての部分であるが、近世東海道の南側に並行して京都市との境界線が通っており、道路との間に幅四〇メートル前後の帯状空間を形成し、武部健一『完全踏査古代の道』（吉川弘文館）図9に示すようにこれがかつての道路敷であったと思われる状態を示しているが、これは近世東海道よりもさらに北側に広がっていた可能性がある。

筆者はこれを平安時代初期の東海・東山道の遺構と考えて、平安時代にこれらの両道併用路が山科盆地に新設された際には、条里方格を利用してその一町幅を道路用地に当てたものと考えたい。もっとも、その全面が路面になっていたのではなく、前記の大和国の場合と同様に道の「広さ一町許《ばかり》」であっても、「辺《ほとり》に木草立てり」という状況であったのであろう。

註

（1）足利健亮『日本古代地理研究』大明堂、一九八五年、五二頁。

（2）前掲書、「鳥羽の作り道と久我縄手」。

（3）前掲書、「摂津を東西に貫いた計画的山陽道の復原」。

（4）服部昌之『律令国家の歴史地理学的研究』大明堂、一九八三年、二二二頁。

（5）高槻市教育委員会『嶋上郡衙跡他関連遺跡発掘調査概要一四』一九九〇年。
（6）金坂清則「上野国府とその付近の東山道、および群馬・佐位駅について」『歴史地理学紀要』一六、歴史地理学会、一九七四年。「上野国」藤岡謙二郎編『古代日本の交通路』Ⅱ、大明堂、一九七八年。
（7）群馬県群馬町教育委員会『推定東山道』群馬町埋蔵文化財調査報告一九、一九八七年、他。
（8）三友国五郎「関東地方の条里」『埼玉大学紀要』（社会科学編）八、一九五九年。
（9）横倉興一「上野国府周辺における条里遺構の問題点」『条里制研究』二、条里制研究会、一九八六年。
（10）前掲註（9）および『条里制の諸問題Ⅲ』（条里制研究会記録3）奈良国立文化財研究所、一九八四、における横倉の発言と配布図。
（11）関野貞「平城京及び大内裏考」『東京帝国大学紀要』（工科・三）一九〇七年。
（12）田村吉永「大和平野における条里制施行の年代」『大和志』九―八、大和国史会、一九四二年。
（13）千田稔「下ツ道の条里について」上田正昭編『探訪古代の道』（一・南都をめぐるみち）、法蔵館、一九八八年。
（14）前掲註（1）、三四～三七頁。
（15）『条里制の諸問題Ⅱ』（条里制研究会記録2）奈良国立文化財研究所、一九八三年、一五三～一五四頁。

四　直線的古代道路と条里地割との関係についての総合所見

以上述べてきたことから総合的に古代に敷設された直線道路と条里地割との関係を考えて見ると以下のように考えることができる。

すなわち畿内においては、先ず『日本書紀』推古天皇二十一年（六一三）十一月条に「自二難波一至レ京置二大道一」と見える大道を始めとして、大化改新以前に敷設された道路は目的地に最短距離で到達するように直線的に敷設されたので、特に方位を限定しないいわゆる斜向道路であったと考えられる。

斉明・天智朝になって、大和・河内・摂津・山背の畿内の大部分と近江国南部にわたって、正方位道路を基準にして条里地割が施行された。その結果、従前の斜向道路は特に必要のない部分は条里地割によって消去されるに至った。以後の道路は殆ど正方位道路になるが、特に平安京設置後の駅路新設に際して「久我畷」のように改めて斜向道路を通すこともあり、また正方位道路でも条里の坪をそのまま道路敷にする幅一町という道路も新置された。

これに類する例を二・三の地域で考えて見たい。

大宰府周辺の場合　　大宰府に条坊が施行されていたことは『観世音寺文書』によって知られるが、右郭と左郭からなり、条と防（坊）による区画がなされ、天延三年（九七五）「兵馬所解　申請府符事」によれば、左郭では廿二条、十二防（坊）まではあったことが知られる。鏡山猛[1]は大宰府条坊を条里に沿うものとして、最初は正方形の府域を考えて両郭とも一町方格の二四条と左右一二坊からなる条坊を想定したが、後には二二条までとした[2]。一方、金田章裕[3]は『観世音寺文書』の再検討と現状の畦畔を基本に、一区画約一〇〇メートルという方格の二二条左右各一二坊の復原案を提示し、この条坊の形成期は『観世音寺文書』に記載される一〇世紀前後とした。しかし、発掘結果ではこれらの復原案とは異なる結果を生じたので、狭川真一[4]は発掘成果を参考にして、南北一一一メートル×東西八四メートルという長方形の区画を想定し、その面積は金田の想定区画の面積に近い値を示す案を提示した。ただし、条坊の広がりについては不明である。いずれにしても奈良時代の状況は全く不明である。

大宰府条坊推定地域の方格地割は鏡山が推定した条里と同様の一町方格にはならないことは金田が指摘したところであるが、その周辺についても正方位の条里状方格地割が果たして条里になるのか明確にはされていない。

一方、水城以北では鏡山[5]が指摘するように、水城を基準にしたと思われる北三七度西方位の条里地割が福岡平野一帯に展開する。水城には東門と西門があり、それぞれ駅路が通じていた。東門を出る駅路は「府の大道」と呼ばれ山陽道に連絡する大路であるが、鏡山はおそらく条里に沿ったものであろうとしている。日野尚志[6]も水城の両門から出る駅路は共に福岡平野の条里に沿うものとして想定している。しかし前述したように、その後両道共数箇所の発掘調査によって、いずれも条里とは方向を異にする直線道路が検出された。これらについては山村信榮(7)の概観があるが、すなわち、東門を出る「府の大道」は約四三度西、西門を出る壱岐・対馬路は約五五度西方向をとるという。西門ルートは丘陵地帯を通ることもあって、これらの両道は地上に痕跡を殆ど残さないので、あるいはある時期から条里に沿う路線に変更したことも考えられよう。いずれにしても、福岡平野では直線道路が先に敷設されて、後に条里が施行されたことになる。

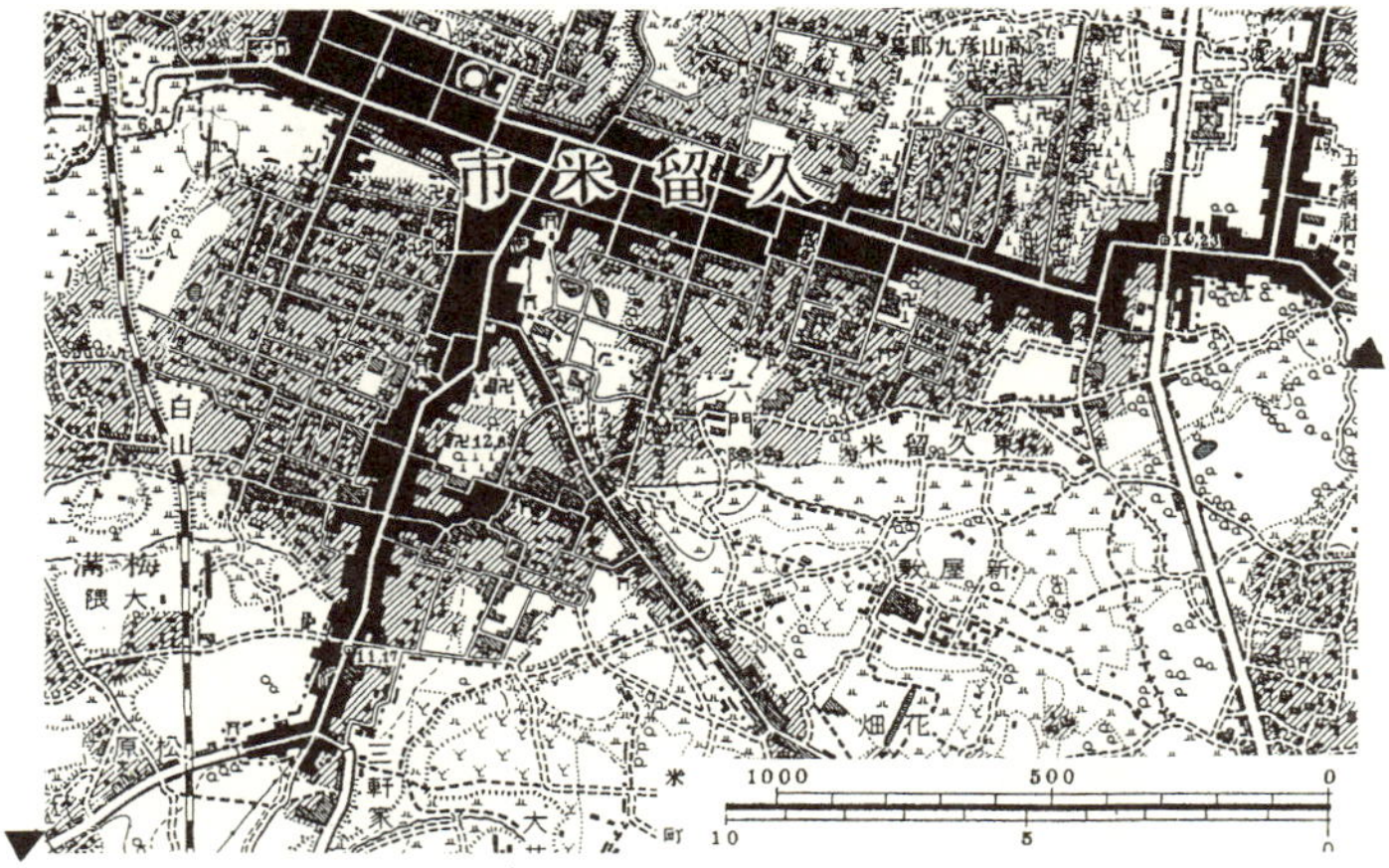

図4―17　久留米市街南部の道路状遺構（1900年測図2万分1地形図「久留米」）

　同様に水城内部の大宰府側でも両道の方向は水城以北と異なるが、正方位の条里状地割には斜向していたことになるので、おそらく道路が先に通り、後に正方位地割が施行されたことになろう。太宰府市内で発掘された西門ルートの道路としては向佐野の前田遺跡があり、北約四二度西方位をとって約一五メートル幅の直線で検出された。

　筑後国の場合　第二節で条里に斜向する道路の例として筑後市羽犬塚射場ノ本遺跡(8)で検出された幅約六メートルの道路を挙げ、その設置は駅路よりは古いと見られ、条里に斜向することでもあり条里の施行には先行したのであろうとしたが、他にも明治三三年（一九〇〇）測図の正式二万分の一地形図「久留米」図幅（図4―17）によれば、久留米市街南端の三軒屋から東北東に市街東端の篠原付近まで約二キロを結ぶ帯状窪地からなる道路状遺構が認められるが、三瀦郡家に比定される久留米市大善寺町中津の道蔵遺跡[9]から、駅路に連絡する伝路に当る可能性が高く、また、駅路の東側の久留米市枝光では筑後初期国府や国府に先行する官衙または軍事施設も検出されているので、これらに連絡するものであったかも知れない。日野尚志[10]はこれを道路遺構と考えて、あるいは更に延長して御井郡家とされるヘボノ木遺跡[11]まで延びる可能性があるが、この区間は筑後国府関係の調査でかなり発掘されているが道路遺構は検出されていない。この道路状痕跡が伝路とすれば、駅路や駅路を基準に施行されたと考えられる条里に先行する道路であったことになる。

また御原郡の条里は直線の筑後・肥前国境を基準にほぼ正方位地割を示すが、条里に斜向する幅約六メートルの道路遺構が数箇所で発掘検出されている。日野尚志[12]はその一つは駅路から分かれて初期御原郡家に比定される小郡官衙遺跡[13]に向かうと見られること、また久留米市北野町で発掘された幅約六メートルの道路の路線を延長すれば、前記道路とほぼ直角に交差して、肥前国駅路から東南に筑後川に達するものと考えられることを述べている。いずれにしても、筑後国御原郡には条里に斜向する道路があり、これらはいずれも九世紀には機能しなくなっていることから伝路であった可能性が高いが、ここでも伝路が条里に先行して敷設されていたとみられることになる。

以上によって伝路が駅路より先に敷設され、したがって駅路を基準に施行された条里地割に先行することになるから、伝路の必要性が低下するに従って条里施行地の伝路は消滅することになったと考えられる。たまたま条里地割の施行が行なわれなかった台地などでは遺構が残ることもあるのであろう。

註

（1）鏡山猛『北九州の古代遺跡―墳墓・集落・都城―』〈日本歴史新書〉至文堂、一九五六年。

（2）鏡山猛『大宰府都城の研究』風間書房、一九六八年。

（3）金田章裕「大宰府条坊プランについて」『人文地理』四一―五、一九八九年。
（4）狭川真一「大宰府条坊の復原―発掘調査成果からの試案―」『条里制研究』六、一九九〇年。
（5）前掲註（1）。
（6）日野尚志「西海道における大路〈山陽道〉について」『九州大学文学部九州文化史研究所紀要』三二、一九八七年。
（7）山村信榮「大宰府周辺の古代官道」『九州考古学』七四、一九九四年。「筑前国」古代交通研究会編『日本古代日本道路事典』八木書店、二〇〇四年。
（8）小林勇作「福岡県筑後市周辺の遺跡―駅路と伝路、その構造の違い―」『考古学ジャーナル』五六六、二〇〇七年。
（9）近澤康治「道蔵遺跡」『久留米市史』一二〈資料編考古〉一九九四年。
（10）日野尚志「肥前国東部の駅地について」『古文化談叢』六五（3）、二〇一一年。
（11）園井正隆「ヘボノキ遺跡」『久留米市史』一二〈資料編考古〉一九九四年。
（12）日野尚志「最近の発掘で検出された古代の道路状遺構について―筑前・筑後・豊前・肥前四国の場合―」『古代交通研究』九、一九九九年。
（13）中島達也「9小郡官衙遺跡」『小郡市史』四・資料編（原始・古代）、二〇〇一年。

第五章　地図類による古代道路路線の想定

本章では、主として旧陸軍陸地測量部から現在の国土地理院に引き継がれて作製されてきた新旧各種の地形図の他に、国土基本図また各自治体作製の基本図などの大縮尺の地図類による古代道路の検出について述べる。また、僅かであるが地籍図を利用したものもある。

一　現在道路に踏襲されたと見られる古代道路

古代道路が直線的路線をとって計画的に造成されたとするならば、近世街道などが直線的に通っている場合には、古代道路の路線を踏襲している可能性を考えなければならない。その検出には旧版の地形図が先ず有用であるが、特に明治初年に作成された関東地方の二万分の一迅速測図、関西地方の二万分の一仮製地形図などは利用価値が高い。

これら近世の道路が途中に若干の屈曲があっても、全体を見通して直線になる場合には、後世に改変された可能性がある。その典型的な例を前記した足利健亮(1)による摂津国三島地方において西国街道に踏襲された山陽道路線や、近江国湖東平野を通る近世中山道に踏襲された東山道路線などの復原に見ることができるが、特に条里地割によって改変された古代道路の復原を示す前掲模式図は説得力がある。

また、大縮尺地図によらなければならないが、古代道路は条里余剰帯によっても知られるようにかなり広い道路敷をもっていたから、かつての古代道の道路を踏襲して通る現代道路は旧道路敷内でクランク状の屈折を見せることがあり、また現在に残る道筋は若干屈曲するものの古代の道路敷内に収まって通ることがある。

前掲図4―2は前者の例であり大和国の下ツ道の名残を示す。すなわち、下ツ道の路線を踏襲する近世の中街道は幅四メートル前後であるが、この地点で現在の国道二六号に踏襲される奈良盆地北部の主要東西道であった「北の横大路」と交差する。この交差点の北側中では中街道は旧下ツ道の西寄りを、交差点から南では東寄りを通るが、下ツ道は条里余剰帯を含めると約四五メートルあったから、結局四〇メートル近くクランク状にずれることになり、全く別路である感を抱かせることになっている。

1　古代道という伝承を持つ直線的道路の例

下野国将軍道の場合　下野国新田駅については、近世の地誌書『下野国誌』が櫻野村上野新田（さくら市氏家町櫻野）に比定して以来これに従う説が多かったが、大槻如電『駅路通』上（一九一一年）は「葛城村に長者平といふ所あり。土中より焼米を出す伝云ふ。鴻野長者とて後三年の役に清原氏に心を通じ、八幡太郎を害せんとせしが事顕れ焼打にせられ、其の墟より焼米を出すなりと。即ち駅長の墟なり」としている。今の那須烏山市鴻野山である。地形図を見れば図5―1のようにその北側を直線的に通る小道があり、源義家が通った道跡と伝え「将軍道」と呼ばれている。那須烏山市とさくら市喜連川町との市界になっており、また芳賀郡と塩谷郡の郡界でもあった。この道路に注目したのは足利健亮[2]でこれを東山道駅路の遺構とし、次いで金坂清則[3]が新田駅と東山道について詳細な調査をしている。一九八八年に将軍道の一部の発掘調査[4]が行なわれ、八世紀から一〇世紀にかけて機能した道路跡が検出された。現在は幅三〜四メートル程度のものであるが、九世紀段階の道幅は約六メートルで、八世紀代にはもっと広かったと見られるが、その道幅は計測できなかった。この道路の特徴は図に示すように、丘陵地帯と河谷部を含む起伏の多い地形を四・三キロの区間にわたって一直線に通ることである。

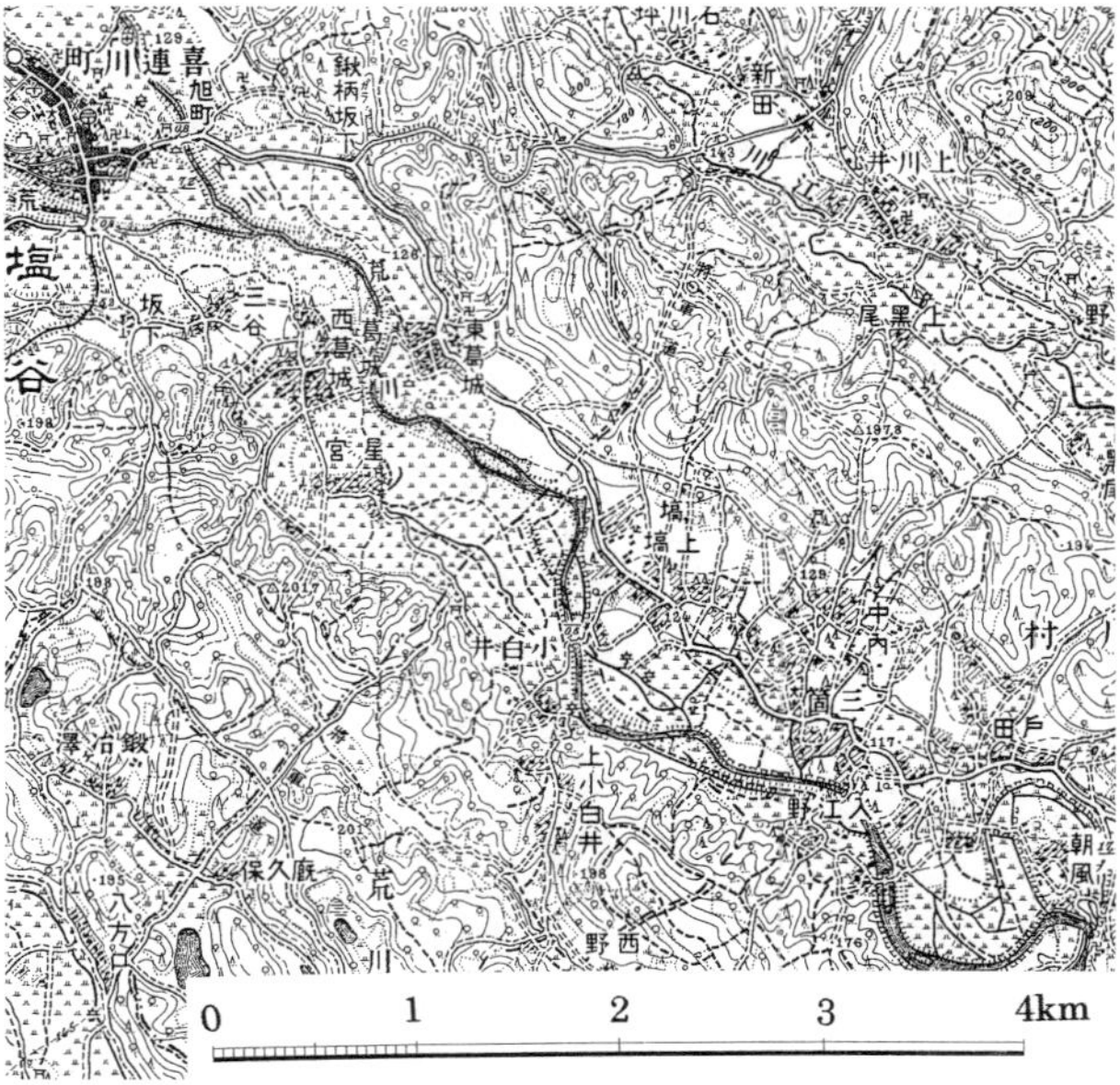

図5—1　下野国の「将軍道」

常陸国五万堀の場合

常陸国にも源義家に因む古代道路の伝承がある。すなわち、小美玉《おみたま》市美野里町の羽鳥・江戸・羽刈の各大字に現在は不明になっているが、それぞれ五万堀《ごまんぼり》と呼ばれる窪地があり、源義家が五万の軍勢を率いて通過した当時の奥州街道の跡であると伝えるが、これらは前掲図1—7に示すようにほぼ同一線上にあることが注目され、この線に沿って羽鳥の五万堀から一キロ弱は道路があるが、その先は新しい開墾のために消滅している。しかし、美野里町手堤から先は直線の小道が約二キロ続いて笠間市岩間町域に入る。先はまた小区間不明になるがその延長は安侯駅の想定地である同町安居《あご》に達する。

安居から涸沼川を渡った笠間市友部町にも、この直線道を境界にする長兎路《ながとろ》と仁古田《にこだ》の両大字にそれぞれ五万堀の字名がある。前掲図1—8に示したように、幅三メートル程の現在道路より一段高く幅約六メートルの平坦地があり、その全体が本来の道路敷きであったらしい。なお、安居までの直線道路の方位は北三三度東であったが、以北は北三六度東と僅かに向きを変えて約三・五キロ続く。その先はまた不明になるが、涸沼前川の渡河点付近で断片的に一キロ余が辿られ、そのまま延長すれば那珂郡家関係寺院とされる水戸市渡里《わたり》町の台渡廃寺の東側に出て、那珂川の河岸に下りる切通しに達する。那珂川の対岸には河内駅の遺称の上河内町がある。

以上は、筆者が(5)五万堀という古道痕跡の伝承に留意して行なった駅路の想定であるが、一九九九年に岩間町の五万堀付近が発掘調査(6)され、奈良時代から平安時代に至る幅六～一〇メートルの道路遺構が検出された。また、安侯駅想定地の東平遺跡(7)でも大型の礎石建物跡や掘立柱建物跡が確認され、また付近から「騎兵長」の墨書土器が出土した。

伊予国の太政官道の場合　片山才一郎(8)によれば、愛媛県今治市の伊予国分寺前を通って今治市街に向う道路を現地では「太政官道《だじようかんみち》」と呼ぶ由であるが、片山はこれに沿う字「御厩《みんまや》」に伊予国越智《おち》駅を想定した。また、この道路に沿っては四章一節で述べたように明瞭な条里余剰帯(9)を認めるので南海道駅路であることは疑いない。

「太政官道」は古代官道を意味する名称として相応しいものであるが、他にはこのような呼び名を聞かない。

2　中世街道と伝えられる道路の例

豊前国宇佐神宮への勅使道　一章六節で述べたように、宇佐神宮がある豊前国では神宮へ奉幣の勅使が通ったという道路が「勅使道」と呼ばれている。宇佐使は『続日本紀』天平九年（七三七）「四月乙巳朔、遣㆓使於伊勢神宮、大神《オオミワ》社、筑紫住吉・八幡二社及香椎宮㆒、奉㆑幣以告㆓新羅无禮之状㆒」と見えるのを初見にして、即位の奉告、即位後一代一度の神宝奉献、反乱などの国家危急の際に行なわれ、元亨元年（一三二一）の後醍醐天皇の即位による派遣以後中絶したが、延享元年（一七七四）復興した。

『兵範記』によれば、仁安三年（一一六八）高倉天皇即位報告の使者は五剋の駅鈴を給されているから、駅路を経由したことになる。もっとも、当時駅制は殆ど崩壊していたので山陽道諸国司に対して「逓送官符」を出している。

宇佐使は永く続いたので、後世は瀬戸内海を船で行き、豊前国府の東を流れる祓川の下流の今井津（行橋市今井）に上陸し、同市草葉の草葉宮（豊日別神社）に参拝してから宇佐に向ったという、現在「勅使道」と呼ばれてい

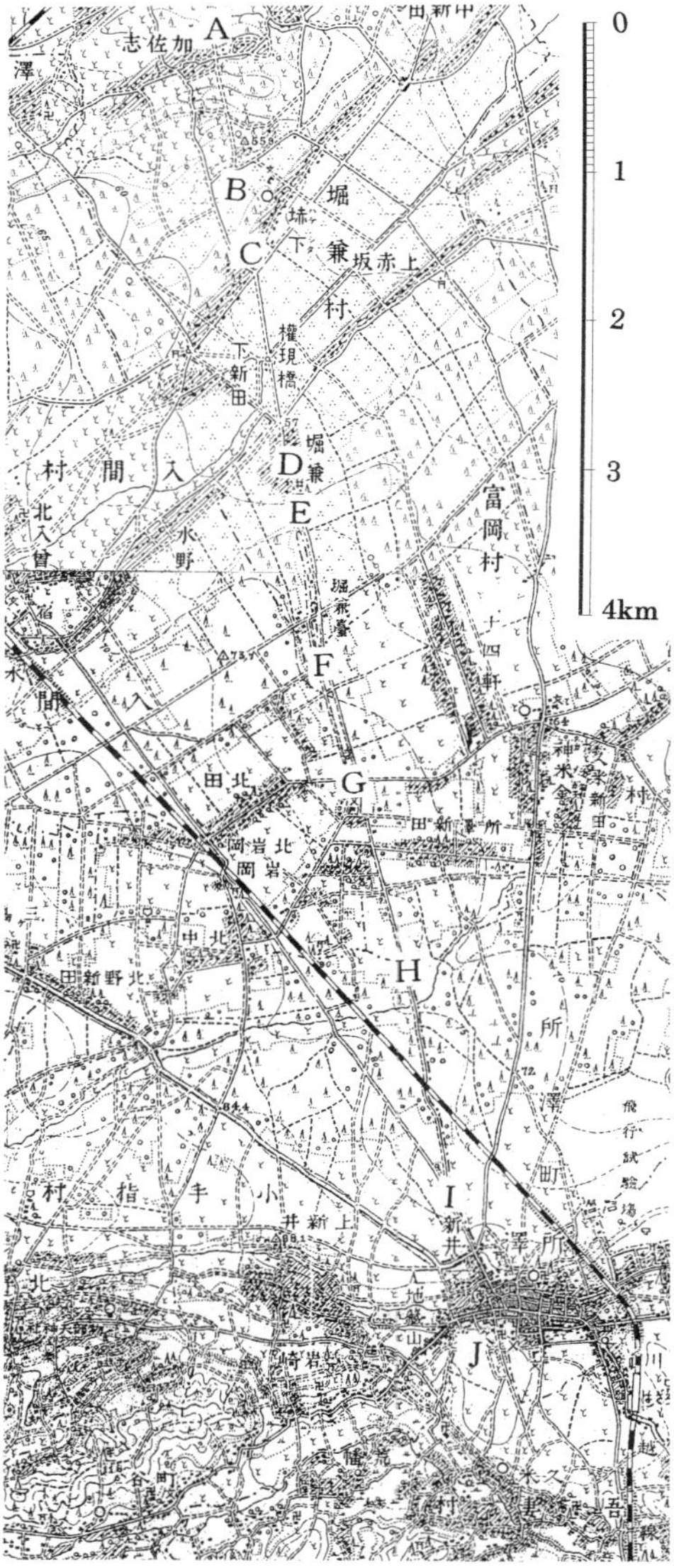

図5—2　所沢市から狭山市にかけての堀兼道

るものは、大部分が駅路自体であるが一部異なる場所もあるようである。(10)

鎌倉街道堀兼道の場合　関東地方に多い中世道路である鎌倉街道も直線的路線をとるが、条規で引いたような直線にはならない。筆者(11)は鎌倉街道の一路線とされる、埼玉県所沢市から北上して狭山市で入間川に達する堀兼道《ほりかね》を古代東山道武蔵路に比定した。この路線は新田義貞の鎌倉攻めに通った道筋ともされるが、沿線に歌枕として名高い堀兼井があるので堀兼道の名がある。この路線を古代道に想定したのは、所沢市東の上遺跡(12)で発掘された東山道武蔵路への接続がスムーズであること、若干の屈曲はあるがその他の部分は極めて直線的であること、特に途中の約一・五キロの区間が約二五メートルを隔てて二本の道路が平行しており、その中間は森林になっているが、その部分が本来の道路敷であったとみられ、一般の鎌倉街道よりはるかに広いこと、古来の歌枕があることなどである。また、現在道路か

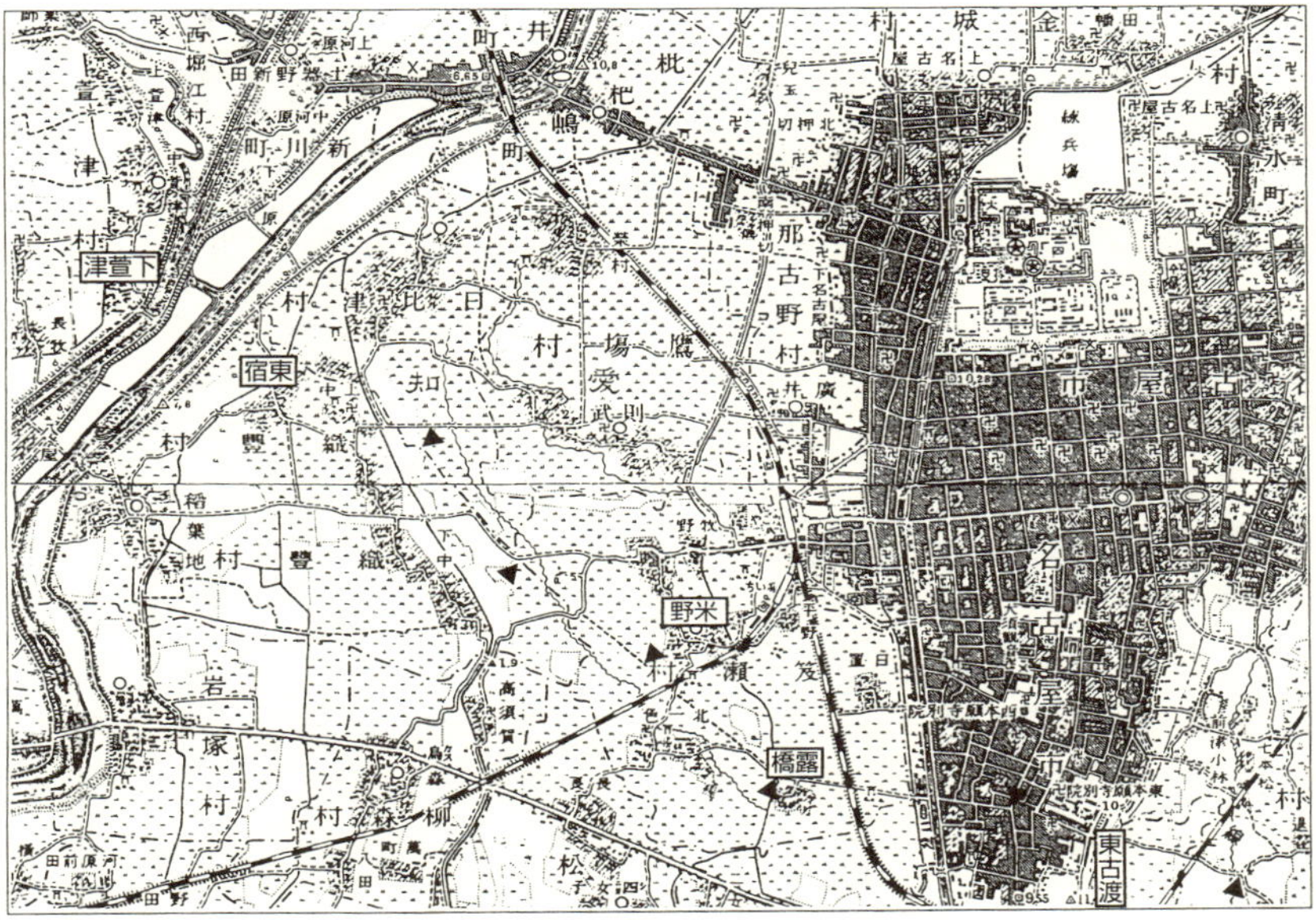

図5—3　現在の名古屋市中村区を通っていた小栗街道

らは一部離れているが、所沢市と狭山市の境界が盲腸状に伸びて、細い所沢市域が狭山市域に入り込んでいる状況も留意された（図5—2）。その後、この延長上に当たる入間川対岸の川越市的場の八幡前・若宮遺跡で[13]「驛長」の墨書土器が出土したので、この駅路の想定は妥当であったと言えよう。ここでは古代駅路が鎌倉街道に踏襲されたことになる。

名古屋市域の小栗街道の場合　鎌倉時代の東海道は一般に鎌倉街道と称するが、尾張以西では小《お》栗《ぐり》街道の名で呼ばれることが多い。これは説教節に言う小栗判官が妻の照手姫の曳く土車で熊野に向かった道筋ということから生じたものであろうから、説教節が広まった近世初頭以降の名称ということになるが、尾張地方ではかなり広く用いられている名称である。図5—3に▲印で示す直線的に通る点線路が小栗街道で、その一部は鷹場村と織豊村の村界になっている。一帯は現在の名古屋市中村区に当たり市街化が進んでいるために全く痕跡は残っていない。ところで、近世の地誌書『徇行記』に「下米野

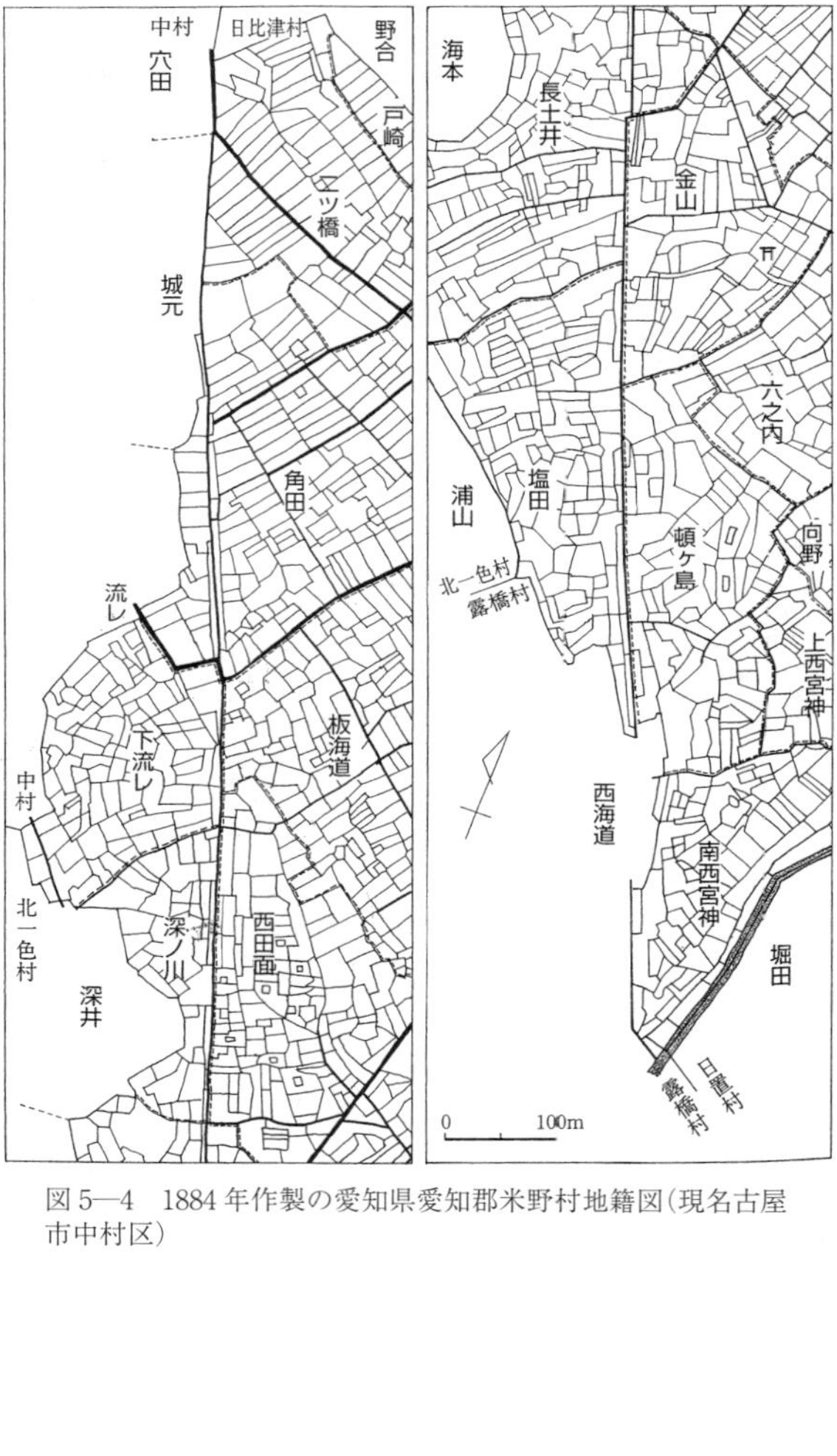

図5—4　1884年作製の愛知県愛知郡米野村地籍図(現名古屋市中村区)

村ノ方へ畠ホソクツ、ケリ、土人小栗海道ト云」と記しているが、また図5—4に示す明治一七年（一八八四）作製の米野村地籍図によれば、小栗街道に沿って細長い帯状の地割が続いているのが認められ、この帯状の地帯を含む部分が小栗街道であったことになる。この路線を西北に延長すれば、仁治三年（一二四二）の『東関紀行』に「萱津の東宿」とある東宿（中村区東宿町）に達し、その対岸の萱津との間には、「東海東山両道之要路」に位置する河川に渡船を増加した、承和二年（八三五）の太政官符に見えて三艘の渡船が置かれていた「尾張国草津渡」があった。小栗街道は露橋（中川区）で向きを変えて東方に通るが、その沿道の古渡《ふるわたり》（中区）が吉田東伍による尾張国新溝駅の比定地で、『新修名古屋市史』もこれを採っているが、筆者[14]は道路の屈折点である露橋が適当ではないかと考えている。現在露橋町西方には中川運河が入り込んでいるが、これに架かる小栗橋も小栗街道に因んでの命名であろう。以上によれば、小栗街道は古代東海道を踏襲していたことになる。

摂津国住吉郡を通る熊野街道の場合　熊野街道は平安時代末期に熊野信仰が盛んになってから熊野詣での道として利用されたもので、平安京からは淀川を下って渡辺で上陸した後は陸路で熊野に向かったので、その路線を熊野街道と呼んだが、前記した小栗判官に因んで小栗街道とも呼ばれ、仮製地形図の堺図幅には「小栗街道」と表記されている。竹内真次[15]は熊野街道の本来の道筋は四天王寺境内を切って通っていたと考えられるので、その敷設は四天王寺の創建に先立つとして、仁徳紀一四年に「是歳、大道を京の中に作る。南の門より直に指して丹比邑に至る」とある大道に当てた。その路線は阿倍野筋を南下し住吉村を通るが、住吉村には図5―5に示すように三本の道があり、一番西側の道が熊野街道であるが、本来の大道は奥大道・大道・口大道の字名に沿う大道筋であったとする。これは北畠顕家の墓がいわゆる熊野街道筋ではなく、大道筋または高野《こうや》道の方に沿っていることからも理解できる。熊野街道筋は大道筋に比べるとかなり西に迂回して若干屈曲した路線を採っていることからも本来の道筋ではないことも判る。おそらく、住吉神宮への参拝のために作られた回り道が、後に本道のようになったのであろう。竹内の言う大道はさらに南の遠里小野から東に曲がって大和道と称する道に入り、芝（松原市天美）を経て西除川の東岸を通って、反正天皇丹比《たじひ》柴垣宮《しばかきのみや》（松原市上田に想定）付近に至ったとするものである。

この路線は難波と住吉を結んだ後に丹比邑に至ったことになり、「直に指して」とある記事には添わないように思われる。足利健亮[16]も丹比道を想定しているが、攝津国内については具体的な想定をしていないものの、ほぼ真っ直ぐに南下する解釈を示しており、西除川の屈曲点以南は竹内の想定に合致している。筆者は仁徳天皇の五世紀当時には未だ直線的計画道路は作られていなかったと考えるので、竹内が指摘する四天王寺境内を通る原初熊野街道については、それが伽藍中心地からは離れた所を通るので、通過地は本来の寺域ではなかったのではないかと考えたい。しかし、熊野街道が直線的路線をとっていることから考えると、平安時代末期に始まるものではなく、その起源はかなり古いと考えることができる。

従来、熊野街道は律令期の計画道路としては殆ど採り上げられていないが、千田稔(17)が住吉を通る大道に沿って住吉

図 5—5　摂津国南西部の古道

郡家を想定しているので、少なくとも伝路として設定された可能性が考えられる。なお、住吉で大道と分かれた高野道は寺岡（住吉区西長居町）以遠が道筋不明となるが、さらに南下して西高野街道に連続していたのではなかろうか。

信濃国伊那地方における春日街道の場合　　信濃国の伊那地方を通る東山道駅路の通過地として、従来三通りの路線が考えられてきた(18)。すなわち、第一は阿知駅の比定地の阿智村駒場から天竜川岸の低地に下りて、その右（西）岸を北上するというもので、第二はやや斜めに低地に下りて飯田市付近からは第一の路線に合流するもの、第三は段丘上をそのまま北上するというものであるが、飯田市座光寺地区の恒川《ごんが》遺跡群(19)が伊那郡家に比定されるようになると、伊那郡には伝馬も置かれていることもあって、ここを通る第一・第二の説が有力視されていた。また近世街道としての三州街道も、飯田以北は主として天竜川右（西）岸の低地を通るので、古代駅路もほぼこれに踏襲されるものと考えられてきた。したがって伊那谷北部でも河岸低地を通る三州街道の路線が考えられてきた。

ところで、伊那谷の北部には天竜川右岸の段丘上を通る春日街道と呼ばれる通路があるが、黒坂周平(20)は図5—6に示すように、これに沿って南山道・北山道、二箇所の大道上などの地名があることに留意した。また、この路線が天竜川の支流深沢川の渡河点に当って段丘崖を直線に切って通る切通しがある事に注目したのは柴登巳男(21)で、さらに切通しの南方約三〇〇メートルの地点の箕輪町大字中箕輪の大道上遺跡(22)で古代道路遺構が検出されたので、駅路は段丘上を通ることが確認された。（六章三節、事例③参照）

『長野県の地名』（日本歴史地名大系20）（平凡社）によれば、「春日道」は「一般に春日街道といわれ、飯田城主小笠原秀政が在城中（一六〇一～一三）に家老の春日淡路守に命じて飯田から松本に至る軍用道路として新設した道」というが、古代道路の路線を再利用したものであろう。

西海道における唐津街道の場合　　九州北部を東西に通る唐津街道は、豊臣秀吉が文禄・慶長の役で朝鮮に出兵した時に、その基地とした肥前国名護屋に向うために通った道という意味で唐津街道と称されている。その豊前北部

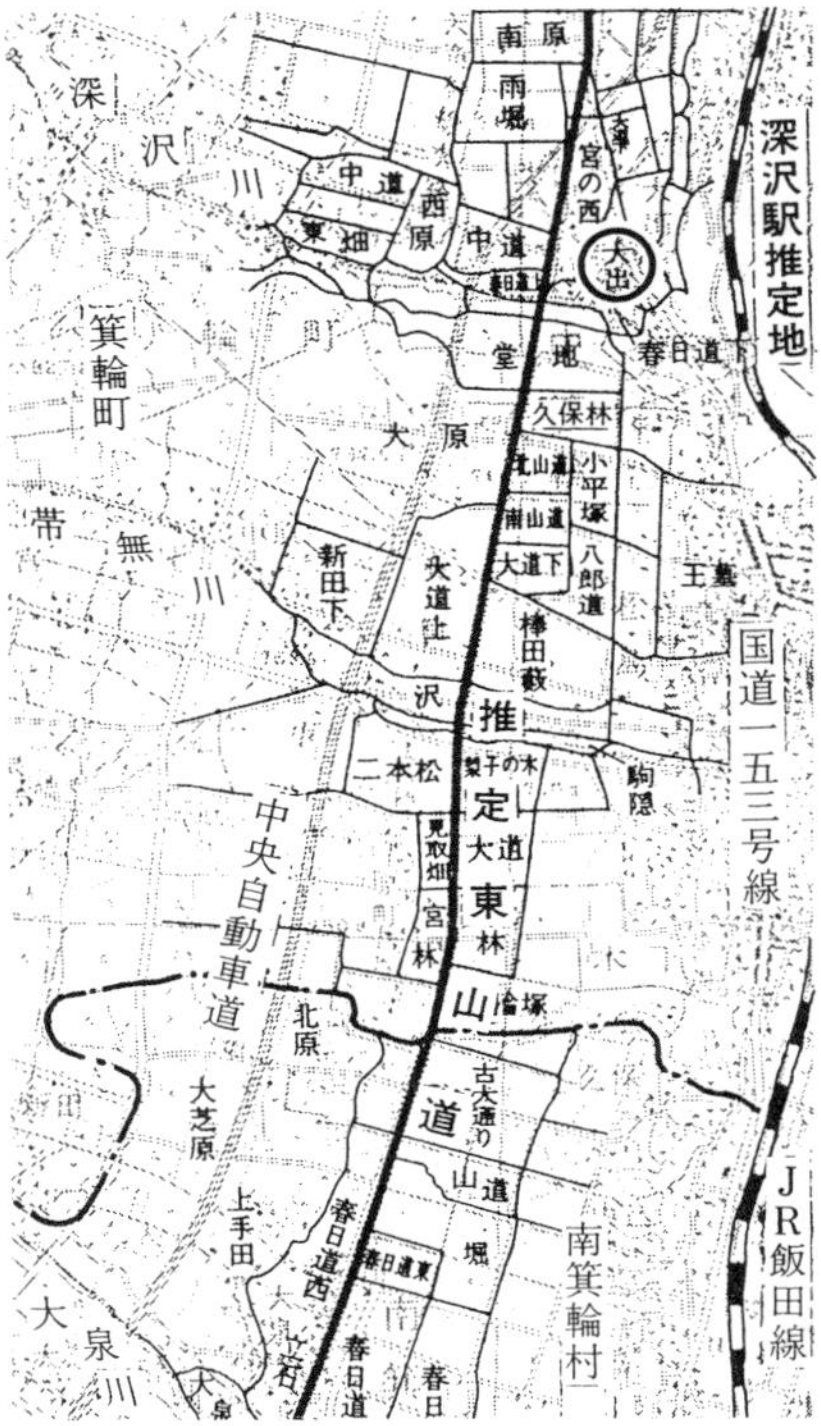

深沢付近の東山道(原図　黒坂周平)

箕輪町域切通し部の空中写真(1948 年米軍撮影 R1351-15 の部分を拡大)

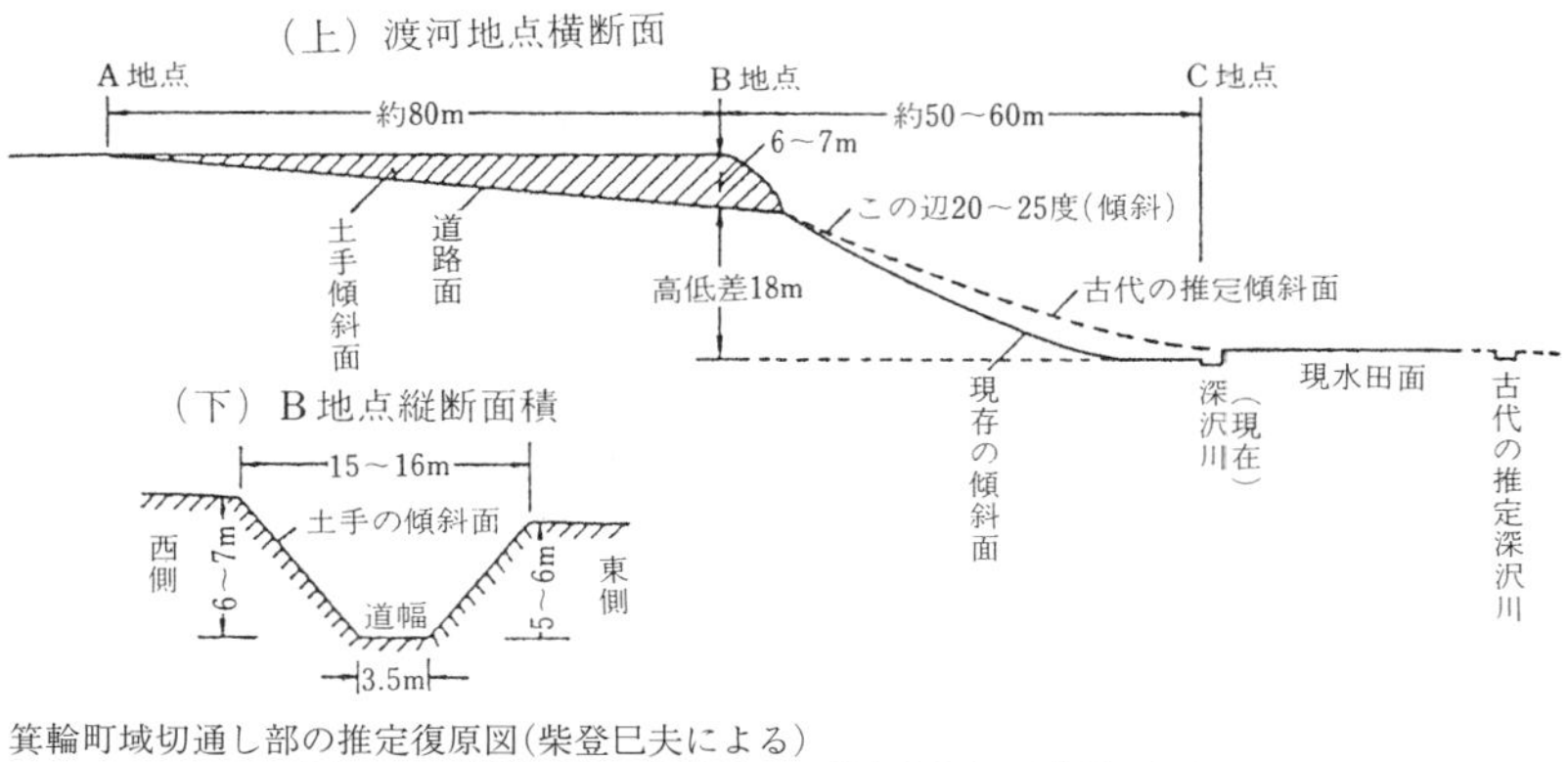

箕輪町域切通し部の推定復原図(柴登巳夫による)

図 5—6　信濃国春日街道沿いの地名と深沢川右岸の切通し

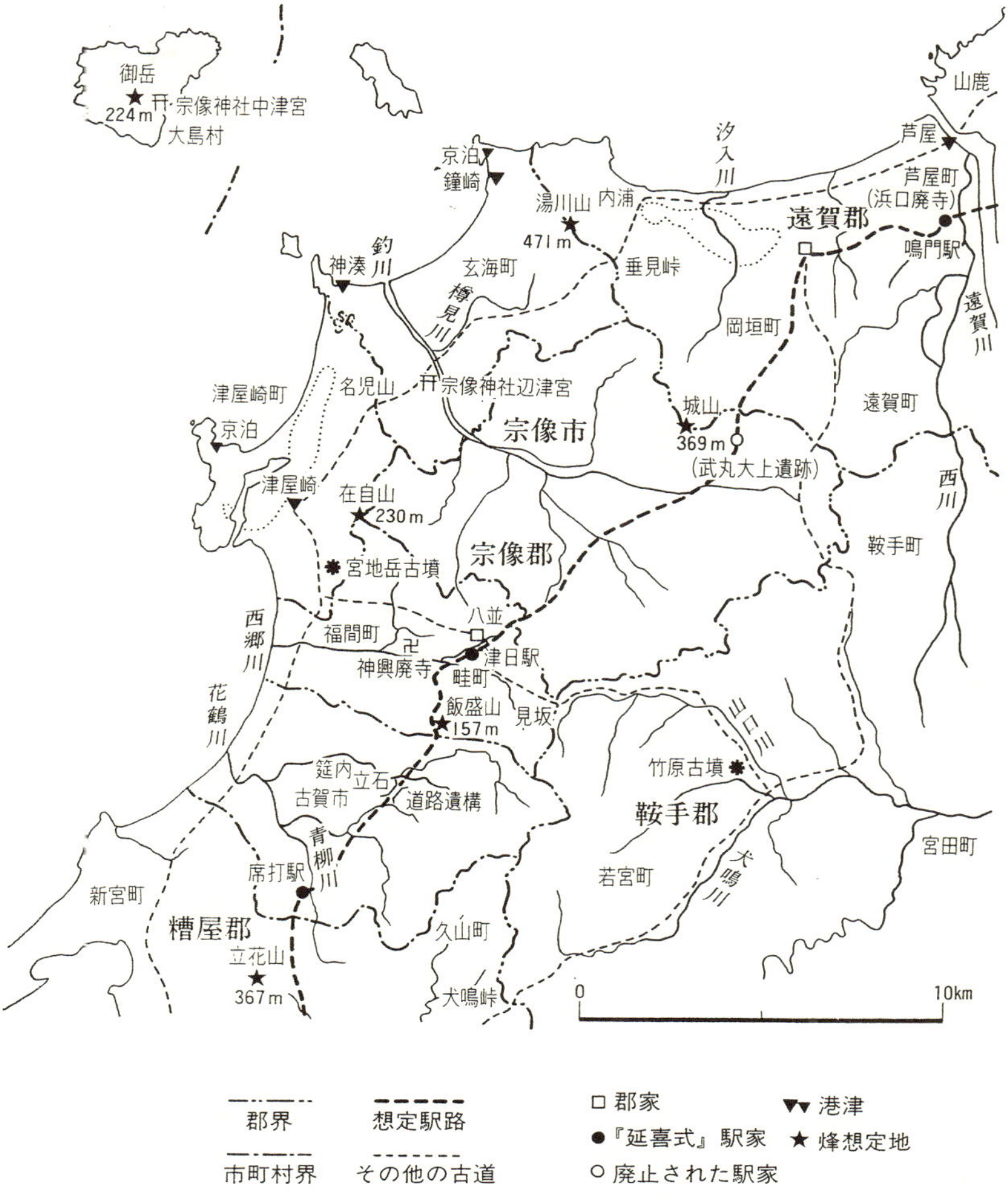

図5—7　筑前国鳴門駅・席打駅間の想定駅路と駅の位置

から筑前北部を通る区間は古代の大宰府路に当るのではないかとしたのは日野尚志(23)である。日野は大宰府路においても大路として山陽道と同様に駅家は瓦葺駅館が在った筈であるとして瓦の出土地を駅跡に比定したが、その中で津日駅について従来は『筑前国続風土記』に「鐘崎の町は昔はなくて、津日の浦とて上入《こうじょう》村の西に民家あるのみ、黒田家入国したまひて後、津日の浦の民家を今の地に移され、鐘崎町となさる」とあることから、津日駅も宗像市玄海町鐘崎に比定する説が一般であったが、想定される前後の駅の位置からみれば、極めて迂回路になることが疑問であった。また、大宰府路の諸駅が駅馬一五疋を置くのに対して、津日駅の駅馬は二二疋で前駅の嶋門駅の二三匹と共に極めて多いが、これは高橋美久二(24)が指摘するように、その中間に在った一駅が廃止されて、その一五疋の駅馬を八疋は島門駅に七疋を津日駅に増置した結果と解されるが、とすれば嶋門駅と津日駅の間は通常の駅間距離の倍で在った筈であるが、嶋門駅の想定地である芦屋町月軒から鐘崎は約一三キロで、鐘崎から津日駅の次駅席打駅の遺称地古賀市筵内までは約二二キロと非常に不均等であることも疑問である。また、鐘崎には瓦の出土地は無い。日野は図5―7に示すように津日駅を唐津街道に沿う福津市福間町畔町の瓦出土地に比定した。嶋門駅想定地からの距離約二〇キロで、通常の駅間距離の約倍であるから適当である。また、唐津街道からはやや外れるが嶋門駅とのほぼ中間地の宗像市武丸大上げ遺跡(25)で瓦を伴なう建物群が検出されているので、これが廃止された駅跡に当ると見られることからも、以上の想定は妥当である。

もっとも、席打《むしろうち》駅想定地付近では二章四節に述べたように、古賀市大字筵内《むしろうち》の大字界に沿って古代道路関係の地名がまとまって存在するので、この大字界が駅路の路線に当ると思われるが、これは唐津街道からやや外れているので、前記した武丸大上げ遺跡と同様に、全ての路線が唐津街道に沿っているわけではない。

試みに以上の若干の例を挙げたが、概して中世の道は路線が明確にされていないものが多いので、古代道との対応を試みることが出来る例は少ない。

3　近世山陽道との対比

摂津国の場合　　前記したように、足利が摂津国を通る山陽道の路線を想定しているが、その路線想定は近世西国街道を基に考定している。すなわち、摂津国嶋上《しまがみ》・嶋下《しましも》・豊嶋《てしま》三郡のいわゆる三島地方を通る山陽道は、若干の曲折を見せる近世街道に対して古代駅路は直線的に通るが、近世街道の曲折も古代道の路線を軸にしながら後世改変されたことが解明された。川辺・武庫両郡を東方から西南に通る両道の路線もほぼ同様の状態であった。

しかし、兎原《うはら》・八部《やたべ》両郡を通る山陽道駅路については、足利(26)は海岸近くの条里限界線付近を通る西国街道の路線はかなりの屈曲を示し非計画的であることから、これとは対照的に条里に沿って直線的に通る神戸西宮里道の線に想定した。ただし、八部郡西部では直線的に通る西国街道が古駅路を踏襲するものとして、それを東方に延長すれば、前記神戸西宮里道に接続するとして以上の想定の妥当性を述べている。

その後、吉本昌弘(27)は八部郡東部の西国街道に、条里余剰帯が認められることを指摘して、兎原郡においても認められる条里余剰帯によって山陽道路線を想定したが、これはやはり西国街道とは異なりまた足利の想定路線より若干海岸に近い。吉本は八部郡西部では西国街道沿いに条里余剰帯が認められるが、妙法寺川以西には認められないので、吉本は駅路が妙法寺川の谷を遡って、高原状の分水界を越え伊川谷に入って明石に出る迂回路になると想定したが、西国街道は妙法寺川以西も直線的に通るので、足利は古代山陽道も須磨から一ノ谷を通るものとした。吉本説に説得力があり、近世街道が直線的であっても、そのまま古代道に遡らせることは出来ないことを示す。

山陽道では、条里施行地を通る駅路は余剰帯の存在によって確認できることが多く、これらについては条里余剰帯について述べた四章で詳述したので、本節では条里施行地以外について述べることにする。

播磨国の場合　　明石川を越えた西国街道は和坂《かにがさか》を上ると、条里遺構のない洪積台地に出る。台地上を通る西国街道は一部に若干の曲折があるもののほぼ直線的に通って、高橋美久二[28]が廃止された播磨国一駅に想定する長坂寺《ちょうはんじ》遺跡前面に達し、その直ぐ手前に大道池がある。同遺跡を過ぎて約八〇〇メートルの駅路痕跡と見られる長池の西端から街道はやや北方にずれるが、想定駅路の痕跡はそのまま直線に延長した部分に認められるので、以西は西国街道から外れることになる。以上、西国街道に踏襲される区間は約八・五キロで、うち一キロ余が大字界になっている[29]。

以西の駅路は洪積台地上で廃止された一駅に比定される長坂寺遺跡以西は西国街道から離れ、約一三キロ弱離れたJR宝殿《ほうでん》駅前で再び西国街道の路線に復するが、この間は条里余剰帯によって示され一直線に繋がる。その先は平野部を離れた山麓から天川の谷に入るが、山麓を通る近世西国街道の路線は、ほぼ古代駅路を踏襲したものであろう。播磨国分寺前を通る西国街道の路線は国分寺建立以来のものと考えられる。

市川の渡河点から姫路市街東部では両道は合致しないようであるが、本町以西は西国街道沿いに条里余剰帯が認められる。夢前川を渡ってから先は、直進する駅路に対して西国街道は大きく南に廻り、三駅を経由した後に、備前国境の船坂峠に一・五キロの地点で駅路に合流する。なお、中世の山陽道は両道の中間を通って、太子町域に当たる鵤庄の嘉暦四年（一三二九）の絵図（「鵤庄《いかるがのしょう》実検絵図」）に「筑紫大道」と見える。中世道はこの先で古代道の路線に復したと見られ、応安四年（一三七一）に九州探題として大宰府に赴いた今川了俊の紀行文『道行ぶり』に見える「恋《こい》の丸《まる》」は、布勢《ふせ》駅が発掘された竜野市小犬丸《こいぬまる》のことと思われる。

吉備三国の場合　　備前・備中・備後の吉備三国を通る山陽道駅路については、足利健亮[30]が近世道路と対比しながら復原している。先ず備前国に入った駅路は、長坂《ながさか》駅の想定地備前市三石《みついし》まで三キロ余は西国街道とほぼ同じ路線をとると見られるが、三石から岡山市西辛川《にしからかわ》までの間に四駅を置く区間は全くの別路となり、近世街道は海岸寄りに通る。

西辛川の直ぐ先で備中国に入り、備中国ではほぼ両道は同じ路線をとるが、所々直線路線として想定される古代駅路に対して近世道が一部迂回路線をとり、一方近世街道が河岸の狭隘部を通る所では古代道路が安全な迂回路をとると見られることを足利は指摘している。

備後国に入って最初の宿場である福山市神辺《かんなべ》で近世街道は駅路路線から離れて海岸近くを通って、安芸国に入って真良《しんら》駅に近い本郷宿（三原市）付近で合することになるので、備後国内では殆ど別路ということになる。

安芸国の場合　　安芸国の古代山陽道は特にその東部の路線が明確でないが、今川了俊は近世街道とは離れる高《たか》谷《や》（東広島市高屋町）を通っているので、古代道も当地を通っていた可能性がある。西条（東広島市）以西もほぼ同じ路線を通りながら、近世街道は木綿《ゆうつくり》駅（東広島市寺家《じけ》）付近に明瞭な痕跡を残す古代道[31]とは別路線なので、古代・中世・近世を通じて通過した大山峠を除けば、完全に合致するところは少ないと思われる。概して、古代駅路は谷筋を避けて峠越えを採ることが多いと思われるのに対して、近世街道は瀬野川の谷伝いに通っている点で異なるようである。

近世街道は瀬野川下流の海田《かいた》市《いち》（広島市安芸区海田町）から広島城下に入るが、古代駅路は途中から西に甲越《こうごえ》峠を越えて安芸国府（府中町）に至るので、以遠の経路もそれぞれ異なる。近世街道は大田川の三角州に展開した広島城下を通るのに対して、古代駅路は地形的に不安定な三角州地帯を避けている。両道は廿日市（廿日市市）で合することになり、以西はほぼ同じ路線を取ったものと思われる。

周防・長門両国の場合　　安芸・周防国境になっている小瀬川が直線的に流れる部分から、国境の小瀬峠越えに通じる路線は、構造谷に沿って五・五キロの区間を一直線に通るが、古代・中世・近世を通じての交通路を形成していた。周防国に入ってからの路線も、また欽明寺峠越えもやはり構造谷沿いの直線路で古代以来の道路が同じ路線を通っていた。ただし、峠の西側の近世街道は屈曲した路線を採っているが、古代駅路は峠から谷沿いを直線的に欽明寺に向かって降りてきたものと思われる。周防駅の比定には諸説があるので、野口・生屋《いくのや》駅間の路線も決定されないが、古代駅路は一般に河谷を避ける傾向があるので、約三キロの区間ではあるが島田川沿いに通る近世街道の路線は古代道路とは別路であったろう。生屋駅想定地（下松市生野屋）付近の直線道路は古代道を踏襲した可能性が高い。

しかし、以西は近世街道が海岸近くを通るのに対して、古代道は平野駅（周南市平野）に向かって山麓部を直通したものと考えられる。同市浦山で両道は合流すると見られるが、以西の近世街道に見られる特有のクランク状屈折は、直線的古代道路を改変したと見られる状態を示している。同市福川以西の近世街道は夜市川左岸に沿って通るが、古代駅路は山麓部を直線的に通ったと考えられる。両者の路線が合流する夜市（周南市）以西防府市堺の椿峠までの路線は古代道を踏襲したと考えられるが、峠以西は若干の曲折を示す近世街道に対して古代道は直線的に通った可能性がある。茶臼山北側の鞍部から浮野峠に至る路線はほぼ同様であろう。

浮野峠西麓から周防国府に至る間は古代道も近世街道も同一路線を採ったと考えられる。近世街道は国府域中央で直角に北折して山麓に達し、また西に曲がって防府天満宮の社前を通るというクランク状屈折を示すが、古代道はおそらく国府域をそのまま東西に直線的に通過したと考えられる。古代道の佐波川渡河点は不明であるが、右岸に達してから両道は合流して、以西は長門国境までほぼ同一路線を通ったのであろう。

長門国第一駅の阿潭駅を従来の説によって温泉のある宇部市持世寺から温見とすれば、同市車地に達した駅路は厚東川左岸を通って持世寺・温見付近で渡河したことになるが、近世街道は車地で厚東川を渡り、瓜生野から吉見へは峠越えで通り、現在国道・JR山陽本線・山陽新幹線が通る狭隘な河岸を避けている。『歴史の道調査報告書山陽道』（山口県教育委員会）によれば、「地下上申絵図」に峠道を新道、川沿いの道を旧道と記しているという。旧道に当る河岸狭隘部には大道・大人といった古代道に関係深い地名があり、また歴史の道報告書によれば立石もあったようであるから、古代以来の通路であった可能性が高い。[32]

以西は厚狭駅（山陽小野田市厚狭）までは殆ど同一路線を採っていたと考えられるが、厚狭以西では古代道が西南に海岸の埴生駅（山陽小野田市埴生）から西北に通って小月（下関市小月）に出るのに対して、近世街道は西北に山中を通って吉田（下関市吉田）を経由してから西南に小月に至る。しかし、埴生駅想定地は瓦を出土せず、同地を通る路線は古代駅路の通過地としては適当でないと思われる個所があるのに対して、近世街道沿いには瓦の出土地があるので、むしろ近世の道筋が本来の古代道の路線ではなかったかとも考えられる。小月から長門国府のある長府（下関市長府）に達するが、この間の長府北方の四キロ余の区間は直線的路線を採っており、古代道を踏襲した可能性が高い。長門国最終駅の臨門は下関市前田一丁目の前田遺跡に想定されるが、この間の古代道路路線は近世街道と同一であったと考えられる。

4　相撲・武蔵国境付近の中原街道と駅路と鎌倉郡家を繋ぐ道

中原街道の場合

筆者(33)は相撲国府の変遷についての研究に際して東海道駅路の検討を試みた。同国中心部の大住郡から武蔵国西部にかけての交通路線を検討すれば、相武国境の相模原台地から多摩丘陵にかけて、西南から東北方向に二本の直線状道路が約四キロの間隔をとって並行して通ることに気付く。北側のそれは近世矢倉沢（南足柄市）から駿河国に通じる道筋として矢倉沢往還（街道）と呼ばれ、大山道・青山道・相州道の別称もあった。この道筋に沿って相撲国浜田・武蔵国店屋の両駅が在ったので、この区間の東海道駅路をほぼ踏襲したと考えることができる。

一方、南側のそれは慶長元年（一五九六）に徳川家康が設けた中原御殿（平塚市中原）への往復路として用いられたので中原往還（街道）の名で呼ばれた。御殿は将軍専用の宿泊所として設置されたが、千葉県東金市に設置された東金御殿への通路として完全な直線道の御成街道が設けられたのは、これを一種の軍用道路とみることができる。中原街道もその直線的路線が利用されたのであろう。中原街道は、既に天正一八年（一五九〇）北条氏が滅んだ後、家康が小田原から江戸へ入った際にもこの道筋を採っているのは、小田原から江戸に至る最短経路であったからであろう。

さらに遡っては、文明一八年（一四八六）准后道興も通ったことが『廻国雑記』に見えている。また横浜市旭区白根町の白滝不動には、源義家が前九年の役（一〇五一～一〇六二）に通過したとの伝説があり、この路線は相武を結ぶ主要道路としてかなり古く遡りうる道筋であることが知られる。ところで、武蔵国小高駅は前者よりはこの路線に近く、さらに丸子渡で多摩川を渡ると大井駅にはスムーズに連なる道筋がある。一方、中原街道は綾瀬市吉岡付近から南南西に方向を変えて一の宮を通って中原に至るのであるが、中原の直ぐ南に相摸国府（平塚市四之宮・真土・八幡・中原上宿）があった。

以上によって、国府から諸駅の想定位置を連ねると、図5―8に示すように相武国境付近の『延喜式』駅路は浅い台形の三辺を通る不自然な形を示す。これに対して中原街道は台形の底辺を通る捷路である。ところで、奈良時代の東海道本道は三浦半島から東京湾を横断して上総国に達し、また武蔵国が東山道から東海道に所属替えになったことを記す『続日本紀』宝亀二年（七一一）十月二十七日条によれば、夷参駅（座間市）から武蔵国府を経て下総国に達する別路もあった。武蔵国の東海道編入に際して駅路の変更があったことになる。中原街道は奈良時代には下総国への最短路として通っていた駅路ではなかったろうか。一方、『延喜式』駅路に沿っては、相摸国分寺や武蔵国都筑郡家（横浜市緑区荏田町長者原遺跡）・橘樹郡家（川崎市高津区千年伊勢山遺跡）が在るので、本来伝路として開かれたものではなかったろうか。もともと駅制と伝制は別個の制度であり、原則的には駅路と伝路は別路であったが、延暦一一年（七九二）に伝馬が廃止され後に復活するが、その廃止・復活の過程で駅伝制の再編成が行なわれて、以後の伝制は駅制の補助的存在として伝馬も駅路の通過郡に置かれるようになったと考えられる。その際に駅路と伝路の整理と統合も行なわれて、一部の伝路が駅路として利用されることもあったのではなかろうか。すなわち相摸・武蔵国境では、それまで中原街道筋と夷参駅から武蔵国府に向かう二駅路を廃止して、それまでの伝路を駅路としたのであろう。極めて仮定の多い推論であるが、『延喜式』駅路に当ると考えられる海老名市望地遺跡(35)で検出された道路が、波板状凹

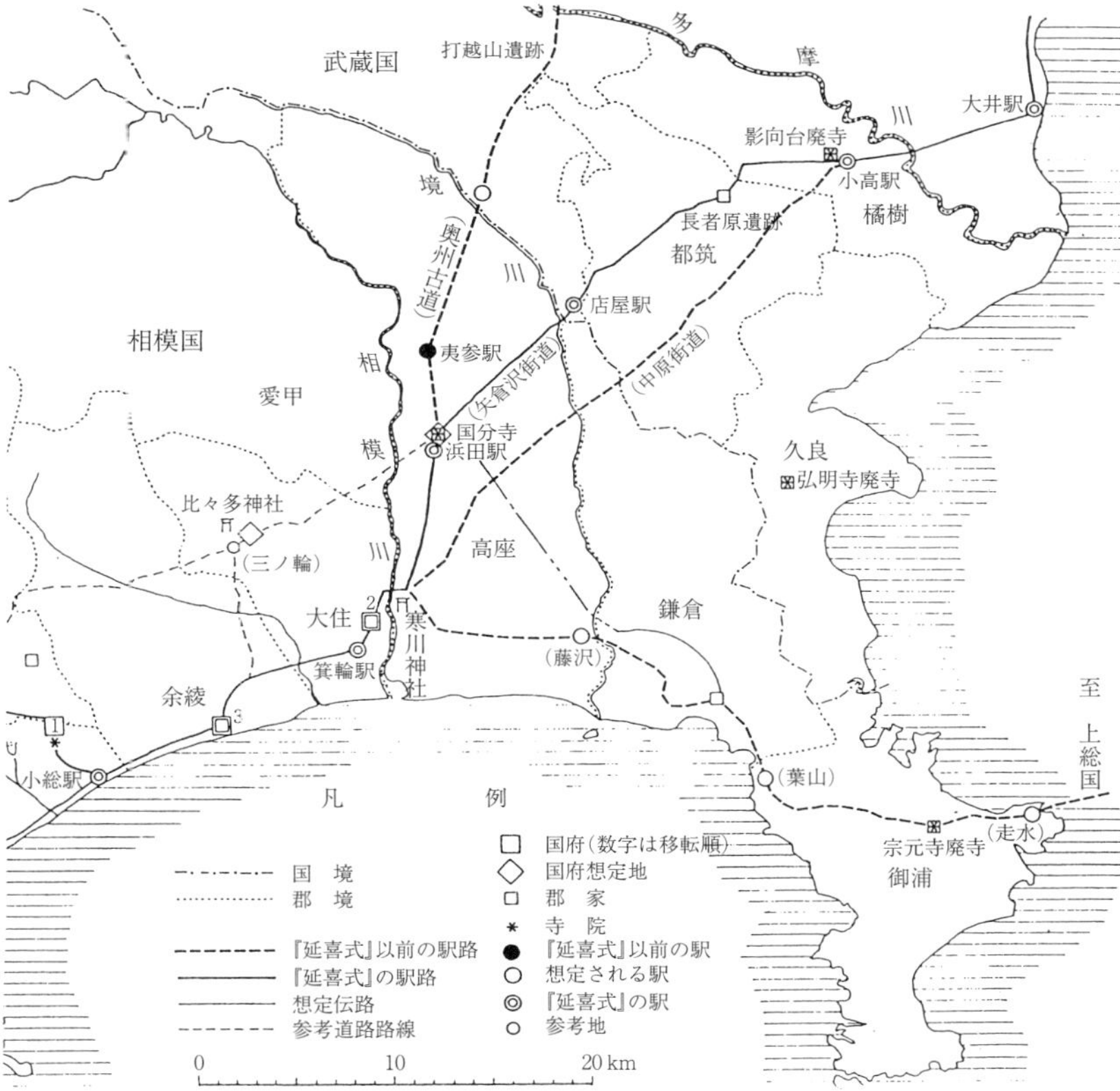

図5―8　相摸国浜田駅・武蔵国小高駅間の『延喜式』駅路と中原街道

凸面はあるが側溝を持たない幅約六メートルの道路であったことも伝路の形態・規模に当るので、筆者の想定を一部裏付けることになる。

宮久保遺跡と鎌倉郡家とを結ぶ伝路の可能性がある道路

一九八三年に神奈川県綾瀬市早川の宮久保遺跡[36]の井戸跡から、表面に「鎌倉郡鎌倉里□□□寸稲天平五年九月」、裏面には「田令軽マ真國」と書かれた木簡が出土した。遺跡は洪積台地を下刻する目久尻川の左岸に位置する低地遺跡で、木簡の他にも奈良時代前半期から平安時代後半期までの土器が出土し、中には「石井」「石」「井」「中」「卑」などの墨書があるものがあり、また奈良三彩の壺の小破片も出土している。本遺跡の西北約一キロの台地上には『延喜式』浜田駅が想定され、また目久尻《めくじり》川に沿って約二キロ上流の西岸台地上には相摸国分僧寺があり、付近に相摸国府の存在を考える説もあったので、国府あるいは高座郡家に関連する官衙施設の一部であろうと考えられた。木簡によれば鎌倉郡から高座郡に属す当地に稲が運ばれて来たことが知られる。この稲がどのような性格を示すものであるかが問題になったが、ここではその稲が運ばれた可能性がある道路跡について述べる。

図は5―9は明治四二年（一九〇九）測図の五万分の一地形図であるが、M―N―O―Pが先述の中原街道、Q―R―Sが矢倉沢往還で、Hが宮久保遺跡、Iが浜田駅想定地、Jが国分僧寺跡、Kが国分尼寺跡である。ところで、図中にA―B―Cと通る直線の点線路が目に着くが、その南部は当時の御所見村と綾瀬村の境界になっており、引地川の谷を越えて延長上のD―Eは当時の藤沢町と六合村との直線境界になっている。この路線に沿って横須賀に軍港が設置されてから開通した横須賀水道が通っているので、初めは水道保持のために設置された道路ではないかと考えたが、水道開設以前の明治一五年（一八八二）測量の二万分の一迅速図によれば、既に明瞭な直線道路が通っているので、逆に横須賀水道がこの道路に沿って設置されたことになる。この道路は現在も明瞭な直線の痕跡を残している。

図のF点以遠の痕跡は明瞭ではないが、F地点に「立石」の地名があることを参考にすれば、東南方に向かったと考えられるが、その方向は鎌倉を指す。鎌倉郡の郡家は鎌倉市御成町の今小路西遺跡(37)に比定される。一方、図のA点以北も痕跡が残らないが、その延長上に伊勢山遺跡（G）がある。この遺跡は調査はなされていないが、奈良時代前半頃から平安時代後期までの土器や布目瓦片を伴う四〇軒近くの竪穴住居址があったといい、目久尻川を隔てて宮久保遺跡の対岸に位置している。以上によれば、この直線道路は鎌倉郡から運ばれた稲の輸送路であった可能性が高いと考えることができよう。

そこで、改めて宮久保遺跡の性格が問題になるが、前記した海老名国府説は現在ではほぼ否定されており、また高

図 5―9　綾瀬市宮久保遺跡と鎌倉郡家を繋ぐ道路（A―B―C・D・E）

座郡家も茅ヶ崎市で検出された下寺尾西方A遺跡[38]がほぼ確実視されている。しかし、同遺跡は駅路からは若干離れてはいるが浜田駅に近く、また国分僧・尼寺にも近いので、これらの三地点を含めて何らかの地方中心地であったことを思わせ、宮久保遺跡出土の木簡に見る他郡からの稲の輸送もこれを裏付けるようである。少なくとも同地域が交通の要地であったことは確実なので、例えば高座郡家の別院などが存在した可能性も考えられよう。そこで、この道路も伝路の一つとして考えておきたい。

5　その他の例

肥前国に於ける長崎街道とその他の道

長崎街道は近世における唯一の外国貿易港であった長崎に到る街道ということでよく知られた街道であるが、その一部分は奈良時代の肥前路であった可能性が高い。長崎街道には複数の路線が用いられたが、『延喜式』駅名の遺称地である佐賀県嬉野市塩田町から嬉野市嬉野を経て、長崎県東彼杵町から大村市を経て船越駅想定地の諫早市に至る部分は古代駅路を踏襲した可能性が大きい。ただし、『肥前國風土記』は彼杵郡に「驛貳所」とするが、『延喜式』では新分一駅であるので、筆者[39]は二駅が一駅にまとめられたとする井上通泰[40]の見解に従って、その二駅を近世の彼杵宿（長崎県東彼杵町）と大村宿（大村市）に当てた。ただし、『延喜式』駅路は長崎街道とは別路として新分駅は嬉野市から多良岳北麓の高原地帯を通って大村に達する別路に位置するものとした。とすれば、嬉野から彼杵を経て大村に到る間は奈良時代の駅路を踏襲することになる。また、大村から諫早市に到る間の駅路も長崎街道に踏襲されたと考えられる。さらに船越駅から島原市に想定する野鳥駅に到る間の駅路は、近世の島原藩が長崎警備に往来した経路にほぼ当ると考えられる。

註

(1)　足利健亮『日本古代地理研究』大明堂、一九八五年。
(2)　足利健亮「那須郡家と東山道」藤岡謙二郎編『地形図に歴史を読む』5、一九七三年。
(3)　金坂清則「下野国」藤岡謙二郎編『古代日本の交通路』Ⅱ、大明堂、一九七八年。
(4)　中山晋「付録　鴻野山地区指定東山道確認調査概要」『栃木県埋蔵文化財調査報告書』一〇五、栃木県教育委員会、一九八九年。「(特別寄稿) 栃木県鴻野山地区における「推定東山道確認調査」概要」黒坂周平『東山道の実証的研究』吉川弘文館、一九九二年。
(5)　木下良「常陸国古代駅路に関する一考察―直線的計画古道跡の検出を主として―」『国学院雑誌』八五―一、国学院大學、一九八四年。
(6)　「五万堀古道」『総合流通センター整備事業地内埋蔵文化財調査報告書』茨城県教育財団文化財調査報告一六二、茨城県・(財) 茨城県教育財団、二〇〇〇年。
(7)　黒澤彰哉ほか『岩間町東平遺跡発掘調査報告書』岩間町教育委員会、二〇〇一年。
(8)　片山才一郎「今治平野の条里と伊予国府」『人文地理』一三―二、一九六一年。
(9)　木下良「愛媛県今治市域を通る太政官道と条里余剰帯」(南海道伊予国越智駅付近) 木下良編『古代を考える　古代道路』吉川弘文館、一九九六年。
(10)　大分県では本道の調査として『歴史の道調査報告書　勅使街道』大分県教育委員会、一九八一年と『宇佐大路―宇佐への道調査―』大分県教育委員会、一九九五年などがある。福岡県下では特に勅使道の調査は行われていないが、戸祭由美夫(「豊前国」藤岡謙二郎編『古代日本の交通路』Ⅳ、大明堂、一九七九年) は、古代末期から中世にかけての宇佐への勅使は瀬戸内海の海路をとって今井津 (行橋市) で上陸したから、その前後を除けば勅使道はほぼ西海道駅路を踏襲していたと解している。
(11)　木下良「上野・下野両国と武蔵国における古代東山道駅伝路の再検討」『栃木史学』国学院大學栃木短期大學史学会、一九九〇年。
(12)　所沢市立埋蔵文化財センター「東の上遺跡　第六八・六九次調査」『所沢市埋蔵文化財調査センター年報』四、一九九九年。
(13) 田中信「(一九九三年出土の木簡) 埼玉　八幡前・若宮遺跡」『木簡研究』一六、一九九四年。
(14) 木下良「古代の交通制度と道路」森浩一・門脇禎二編『旅の古代史―道・橋・関をめぐって―』大巧社、一九九九年。
(15) 竹内真次『難波古道の研究』湯川弘文社、一九三五年。
(16) 足利健亮「大阪平野南部の古道について」『人文』二八、京都大学教養部、一九八二年。「河内の大道と条里」『日本古代地理研究』大明堂、一九八五年、所収。
(17) 千田稔「住吉と難波―その古代地理―」上田正昭編『住吉と宗像の神』筑摩書房、一九八八年。『古代日本の歴史地理学的研究』「住吉津とその周辺の歴史地理」岩波書店、一九九一年。
(18) 黒坂周平『東山道の実証的研究』「信濃の東山道」吉川弘文館、一九九二年。長野県文化財保護協会編『信濃の東山道』二〇〇五年。
(19) 小林正春「恒川遺跡群発掘調査概要」『長野県考古学会誌』四四、一九八二年。飯田市教育委員会『恒川遺跡群―官衙編―』二〇〇七年。
(20) 前掲註(18)。
(21) 柴登巳夫「東山道深沢駅についての一考察」『伊那路』二七―三、一九八三年、伊那郷土史研究会。木下良「長野県上伊那郡箕輪町域の道路遺構（東山道信濃国深沢駅付近）」木下良編『古代を考える　古代道路』吉川弘文館、一九九六年。
(22) 柴登巳夫「大道上遺跡発掘調査　推定東山道の検出―現地説明会より―」『信濃考古』一四三、長野県考古学会、一九九五年。箕輪町教育委員会『大道上遺跡』一九九六年。
(23) 日野尚志「西海道における大路（山陽道）について」『九州大学文学部九州文化史研究所紀要』三二、一九八七年。
(24) 高橋美久二『古代交通の考古地理』大明堂、一九九五年。
(25) 宗像市教育委員会「武丸大上げ遺跡」『宗像市埋蔵文化財発掘調査概報（一九八三年度）』一九八四年。
(26) 前掲註(1)。
(27) 吉本昌弘「摂津国八部・菟原両郡の古代山陽道と条里制」『人文地理』三三―四、人文地理学会、一九八一年。

(28) 高橋美久二「古代の山陽道」『考古学論考』平凡社、一九八二年。
(29) 木下良「山陽道の駅路—播磨を中心に—」『古代山陽道の検討』(古代を考える一七)古代を考える会、一九七八年。
(30) 足利健亮「吉備地方における古代山陽道・覚え書き」『歴史地理学紀要』一六、歴史地理学会、一九七四年。前掲註(1)所収。
(31) 水田義一「安芸国」藤岡謙二郎編『古代日本の交通路』Ⅲ、大明堂、一九七八年。木下良「広島県東広島市域の道路遺構」『古代を考える　古代道路』吉川弘文館、一九九六年。
(32) 井東茂夫の調査による。
(33) 木下良「相模国府の所在について」『人文研究』五九、神奈川大学人文学会、一九七四年。
(34) 木下良「総説「神奈川の古代道」『神奈川の古代道』藤沢市教育委員会博物館建設準備担当、一九九七年。
(35) 今井まり子「海老名の古代道路遺構」えびな文化財探求講座『古代の道』海老名市教育委員会文化財係、二〇〇七年。
(36) 神奈川地域史研究会編『宮久保木簡と古代の相模』有隣堂、一九八四年。
(37) 鎌倉市教育委員会『今小路西遺跡(御成小学校内)』一九九〇年。
(38) 中村哲也「下寺尾遺跡群」『茅ヶ崎市遺跡調査発表会』七～一三、茅ヶ崎市教育委員会・茅ヶ崎市文化振興財団、一九七七～二〇〇二年。
(39) 木下良「肥前国」藤岡謙二郎編『古代日本の交通路』Ⅳ、大明堂、一九七九年。
(40) 井上通泰『肥前風土記新考』一九三四年。

二　行政界と古代道路との関係

行政界は地図によってしか知ることができないが、以下に述べるように古代道路とは密接な関係が見られるので、古代道路の路線復原には極めて重要な資料となる。

1　国境と古代道路

直線国境に注目したのは先ず服部昌之である。[1] 現在の大和川は宝永元年（一七〇四）に以前は上町台地東方に広がっていた古代の草香江（難波潟）の名残である深野池や新開池に流入していたのを、新田開発や河川水運の目的で直接大阪湾に流入するように改めたものである。これに伴なって摂津と河内の国境も新大和川の流路に改めたが、以前の国境の東部は新流路以北の八尾《やお》街道、西部は以南の長尾街道に沿っていた。両者を繋ぐ区間は新大和川を越えて南北に通るが、これは岸俊男[2]が提唱して発掘によって確認された難波大道の路線に当る。長尾街道はまた岸が大津道に比定しているところである。そこで、服部は八尾街道を『日本書紀』雄略天皇十四年正月条に見える「磯歯津路《しはつみち》」に想定し、本来の摂津と河内の国境は東西に通る大津道から南北に通る難波大道に続き、さらに東西に通る磯歯津路に連なり、さらに北折するとした。すなわち階段状に屈折することになるが、いずれも古代道路に沿うことが注目される。また、西北から東南に通る河内・和泉の国境は西高野街道と呼ばれるが、これも本来は直線であったと思われる。和泉は元河内国の三郡が分離したものであったから、分国以前は丹比・大鳥両郡の郡堺であった。

服部はまた筑前・筑後・肥前の国境も直線を基準にすることを述べているが、特に明瞭なのは前述した筑後・肥前国境で、米倉二郎[3]が両国共にそれぞれこの線を条里基準線にしていることを述べているが、さらに筆者[4]はこの国境線に沿って道路痕跡を認め、筑後国に向かう西海道西路の路線に当ることを指摘した。ここでも、直線国境が古代道路の路線に当る。

また服部も注目していたようであるが、下総と下野の国境の一部も図5—10に示すように直線的に通る。すなわち、下総側は茨城県古河市三和西牛谷を西辺に北約五五度東方向に三キロ余と通ってから、北六七度に方向を変えて同市上和田まで六キロ弱をほぼ直線に通るもので、対応する下野側は栃木県野木町中谷から佐川野、小山市に入ってその東野田から武井に至る。この国境に沿って大部分は小路が通っているが、部分的により広い古代道路痕跡と見られる地割を認める。筆者はこれを文献にない道路に想定したが、西方は『万葉集』に見える「許我能和多利《こがのわたり》」に続いて、利根川を渡って武蔵国に入る路線を、東方は志田諄一(5)が茨城県石岡市鹿の子C遺跡(6)で出土した漆紙文書に見える「關里」を「新治關」の故地とした茨城県筑西市関本に通じるものではないかとした。佐々木虔一(7)も国境の道路として指摘している。

他に直線的ではないが、筑前・豊後国境付近の西海道東路（豊後路）も両国国境沿いに通る可能性がある。すなわち、筑前国杷伎駅は筑後川北岸の福岡県杷木町把木に比定されるが、豊後国初駅の石井駅を遺称地名が残る大分県日田市石井に想定すれば、筑後川上流の三隈川南岸にあるのでこの間の駅路は先ず筑後川を渡って筑後国から豊後国に入ることになる。しかし、石井駅以遠の駅路は三隈川北岸を通ると考えられるので、再度渡河を繰り返さなければならない。私達(8)も以前はこのように通ったが不自然な感は否めなかった。そこで、日野尚志(9)が石井駅を北岸に求める可能性を指摘していることから、二〇〇七年には図5―11に示すように、杷伎駅想定地から大山峠越えで国境を越える

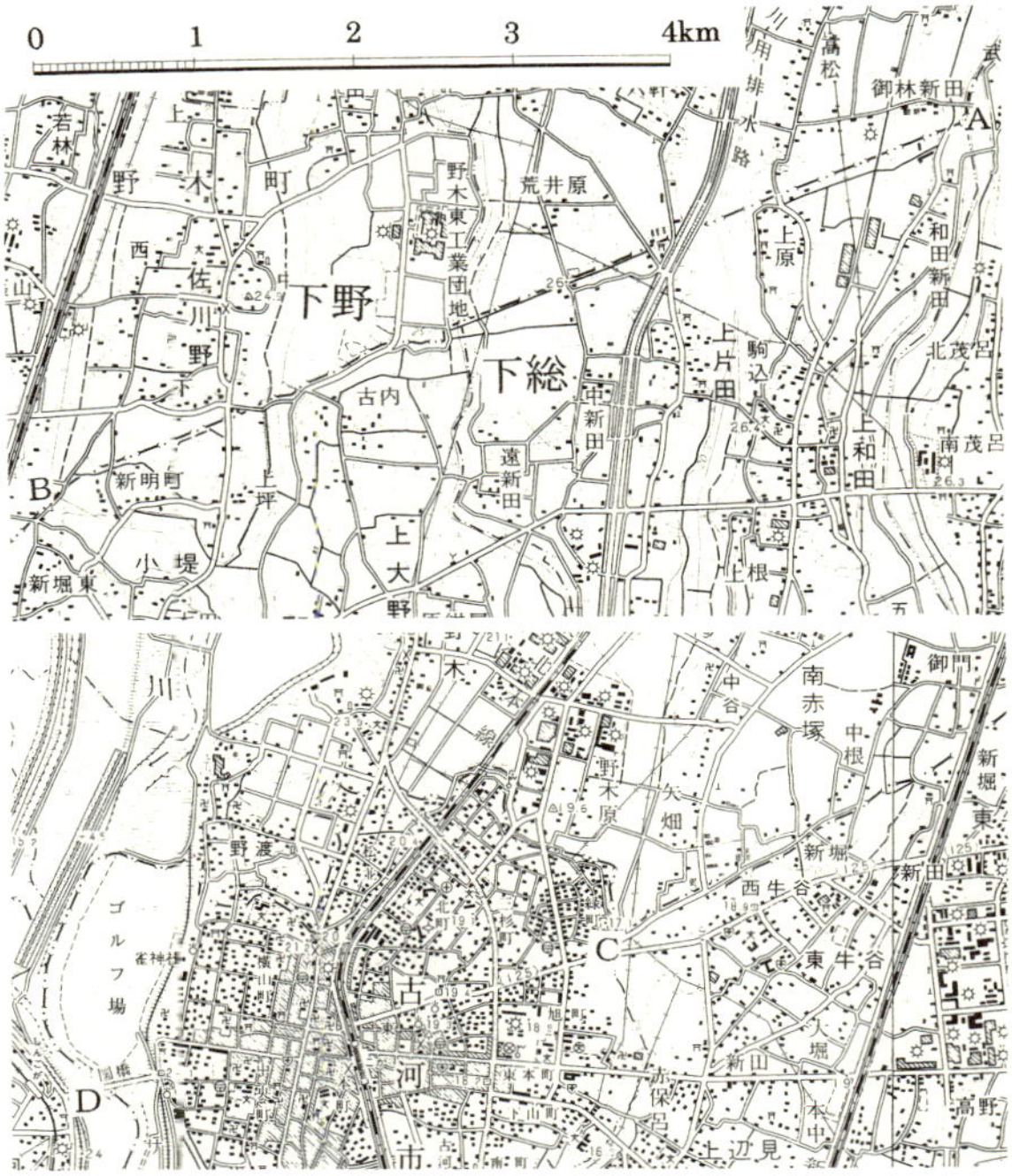

図5―10　下総・下野の直線国境（上下接続）

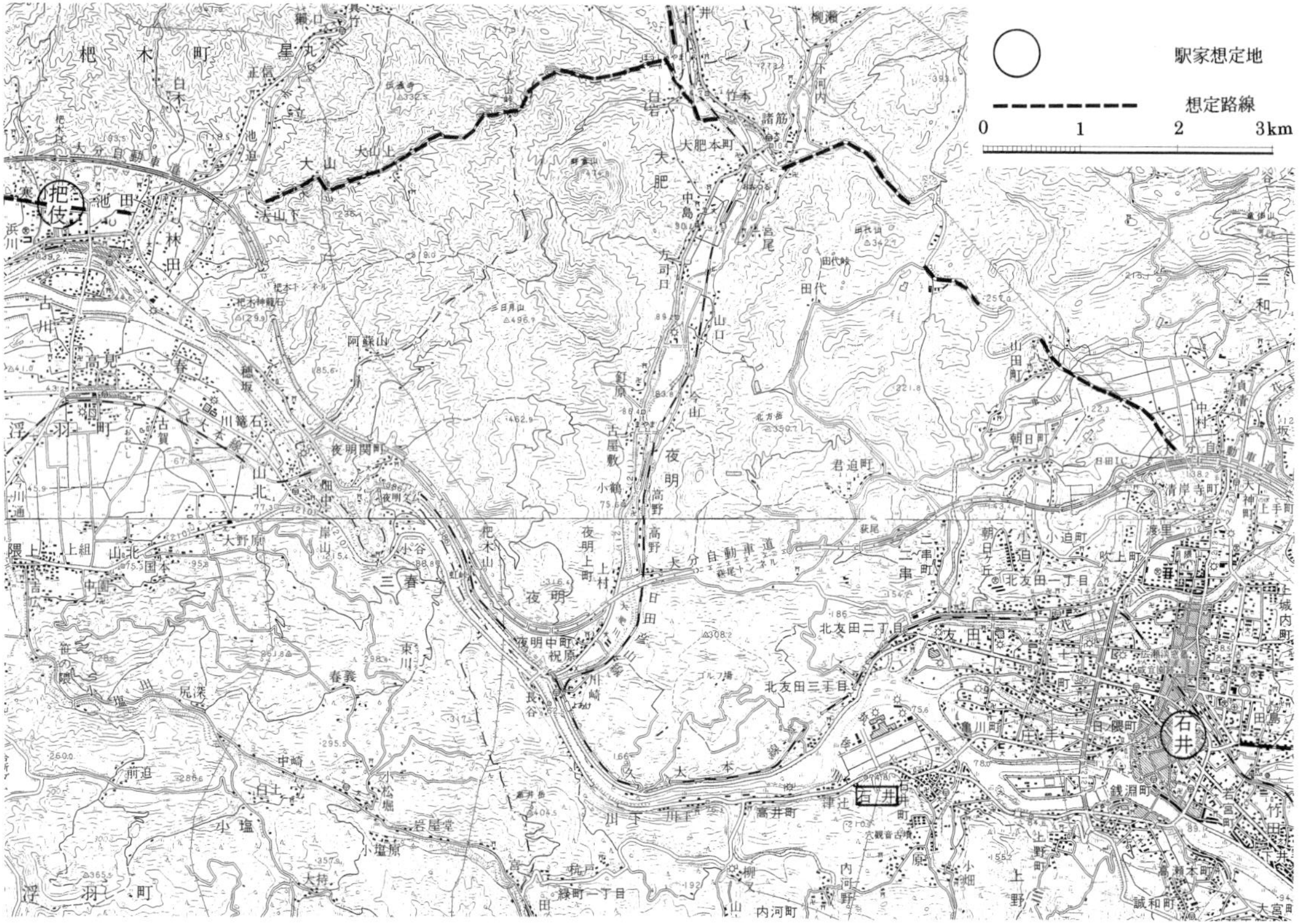

図5—11　筑前・豊後国境と想定駅路（5万分1地形図「吉井」「日田」の部分を縮小して使用）

経路を通ってみた。この間で約二・三キロの区間が国境沿いになる。三隈川の支流大肥川の谷に下ると、『延喜式』には見えないが日野が応永五年（一四九八）の『宇佐八幡宮文書』に見える「筑前國嘉麻郡内驛家」の比定地に通じる駅路に想定した路線に合することになる。さらに、これから日田市内に通じる路線の途中に日野による日田郡家想定地もあるが、『延喜式』によれば日田郡には伝馬も置かれていたので、この経路は伝路を兼ねる可能性もあって好都合である。

とすれば、石井駅は日田市街南部に考えられる荒田駅に向かう経路との交点付近に在ったとしなければならないが、果たして石井郷域をここまで広げることが可能か問題になる。

2　郡堺と古代道路

東西南北に通る幹線道路を基準に条里地割が施行されている大和国で、諸郡の境界がこれらの幹線道路に一致することが多いことは服部昌之[10]が指摘している。すなわち、下ツ道は一一・七キロ、全長の二分の一以上、横大路では約二・八キロで全体二二パーセント、中ツ路で約六キロ、約四〇パーセントを占めるが、上ツ道はほとんど合致するところがない。また北の横大路は一・三キロで五二パーセントである。服部は採り上げていないが、四章三節で述べた田村吉永[11]が想定した広さ一町の道路に沿っては、その約四・七キロの全路線が郡堺になる。

国境の所で述べたように、西高野街道に沿う河内と和泉の国境は、河内国から和泉国が分国する以前は郡堺であった。また、前掲図1—6に示すように現在の大阪空港の敷地内に旧摂津国豊島郡と河辺郡の境界が直線に通る区間があり、一部の屈折を後世の変化とみて消去すれば全体では二・三キロを直線に通る。また足利健亮[12]が能勢山中に想定した「直道」も能勢・川辺郡界である。

南海道では和泉国から紀伊国に入る雄山道が紀伊国に入ってからの路線が、那賀郡と名草郡の郡堺になっており、その東側に接して萩原駅がある。

阿波国では『延喜式』駅路ではないが、木原克司・岡田啓子(13)が条里余剰帯によって想定した吉野川流域平野を南北に通る奈良時代の南海道路線の一部が、南土井村（東）・高川原村（西）境界になっているが、本来は駅路に沿う全区間が名東郡と名西郡の境界になっていたのではないかと推定している。さらに奈良時代の土佐国に向かう想定駅路が名東郡から勝浦郡に向かって山を越える部分は直線でないが、約一キロの区間で郡界に沿っている、また、吉野川北岸に想定した東西に通る想定伝路に沿っても、その北が東から榮村・大山村、南はやはり東から北井上村・高志村の直線境界になっているが、これも北が板野郡、南が名東郡・名西郡との境界であろうとしている。

西海道では日野尚志(14)が筑前国席田郡と那珂郡の郡堺は水城東門を出た大宰府道にあたるのではないかとしている。また、筑後国の駅路は第二章第三節で述べた車路地名によって駅路が復原できるが、日野(15)はこれを上妻郡と三潴郡、上妻郡と下妻郡の境界に想定している。

東山道で代表的なのは第一節で採り上げた、源義家関係の伝承によって「将軍道」と呼ばれた道路は現在の那須烏山市とさくら市との境界になって約三キロ続いているが、これは旧の芳賀郡と塩屋郡の郡堺であり、金坂清則(16)が東山道駅路に想定したところである。

陸奥国に入って明治四一年（一九〇八）測図の五万分の一地形図「須賀川」によれば、須賀川町から南方約八・四キロから約七キロにかけての一・四キロの区間が、西白川郡三神村と岩瀬郡鏡石村の境界になっている。これに沿って通る道路を黒坂周平(17)は東山道駅路に想定した。

3　その他の行政界と道路

近年大規模な町村合併が行なわれた結果、現在の地図では小地域の行政界を知ることができないので、旧版の地図

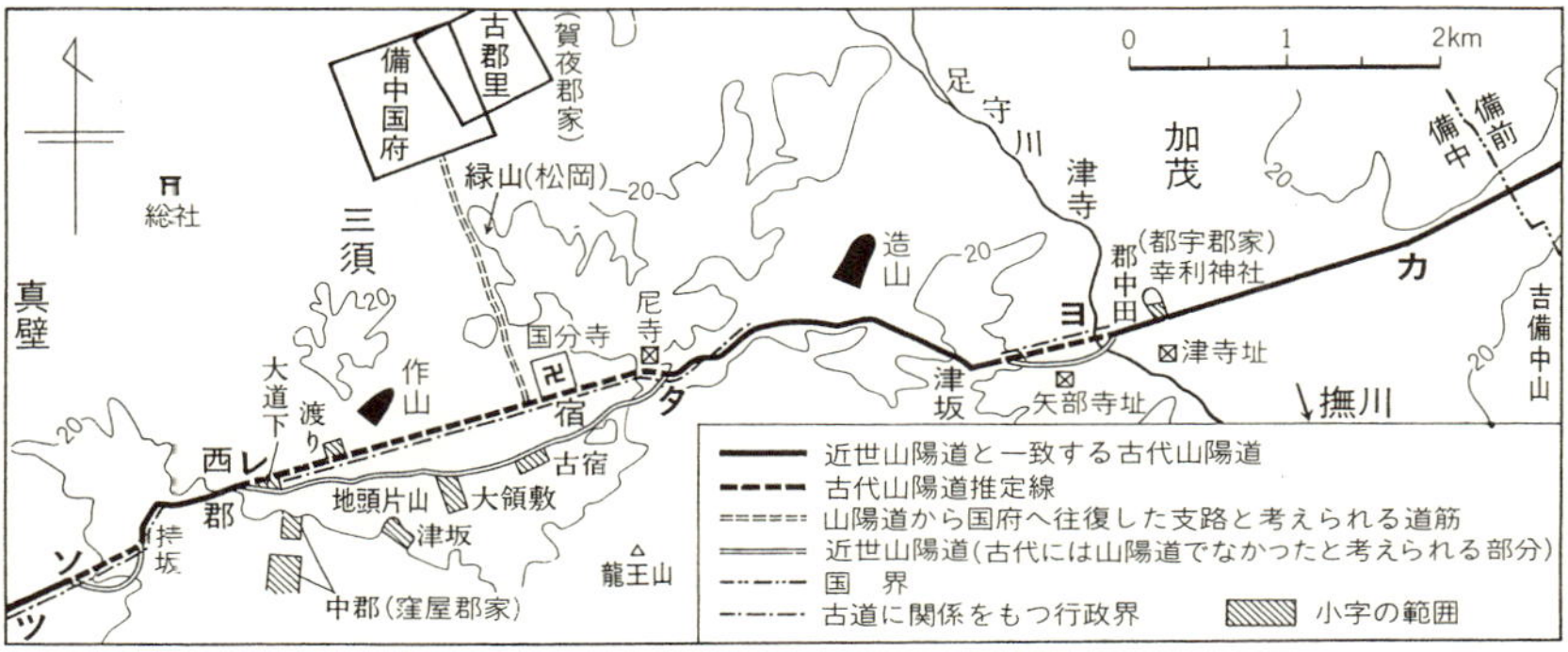

図5―12　備中国都宇郡・窪屋郡の山陽道（足利健亮原図）

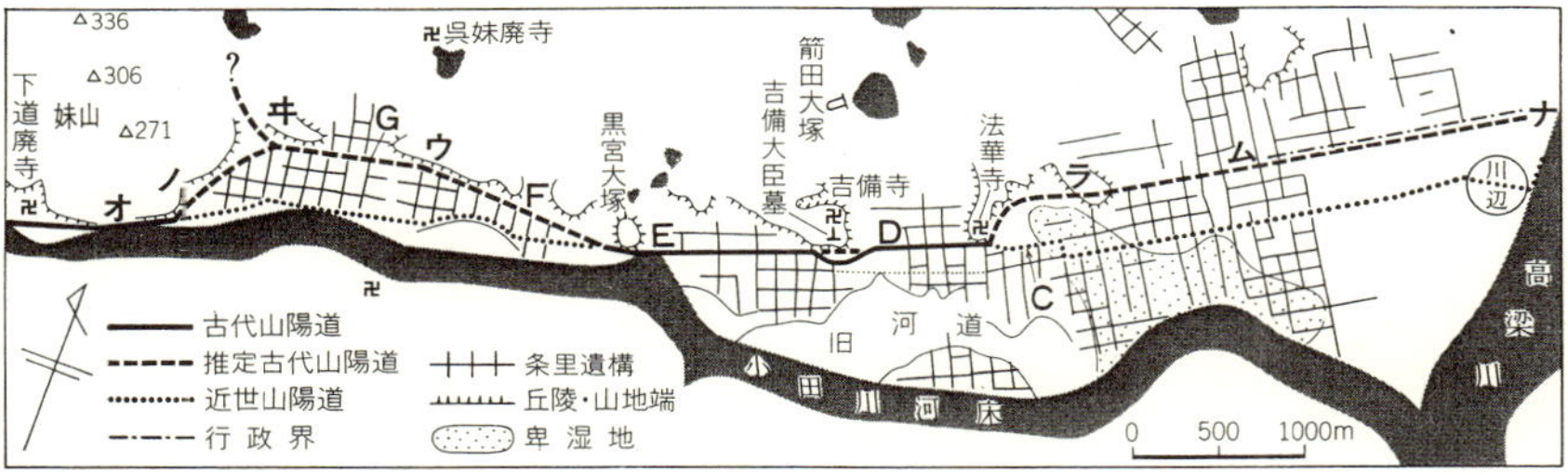

図5―13　備中国下道郡東部の山陽道（足利健亮原図）

を利用しなければならないが、直線的に通る行政界は古代道路の路線になることが多い。第一節で述べた「名古屋市域の小栗街道」もその例であるが、また筆者(18)が空中写真によって、佐賀平野を一六キロ余一直線に通る道路痕跡を認めて、西海道肥前路に想定したが、その中で約二キロが行政界になっていた。たまたま気付いた例では、『続日本紀』天平十六年（七四四）に見えて聖武天皇が難波京から紫香楽宮に向かって通った「三島道」の想定路線の千里丘陵麓を通る部分で一部が行政界になっている。

山陽道では足利健亮(19)が主として行政界に基づく駅路路線の復原を行なっているので、先ずこれを紹介する。図5―12は備中国分寺付近を示すが、その中のヨ、タ―レ、ソ―ツの部分の行政界は近世道路と離れて直線的に通っており、足利はこれを古代駅路に想定した。その大部分は四章一節に述べた条里余剰帯に合致するので、この想定は確実であろう。図5—13はこれに続く備中国川辺駅付近を示す。高梁川右岸の川辺集落は近世の川辺宿で、近世山陽道はこれを通るが、足利はその二町北を通る路線を古代駅路に、これに沿うナ地点に古代川辺駅をそれぞれ想定した。ナ地点は前記ソ—ツの延長上に当り、ここからム地点まではやはり行政界になっており、また条里余剰帯が認められる。このような路線を採った理由としてラ付近で高梁川の支流小田川から大きく入り込む低湿地を避けた結果とする。

島方洸一企画・編集統括の『地図でみる西日本の古代』（平凡社、二〇〇九年）に示す駅路とその状況は編者の一員になった筆者が担当したものであるが、これによれば以下の区間が旧行政界になっている。以下の行政体名はいずれも当時の名称を示す。

先ず播磨国では明石・賀古駅間にあった廃止駅（長坂寺遺跡）の少し西方で駅路がJR土山駅の北方を通る部分が現在も北が平岡村土山、南は阿閇村との四〇〇メートル《メートル》弱の直線境界になっているが、現地は駅前であることから市街地化していて、町村界は路地状の小路が通っているにすぎない。

備後国品治駅想定地西方で北一一五度方向に走ってきた想定駅路は、以西は北七三度西方向に向きを変えるが、この付近は北が旧新市町、南が旧駅家町の境界になっていた。現在は共に福山市域になっている。これに続く現在の府中市域では北が広谷村、南が国府村の直線境界になっている。

長門国厚狭駅想定地西方では、北が厚西村、南が郡村の直線境界である。

山陰道では因幡国の国府西方を東西走していた駅路が、大路山《おおろやま》西方で千代川渡河点の両岸で斜向する部分にそれぞれ行政界が認められる。東岸の邑美郡では北が美保村、南が倉田村、西岸は高草郡域であるが、北が蒲野部村、南は美穂村になっている。

伯耆国では汗入郡の奈和駅(20)から会見駅に向かう駅路が会見郡に入って丘陵地帯を越える部分で、西北が大和村、東南は大高村の境界になっている。現在はいずれも米子市域になっている。

出雲国では伯耆国境から野城駅に向かう駅路が伯太川を渡ってから一・四キロの区間、北が賀荘村、南は大塚村の直線行政界になっているが、現在は両村ともに安来市域になっている。野城駅は飯梨川右岸に想定されるが、右岸の想定駅路を延長した左岸に六〇〇メートル程の直線行政界が認められ、北側は荒嶋村、南側が飯梨村で、いずれも現在は安来市域に入っている。さらに、松江市南方の意宇川下流平野に入った駅路の想定路線に沿って、東北は竹矢村、西と南が大庭村の境界が直角に曲がっている。すなわち、『出雲国風土記』に「国庁意宇郡家北十字街」とある処で、東西に山陰道本道が、隠岐国に向かう「枉北道」が北に向かっていたので、その東に向かう部分と北に向かう部分の一部が村界になっていたのである。両村共に現在は松江市になっている。神門郡に入って狭結駅から多伎駅に向う駅路の一部の北西が西浜村、南西が久村の境界になっている。石見国と長門国に向かう山陰・山陽連絡路では特に見当たらない。

南海道では讃岐国那珂郡を通る駅路は条里余剰帯の存在によって想定できるが、その約二キロが北は郡家村、南は与北村との境界になっている。三野郡に入って北東から南西に通る区間で約七〇〇メートルが、北西が高瀬村、南東は勝間村の境界になっている。

伊予国では、宇麻郡を通る南海道本道は条里余剰帯によって想定されるが、その約八〇〇メートルの区間の西北が川之江町、南東が妻鳥《めんどり》村の境界になっている。

西海道では先ず筑前国永岡駅から隈埼駅に向かう西海道東路（豊後路）の一部は、北が三根村と栗田村、南は女野村の直線的境界によって想定できる。筑後国では明治三三年（一九〇〇）測図二万分の一地形図「久留米」によれば、筆者が(21)「車路」地名によって想定した路線に沿って図5―14に示すように、国分村域が荒木村域に約一三〇メートル盲腸状に入り込んでおり、その部分は水田で両側は桑畑になっているのは、桑畑になった微高地を切って通っていた道路跡が水田になったことを示す。

豊前国では筑前国から国境を越えて入った駅路は、筑後国と同様に車路地名と直線行政界によって想定されるが、先ず糸田村（北）と弓削田村（南）の村界が約二・四キロ直線に通り、これに沿って二ヵ所の車路地名がある。その延長上に金川村（北）と伊田村との直線境界があり、両者の区間を繋ぐ間に二カ所の車路地名がある。

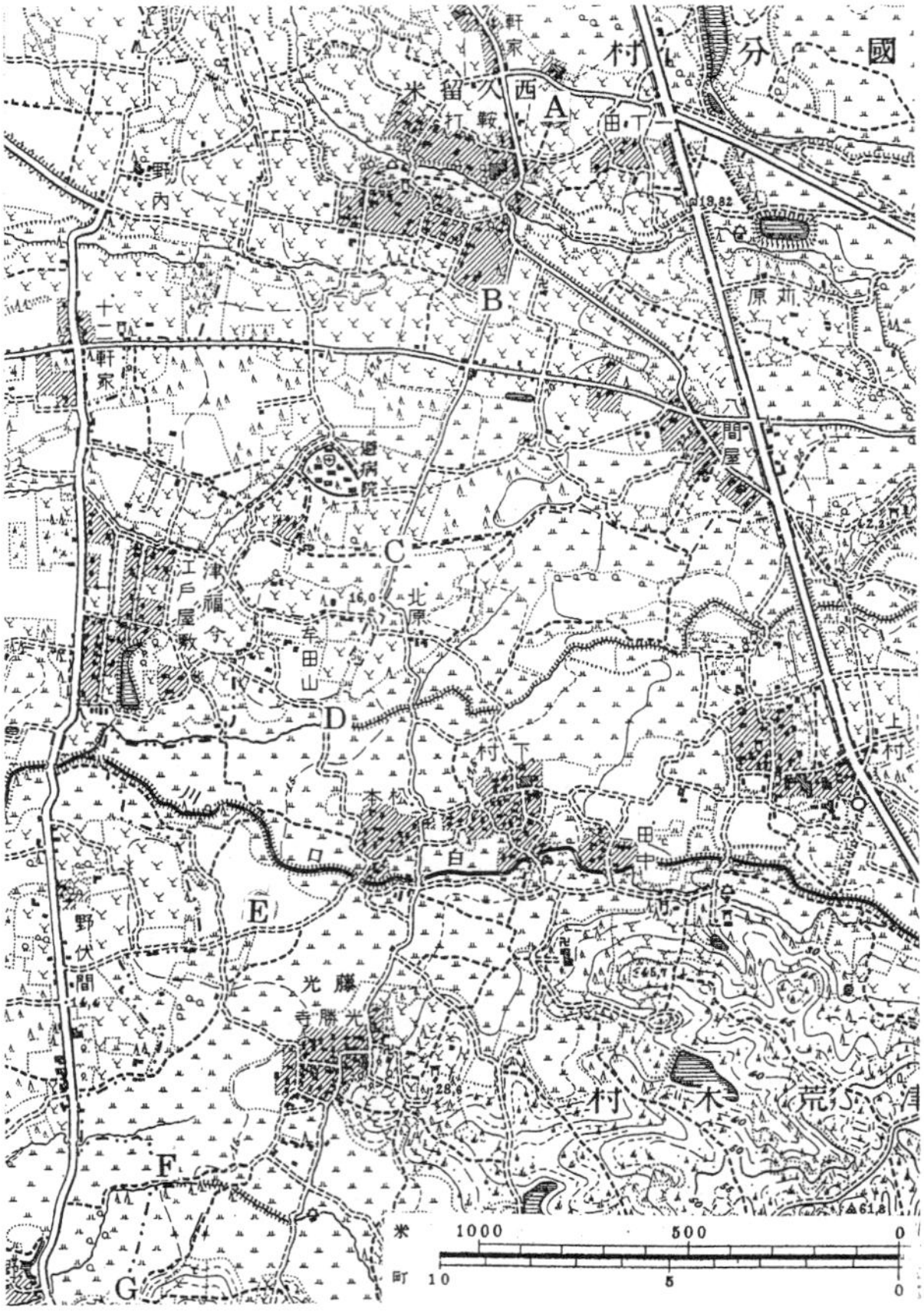

図 5—14　筑後国の「車路」に沿う行政界の盲腸状屈曲（C—D 間）
A は野中町字車地，E は藤光町字車地（図 2—8 参照）.

肥前国では同地図帳には行政界として書き入れてないが、「甘木」図幅において鳥栖町（東南）と麓村（西北）の境界が東北から西南に直線的に通っており、これは六節三節に述べる空中写真で帯状地割の連続の例として挙げる部分に当たり、現在は国道三四号の路線になっている。これから約一・六キロ隔てて「脊振山」「佐賀」図幅において、この延長部分が同様に鳥栖町と麓村の境界がまた約五〇〇メートル続いている。(22) 筆者は佐賀平野を東西に一六キロ余一直線に通る道路痕跡を空中写真に認めたが、そのうち東脊振村（北）と三田川村（南）の境界線が約一・五キロ、仁比山村（北）と西郷村（南）の境界が約一キロ重なっている。『地図でみる西日本の古代』の範囲外になっている島原半島で雲仙火山

図 5—15　日向国西海道東路の耳川渡河点と以南の想定線
（5 万分 1 地形図「日向」と「都農」の部分を縮小）

を横切る駅路として、木本雅康[23]は地形的にも鞍部を通る島原市と国見町（現在、雲仙市）、島原市と有明町（現在、島原市）の境界に注目している。

『地図でみる西日本の古代』には含まれていない日向国では、筆者は美彌駅の南方の耳川渡河点を現在の国道一〇号の渡河点のやや上流に比定したが、図5―15に見られるように、その延長上に当って位置する日向市と旧東郷町（現在、日向市）、これに続く旧東郷町と都農町との合計約三・七キロの直線的境界は駅路の路線を示すものではないかと考えたが、現地での資料によれば、その南方延長上に沓掛地名があるということなので、古道の可能性が高まる。

東日本ではあまり調査していないが、東海道伊勢国では足利健亮[24]が飯高駅を松阪市駅部田《まえのへた》に比定して、これに連なる駅路路線を想定したが、明治二五年（一八九二）測図五万分の一地形図によれば、南北に通る路線の一部の東側が豊田村、西側が中原村と豊地村、また一部の東側が中原村、西側が豊地村・阿坂村の直線的行政界になっている。

尾張国では二節二の「名古屋市域の小栗街道の場合」に前記したように、現在の名古屋市中村区を通っていた小栗街道の一部の東北が鷹場村、西南が織豊村の境界になっている。

参河国の鳥捕駅から山綱駅に向かう駅路が矢作川を渡る地点は、支流の大平川の合流点付近の西岸に渡の地名があるので、合流点の下流が適当と考えられる。とすれば、岡崎市街南方の大平川南岸の丘陵を横切る道路が駅路の名残と思われるが、明治二三年（一八九〇）測図の五万分の一地形図「岡崎町」図幅によれば、この道路は三島村（北）と岡崎村（南）の境界になっている。

参河国府は豊川市白鳥の台地上で確認されているが、国府付近で東海道本道と浜名湖北岸を通る「二見道」とが分岐したと考えられる。白鳥台地の下方に位置する国府集落の西北の追分で、近世の東海道と「二見道」の路線を継承する本坂街道とが分岐するが、本坂街道に沿って北東側の御油村・平幡村と南西側の国府村・白鳥村の境界が一キロ余続いている。また、国府村東方では図5―16に示すように、近世東海道の南西に約四〇〇メートル隔てて白鳥（北東）と佐

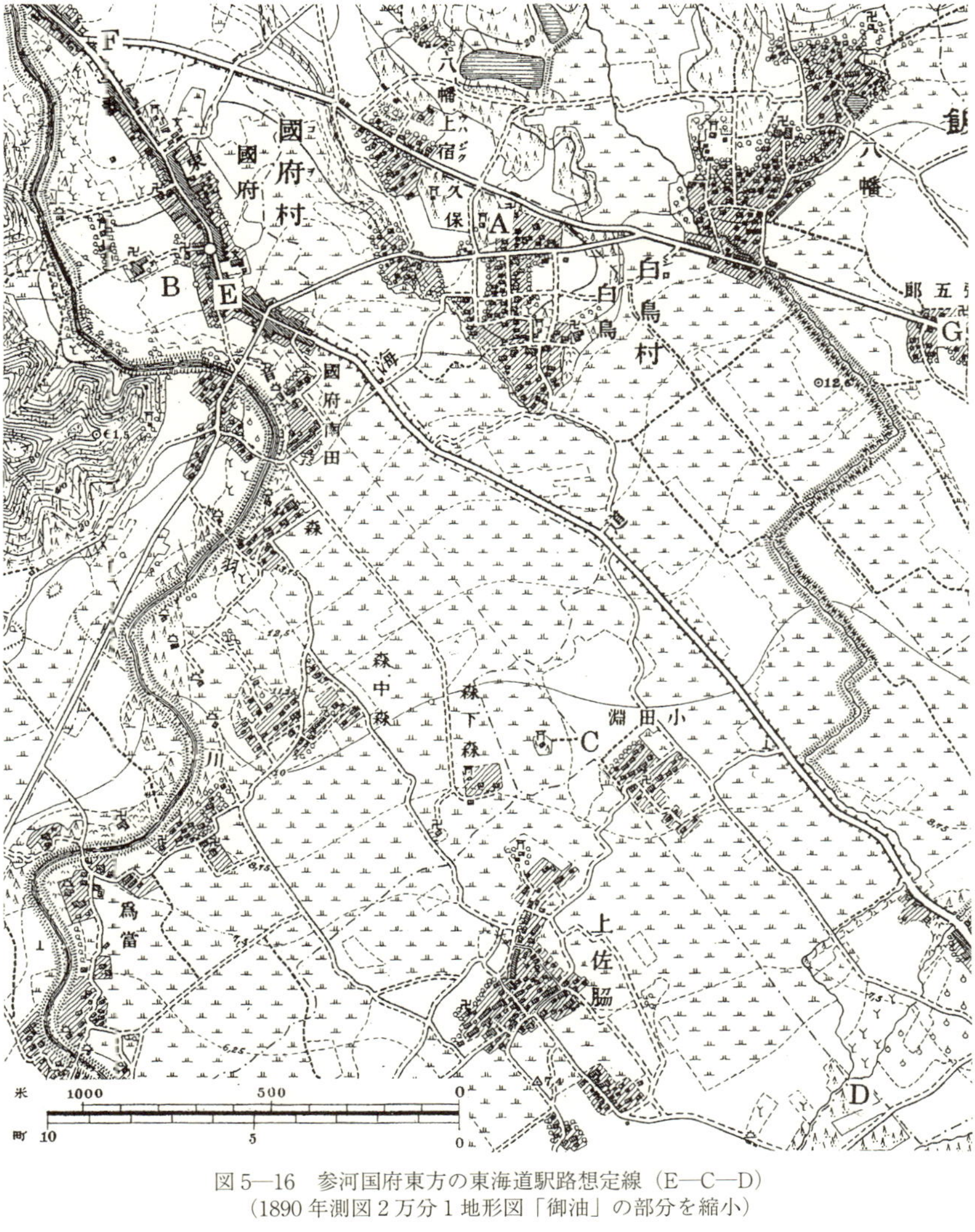

図 5—16　参河国府東方の東海道駅路想定線（E—C—D）
（1890 年測図 2 万分 1 地形図「御油」の部分を縮小）

脇村（南西）の境界が一・一キロ続き、その先は僅かに北東にずれて白鳥村と伊奈村地との境界になって二〇〇メートル続いている。筆者は[25]、この境界線を古代東海道の路線に想定した。また僅かにずれている部分が古代道路の幅を示す可能性がある。

遠江国では国府がある磐田市中泉に引摩駅があり、駅路は北に曲がって見附でまた東に曲がる。古代末から中世の国府は見附にあった。近世東海道もほぼ同様の路線をとる。見附の東方の台地上に上がった近世の東海道に踏襲されると思われる想定路線は若干の屈曲を示すが、明治二三年（一八九〇）測図の地形図によればその北が向笠村で南が西貝村と田原村との境界になっている。近世街道はその先で直角に北に曲がってさらに東に曲がっているが、以上の路線の延長上に四章一節に述べた条里余剰帯の名残が存在するので、そのまま東に坂を下ったと考えられる。

遠江国東部にある「佐夜中山」は東海道の名所であるが、西側の上り口付近の道路の南側は東山口村、中央部は組合日坂及東山村、また東部は南が金谷町であるが、北側は通じて組合日坂及東山村になっている。

駿河国で貞観六年（八六四）に蒲原駅を「富士河東野」に移しているが、現在の蒲原は西岸にあるので、庵原郡蒲原郷から富士郡蒲原郷への移転であったと考えられる。移転後の蒲原駅は近世の東海道の通過地である吉原市北部新田と考えるが、旧蒲原駅の次駅は貞観六年に廃止された柏原駅で、浮嶋原の南側にある吉原市柏原に比定される。とすれば、旧蒲原駅からの富士川渡河点は近世の渡河点より下流にあったことになる。明治二〇年（一八八七）測図同二八年修正の五万分の一地形図「吉原」によれば、西岸には河口から約二キロ上流に富士川村（北）と蒲原町（南）の境界線があり、東側にはほぼこれに対応して加島村（北）と田子浦村（南）の境界になっている直線道路が一・五キロ余続いている。あるいはこれらが、初期の駅路を示す可能性があろう。

相摸国では、綾瀬市早川で検出された宮久保遺跡と鎌倉郡家とを結ぶ伝路に想定される道路については一節で述べたが、この道路に沿っても約一・三キロが六倉村（東）と御所見村（西）の境界になっている。

下総国府は千葉県市川市国府台に想定され、その和洋女子大学の構内で関連遺跡が発掘されている。また、井上駅も国府台で「井上」の墨書土器を検出しているので、国府付属駅として付近にあったと考えられる。明治四二年（一九〇九）測図の五万分の一地形図「東京東北部」によれば、国府台は国分村に属しているが、ここから東北方面に通じる道路は、西側が松戸町、東側が國分村・八柱村との境界になって約五キロ続いている。この道路は高田淳[26]が井上駅から茜津駅に向かう『延喜式』駅路に比定しているが、現在の市川市新山遺跡で側溝を持たない幅約四メートルの道路が検出されている。一般に両側溝の心々幅九〜一二メートルある駅路としては貧弱であるが、この路線は奈良時代の常陸国に向かう路線が廃止されてから駅路になった道で、それまでは国府から相馬郡家に向かう伝路であったものを駅路にしたものと考えられるから、先ず適当であろう。

『常陸国風土記』信太郡の条で榎浦津に置かれた駅から始まる「東海大道」に、筆者[27]が比定した稲敷市（東）と牛久市（西）の直線的境界は約四キロ続くが、空中写真によれば想定駅路線はさらにその延長上に辿ることができる。

河内駅は那珂川南岸の水戸市渡里町に想定されるが、北岸にある遺称地の水戸市上河内町ら北上する想定駅路は、那珂台地を北東に通るが、明治三六年測図の五万分の一地形図「水戸」によれば、その一部七〇〇メートル弱が菅谷村（南東）と芳野村（西北）の境界になっている。なお、この路線に沿って駅を思わせる「駒替《こまぐり》」の地名があるが、駅の想定地からは離れている。

東山道では美濃国内で、明治三九年（一九〇六）測図の五万分の一地形図「大垣」によれば、本巣郡北方町（南）と席田村（北）の境界が東西に通っているが、『岐阜県史』（一九六五年）はこれに沿って「山道《せんどう》」の地名があることから、これを東山道の遺称としてその路線に当たることを指摘している。これを参考にして黒坂周平[28]が全国的に「山道」地名に注目する基になったものである。

信濃国では最初の阿知駅から育良駅に到る間の東山道駅路は、天竜川西岸段丘上を通る近世の伊那街道に踏襲される可能性が強いが、これに沿って阿智村と飯田市の境界線が約一キロ続いている。

また宮田駅から深沢駅に到る路線は、一節二に「信濃国伊那地方における春日街道の場合」として挙げたように、段丘上を通る春日街道の路線と重なる可能性が高いが、明治四四年（一九一一）測図の五万分の一地形図「伊那」によれば、これに沿って伊那町（東）と南箕輪村（西）の境界が一・八キロにわたって直線に通っている。なお、深沢川以南の春日街道に沿っては前記したように「山道」「大道」の地名があり、蓑輪町「大道上遺跡[29]」で古代道路の遺構も検出されている。

上野国では明治四〇年（一九〇七）測図の五万分の一地形図「榛名山」によれば、六郷村（南南東）と長野村（北北西）の直線境界が一キロ余続いており、同年測図の五万分の一地形図「前橋」によれば中川村（南南東）と堤岡村（北北西）の境界が五〇〇メートル弱、少し途切れて新高尾村（南南東）と堤岡村・国府村・元惣社村（北北西）の境界が途中一・二キロ余続いている。これらのかなりの部分は道路または行政界になっており、金坂清則[30]はこれを野後駅から群馬駅に向かう東山道駅路に比定した。その後、数箇所での発掘調査[31]によって、九世紀頃に敷設されたと見られる、両側溝を備えた幅六メートル前後の道路が検出された。

宝亀二年（七七一）に武蔵国が東山道から東海道に所属替えになるまでは、武蔵国府に向かう駅路は東山道武蔵路と呼ばれているが、上野国新田駅で分岐していた。その路線を巡っては多くの論議があったが、東京都国分寺市の数箇所や埼玉県所沢市東の上遺跡等で道路が確認されたので、武蔵野台地上を南北に通っていたことが明らかになった。堀兼井の側を通る鎌倉街道が古代駅路を踏襲する可能性について述べたが、二万五千分の一地形図「川越南部」「所沢」によれば、この街道に沿って所沢市域が八〇〇メートル程細長く狭山市域に入り込んでいるところがあり（前図5―4参照）、この部分の行政界が盲腸状の形態を示しているのは前記した筑後国の場合と同様に、おそらく道路の両側が行政界になったものであろう。

下野国では明治四〇年（一九〇七）測図五万分の一地形図「壬生」によれば、明治村（南東）と雀宮村（北西）の境界が約八〇〇メートル直線に通っている。すなわち、上神主・茂原遺跡[32]で検出された東山道駅路に連なるものである。

出羽国では明治三六年（一九〇三）測図五万分の一地形図「山形」から同三四年（一九〇一）測図の「楯岡」によれば、羽州街道の東側仁南北に通る道路があり、これに沿って千布村（東）と出羽村・高擶《たま》村（西）の境界になっている。この道路は天童町の愛宕神社のある山（二四一・八メートル）を目標にしているようであるが、その東側を抜けて通る経路があるので、さらに北上することが可能である。なお、一章三節で採り上げたように駅路との関係が考えられる「糠塚」地名が天童町にあり、この経路からの連絡が可能である。

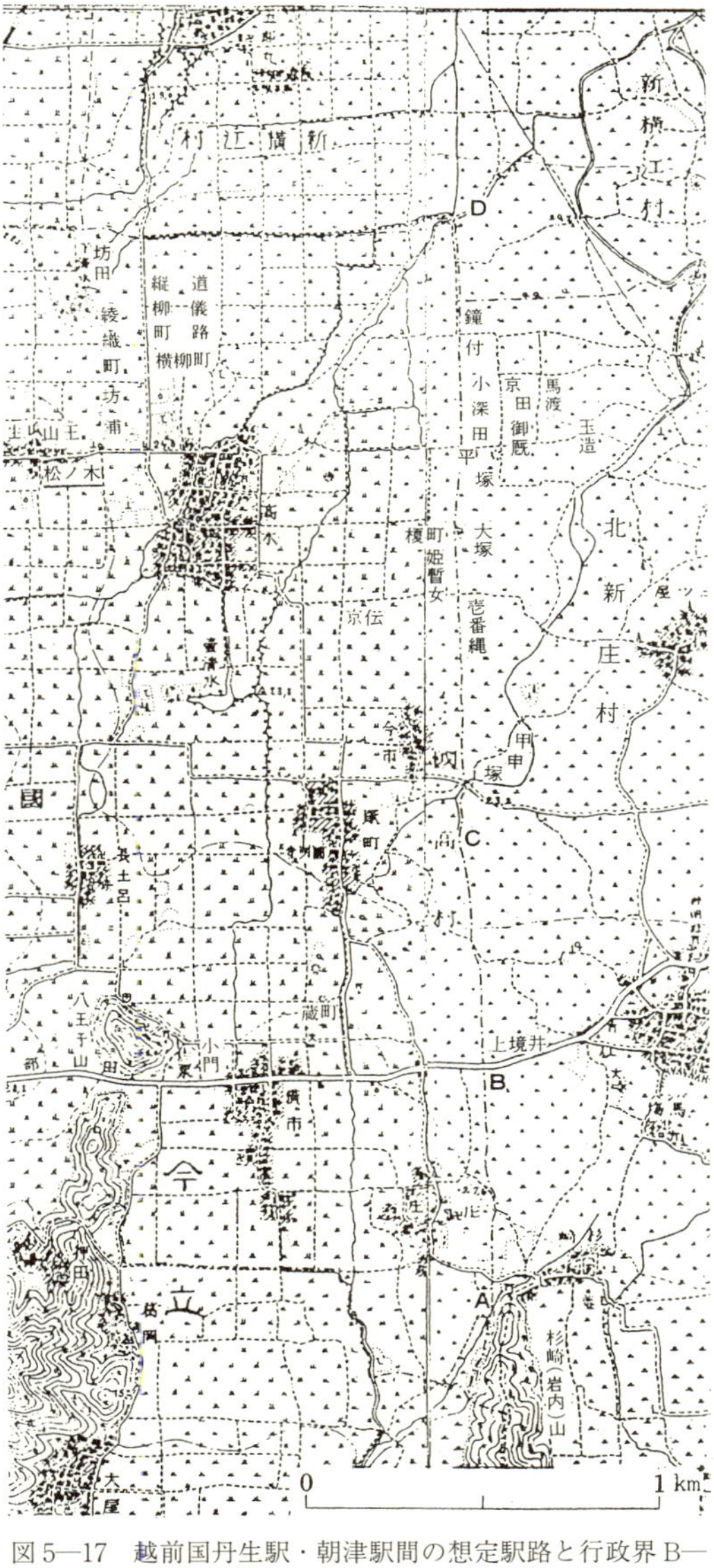

図5—17　越前国丹生駅・朝津駅間の想定駅路と行政界B—C—D（金坂清則原図）
D点の南5町東1町の大字中新庄小字御厩を阿味駅に推定
（基図は1909年測図2万分1地形図「福井」）

北陸道では明治四二年（一〇〇九）測図の五万分の一地形図「鯖江」によれば、図5―17に示すように国高村（西）と北新庄村・横江村（東）との境界が南北に約三キロ一直線に続き、なお北方にはこれに続く地割が六・四キロに及び越前国朝津駅の遺称である浅津川岸に達しているので、金坂清則[33]はこの直線地割を北陸道駅路に想定した。なお、現在この路線は北陸自動車道になっている。

明治四三年（一〇一〇）測図の二万分の一地形図「呉羽山」によれば、呉羽山丘陵の城山（一四五・三メートル）古沢村（南）と老田村（北）の境界が凸字形に通り、東西部分は約八〇メートルであるが、その東南方に点線路に沿って古沢村（南）と西呉羽村（北）の境界がやや曲がりながら通って、城山南方の鞍部に達している。以上の路線に沿っては六章四節に述べるように空中写真による道路状痕跡があるので、このように行政界と重なることによって、古代道路跡である可能性が高まると言えよう。

明治四三年測図の五万分の一地形図「三日市」によれば、三日市町から北に通る近世北陸道の東側に三日市町（西）と荻生村（東）との境界が途中で一部屈曲するが、二・八キロ続いて黒部川に達している。越中国布勢駅から佐味駅に至る駅路の路線は不明であるが、或いはこの行政界がヒントになる可能性もあろう。

4　大字・小字界と古代道路

大字・小字は行政体ではないが、近世の村の大部分が現在の大字になっているから、古代道路との関係は実質的には市町村界と同様である。ただ、大字界は通常の地図には示されていないので、各行政体で調べる必要があるが、これを一覧できる地図を作成していない所もあるので、場合によっては自分で調べる必要がある。また大字を改めて都・市内の町にしている所も多いが、その区域は変更されていることが多いので、名称が同じでも範囲が異なることがあるので注意しなければならない。

信濃国で長野県下伊那郡阿智村駒場に想定される阿知駅から飯田市育良を遺称地とする育良駅に向かう駅路は、天龍川西岸の段丘上を通る旧伊那街道にほぼ踏襲される上手線説と、天竜川沿いの低地に想定する下手線説があるが、上手線説を採る原隆夫(34)は、一部古文書を検討して近世の村界を検討した結果、図5—18に示すように近世の村界が伊那街道に多く沿うことを指摘して、これらが古代駅路の路線を示す可能性を述べている。

戸祭由美夫(35)は山陰道出雲国において、松江市大草町を南に置いて、北側に東から竹矢・山代の各町域が並んでおり、これらの町界は逆T字形になるが、竹矢・山代と大草の境界が山陰道本道に、竹矢と山代の境界が「枉北道」に当たり、これらの交点が『出雲国風土記』に云う「国府郡家の北の十字街」になることを指摘した。なお、これらの町名は大草・筑陽・山代の各郷名さらに大字名を踏襲するものである。

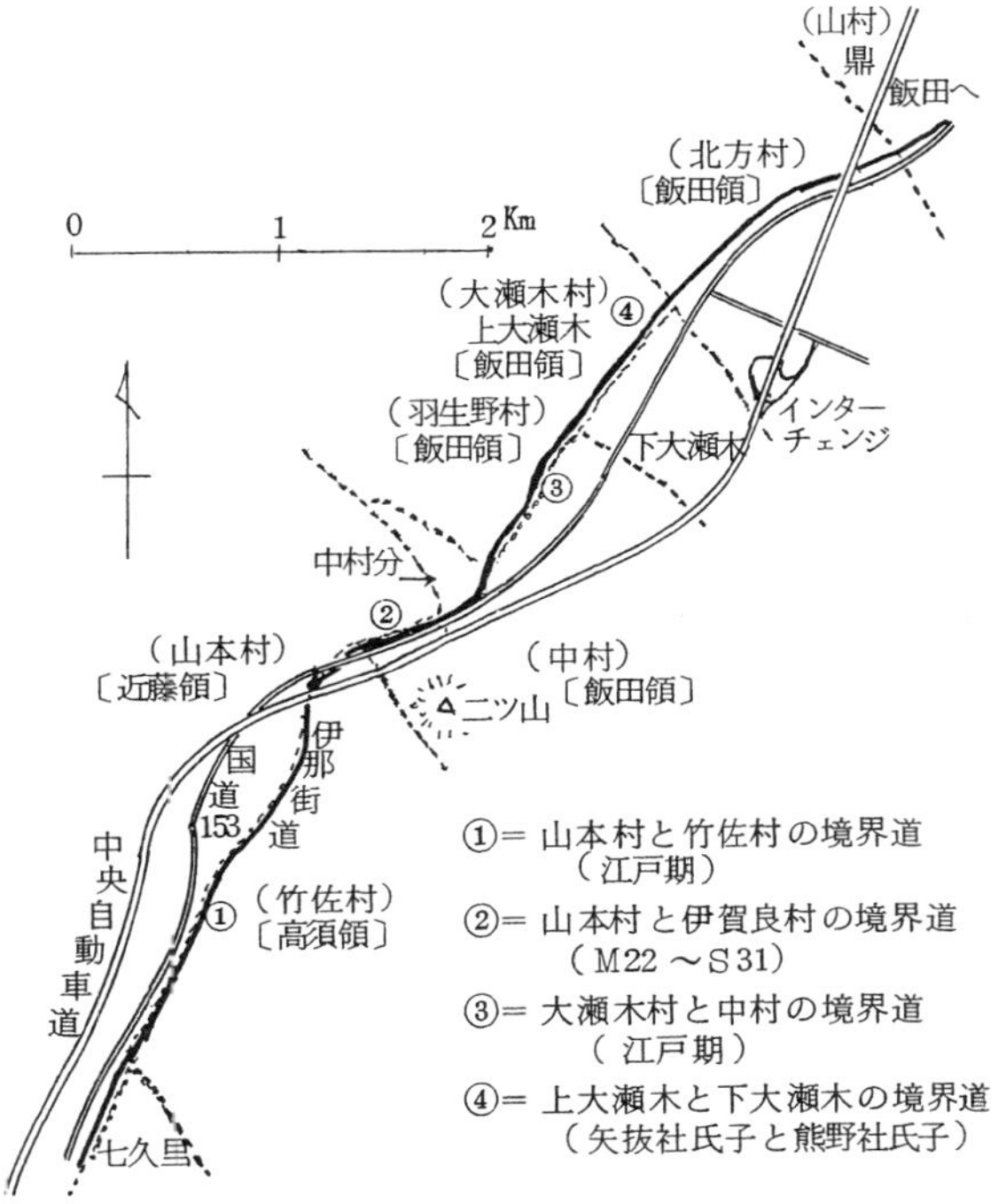

図5—18　近世村界と道路，信濃国阿知・育良駅間（原隆夫原図）

前節で讃岐国那珂郡を通る南海道駅路が郡家村と與北村の境界に当たることを挙げたが、一九七八年作製の一万分の一「善通寺市都市計画図」によれば興北村は市域に入って与北町になっており、また前記想定駅路の延長部は与北町（南）と木徳町（北）の町界、また少し距離を置いて生野町（南）と上吉田町（北）との境界になってい

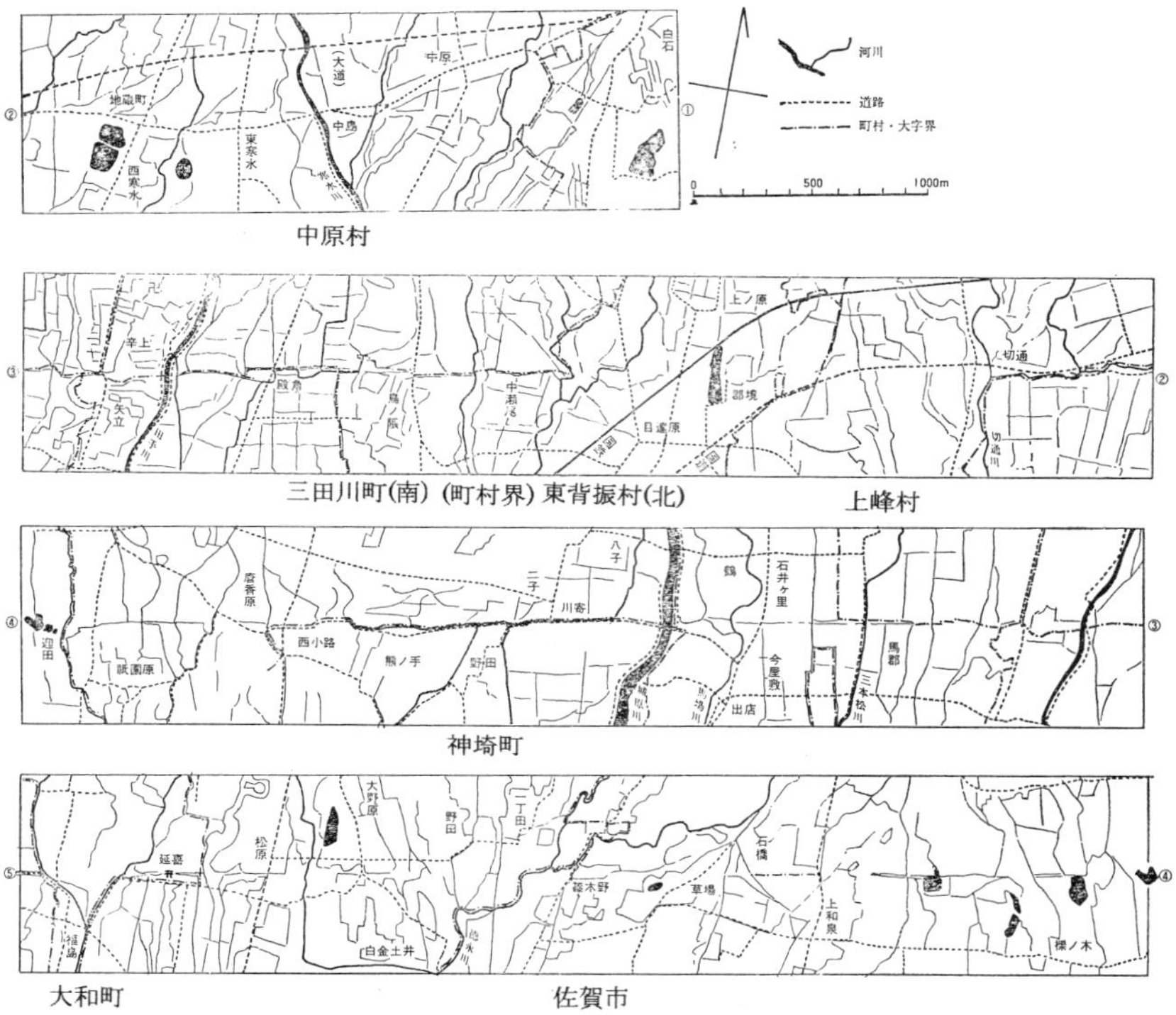

図5—19　佐賀平野を通る奈良時代の駅路と大字界（1952年当時）

る。なお、明治三九年（一九〇六）の地形図によれば、木徳は瀧川村の一集落で、また生野と上吉田は善通寺町の一部である。

筆者[36]は筑後国の筑後川から矢部川に至る間の西海道西路の路線を、連続して存在する六ヵ所の「車路」地名によって想定したが、この地名はその五ヵ所が大字界に沿って位置しており、その大字界は郡毎に直線的に通り、全体としては三区間を繋ぐ折線になっている。

また筆者[37]は空中写真によって、佐賀平野を一六・五キロ一直線に通る道路痕跡を検出して西海道肥前路に当てたが、その約三〇パーセントに当る四・九キロが大字界（町村界を含む）と合致している。図5—19はその最も典型的な部分である。肥前国では他に彼杵郡に入る大村市域を通る駅路の、大村扇状地と鈴田川低地との間に久島台地を通る部分を近世の長崎街道に踏襲されると考えると、その大部分が須田ノ木町・玖島、木場・久原の大字界になることが木本雅康(38)によって指摘されている。また筆者は諫早市船越名に比定される船越駅付近の駅路を、船越名と原口名の大字界になっている道路に想定した。

船越駅以遠の駅路についての木本の想定によれば、諫早市小川町・川床町の境界になるという。

小字は行政的な境界ではないが、字界を定める場合に古代道路に沿ったところでは、やはりこれを基準にすることが多かったと思われ、筆者は肥前国新分駅については井上通泰『肥前風土記新考』（一九三四年）に従って、彼杵郡には当初二駅が在ったが『延喜式』当時はこれを一駅にまとめたものと解し、これに伴なって駅路もほぼ近世の長崎街道の路線から、多良岳北麓の高原地帯を通る新道に改変されたと考え、同駅を長崎県大村市の草場郷に想定したが、その想定地付近からの路線を図5—20のように、古代道路に関係深いと思われる小字地名を連ねる線に比定した。なお、図中に見える一ノ郷の東宿・北

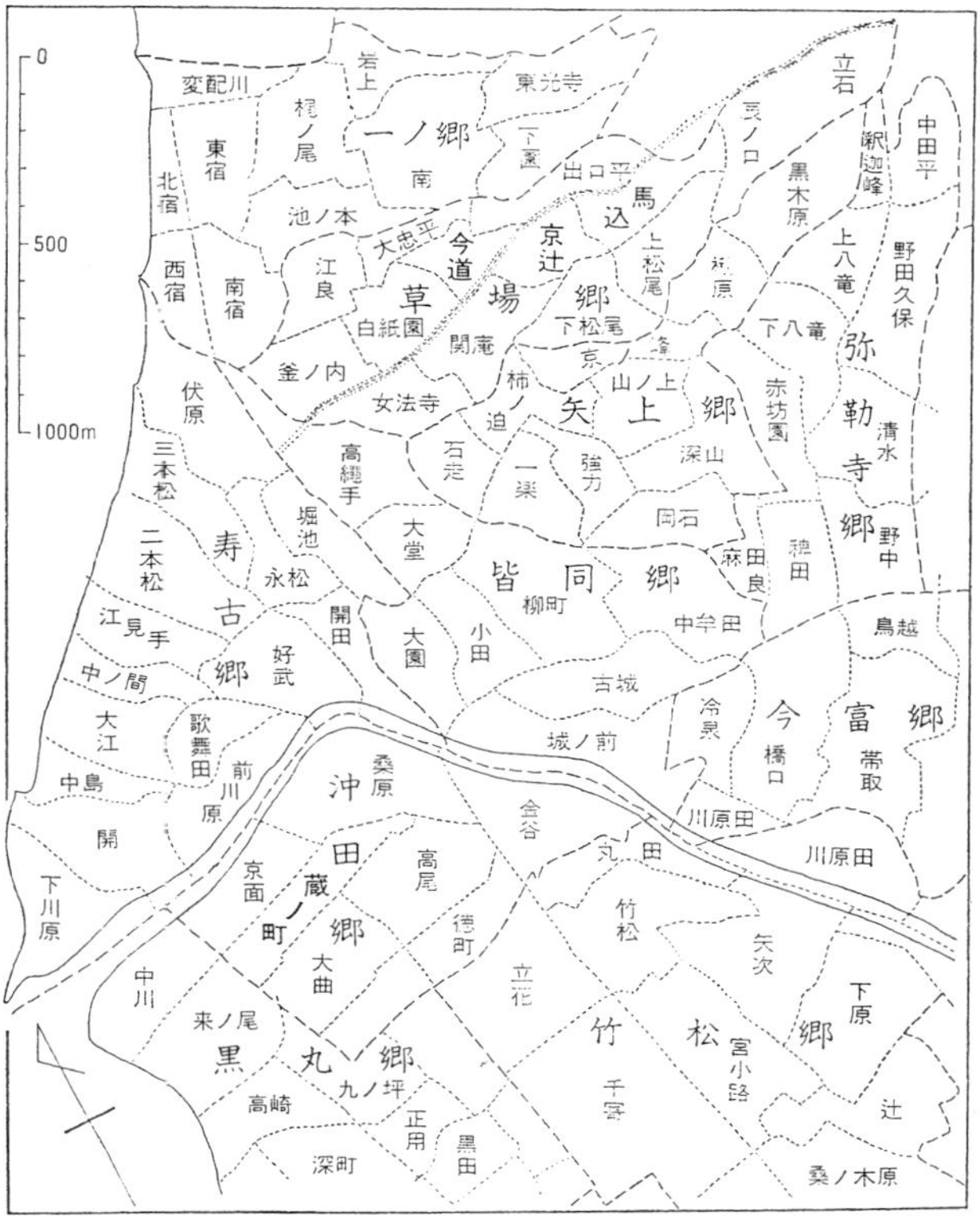

図 5—20　肥前国新分駅想定地と想定駅路

宿、南宿・西宿、皆同郷と寿古郷の境界、沖田郷の金谷と桑原・高尾・徳町、竹松郷の丸田・竹松・宮小路・桑ノ木原と立花・千寄の境界は、近世の長崎街道の路線を示すと思われるが、これらもまた古代の駅路を踏襲した可能性がある。この場合、新分駅想定地からの路線の合流点以北は、奈良時代の駅路に当ることになろう。

播州平野を通る山陽道も空中写真に見る道路痕跡や条里余剰帯の存在によって直線的に通ることが知られるが、この路線と大字・小字の境界との関係を検討したところでは、廃止された一駅に当ると見られる長坂寺遺跡と賀古駅との間の約八キロの区間の、二〇・七パーセントが大字界、三一・五のパーセントが小字界であった。

前掲図1—9は黒坂周平[40]が、上田市内に想定される曰理駅に向かう駅路の千曲川渡河点付近を検討した際に用いた小字一覧図の部分を示すが、南北方向に卓越する字界に対して斜向する直線の境界が明瞭で、これに沿って「大道端」「立石」など古代道路に関係があると思われる地名が存在する。小字界と古代道路の関係を示す好例であるが、このような小字界を一覧図にしている行政体は少なく、作っていても概念図的なものが多いので、これと古代道路との関係を知ることはかなり困難である。これがない所では、市役所・町村役場の税務課固定資産係で地籍図によって各小字の境界を自分で地図に落として作製することになるが、新地籍図では字界も知ることもできないから、旧地籍図が無いところでは、法務局保管の旧地籍図を閲覧させてもらわなければならない。

註

（1）服部昌之「古代の直線国境について」『歴史地理学紀要』一七・政治区画の歴史地理、一九七五年。『律令国家の歴史地理学的研究』大明堂、一九八三年。
（2）米倉二郎「九州の条里」『九州アカデミー』一、一九五八年。
（3）木下良「古代日本の交通路」藤岡謙二郎編『講座　考古地理学』5・生産と流通、学生社、一九八九年。

（4）木下良「上野・下野両国と武蔵国における東山道駅伝路の再検討」『栃木史学』四、國學院大學栃木短期大學史学会、一九九〇年。
（5）志田諄一「文書に見える氏族・地名の考察」常磐自動車道関係埋蔵文化財調査報告書5、『鹿の子C遺跡漆紙文書―本文編―』茨城県教育財団、一九八三年。
（6）川井正一ほか『常磐自動車道関係埋蔵文化財調査報告書』茨城県教育財団文化財調査報告二〇、一九八三年。黒澤彰哉ほか『鹿の子C遺跡発掘調査報告書（第三次）』石岡市教育委員会、一九八七年。
（7）佐々木虔一「古代の国堺としての山河と交通路」『千葉県史研究』六、一九九八年。
（8）日野尚志「日田周辺における古代の歴史地理学的研究」『九州天領の研究―日田地方を中心として―』吉川弘文館、一九七六年、所収。
（9）木下良監修・武部健一著『続完全踏査古代の道山陰道・山陽道・南海道・西海道』吉川弘文館、二〇〇五年。
（10）前掲註（1）、『律令国家の歴史地理学的研究』。
（11）田村吉永「大和平野に於ける条里制施行の年代」『大和志』九―八、一九四二年。
（12）足利健亮『日本古代地理研究』大明堂、一九八五年、一八九〜一九一頁。
（13）木原克司・岡田啓子「古代吉野川流域の条里と交通路」『鳴門教育大学研究紀要（人文・社会科学編）』一三、一九九八年。
（14）日野尚志「筑前国那珂・席田・粕屋・御笠四郡における条里について」『佐賀大学教育学部研究論文集』二四（Ⅰ）、一九七六年。
（15）日野尚志「筑後国上妻・下妻・山門・三毛四郡における条里について」『佐賀大学教育学部研究論文集』二六（Ⅰ）、一九七八年。
（16）金坂清則「下野国」藤岡謙二郎編『古代日本の交通路』Ⅳ、大明堂、一九七八年。
（17）黒坂周平『東山道の実証的研究』吉川弘文館、一九九二年。
（18）木下良「肥前国」藤岡謙二郎編『古代日本の交通路』Ⅳ、大明堂、一九七九年。
（19）足利健亮「吉備地方における古代山陽道・覚え書き」『歴史地理学紀要』一六、一九七四年。『日本古代地理研究』大明堂、一九八五年、所収。
(20)『延喜式』と高山寺本『和名類聚抄』では「和奈」になっているが、郷名は奈和であり、現在の地名も名和であるから、駅名も「奈和」であると考える。
(21)木下良「「車路」考―西海道における古代官道の復原に関して―」『歴史地理研究と都市研究』上、大明堂、一九七八年。第二章第三節参照。
(22)前掲註(18)。
(23)木本雅康「古代官道」『長崎街道―長崎県歴史の道(長崎街道)調査事業報告書―』長崎県教育委員会、二〇〇〇年。
(24)足利健亮「日本古代の計画道路」『地理』二一―一〇、一九七六年、『日本古代地理研究』大明堂、一九八五年、「大和から伊勢および紀伊への古道」収録。
(25)木下良「参河国府について」『人文地理』二八―一、一九七六年。
(26)高田淳「律令制下の市域」『柏市史』原始・古代・中世編、柏市教育委員会、一九九七年。
(27)木下良「常陸国古代駅路に関する一考察―直線的計画古道の検出を主として―」『國學院雑誌』八五―一、一九八四年。
(28)前掲註(17)。
(29)蓑輪町教育委員会『大道上遺跡』一九九六年。
(30)金坂清則「上野国」藤岡謙二郎編『古代日本の交通路』Ⅳ、大明堂、一九七八年。
(31)群馬町教育委員会『推定東山道』(群馬町埋蔵文化財調査報告書一九)一九八七年。
(32)梁木誠・深谷昇「栃木県上神主・茂原遺跡の道路状遺構」『古代交通研究』一一、二〇〇二年。
(33)金坂清則「古代越前国地域整備計画についての一試論―今立・丹生郡を中心に―」『日本海地域史研究』五、文献出版、一九八四年。
(34)原隆夫『信濃の東山道』「第二編・第三章・第一節　上手線」長野県文化財保護協会、二〇〇五年。
(35)戸祭由美夫「古代出雲の国府とその周辺地域」『人文地理』二一―五、一九六九年。
(36)木下良「「車路」考―西海道における古代官道の復原に関して―」『歴史地理研究と都市研究』上、大明堂、一九七八年。

(37) 木下良「肥前国」藤岡謙二郎編『古代日本の交通路』Ⅳ、大明堂、一九七九年。
(38) 木下良「空中写真に認められる想定駅路」『びぞん』六四、美術文化史研究会、一九七六年。同「山陽道の駅路—播磨を中心に—」『古代を考える一七古代山陽道の検討』、古代を考える会、一九七八年。
(39) 黒坂周平『東山道の実証的研究』吉川弘文館、一九九二年。

三　微地形と微地割線による道路痕跡の検出

五万分の一地形図では困難であるが、二万五千分の一や二万分一地形図では極めて稀に、道路跡と思わせる微地形や地割線を見出すことができる。以上のような痕跡は、一般に国土基本図（五〇〇〇分の一、二五〇〇分の一）や市町村作製の基本図によらなければならない。以下はたまたま気付いた例である。

例一　京都市二五〇〇分の一基本図に見る帯状空間と微地形段差（前掲図4—16参照）

同図は京都市山科盆地東部の大津市との境界付近で、図のA—B区間は近世東海道で大津市域に入っている。街道路線の南側に二四〜三四メートル離れて大津市（北）と京都市（南）の境界線が通っている。市界線に沿って所々に南側が高い段差があり、市界線以北の帯状空間は古代東海道の道路敷きにあたる可能性がある。第四章第三節に述べたように、平安遷都後に山科盆地に新設された東海道は条里の一坪をそのまま道路敷きにした可能性があり、とすれば道幅は一町（一〇九メートル）になるので、近世東街道の北側も本来の道路敷きになっていたと考えられるが、現在では明瞭な痕跡を見ない。

例二　国土基本図（一九六六年）に見る京都府京田辺市の道路遺構と見られる地割線

図5—21は現在の木津川左岸の京都府京田辺市域を通る奈良時代の山陰道兼山陽道の路線を、足利健亮[1]が二万分の

図 5—21　京田辺市域に見られる条里斜行地割
（5000 分 1 国土基本図Ⅵ -DD34 の部分を 50％に縮小）

一仮製地形図に基づいて想定しているところであるが、足利の想定路線は現在の主要地方道八幡・木津線である。しかし、本図によれば地方道の西側にほぼ平行して直線の地割線（A—B）があり、さらにその延長部にややずれて地類界（C—D）がある。これらは古代道路の路線を示し地割線と地類界のずれは道路幅を示すものではなかろうか。もっとも、この線を延長すれば棚倉孫神社の乗る丘陵に行き当たるが、現地調査によればこの丘陵は神社の鳥居をくぐって直ぐに低くなった括れの部分があり上記線の延長上に当るので、駅路は丘陵を乗り越えて通っていた可能性がある。

例三　国土基本図（一九六八年）に見る京都府城陽市の道路遺構と見られる地割線

図5—22は木津川右岸の現在の京都府城陽市域で、奈良時代の東山道兼北陸道の通過地で、高橋美久二[2]が同駅路の路線をJR奈良線線路の東方に想定し、その路線の一部が発掘されている。ところで、図の上部に北西から南東に向かう直線道路（A—B）が見え、さらにその延長上に若干東側にずれて直線の地割界（C—D）があるが、これらを古代道路の痕跡とすれば、以上のずれを道路幅とみて前者の区間は道路の西端を後者の区間を道路の東端とすることができる。現地調査によれば基本図未作製の北側は僅かであるが、後者の想定区間も道路になって続き、全体として五六〇<ruby>メートル</ruby>程の直線区間になっている。高橋の想定路線との関係は如何であろうか。この駅路は平安時代には平安京と平城旧都との間を結ぶ道になり、近世の奈良街道にほぼ踏襲されたので、前後の区間を考慮すれば丘陵地帯を通る高橋の想定路線より、近世の街道にも近く平野部を通るこの路線が適当に思われる。高橋の想定路線は久世郡家を通るので、伝路だったのではなかろうか。

例四　摂津国豊島郡を逌る想定直道の土塁状遺構

南出信助[3]は行基の『天平十三年紀』に見られる「直道」が摂津国豊島郡域を通る部分の一部を、大阪府吹田市作製の一九五七年測量の三〇〇〇分の一地図に基づいて、同市垂水町をほぼ正方位の条里地割とは異なって西方がやや北

図 5—22　城陽市域に見られる条里斜行地割
（5000 分 1 国土基本図Ⅵ -DD35 の部分を 46％に縮小）

図 5—23　摂津国豊島郡を通る想定「直道」の土手状遺構（南出直助原図）
（昭和 37 年測量吹田市 3000 分 1 図を縮小して使用）

図 5―24　上野国の東山道国府ルートに見る帯状窪地（1907 年測図・1909 年縮図 5 万分 1 地形図「前橋」）

よりに通る直線的道路に比定した。現在は市街地化して不明になっているが、空中写真では僅かに痕跡を辿ることができる。前記三〇〇〇分の一地図によれば、この道路は土堤上になっており、その北側は丘陵があるが、丘陵の裾までの間は窪地になっている（図5—23）。

例五　明治四〇年（一九〇七）測図二万分の一地形図「前橋」に見る帯状窪地（図5—24）

金坂清則[4]が想定した高崎市西方から前橋市元惣社町に至る東山道駅路は、前節でも採り上げたように行政界に沿う部分が多いが、さらに前記地形図によれば、惣社村と新高尾村との境界に沿って、桑畑内を通る帯状窪地とこれに続く帯状水田として認められる。桑畑内の水田であるからここも窪地になっていたと思われる。以上の区間は約七〇〇メートル続いている。

例六　福岡県古賀市二五〇〇分の一基本図に見る帯状窪地

山陽道から連絡する西海道大宰府道の筑前国席打《むしろうち》駅は古賀市筵内《むしろうち》を遺称地とするが、前記したように筆者[5]はこの付近を通る駅路について、関係小字地名の連続から同市筵内と薦野《こもの》・米多比《めたひ》・薬王寺《やくおうじ》の各大字の界線に想定した。その延長上の薬王寺字立石地区には二章二節の「古賀市大字薬王子の立石」で述べたように立石があり、その側にはこれも前掲図2—5に示したように微地形というには大規模であるが切通し状の窪地があり、その底部は帯状地帯になっている。この帯状地はかつて耕作地であったようであるが、現在は樹木に覆われている。その幅は二〇メートル程で道路として広すぎるが、その在りようから見て人工的なものであることは間違いない。その南は台地になっておりコンクリート工業の工場があるので不明になるが、さらにその先の字原口にはまた道路跡と思われる幅一〇メートル余の窪地があるので、この一連の土地は古代道路の遺構と思われる。

例七　国土基本図（一九七〇年）に見られる福岡県豊前市の道路関係地割

図5—25に示す地域は福岡県豊前市域の一部であるが北西から南東に直線的に通る県道八並・四郎丸線は古代の西

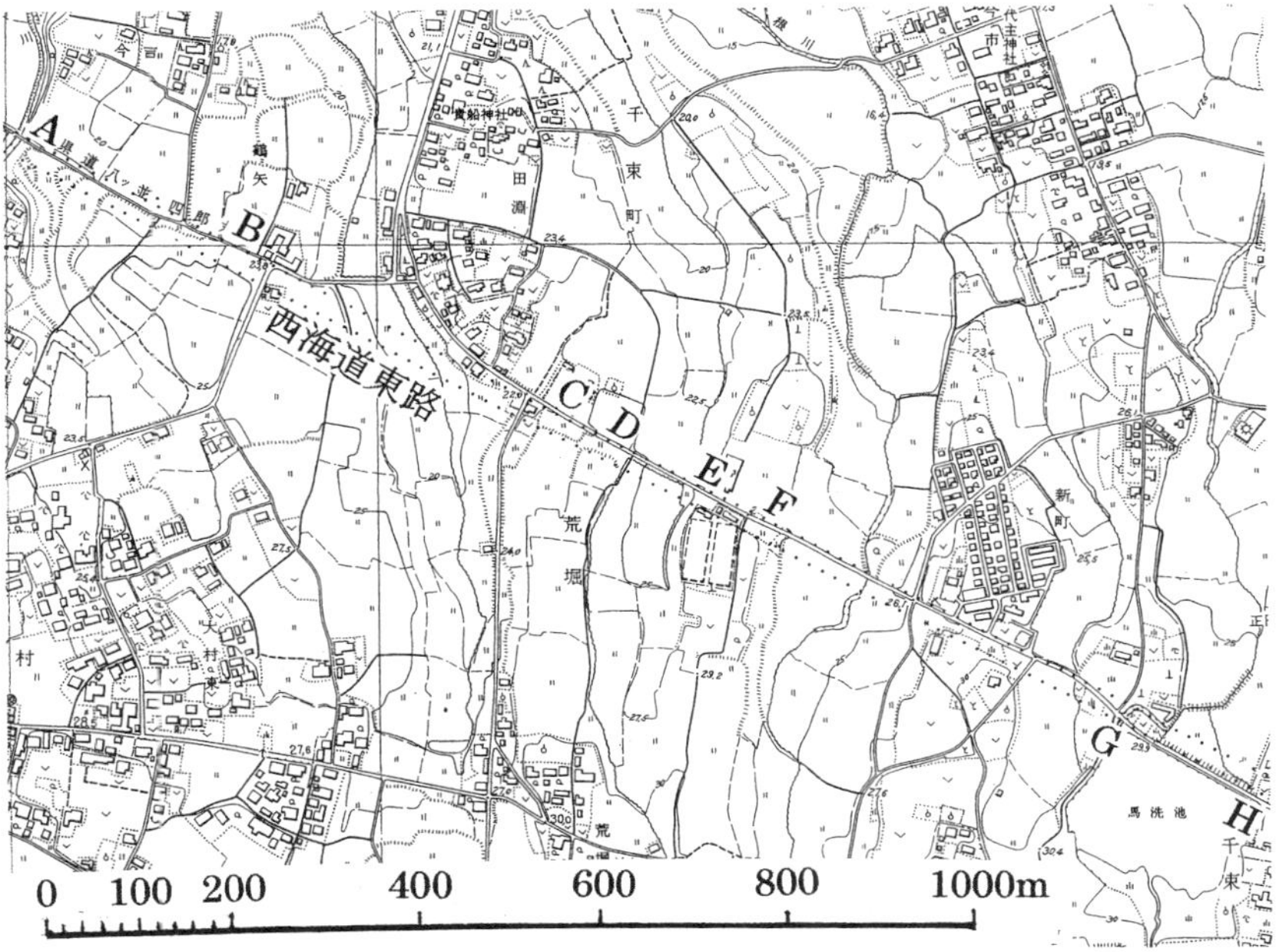

図5—25　豊前市域の道路跡関係微地形（国土基本図II-HE72の部分を50%に縮小）

海道東路の路線に当たり、古代末から中世にかけては宇佐神宮への勅使の参道として「勅使道」と呼ばれた。図のA・B・C・D・Eの各地点で道路と地類界や段差との間また空地で示される空間は、古代道路の道路敷きを示す。以上によって知られる道路幅は一七〜一八メートルと見られる。本章の最初に挙げたように、F〜G〜H間の道路の屈曲は古代道路の道幅内で生じたことになる。なお、現在この路線は拡幅されて国道一〇号になっているので以上の状態は見難いが、なお一部では武部健一著『続古代の道　山陰道・山陽道・南海道・西海道』（吉川弘文館、二〇〇五年）の図一八九に示すように道路脇の段差を見ることができる。

例八　熊本県南関町東豊永付近の微地割

『延喜式』肥後国大水駅所在地は熊本県南関町に比定されるが具体的な場所は不明である。また二章三節で述べたように、当地は鞠智城下を通う「車路」が西海道西路に合流した地とも考えられ、同町東豊永はその合流点としての可能性が最も大きい地点である。南関町作製の二五〇〇分の一基本図によ

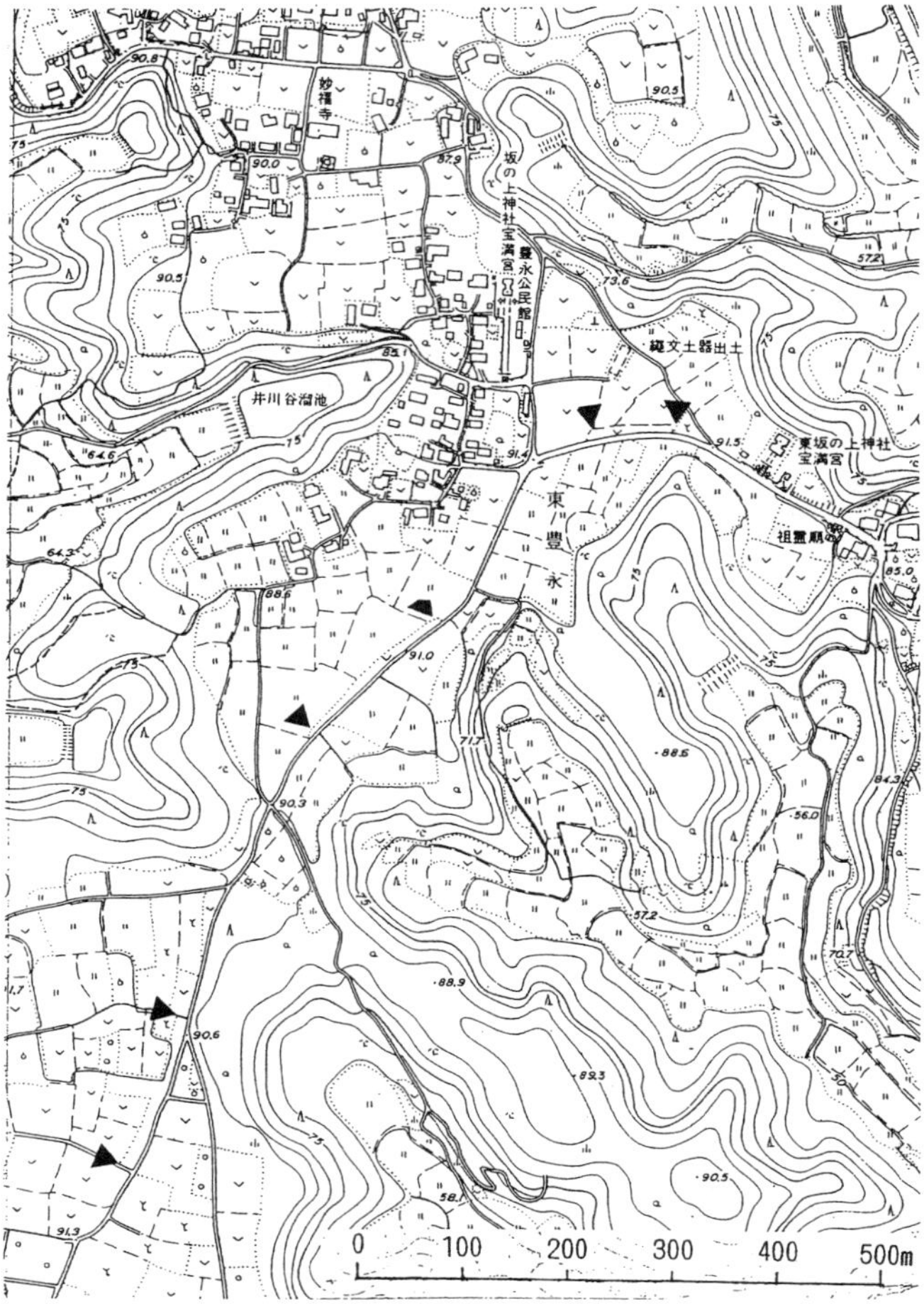

図5—26　熊本県南関町東豊永付近の微地割（南関町2500分1地図）

れば、東豊永では図5—26に示すように道路に沿って帯状の地割が断続しているので、これを旧道の幅と見ることができる。とすれば以北は不明であるが、これらは車路に連なる東方と江田駅に到る西海道西路の路線を示すものと言えよう。

そこで筆者は(6)、以上のような立地条件から考えて同地を駅の所在地としても適地と考えた。しかし、『延喜式』駅としては前駅筑後国狩道駅と次駅江田との駅間距離から考えると南に寄り過ぎるので、ここの駅は前後二箇所を移転したと考えて初期の駅の所在地とした。

註

（1）足利健亮『日本古代地理研究』「奈良時代山陰・山陽併用道」大明堂、一九八五年。
（2）高橋美久二「山城国の奈良時代東山道と芝山遺跡」『京都府埋蔵文化財論叢』五、二〇〇六年、（財）京都府埋蔵文化財センター、一九八五年。
（3）南出真助「条里地割に斜交する直線道路について――摂津・河内の若干の事例から――」阿頼耶順宏・伊原沢周両先生退休記念論集『アジアの歴史と文化』汲古書院、一九九七年。
（4）金坂清則「上野国」藤岡謙二郎編『古代日本の交通路』Ⅱ、大明堂、一九七八年。
（5）木下良「律令制下における宗像郡の交通」『宗像市史』通史編・二、一九九九年。
（6）木下良「律令国家の交通・通信制度」『南関町史』特論、二〇〇二年。

第六章　空中写真に見る道路痕跡

一　空中写真による古代道路調査の可能性について

考古学から地理学に転じた藤岡謙二郎の門下として歴史地理学を学んだ筆者にとって、地理学から考古学に入ったO・G・S・クロフォードの業績については、きわめて深い興味を惹くものがある。クロフォードは第一次大戦復員後イギリス陸地測量局の考古学担当官として、地形図など同局作製の地図に考古学的見地からの校閲と編修をする仕事に携わり、また各種の歴史地図の作製を行なったが、一九二七年に在野の考古学評論誌 Antiquity を創刊し、一九五七年に七一歳で死去するまで終生その編集に携わった。(1)

ところで、field archaeology という語があるが、ここでは野外考古学と訳しておく。その語を創始したウイリアムズ・フリーマンによれば、野外考古学とは野外を踏査して、地表にあって見ることのできる遺構、遺物の散布や土壌・植生の変化など、地表の状態によって示される遺跡等を観察し記録する考古学で、特に発掘は意図しない。(2) クロフォードはもちろん発掘に従事したことはあるが、自らは野外考古学者を以って任じていた。

彼は、「ローマ時代の道路や土塁線の断片を見付けだしながら、これを辿っていく時のような切実な考古学的緊張感は、発掘から得られる感激にもまして、より深くて永い満足感を得ることができる」(3) と述べている。同様の意味では、筆者もまた野外考古学者の一員になりうるものと考える。

野外考古学において、大縮尺地図と空中写真は不可欠の資料である。陸地測量局にあって、二五インチ図（約二五

○○分の一）や六インチ図（一万五六○○分の一）の作製にあたったクロフォードは、第一次大戦にイギリス飛行隊の偵察員として空中写真撮影に従事した経験から、考古学における空中写真の効用をとりあげたパイオニアの一人であった。そして、空中写真によって判読することのできる遺跡を、①陰影跡 shadow-sites、②土壌跡 soil-sites、③作物跡 crop-sites の三種に分類[4]したことは、よく知られている。

わが国においては、一九三一年に『考古学』二巻二号が「飛行機と考古学」を特集し、クロフォードの抄訳を加えて森本六爾が空中写真の効用をとり上げているが、第二次大戦前には民間航空が未発達なまま、考古学における空中写真の利用は進展しなかった。戦後においては、発掘された遺跡の撮影に空中写真がよく利用されるようになったが、空中写真で古墳を撮影した末永雅雄[5]が、古墳の痕跡も空中写真で認められることを指摘した以外には、積極的に活用されることがなかったのは、畑地や牧場においては認められやすい土壌跡や作物跡は、わが国のように森林が多く、また水田が展開する土地利用状況のもとでは、十分な効果は期待できないと考えられていたのではなかろうか。

たまたま、一九六二年に茨城県下で地籍測量用に空中写真撮影が行なわれた際に、撮影に当たった国際航業株式会社の西尾元充[5]が、行方《なめかた》郡玉造町（現、行方市）の洪積台地上の畑地に、明瞭な土壌跡による方形遺跡を発見した。現地に長者伝説があるところから井上長者舘跡と呼ばれることになったが、一九八九年度に玉造町教育委員会[6]が遺跡の範囲確認のための発掘調査を実施した結果、二重の堀に囲まれる約一二○メートル四方の正方形の遺構で、内郭は内部の一辺が一○二メートル前後であるから、外堀と内堀の間が土塁であったとすれば、土塁は約一町四方であったことになる。表面採集のものを含めた遺物は八世紀から一○世紀にかけての年代のもので、報告書は遺跡の性格[7]については述べていないが、茂木雅博[8]は行方郡家跡説を提唱した。

クロフォードが野外考古学における調査対象の適例としてあげたローマ道は、地形図にも現存道もしくは明瞭な直線的地物として示されることが多いが、またしばしば空中写真によって直線的なその痕跡を認めることができる。ところが、駅路など日本の古代道についても、既に森本が[9]「空中より調査さるべき必要がある」と推奨しているにもかかわらず、ローマ道などとは全く異質の曲折の多い小路であったとする既成観念から、その道筋の判定は不可能と考えられていたためか、空中写真の利用は近年まで全く考慮されることがなかった。

しかし、一九七〇年頃から岸俊男ら[10]によって、畿内においては奈良盆地の上ツ道・中ツ道・下ツ道と横大路、大阪平野では大津道・丹比道に比定される長尾街道・竹ノ内街道と、難波京から出てこれらに直交する難波大道など、直線に通る古代道路が都城の設置や条里の施行など、古代的地域計画の基準線としての役割を果たしていたことが明らかにされ、また足利健亮[11]は大縮尺地図と空中写真を活用して恭仁宮・京域の復原的研究を行なったが、その右京域中軸線となる道路跡を空中写真によって検出した。

条里制など古代的地域計画の名残りが全国各地に認められるところから、畿内に限らず地方においても直線的計画古代道路の存在を予測していた筆者は、一九七二年の藤岡謙二郎を代表とする全国駅路の調査[12]に肥前・肥後[13]両国を担当した際、空中写真を利用して両国共に直線道路の痕跡が存在することを認め、また金坂清則[14]も上野・下野両国の東山道の調査に空中写真を利用して成果を挙げている。

その後、足利[15]による畿内と近江・伊賀・伊勢、日野尚志[16]による西海道北部と南海道四国、吉本昌弘[17]による摂津・播磨、金坂[18]による若狭・越前、筆者[19]による西海道・山陽道および常陸国における東海道など諸道駅路の調査・研究があり、これらでは空中写真を利用して直線的路線をとる古代道路を検出した。

畑地の多い関東地方ではしばしば土壌跡が認められ、一九八九年に群馬県新田町大東遺跡で実施された古代道路の調査は、それまでに伊勢崎市境町などの数箇所で確認されていた、奈良時代の東山道遺構の延長線上に当たって、道路側溝は地上でも認識できる明瞭な土壌跡として認められ、注目されるようになった（後掲図6―18）。

以下に空中写真による古代道路検出の代表的な例を紹介して、その方法等について若干まとめておくことにしたい。

註

（1）木下良・窪田哲三郎「クロウフォードO. G. S. Crawford」藤岡謙二郎・服部昌之編『歴史地理学者の群像』大明堂、一九七八年。

（2）Williams Freeman, An Introduction to Field Archaeology, as Illustrated by Hampshire. Macmilan, 1915.

（3）O. G. S. Crawford, Archaeology in the Field. 1953.

（4）O. G. S. Crawford, Air-Photography in the Field. 1929. 森本六爾訳「考古学的航空写真」『考古学』二―二、一九三一年。

（5）末永雅雄『古墳の航空大観』学生社、一九七五年。

（6）西尾元充『空中写真の世界』（中公新書）中央公論社、一九六九年、八一～八三頁。

（7）玉造町教育委員会『行方郡井上長者舘跡確認調査報告書』一九九〇年。

（8）茂木雅博「常陸国行方郡の郡衙の位置について」（『古代学研究』二八、一九六四年）は本遺跡を行方郡家とする見解を発表し、原島礼二「日本古代社会論」（『現代歴史学の課題』上、青木書店、一九七一年）もこれを承けて、『常陸国風土記』に言う「郡より西谷の葦原」の位置について論じている。従来、行方郡家は麻生町行方に比定されており、ここは『常陸国風土記』に述べる郡家の記述にも適合するので、関和彦『日本古代社会生活史の研究』塙書房、一九九四年は茂木の見解は『風土記』の記述に合わない面が多いとして、行方説を採っている。筆者「「香島に向ふ陸の駅道」について」（『茨城県史研究』七六、一九九六年）は、行方から本遺跡への郡家移転説を述べた。

（9）森本六爾「飛行機と考古学」『考古学』二―二、一九三一年。

（10）岸俊男「難波―大和古道略考」『小葉田淳教授退官記念国史論集』一九七〇年。「古道の歴史」『古代の日本』五・近畿、角川書店、一九七〇年。「大和の古道」橿原考古学研究所編『日本古代文化論攷』一九七〇年。いずれも『日本古代宮都の研究』岩波書店、一九八八年、所収。

（11）足利健亮「恭仁京の京極及び和泉・近江の古道に関する若干の覚え書き」『社会科学研究論集』創刊号、大阪府立大学、一九七〇年。『日本古代地理研究』大明堂、一九八五年、所収。

(12)　藤岡謙二郎編『古代日本の交通路』Ⅰ～Ⅳ、大明堂、一九七八～一九七九年。
(13)　木下良「空中写真に認められる想定駅路」『びぞん』六四、美術文化史研究会、一九七六年。同「肥前国」「肥後国」藤岡謙二郎編『古代日本の交通路』Ⅰ～Ⅳ、大明堂、一九七九年。
(14)　金坂清則「上野国府とその付近の東山道、および群馬・佐位駅家について」『歴史地理学紀要』一六、一九七四年。同「下野国府・田郡駅家とこの間の東山道について」『福井大学教育学部紀要Ⅲ社会科学』二五、一九七五年。同「上野国」「下野国」藤岡謙二郎編『古代日本の交通路』Ⅱ、大明堂、一九七八年。
(15)　前掲註(11)『日本古代地理研究』。
(16)　日野尚志「古代における大宰府周辺の官道について」『歴史地理学紀要』一六、一九七四年。「讃岐国刈田郡における官道（南海道）と条里・郷との関連について」『東北地理』二八―二、一九七六年。「南海道の駅路―阿波・讃岐・伊予・土佐四国の場合―」『歴史地理学紀要』二〇、一九七八年。「駅路考―西海道・南海道の場合―」『九州文化史研究所紀要』五、一九七九年。
(17)　吉本昌弘「摂津国有馬郡を通る計画古道」『歴史地理学会会報』一〇四、一九七八年。「摂津国八部・菟原両郡の古代山陽道と条里制」『人文地理』三三―四、一九八一年。「播磨・西摂の計画古道と条里」『兵庫地理』二七、一九八二年。「播磨国明石駅家・摂津国須磨駅家間の古代道路」『歴史地理学』一二八、一九八五年。
(18)　金坂清則「古代越前国地域整備計画についての一試論―今立・丹生郡を中心に―」『日本海地域史研究』五、一九八四年。「若狭国府・濃飯駅家間の古代北陸道」『歴史地理学紀要』二八、一九八六年。
(19)　木下良「「立石」考―古駅路の想定に関して―」『諫早史談』八、一九七六年。「空中写真に認められる想定駅路」『びぞん』六四、一九七六年。「「車路」考―西海道における古代官道の復原に関して―」『歴史地理研究と都市研究』上、大明堂、一九七八年。「日本古代官道の復原的研究に関する諸問題―特にその直線的路線形態について―」『人文研究』七〇、神奈川大学人文学会、一九七八年。「山陽道の駅路」『古代を考える』一七、古代を考える会、一九七八年。「西海道の古代官道について」『大宰府古文化論叢』上、吉川弘文館、一九八三年。「常陸国古代駅路に関する一考察―直線的計画古道跡の検出を主として―」『國學院雑誌』八五―一、一九八四年。「日本古代駅路とローマ道との比較研究―序説―」『歴史地理学』一二

四、一九八四年。「古代的地域計画の基準線としての道路」『交通史研究』一四、一九八五年。「近年における古代道研究の成果と課題」『人文地理』四〇―四、一九八五年。

二　空中写真による古代道路の検出例

1　肥前国佐賀平野北部を通る西海道肥前路の場合

筆者が始めて空中写真によって直線的に通る明瞭な道路痕跡を認めたのは、前述したように一九七二年に肥前国駅路を調査[1]した時のことであった。

先ず佐賀市大和《やまと》町の肥前国国分寺跡（A）の南方に図6―1に示すように、集落と畑地からなる微高地を切って、北約八〇度東方向に通る幅一四～二〇メートルの帯状の窪地（B）があり、幅約四メートルの道路とこれに沿う狭長な水田になっている。既に以前からこの帯状窪地を古道跡と見る考えが提示されていたが、空中写真によれば、さらに東方に約四〇〇メートルの水田を隔てて、延喜集落と果樹園・畑地からなる微高地があり、ここにも同様の幅一四～一七メートルの帯状窪地（C―D）が水田となって、全く同一線上に乗ることが認められた。

延喜《えんぎ》の集落名は、集落中央に醍醐天皇を祀る延喜大皇《だいおう》社（C）が存するからで、松尾禎作[2]によれば「延喜道」と称する道があるという。松尾の記述によれば、集落内を東西に通る現在道を指すようであるが、前述の帯状窪地こそまさに『延喜式』駅路に当たるのではなかろうか。また、集落北方の果樹園は東西を水田に、南北を帯状窪地に囲まれる一区画を作っており、その内部は奈良・平安期の土師器・須恵器の散布地となっているので、佐嘉駅跡と見ても適地と思われる。ここは肥前国庁跡の東方約二・二キロ、国分僧寺跡の東方約九〇〇メートルに位置している。

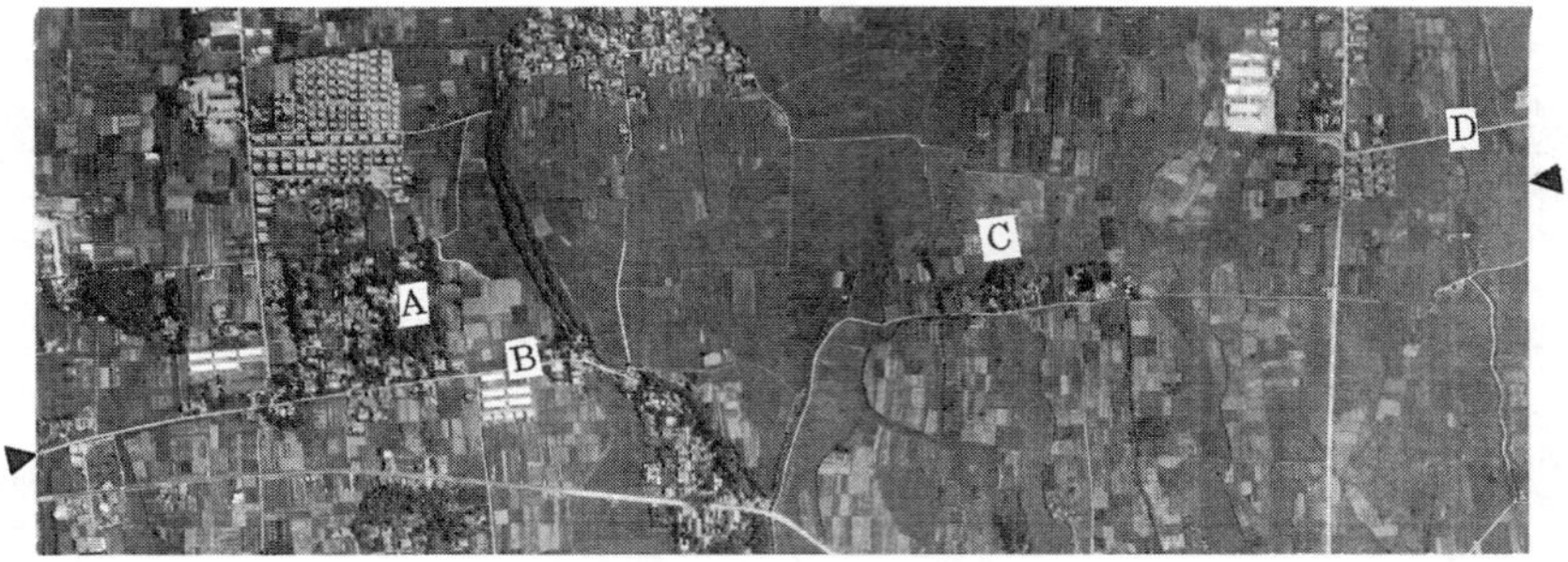

図6―1　肥前国分寺前から延喜社にかけての帯状道路痕跡（KU-62-6, C4-18）
A　国分寺　B　図7-9地点　C　延喜社　D　図3-16地点

さらに東方を空中写真によって検討すれば、次節二の1、事例①に示すような状態で、東はみやき町中原《なかばる》まで、三カ所の丘陵を切通して文字通り一直線に通る痕跡が認められ、西方は佐賀市大和《やまと》町尼寺《にいじ》の交差点西方約三〇〇メートルの嘉瀬《かせ》川左岸に達し、その間全長一六・五キロを測る。この間三カ所で計約二キロが現在道となっているが、七田忠志の教示によれば、その神埼町川寄《かわより》を通る部分は横大路《よこおおじ》と呼ばれているという。大部分は耕地界や溝となっているが、行政界になっている部分もあり、旧東脊振村と旧三田川町（現在、共に吉野ヶ里町）の境界で約二キロに過ぎないが、大字界を含めると約七キロで全体の四〇パーセントを超えており、この線の有意性を示す。また、米倉二郎[3]・日野尚志[4]などによる諸郡条里界線にも合致することは、この道路が条里施行の基準線になった可能性を示す。さらに、現地踏査の結果、切通しや帯状窪地になっている道路状遺構を各所に認めたので、駅路跡と見てほぼ誤りないものと考えた。

この想定駅路は吉野ヶ里遺跡を通るので、その発掘調査[5]によって奈良時代の道路跡であることが確認され、またその他の箇所でも確認調査[6]が行なわれた結果、ほぼ全面的に古代道路跡であることが認定された。

なお、中原以東の道路痕跡は不明であるが、ほぼ近世の長崎街道に踏襲されたものと見られる。鳥栖市域においては日野尚志[7]が一九四七年アメリカ軍撮影の空中写真によって、同市宿《しゅく》町から同市田代本町に至る約三キロの区間にわたって、三節図6―13に示すように北三五度東方向に通る明瞭な道路痕跡を認めている。この線に沿って車路《くるまじ》の地名があるが、二章三節に述べたように西日本各地の車路地名は殆ど例外なしに古代道を意味するものである。宿町以南は余り明瞭ではないが、その延長上に断片的な痕跡が認められ、朝日山麓で近世長崎街道に接続することになる。

一方、西方の嘉瀬川以西は、地形的には以東と全く同様で、条里制も広く施行されているが、上述のような直線道路の痕跡は全く認められない。但しほぼその延長線に沿って現在道路が通っているので、これが古代駅路の路線を継承し、後世に変化が加わった結果によるものかも知れない。あるいは、嘉瀬川左（東）岸にあった肥前国府から大宰府に向かう駅路が特に整備されたとも考えることができよう。

2　豊前国行橋平野南部を通る豊前・豊後連絡路

『延喜式』によれば、大宰府から東方に筑前国伏見・綱別、豊前国田河・多米・築城・下毛・宇佐・安覆の諸駅を経て豊後国に入る駅路の存在が考定される。その経路や駅家の所在については戸祭由美夫[8]・日野尚志[9]の研究があるが、筆者[10]も若干の検討を行なった。

すなわち、戸祭は中津平野を通る「勅使道」と呼ばれる直線道路を駅路に比定し、日野も同様の見解に立ち、さらにこれが上毛《かみつみけ》・下毛《しもつみけ》両郡条里のそれぞれ里界線に当たることを指摘している。また、日野は現在の**みやこ**町の下原台地上を、次節2の事例①に挙げるように、北五八度西方向に通る明瞭な道路状痕跡を空中写真に認め、その西北への延長は仲津郡の、東南への延長は築城郡のそれぞれ条里界線になることを指摘し、これを駅路に比定した。この駅路は**みやこ**町国作《こくさく》に想定される初期豊前国府跡[11]の西南隅を通過することになる。

旧豊津町（**みやこ**町）南部の下原台地上の道路痕跡は、一九六〇年代中頃に圃場整備が行なわれた結果、航空自衛隊の施設を置く丘陵部の切通し部を除いて、現在は全く消滅してしまったが、一九六二年撮影の空中写真（後掲図6

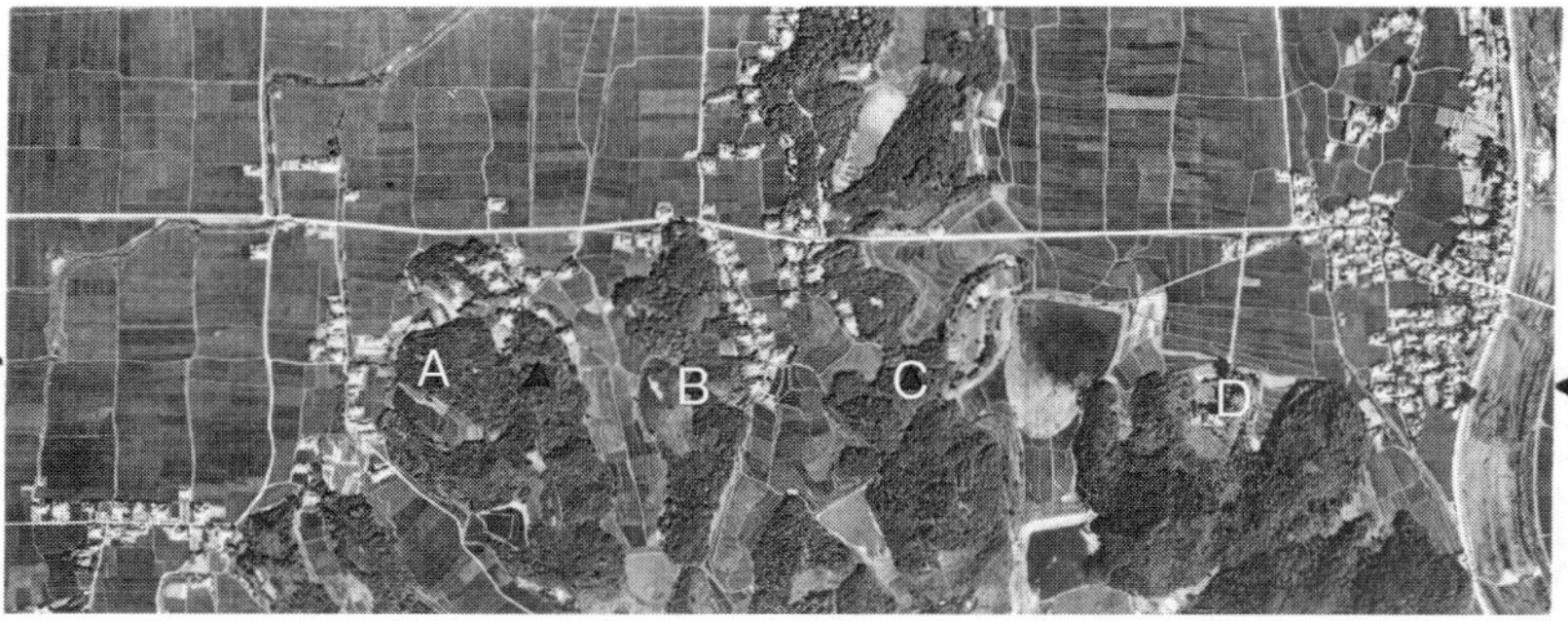

図6―2　行橋平野南部の丘陵を切る道路痕

―12）によって知りうるものである。その延長線は祓川以北の条里地割に合致するが、二〇〇〇年に祓川右（南）岸の呰見《あざみ》樋《ひ》ノ《の》口《くち》遺跡[12]の発掘調査によって、砂礫層の上に砂利と土器細片を混入した粘質土で硬化面を形成した路面幅六・八メートルの道路跡を検出した。

初期国府の北西方、今川右（東）岸の丘陵地帯に入る想定駅路は、緩やかな弧を描いて西方に向きを変える状況は空中写真に明らかで、今川以西はほぼ東西方向に通ることになる。行橋平野南部の京都《みやこ》郡域では、戸祭・日野共にほぼ条里に沿う現在道路（県道椎田・勝山線）に比定したが、筆者は空中写真によって明瞭な直線の痕跡が、県道の南二町の丘陵部（A・B・C）を横切って通り、そのまま条里地割に接続することを認めた（図6―2）。日野の復原による京都郡条里の七・八条界線にあたる。切通し部は藪に覆われて外部からは見通しできない状況にあるが、現地調査の結果、基底部の幅七～八メートルで、掘り下げは大きいところで三メートル程度と思われる。

この道路跡をさらに延長すれば、四キロ程西方にも直線の道路状地条が認められ、田河郡界山地の障子ヶ岳（四二七メートル）東麓の谷口に達する。峠は障子ヶ岳南側の鞍部（三一〇メートル）を越えると思われるが、北八七・五度西という路線の方向は、今川左岸の清地神社（D）の乗る丘陵末端部から障子ヶ岳を見通したものと思われ、この想定駅路が条里施行の基準線にもなったと思われる。

今川左岸のこの路線に沿っても、行橋市天生田大池遺跡[13]・大谷車堀遺跡[14]などで路面幅約八メートルの道路が発掘確認されている。

3　播磨国印南野台地を通る山陽道駅路

明石市西部から加古川市に至る間の印南野《いなみ》と呼ばれる洪積台地は、溜池の多い地域として知られるが、近世の西国街道と、ほぼこれを踏襲する国道二五〇号、ＪＲ山陽本線と山陽新幹線、さらに山陽電鉄などの主要交通路が、いずれも明石から加古川に、東南から西北方向に通っている。『延喜式』に見る播磨国山陽道駅家は明石を首駅に次いで賀古とあるので、古代山陽道駅路も当然印南野を通るものと考えられる。

今里幾次(15)は山陽道本路の諸駅は瓦葺駅館を備え、その瓦は国府の管轄下の瓦窯で焼いた瓦を用いたものとしてこれを国府系瓦と称し、その出土地で想定駅路に沿いまた寺院跡とする確証のない遺跡を駅跡に比定した。明石駅については神戸市垂水区玉津町の吉田南遺跡を、賀古駅は加古川市野口町の古大内および野口の両遺跡に比定した。賀古駅については古大内遺跡とする高橋美久二(16)の詳細な研究が加えられたが、吉田南遺跡は後述する推定駅路から五町以上も離れているので明石郡家に比定する説が有力である。一方、吉本昌弘(17)は古大内式瓦を出土する明石城内公園内に駅跡を比定した。

また高橋は、『延喜式』に見る播磨国の山陽道本路の駅が七駅であるのに対し、大同二年（八〇七）の太政官符では九駅があり、また『続日本後紀』承和六年（八三九）二月二十六日条に見えて再置された「印南郡佐突駅家」が『延喜式』には見えないことなどから、賀古・草上駅間にある佐突《さづち》駅と、他に一駅が廃されたことを考定し、その一駅を明石・賀古駅間に位置する国府系瓦の出土地である明石市魚住町長坂寺《ちょうはんじ》遺跡に比定し、これを同地の郷名から邑美《おうみ》駅と仮称した。そして、廃止された二駅の駅馬各二〇疋の、それぞれ一〇疋ずつを両側の駅に加配した結果、『延喜式』に見る明石駅三〇疋・賀古駅四〇疋・草上駅三〇疋という、異例の駅馬数になったことを論証した。

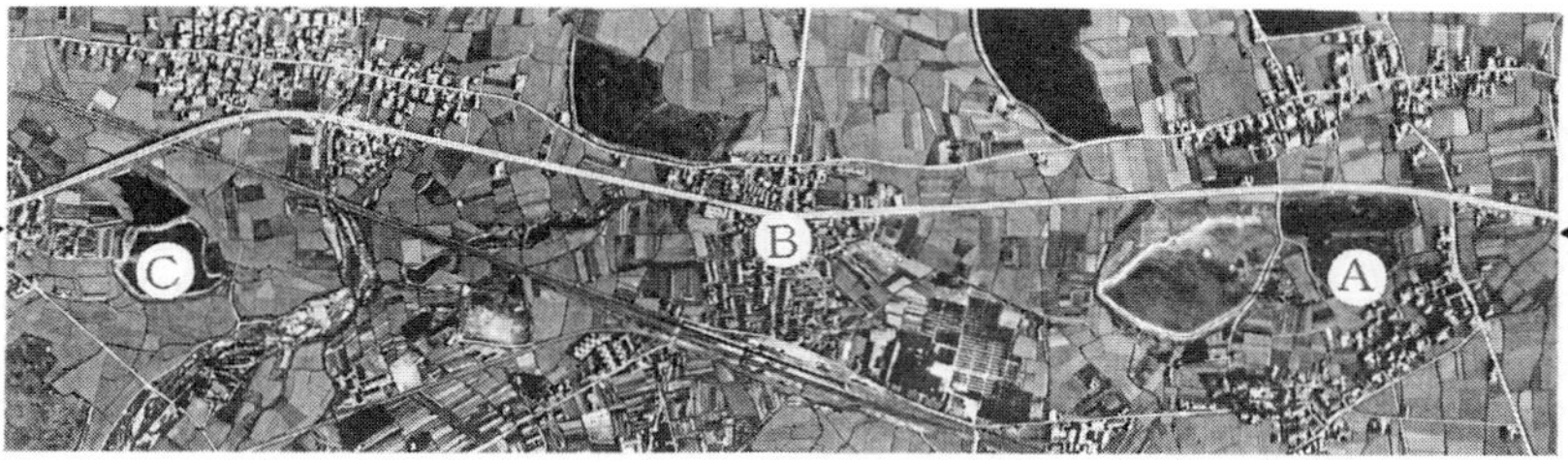

図6—3　印南野台地上の線状道路状痕跡（米軍1947年撮影）
A　稗沢池，B　JR土山駅駅前で交差する道路状の行政界，C　城池

筆者[18]は今里・高橋による駅跡比定を参考にして、播磨国山陽道主道の道筋復原を試みた。

印南野に連なる西明石の台地に上がってからの西国街道は、北四八度西方向にほぼ直線に通り、高橋が邑美駅と仮称した長坂寺遺跡に達するので、この区間も古駅路を踏襲したことになる。長坂寺遺跡の西方約七〇〇メートルの長池以西の西国街道は、直線的路線を採ることなくやや北方に迂回して加古川市域に入り、野口遺跡南面を通って加古川市街に向かう。空中写真によれば、当初の直線区間の延長線上には、図6—3に示すように各所に明瞭な直線の痕跡を残しながら、四章一節の図4—4に見るように古大内遺跡の北面を通るので、この直線痕跡を駅路跡と見てまちがいない。

この想定駅路線のかなりの部分が大字界になっていることも、その有意性を示し、また図に見える二つの溜池（A・C）を横切る堤防状の部分も、溜池の築造に先立って存在したことを示すもので、道路痕跡とみるべきであろう。後に、Aの稗沢池東岸の福里遺跡[19]で両側溝間が当初約一五メートル、後に幅五・五メートルに縮小されたと見られる道路遺構が検出された。なお、この区間の西国街道は、駅路と最も離れる部分で約六五〇メートル北側を通る。

4　常陸台地を通る東海道

常陸国の駅路は、『常陸国風土記』の記事や、『日本後紀』に見られる平安時代初期の諸駅の停廃、陸奥（石城）国に向かう海道を廃して東山道への連絡路を開く経路変更の記事などによって、奈良時代には国内を複線的に通っていた駅路が平安時代には『延喜式』に示されるように単線的になったことが明らかであるが、現存する『風土記』が完本ではないために奈良時代の駅路の全体像は不明確で、また『風土記』に記す行方郡曾尼《そね》駅と『延喜式』の曾禰《そね》駅との異同の問題もあって、『延喜式』駅路についても諸種の解釈が行なわれている。

筆者[20]は行方郡玉造町に比定される『風土記』の曾尼駅に対して、『延喜式』曾禰駅は別地として土浦市付近に想定して、主として空中写真に認められる直線の道路状痕跡に基づいて、駅路路線の復原を試みた。先ず、『風土記』に常陸国首駅の所在地とする、榎浦津が比定される稲敷市江戸崎町下君山から、国府跡である石岡市石岡、『延喜式』安侯駅想定地の岩間町安居、『風土記』『延喜式』共に見える河内駅遺称地の水戸市上河内町を通り、弘仁三年（八一二）に廃止された石橋駅と、これに代って同年に建置された田後駅の、それぞれの想定地に近い那珂市那珂町南郷まで、若干の不明部分はあるものの、ほぼ全線に現存直線道または直線の道路状痕跡を、見出すことができた。さらに、また日立市域においても一部同様の直線道路の痕跡を認めることができる。この路線は土浦を通ることになるので、駅間距離から見て土浦付近に一駅の所在が考えられるので、『延喜式』で首駅の榛谷と共に駅馬五疋を置く曾禰駅に当ることになる。国府以遠の諸駅はいずれも駅馬数は二疋になるからである。

一方、『風土記』に記される板来《いたく》駅（潮来《いたこ》市潮来町潮来に比定）から、行方台地上に考えられる曾尼駅（行方郡玉造町玉造に比定）を経由して、国府に向かったと思われる駅路[21]については、このような明確な痕跡は認めにくい。以上のことから、筆者は前記直線道路を『風土記』に言う「東海大道」にあて、榎浦津駅に始まり、すべて陸路を取って陸奥（石城）国海道に連なる駅路が、特に整備されたものと考えた。弘仁三年（八一二）以後は、東山道との連絡路に過ぎなくなる国府以遠の道も同様に整備されており、その方向も海道を指向しているから、以上の直線道路の整備が弘仁以前であることは疑いない。

ここでは、以上のうちの四箇所の部分について述べることにする。

①稲敷台地上の直線道

稲敷市江戸崎町東南面に位置する霞ヶ浦湾入部は現在も榎浦と呼ばれ、稲敷台地南端の同町下君山には常陸国分寺と同笵・同系の瓦を出土する君山廃寺があり、付近に信太《しだ》郡家と榎浦津駅の所在が想定されていた。[22]

筆者は、稲敷市と牛久市との境界線になっている道路が、稲敷台地上を北北西方向に直線で通り、さらに空中写真（図6—4）によって検討すれば、その北方への延長は地形図にも示される直線道路として稲敷郡阿見町向坪に達し、道路の不通部分にも一部の土壌跡（A）を含む直線の道路状痕跡が認められる。もっとも、ほぼその中間地点において、東北から西南方向に入り込む谷頭（B）によって中断する部分があり、ここでは道路は僅かに西方に迂回するが、この部分を境にして以南は北一五・五度西、以北は北一二・五度西と僅かに方向を変えている。

向坪（G）以北は直線道路の痕跡が認められないが、なおその延長約二キロ付近に、性格不明であるが奈良時代前期の瓦を出土する諏訪の下遺跡（Ⓑ）があることが注目される。

筆者は以上の直線道路を、榎浦津駅から土浦付近に想定される曾禰駅に向う「東海大道」の一部に当り、『延喜式』における常陸国首駅の榛谷駅（龍ヶ崎市半田町に比定）からの駅路もこれに合流するものと考えた。

②土浦市北方の直線道路痕跡

JR常磐線神立駅西方約二キロの土浦市とかすみがうら市千代田町との境界付近一帯の洪積台地は、一九六〇年代中頃に開発された工業団地になっているが、それ以前に撮影された空中写真（図6—5）には、その土浦市域に入る部分（A）に北東・西南方向に通る直線の痕跡が認められる。

その西南への延長は、水田になっている浅い谷を隔てた舌状台地上に、森林と畑地を横切る道路跡（B）が現存し、地元では鎌倉街道の跡と伝えている。さらにその西南には、現在道路（C・D・E）が台地末端の土浦市殿里までほ

図6—4　『常陸国風土記』の「東海大道」に想定される道路痕跡
（A 寺跡，B 瓦出土地）

図 6―5　土浦地方の駅路想定線（KT-64-3x, C10-20）

ぼ連続し、段丘崖付近では不明になるが、また台地下の桜川流域の沖積地では、僅かに方向を変えた直線道路（F）に連なり、さらにまた若干南方に転じて土浦市田中町（G）に至るが、この間の殆どの部分が大字界になっている。田中町付近は低湿地中での微高地になっており、駅名の曾禰が微高地を意味する地形地名の曽根と解すれば、ここはその適地である。田中町以南の痕跡は不明である。

以上に述べた区間の東北方は、**かすみがうら**市域に入って約二キロの間は痕跡不明であるが、その先は延長線上に現在道路が約七〇〇メートル続いた後、若干方向を北向きに変えて、国府所在地の石岡市街を目指す直線的現在道路となっており、この間もまた大字界になっているところが多い。なお、工業団地北側の痕跡不明部は、西方から谷頭が入り込んできているので、この部分を東方に若干迂回する経路をとったことが考えられる。

③安侯駅想定地付近の直線道路とその痕跡

茨城台地中に浅い谷をつくって涸沼に注ぐ涸沼川中流の、右（南）岸に位置する西茨城郡岩間町安居《あご》は、『日本後紀』弘仁三年（八一二）に見えて一旦廃止されたが、『延喜式』に見えるので後に復置されたと考えられる安侯《あこ》駅の所在地に比定され、源義家によって滅ぼされたという長者屋敷の伝説地もある。

同地周辺の空中写真図6―6を見れば、西南に北三四度方向（A・B）、東北には北三七度方向に通る直線道路（C・D・E）が明瞭である。両方の線が交差する上安居集落のある微高地には土師器片などの散布を見るので、駅家の中心部を形成していたのであろう。同地の東平遺跡[23]で大型の礎石建物跡や掘立柱建物跡が検出され、また付近から「騎兵長」の墨書土器も出土している。なお、長者屋敷は駅長に因むものと見てもよいが、伝説の真偽は別としても、律令期駅制崩壊後の宿の長者の居所と考えるべきものであろう。

西南方への直線道路は台地上を横切って、約三キロの巴川左（北）岸の小美玉市（旧、美野里町）手堤に至り、この間の一部は笠間市岩間町と小美玉市美野里町との境界になっている。巴川右（南）岸は痕跡不明であるが、一九四七年

図6—6　常陸国安侯駅付近の駅路想定線（KT-64-2X, C3）（Dは図1-8地点）

アメリカ軍撮影の空中写真によれば、手堤から約二・五キロの同町羽刈字五万堀付近から直線の痕跡を認め、上高場付近からは直線の現在道路になって常磐線踏切に達する。この区間約五キロは北三一度東方向をとる。踏切を渡った地点から僅かに南寄りに向きを変えて同町大谷で園部川を渡るが、その右（南）岸はまた痕跡不明である。方向としては国府の所在地石岡市石岡に向うことはまちがいない。なお、五万堀地名については一章六節で述べたが、源義家が五万の軍勢を率いて通過した、当時の奥州街道の跡との伝承がある堀状の凹道を言うものである。

この写真では、安居東北方の涸沼川谷底平野の水田地帯（C）は道路痕跡が不明になっているが、一九四七年アメリカ軍撮影の空中写真には畦道として明瞭である。対岸台地上では西茨城郡友部町長兎路《ながとろ》と仁古田《にこだ》との大字界となっている直線道路が明瞭で、ここにもまた五万堀の名称と遺構（D）が残っている。この台地上に総合流通センターが設置されることになり、一九九八・九年に実施された発掘調査[24]によって八世紀後半から一〇世紀前半頃にかけての三時期にわたって使用されたと見られる、両側溝の心々幅約一〇メートルの道路遺構が確認された。

この直線道路は涸沼川から三・五キロの水戸市内原町播田美《はたみ》までは現在道路として機能しているが、以遠も約三キロは断片的に辿ることができる。これをそのまま延長すれば、那珂川右（南）岸の段丘上にあって、那珂郡家跡に比定される水戸市渡里《わたり》町の長者山政庁遺跡や、那珂郡寺に比定される台渡《だいわたり》廃寺跡などの東南方にある、台地上から那珂川河岸に下る切込み部に達する。渡里町は対岸の同市上河内町と共に、『風土記』『延喜式』に見える河内駅の比定地である。

以上の状況から考えて、この直線道路が駅路に比定できることは確実である。

④那珂台地を横切る直線道路とその痕跡

那珂川は『風土記』に粟河《あわかわ》の名で見えるが、その左（北東）岸の沖積段丘上にある水戸市上河内町は対岸の渡里町と共に、『風土記』に「挟二粟河一、而置二駅家一」とある河内駅の遺称地で、旧河道に囲まれる上河内の地形は、『風土記』の「本迺《めぐらし》二粟河一」とある記述に適合している。

那珂市那珂町豊喰《とよばみ》の東方約七〇〇メートルの地点から北四一度東方向に一直線に通る道路が同町鷺内のJR水郡線踏切の先まで三・七キロの間続いている。これを空中写真で示せば図6—7のようになる。そのA付近は道路に沿って帯状地割が認められ、またB・C付近の道路の屈曲は古道の道幅内に収まっていた可能性がある。また水郡線菅谷駅西方の

図 6—7　那珂台地上の直線道路（KT64-2x, C3B-6）
C の西側の池は現在埋められ那珂市役所の敷地になっている.

C付近では溜池を横切る堤防となる部分があり、前述の印南野台地の山陽道と同様の状況を示している。水郡線踏切の少し先で道路は行き止まりになるが、空中写真によれば、その延長線上にも明瞭な直線の痕跡が認められ、同町額田南郷に至っている。この部分は大字界になっているので、空中写真の痕跡と合わせて考えれば、本来は道路が通じていたものと思われる。

額田南郷から先は痕跡が認められないが、日立市域には次に述べるように直線の道路痕跡が認められるので、これ

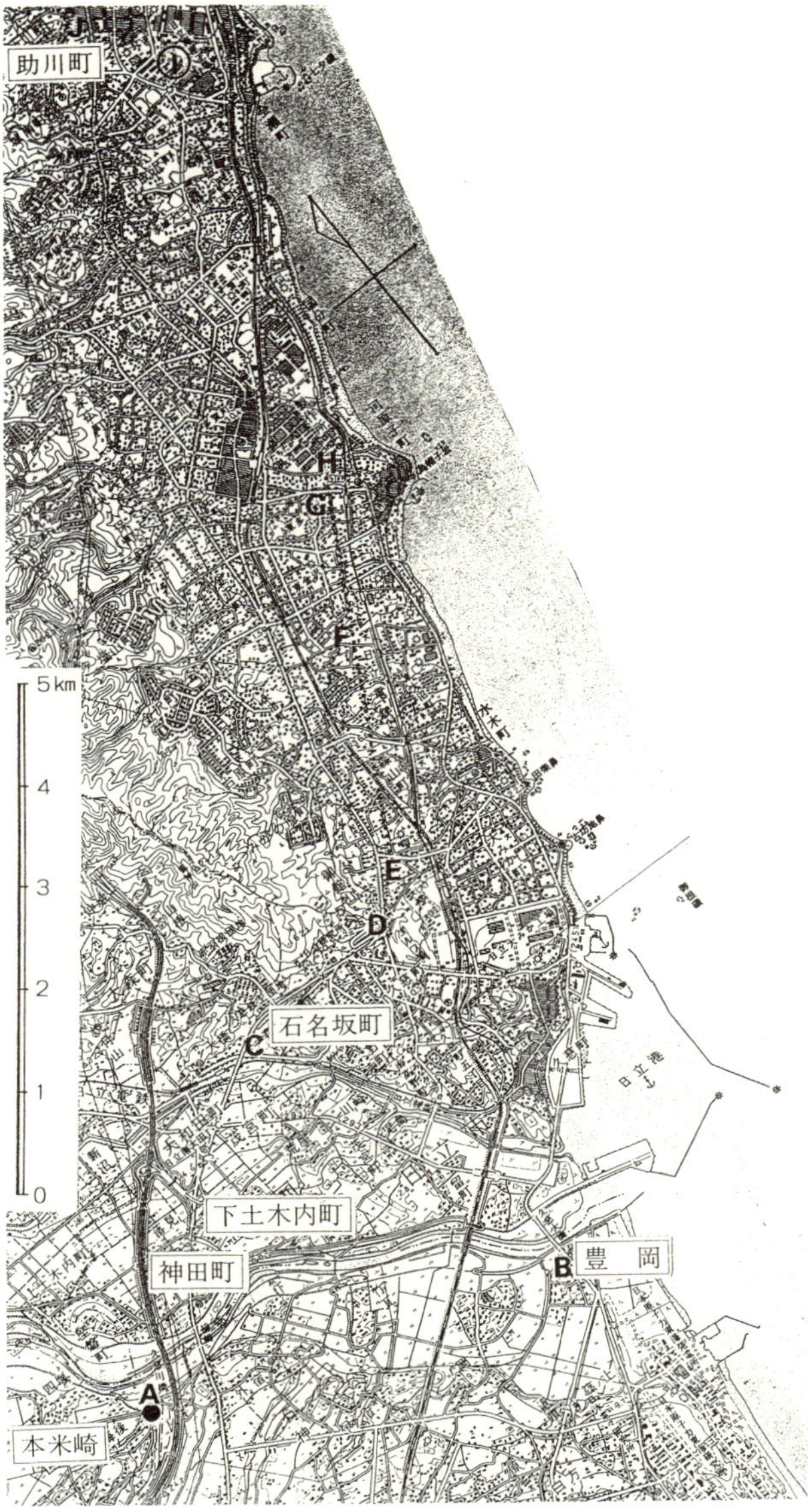

図6―8　日立市南部の直線道路痕跡
米軍撮影の空中写真ではE―G間の直線道路が観察されるが，微弱なので踏査した結果，直線道路であることを確認し，駅路の一部と考えた．

らの道路は養老三年（七一九）に開かれて、弘仁二年（八一一）に廃された陸奥（石城）国海道に通じる駅路であったと考えられる。弘仁三年に廃された石橋駅は従来、久慈川河口に近い南岸の東海村豊岡に石橋の地名があるので、ここに擬定する説が一般であったが、前記の直線道路を当時の駅路とすれば、那珂町本米崎の東北部の久慈川南岸にも字石橋（A）があるので、この方がより適当と考えられる。前駅河内駅想定地から約一五キロ、次駅助川駅想定地までは約一六キロであるから駅間距離も適当である。

なお、弘仁三年に新置された諸駅の初駅である田後駅は常陸太田市金砂郷町薬谷に比定されるが、同地への路線の変更は可能であろう。もっとも、それまでと以遠の駅路については明瞭な痕跡は無い。

⑤日立市域に認められる直線道路の痕跡

『常陸国風土記』「久慈郡」の部に、「此（蜜筑里《みつきのさと》＝日立市水木町が遺称）より艮《うしとら》のかた廾里に助川の駅家あり。昔逢鹿と号《なづ》く」と記す助川駅は、『日本後紀』弘仁三年条に見えて廃止された駅であるが、日立市助川町を遺称として、日立市街中心部に想定され、『日立市史』は土師・須恵器の出土が多い、幸町にある日立海岸工場（日立製作所日立工場）の場所に比定している。なお、日立市郷土博物館の清水博之・日立市史専門委員榎本実両氏の教示によれば、同工場建設の際には瓦も出土した由である。同地は旧会瀬町に属したが、会瀬は前記の『風土記』に言う「逢鹿」に比定されているので、位置的には特に問題はない。駅家における瓦の使用は山陽道以外では例が少ないが、常陸国の場合は前記したように、阿見町諏訪の下遺跡や水戸市田谷遺跡のように想定駅路に沿う瓦出土地が多いことが注目される。いずれにしても助川駅が現日立市街中心部にあったことは確実であるが、一帯の地形・地割の改変が甚だしいので、駅路路線の具体的な復原は困難というより不可能に近い。

しかし、日立市域南部においては、図6―8に示すように一九四六年撮影のアメリカ軍撮影の空中写真によって、大みか町大甕《おおみか》神社東北方から森山町・東大沼町・東金沢町・東多賀町にかけての約四キロの区間にわたって直線の道路状痕跡（Ⓔ—Ⓕ—Ⓖ）を認めることができる。[25]その後の宅地・工場などの造成によってかなりの改変があるが、なお大体はその線を辿ることができる。最も明瞭な箇所は東大沼町の大沼小学校の西側（Ⓕ）で、道路の西側に山林となって約一〇〇メートル窪地が続いている。東金沢町では現在道路が若干の屈曲を見せながらほぼ古代道路を踏襲しているようである。空中写真によれば、東多賀町の日立電鉄河原子駅西方の幅約三〇〇メートルの谷部には条里状の方格地割が認められ、以上の直線道路線もこれに合致している。その北側の台地に上る部分には道路はないが、地類界を辿って容易に登ることができる。台地上は小路がほぼ想定線に沿って通る。その延長に当たる、日立製作所多賀工場南辺に沿う小道の東側に存在する帯状窪地も、古道の痕跡である可能性があるが、まもなく工場の塀に突き当たって、それから北は全く痕跡を留めない。

　以上の路線は特に大字界などになることはなく、小字界としても必ずしも明確には連ならない。また小字地名も特に駅路に因むと思われるものはなく、僅かに現在の東多賀町に入る旧河原子町内にある小字駒堀谷が目に付くに過ぎない。この路線をそのまま延長すれば、鮎川河口付近で海岸に達することに

図6—9　鹿児島県始良市の道路痕跡　現在道とその側が帯状低地になっている．始良市船津・春花地区から西方蒲生町・薩摩国方面を望む（始良市埋蔵文化財発掘調査報告書第１集『柳が迫遺跡』所収の口絵の部分を利用．柳が迫遺跡は上図の左方にある）

図 6―10　霧島市隼人町の直線道路（KU62-14X, C1-8）
A（隼人塚）―B，C―D

なるので、それまでに若干内陸に向きを変えて、助川駅が所在したと見られる助川町・鹿島町・弁天町・幸町方面に向かったのであろう。

5　大隅国における武久義彦による古代道路の検出

武久義彦[26]は空中写真の判読と現地調査によって、鹿児島県蒲生町下久徳に想定した蒲生駅から東に通る駅路を想定したが、それが姶良町船津を通る部分で現在道路脇に幅一〇メートル前後の帯状窪地（図6―9）になっていることを指摘した。この道路は城ヶ崎遺跡として二〇〇七年に発掘調査された結果、二期にわたる道路遺構が検出され、一期は八世紀以降で道路幅四・二メートル、両側の側溝は幅約一メートルであったから側溝間の心々幅約六メートルということになるが、窪地全体が道路敷ではなかったことになる。なお、この道路遺構は直線的ではなく曲線を描く部分がかなり多いことが他地域に見られる古代官道とは異なっている。

また、武久[27]は空中写真（図6―10）に見るように、霧島市隼人町見次に在る隼人塚付近から南方の同町真孝にかけて約一・四キロの区間を、約三一度東方向に一直線に通る道路があり、その西側に沿って約四〇メートルの帯状耕地が連なることを認めた、またその東に約六〇〇メートル隔てて正しく平行する小道があり、武久はこれらを古代道路の痕跡とした。隼人塚の東北東二キロ余の同市国分町府中が大隅国府の比定地である。

註

（1）木下良「肥前国」藤岡謙二郎編『古代日本の交通路』Ⅳ、七六～八〇頁。

（2）松尾禎作「肥前駅路私考」『郷土研究』六、一九五五年。

（3）米倉二郎「律令国家体制の確立」『佐賀県史』上、一九六八年。

（4）日野尚志「肥前国神埼郡の条里について」『佐賀県地籍図集成（二）　肥前国神埼郡』（佐賀県文化財調査報告書八九）一九八八年。
（5）佐賀県教育委員会編『吉野ヶ里』吉川弘文館、一九九四年、四八二〜四九六頁。
（6）小松譲『古代官道・西海道肥前路』佐賀県教育委員会、一九九五年。
（7）日野の教示による。
（8）戸祭由美夫「豊前国」藤岡謙二郎編『古代日本の交通路』Ⅳ、大明堂、一九七九年。
（9）日野尚志「豊前国京都・仲津・築城・上毛四郡における条里について」『佐賀大学教育学部研究論文集』二二、一九七四年。
（10）木下良「空中写真に認められる想定駅路」『びぞん』六四、美術文化史研究会、一九七六年。
（11）豊前国府跡は豊津町で発掘確認されているが、『和名類聚抄』によれば豊前国府は京都郡に在った。豊津町は旧仲津郡に入るので、『和名抄』のそれとは別地ということになり、仲津郡から京都郡への移転が考えられる。木下良「豊前国府址についての一考察」『美夜古文化』一八、一九六七年。戸祭由美夫「豊前国府考」『歴史地理研究と都市研究』上、大明堂、一九七八年。木下良「古辞書類に見る国府所在郡について」『国立歴史民俗博物館研究報告』一〇、一九八六年。
（12）豊津町教育委員会『呰見樋ノ口遺跡』（豊津町文化財調査報告書22）二〇〇〇年。
（13）福岡県教育委員会『天生田大池遺跡』（福岡県文化財調査報告書１３７）一九九九年。
（14）行橋市教育委員会小川秀樹「大谷車堀遺跡」『行橋市史』資料編原始・考古、二〇〇六年。
（15）今里幾次「山陽道播磨国の瓦葺駅家」『兵庫県の歴史』一二、一九七四年。「播磨国の瓦葺駅家」『古代を考える』一七、一九七八年。
（16）高橋美久二「播磨国賀古駅家について」『歴史地理研究と都市研究』上、大明堂、一九七八年。「古代の山陽道」『古代を考える』一七、一九七八年。「古代の山陽道」『考古学論考』一九八二年。『古代交通の考古地理』大明堂、一九九五年。
（17）吉本昌弘「播磨国明石駅家・摂津国須磨駅家間の古代道路」『歴史地理学』一二八、一九八五年。
（18）前掲註（10）。木下良「山陽道の駅路―播磨を中心に―」『古代山陽道の検討』（古代を考える一七）、古代を考える会、一九七八年。
(19)　明石市立文化博物館『明石市立文化博物館ニュース』三〇、二〇〇二年。
(20)　木下良「常陸国古代駅路に関する一考察―直線的計画古道跡の検出を主として―」『國學院雑誌』八五―一、一九八四年。
(21)　木下良「「香島に向ふ陸の駅道」について」『茨城県史研究』七六、一九九六年。
(22)　豊崎卓『東洋史上から見た常陸国府・郡家の研究』山川出版社、一九七〇年。
(23)　黒澤彰哉ほか『岩間町東平遺跡発掘調査報告書』岩間町教育委員会、二〇〇一年。
(24)　茨城県教育財団『総合流通センター整備事業地内埋蔵文化財調査報告書』「五万堀古道」茨城県、二〇〇〇年。
(25)　木下良「常総地域の古代交通路について」岩崎宏之（代表）『常総地域における交通体系の歴史的変遷に関する総合的研究』平成二・三年度文部省科学研究費補助金（総合研究A）研究成果報告書、一九九二年。
(26)　武久義彦「蒲生駅想定地と古代官道」武久義彦編『空中写真判読を中心とする歴史的景観の分析手法の確立』（科学研究費報告書）奈良女子大学文学部地理学教室、一九九二年。
(27)　武久義彦「国分平野西部の古代官道」前掲註(26)『空中写真判読を中心とする歴史的景観の分析手法の確立』。

三　空中写真に見る古代道路の類型

空中写真に認められる古代計画道路の類型は、およそ以下のようにまとめることができる。

1　直線的地割界の連続

古代計画道路は、発掘調査の結果でも一〇《メートル》前後の道幅を示すことが多く、山陽道や南海道駅路を示す条里余剰帯も一五〜二〇《メートル》を測るが、水田地帯ではそのままの道幅を残すことは少なく、道路敷は両側または片側の耕地に削り

図6—11　佐賀平野北部の線状道路痕跡（KU70-3X, C3-8）

加えられて細まった結果、一本の境界線となってしまうことが多いと思われる。その結果、空中写真に認められる道路痕跡は、長区間を一直線の地割界として残ることが多く、それがしばしば市町村界・大字界となっている。

事例①　佐賀平野を通る西海道肥前路

図6—10は一九七〇年撮影の空中写真で、前節の1に述べた佐賀平野北部を通る西海道肥前路に想定される道路痕跡の一部を示し、佐賀市久保泉町上和泉から神埼市唐香原《からこうばる》に至る部分で、北八〇度東方向に一直線に通る明瞭な線として認められる。A付近は小川の流路、B・Cは溝、Dは幅約一〇メートルの水濠、Eは溜池の堤防、Fは溝と溜池の堤防、G・Hは微高地を切り通す幅九～六メートルの帯状窪地となっているが、大部分は耕地界の畦または溝となっている。

現在は、圃場整備の結果、かなり改変されているが、この路線上の二箇所で発掘調査(1)が実施され、何れも古代道路またはその路床と見られる遺構を検出した。

2　帯状地割の連続

一〇メートル前後の幅を持つ古代道路の道路敷が、そのまま現存地割として認められるもので、耕地化されている場合が多いが、その一部が現在道路となっていることもある。

事例①　福岡県**みやこ**町下原台地上の道路痕跡

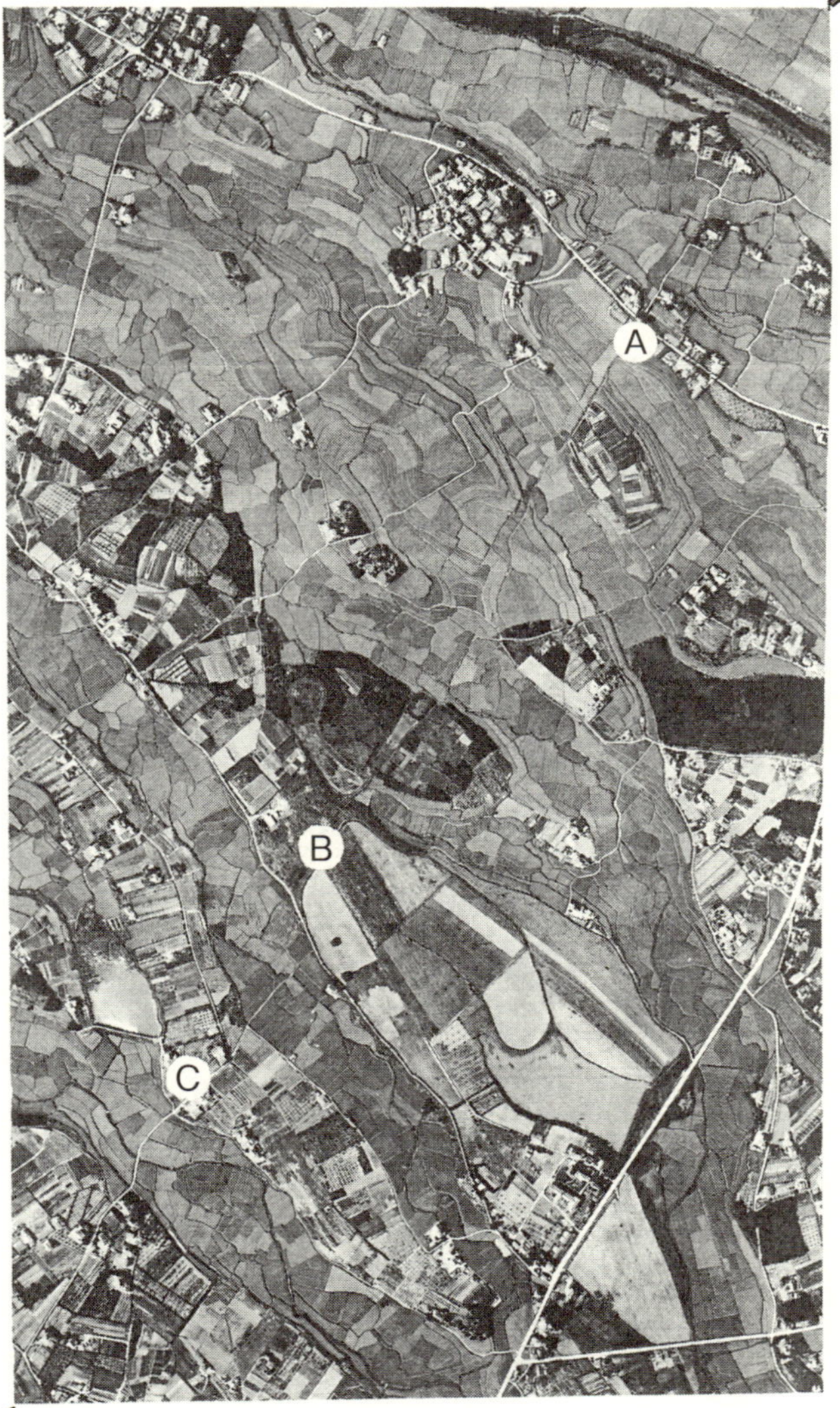

図6—12　福岡県みやこ町下原台地上の帯状道路跡（現在B部分を除いて消滅．C部分は図6-19の部分）（KU-62-9, C4-15）

図6—12は前節の2に述べたところの、日野尚志(5)が認めたみやこ町（旧、豊津町）下原台地上の道路跡で、豊前・豊後両国間の連絡駅路跡と考えられるものである。航空自衛隊基地の敷地内になっている丘陵部（B）より上（西北）側のA～B間は、一九六〇年代後半に行なわれた耕地整理によって旧地割は消滅しているので、一九六二年撮影の空中写真によって唯一認めることができるものである。空中写真から測定される帯状地割の幅は、一〇～二五《メートル》と

かなりの差があるのは、耕地として狭められたり拡げられたりした結果であろう。

なお、B地点の丘陵部切通し部は、筆者が現地調査した一九七五年当時は自衛隊基地を囲む鉄条網の外にあって通行可能であったが、現在は基地内に取り込まれて通行できなくなっている。

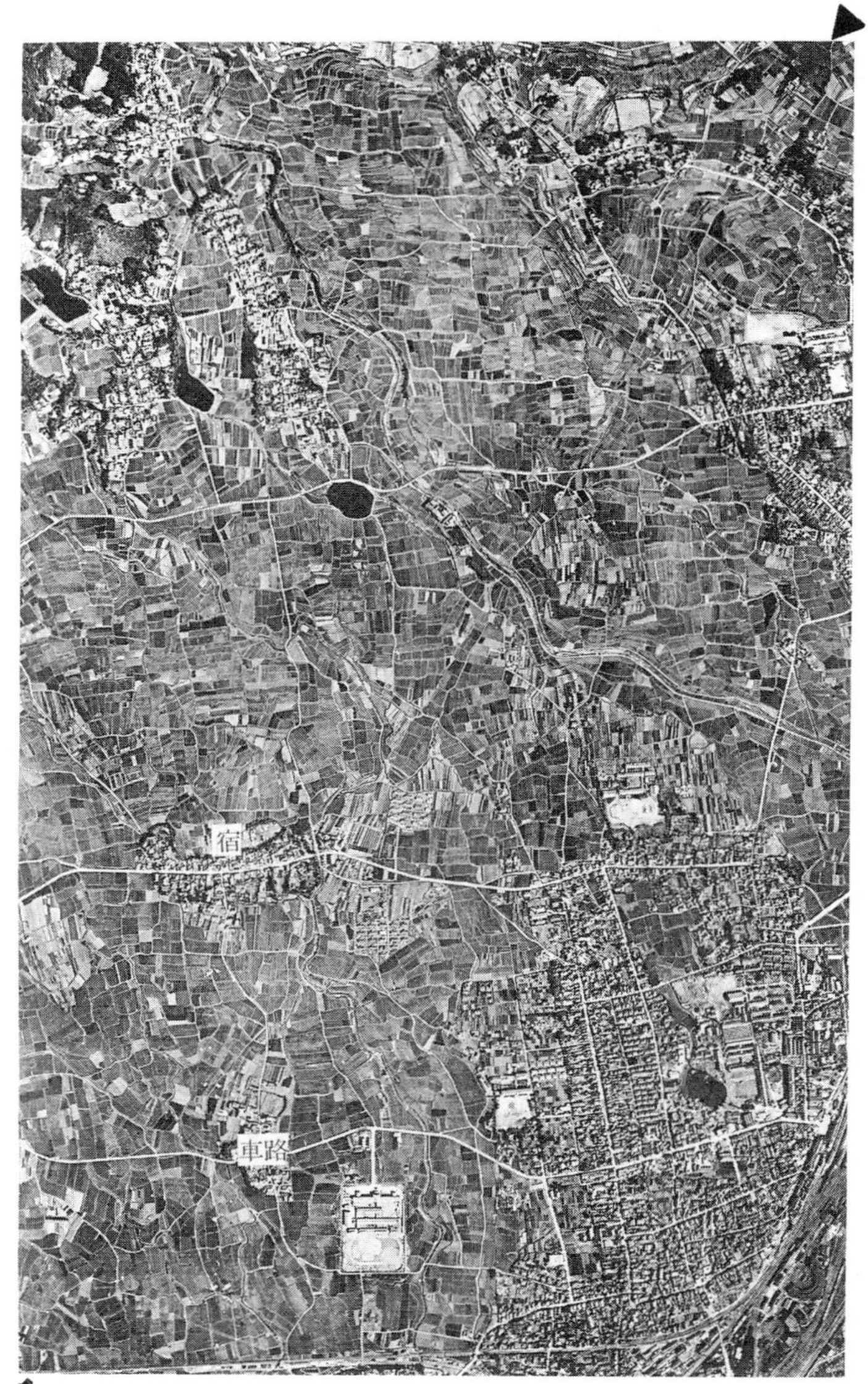

図6—13　鳥栖市域に見える帯状道路痕跡(車路は地名の残る所で道路そのものを示すものではない)

事例②　佐賀県鳥栖市域を通る西海道肥前路

図6—13は前節の1に述べたところの、日野[6]が鳥栖市域に認めたもので、現在は国道三四号の路線になって消滅しているが、一九四八年にアメリカ軍が撮影した空中写真によって認めることができるものである。しかし、全体として帯状耕地の連続は認められるものの、地割はかなり乱れていて幅の測定は困難であるが、部分的には二〇～三〇メートルを示す所がある。この線も大字界になっているので、国道開通の際の土地買収に便であったのであろう。

なお、鳥栖市田代は近世の長崎街道の宿場であったが、長崎街道は屈折しながら図の下（東南）方を通るので、宿町は中世の街道に起因する地名であろう。中世の道筋については明らかにされていないが、この道路痕跡は宿町より左（西南）方は右（東北）側に比してやや不明瞭になっているので、或いは明瞭な部分は中世以降も利用されたが、

図6—14　筑後・肥前国境の空中写真

図6—15　筑後・肥前国境の帯状痕跡に残る水田を北から見る（現在消滅）

宿町を通って図の左（西）方に曲る道筋をとるようになり、不明瞭な部分は廃道になったのではなかろうか。なお、不明瞭な部分に古代道路に関する地名と考えられる車路《くるまじ》の地名が残り、この道筋を西南に延長すれば鳥栖市域南部で近世の長崎街道に合することになる。

事例③　福岡・佐賀直線県境の西海道西路

福岡県小郡市と佐賀県基山町及び鳥栖市との県境は、筑後と肥前の国境を踏襲しているが、正南北方向に約五キロ直線的に通ることが特徴的で、既に米倉二郎[7]・服部昌之[8]・日野尚志[9]などが直線国境として注目し、それぞれこれを両国条里の基準線とする観点からとり上げている。

図6—14はその小郡市と基山町との境界の一部であるが、筆者が現地調査をした一九七七年当時、そのA地点付近は幅約一五メートルの帯状の水田が、畑地や墓地となっている微高地を切る状態（図6—15）を示していたが、現在は不明になっている。同所が最も明瞭な状態を示すが、同様の帯状地割はこの県界線に沿って各所に認められ、南方の筑後川右（北）岸の低湿地では、向きをやや西方（北八度東）に変えるが、この付近では土堤状の直線の作り路となって、久留米市宮ノ陣町渡町を遺称とする、古来の渡河点に向かっている。

これは、肥前国基肄駅から筑後国御井駅に向う、西海道西路の一部をなすものと思われ、駅路を国境又両国の条里施行の基準線としたものである。なお、現在の九州縦貫自動車道がほぼ並行して走り、その一部はこれに重なっているのは、古今を通じて計画道路の路線決定が共通することを示すもので、他にも同様の例は多い。

3　切り通しまたは窪地になって残る道路遺構

古代道路は通過途中の丘陵を直線的に切り通すので、切通し遺構は直線的地割や帯状地割に連なって認められるが、空中写真に明瞭な場合がある。ただし、帯状地割が窪んでいる場合と実質的には差異はないので、いずれを帯状地割とするか、切通しとするかは極めて曖昧である。

事例①　熊本市清水町亀井に窪地として残る西海道西路

筆者(10)は肥後国高原駅を熊本市改寄《あらき》町立石地区に想定し、ここから南に下っていく道路を西海道西路に比定した。この道路は熊本市清水町域を直線的に通る凹道になっているが、その亀井地区（A—B—C）では弓なりにやや東に曲がっている。一九六二年撮影の空中写真（図6—16）によれば、この間を直線的に繋ぐ部分の台地上に窪地になっている約一五メートルの道路状痕跡（D）が認められるが、現在は消滅している。

なお、この道路は託麻評家と鞠智城とを連絡する車路の一部にもなっており、その南端は熊本大学法文学部校地に通じるが、その構内の黒髪遺跡(11)で溝によって区画される大型の掘立建物群が検出され、蚕養《こかひ》駅跡と見られている。

事例②　西海道大宰府路の沿線、高畑遺跡の場合

国土地理院保管の一九三九年旧日本陸軍撮影の空中写真（図6—17）によれば、現在の福岡市博多区板付六丁目にある警察学校域になっている小台地状の微高地を、北西・南東方向に切る切り通し状の人工地形を認める。図上の測定によれば幅約一〇メートル長さ約三〇〇メートルであるが、その北方延長方向にも小路となっている条里地割と異なる地割線を認めることができる。

現警察学校敷地は奈良時代の瓦を出土し、寺院跡とされ高畑《たかはたけ》廃寺と呼ばれていたか、寺院跡としての根拠不十分だったので、筆者(12)は久爾《くに》駅に当る可能性があると考えた。水城東門を出る道路の延長線に当り、また井相田《いそうだ》C遺跡(13)・板

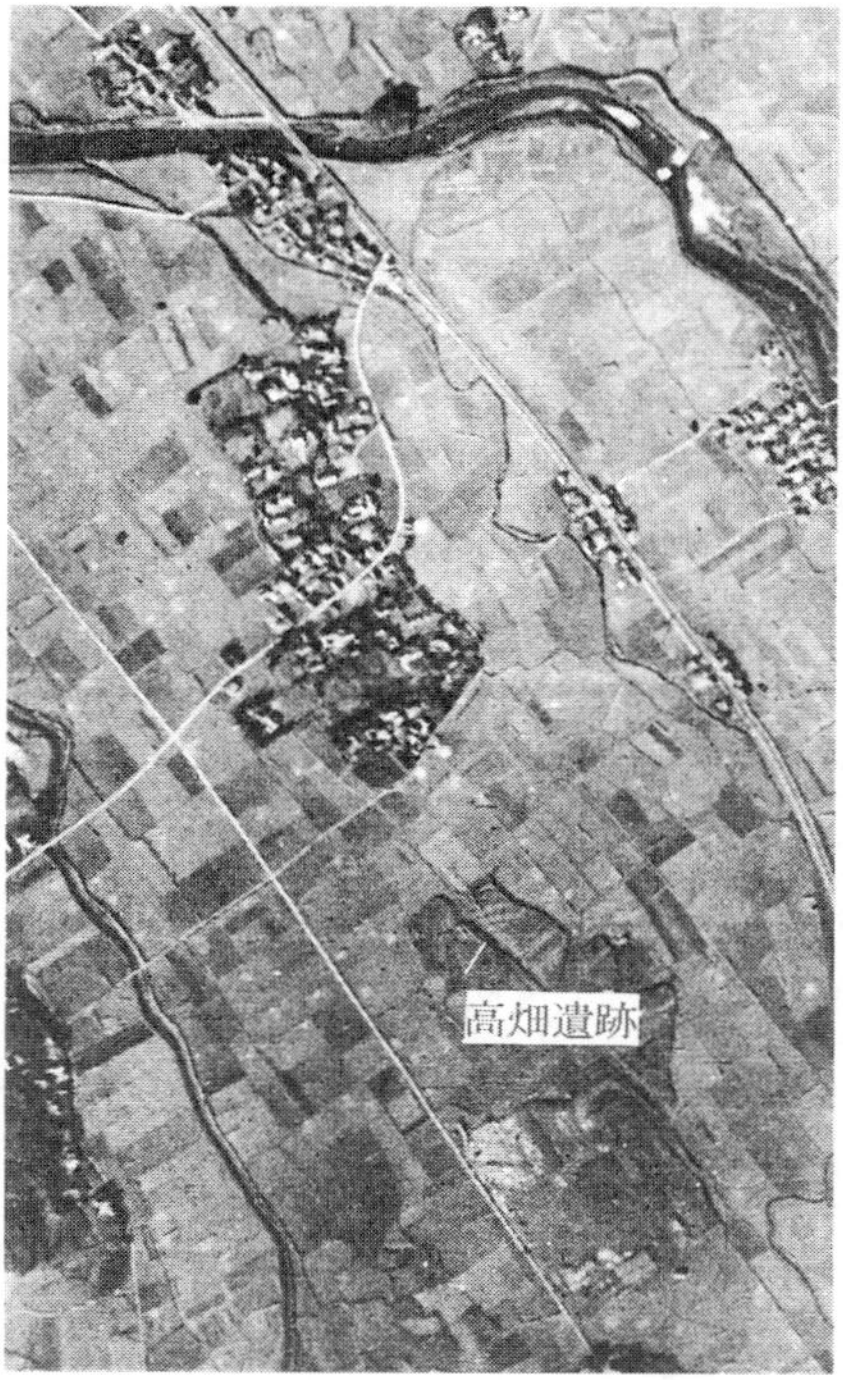

図 6—17　大宰府道に沿う福岡市博多区高畑遺跡の帯状窪地(1939 年日本陸軍撮影　福岡附近 B-30, 2)

図 6—16　熊本市清水町を通る直線凹道(A—B—C は現在道路，D は図 7-12 の帯状窪地)(KU-62-2, C15-16)

付遺跡[14]・那珂久平《なかきゆうひら》遺跡[15]などで検出された道路跡と同一線上に乗ることも判った。高畑遺跡[16]自体も発掘調査され、道路遺構が確認されている。

事例③　東山道信濃国深沢の場合

黒坂周平[17]は東山道沿いに「センドウ（山道・仙道・先道・千堂など）」の地名が多く存在することに注目し、これらの地名は東山道の遺称であろうと解して、各地で同地名の存在から東山道駅路の路線を想定した。『延喜式』信濃国深沢駅は、長野県上伊那郡箕輪町域で天竜川に流入する支流の深沢川流域に求められていたが、駅路の深沢川渡河点や駅の位置については永らく確定されていなかった。黒坂は天竜川右岸段丘上を直線的に通る春日街道に沿って、山道地名が大道地名と共に多く存することから、春日街道が東山道の路線を踏襲するものと解した。

深沢川はいわゆる田切《たぎ》り地形となって深く段丘面を下刻するが、春日街道がこれを横切る地点は空中写真（前掲図5―6）に楔状の切り込みが見えるように、急崖を直線的に下る切通しになっており現在は通行不能であるが、急崖を直登する古代道路の特徴をよく示している。柴登巳夫[18]は切り通しの地形を復原し、奈良・平安期の須恵器や土師器を出土する深沢川北岸の大出（○印）に深沢駅の所在を想定した。

春日街道は一七世紀初めに飯田城主であった小笠原氏が、家老の春日淡路守に命じて開かせた軍用道路であると伝えられるが、廃道になっていた古代道の遺構を再利用したと考えることができよう。

4　土壌跡（soil-sites）による道路痕跡

空中写真に認められる土壌跡は、特に bare-soil-sites とも言われるように、畑地でも限られた状態においてのみ現われることになるので、既存の空中写真しか利用できない場合、これを認めることは極めて稀である。

事例①　群馬県太田市で認められる道路側溝の土壌跡

図6—18　群馬県太田市大東遺跡の土壌跡

最初に紹介した群馬県太田市（旧、新田町）大東《おおひがし》遺跡(19)で認められる土壌跡は、図6—18に示すように極めて明瞭に道路側溝を示している。この遺跡では地上でも土壌跡を認めることができるが、その走向は以前に伊勢崎市境町矢ノ原遺跡(20)で認められた、約一三メートル離れる二条の水路の延長線上にあたって、両側溝間の心々幅もまた一三メートルを測ることから、前記矢ノ原遺跡の両溝間が奈良時代の道路跡であることが確認されたもので、これらの遺跡によって、上野国では奈良時代の東山道駅路が『延喜式』駅路とは路線を異にすることが明らかになった。

事例②　東京都所沢市で認められた道路側溝の土壌跡(21)

所沢市東の上遺跡で両側溝間の心々幅一二メートルの道路が発掘されたが、その走向から東山道武蔵路に当たると考えられる。ほぼその延長方向には鎌倉街道堀兼《ほりかね》道として知られる直線道路があるが、幅二〇～二五メートル幅の帯状に続く林を挟んで両側に二本の道路が平行している。埼玉県歴史の道調査報告書『鎌倉街道上道』（一九九二年）によれば、東側にある大きい道は身分の高い人が、西側の小さい道は身分の低い人が通ったとの言い伝えがあるというが、他の鎌倉街道にはそのような例はない。興味深いことには、この二本の道に挟まれた帯状の部分が所沢市域となって、約一キロ

図6—19　福岡県築城町で認められた土壌跡(図6—14の部分拡大. C—Dは現在消滅, A—Bは航空自衛隊基地内を通る切り通し状遺構)

盲腸状に狭山市域の中に食い込んでいる。

沿線には清少納言の『枕草子』にも取り上げられ、歌枕として知られる「堀兼《ほりかね》の井《い》」があるので、この道は鎌倉街道以前から存在していたと思われる。二本の道は側溝や路側帯を含めて二〇メートル近い幅を持つ古代道路が廃道になって森林化し、その両側が鎌倉街道として利用されたものと思われる。堀兼道は約七キロほぼ直線状に通って入間川右(南)岸に達するが、対岸の川越市八幡前・若宮遺跡で「驛長」と墨書された八世紀前半代の土器が出土していることから、堀兼道が東山道武蔵路の駅路であったことを確実にした。
一方、鎌倉街道掘兼道は所沢市側で西方に折れるが、それをほぼ直線に延長した部分の畑中に明瞭な土壌跡が認められる。

事例③　福岡県築城町で認められた想定駅路跡の土壌跡

図6—19は一九六二年撮影で、前節の2に述べた西海道豊前・豊後連絡路の一部で、本節の2、事例①に掲げた図6—12の左方下端五分の二ほどの拡大写真である。両側を水田となっている浅い谷に挟まれる、低い丘陵部の畑地を横切る部分（C—D）に明瞭な土壌跡を示す。

一九七五年一二月の現地調査の際、同地は蜜柑園となっていたが、地表の観察では僅かの窪みを認めるのみであった。おそらく旧状は凹道になっていたものが埋没し、そこに堆積した黒土が土壌跡として現れたものであろう。一九八六年一二月に現地を訪れた際は全面草地となっていたが、注意して観察すれば草の成育状態に若干の差異が認められるようであったから、その当時の空中写真があれば、作物跡として認めることが出来たかもしれない。現在は全面的に植樹されているので全く痕跡を認めることはできない。

4　作物跡（crop-sites）と樹梢跡について

わが国では牧草地が少なく畑作物も畝作することが一般で、全面に作物が成育する状態を生じ難いので、作物跡として現れる例は殆どない。

一方、森林の多いわが国においては、若干注意すべき痕跡が認められる。前節の2の行橋平野南部を東西に通る想定駅路跡は、三つの丘陵部を横断する箇所が空中写真に明瞭であるが、これは前述したように森林内を切通しとなって通るために、その部分の樹木が落ち込んで、その樹梢もまた落ち込んだ線として現れる結果である。筆者はこれを樹梢跡と呼ぶことにする。その典型例はあまりないが、樹高が一定になりやすい人工林の多いわが国では、考慮してよい痕跡であろう。

ただし、森林を横切る線上の痕跡は送電線など電線の敷設によって生じることが多く、現在は電線が無くても以前の痕跡が残ることがあるので、現地調査によって切通しの凹道の存在を確認する必要がある。筆者も早合点しておそらく電線敷設の跡と思われるものを、道路跡と誤ったことが再々あった。すなわち、出雲国の『風土記』に言う「枉北道」に当たると見た樹梢跡は、林内に入ることなく遠景で樹梢の落ち込みを認め、林の入り口でそれらしい窪地を認めたので、早合点したわけだが、後に林内に入った結果では道路状窪地を確認できなかった。また、近江・越前国境の深坂峠の近江側に認めた樹梢跡も同様であった。留意すべきこととして自戒の意味もあり、恥を忍んで敢えて付記しておく。

註

（1）西田巌『大野原遺跡』佐賀市文化財調査報告書48、一九九三年。小松譲『古代官道・西海道肥前路』佐賀県教育委員会、一九九五年。

（2）日野尚志「豊前国京都・仲津・築城・上毛四郡における条里について」『佐賀大学教育学部研究論文集』二二、一九七四年。

（3）日野の教示による。

（4）米倉二郎「九州の条里」『九州アカデミー』一、一九六〇年。

（5）服部昌之「古代の直線国境について」『歴史地理学紀要』一七、一九六〇年。『律令国家の歴史地理学的研究』一九八三年、所収。

（6）日野尚志「筑後川中流域右岸における条里について―筑前国夜須・上座・下座三郡、筑後国御原・御井（一部）二郡の場

合―」『佐賀大学教育学部研究論文集』二三、一九七五年。

（7）木下良「空中写真に認められる想定駅路」『びぞん』六四、美術文化史研究会、一九七六年。「肥後国」藤岡謙二郎編『古代日本の交通路』Ⅳ、大明堂、一九七九年。

（8）甲元真之ほか『熊本大学埋蔵文化財調査室年報』三・四、一九九七・八年。

（9）木下良「福岡市博多区板付6丁目付近に存在した道路状遺構」『日本古代律令期に敷設された直線的計画道の復原的研究』（平成元年度科学研究費補助金（一般研究C）研究成果報告書）、一九九二年。

（10）福岡市教育委員会『井相田C遺跡1』一九八七年。

（11）福岡市教育委員会『板付周辺遺跡調査報告書八』（板付遺跡第三八次）一九八五年。『板付周辺遺跡調査報告書10』（板付遺跡第四一次）一九八五年。

（12）福岡市教育委員会『那珂久平遺跡』一九八六年。

（13）福岡市教育委員会『高畑遺跡』（高畑遺跡一八次）、二〇〇二年。

（14）黒坂周平『東山道の実証的研究』吉川弘文館、一九九二年。

（15）柴登巳夫「東山道深沢駅についての一考察」『伊那路』二七―三、伊那郷土史研究会、一九八三年。

（16）坂爪久純・小宮俊久「上野国の古代道路」『古代交通研究』一、一九九二年。

（17）一三メートルを隔てて平行する二条の溝からなる矢ノ原遺跡は、特に北側の大溝に堰が設けられていることから、当初は両溝を灌漑用水路旦過として認識し、その間を道路とは考えてはいなかった。

（18）木本雅康『古代の道路事情』吉川弘文館、

（19）木下良「空中写真による計画的古代道の検出」『考古学論考』中、吉川弘文館、一九八八年。

（20）木下良「敦賀・湖北間の古代交通路に関する三つの考察」『敦賀市史研究』二、一九八一年。

四　空中写真による未知の道路路線の検出

前記した伊勢崎市境町から新田町にかけての奈良時代の東山道駅路の検出にも空中写真が大きな効果を挙げているが、矢ノ原遺跡の二条の水路間を道路と見る見解は、一部では既に行なわれていたので、考古学的成果が先行していたとも言うことができる。

未だ全面的な路線の検出は行なわれてはいないが、空中写真による未知の古代道路検出の可能性がある例を紹介しておきたい。北陸道越中国の駅路は『延喜式』による全八駅中、第三駅の曰理・第五駅の磐瀬、第六駅の水橋、第七駅の布勢、第八駅の佐味の五駅はいずれも海岸近くに比定されるので、越中国では原則的に駅路は海岸近くを通っていたと考えられていた。

ところで、想定駅路線に当たる小矢部市桜町遺跡[1]で両側溝間の心々幅約五メートルの道路が発掘され、また水橋駅にも想定される富山市水橋の水橋荒町・辻ヶ堂遺跡[2]では幅約四・五メートルの道路が検出されている。しかし、これらの道路は他の諸道において九メートルまたは一二メートルの道幅をもって検出されている古代駅路に比して狭い感がある。北陸道でも加賀国では野々市町三日市Ａ遺跡[3]で両側溝の心々幅九メートル、金沢市観法寺町の観法寺遺跡[4]で道幅約一〇メートルの道路が検出され、また能登路に当たると見られる石川県津幡町加茂遺跡[5]でも奈良時代には道幅九メートル、平安時代に入って六メートルの道路遺構が確認されている。また加賀・越中国境の倶利伽羅峠で認められた切通し状の道路遺構[6]はその裾幅が六〜一〇メートルはあるので、確かに越中国で発掘された道路遺構は狭いことになる。そこで、越中国では奈良時代の駅路と『延喜式』駅路とは別路であった可能性も考えられるようになった。

二〇一〇年七月になって始めて富山県下でも奈良時代の道路遺跡が発掘された。すなわち、射水市赤井の赤井南遺跡で幅八メートルの道路が約六〇メートルにわたって検出された。現地は北陸新幹線建設用地で現在のＪＲ北陸線より南側約三〇〇メートルの地点であるから、『延喜式』想定駅路より内陸部に当たる。

筆者は一九七八〜一九八〇年に富山県歴史の道調査に従事した時に、古代北陸道の路線についても若干の考察を行

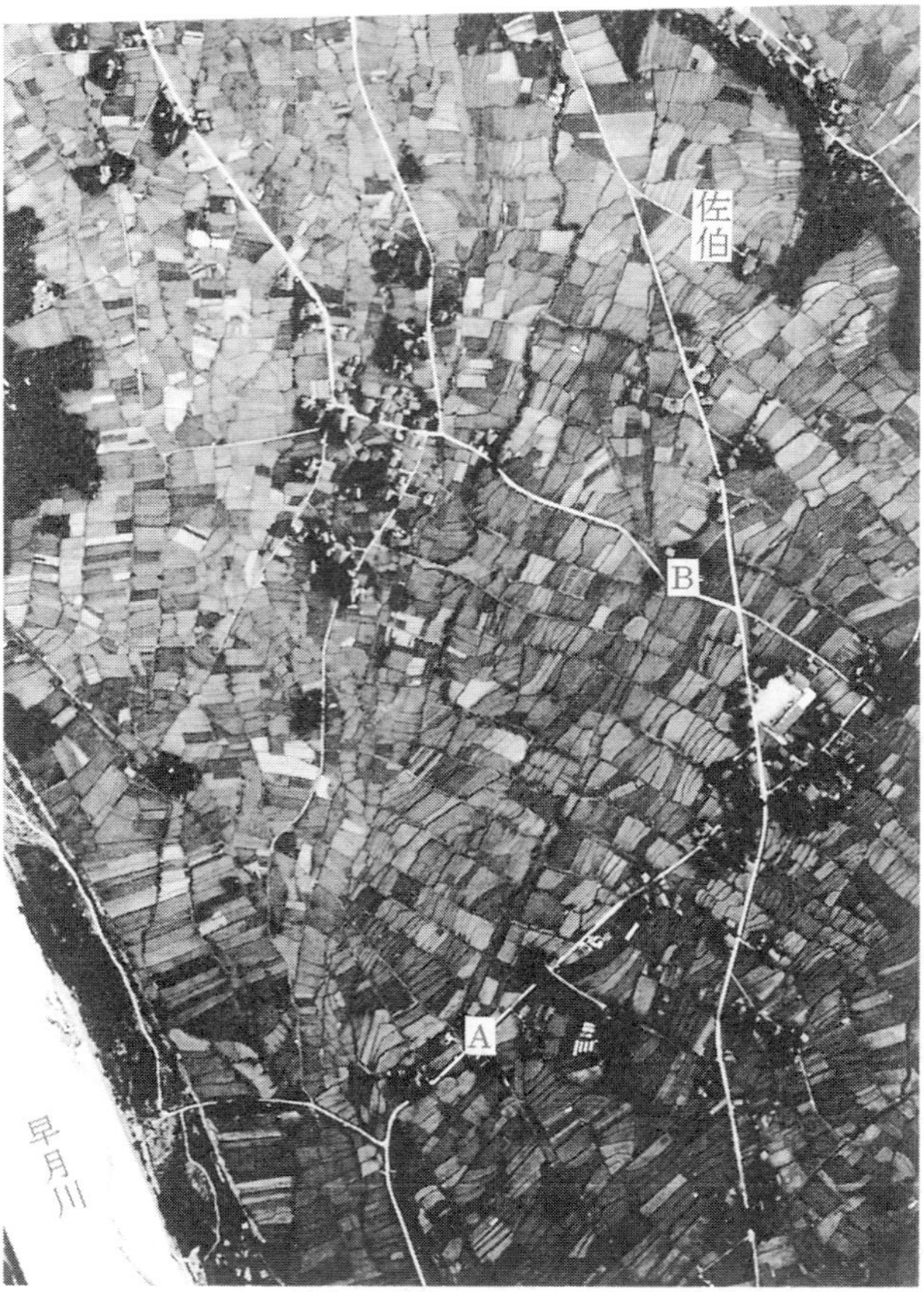

図6—20　魚津市吉野の帯状窪地 A—B（CB-66-6X, C-25の部分を拡大）

なった。その際、一九六六年撮影の空中写真を基にした五〇〇〇〇分の一写真図で、早月川右（東）岸の高位段丘（標高約四〇メートル）上の魚津市吉野に、図6—20のように北二五度東方向に通る幅約一五メートルの帯状地割が六五〇メートルほど続いて現在道路と交差し、その地点で向きをやや北に変えて約三五〇メートル続いた所で消滅するが、その延長方向の同市佐伯で角川の河谷に下る段丘崖の切り込み部に達することを認めた。但し方向変更後の幅は一〇メートル前後となる。これらの帯状地割はその後の耕地整理によって消滅しているが、現地での聞き取りによれば、帯状の窪地になっていたというので、古代道路の痕跡と見てもよいと思われる。なお、この窪地には用水路が通っていたということであるが、平地の大用水路はともかくとして、台地上では幅が一〇《メートル》もある用水路は考え難い。古代道路の遺構であった窪地の一部が水路に利用されていたものと考えたい。

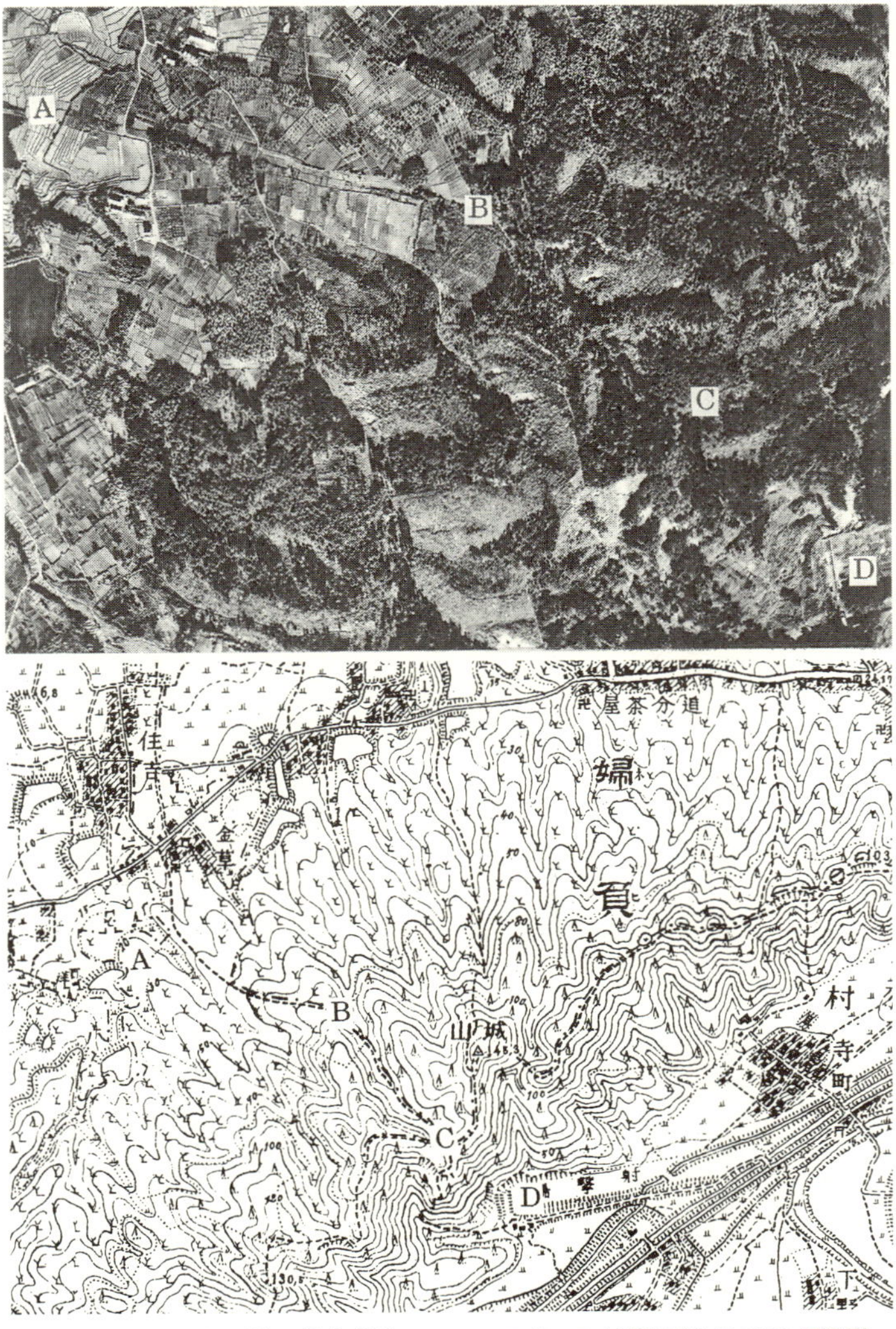

図 6—21　呉羽山西麓の帯状耕地　A—B，C 峠，D 射撃場（米軍 1952 年撮影空中写真，1910 年測図 2 万分 1 地形図外山近傍 14 号呉羽村の部分を縮小）

また、現在道路と交差する方向変換点には、丸石状の道祖神があるのを見かけた。なお、佐伯は越中国司となった立山開山の佐伯有頼の旧宅跡と称する家が、方向変更後の地割の東方に約一〇〇メートルの地にある。角川の河谷では北三・五度西方向にかすかな痕跡が認められ、角川を渡ったその延長線は、大光寺町で国道八号から分岐して北八度西方向に通る直線道路に沿って幅一五メートル弱の道路跡と見られる帯状地割が約五〇〇メートル続いていたが、その先は辿ることができなかった。

一方、富山市街の西にある呉羽山《くれはやま》丘陵は、これを境にして呉東《ごとう》・呉西《ごせい》という富山平野を二地域に区分する地域名があるように重要な境界を作っている。京田良志は図6―21に示すように、その西斜面を直線的に上る幅約一五メートルの、道路痕跡と見られる帯状地割を一九四六年および一九五二年に米軍が撮影した空中写真によって認めた。その西麓を通る近世初期の北陸道にほぼ接続する形になって消滅する。西井龍儀・小林貴範(7)が現地調査をした結果、道路跡と見られる帯状の地割は、山頂にある中世城郭の呉羽城南側の鞍部まで続き、その先は明瞭な痕跡は残らないが急斜面の富山側に下る形になることを確認した。さらに五章二節で述べたように、この路線に沿って行政界になっていたことも、古代道路としての可能性を高めることになろう。

『和名類聚抄』に見える婦負郡曰理郷は婦負川（神通川）の渡河点にあったものとして、近世に舟橋が架かっていた富山市街に想定されるので、この道路は曰理郷に達していたと考えられよう。一方、西麓の近世初期北陸道は中世に遡ることは確実であるが、これに沿って木曽義仲の伝承がある「弓の清水」と呼ばれる湧水があり、木曽義仲が通った道筋と言われているので、古代にも利用されていた路線である可能性がある。

以上の二地点の中で、魚津市の場合は短区間で前後の繋がりが明確でないが、富山市の場合は道路痕跡が丘陵を横断しているので、古代道路としてより確実性がある。

これらの道路状痕跡が実際に古代道路の路線とすれば、地表に残る痕跡からみて道幅は少なくとも一〇メートル前後はああったと考えられるようである。

『万葉集』に見える「射水郡駅」を『延喜式』曰理駅と同所として高岡市守護町渡とすれば、ここからは射水市赤井南遺跡・富山市呉羽山・魚津市吉野の三地点を連ねる路線は十分に考えることができよう。

註

（1）小矢部市教育委員会「桜町遺跡（産田地区）」『平成五年度小矢部市埋蔵文化財発掘調査概報』一九九四年。
（2）富山市教育委員会他『フォーラム古代の道と駅』第一回富山の奈良時代を探るフォーラム資料、二〇〇〇年。
（3）野々市町教育委員会『三日市A遺跡』現地説明会資料、二〇〇三年。
（4）石川県埋蔵文化財センター「観法寺遺跡」『石川県埋蔵文化財情報』三、二〇〇〇年。
（5）石川県埋蔵文化財保存協会「加茂遺跡」『石川県埋蔵文化財保存協会年報』六、一九九五年。
（6）西井龍儀「倶利伽羅峠の古道」『古代交通研究』七、一九九七年。六四、美術文化史研究会、一九七六年。
（7）西井龍儀・小林貴範「呉羽古道の調査」『大境』二五、二〇〇五年。

第七章　現地調査の必要性

以上の諸章による古代道路の想定は、条里余剰帯による路線想定などはかなり確度が高いが、その他の場合は各種の想定が重なることによって確度を高めることになる。それでもなお絶対に必要なのが現地調査によって、切り通しや道路脇の段差また古代道路の広い道路敷きを示す空地の存在などの現在地表に残る痕跡を確認することである。第六章で述べたように、筆者自身、空中写真に依って森林内を通る窪地を反映する樹梢跡と考えて森林内を通る道路を想定したが、実際に現地に行き樹林内に入って踏査した結果では、窪地は存在しなかった例が一度ならずある。

駅路などの古代道路の一般的形態は、平野部では直線的路線をとって計画的に敷設されたので、小丘陵や台地を横切る場合には切り通しや帯状窪地になり、また低地を横切る場合は土塁また土提状になることがある。平坦地の場合はそれほど明確ではないが、なお古代道路を踏襲すると見られる現在道路の傍にかつての道路敷きに当ると思われる帯状地割を見ることがある。

この場合切通しと帯状窪地は似たようなものであるが、両者の区別は底部と上部の高度差にもよるが、山地や丘陵など通過地の上方が不整地になっている場合を切通しということにし、平坦な微高地を切って通る場合を帯状窪地ということにする。両者共に現在は道路が通っていないことがあるが、道路が通っている場合も必ずしも全域が現在の道路面にはなっていないことが多い。

道路脇の段差は一般に切通しや帯状窪地の底部を現在道路が通り、道路脇に一段高い段差地形が見られ、その全体がかつての道路であったと考えられるものをいうが、傾斜面を道路が横切って通る場合などでは片側が切削され、段差が片側だけに見られることもある。道路脇の帯状地割は現在道路と帯状地割を併せてかつての道路敷を示すと思われるものをいうので、道路脇の段差が無くなって平坦になった場合と同様ということになるが、一般に段差が殆ど無くなっても、道路部分が僅かに低くなっているので、やはり段差としてよいであろう。なお、古代道路を踏襲する現在道路が無く、かつての道路敷全体が帯状地割になっている場合もあると思われるが、この場合は認めるのが極めて困難になる。

最後に道路が低地を横切る場合にできる土塁また土堤状地形は、その残存例が極めて少ない。道路を通すために築かれた低地を横切る構築物は、道路が機能しなくなれば邪魔物として削平されることが多いからであろう。

これらの形態を模式的に図示すれば図7—1のようになり、各地の古代道路の沿線で見られるので以下にその例を示す。

一　肥前国の場合

1　佐賀平野の例

筆者（1）は一九七二年夏に、現在の佐賀県みやき町中原《なかばる》から佐賀市大和町尼寺《にいじ》までの間の一七キロ弱を一直線に通る道路状痕跡を空中写真に認めた（前掲図6—12）が、大部分は水田地帯で夏は通過困難であったから、これを確認するために一九七三年冬に現地調査を実施した結果、

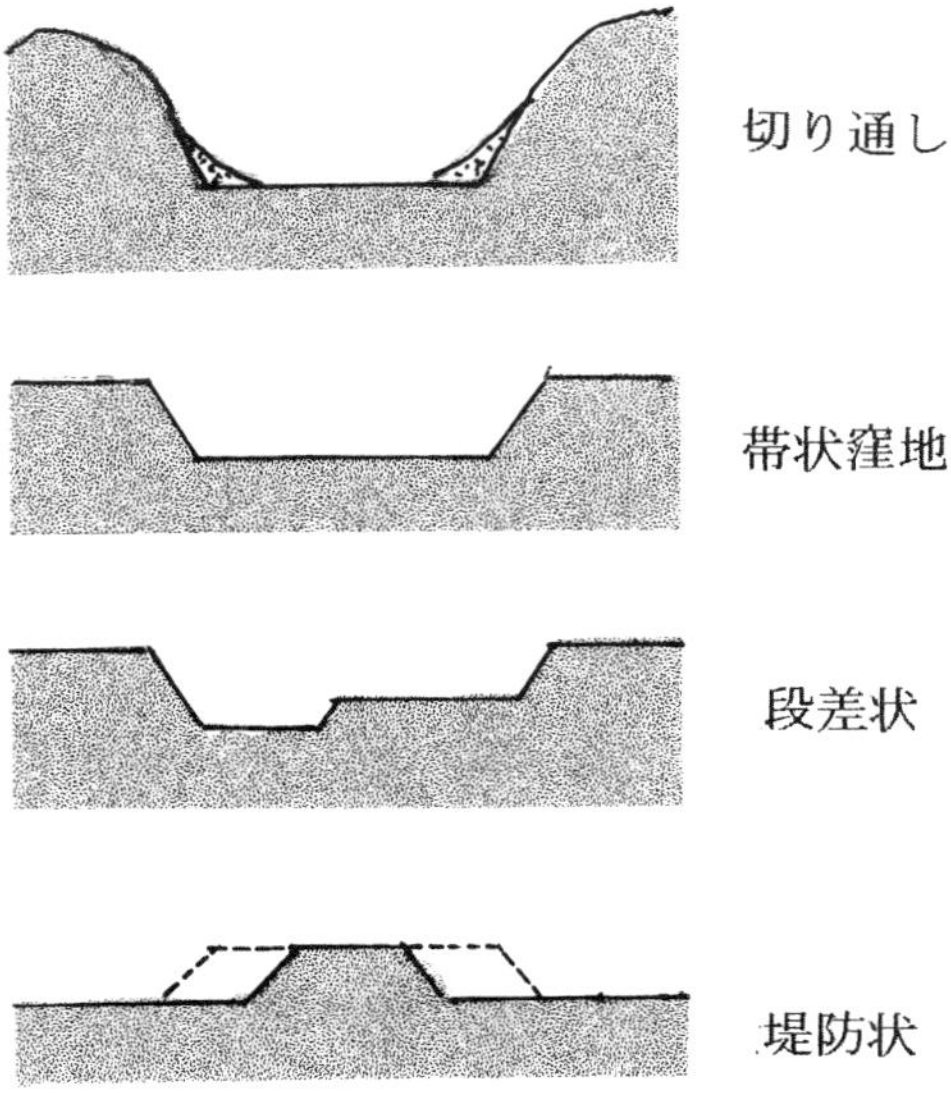

図7—1　古代道路遺構の類型模式図

各所に本章に挙げる微地形を認めたので、これが古代道路跡であることを確認するに至ったものである。筆者の最初の知見であるから先ず挙げることにする。

以上の道路痕跡の最東端は近世の長崎街道の宿場でもあった中原で、以西は近世街道と同路線をとる部分があるが、ここでは先ず集落東方に近世街道とは離れて台地末の切通しとこれに連なる台地上の帯状窪地の存在が注目されたが、以東の続き具合は不明であるから、これらが古代道路の遺構であるかどうか不明である。以西は地形図では直線の小路で示され、東寒水《そうず》では現在道路から外れて通るが集落の乗る微高地への登り口で小切通しを作り、三養基高等学校校庭南端に沿って通る部分では校庭が一段高い段差を作っている。次の地蔵町集落の乗る微高地までの間の痕跡は不明であるが、同集落西部では微高地を切る小切通しが半ば埋没した状況で皺化して残っていた。

以西の路線はほぼ近世街道に踏襲されるが、切通川を渡って上峰町堤の「切通《きりどおし》」に達する。この地名はその西方の丘陵を切る大規模な切通しがあったことに由来する。現在切通しは一九五〇年代前後の採土によって消滅した。この道路は奈良時代の駅路で『延喜式』駅路は条里の二里分南を通るが、その切山の駅名はこの切通しに由来し、駅の位置は南に移っても同名を名乗ったのではなかろうか。以西は近世街道と全く別路になる。

ここから西に二・三キロの吉野ヶ里町吉田の鳥ノ隈《とりのくま》にも長さ二〇〇メートル弱にわたって丘陵の切通し（図7―2）があるが、これは発掘調査(2)の結果古代の道路遺構であることが確認された。その西方、一・三キロに弥生時代の遺跡として知られ特別史跡になっている吉野ヶ里遺跡(3)があり、ここにも丘陵を横切る切通し（図7―3）がある。この切り通し一帯は吉野ヶ里遺跡志波屋《しばや》四の坪地域になっていて、一九八六・七年に発掘されて道路遺構が検出されたが、切通し部北側の法面《のりめん》は約三五度の傾斜を持ち、上方には立石状の石が置かれていた。南側の法面と台地上は未調査であるが、台地上は日吉神社の境内になっている。日吉神社が古代官道に沿って存在することが多いという平田信芳(4)の指摘がある。

吉野ヶ里の直ぐ西に想定道路に沿って馬郡《まぐい》の集落があり、集落の北側の想定道路に当る部分は帯状の窪地になっていて、一九七三年当時は周辺の水田よりも一段低く蓮が生える低湿地（図7—4）になっていた。平坦地より一段低い低地に道路が通るとは思えなかったので、この部分については道路遺構として疑問を抱いていた。その後、圃場整備事業が行なわれた際の調査でここも道路遺構であることが判明した。

ところで、浜松市伊場遺跡の出土木簡に見える「駅評」については駅家の機能を包括した評家であろうとする見解(5)があり、また滋賀県野洲市で出土した木簡(6)や岡山県立博物館所蔵の須恵器細頸壺に見える刻書「馬評」も同様ではないかとされるので、これを「うま（や）ごおり」と読むものとすれば、それが「馬郡」になった可能性がある。同様の地名は伊場遺跡に近く馬郡《まごおり》、伯耆国奈和駅想定地に馬郡《うまごおり》があるので、この馬郡も神埼郡家と『風土記』の神埼郡家と『風土記』の神埼郡に「驛壹所」とあるものに由来する地名ということになろう。

馬郡の西一・二キロの川寄集落の北側を通る道路は「横大路」と呼ばれているが、これと集落

図7—2　鳥ノ隈の切通し（調査のため樹木伐採時）

図7—3　吉野ヶ里遺跡の切通し

図7—4　神埼市馬郡の帯状窪地（現在消滅）

図7—5　神埼市祇園原の切通し

の間はかなり幅広い窪地になって川になっている。川寄の西方一・八キロの尾崎の唐香原《からこうばる》に短区間であるが帯状低地があったが、現在は削平されて消滅している。さらにその二〇〇メートル西方の祇園原に短区間の切通し（図7—5）がある。窪地と言ってもよいようなものであるが、上方が不整地なので切り通しとしておく。両側が小丘陵になっており、道路部分は幅七メートルほどの水田になっていた。図は西方から東方を見るが北側の台地は果樹が植えられ、南側の丘陵は墓地になっていて、現在は北部が削平され消滅している。

またその西方約一・五キロの佐賀市久保泉町大字川久保と大字上和泉の境界部に幅約一〇メートルの水濠が約二〇〇メートル続いている。岸から水面までも一〜二メートルあるので、その底部が道路跡とは思われない。帯状窪地を利用してこれを掘り下げて水濠にしたのであろうか。

さらにその西方約三・四キロの佐賀市大和町久池井《くちい》の東古賀に醍醐天皇を祀る延喜大王社という社がある。その背後を中心に幅一〇メートル前後の帯状窪地（図7—6）が三〇〇メートル程続いていたが現在は消滅している。なお、この地点で南

図7—6　佐賀市延喜の帯状窪地（図6—1参照，現在消滅）

図7—7　肥前国分寺前の帯状窪地（図6—1参照，現状変更）

図7—8　佐賀県小城市・唐津市境界笹原峠の切通し（樹木伐採時）

方に曲線を描いて分岐する道路痕跡があり、これも帯状窪地になって現存しているが、その幅は六メートル前後で平安時代の駅路に想定される。延喜大王社の存在もあり、『延喜式』佐嘉駅の所在地はこの地が適当であろう。[7]

またその西約一キロの佐賀市大和町尼寺《にいじ》の肥前国分僧寺の前面に当る部分も現在道路の北側に帯状の窪地があって水田になっており、道路の南側は高くなって畑地または住宅地になっていた（図7—7）。帯状窪地は道路と水田を含めて一二〜一五メートルであった。この部分が最も早く道路遺構として注目されていた地点であるが、その後、現在道路が拡幅され水田も消滅している。

2　小城郡・松浦郡界の笹原峠の例

前記した佐賀平野を通る駅路は尼寺以西では明瞭な痕跡を残さない。肥前国府は尼寺に近い佐賀市大和町久池井《くちい》に遺跡があり史跡に指定されているが、国府付近にあったと考えられる初期佐嘉駅までの道路が特に整備されていたのではなかろうか。佐嘉駅の次の高来《たく》駅は多久《たく》市東多久町別府に想定され、同駅で肥前路と松浦郡を通る壱岐・対馬路との連絡路が分岐する。壱岐・対馬路は磐氷駅で肥前路への連絡路を分岐し、その位置については諸説があるが[8]筆者は唐津市相知《おうち》町相知に想定する。この両道を繋ぐ連絡路が多久市（小城郡）と唐津市（松浦郡）の境になる笹原峠を越える所に切通し（図7—8）を作っていた。一九九〇年に一帯を伐採したので見付かったもので、海抜約一三〇メートルの地点にあるが、同年現地を訪れたところ底部は幅約一〇メートルの平坦面を作り両側は明瞭な法面《のりめん》を作っていた。

数年後に再訪した際は植樹されて見難くなっていた。境界山地最低の海抜約九〇メートルの鞍部を通る近世の街道は豊臣秀吉の朝鮮出兵の際に開かれたもので、現在の国道二〇三号もほぼこれを踏襲するが、それ以前の中世までの峠はより高い前記地点にあった。このように、駅路が峠鞍部より高所を通ることについて筆者[9]は軍用的意味から見通しの好い地点を選んだものと解している。

3　佐賀県上峰町堤土塁の例

佐賀県三養基郡上峰町堤に切通川を横切る形の土塁がある。切通川の名は前記した同町にある「切通」に由来するものであるが、版築によって築かれたこの土塁は大宰府周辺に見られるいわゆる小水城に類似することから、これも大宰府防衛線の一環をなすものとの解釈が行なわれていたが、[10]西谷正[11]は道路遺構の可能性を指摘している。果たして、この土塁線の延長線上に幅約六メートルの道路遺構が数ヶ所で検出[12]されたので、堤土塁も道路として築かれたことになる。この道路はその走向と道幅から駅路ではなく伝路と考えられるが、おそらく鳥栖市蔵上遺跡[13]を関係遺跡とする養父郡家と、神埼市馬郡・竹原遺跡群[14]に想定される神埼郡家を連絡するものであろう。以上によれば、駅路に限らず伝路においても大規模な土木工事を施して敷設されたことが知られる。

4　佐賀県武雄市**おつぼ**山神籠石付近の駅路の例

武雄市は杵島郡に入るが、筆者[15]も以前は従来の説に従って杵島駅を現在の武雄市北方に当て、杵島山西麓を通る駅路は近世後期の長崎街道とほぼ同路線で**おつぼ**山神籠石の西側を通ると考えていたが、二〇〇〇年と二〇〇六年に改めて現地調査を行なった結果、駅は武雄市北方町大字志久の木ノ元に想定し、駅路は杵島山塊の最北峰勇猛山（二五八・八メートル）とその西の二〇六メートル峰との間に鞍部（約一五〇メートル）を越えたものと考えた。その結果、**おつぼ**山神籠石の東側を通ることになるが、近世初期の長崎街道も同様であったという。前述したようにその路線に沿って建治三年（一二七七）の文書に見える「立石里」の名の基になった立石が存在し、小規模の切通しや盛土道路を見掛けた。

註

（1）木下良「空中写真に認められる想定駅路」『びぞん』六四、一九七六年。「肥前国」藤岡謙二郎編『古代日本の交通路』Ⅳ、大明堂、一九七九年。
（2）佐賀県教育委員会『古代官道・西海道肥前路』一九九五年。
（3）佐賀県教育委員会『吉野ヶ里』（佐賀県埋蔵文化財調査報告書一一三）一九九二年。
（4）鹿児島県の地名を研究している平田信芳の教示によれば、日吉神社また山王社は古代駅路に沿ってあることが多いという。
（5）山中敏史『古代地方官衙遺跡の研究』塙書房、一九九四年。
（6）市大樹「西河原木簡の再検討」（財）滋賀県文化財保護協会・滋賀県立安土城考古博物館編『古代地方木簡の世紀—西河原木簡から見えてくるもの—』（財）滋賀県文化財保護協会、二〇〇八年。
（7）前掲註（1）「肥前国」。
（8）前掲註（1）「肥前国」。
（9）木下良「古代官道の軍事的性格について」同志社大学人文科学研究所『社会科学』四七、一九九一年。
（10）阿部義平「日本列島における都城形成—大宰府羅城の復元を中心に—」『国立歴史民俗博物館研究報告』三六、一九九一年。
（11）西谷正「朝鮮式山城」岩波講座『日本通史』三（古代2）、岩波書店、一九九四年。
（12）徳富則久「肥前国三根郡の交通路と集落」『古代交通研究』六、一九九七年。
（13）久山高史『蔵上遺跡Ⅱ』（鳥栖市文化財調査報告書六〇）鳥栖市教育委員会、二〇〇〇年。
（14）八尋実『馬郡・竹原遺跡群』（神埼町文化財調査報告書四五）神埼町教育委員会、一九九五年。
（15）前掲註（1）「肥前国」。

二　肥後国の場合

肥後国内を通る駅路は筑後国から入って薩摩国に入る西海道西路と、肥後国と豊後国を連絡する肥後・豊後連絡路、肥前国に通じる肥前国連絡路、日向国に通じる肥後・日向連絡路などがあるが、明瞭な遺構が残るのは西海道西路と豊後連絡路である。

1　西海道西路の例

西海道西路の第一駅は大水駅で南関町域に想定されるが、詳細な位置は明らかではない。南関町で明瞭な道路遺構と思われるものは前掲図5—26に挙げたように東豊永に見られる。ここで東方向に分れる道路に沿って道路脇に帯状耕地（図7—9）があるが、この部分は段差状になっていた。その東方に現在地名としては残っていないが肥猪《こえい》に車地原があったので、鞠智城《くくちのき》に向かう車路が東豊永で西海道西路と分岐したと考えられる。すなわち、前記の段差状地形は車路の当初部分に当ることになる。次に東豊永の台地上を南下する道路に沿って幅一〇メートル前後の帯状地割が道路の傍に続く。段差は見られないが幅四メートル前後の農道と一緒にして西海道西路の路線に当ると考えられる(1)。

東豊永から先の道路痕跡は不明であるが、筆者(2)が最初に肥後国諸駅の調査をした一九七二年に、江田駅の想定地である和水《なごみ》町江田の台地上に幅七〜八メートルで深さ一〜一・五メートルの帯状窪地が約一五〇メートルにわたって続いているのを認めた（図7—10）。当時は駅路や駅家の状況について何も知らなかったから何の遺構か判らず、道路跡かあるいは駅家を廻る周郭溝の一部かとも考えた。その後、駅家想定地以外でも同様の遺構を多く見掛けるようになって道路遺構であることを知った。

図7—9　熊本県南関町東豊永の段差状畑地（図5—26参照）

図7—10　肥後国江田駅付近の帯状窪地

次に、翌一九七三年の補足調査で熊本市改寄《あらき》町の立石地区を高原駅に比定したが、立石地区には東西約三〇〇メートル南北約四〇〇メートルの帯状窪地または段差で区画される長方形の区画があり、その内部からは奈良・平安時代の土器片が出土する。その東寄りを南北に通る幅約一〇メートルの帯状窪地があり、これに沿って地名の由来になった立石が立っているが、立石については第四章第二節で述べた。筆者はこの帯状窪地（図7—11）を古代道路の痕跡と考えている。

立石から次駅蚕養《こかい》の遺称地である熊本市子飼《こかい》方面に向かう道路は熊本市清水地区をほぼ直線的に南北に通るが、ほぼ全線にわたって切通し状の凹道になっている。また道路は清水亀井町で僅かに東方に曲がるが、六章三節の三、事例①に挙げたように一九六二年撮影の空中写真（前掲図6—18）によればこれを直線に繋ぐ線上に帯状の窪地地割を明瞭に認めたので、現地を訪れたところ台地上に帯状の窪地（図7—12）が存在することを確認した。しかし、一九七五年に再度訪れた際は住宅が建設されて不明になっていた。

肥後国の西海道西路は熊本平野を条里に沿って南下し、筆者[3]が第二期の肥後国府の所在を想定する熊本市城南町宮

図7—11　熊本市改寄町立石の帯状窪地

図7—12　熊本市清水町の帯状窪地（現在消滅）

図7—13　熊本市宮地の帯状窪地

図7—14　清正公道と呼ばれる凹道（武部健一撮影）

地の台地にかかる。低地から台地上に上る部分は掘り切り状になってほぼ直角に曲がって台地上に出るが、その先は幅二〇～三〇メートルの帯状地割が道路に沿って連なり、二〇メートル弱の帯状窪地になって続いている（図7—13）。その先は不明になるが、球磨駅想定地の城南町隈庄に至る。

2　肥後・豊後連絡路の例

筆者は肥後・豊後連絡路の西海道西路からの分岐点を、高原・蚕養両駅間の熊本市清水本町に考え、豊後路は龍田山北方の兎谷を通って龍田弓削付近で近世の豊後街道に合し、以遠は菊陽町原水までほぼ近世街道に踏襲されるものと考える。その間、近世街道の両側の並木が街道とＪＲ豊肥線を挟んで幅三〇㍍以上あるのも近世街道としては異例で、この路線が古代道路を踏襲したことに由来するのであろう。原水に比定する坂本駅で阿蘇外輪山麓に出て、同様に大津町で外輪山麓に出る近世豊後街道の路線に再び重なる。ここでは、阿蘇外輪山麓を登る豊後街道が清正公道《せいしょうこうみち》と呼ばれる部分が底幅六～七㍍、上幅二〇㍍以上の窪地を作っているのも、古代道路を踏襲した結果と考えられる（図7―14）。なお、前記した熊本市清水を通る西海道西路が切り通し状の凹道になっていることについても加藤清正によるとされているので、熊本地方では特に目立った歴史的構築物はすべて清正に結びつける傾向がある。もちろん、清正が古代道路の遺構を再利用した可能性は十分にあろう。

3　玉名郡家域内の例

玉名郡家（図7―15）は熊本県玉名市域に比定され、古くから田辺哲夫を中心に調査研究(4)が行われてきた。先ず郡寺と見られる立願寺廃寺の最初の発掘調査が一九五四年に始まり、また一九九二年の調査によって伽藍の様相がほぼ明確になった。伽藍配置は中門とこれに築地塀の中に東塔と西金堂が対置し、その後ろに講堂を配する観世音寺式伽藍配置であるが、初期には金堂だけが南面していた。時期的には六八〇年代に始まり八世紀前半に最盛期を迎え、八世紀後半には衰微したらしい。

次いで一九五六年に倉院が調査されたが、それぞれ四間×三間の南北に長い二棟の掘立棟と二棟の礎石棟が検出された。掘立棟が古く、それが廃されて礎石棟が造立されたとみられる。全体として八棟が東西二列に配置されていたと考えられている。

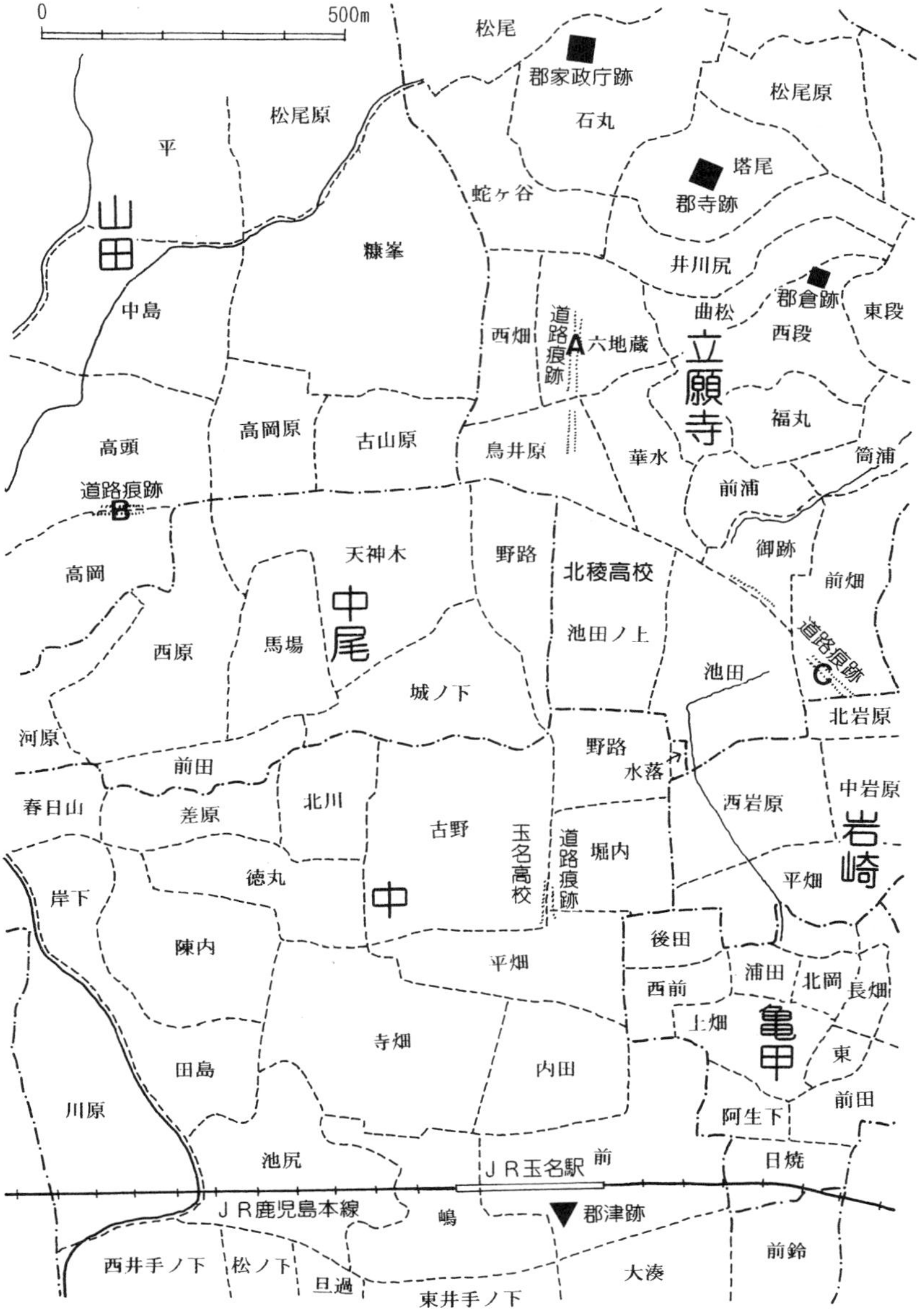

図7—15　玉名郡家域と道路遺構

郡庁院の調査は一九九一年に行われ、正殿の基壇と桁行八間×梁行三間の総柱建物を検出した。庁院内部は正殿の前面に東西に南北棟各一棟、さらにその前面に東西各二棟ずつの東西棟の存在が想定されている。掘立柱穴に残る炭化柱のC14年代測定は八世紀前半で出土土器の編年から推定される年代は八世紀初めから九世紀前半までであった。また郡庁院の中軸線を南に直線的に延る現在道路が約二キロでJR玉名駅に達するが、玉名駅の南側の低地に字大湊の地名があり郡津の所在が想定される。このうち一・六キロ程の区間は切通し状になっているが、現時点では大字立願寺字六地蔵の切通し道路脇の帯状空地（A地点）と玉名高校横の切通しが典型的である。

この道路は一九九三年に県立北稜高校の敷地を中心に数箇所の発掘調査を実施した結果、両側溝間の心々幅一二尺、その上方にある平坦面がそれぞれ幅六尺で平坦地では以上が道路敷として設定され、さらにその外側が高くなっている所では幅三六尺のより高位の平坦面を設けていたらしい。この道路面では数箇所で轍の跡を検出しており、その幅は一定しないが一、二メートルのものが多かったという。以上は玉名市歴史資料集成第十二集―市制四〇周年記念―『玉名郡衙』（一九九六年）による。

以下は筆者[5]が一九九七年に調査した玉名郡家域における東西道路についての知見を記す。

先ず、玉名郡家の中軸道路と北稜高校北側で交差する東西道路があるが、この道路に沿って数箇所の道路脇の段差状地形や帯状窪地を認める。すなわち交差点より西方は北が山田と南は中尾の両大字界になるが、山田の字高頭と中尾の字高岡の間は現在道路の側に幅五～六メートルの空き地があって（図7―16上）小段差を作っており、交差点の東方では道路が東南方向に曲がるが、大字立願寺の字御跡と池田の境では道路脇に空地があり、字前畑で道路は行き止まりになるが、その延長部は畑地を通る幅六～八メートルの帯状窪地になっている道路痕跡（図7―16下）が明瞭である。字北岩原で畑地になって道路遺構は不明になるが、この部分は慶応四年（一八六八）に高瀬藩陣屋が設置された場所で、明治二年（一八六九）の「岩崎原地図（高瀬藩図）」にはまさしく上記の道路状遺構の延長部に当たって帯状の「クボ

図7—16　玉名郡家域を東西に通る想定伝路の遺構（B）（C）
B地点（西より）（東より）C地点（東北より）（西南より）

地」が記されているので、当時はここまで続いていたことが判る。

この東西道路は、おそらく筆者が(6)福岡県みやま町尾野に想定する筑後国狩道駅から、日野尚志が(7)高田町行里《こうり》に比定する三毛郡家を経て、肥後国に入って玉名郡家に至り通過する伝路であろう。東方は熊本市二本木遺跡に比定される飽田郡家に連絡する可能性が高いが、その路線は不明である。なお、玉名市内では他に伝路に相当すると見られる道路遺構が上小田宮野前遺跡・柳町遺跡(8)などで発掘されているが、それらの位置と送向はこれには繋がらないと思われる。

また、大字山田字古山原でこの東西道路から分れて郡倉方面に向かう道路状痕跡があり、当初訪れた際は特にその東部は雑草に覆われた溝状を呈していたが、二〇〇八年に再訪した際には立派な道路になっていた。B—C道路との分岐点付近はやや不明確であるが、その少し東では道路に沿う空地が本来の道路敷に当ることが明確であった。また大字立願寺では不明確な場所が多いが、その走向から考えて伝路から郡倉に通じる道路であったと考えるべきであろう。

註

（1）木下良「肥後国の古代道路」『南関町史』特論、二〇〇二年。
（2）木下良「肥後国」藤岡謙二郎編『古代日本の交通路』Ⅳ、大明堂、一九七九年。
（3）木下良「肥後国府の変遷」『古代文化』二七—九、一九七五年。「古辞書類に見る国府所在郡について」『国立歴史民俗博物館研究報告』一〇、一九八六年。
（4）その研究調査成果は、玉名市秘書企画課『玉名郡衙』玉名市歴史資料集成第一二集、一九九四年にまとめられている。
（5）木下良「古代の交通と関所」『南関町史』特論、二〇〇二年。
（6）木下良「「車路」考—西海道における古代官道の復原に関して—」『歴史地理研究と都市研究』上、大明堂、一九七八年。
（7）日野尚志「筑後国上妻郡家について—『筑後国風土記』逸文の内容を中心にして」『史学研究』一一七、一九七二年。
（8）高谷和生ほか『柳町遺跡Ⅰ』熊本県教育委員会、二〇〇一年。

三　豊前国の場合

豊前国内の駅路はその北部を山陽道に連なる大路の大宰府路が東西方向に通り、その南を大宰府から豊前国府に向かう豊前路がまた東西方向に通る。さらに両道を連絡し豊後国に向かう路線が周防灘沿いに通っている。
大宰府路に沿っては明瞭な道路痕跡は見られないが、豊前路と豊前・豊後連絡路に沿っては明瞭な道路遺構が各所に認められる。

1　豊前路における例

筑前国の最終駅綱別は飯塚市庄内町綱分に比定されるが、その東の豊前国境の関の山峠を越えると、やがて前掲図2—10に示すように田川市と糸田町の直線境界線になって二・二キロ余続き、これに沿って田川市弓削田と糸田町の鼠ヶ池と糸田とに計三箇所の車路地名がある。車路地名が古代道路を意味することは四章三節で述べたところである。この直線境界に沿っては小流があるが、その東端付近は流路以上の窪地になっているので、この窪地を道路遺構と考えてよいであろう。直線境界の続きは田川市内になるが、直線の道路痕跡はなお田川市内に延びてさらに約一・五キロ続き、この区間にも一箇所の車路地名がある。[1]

田河郡内にある田河駅の所在については諸説があったが、筆者[2]は当初は香春町鏡山に在って、後に田川市下伊田に移ったと解した。

2　豊前・豊後連絡路

田河郡と京都郡界の山地を越えて京都郡に入って間もなくの地に多米駅が想定され、ここで到津駅に向かう豊前路と豊後国に向かう豊前・豊後連絡路が分岐する。

豊前・豊後連絡路は日野尚志[3]が想定する京都郡条里の七・八条界に沿って東西に通るが、みやこ町勝山大久保から行橋市域に入るとその西谷と津積の大字界に沿って六町の間流路になっているのは、道路跡の帯状窪地を流路にしたのではなかろうか。その先五〇〇メートル程で南方山地から張り出してきた丘陵にかかる。

丘陵は三本あるが、駅路はこれらを切通して通る。日野も戸祭由美夫[4]もこれらの丘陵を避けて約二町北を通る現在道路を駅路と考えていたが、六章二節に示す空中写真（前掲図6―2）によればその二町南に明瞭な切通し遺構が認められるので、筆者は一九七五年末に最初の現地踏査を実施した。

先ず一番西の丘陵では下から見たところでは切通しは認められなかったが、それまでの想定線の延長部の籔の中に入って行くと、上部幅は少なくとも一〇メートル以上あると思われる切通しが存在し、約二六〇メートル続いていた。その底部は曲面状を呈していたが、これは土砂の崩落による可能性が高いであろう。数年後に訪れた際には樹木が伐採されて入口付近はトラックが入れるような道路になっていたが、その後はまた旧に復した。第二の切通し部は小路が通っており、一三〇メートルほど続く。第三の切通しは初め入口が判り難かったが、東端付近は樹木が疎らであったから、逆コースで行った方が判りやすいかもしれない。第三の切通しの少し西の大谷車堀遺跡[5]の発掘調査で幅七～八メートルの道路遺構が確認され、またその先の天生田地区で二箇所の同様の道路遺構が検出されており、後の二箇所は年代不明であるが前者は七世紀後半の築造と見られている。

前記の道路は今川を渡ってみやこ町との堺の丘陵地帯にかかるが、その登り口に溜池の松田池があり、道路跡は池底に埋没することになるが、池の東部付近から南に曲がって東南東に向きを変える状況は空中写真（図7―17）に明瞭で、このように古代道路が曲線を描く例は極めて少ない。ここで丘陵上に窪地を作っている部分があるが、その上縁を現在道路が通っているので、I―J間が空中写真には二重の線となって見える。これは本来の道路であった窪地が籔に覆われたので、窪地の上縁を通るようになった結果と考えられ、上（北）側が窪地になっている本来の道路で下（南）側が現在路である。

道路は丘陵地帯から下って長養池を横切ることになるが、池の両岸に道路状の窪地を見ることができる。その延長

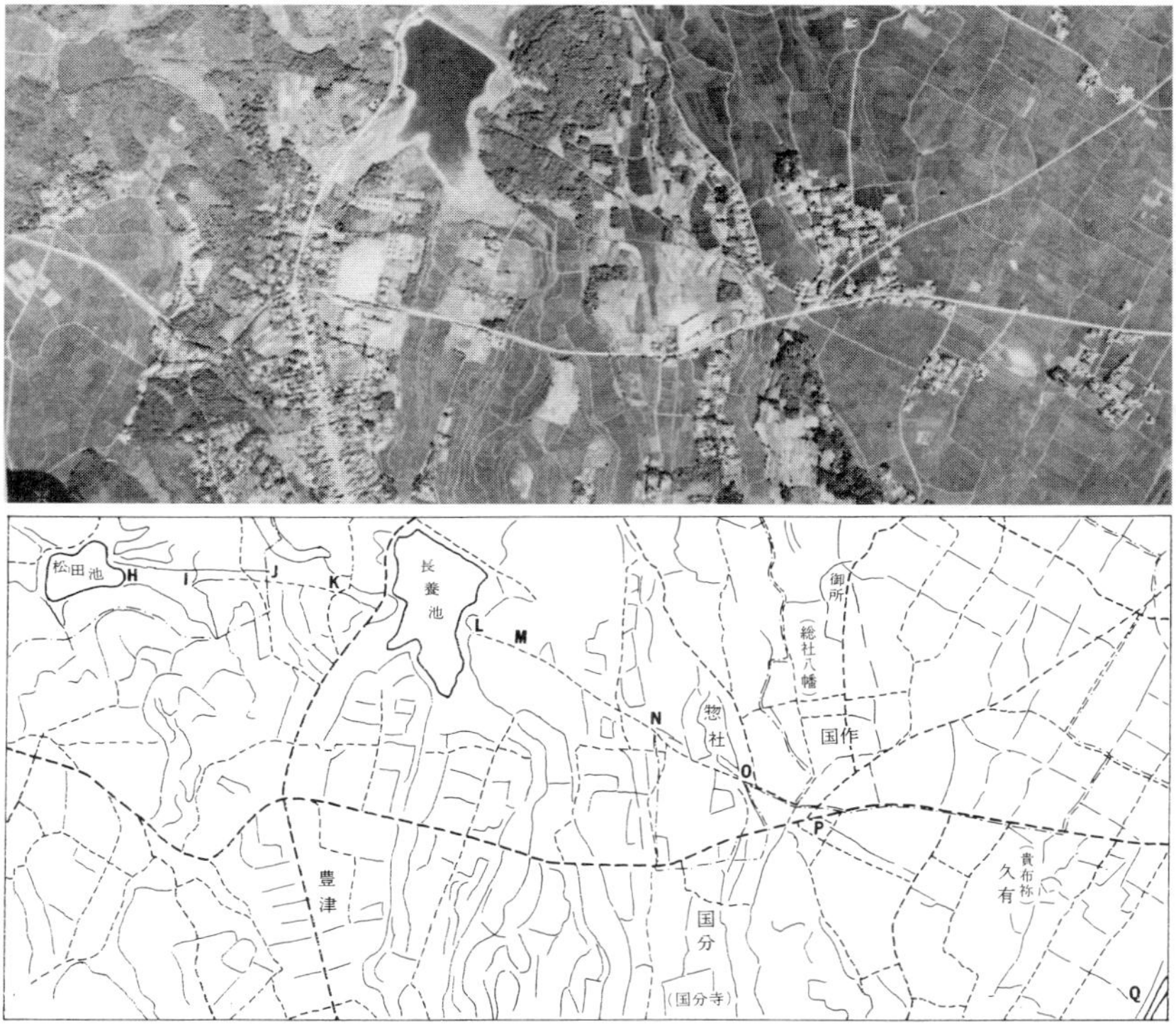

図7—17　行橋市・みやこ町堺の丘陵上を通る想定駅路

は低い丘陵地帯を覆う森林と低い谷間を横切って、約一キロで惣社前に至る。その後、惣社八幡の境内で初期豊前国府遺構[6]が発掘された。

この先はほぼ条里に沿って約九〇〇メートルで祓川岸に出るが、川の対岸の皆見樋ノ口遺跡[7]で片側側溝と路面幅六・八メートルの道路遺構が検出されている。ここから下の原の台地上に出て条里遺構は無くなるが、以上の延長線上が六章三節で「帯状地割の連続（前掲図6—12）の例として挙げた部分になる。筆者が始めて調査した一九七五年当時既に耕地整理によって消滅していたが、航空自衛隊基地になっている丘陵部の切通し部分のみは残されていた。一九七五年当時は道路の両側を有刺鉄線で囲って道路部分（図7—18）は自由に通行できるようになっていたが、一九八九年に訪れた際には道路部も鉄網で塞がれていた。切通しといっても僅かに掘り下げた程度のものである。幅は一〇メートルに満たないであろう。

以遠は『椎田町史』[8]に詳しいが、そのまま一直線に通って築上町越路《こえじ》の日吉神社に達する。筆者は日吉神社境内に築城駅を想定した。日吉神社が古代道路に沿って存在することが多いと見られることについては、一節で吉野ヶ里遺跡の古代道路の切通しの南側にあることを挙げた。ここの想定駅路は日吉神社を境にして僅かながら方向を変えるのも同地に駅を想定する一理由である。神社から二〇〇メートルに満たない二月田遺跡[9]でこの路線に沿って両側溝間の心々幅

図7—18　航空自衛隊築城基地内を通る駅路の痕跡（現在通行不可）

図7—19　福岡県築上町（旧椎田町域）にある切通し

図7—20　中津市域の帯状窪地

約八メートルの道路遺構が検出された。

一帯は条里施行の平坦地なので、特に微地形による道路遺構は少ないが、想定駅路が県道日出野・椎田線と交差する部分に小規模な切通し遺構（図7—19）が見られる。また平坦地を通り過ぎた椎田・湊・上リ松三大字の接点付近で南側の山地から張り出した小丘陵の末端を切通していたと思われるが、かなりの部分が採土のために削平された結果現在は明確にし得ない。

築上町東部で二通りの駅路路線が想定され、これにはおそらく前後関係があると思われるが、山手に想定される路線には上河内にある海神社裏に帯状窪地が、上ノ河内の西角田小学校東方丘陵上に帯状窪地などが見られる。これらを連ねて豊前市で現在国道一〇号になっている古代駅路の路線に至るものがおそらく初期の路線ではなかったろうか。

豊前市域に入ってからの駅路は宇佐神宮への勅使が通ったという意味で勅使道と呼ばれ、筆者が始めて踏査した一九八〇年頃は幅三～四メートルの農道であったが、その両側に掘り下げの段差が各所に存在したので、本来の道路幅は一五メートル近くあることが判った。国道開通以前の状態を示す一九六五年撮影の空中写真に基づいて作製された五〇〇〇分の一国土基本図によれば、前掲図5—31に示すように同市荒堀付近では道路の南側に一五メートル前後の空地があり、その南側の水田との境に段差を作っている。武部健一『続完全踏査　古代の道　山陰道・山陽道・南海道・西海道』の図189に示される部分もこの一部である。現在道路を含めると道路幅は幅一七～一八メートルになるであろう。同市野田の馬洗池西側では道路が僅かに屈曲しているが、この屈曲も本来の道路幅内で収まることになる。

旧道跡の大部分が国道一〇号の路線になっているが、必ずしも完全に路線が合致しているわけではないので、かなりの地点で道路脇の段差を認めることができる。豊前市岸井辺からは国道の路線から離れるが、旧道の痕跡を示す地割と道路脇の段差が見られる。

豊前市から上毛町に入ると、その大字大ノ瀬に上毛郡家に比定される大ノ瀬官衙遺跡[10]があり国の史跡に指定されているが、その建物群は南面することなく北一二六度東方向に通る駅路に平行している。官衙遺跡の東方にも道路脇の段差が存在する。

駅路は山国川を渡ると下毛郡に入り、右岸の中津市高瀬に下毛駅が想定され、下毛郡に入ってからの駅路の走向は北一〇七度東方向に変わる。山国川右岸の低地から台地上に上がってなお同方向に通るが、台地に上る部分は若干南に逸れ、路線を直線に結ぶ線上に短区間ではあるが、帯状窪地になっている道路痕跡（図7—20）を認めることができる。台地上の中津市永添で道路の南三五〇メートルに位置する長者屋敷遺跡[11]では郡家正倉と見られる倉庫群が検出されている。

以東の駅路は直線の痕跡を残しているが、現在道路は旧駅路の左右に迂回をしながら通って犬丸川渡河点付近で合するが、その少し西側では道路脇に明瞭な旧道の端を示す段差が見られる。犬丸川以東は道路路線も確定できず、道路痕跡と見られる人工的微地形も見出せない。

註

（1）木下良「「車路」考—西海道における古代官道の復原に関して—」『歴史地理研究と都市研究』上、大明堂、一九七八年。「西海道の古代官道について」『大宰府古文化論叢』上、吉川弘文館、一九八三年。

（2）木下良「古代官道と条里制」『香春町史』上、二〇〇一年。
（3）日野尚志「豊前国京都・仲津・築城・上毛四郡における条里について」『佐賀大学教育学部研究論文集』二二、一九七四年。
（4）戸祭由美夫「豊前国」藤岡謙二郎編『古代日本の交通路』Ⅳ、大明堂、一九七九年。
（5）小川秀樹「大谷車堀遺跡」『行橋市史』資料編原始・古代、二〇〇六年。
（6）末永弥義「豊前国」『国府―畿内・七道の様相―』（日本考古学協会三重大会シンポジウム資料二）、一九九六年。
（7）豊津町教育委員会『呰見樋ノ口遺跡』（豊津町文化財調査報告書二二）、二〇〇〇年。
（8）木下良「古代官道」『椎田町史』上、二〇〇五年。
（9）前掲註（8）『椎田町史』上、「二月田遺跡で発掘された道路遺構」。
（10）新吉富村教育委員会『大ノ瀬大坪遺跡』（新吉富村文化財調査報告書一〇）、一九九七年。『大ノ瀬大坪遺跡Ⅱ』（新吉富村文化財調査報告書一一）、一九九八年。
（11）中津市教育委員会『長者屋敷遺跡』（中津市文化財調査報告書二六）、二〇〇一年。

四　播磨国の場合

播磨国の美作路を除く山陽道駅路については一九七六年に最初の調査を実施した。ただし、摂津・播磨国境の路線については、一九八一年に吉本昌弘の案内で踏査した。以上の路線における道路痕跡を述べる。

吉本が指摘する[1]ように神戸市須磨区の妙法寺川以西には条里余剰帯は存在しないので、駅路は妙法寺川の谷に沿って内陸部に入ったことは確実である。すなわち、白川峠（一八九・六メートル）を越えて白川から播磨国境を越えて西区伊川谷町に入り、さらに伊川谷町前開に至ることになるが、この付近の現在道路は山地と川に挟まれた狭隘地なので、駅路の通過地とは考え難い。おそらく県道一六号の通るトンネル上の鞍部を越えるのが適当と思われるが、明瞭な切通し遺構は認めることができなかった。前開からの駅路は伊川谷の左岸丘陵に取り付くように登っていくが、当初の踏査当時は丘陵斜面に切通し状の窪地が続いて、その底部には水路が通っていた。現在は開発によって殆ど消滅し、伊川谷町長坂に武部健一[2]が示す部分（図7—21）が残っているに過ぎない。

明石駅は高橋美久二[3]が想定する明石市太寺説と吉本が想定する明石城公園内説があるが、高橋説は寺院と同所とするので、筆者は吉本説が適当のように思う。明石川右岸の駅路は条里余剰帯の存在によって近世の西国街道の路線に踏襲されたと見ることができるが、条里地割のない台地上に位置するＪＲ西明石駅付近を通る駅路は、直線的に通る

図7—21　神戸市西区伊川谷町長坂に残る窪地（武部健一撮影）

図7—22　明石市瀬戸川右岸台地上の帯状耕地（現在消滅）　撮影地点から上図は東方，下図は西方を見る

図7—23　稗沢池の中仕切り状堤防（現状変更）

近世西国街道の路線にほぼ一致する。

高橋が明石・賀古両駅間にあった駅跡に比定する明石市魚住町の長《ちょ》坂寺《うはんじ》遺跡も近世西国街道沿いにある。長坂寺遺跡の西方約四〇〇メートルの魚住町清で西国街道はやや北に路線をとるが、以東の路線の延長部に当たって細長い長池がある。もとは約四〇〇メートル続いていたが、現在は中央部が埋め立てられて魚住小学校の校地になっているので、両端にそれぞれ長さ一〇〇メートル弱が残っているに過ぎない。この池は古代駅路の名残で、おそらくは帯状窪地になっていたのであろう。この延長線が瀬戸川東岸上の台地上付近には帯状耕地（図7—22）が続いていたが、今は一列の住宅地になっている。

さらにその延長部のJR土山駅の東北では播磨町野添と加古川市平田土山との市町界になっているが、また三〇〇メートルの稗沢池では図7—23に示すように、部分的に切れている池を横切る堤防状になっていたが、現在は完全に池を横切る道路になっている。池の東岸の二見町福里遺跡[4]で道路遺構が検出されたが、当初の道幅約一五メートルで後に幅五・五メートルに縮小されたものと考えられる。播州平野は溜池の多い地域であるが、ここの場合は当初低地に盛土した道路が通っており、後に低地に湛水して池が造られたと考えられる。しかし、これに続く皿池には堤防状の仕切りは見られないので、全ての溜池に堤防状の道路が残っているわけではない。さらに約一・七キロの城池にも堤防状の中仕切りがあったが、現在は道路部分の北側が埋め立てられている。

以西は大字界に沿って通る駅路路線は空中写真にも明確で、加古川市野口町古大内字中畑の国府系瓦出土地に比定される賀古駅に至る。賀古駅は台地の末端付近に位置しているが、加古川左岸の低地に下りると条里地帯でその明確な余剰帯にスムーズに接続する。

註

(1) 吉本昌弘「播磨国明石駅家・摂津国須磨駅家間の古代駅路」『歴史地理学』一二八、一九八五年。
(2) 武部健一『続完全踏査　古代の道　山陰道・山陽道・南海道・西海道』吉川弘文館、二〇〇五年。
(3) 高橋美久二『古代交通の考古地理』大明堂、一九九五年。
(4) 明石市立文化博物館『明石市立文化博物館ニュース』三〇、二〇〇二年。

五　常陸国の場合

常陸国においては『常陸国風土記』に見える諸駅と『延喜式』にみえる諸駅とは中南部では重複するところが多いが、北部では大きく異なっている。筆者は一九七七年に『延喜式』諸駅と『風土記』に見える信太郡榎浦駅を調査し、一九九〇・一年に『風土記』に見えるその他の諸駅について調査し、それぞれ[1]発表する機会があった。

1　窪地状地形「五万堀」の例

三章四節で地方的に特有の道路関係地名として、茨城県小美玉《おみたま》市美野里町の羽鳥・江戸・羽刈の各大字と笠間市友部町の長兎路《ながとろ》と仁古田《にこだ》の両大字に残る「五万堀」地名に付いて述べたが、「五万堀」は源義家が五万の軍勢を率いて通過した当時の奥州街道の跡と伝えられ、堀の語が意味するように窪地になっていたが、笠間市のそれ以外は埋め立てられて現状では不明になっている。それでも「五万堀」に相当する地点の一部は空中写真に土壌跡として認められ、現地でも土壌の色相の違いを確認できる場所がある。

笠間市岩間町域では北約三五度東方向に通る駅路を継承する現在道路が、東は仁古田《にこだ》、西が長兎路《ながとろ》の大字界になっているが、南方の下位段丘面から北方の上位段丘面に上がる部分に小切通しがあり、その両側にそれぞれ五万堀の小字名がある。切通し部は前掲図1―4に示すように底部を幅三〜四メートルの農道が通り、その西側にある幅七〜八メートルの段差状平坦面が畑地になっていて、その全体が本来の道路敷を示す。上位段丘面のその延長部では発掘調査[2]によって幅八〜一〇メートルの道路遺構が確認されている。なお、この切通しの南約二〇〇メートルの涸沼川岸から下位段丘面に上る箇所にも切通しがある。

以遠は連続した道路痕跡は無いが、水戸市高田町田沢付近の県道五九号の路線の一部とその延長部の涸沼前川東岸に小切通し状の道路が約一〇〇メートル続いている。その先は不明であるが、以上の道路想定線の延長は河内駅想定地の水戸市渡里町に達し、段丘上から那珂川低地に下る地点に切通し状の地形が見られる。河内の地名は対岸の水戸市上河内町に残り、ここは『風土記』に「粟河を挟みて駅家を置く。本、粟河を遶《めぐ》らして、河内の駅家と謂ひき」とあるが、粟河は那珂川の旧名で、上河内では集落の周りに旧河道が見られるのが、粟河の流路を示すものと思われる。『延喜式』河内駅は那珂川南岸にあったと考えられるが、『風土記』当時は川の両岸に駅舎が置かれていたのであろう。

2　河内駅以遠の弘仁三年（八一二）以前の駅路

上河内町の北方台地に上がってからの想定駅路は、一部水戸市と那珂市の境界になって北約三五度東方向に約一・八キロ、その先は北約四〇度東方向と僅かに向きを変えて約三・七キロ直線状に通って、那珂市菅谷でJR水郡線の踏み切りに達し、以遠の道路は無いが空中写真（前掲図6—8）によれば約一・五キロを辿ることができ、大字界にもなっている。

この道路に沿って那珂市福田では道の両側に溜池があって堤防状の部分が道になっていて、前記した播磨国の稗沢池と同様の状態を示していたが、現在は西側の大部分が埋め立てられて那珂市役所になっている。

菅谷以北の久慈川流域の低地では道路痕跡は不明であるが、それまでの走向から考えて以上の道路は、『日本後紀』に見えて弘仁三年（八一二）に廃された石橋・助川・藻嶋・棚嶋の諸駅を経て陸奥国海道に連なるものであったと考えられ、日立市域の台地上では一部の道路痕跡を辿ることができる。すなわち、想定駅路は久慈川北岸の低地から日立市大みか町で台地上に上がると考えられるが、一九四六年米軍撮影の空中写真によれば、大みか町の大甕神社東北方から北約二八度東方向に森山町・東大沼町・東金沢町・東多賀町にかけての約四キロの区間を直線に通る道路痕跡が認められ、日立多賀テクノロジーに突き当たる。その後の宅地・工場などの造成によってかなりの改変があるが、一九八八年の踏査当時はなお大体の道筋を辿ることができた。特に遺構が明瞭なのは東大沼町の大沼小学校西側で、道路の西側に山林になった窪地が約一〇〇メートル続いている。日立多賀テクノロジーの直ぐ手前の低い丘陵には道は通じていないが、地類界になっている部分を辿ることができた。助川駅は日立市助川町を遺称とするが、家屋密集地帯で駅址も駅路跡も全く不明である。

図7—24　日立市十王町の道路痕跡

藻嶋駅は日立市伊師の目島田圃を遺称とするので、筆者はその西側台地上の伊師本郷に駅跡を想定した。駅址と思われる長者山遺跡は現在調査中であるが、想定駅跡の北側の台地から低地へ下る部分が溝状の窪地として道路跡が残っている。一方、その南側は十王坂を越えて日立市川尻町に通じていたと考えられ、坂上の台地上を通る南北道に沿って、図7―24に示すように幅約四メートルの農道の東側に幅三〜七メートルの帯状空地が約一三〇メートル続いている。本来の道路幅はこの空地を含めたものであろう。

棚嶋駅は高萩市域に想定されるが明確な比定地はない。藻嶋駅からの駅路は日立市から高萩市石滝の丘陵上で高萩市域に入るが、想定駅路はこの台地から北に一直線の深いV字状の切通しになって急岸を下りる。坂を下りた道路派直線状に約一キロでJR高萩駅付近に達するが、以遠の路線は明確でない。

註

（1）木下良「常陸国古代駅路に関する一考察―直線的計画古道の検出を主にして―」『國學院雑誌』八五―一一、一九八四年。「常総地域の古代交通路について」岩崎宏之編『常総地域における交通体系の歴史的変遷ii関する総合的研究』平成二・三年度文部省科学費補助金（総合研究A）研究成果報告書、一九九二年。

（2）仲村浩一郎『総合流通センター整備事業地内埋蔵文化財調査報告書』（茨城県教育財団文化財調査報告一六二）二〇〇〇年。

六　下野国の場合

下野国の駅路では金坂清則(1)が起伏地を一直線に通る道路として紹介した「将軍道」を一九八四年に始めて踏査して以来度々訪れる機会があった。

1　「将軍道」の例

「将軍道」は現在の那須烏山市鴻野山から三箇、さくら市鍛冶ヶ沢から葛城にかけての市界になって、北約四〇度東方向に直線的に通る部分が明瞭であるが、さらに東北方に延長していたと考えられ、その延長上に位置する新道平内遺跡[2]で幅一二メートルと幅六メートルの道路遺構を確認している。この線は古くは芳賀郡と塩屋郡の郡界であったと考えられる。

鴻野山地区を広域農道が通ることになったので、将軍道と重なる部分の発掘調査[3]が実施された結果、古代道路であることが確認されたが、さらに長者平は新田駅の想定地として発掘調査[4]が実施された結果、官衙的建物や倉庫群などを検出したので芳賀郡家の分院で、新田駅も併置されたと考えられるようになった。また、この調査の一環として東山道駅路やこれに交差する「タツ街道」と呼ばれる想定伝路の調査も実施された。

これらの調査の際にも現地を訪れたので、その際に得た知見を加えて将軍道に沿う道路遺構について述べることにする。

「将軍道」は直線区間に入る前にさくら市狭間田から低い丘陵を越えるが、先ず北二四度東方向をとって丘陵の峠から約三〇度東方向に向きを変えるが、この部分に小切通しがある。鴻野山地区の平坦地を通る道路は低い堤防状に通るが、これは発掘調査の際のトレンチ断面に凸レンズ状に土を入れた状況（図7―25）が確認されたので、この平坦地の部分は盛土道路であったことになる。

次の丘陵では後の「将軍道」丘頂部を西北に迂回する路線をとっているが、調査のため樹木を伐採した結果本来の「将軍道」は図7―26に見るように、丘頂部を若干掘り下げて直通する路線をとっていたことが判明した。この丘陵の東北では斜面を横切る「将軍道」斜面の上部を切った片側切通しになっていたことも判明した。すなわち、「将軍道」はその路線を直線に保つために通過地形に応じて各種の工事を施していたのである。

図 7—25　堤防状に通る「将軍道」(中山晋撮影，凸レンズ状に土を入れている)

図 7—26　丘陵上を掘り下げて通る「将軍道」(中山晋撮影，丘陵の頂部が掘り窪められている)

長者屋敷に連なる丘陵を通過した「将軍道」はまた低地に下るが、この部分も切通しを作っている。一番東側の丘陵を越える部分では現在道路は南側に廻っているが、本来の路線は直通しており、その道路痕跡を辿ることができる。このようにして「将軍道」は荒川河岸の小平野に達するが、河谷から両岸の段丘上への登り口は北岸の切通しが明瞭であるが、南岸は明確ではない。南岸が一段低いからであろうか。

2　その他の例

下野国の東山道は国府以遠で多く発掘され、その路線もほぼ明確になっているが、人工地形からなる明瞭な道路痕跡はあまり存在しない。上三川町と宇都宮市の境界に在る上神主・茂原遺跡[5]は河内郡家と考えられているが、低い台地上にあり、この台地上から東側の低地に下る部分に掘り下げた道路遺構（図7—27）があって遺跡の東南隅近くを通るが、遺跡への入口は確認されていない。この道路は一部発掘[6]して台地上では幅一〇～一一メートル、一段下の部分では幅約六～九メートルの道路面が確認された。その路線は真直ぐに低地に下るものではなく、斜面に沿ってほぼ北行した後、低地面に降りてから東北方向に通っている。

図7—27　栃木県上神主・茂原遺跡付近の道路痕跡

那珂川町小川の梅曾官衙遺跡は那須郡家に比定されているが、その西ブロック東辺溝と中央ブロック西辺溝の間が一二～一五メートルあって北約二〇度方向に道路の通過が考慮されていたが、その南方約一四〇メートルの地点で両側溝間の心々幅約八メートルの道路遺構が検出された。さらに、ブロック間の空間地帯の南方約五〇メートルの地点で波板状凹凸面を伴なう道路遺構[7]を検出したが、側溝は認められなかった。この地点は両ブロック面より約一メートル高く、また西から東に向かう緩傾斜地である。そこでこの地点では側溝を設けずに溝状に傾斜地を掘り込み、小切通し状の道路を造成し、その部分に波板が形成されたものと見られる。なお、ブロック間の道路想定線はブロック内の建物と同一方向を示しているので、両者の密接な関係がうかがわれる。

大田原市湯津上町に想定される磐上駅から那須町黒川に比定される黒川駅に向かう駅路は、那須町稲沢を通るが、那珂川と支流の余笹川の合流点付近に向かって北方から張り出す丘陵性の山地の末端付近で国道二九四号の側で検出された溝状の道路遺構がある。

註

（1）金坂清則「下野国」藤岡謙二郎編『古代日本の交通路』Ⅱ、大明堂、一九七八年。
（2）『新道平遺跡現地説明会資料』栃木県那須烏山市教育委員会生涯学習課文化財係、二〇〇七年。
（3）中山晋「付録　鴻野山地区推定東山道確認調査概要」『栃木県埋蔵文化財調査報告書』一〇五、栃木県教育委員会、一九八九年。黒坂周平『東山道の実証的研究』吉川弘文館、一九九二年、所収。
（4）栃木県教育委員会・（財）とちぎ生涯学習文化財団『長者ヶ原遺跡―重要遺跡範囲確認調査―』（栃木県埋蔵文化財調査報告書三〇〇）、二〇〇七年。
（5）梁木誠・深谷昇『上神主・茂原遺跡』上三川町埋蔵文化財調査報告書二七・宇都宮市埋蔵文化財調査報告書四七、上三川町教育委員会・宇都宮市教育委員会、二〇〇三年。
（6）梁木誠・深谷昇「栃木県上神主・茂原遺跡の道路状遺構」『古代交通研究』一一、二〇〇一年。
（7）板橋正幸「下野国那須郡衙発見の道路遺構」『古代交通研究』八、一九九八年。

七　その他現地調査による確認

1　東海道参河国「二見道」跡と見られる土塁状遺構

参河国から遠江国にかけては浜名湖の北側を通る「二見道」の存在が知られる。(1) 筆者は一九六八年に参河国府の調査[2]を行なった際に、豊川市八幡町の国分寺方面に行く道路脇に土塁状の遺構がある事に気付いた。方向から考えて「二見道」に関する遺構ではないかと考えた。参河国府の発掘調査が実施されるようになった一九八五年に現地見学に行った際に、同国府調査担当者である同市教育委員会の林弘之氏に告げておいた。一九九九年には開発工事に関って調査されることになったので、上ノ蔵遺跡[3]と名付けられた発掘現場を見せてもらった。結果は版築によって築かれた人為的な盛土遺構で、基底幅約二二メートル、高さ約一・五メートル、上幅約一五メートルであった。これを道路遺構とすれば破格の規模（図7—28）であるから、林は堤防を兼ねたものと考えている。また、これを二見道の遺構と考えて、その路線も検討[4]している。

図7—28　豊川市上ノ蔵遺跡の土塁状遺構
（林弘之「参川国」『日本古代道路事典』八木書店より）
現在道路に斜行して版築で築かれている

2　東山道上野国『延喜式』東山道遺構の可能性がある帯状窪地

上野国野後駅から新田駅にかけての東山道は三時期にわたって変遷した可能性がある[5]。すなわち、太田市大東遺跡・市宿通遺跡・下原宿遺跡等で検出された道幅約一三メートルの道路が最も古く、同市下新田遺跡で検出された幅約一二メートルの道路がこれに次ぎ、『延喜式』駅路が最も後になると思われる。『延喜式』駅路に当る道路遺構は高崎市から前橋市にかけてのいわゆる国府ルートと、太田市只上町で検出された道原遺跡の後期道路がこれに当ると思われるが、その間は不明である。

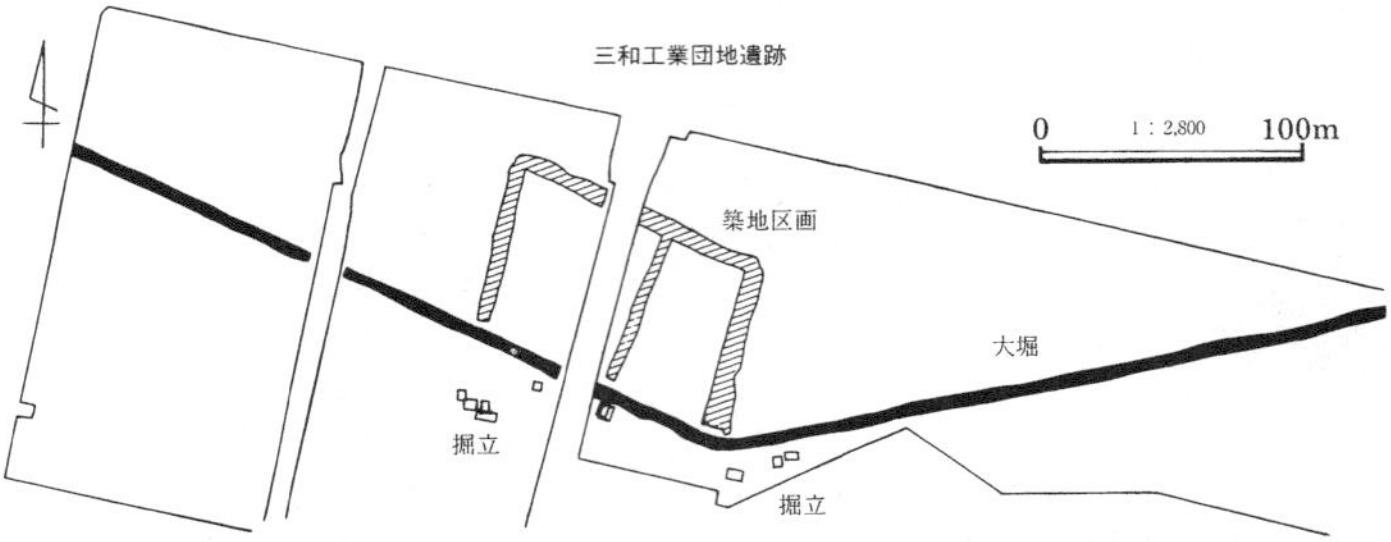

図7—29　伊勢崎市三和工業団地遺跡(上)と田部井大根谷戸遺跡(下)の帯状窪地(下図遠景にタンクが見える場所が三和工業団地)

ところで、伊勢崎市市場町で検出された三和工業団地遺跡(6)（図7—29上）は中世の遺跡であるが、遺跡南部で南約六五度東方向から北約八〇度東方向に屈折する上幅四・〇～五・五メートル、底幅一・三～二・〇メートル、深さ一・六～二・〇メートルの大溝を南辺に、北・東・西の三方を築地で限られる、長辺約一〇〇メートル×短辺七〇メートルの平行四辺形の区画があり、その東南隅が大溝の屈折点に当る。区画内はさらに大小に区画され、西側の区画が大きいが、両区画共に不等辺四辺形になる。大溝は屈折点を基準に西に少なくとも二七〇メートル以上、東には二・四キロは直線的に延びていることが確実である。

さらに、ここから東に約一キロの同市国定町の田部井大根谷戸遺跡(7)では、中世の道路「あずま道」の北側に五メートル離れて平行する大溝（図7—29）が検出されている。この溝は前後二時期が考えられ、遺構の明確な後期では上幅五・五メートル、底幅約一・六メートル強、深さ約一・四メートルで断面は逆台形を示す。同溝は当初八世紀頃に掘削され、後期は一〇世紀前後に掘削されて一二世紀初頭には完全に埋まってしまったと見られるが、水流の形跡は全くない。

筆者(8)はこの溝を古代道路の跡である可能性を考えて、各地の例を紹介した。ただし、筆者が挙げた諸例は駅路の痕跡であるから、幅が広く少なくとも六メートル以上はあるが、本遺跡はきわめて狭い。しかし、報告書に示す断面図によれば段差状の部分があり、その段差面を本来の底部と考えれば、底幅は四メートル以上あったように思われる。

とすれば、この大溝は『延喜式』駅路の痕跡である可能性があるのではなかろうか。金坂清則(9)は東道（あずみち）が古代駅路を踏襲したものと考えて、前記三和工業団地遺跡の南方に佐位駅を想定している。あずま道は数箇所の発掘調査によって一一〇八年の浅間山噴火以降に敷設されたことが明確で、そのまま駅路にはならないが、旧駅路に沿って敷設された可能性がある。

3　北陸道加賀国倶利伽羅峠《くりから》に残る帯状窪地

加賀・越中国境の倶利伽羅峠は源平の合戦でも知られる北陸道の要衝であるが、西井龍儀(10)は越中（富山県）側に二

図7―30　倶利伽羅峠に存在する帯状窪地

図7―31　伯耆国清水駅想定地付近の切通し遺構

箇所、加賀（石川県）側に一箇所の道路遺構が残ることを指摘した。その中で最も明瞭な石川県津幡町峠倶利伽羅の峠集落付近に残る遺構は三地点の中では最高地点に位置しているが、図7―30に示すような帯状窪地が一七〇㍍余連続しているが、途中で「く」の字状に屈折している。遺構は現在道路の北側の台地上にあって、一～二㍍掘り込む所が多いが一部では深さ三㍍を超える場所もある。底幅は六～一〇㍍あって、山地にあっても平地とあまり変わらない道幅を示すことは留意すべきである。他の二地点でも道幅は六～七㍍である。これらの遺構は近世の北陸道とは重ならないが大きくは離れていない。

4　山陰道伯耆国清水駅付近に見られる切通し遺構

伯耆国清水駅は琴浦町八橋《やばせ》に想定され[11]、一連の清水地名がある。八橋小学校の西側で丘陵から谷部に下る現在道路の北側に、道路遺構としては典型的な切通し遺構があり底部は畑地になっている（図7―31）。なお、ここの台地上には立石の地名があり、これもここを通る駅路に関係する可能性がある。幅約三五〇メートルの谷底を渡って次の台地に上る部分も同様にこれほど明瞭でないが切通しになっている。一九九一年最初に訪れた際には台地上に台地を横切る形で帯状窪地があったが、老人養護施設が設置されて現在は消滅している。以西は名和駅想定地付近にかけて空中写真による道路痕跡がかなり明瞭なので、[12]筆者は紹介したことがある。

図7—32　松江市乃木町にあった切通し遺構（現在消滅）

図7—33　安芸国木綿駅付近の山陽道遺構

5　山陰道出雲国黒田・宍道両駅間の松江市乃木町に見られた切通し遺構

出雲国の山陰道本道が松江市大草町にあった黒田駅から松江市宍道《しんじ》町宍道に想定される宍道《ししじ》駅に向かう途中の松江市乃木町の丘陵部を通る部分に大規模な切通し遺構（図7—32）があった。写真の左側が南で傾斜約三〇度の法面を作っているが、北側は木立になっていて不明である。底部は幅一五メートル程度と見られ、北側の幅三メートル程が農道になっていた。西方この先

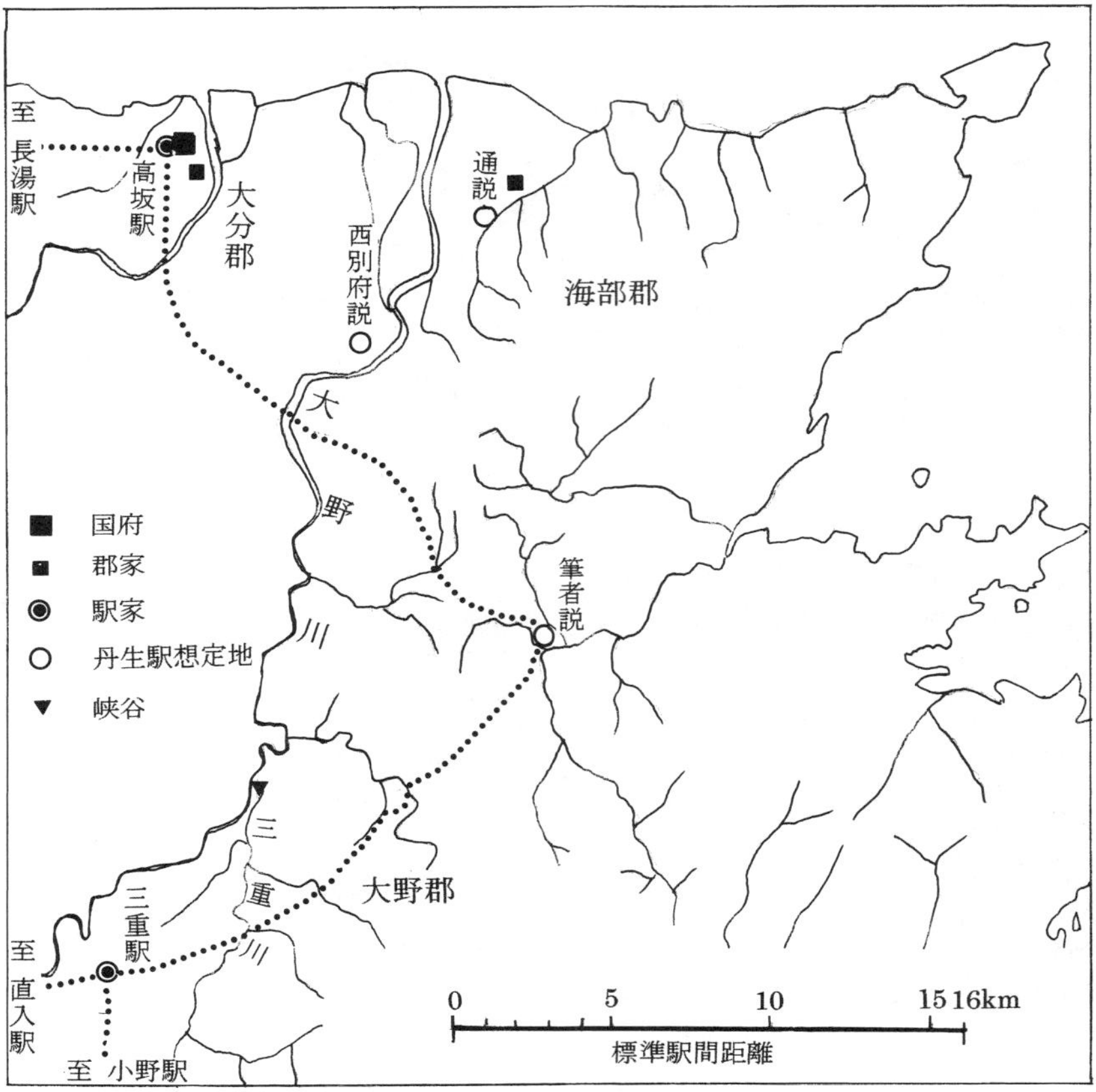

図 7—34　豊後国高坂・丹生・三重 3 駅想定地の位置関係

の台地からの下り斜面の調査で溝状に窪んだ道路遺構が検出された。[13] 調査は道路建設に伴うもので、この切通し遺構も道路工事によって一九九〇年代に消滅した。

6　山陽道安芸国木綿《ゆふつくり》駅付近の道路遺構

安芸国木綿駅は広島県東広島市西条町寺家に夕作《ゆうつくり》という場所があるので水田義一[14]は同地付近に想定した。さらに、水田は同地付近を北約五〇度西方向に直線に通る道路が駅路を踏襲するものと見た。筆者[15]も一九九一年に現地を通過した際、三箇所の切通しがあり、また図7—33に示すように道路の傍らに本来の道路敷の一部に当ると思われる空地があることを認めたので、これらについて発表する機会があった。

7　西海道豊後国丹生駅の位置比定をめぐって

この場合は人工微地形を求めるのではなく、路線そのものを求めるための現地調査の必要性について述べる。

豊後国海部郡にあった丹生駅の位置については、海部郡北部にあって海部郡家に近い大分市丹生とする説と臼杵市臼杵とする説とに大きく分かれ、また西別府元日[16]は大分市岡原に丹生の地名があることから同地に想定しているが、同地は海部郡に入るかどうかの疑問も提出されている。なお、臼杵説は臼杵城の旧名を丹生城といい、現在もその小字地名が丹生ノ島であるからで、他にも市域内に丹生地名がある。

両説の問題点は図7—34に示すように、丹生駅の前駅である高坂は大分市上野丘に想定され、次駅の三重は豊後大野市三重に比定されるので、前者説では両駅との駅間距離が極端に不均等になることであり、後者説は三角形の二辺を通る迂回路になることである。筆者は一九九三年学生と一緒に車で一巡した際に、前者説では通ることになる大野川沿いの国道三二六号を通ったが、全般的に河岸段丘からなるその中流部では、峡谷を作るその支流が障害になるのではないかとの印象を持ち、後者説の可能性を考えるようになった。

そこで二〇〇三年に波津久文芳の車で三角形の二辺を通る、三重から臼杵さらに大分市中戸次の路線の一部を通り、さらに武部健一の調査[17]に同行してほぼ全コースを通り、三角形の二辺がそれぞれ直線的であることも確認した。ただし、丹生駅の位置を臼杵市街内とすればあまりにも距離が遠くなるので、二辺の接点になる臼杵市武山付近を考えたが平地に乏しい。また、二〇〇七年度に行った歴史国道調査でも同コースを通りさらに大野川沿いの旧道も一部の峠道以外は通ってみた。この際、旧三重町と旧犬飼町（共に現在は豊後大野市）の境界を流れる大野川の支流三重川が深い峡谷（図7―35）を作っていることが、あるいは臼杵経由の路線を採る原因になったかと考えた。ところで、波津久文芳[18]は豊後大野市の市街地北部の台地上に復原した三重駅と、これを通る直線道路を駅路に想定している。若干路線は変わるが、ほぼその延長方向も臼杵方面を指向している。

図7―35　三重川の峡谷

一方、臼杵から三重への想定路線は図7―36に示すが、そのA―B、C―D、F―E間はほぼ直線的である。そのC―D区間は構造谷沿いに直線的に通る道路で途中に谷中分水界があるが、車で通行可能な道路で古駅路の路線としても適当と考えられる。I―J間も直線的であるが未踏査であったので、二〇〇九年に実施した。結果はこの道路には古道の面影はなく、比較的新しく開かれた林道であろうと考えられた。おそらく構造線に沿って開削されたものであろう。

したがって、D―J間はその東南山麓を迂回する路線になるであろう。なお、ここでも通る三重川は近世のアーチ

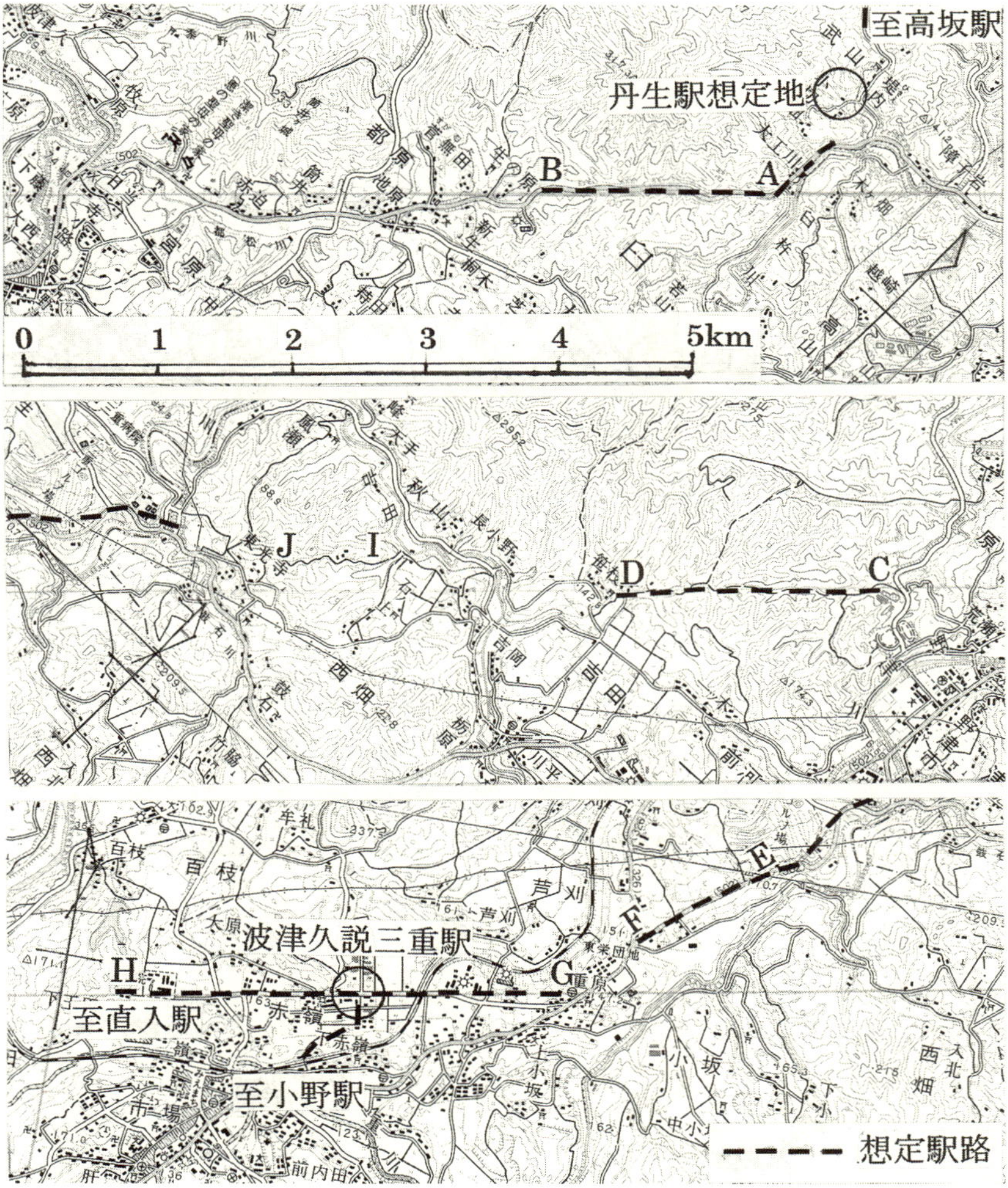

図 7―36　臼杵・三重間の想定駅路の一部

図7—37　えびの市域の帯状窪地

式石橋として知られる紅潤橋の少し上流にある架橋以前の渡河点を通ることになる。三重川もこの付近はあまり深い谷ではなく両岸の傾斜もそれほど急ではない。三重川左岸はなだらかな丘陵上をほぼ直線的な道路が通って三重町に達し、若干方向と路線を変えるが無理なく波津久の想定路線に繋がる。

8　西海道日向国の場合

筆者は一九九四年学生と共に南九州の駅路を探索した際、日向国真斫《まさき》駅の想定地であるえびの市を通過した。その栗下で、図7—37のように現在道路の傍が水田になっている幅約一〇《メートル》の帯状窪地が七〇〜八〇《メートル》続くのを認めたので、これを古代道路遺構と考え一九九六年墨書土器研究会がえびの市で開催された際に同地を案内した。二〇〇二年に発掘されて道路遺構が検出された草刈田遺跡[20]はその延長上に当るので、この帯状窪地も道路跡であることはほぼ間違いない。

註

（1）夏目隆文『万葉集の歴史地理的研究』法蔵館、一九七七年。
（2）木下良「参河国府について」『人文地理』二八—一、一九七六年。
（3）林弘之「上ノ蔵遺跡」『愛知県埋蔵文化財情報』一五、二〇〇一年。
（4）林弘之「東三河地方の古代二見道」『三河考古』一五、二〇〇一年。

(5)　木下良『事典　日本古代の道と駅』吉川弘文館、二〇〇九年。
(6)　群馬県企業局・伊勢崎市教育委員会編『三和工業団地造成事業に伴う三和工業団地Ⅱ遺跡埋蔵文化財発掘調査報告書（伊勢崎市文化財調査報告書53）』群馬県企業局・伊勢崎市教育委員会発行、二〇〇四年。同編『三和工業団地Ⅲ遺跡―三和工業団地造成事業に伴う三和工業団地Ⅲ遺跡埋蔵文化財発掘調査報告書（伊勢崎市文化財調査報告書54）』同発行、二〇〇四年。
(7)　『田部井大根谷戸遺跡』（財）群馬県埋蔵文化財調査事業団・群馬県土木部・群馬県佐波郡東村、二〇〇二年。
(8)　木下良「古代道路と堀状遺構の関係について―田部井大根谷戸遺跡検出の古代大堀遺構に関して―」、木下良編『古代を考える　古代道路』吉川弘文館、一九九六年。
(9)　金坂清則「上野国」藤岡謙二郎編『古代日本の交通路』Ⅱ、大明堂、一九七八年。
(10)　西井龍儀「倶利伽羅峠の古道」『古代交通研究』七、一九九七年。
(11)　中林保「伯耆国」藤岡謙二郎編『古代日本の交通路』Ⅱ、大明堂、一九七八年。日野尚志「伯耆国の駅路について」『佐賀大学』教育学部研究論文集』三八―二（1）、一九九一年。
(12)　木下良「鳥取県大山山麓の道路遺構（山陰道伯耆国清水・名和駅間）」木下良編『古代を考える　古代道路』吉川弘文館、一九九六年。
(13)　間野大丞「松本古墳群」『一般国道9号松江道路（西地区）建設予定地内埋蔵文化財発掘調査報告書』三、一九九七年。
(14)　水田義一「安芸国」藤岡謙二郎編『古代日本の交通路』Ⅱ、大明堂、一九七八年。
(15)　木下良「広島県東広島市域の道路遺構（山陽道安芸国木綿駅付近）」木下良編『古代を考える　古代道路』吉川弘文館、一九九六年。
(16)　西別府元日「丹生駅と大宰府道・日向道をめぐって」『大分県地方史』一二六、一五八七年。
(17)　武部健一『完全踏査続古代の道―山陰道・山陽道・南海道・西海道』吉川弘文館、二〇〇五年、の執筆のための現地調査の大部分に同行した。
(18)　波津久文芳「三重大原台地の古代直線道―主に地理資料と景観から考定―」『大分県地方史』一八九、大分県地方史研究会、二〇〇三年。

（19）西日本新聞二〇〇七年一一月九日の記事「奈良・平安の官道出土」による。

（20）えびの市教育委員会「草刈田遺跡」『えびの市埋蔵文化財調査報告書』三八、二〇〇三年。

終　章

一　関係諸学の研究成果の採用

本書では歴史地理学的立場から古代道路の復原的研究を述べてきたが、現在は歴史地理学による古代道路の研究者は数名に過ぎず、その独自の成果は殆んど挙がっていないので、関係諸学の研究成果の援用を必要とする。

関係諸学の中で以前から関連が深いものとして国文学があり、紀行文は直接に交通路を示し、物語の中に駅名が出てくることもある。また、歌枕は交通路に近い位置にあるので、交通路追求の手掛りになる。清少納言の『枕草子』の「驛は」に見える駅名は平安時代後期の駅を知る手掛りになり、その「望月の驛」によって『延喜式』駅路とは別路が存在したことも判る。また『延喜式』に見えない奈良時代の駅名は『風土記』に見えるが、一方『万葉集』も歌の内容や詞書きによって当時の交通路を示すものがある。

現在、関係諸学としては考古学による成果や木簡学などの出土文字史料の利用が重要であるが、特殊なものとしては土木史学の成果もある。考古学と出土文字史料については後に詳述するが、ここでは先ず土木史学の成果から記述しておきたい。

武部健一(1)は道路公団にあって高速道路の設計に従事していたが、古代駅路と高速道路の予定路線が極めて類似し、駅とインターチェンジが同位置にあることも少なくないことから、古代駅路も高速道路も共に通過地の集落とは無関係に、目的地に最短距離で到達するように路線を設定するから、自ずから共通した地点を通ることになるとする論文(1)

を一九八五年に土木学会で発表した。その後も武部の指摘通りに高速道路の事前調査で古代道路が発掘されることが多い。

1　考古学による駅家の研究調査の成果と利用

1　山陽道における研究成果

考古学による駅家の調査では、先ず山陽道における瓦葺駅館についての研究が大きな成果を挙げている。すなわち、『日本後紀』大同元年（八〇六）五月丁丑（十四日）条に「勅。備後・安藝・周防・長門等國驛館、本備二蕃客一、瓦葺粉壁。頃年百姓疲弊、修造難レ堪。或蕃客入朝者、便従二海路一。其破損者、農閑修理。但長門國驛者、近臨二海邊一。爲レ人所レ見。宜二特加一レ勞、勿レ減二前制一。其新造者、待二定様一造レ之」とあって、本文に挙げられる四国の駅館は瓦葺であったことが判る。

このことから、先ず瓦の出土によって駅跡であることが指摘されたのは、一九六二年に広島県府中町で発掘調査されて瓦や木簡を出土した下岡田遺跡[2]で、安芸国安芸駅に比定された。府中の地名からも判るように同地は安芸国府の所在地でもあるが、国府は別地に想定されていたので下岡田遺跡と国府との関係については論議されることはなかった。しかし、遺跡の発掘結果によれば古代から鎌倉時代までの建物遺構が検出されたが、駅は中世までは機能しなかったので、筆者は駅に国府が併置されていたのではないかと考えている。従来国府の地とされていた場所も格別の遺跡は無いからである。

安芸国分寺は東広島市西条町にあって、府中からは直線距離で約一七キロ、駅路沿いでは三駅余を離れているので、初期国府も西条にあったとする説[3]が有力である。とすれば、国府移転の際に安芸駅に国府を兼置したと考えることができる。駅の国府転用兼置の例は山城国山埼駅の例があるが、山陽道では駅館が瓦葺であったのに対して、国府跡で瓦の使用が確認された例はほとんど無く、概して国府より駅家の方が壮麗であった。

ところで、播磨国の瓦を研究していていた今里幾次(4)は、播磨国分寺と同系瓦が推定山陽道駅路に沿ってほぼ駅の推定地に出土し、これらは塔心礎など寺院跡を思わせる遺物・遺構を伴わないことから駅跡の可能性を考慮したが、大同元年紀には播磨国が見えないので、これらを駅跡と断ずることには躊躇していた。

その点を明確にしたのが高橋美久二(5)で、蕃客に備えて駅館を瓦葺にするのなら山陽道沿線全ての駅でなければならないこと、大同元年紀の四国は駅館の修造が堪え難いことを云ったもので、瓦葺駅館はこの四国に限ることを云ったものではない。このことは、『延喜式』主計上によれば、播磨国では修理駅家料四万束、備前国では修理駅家料一万束、備中国では駅家料一万束がそれぞれ正税に計上されているが、備後・安芸・周防・長門の四国には計上されていないことからも判るというものである。

そこで、今里(6)は国分寺式瓦と称していたものを、国府の管轄下にあった瓦窯で生産された瓦という意味で国府系瓦と言い換え、その出土地と駅家所在との比定を行った。その結果、加古川市古大内遺跡を賀古駅に、姫路市太市の向山遺跡を大市駅に、龍野市の小犬丸遺跡を布勢駅に、上郡町新明寺の新明寺遺跡を高田駅に、同町落地の飯坂遺跡を野磨駅にそれぞれ比定できる可能性があるとした。しかし、明石・草上の両駅に相当する瓦の出土地が不明で、一方国府系瓦を出土する明石市魚住町長坂寺遺跡と姫路市北宿の北宿遺跡に比定できる駅がない。

この点についても高橋美久二(7)が以下のように解明している。すなわち、『類聚三代格』巻十八駅伝事に見る大同二年（八〇七）十月廿五日の「太政官符」「應㆑減㆓省驛馬参佰肆拾疋㆒事」によれば、播磨国の山陽道本道に九駅があった。しかし、『延喜式』では七駅になっており、しかも全駅馬数には変化がないが、大路として駅馬二〇疋を原則とするのに、明石卅疋・賀古卌疋・草上卅疋と異例の駅馬数になっている。これは明石・賀古・草上の駅間にそれぞれ一駅があり、これが廃止されて、その駅馬廿疋を十疋ずつ前後の駅に増置した結果であるとするものである。賀古・

草上駅間にあった駅は、『続日本後紀』承和六年（八三九）二月戊寅（廿六日）条に「播磨國印南郡佐突驛家、依ㇾ舊建立」とあり、地名的には姫路市佐土に当たり、瓦出土地としてはその隣地の姫路市北宿遺跡に当る。佐突駅は一旦廃止された後復活し、再度廃止されたのであろう。

一方、明石・賀古駅の中間にあった駅は駅名不詳であるが、瓦出土地としては前記した長坂寺遺跡に当り、北宿遺跡と共に今里が挙げているところである。なお、高橋は長坂寺遺跡の所在郷名から邑美駅と仮称し、『続日本紀』神亀三年（七二六）十月辛亥（七日）条に「行㆓幸播磨國印南野㆒」、「甲寅（十日）、至㆓印南野邑美頓宮㆒」とある聖武天皇の頓宮も同所であったとしている。

今里は『龍野市史』一（一九七八年）において、以上の観点から同市域にある小犬丸遺跡を布勢駅跡であると提唱した。一九八二年には同地を東西に通っている県道姫路・上郡線の拡幅に伴なう調査が実施され、さらに一九八七年から九四年まで県と龍野市とで本格的な調査が実施された。それらの成果を以下に岸本道昭(8)や木本雅康(9)のまとめによって述べることにする。

すなわち、北側がやや広い一辺約八〇メートル《メートル》の四辺形の瓦葺築地塀で囲まれた駅館院の中に七棟の礎石建瓦葺建物が検出され（図8―1）、軒平瓦の凸面に付着していた赤色顔料から建物が丹塗りであったこと、出土遺物から八世紀後半から一三世紀に及ぶことなどが判明した。正殿に当ると考えられるのは最大の建物3で、二棟の東西棟を連結した双堂形式、他の建物はいずれも南北棟である。駅館院の南辺中央には南門があると思われるが、確認されていない。遺物の年代は八世紀後半から九世紀代である。

なお、礎石瓦葺建物に先行する掘立柱建物も九棟出土しており、全容が判る建物は一棟もないが、域内の南西隅にあった建物は三間×七間以上で西側に廂が付く大型のものであったから、重要な建物だったのであろう。これらに付随する遺物が少ないので年代は明確でないが、七世紀後半から八世紀前半と考えられている。

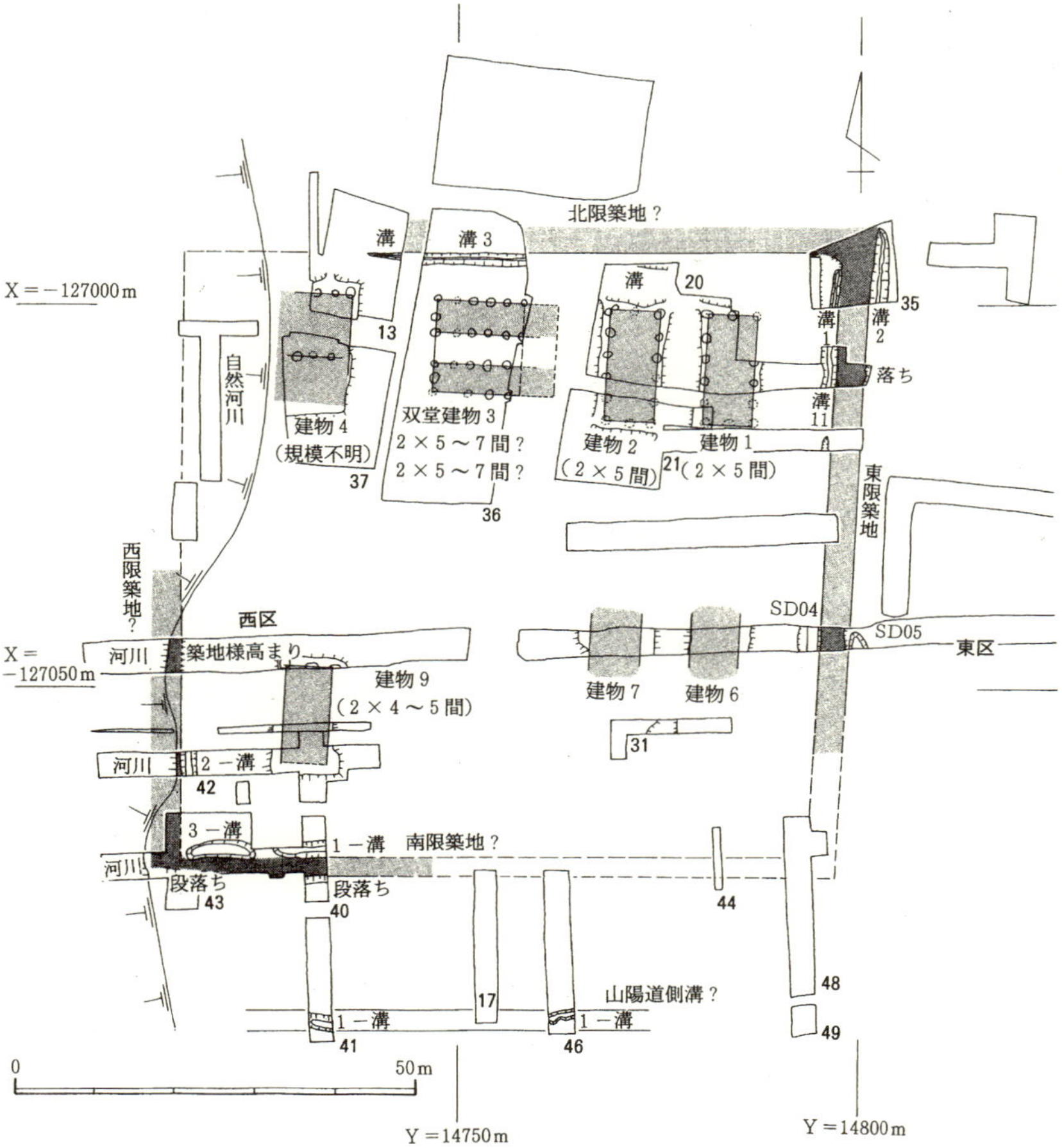

図 8—1　播磨国布勢駅跡（龍野市教育委員会『布勢駅家 II』1194 年）

駅館院の外側では東方約二〇〇メートルの地点で掘立柱建物や八世紀から一一世紀にかけて機能したと見られる井戸があり、その周辺から多くの土器や木器が出土し、その中に「布勢驛戸主□部乙公戸参十人……」と記した木簡や「驛」「布勢井邊家」などと書いた墨書土器があったので、この遺跡が布勢駅跡であることが明確になった。駅館院からこの井戸の間にも掘立柱建物や別の井戸も見付かっているので、これらは駅家の雑舎群と考えられる。すなわち、駅家は高橋が云うように、中心となる駅館院を主体にその周辺に置く雑舎群からなる二重構造であった。

駅館院の場所の小字名は「大道ノ上」であり、其南が「大道ノ下」であるから、その間を駅路が通っていたと考えられるが、また木簡などを出土した地点にある井戸の直ぐ北で東西溝が検出されているので、駅路の北側溝と考えられているが、駅館院南方の41調査区と45調査区で東西溝が検出されているので、岸本はこれらを南側溝と考え、駅館院の南辺築地から約一八メートル離れるので一応これを道幅と解し、駅館院の前面付近は道幅が広かったのであろうとしている。

布勢駅は一〇世紀末には穀倉院領になっていたので、一三世紀に及ぶ遺物はこれに関係するものと思われるが、南北朝・室町初期の武将で歌人でもあった今川了俊が応安四年（一三二六）に九州探題になって大宰府に赴いた際の山陽道の旅路を記した『道行きぶり』にも、餝磨の里・磯の渡・恋の丸・かがつ（香登）・福岡と通っており、その恋の丸は小犬丸と思われるので、中世の山陽道も同地を通りなんらかの宿駅または休憩所があった可能性がある。

播磨国の駅家で次に調査されたのは上郡町落地《おろち》にある野磨駅である。すなわち、一九九〇年に圃場整備事業に伴なって、後に落地八反坪遺跡(10)と呼ばれるようになった遺跡が調査された結果、北約四〇度東方向に通る山陽道に当る道路が約三〇〇メートルにわたって検出され、道路遺構に面して図8―2のように、縦約二三・五メートル・横約三〇メートルの長方形の柵内の中央奥に正殿、両側にそれぞれ脇殿という品字型の官衙形式の掘立柱建物群と、柵の正面中央に八脚門が検出された。道路の両側溝間の心々幅は一〇メートル前後であるが門前では最大一八メートル幅に拡がっていた。また、柵外東方に五

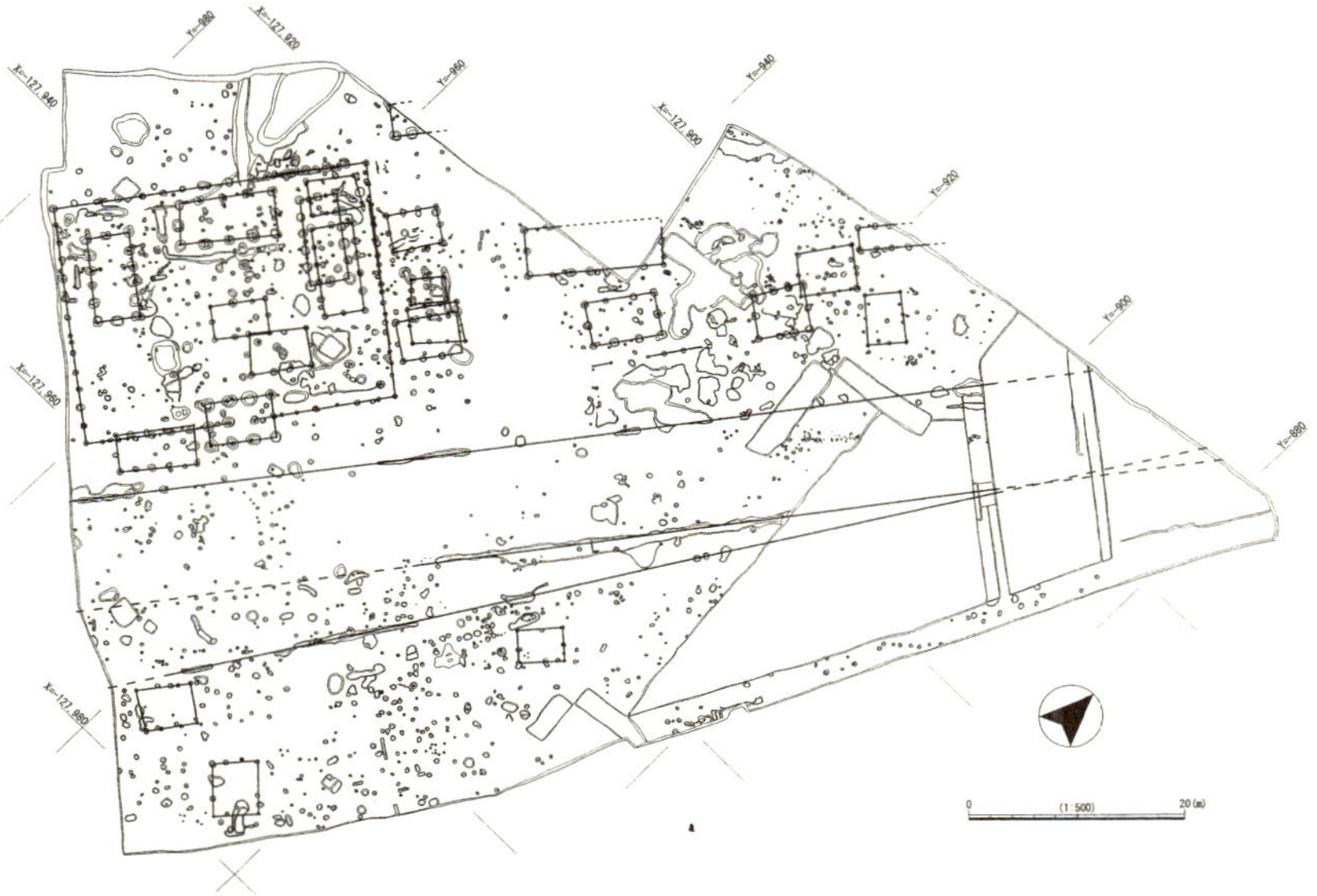

図8―2　上郡町落地八反坪遺跡（初期野磨駅，上郡町教育委員会『落地遺跡（八反坪地区）』2005年）

棟以上の掘立柱建物群が検出された。これらの建物群は全て南面することなく、いずれも道路と同方向である。以上のように道路と密接な関係を示す遺跡として、この遺跡は瓦葺になる前の野磨駅であると考えられた。出土土器の年代は七世紀後半から八世紀初頭を示すものであった。

　これに対して、今里が野磨駅跡に想定した落地飯坂遺跡[11]は樹林に覆われていたが、二〇〇一年に土地所有者が開発を計画し伐採した結果、既に一九四二年に鎌谷木三次[12]が指摘して居るような建物の基壇や礎石などが、明瞭に現われ、また築地の遺構も確認された。そこで、上郡町教育委員会は国庫補助を得て二〇〇二年から三年計画で発掘調査を実施することになり、その結果以下のような駅館院の典型的遺跡が明らかになった（図8―3）。

　先ず以前から基壇の存在が知られていた建物は、東西一七・四メートル、南北一〇・八メートルの基壇に東西桁行一五メートルで三メートル等間、南北梁行八・四メートル四間で二・一メートル等間の礎石瓦葺建物で、南北両側に廂のつく切妻の

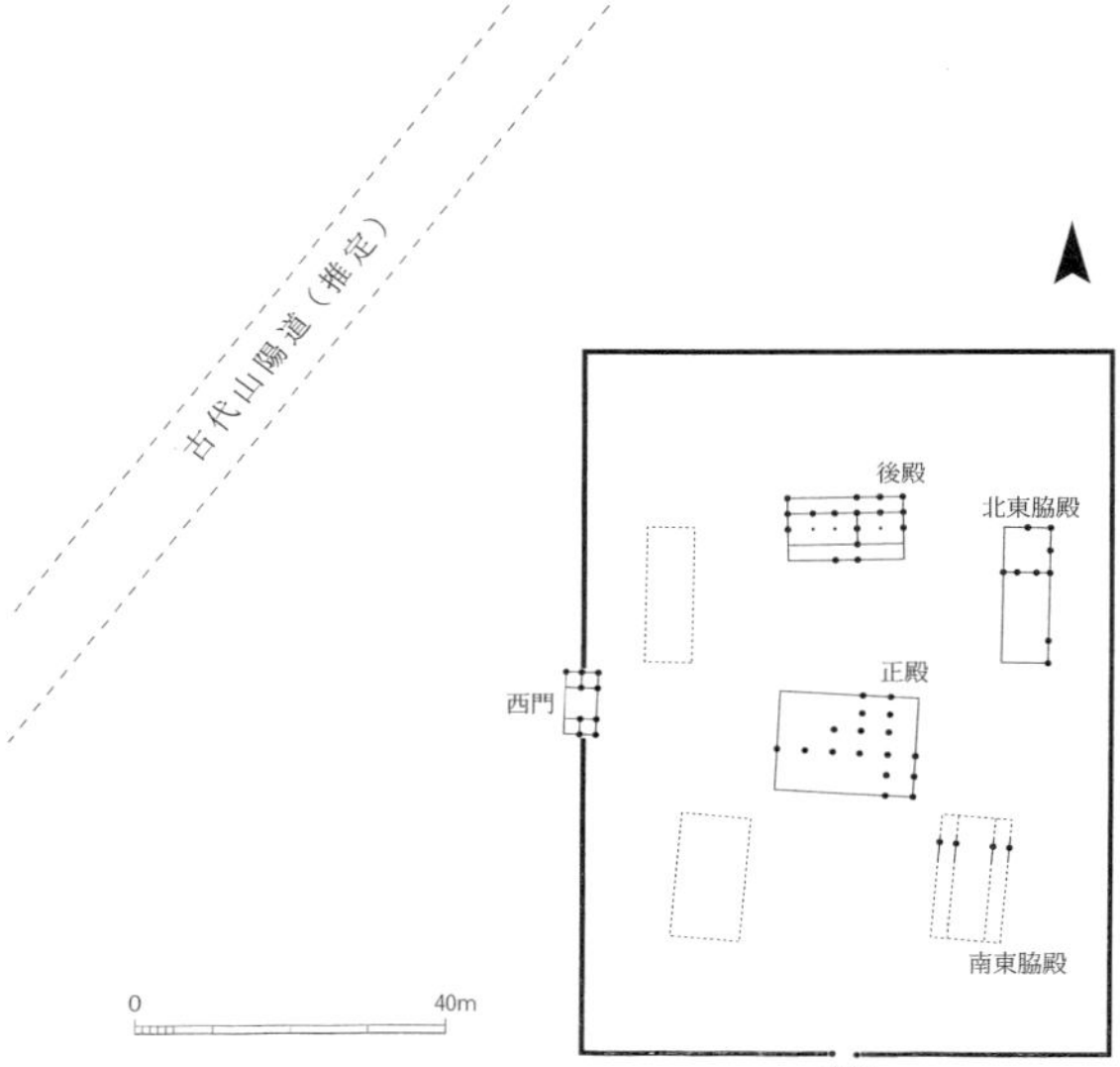

図8—3　上郡町落地飯坂遺跡（後期野磨駅，上郡町教育委員会『古代山陽道野磨駅家跡』2006年）

建物であったと考えられ、想定される駅館院の中方最奥に位置するので仮に正殿とされた。正殿の東側には六間×二間の南北棟で、六間×二間の北東脇殿があり、北から二間目の内部は三間になっているので、間仕切りがあったと考えられている。さらにその南側にも南北棟と見られる建物の一部が見付かっており、一〇・一メートルの内部に東西に並ぶ四個の柱跡から梁行四・八メートルの身舎の東西に二・一メートルの廂が付く建物であったと考えられている。

正殿の西側は未発掘であるが、東側とほぼ同じスペースがあり、物理探査の結果でほぼ東側と同じ建物があったと考えられている。さらに、正殿の南側ほぼ駅館院の中央に当たって、東西約二〇メートル、南北一四・五メートルの基壇上に東西五間×南北五間の総柱建物があるが、南北の柱間は二・四、二・四、三・〇、二・七、二・七メートルと不規則なので、双堂形式の建物になる可能性がある。これは中央建物と呼ばれたが、岸本や木本はこれを正殿として前記の正殿を後殿としている。

築地は南北約九四メートル、東西約六八メートルの瓦葺で、ほぼ正方位をとっているが、その北部はかなり高い位置まで斜面にかかっている。西側築地のほぼ中央に西門があり、三間×二間の礎石建て瓦葺の南北棟八脚門である。門扉が据えられる礎石は門扉の軸を受ける軸摺穴と、扉両脇に立つ方立を受ける穴を穿った唐居敷である。

一方、通常の官衙の正門がある南辺では撹乱が激しくてよく判らなかったが、ほぼ中央に基壇様の部分があり、二つの柱跡があったので、簡単な棟門があったと考えられている。すなわち、ここでは駅路が西側を通っているので、これに通じる西門が正門であったと解すべきであろう。

以上、野磨駅の駅館院は官衙に一般の品字型の建物配置に加えて、中央に最大の建物を配置する特殊の形態になるので、筆者はこれが山陽道の瓦葺駅館の代表的形式ではないかと考えている。

なお、未調査であるが南門の南側にはかなり広い平坦地があるので、ここに雑舎群など駅家の付属施設があったのではなかろうか。

高橋は国府系瓦と駅家の関係を山陽道全線について検討しているので、以下にそれぞれの国について述べる。

備前国分寺は岡山県赤磐市馬屋に在るが、高橋はその出土瓦は国府系瓦と称すべきものではないとして、奈良時代の国府想定地から遠く離れていることなどから考えても、本来の国分寺ではなかったのではないかとしている。岡山市国府市場に想定される初期国府周辺にある賞田廃寺・幡多廃寺・成光寺跡・居都廃寺などの中に当初の国分寺があったのではないかとし、備前国四駅のうち国府系瓦を主体的に使用している遺跡は、津高駅に比定される富原南遺跡だけであるとする。その後、中村太一(13)は備前国の初期駅路について考察し、その想定駅路は初期国府を通るが、これに沿っても若干の寺院遺跡があるので、これらについても検討すべきであろう。

備中国ではその国府系瓦を出土する遺跡の中で、矢部遺跡を津峴駅、東三成遺跡を駅名不明駅、毎戸遺跡を小田駅にそれぞれ比定した。備中国は『延喜式』では四駅であるが、大同二年（八〇七）十月廿五日の「太政官符」(14)によれば五駅であるので、その廃止駅の一駅を東三成遺跡に当てたものである。毎戸遺跡は一九七三年に鉄道建設に伴う調査で三棟の建物が検出され、最大のものは東西二四メートル×南北一六メートルの基壇上にある建物で、最初礎石瓦葺建物であったのが六間×四間の掘立柱建物に建替えられたことが判明した。なお、同遺跡からは「馬」刻名の土器も出土している。

備後国では想定駅路に沿って存在する国府系瓦出土地のうち、福山市神辺町湯野の大宮遺跡(15)を安那駅に、同市駅家中島の中島遺跡(16)を品治駅に、府中市父石町の父石遺跡(17)を芦田郡廃止駅にそれぞれ比定した。備後国は大同二年の官符によれば五駅であるが、『延喜式』では三駅になっている。『延喜式』の駅は芦田郡にはないが、『和名類聚抄』には芦田郡に「駅家郷」があるので、もともと駅があったことが判る。父石遺跡は字地名から前原遺跡とも呼ばれるが、市道の建設に関連して一九九四年から二〇〇三年にかけて調査が行なわれ、駅館院と考えられる東西約七五メートル×南北約九〇メートルの築地塀で区画された長方形域内の東北隅に、東西二・四メートル柱間で四間の計九・六メートル、南北三・六メートル柱間で六間以上の計二一・六メートル以上の掘立柱から礎石建てに改築された大型の総柱建物が検出された。永く者度とされてきた駅は、高山寺本『和名類聚抄』には看度とあるが、高橋はやはり者度として前原遺跡と安芸国第一駅である真良駅想定地との間にあって国府系瓦出土を出土する本郷平廃寺またはその付近に想定した。

駅名を者度とすればその読みは郷名と同様に伊都土《いつど》であるから、足利健亮(18)が想定した結果を繰り返し述べているように、その位置は遠く北方に離れた世羅町宇津戸《うつど》に当る。しかし、駅名は『延喜式』の最古の写本とされる九条家本によれば高山寺本『和名類聚抄』と同様の看度《かみと》であって者度ではない。看度駅は位置的には高橋が想定した本郷平廃寺付近が適当ということになる。

安芸国では国府系瓦の出土地が極めて少なく、従来から知られているものでは国分寺の他には府中町下岡田遺跡と広島市佐伯区五日市の中垣内遺跡(19)だけであり、これらのうち下岡田遺跡については最初に述べたように安芸駅に比定されるものであるが、高橋は中垣内遺跡を大町駅に比定した。『延喜式』駅名は安芸・伴部・大町の順であるが、現在地名は府中町（安芸駅）・広島市安佐南区大町・同市同区沼田町伴の順序となっている。筆者(20)は遺称地名と駅間距離から安芸・大町・伴部の順であったと考えるので、中垣内遺跡は種篦駅とするのが適当とする。

周防国では国府系瓦については全く不明であるので、これによる駅跡の比定はできないとする。

長門国でも国府系瓦の出土は少ないが、国府と国分寺の他に下関市前田遺跡があるので、前田遺跡を臨門駅に比定した。一九九九年以来茶臼山遺跡(21)として発掘調査が実施された。同地は関門海峡に面する台地上にあるので幕末に長州藩の砲台が築かれたため、古代の遺構は大きく破壊されていたが、国府系瓦は多量に出土したので、同駅跡である可能性は極めて高い。

以上のように、山陽道では国府系瓦の出土によって駅の想定が可能になるが、播磨国以外は未だ不明の所が多い。筆者(22)は播磨国において主として条里余剰帯の検出と空中写真による道路痕跡の存在から山陽道駅路の路線を検討した結果、その想定路線は今里・高橋が駅家に想定した遺跡を通ることが明らかになった。ここに至って、播磨国の山陽道駅路は、駅家の比定と駅路の想定の両面から明らかになったということができる。

西海道でも山陽道に連なる大宰府道は大路として『延喜式』では駅馬一五疋を基準としているが、やはり蕃客が通るのでこれに属する駅館も瓦葺であったと考えられる。高橋は大宰府道の駅については言及していないが、これを瓦葺駅館の面から検討を試みたのは、歴史地理学者の日野尚志(23)である。

先ず豊前国では『延喜式』によれば二駅があるが、社埼《もにさい》駅の所在が想定される北九州市門司区の和布刈《めかり》神社のある岬付近には瓦出土地は認められない。次の到津《いたむつ》駅については『続日本紀』天平十二年（七四〇）九月戊申（廿四日）条に見える板櫃鎮《いたびつのちん》があった付近と考えられ、藤原広嗣の軍と官軍との戦闘が行われた要地であるが、日野は旧板櫃村域に当る地点の瓦出土地と、『大分県史料』四六八号文書に見える到津庄の四至に「東限二古駅岳並大路一」とあることに注目した。この史料に見える地名は現存しないが、想定駅路は前記瓦出土地を通るとした。

筑前国の第一駅は独見駅で、現在の北九州市八幡東区に想定されるが相当する瓦出土地は不明である。しかし、駅路の痕跡を示すと思われる直線道路があり、日野はその屈折点付近に駅の所在を考えている。この直線道路は旧版の地形図では点線路で、現在は車の通行可能な道路に改変されているが、急傾斜地だけは車の通行を許さない階段になっているなど極めて特徴的である。この直線道路は約三・六キロ続いて、夜久駅の所在地に比定される旧上津役《こうじゃく》村に達する。同村内には瓦の出土地は無いが、さらに想定駅路を約二キロ延長した旧洞南《くきなみ》村に北浦廃寺とよばれる遺跡があり、その北に約二〇〇メートル隔ててリュウド原と呼ばれる瓦出土地がある。日野はこれを夜久駅に想定した。なお、考古学者の渡辺正気[24]は北浦廃寺跡も塔心礎が無いこと、この地域に寺院を建立するような有力豪族が居ないことなどを挙げて、これを夜久駅に想定している。

嶋門駅は貞観十八年（八七六）の太政官符「應下筑前國嶋門驛家付二當國一令中修理上事」によれば、それまでは当駅の修理は肥後国が担当していたが、大宰府や筑前国府から二日の行程であるのに対して肥後国からは七日を要するので、肥後国の工夫は長途の旅程に苦しんでいた。そこで、これを筑前国で行うよう改めたものであるが、このことから他の諸道では国毎に行う駅家の修理を、西海道では大宰府の管轄下のもとに管内諸国に割り当てていたことが判る。また、『日本三代実録』貞観十五年（八七三）五月十五日条によれば、嶋門に渡船二艘が置かれていたので、嶋門が遠賀川岸にあったことも判る。現在福岡県芦屋町の遠賀川下流の中島に島津の地名があるので、この付近に渡し場があったと考えられる。駅跡は渡辺によって島津の西方に近い芦屋町芦屋月軒《つきのき》にある浜口（月軒）廃寺に比定されるが、同遺跡は寺跡とする確証はなく、またその出土瓦に熊本県菊池市泗水町の田嶋廃寺と同等のものがあるので、前記した嶋門駅の修理を肥後国が担当したことを裏付けるものであろう。

津日駅についての従来の説は、現在の宗像市鐘崎に津日浦という地名があったというので、同地に比定されていたが付近に瓦の出土地は知られていない、また古賀市筵内を遺称とする次駅の席打《むしろうち》駅までの間は、かなりの迂回路になって駅間距離も極めて不均等である。そこで、駅路はそのまま西方に通っていたとすれば、ほぼ近世の唐津街道の路線になる。豊臣秀吉が朝鮮出兵の際に通ったとされ、ほぼ直線的な街道である。この街道に沿って二箇所の瓦出土地がある。一つは宗像市の武丸大上げ《たけまるおおあげ》遺跡(25)で、もう一つは福津市福間町の畦町遺跡である。畦町の北西約二キロに津丸の地名があるので、『和名類聚抄』の津九郷は津丸郷の誤記と思われるが、津日駅もこれに因む可能性がある。

ここで、嶋門駅二三疋・津日駅二二疋とする異例の駅馬数を、播磨国の明石・賀古・草上の三駅と同様に解すれば、嶋門・津日両駅の間に廃止された一駅があり、その一五疋の駅馬を八疋と七疋に分けて前後の駅に増置したと考えられる。とすれば、位置的に武丸大上げ遺跡がその廃止駅ということになる。同遺跡からは図8—4に示すように三棟の掘立柱建物が検出され、長軸を南北やや東に振った方位の二×四間の大型建物一棟は、内部に二列の小型柱穴が並んでいるので倉庫と考えられ、これと同一規模で長軸を東西にとる一棟は東半分が未発掘であるが、この他に長軸を南北方向にとる一棟は梁行二間以上、桁行三件であった。遺跡はなお北と西に広がっていると思われるが、全体的な建物配置は逆L字形をなすと考えられる。出土瓦は浜口遺蹟（廃寺）と同系のものであるが同笵ではなく、時期的には八世紀後半から九世紀前半に当てられているので、廃止駅跡に該当する。

席打駅の遺称地である古賀市筵内には瓦出土地は無い。日野は単なる推測として、筵内の大根川渡河点、その西の青柳では日野がそれまで西走していた駅路が南折する地点と考える新原、また夷守駅に向かう駅路が通過すると考えられる花鶴（青柳）川の谷口部などを挙げているが、筵内付近の駅路は日野が想定する唐津街道からは外れて大字筵内の大字南界に沿って通ったと考えられるので新原は不適当である。その後、(26)筆者が一九九五年に調査した際には、青柳の小園で瓦が出土したことを知った。ただし、その明確な位置は不明で出土瓦も遺存していない。しかし、日野の想定地の一箇所でもあり適当であろう。

夷守駅については『筑前舊志略』に「阿恵村の内に日守と云う所是なるべし」とあり、以来これに比定する説が行われてきたが、同地には瓦は出土しない。日野はここから約一・四キロ離れた地点にあって、瓦を出土する内橋遺跡(27)が想定駅路にも沿っているので、これを夷守駅跡に比定した。

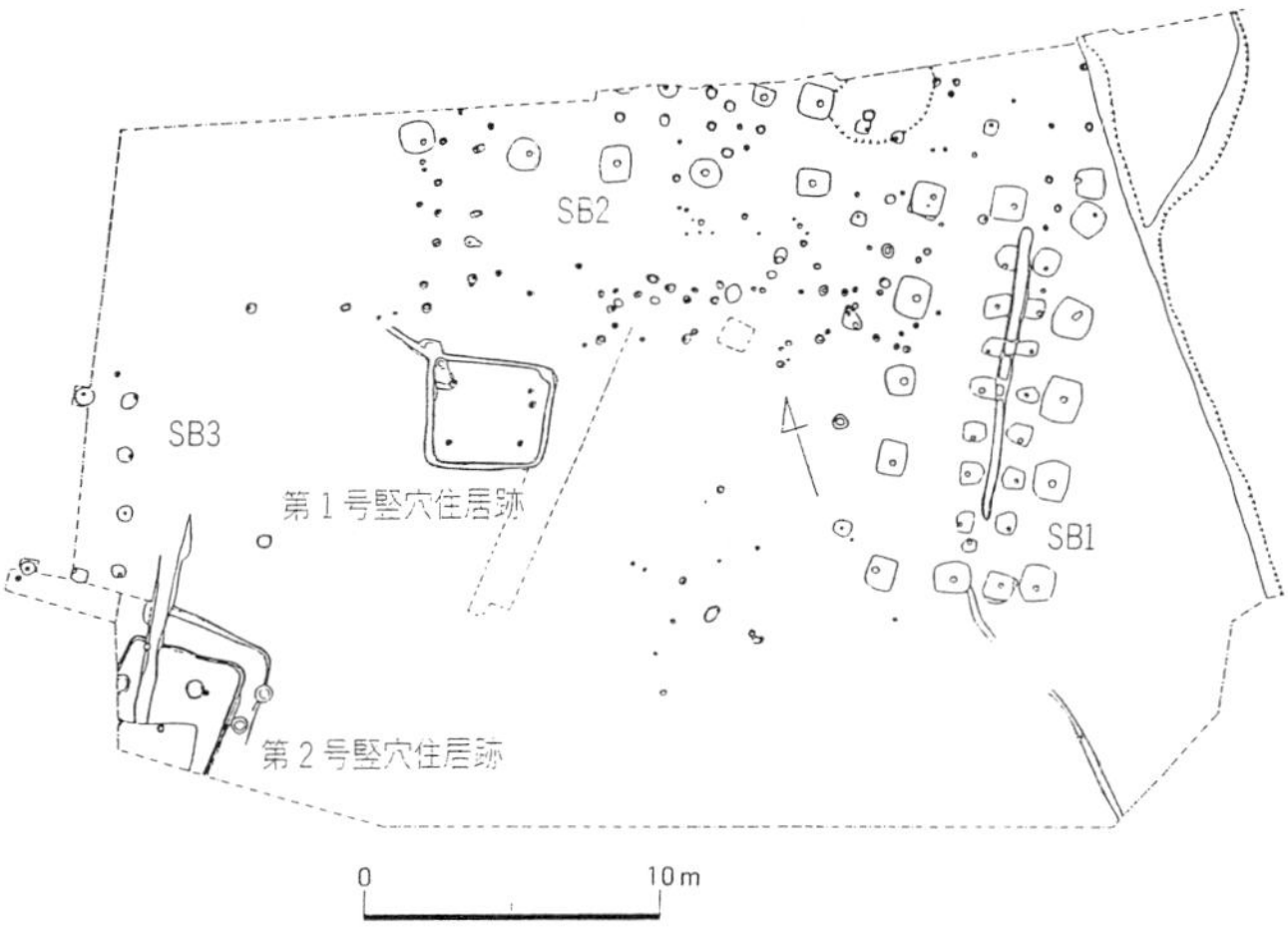

図8―4　宗像市武丸大上げ遺跡

美野駅は水城東門から出て西北方向に通った大宰府道が東北方に屈折する地点に在ったと考えられるが、日野は水城からの大宰府道の路線を条里に沿ったと考えていたのに対して、その後の発掘によって判明した路線は条里より西偏していたので、美野駅の位置は日野の想定地よりかなり西になり現在のＪＲ博多駅付近と考えられるが、市街地化が進んでおり瓦の出土も知られていない。

水城東門から出た大宰府道の路線は数箇所[28]の発掘地点で明確にされたが、北約三七度西方位の条里に対して北約四二・五度西方向に通っている。高畑遺跡は瓦を出土することから従来高畑廃寺と呼ばれ、日野は那賀郡の郡寺の可能性を挙げているが、ここは駅路の通過地であるから久爾駅に当てるべきであろう。筆者[29]は一九三九年に旧日本陸軍が撮影した空中写真（前掲図6―17）に明瞭な道路状痕跡を認めたので、駅路の通過地に想定した。同地は現在警察学校の校地になっているので、同校の設置に伴なって調査が実施されたのであろう。その結果、道路遺構は検出されたが、駅跡や寺跡は不明である。なお、久爾駅は駅馬一〇疋を置き大宰府道の他駅より五疋少ない。このことに関して足利健亮[30]は、大宰府から博多までは大宰府道に並行して駅馬五疋を置く壱岐・対馬路があったので、両方合せて以遠の駅馬数に対応できるからであるとする。

以上、大路に当る山陽道本道と西海道大宰府道では駅家が基本的に瓦葺きであったことはほぼ間違いないが、なお不明の箇所も多いので、全ての駅が瓦葺であったのかは不明である。

2　大路以外の駅における瓦の使用の可能性について

それでは、大路以外の駅では瓦葺は無かったのか、先ず高橋美久二が指摘しているように『家伝』下に藤原武智麻呂の業績として神亀年間（七二四〜七二九）に「京邑及諸駅家」を「瓦屋赭堊《しゃあく》」にしたことが挙げられるが、単に諸駅としているので大路に限る必要はないのかもしれない。

そこで、これまでに駅跡の可能性があるとされる遺跡の中で瓦葺であったものを以下に挙げる。先ず、勢多駅に比定される滋賀県大津市瀬田堂ノ上遺跡(31)は瀬田橋を渡った東山道駅路を東への延長線に沿って位置しており、さらに延長すれば近江国府の前面に達する。以前から国庁と同系瓦の出土地として知られていたが、一九七五・六年に発掘調査され、築地塀の中に正殿・後殿とみられる二棟の東西棟、東脇殿と見られる南北棟が確認された。これらの建物は後に小規模な掘立柱建物に作りかえられているので、当初の遺構は明確でない部分が多いが、雨落溝が残る正殿は南北九メートル・東西二一メートル以上の大型のものであった。出土遺物から遺構の時期は奈良時代末から平安時代前期に当るが、承和十一年（八四四）銘の瓦が出土している。掘立柱の時期は九世紀後半から一〇世紀前半頃に存在したものとされるが、その正殿は東西五間（一二・〇メートル）×南北三間（六・三メートル）の総柱の建物で、その東南に位置する建物は南北五間（一五・〇メートル）×東西三間（五・六メートル）で、内部を細かく仕切った特異な構造をもつことから、馬房ではないかとされている。

より後世になるが、承保元年（一〇七四）の『雅実卿記』によれば勢多駅に到着したことを記し、「是国司館也、須レ造二借屋一也」とある。藤原宗忠も永久二年（一一一四）伊勢参宮の際に勢多宿所に泊し、これにも同宿所を「近江国司館也」と註している。借屋を造っていることから常設の駅は無かったことになるが、国司館を利用しているのはそれ以前から国司館が勢多駅に利用されていたことを示すものではなかろうか。堂ノ上遺跡について筆者(32)は本来国司館ではなかったかと考えている。

茨城県水戸市の田谷遺跡は文字瓦も出土しており、寺院跡か官衙跡かは不明とされているが、黒沢彰哉(33)は河内駅に比定している。

上野国新田駅は群馬県太田市に合併した旧新田町域に想定され、奈良時代の東山道に面して一辺約一八〇メートル四方の区画内に二棟の瓦葺き礎石総柱建物が発掘された入谷遺跡(34)を初期新田駅に比定する説が有力であるが、このような広大な遺構を有する駅跡は類例がなく、建物配置なども駅跡とするには疑問とする説がある。

栃木県岩船町の畳岡遺跡は従来寺院跡と考えられていたが、発掘調査の結果東西二〇×南北三〇メートルの基壇状遺構を検出し、官衙跡であることが判明したので、下野国安蘇郡家または三鴨駅が考えられている。同遺跡を三鴨駅に比定する説は従来からあったが、位置的には適当である。

また、栃木県上三川町・宇都宮市の上神主・茂原遺跡は、発掘調査の結果で下野国河内郡家と考えられているが、あるいは所在未確定の田郡駅を併置していた可能性もある。この場合、一般的官衙的建物配置の南側に位置する大型の瓦葺建物一棟があり、山陽道諸駅の中央に位置する大型の建物を思わせるものがあって注目される。しかし、同遺跡では直ぐ東南を通る東山道遺構も検出されているが、明確な門跡は検出されていないので、駅と駅路との関係という観点からみれば適当でない。

鳥取県湯梨浜町の石脇第3遺跡(35)は伯耆国忽賀駅跡と見られるが、一辺約五四メートルの溝でやや不規則な方形に区画された内部に、六棟の掘立柱建物が検出されている。少量の瓦が出土したが、建物が総瓦葺であったとは考えられず、部分的に葺かれていたのであろうが、いずれにしても瓦の使用は留意される。

石見国樟道駅は従来諸説があったが、武部健一(36)は江津市温泉津町福光辺が適当とした。二〇〇六年に福光の中祖遺跡(37)で奈良時代後期から平安時代前期にかけての瓦葺礎石建物跡を検出したので、樟道駅に関る遺跡の可能性がある。

以上のように、大路以外の駅で瓦が使用されていた確実な例は石脇第3遺跡だけであるが、このように少量の瓦の使用は今後出てくる可能性が大いにあると考えられる。

3　道路の発掘が先行する場合

都城の街路以外に始めて地方官道の遺構が確認されたのは、一九七〇年に大阪府高槻市の嶋上郡家前面で発掘された[38]山陽道で、七世紀に始まる幅九メートル以上の道路で、九世紀末には約六メートルに狭められていた。都城以外でも大規模に造成された道路が敷設されており、平安時代に入ってから縮小されたという問題点も含まれていたが、当時は未だ道路について一般的関心に乏しく、たまたま本遺跡が郡家前面ということもあって、そこだけが特別に整備されていたのだろうと考えられたこともある。

前記したように、歴史地理学における全国の駅路調査が一九七二年に実施されたが、早くも金坂清則[39]の想定による上野国府前後の東山道駅路については一九七四年に発表されている。群馬県下では早速これを受けて一九七〇年代末には発掘調査が実施され、幅約六メートルの道路が検出された。歴史地理学における全国的な調査成果が公表されたのは一九七八・九年のことであるが、以来これを受けての発掘調査も各地で実施されたので、歴史地理学による古代道路の調査が暫くは先行していた感がある。

しかし、一九八〇年代以降の東山道武蔵路の調査は発掘が先行した。東山道武蔵路は宝亀二年（七七一）に武蔵国が東山道から東海道に所属替えになる以前の、上野国新田駅から武蔵国府に至る経路をいうが、それまではその路線は武蔵野をそのまま南下するという『大日本地名辞書』の説と、下総国を経由すると云う『日本地理志料』以来の説とが対立[40]していて、具体的な路線の考定などは全くの想定外の状態にあった。

一九八〇年から一九九一年にかけての東山道武蔵路の発掘成果については内田保之[41]のまとめがある。これによれば、東山道武蔵路は武蔵国府の西方から北約二度東方向に一直線に通って国分寺と国分尼寺の間を抜けるが、道路跡が第二期の国分僧寺域の西辺を画している。道路の両側間の心々幅は一二メートルの所が多い。筆者[42]はこれらの路線の方向からみて、東山道武蔵路の路線は上野国邑樂郡から利根川を渡って、直接に武蔵国府に直行した可能性が高いことを指摘した。そこで、中世の鎌倉街道の路線を参考に路線を想定すれば、埼玉県妻沼・熊谷・東松山から、入間郡家跡に想定される若葉台遺跡[43]付近を経て入間川を渡ったと考えて、狭山市から所沢市にかけての堀兼道をその路線に想定できる。堀兼道に沿う堀兼井は清少納言の『枕草子』にも採り上げられており、歌枕として有名なのも主要交通路に沿っていたからであろう。清少納言の当時はすでに駅路ではなくなっていたが、『続日本後紀』天長十年（八三三）五月丁酉（十一日）条「武藏國言。管内曠遠、行路多レ難、公私行旅、飢病者衆。仍於二多摩入間郡界一置二悲田處一。建二屋五宇一。（下略）」とあり、介以下国司の公廨を割いて悲田處運営費に充てているが、多摩・入間郡界は東村山市と所沢市の境界で、悲田處は所沢市の八国山北麓に在ったと考えられているが、このように公私の旅行が盛んであった。一九九〇年一月には所沢市東の上遺跡[44]で幅一二メートルの道路が発掘確認されたので、筆者の想定も確実性を増すことになった。

平城京長屋王邸出土の木簡[45]「武藏國□□郡宅□驛菱子一斗五升」「靈龜三年十月」とあることから、武蔵国の一駅が菱を産する低湿地に位置することが判ったが、寺崎保弘[46]は郡名を「策覃」（「策覃」の異字）として埼玉郡に当て、駅名を「宅子《やかご》」と読んで埼玉県行田市谷郷《やごう》に比定した。しかし、森田悌[47]は駅名を「宅宇《やこう》」と読んで、草加市谷古宇に当てるなど異論もある。森田はこの駅を東山道武蔵路とは別路線の駅としているが、寺崎は東山道武蔵路の駅と解している。しかし、現在までに判明している東山道武蔵路の路線から考えて、埼玉郡を通るとすれば、かなりの迂回路になるので疑問がある。

また、埼玉県吉見町南吉見で低湿地に粗朶《そだ》を敷いた上に礫を入れ、さらに版築で路面を固めた幅約一二メートルの道路遺構[48]が検出され、さらにその北東約一キロの吉見町三ノ耕地遺跡でも側溝と考えられる溝状遺構が検出されたので、これらも東山道武蔵路の路線と見る見解[49]があるが、筆者はそれまでほぼ台地上を南北に通っていたのが、ことさらに低湿地を通って東北方に方向を変更する必要性が考え難いので、全くの別路線と考えている。或いは寺崎が言うように、長屋王邸出土木簡に見える駅が埼玉郡にあったとすれば、この道路はそれに向かう駅路の可能性もあろう。これまでの古代道路研究では、駅路を文献に見えるものに限って考える傾向があったが、森田[50]が想定するように全く文献に見えない駅路が存在した可能性があるからである。

一九九六年に兵庫県朝来市和田山町加都遺跡[51]で検出され、五〇〇メートル以上の区間にわたって存在したと思われる、幅七メートル強の東北東・西南西方向の道路は、その方向から考えて山陰道と山陽道を連絡する道路と思われる。伝路である可能性もあるが、駅路とすれば、やはり文献に見えない道路である。

上野国で高崎市・前橋市間で発掘された道路は九世紀以降であるから、『延喜式』駅路ではあっても初期駅路は別路線であったことになる。これに対して、境町（現在、伊勢崎市に編入）矢ノ原遺跡で検出された大型の水路は一九八三年以来調査されてきた牛堀と称される直線状の灌漑用水路の延長線に乗るので、当初は水路として認識されていたが、約一三メートル隔てて平行する小溝があるので、これらは道路遺構ではないかと考えられるようになった。なお、この南側側溝内に八世紀後半の須恵器杯を三〇個体並べて祭祀遺跡としているので、この時期には道路としての機能を喪失していたことになる。その後も同一線上の新田町市宿通遺跡・下原宿遺跡などで同規模の道路跡が検出されたので、これらを「牛堀・矢の原ルート」と呼び、前記した金坂が提起して発掘確認された高崎・前橋間の駅路を「国府ルート」と称することになった。国府ルートの遺跡は九世紀以降とされるので、両者の間に約一世紀の空白があるが、初期東山道は「牛堀・矢の原ルート」ということになる。その後、一九九三年には「牛堀・矢の原ルート」に連絡するとみられる高崎市の高崎情報団地遺跡で両側溝間の心々幅約一〇メートルの道路が検出され、次いで群馬県玉村町の砂町遺跡では両側溝間の心々幅九〜一〇メートルの道路が検出されたが、両遺跡の道路方向は共に浅間山を目標にしたと見られるので正しく同一線状に乗っている。方向の異なる「牛堀・矢の原ルート」とは旧利根川の流路に当ると考えられている広瀬川の渡河点で接続すると考えられる。

さらに、一九九〇年には「牛堀・矢の原ルート」の北方約三〇〇メートルを隔てた新田町下新田遺跡で、若干方向を異にしてほほ平行する、両側溝間の心々幅約一二メートルの道路が検出されたので、これは「下新田ルート」と呼ばれた。遺構・遺物の状況から八世紀後半以降と推定されるので、「牛堀・矢の原ルート」と「国府ルート」の間に位置する可能性が高い。さらにその後の調査によって「下新田ルート」はその西方でやや北方に方向を変えることが判明したが、その西方は不明である（前掲図3—6参照）。

以上は東山道駅路に関係したものであるが、以外に藤岡市上栗寺前遺跡で検出された両側溝間の心々幅約五・五メートルの道路は位置的に考えて駅路ではなく、多胡郡家の想定地である吉井町御門方向を指しているので、郡家間を繋ぐ伝路ではないかと考えた。遺跡は八世紀から九世紀前半とされるので、全般的な伝馬の使用時期に相当する。

このように、上野国の古代道路は金坂による歴史地理学的研究以後は主として考古学による発掘調査が先行していることになるが、上野国以外でも関東地方では駅路以外の古代道路が多く発掘されているので、これらの道路が何処と何処を繋ぐ、どのような性格の道路であるのかが問題になる。

関東地方以外では前記した兵庫県加都遺跡が知られるに過ぎないが、今後各地で検出されることであろう。

2　出土文字資料に基づく駅家・駅路の考察

木簡・漆紙文書・墨書土器などの出土文字資料は考古学的な発掘調査によって出土した遺物であるが、その訳読は史学研究者によらなければならない。出土文字資料の中で最も重要なものは木簡であるが、その多くは平城京を始めとする都城跡で、これらの出土は文献史料の上では限界に来ていた日本の古代史研究に新たな史料を提供することになった。

木簡の発掘には古く遡るものがあり、早くは一九二八年に三重県柚井遺跡、一九三〇年に秋田県払田柵跡で出土しているが、まとまって大量の木簡が確認されたのは平城京跡で、始めて多量の木簡が確認されたのは一九六一年のことで、藤原京跡でも一九六六年のことであるが、藤原京跡で一九六七年に出土した木簡によって「評」から「郡」への移行が大宝元年（七〇一）であることが明確になり、一九五二年に井上光貞が提唱して以来、久しく論議の対象になっていた「郡評問題」が一挙に解決することになり、従来から問題になっていた記紀などの文献資料の信憑性が出土文字資料によって解決した。

そこで、一九七八年には木簡の持つ重要性に基づき木簡の総合的研究を目的とする木簡学会が創立された。以来、木簡の出土は全国的に拡がり、時代的にも古代が主体であるが、中世・近世さらに近代にも及んでいる。

木簡と同様に墨書土器や数は少ないが漆紙文書も貴重な史料である。

今まで報告された出土文字資料から駅家・駅路を考察できるものとしては、平城京跡長屋王邸出土の「武藏國□□郡宅□驛」の木簡については前記したが、他にも以下のようなものがある。浜松市伊場遺跡では「郡鎰取…」「□驛長」「驛長記「栗原驛長」などの墨書土器の出土から、遠江国敷智郡家と栗原駅の所在地であることが判ったが、また同遺跡出土の「屋椋（倉）帳」ともいうべき大型の二一号木簡に「驛評人」と見えるので、驛評とは何かという問題が生じた。[52]山中敏史は駅家の機能を包括した評で岡山県立博物舘蔵の七世紀中葉頃の須恵器細頸壷に記された「馬評」も同様ではないかとしている。「馬評」の語は滋賀県野洲市西河原地区出土木簡にも見えており、同地も近江国安（野洲）評家の所在地と考えられている。

伊場遺跡の出土木簡に「□□□美濃關向京　於佐々□□　□□□□□□□□」「□驛家　宮地驛家　山豆奈驛家　鳥取驛家」と記すものがあり、美濃関（不破関）を越えて京に向かうための過所かと思われる。最初の駅名は不明であるが、山豆奈は山綱で次の鳥取と共に『延喜式』に参河国の駅名として見えるが、その前の宮地は同式には見えない。宝飫郡に宮路（美也知）郷があり、愛知県音羽町に宮路山があるので、同山麓の音羽町赤坂に比定される。筆者は浜名湖北岸を通る「二見道」の分岐点に置かれた駅であろうと考えている。

遠江国引摩駅は磐田郡駅家郷に当るが、磐田市御殿二之宮遺跡で「驛家人」と記す木簡が出土しているので、同地付近に在ったことが判るが、同遺跡は国府関連遺跡であるから、同駅は国府付属駅であったことになる。

袋井市坂尻遺跡(53)では多くの奈良時代の墨書土器が出土しており、その中には「佐野厨家」「日根驛家」「大上日根驛家」「□驛」「驛□」「日根」「日根大」などと記すものがあるので、同遺跡は佐屋郡家関連遺跡で郡の厨家と付近に設置された日根駅の郡家内に置かれた関連遺跡と考えられている。日根駅は文献史料に見えないが佐屋郡日根郷にあり、奈良時代末から平安時代初期に同郡内の横尾駅に移転したものと考えられている。

遠江国初倉駅は島田市の大井川右岸に位置する旧初倉村を遺称とするが、同地域の島田市阪本町宮上遺跡で「驛」の墨書土器を出土しているので、付近に存在したのであろう。

相摸国では浜田駅想定地と筆者が初期の駅路に想定する近世中原街道の中間に位置する、綾瀬市早川の宮久保遺跡で、「鎌倉郡鎌倉里□□□寸稲天平五年（七三三）五月」「田令軽マ麻呂郡稲長軽マ眞國」と書かれた木簡が出土した。当地は高座郡に入るので鎌倉郡から郡界を越えて稲の輸送が行われていたことになる。付近には古代の遺跡も多い。同遺跡の目久尻川対岸から藤沢市立石に至る約九キロの区間を一直線に通る道路痕跡が明瞭なので、(54)筆者はこの道路を鎌倉市御成町今小路遺跡で検出された鎌倉郡家に至るものと考え、一種の伝路と考えた。高座郡家は別地にあり宮久保遺跡の性格は不明であるが、付近に相摸国分寺もあって一中心地を形成し、付近を通る『延喜式』駅路も本来は伝路であったと考えるからである。

武蔵国で東山道武蔵路に置かれた「五ヶ駅」の位置や駅名は不明であるが、埼玉県川越市的場の八幡前・若宮遺跡で「驛長」の墨書土器が出土したので、一駅の所在が判明した。国府付近に第一駅があったと考えると位置的に第三駅になる。また、これによって筆者が駅路に想定した堀兼道や、木本雅康(55)が駅路に想定した川越市の「女堀Ⅱ遺跡」の線も適当ということになる。

従来、下総国井上駅の位置については、東京都墨田区から千葉県松戸市にかけての諸説があったが、市川市国府台遺跡で「井上」の墨書土器が出土したので、同地で関連遺構が検出されている下総国府の付属駅であることが判った。また、同市の下総国分寺で「井上」の二字の合成文字を中心に、周りに「馬・牛・荷酒・判・□人・足馬・荷杼杼・遊女・杼・荷酒」など駅に関係があると思われる語を列記した、前掲図3―3のような墨書土器(56)も出土しているが、その中で「遊女」は最も古い史料とされ、駅に遊女が居た可能性を示唆するものである。

常陸国では安侯駅の比定地笠間市岩間町安居《あご》の東平《ひがしたいら》遺跡で「騎兵長」の墨書土器を検出しているので、駅家に近く軍事施設が置かれていたことがうかがわれる。

滋賀県野洲市西河原地区で「馬評」と記した木簡が出土したことは前記したが、高橋美久二は当初の東山道は栗田郡から連続して条里に沿って北上し、途中から鈍角に右折して足利健亮が想定する条里に斜行する路線に接続したと解した。すなわち、鈍角三角形の二辺を通る駅路からその底辺を通る路線に移行したことになる。市大樹も西河原地区は安評家・野洲郡家の所在地で、駅家も評家に包括されて同所にあったとした。

陸奥国では白河郡家に想定される福島県西白河郡泉崎村の関和久遺跡で「驛家」の墨書土器が出土しているので、松田駅は付近に在ったと考えられる。

玉前駅は名取郡玉前郷に当たり、岩沼市南長谷字玉崎を遺称地とするが、多賀城出土の安積軍団の解文であろうとされる木簡に見える「玉前剗」も同所にあったと考えられる。同地は海道と山道の分岐点に位置する要地であったことを示す。

出羽国は越後国から分国したので、当初は北陸道に所属していた。山形県鶴岡市山田の山田遺跡で「□驛驛四驛子人□」と、裏に八人の人名を記した木簡が出土しており、駅に勤務する駅子の食料支給に関するものと推測されるが、北陸道当時の一駅が付近に在ったことを示す。

北陸道では先ず平城京跡出土木簡に『延喜式』若狭国の駅名に見えない「玉置」「野」「葦田」の諸駅名が見え、「野」は後の「野飫」になったと考えられるが、「玉置」は遠敷郡玉置郷に当たり遺称地名として北川北岸の若狭町玉置がある。若狭国府跡は明確でないが、玉置から北川を渡ってやや西方の国分寺跡に近い小浜市東市場・太興寺西縄手下遺跡が国府関連遺跡として有力視されているので、奈良時代の駅路は野（飫）駅を近江国から若狭国に入った第一駅として北川南岸を国府に至り、国府からは北川を渡って玉置駅に達した後、木簡に「若狭国三方郡葦田驛」とあって旧三方町（現、若狭町）に想定される第三駅に至ったものであろう。

加賀国は弘仁一四年（七五五）に越前国二郡を割いてこれを四郡に編成した国であるが、その深見駅は石川県河北郡津幡町の加茂遺跡で道路遺構と「（郡）符深見村□郷驛長幷諸刀禰等」などとある加賀郡牓示札(57)が出土したので、深見駅跡も同所かとする説も行われたが、同駅は越中国に向かう北陸道本道と能登支路の分岐点であるのに、同遺跡は明らかに能登路に沿っているので不適当である。その後、北陸道本道に沿う津幡町北中条遺跡で「深見驛」の墨書土器が出土したので、この方が適当である。

越後国伊神駅は遺称地名がなく対応郷名も知られていなかったので、『駅路通』が越後国蒲原郡名神大社の伊夜比古神社を二字に約したものとではないかとして以来一宮弥彦神社に因む駅名として、その付近に想定する説が行われてきたが、これは一駅だけの行き止り路線になること、また地方神を終点とする駅路は奈良時代には下総国香取神宮や常陸国鹿島神宮などの例があるが、いずれも平安時代には廃されて他には類例がないなど疑問がある。ところが、近年上越市延命寺遺跡出土の天平七年（七三五）の木簡(58)に「伊神郷」が見え、木簡の内容から同郷は頸城郡にあったと考えられる。とすれば、伊神駅はこれまで越後国内には駅が無かったと考えられていた、信濃・越後間の東山道・

北陸道連絡の駅である可能性がある。ただし、この路線は越後国内に少なくとも二駅を必要とする距離があるので、おそらくは途中の越後国府が駅を兼ねたものと考えて、同駅は信濃国沼辺駅と国府の中間にあったのではなかろうか。

山陰道では但馬国粟鹿駅が、朝来市山東町粟鹿を遺称地名にして式内粟鹿神社もあるが、粟鹿の北にある柴遺跡(59)で「驛子委文マ豊足十束代稲籾一尺」と記した木簡が出土しているので、同駅の関連遺跡と考えられている。

また出土文字史料ではないが、東野治之(60)が紹介した正倉院鳥兜残欠に「高田驛家」と記すものがある。高田駅は『延喜式』に見えないので大同三年（八〇八）に廃された三駅の一つである可能性があり、また延暦二十三年（八〇四）に国府が移された高田郷との関係が留意される。関連して述べておく。

これも前記したが、備中国小田駅は岡山県矢掛町小田を遺称地とし、その毎戸遺跡で瓦を伴なう掘立柱建物と「馬」字の墨書土器を出土したので、駅跡として有力視されている。

南海道では当初土左国へ入る駅路は伊与（予）国から入る路線だけであったが、養老二年（七一八）以来、阿波国から入る路線が加わり、四国周回路線が完成した。しかし、延暦一六年（七九七）に四国山脈横断路線を新設して周回路線を廃止した。この際に廃された駅の駅名は不明で駅数は伊予国一一駅、土左国一二駅であるが、阿波国の駅数も不明である。ところが、平城宮出土の天平七年（七三五）の木簡に「阿波國那賀郡武藝驛」と「阿波國那賀郡薩麻驛」がある。「薩麻」については遺称地が無いが、武藝は徳島県那賀郡牟岐町に当たり、これらについては長谷正紀(61)の研究がある。

西海道では第二章三節「車路」で述べたように、筆者は久留米市から筑後市に残る「車路」地名を駅路関係地名と考え、これに沿う筑後市大字前津の字「丑ノマヤ」を駅関係地名として同地に葛野駅を想定した。その後、その隣地の筑後市羽犬塚山ノ前遺跡(61)で掘立柱の建物群と、「□郡符葛野(63)」と読める墨書土器が出土している。

肥後国佐職駅は熊本県葦北町佐敷に比定されるが、熊本県八代市から水俣市、鹿児島県西薩川内市を経て鹿児島市に至る高規格幹線道路の建設に伴い、佐敷の隣地である芦北町花岡にインターチェンジが設置されることになり、その事前調査の際に井戸内から「×□於佐色□□□」「×發向路次驛□等×」と記した二点の木簡が出土している。(64)これらの木簡は元同一木簡だった可能性が高い。なお『延喜式』では駅名の項で佐職と見えるが、伝馬の項では佐色で本木簡の表記に合致する。以上のことから佐職（色）駅が本遺跡の近くにあったことは間違いない。

註

（1）武部健一「日本幹線道路網の史的変遷と特質」『土木学会論文集』三五九—Ⅳ—3、一九八五年。
（2）府中町教育委員界『府中町下岡田古代建築群調査報告』一九六三・一九六四年。『下岡田遺跡発掘調査概報』一九六六・一九六七・一九八三～一九八五年。
（3）『広島県史』原始・古代編、一九八〇年。
（4）今里幾次『播磨国分寺式瓦の研究—加古川市野口町古大内出土の古瓦—』播磨郷土文化協会研究報告第四冊、一九六〇年。同『播磨考古学研究』今里幾次論文集刊行会、一九八〇年、所収。
（5）高橋美久二「播磨国の古代駅家」『ＦＨＧ』一一、野外歴史地理学研究会、一九六八年。藤岡謙二郎編『近畿野外地理巡検』大明堂、一九八三年、再録。「古代の山陽道」『考古学論考』小林行雄博士古稀記念論文集刊行委員会、一九八二年、所収。
（6）今里幾次「山陽道播磨国の瓦葺駅家」『兵庫県の歴史』一二、兵庫県、一九七四年。
（7）高橋美久二「播磨国賀古駅家について」『歴史地理研究と都市研究』上、大明堂、一九七八年。
（8）岸本道昭『山陽道駅家跡』日本の遺跡11、同成社、二〇〇六年。
（9）木本雅康『遺跡からみた古代の駅家』日本史リブレット69、山川出版社、二〇〇八年。
（10）荻能幸「落地遺跡発掘調査概報」『古代交通研究』一、一九九二年。上郡町教育委員会『落地遺跡（八反坪地区）—県営圃場整備事業にともなう埋蔵文化財発掘調査報告書—』二〇〇五年。

(11) 上郡町教育委員会『古代山陽道　野磨駅家跡—落地遺跡飯坂地区発掘調査報告書—』二〇〇六年。
(12) 鎌谷木三次『播磨上代寺院址の研究』成武堂、一九四二年、播磨国内の瓦出土地を丹念に調査したが、当時は瓦の使用は寺院に限られると考えられていた。
(13) 中村太一「備前国に置ける古代山陽道駅路の再検討」『古代交通研究』三、一九九四年。『日本古代国家と計画道路』吉川弘文館、一九九六年、所収。
(14) 岡山県教育委員会「毎戸遺跡」『岡山県埋蔵文化財発掘調査報告』五、一九七四年。
(15) 篠原芳秀「大宮遺跡と安那駅」『芸備』一〇、一九八〇年。広島県教育委員会『大宮遺跡第五次発掘調査』一九八二年。
(16) 福山市埋蔵文化財発掘調査団『最明寺跡南遺跡現地説明会資料』福山市教育委員会、一九九八年。
(17) 府中市教育委員会『前原遺跡現地説明会（資料）』二〇〇三年一二月。
(18) 足利健亮「吉備地方における古代山陽道・覚書」『歴史地理学紀要』一六、一九七四年。「備後国」藤岡謙二郎編『古代日本の交通路』Ⅲ、大明堂、一九七八年。「付論、吉備地方の古代山陽道の復原」『日本古代地理研究』大明堂、一九八五年。「山陽・山陰・南海三道と土地計画」『新版古代の日本④中国・四国』角川書店、一九九二年。
(19) 広島県教育委員会『中垣内遺跡』五日市町教育委員会、一九八五年。
(20) 木下良「広島県府中町から広島市大町に至る想定山陽道駅路（山陽道・安芸国）」『日本古代律令期に敷設された直線的計画道の復原的研究』（科学研究費報告）、國學院大學、一九九〇年。
(21) 石井龍彦「前田茶臼山遺跡」『山口県文化財』三一、山口県文化財愛護協会、二〇〇一年。
(22) 木下良「空中写真に認められる想定駅路」『びぞん』六四、美術文化史研究会、一九七六年。「山陽道の駅路—播磨を中心に—」『古代山陽道の検討』古代を考える一七、古代を考える会、一九七八年。
(23) 日野尚志「西海道における大路（山陽道）について」『九州大学文学部九州文化史研究所紀要』三二、一九八七年。
(24) 渡辺正気『日本の古代遺跡』三四・福岡県、保育社、一九七九年。
(25) 宗像市教育委員会「武丸大上げ遺跡」『宗像市埋蔵文化財発掘調査概報一九八三年度』一九八四年。
(26) 木下良「第三章　律令制下における宗像郡と交通」『宗像市史』通史編二、古代・中世・近世、一九九九年。

(27)「多々良込田遺跡Ⅲ」福岡市埋蔵文化財調査報告書一二一、一九八二年。

(28) 福岡市教育委員会『板付周辺遺跡調査報告書八』(板付遺跡三八次)、一九八二年。『板付周辺遺跡調査報告書一〇』(板付遺跡四一次)、一九八五年。『那珂久平遺跡』一九八六年。『井相田C遺跡1』一九八七年『井相田C遺跡2』一九八八年。『高畑遺跡』(高畑遺跡一八次)、二〇〇二年。福岡市教育委員会・岡三リビック(株)埋蔵文化財調査室『那珂遺跡群―一〇二次調査―』(福岡市埋蔵文化財調査報告一〇二二)、二〇〇八年。

(29)「福岡市博多区板付6丁目付近に存在した道路状遺構(西海道・筑前国)」『日本古代律令期に敷設された直線的計画道の復原的研究』(科学研究費報告)、國學院大學、一九九〇年。

(30) 足利健亮「(西海道)交通」藤岡謙二郎編『日本歴史地理総説』古代編、吉川弘文館、一九七五年。

(31) 滋賀県教育委員会「瀬田堂ノ上遺跡調査報告」『昭和四十八年度滋賀県文化財調査年報』一九七五年。

(32) 木下良「近江国府址について」『人文地理』一八―三、一九六六年。

(32) 黒沢彰哉「常陸国那賀郡における寺と官衙について」『茨城県立歴史館報』二五、一九九八年。

(33) 新田町教育委員会『入谷遺跡』Ⅰ～Ⅲ、一九八二～八七年。

(34) 原田雅弘「鳥取県石脇第3遺跡の調査」『古代交通研究』七、八木書店、一九九七年。

(35) 武部健一『続完全踏査古代の道―山陰道・山陽道・南海道・西海道―』吉川弘文館、二〇〇五年。

(36) 島根県教育委員会「中祖遺跡・ナメラ遺跡」『一般国道9号仁摩温泉津道路建設予定地内埋蔵文化財調査報告書1』二〇〇八年。

(37) 田代克巳「西国街道周辺の調査」『嶋上郡衙跡発掘調査概要』大阪府教育委員会、一九七一年。宮崎康雄「山陽道跡の調査」『高槻市文化財年報』(平成三年度)、高槻市教育委員会、一九九三年。宮崎康雄「高槻市発掘の山陽道」『季刊考古学』雄山閣、一九九四年。

(38) 金坂清則「上野国府とその周辺の東山道、および群馬・佐伊駅家について」『歴史地理学紀要』一六、一九七四年。

(39) 木下良『事典　日本古代の道と駅』吉川弘文館、二〇〇九年、「武蔵国」参照。

(40) 内田保之「国分寺市・府中市内で発掘された推定東山道跡」『古代交通研究』創刊号、古代交通研究会設立準備会、一九九二年。
(41) 木下良「上野・下野両国と武蔵国における古代東山道駅伝路の再検討」『栃木史学』四、國學院大學栃木短期大學史学会、一九九〇年。
(42) 斉藤稔ほか『若葉台遺跡B地点調査報告』一九八〇年。平田重之「埼玉県18若葉台遺跡（郡司層居宅？）」『第三回　東日本埋蔵文化財研究会　古代官衙の終末をめぐる諸問題―第Ⅱ分冊　県別資料報告―』一九九四年。鶴ヶ島市遺跡調査会『若葉台遺跡　Ⅴ地点調査報告書』一九九七年。
(44) 所沢市教育委員会『東の上遺跡』一九九五年。所沢市埋蔵文化財調査センター「東の上遺跡第六八・六九次調査」『所沢市埋蔵文化財調査センター年報』二、（平成七年度）一九九七年。同「東の上遺跡第七四次調査」『所沢市埋蔵文化財調査センター年報』四、（平成九年度）一九九九年。
(45)『平城宮発掘調査出土木簡概報』二〇、奈良国立文化財研究所、一九八八年。
(46) 寺崎保宏「長屋王家木簡郡名考証二題」『文化財論叢Ⅱ』同朋舎、一九九五年。
(47) 森田悌「古代街道一題」『日本歴史』七一六、二〇〇九年。
(48) 吉見町教育委員会『西吉見古代道路跡　西吉見条里Ⅱ遺跡発掘調査概報』二〇〇二年。
(49) 江口桂「武蔵国」『日本古代道路事典』八木書店、二〇〇四年。
(50) 前掲註(47)。
(51) 兵庫県教育委員会『朝来郡和田山町加都遺跡Ⅰ・Ⅱ』二〇〇五年。
(52) 山中敏史『古代地方官衙遺跡の研究』塙書房、一九九四年。
(53) 加藤理文・松井一明『坂尻遺跡―遺物・総括編―』袋井市教育委員会、一九九五年。
(54) 木下良「総説　神奈川の古代道」『神奈川の古代道』藤沢市教育委員会博物館建設準備担当、一九九七年。
(55) 木本雅康「宝亀二年以前の東山道武蔵路について」『古代交通研究』創刊号、古代交通研究会設立準備会、一九九二年。
(56) 山路直充ほか『下総国分寺跡　平成元～五年発掘調査報告書』市川市教育委員会・市川市立考古博物館、一九九四年。
(57)（財）石川県埋蔵文化財センター編『発見！　古代のお触れ書き　石川県加茂遺跡出土加賀郡牓示札』大修舘書店、二〇〇〇年。
(58) 山﨑忠良・田中一穂「新潟・延命寺遺跡」『木簡研究』三〇、二〇〇八年。
(59) 西口圭介ほか「柴遺跡」『平成十二年度年報』兵庫県教育委員会、二〇〇二年。
(60) 東野治之「正倉院蔵鳥兜残欠より発見された奈良時代の文書と墨画」『ミュージアム』二七八、一九七四年。同『正倉院文書と木簡の研究』塙書房、一九七七年、所収。
(61) 長谷正紀「阿波国の駅家と駅路」『和歌山地理』一一、一九九一年。
(62) 筑後市教育委員会『羽犬塚山ノ前遺跡』二〇〇三年。
(63) 筑後市教育委員会『筑後市内遺跡群Ⅳ』二〇〇二年。
(64) 宮崎敬士「熊本・花岡木崎遺跡」『木簡研究』三一、二〇〇九年。

二　諸外国の古代道路との比較

序章にのべたように、世界的に中央集権的古代国家は計画的道路網を敷設したので、諸外国にも日本と同様な道路網があり道路痕跡が見られる。以下に若干の例を挙げて比較を試みたい。

1　中　国(1)

東アジアの古代文化は中国を中心に発達したから、日本の古代道路を考える場合にも先ず中国の古代道路との関係を見る必要がある。中国では既に西周の時代（前十一世紀～前七七〇）に道路行政制度が制定され、道路を整備し路傍に植樹し、十里おきに宿舎を設け、宿泊・飲食の用意をした。駅伝制もこの時代に明らかにされ、『周礼』によれば十里・三十里・五十里ごとに「廬」「宿」「侯館」の三種の館舎（休息所）があった。また、その道路は『詩經』小雅

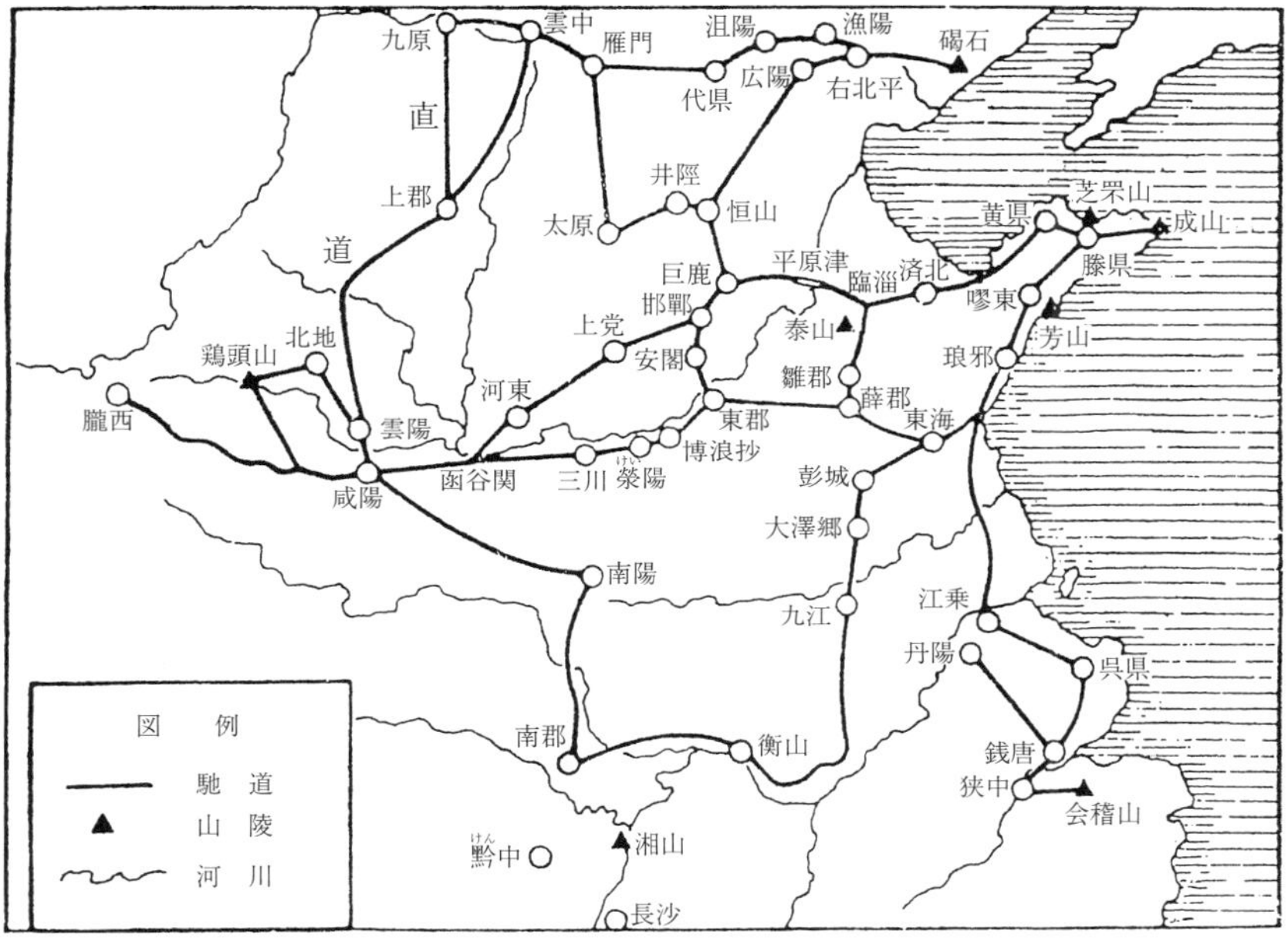

図8—5　秦代の馳道・直道の概略ルート（武部健一原図）

に「周道如砥如矢」とあるように平坦で直線的であった。

春秋戦国時代（前七七〇～前二二一）になって、諸侯各国の経済の繁栄は交通の発達を促し、馬を用いる「驛」、車を用いる「傳」の制度も整えられた。また諸侯各国間では相互に戦争を繰り返したが、当時の戦争には戦車が用いられたので、諸侯各国では道路の建設は重要な課題であった。秦嶺山脈を越える桟道の建設が始まったのもこの頃である。

群雄が割拠していた中国全土を前二二一年に統一したのは秦の始皇帝で、その統一支配によって全国的な幹線道路網が整備（図8—5）された。

これを馳道というが、『中国公路史』によれば、その建設には三つの目的があり、第一は全国統一の戦略施設を強化して、征服した燕・韓・趙・魏・斉・蘇など六国の貴族が復活することを防ぐことであり、それには迅速な通信連絡の必要があった。第二には六国の財宝を秦の首都咸陽に輸送することと、第三は阿房宮や驪山などの七百箇所あまりの宮殿の建築に必要な資材を運搬するためであった。馳道は戦国時代の諸侯列国の首都を連接し、さらに全国に延び、その総延長は『中国公路史』によれば一万七九二〇里（約七四八六キロ）、それまでに建設されていた道路を含めると二万九六七〇里（約一万二三八七キロ）という。

『漢書・賈山伝』によれば、「秦は馳道を天下に為《つく》る。東は燕斉を窮め、西は呉越を極め、江湖の上、浜海の観、畢《ことごと》く至る。道の広さ五十歩、三丈にして樹《じゅ》し、厚くその外を築き、隠すに金椎を以ってし、樹《う》うるに青松をもってす」とあり、また道路の中央には幅三丈の皇帝の専用路線があった。『中国公路史』によれば、三丈は六・九三メートルとしており、一丈は十尺であるから一尺は二三センチになる。一歩は六尺であり、したがって一歩は一三八・六センチである。その結果、馳道の道幅五十歩は約七〇メートルということになる。中国の科学技術に高い見識を持っていたジョゼフ・ニーダム（Josseph Needaham）は、その著『中国の科学と文明』（原著一九五四年、邦訳第十巻「土木」一九七九年、思索社）で、『漢書』に記す五十歩は五十尺の誤りではないかとしている。五十尺なら十一・五メートルになって、ほぼ常識的な数値になる。二十世紀前半頃の中国の道路はきわめて悪路であったし、また中国では数値を誇張していうことが多かったから、幅七〇メートルの大道の存在は予想されなかったのであろう。馳道の遺跡は現在も未だ確認されていないが、後述する直道の道幅から考えれば、十分に考慮される数値である。

馳道と共に特記すべきは直道である。統一後の秦にとって最大の問題は北と西からの遊牧民の侵攻であった。そこで、これを防ぐために防衛線としての長城を築いたことはよく知られるが、さらに秦は首都咸陽の北北西約七〇キロに北方の凶奴征討の司令部として設けた離宮林光宮（漢代の甘泉宮、現在の陝西省咸陽市淳化県梁武帝村）を起点に、秦の前線基地があった九原郡（現在の内蒙古自治区包頭市麻地古城）までの間、総延長七六〇キロを将軍蒙恬に命じて二年間で開通させた軍用道路が直道である。

『史記』秦始皇本紀には「三十五年（前二一二）、除道、道九原抵《いたる》雲陽。塹山堙谷、直通之」、また、その蒙恬列伝

図8—6　陝西省富県車路梁の直道遺構

には「酒使蒙恬通道、自九原抵甘泉、塹山堙谷、千八百里」とある。

直道の路線については先ず歴史地理学者の史念海(2)の研究があり、その経路は陝西省と甘粛省の境界になっている子午嶺の稜線伝いに通った後、西方に迂回して甘粛省華池県東を通って内蒙古自治区に至るという、いわゆる「甘粛省西回りルート」を発表した。その後、一九八八年には賀清海による陝西省楡林地区楡林市北方の毛烏素砂漠で直道の遺構発見の報告があり、陝西省公路史編審委員会の主編である王開(3)は、陝西省内を直通するいわゆる「東回り楡林経由ルート」を発表した。『陝西省古代公路交通史』の編纂を契機に、陝西省内では現地調査が実施され、延安市富県の車路梁に残る「塹山堙谷」（山を塹《ほり》り谷を堙《ふさ》ぐ）の典型的な遺構（図8—6）が発表された。筆者等も二〇〇九年に現地を訪れたが、傾斜地の山側を削って谷側を埋めたもので、現在草地として残っている路面幅は最大五八メートルという。なお、日本でも古代道路関係地名として第二章三節に車路を採り上げたが、類似地名として注目される。小鹿野亮(4)によれば他にも直道の路線周辺に七箇所の車路関係地名があり、陝西省のそれらはいずれも子午嶺上にあって、延安市を中心に分布しているという。

車といえば、始皇帝の全国の統一前は車の軌幅はまちまちであったが、始皇帝はこれを統一した。すなわち、皇帝の専用車の七・二尺（一・九九メートル）を最大に官階によって車軌を定めた。

二〇〇九年に山東省青島・甘粛省蘭州間の高速道路建設に伴う事前調

査で、車路梁の西南西約一・五キロの富県樺溝口にある直道の葫蘆河渡河点南岸で直道跡の発掘調査が実施された際に検出された轍跡は、一一〇、一三〇、一四〇センチの三種類であった。なお、同遺蹟の谷側では壺堀地業を施した礎石が確認され、建物の存在を示しているが、出土瓦から秦漢時代に直道上に設置された関所的施設であったと考えられている。さらに山側の斜面からも長さ二〇メートルにわたって幅一五メートル、高さ二・八メートルの版築が確認され、見張り台的な施設があったと考えられている。ここはかなり重要な地点であったと思われ、しばしば匈奴の来襲を迎えたらしく、上層路面からは三稜三翼の銅鏃が出土している。

同遺跡の西南は九十九折《つづら》りの山道になるが、先ず西北方から西方に緩やかに曲がった後に、西北に二度東南に二度のヘアピンカーブを曲がった後に、ほぼ稜線を西方に向かう（図8—7）。これらの屈曲道の道幅も最大幅四六メートルであるという。

また、陝西省延安市甘泉県方家村の洛河渡河点には橋台とされる土壇が残っており、ここも両岸で一〇〇メートル程の上下があるそうであるが、ここでは九十九折りではなく、大きく下流側に迂回して斜めに真直ぐ上下しているという。なお、日本の駅路はほとんど車を使用しないので、第六章三節3の事例③に採り上げたように、急傾斜地も直線的に上下することが多い。

直道の遺跡は内蒙古自治区に入っても明瞭に残り、そのオルドス市東勝区城梁村付近は弱い切通し状になって直線的に続いている。子午嶺と違って平原状の地形なので、特に直線区間が多いらしい（図8—8）。

以上のように直道の遺構はかなりよく残っているが、馳道の遺構は全く知られていない。直道と日本の古代道路との間には約一千年の時間差があるが、その遺構の形状には似通ったものがある。すなわち、直道の形態的特徴として挙げられる「塹山堙谷」である。直道ほど大規模ではないが、日本の古代道路にも「塹山」すなわち切り通しは各所にあり、また佐賀県三養基郡**みやき**町大字堤の、切通川を横切って版築で築かれた土塁は、大宰府周辺に多く見られる小水城の例として防御的機能を持つものと考えられていた[5]が、これも前記したように道路として築かれたものであった。すなわち、「堙谷」の例であろう。なお、切通川の名も堤土塁の南方を通る西海道肥前路の切通川西岸に位置する切通しに因むものである。

前記したように、秦代と日本の古代との間には約千年の時間差があるので、直接の影響があったとは考えられないが、日本にも直道という古代道路があった。一章で既に述べたが一つは足利健亮[6]が大阪府の能勢山地の稜線伝いに通

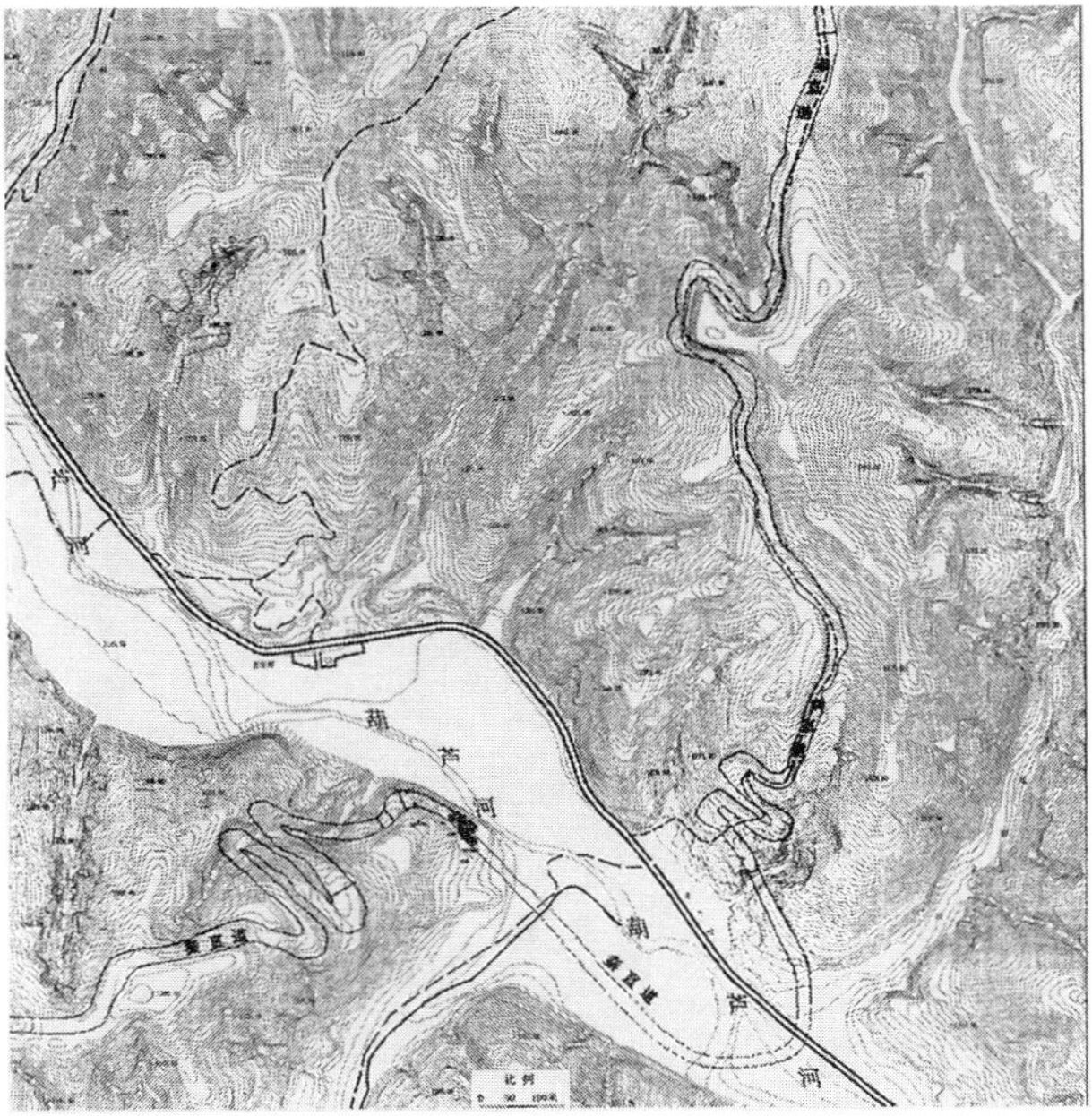

図8―7　陝西省富県樺溝口遺跡付近の直道経路（張在明による）

図8―8　内蒙古オルドス市梁村付近の直道跡と見られる直線痕跡（小鹿野亮による）

る能勢街道（図1—5）を、『住吉年代記』に「山中有二直道一、天皇行二幸丹波国一還上道也」と見える「直道」に比定し、秦の直道と共に皇帝の行幸路であったことを指摘している。能勢街道の開通当時に秦の直道が山の稜線伝いに通ることが知られていたはずはないから、古くから山地を通る道路は尾根筋を通すことが基本とされていたのであろう。

もう一つは『行基年譜』「天平十三年記」に、「直道一ヵ所」（高瀬より生馬大山への道）と見えるもので、和田萃(7)は明治期の地形図から守口市高瀬の淀川渡河点付近を想定（図1—4）し、さらに渡河点以西は西北に延びて行基が布施屋を設置した伊丹市崑陽（伊丹市昆陽）に至ったとしている。昆陽は足利が想定した難波京から有馬温泉に至る直線道路と奈良時代の山陽道が交差する交通の要所であった。また、和田が想定した路線は足利が採り上げた現在の伊丹空港にあった条里地割に斜行する豊島・川辺郡界（図1—6）を通った可能性もあり、あるいは両直道は互いに連なっていたと考えることもできよう。しかし、いずれにしてもこれらの直道は秦の直道のような軍用的性格は考え難い。

また、『続日本紀』天平九年（七三七）正月丙申（廿二日）条に、「陸奥按察使大野東人等言。従二陸奥国一達二出羽柵一、道経二男勝一、行程迂遠。請征二男勝村一以通二直路一」と見える。当時の出羽柵は秋田にあったから、多賀城から秋田柵間の直通路を開削しようというものである。古代日本の最大の対内問題は蝦夷対策であったから、直路の開削は秦の直道の開通に匹敵する軍用道路の開通であったことになる。(8)筆者はこの道路の完成を、『続日本紀』天平宝字三年（七五八）九月己丑（廿八日）日条に見える「始置二出羽國雄勝・平鹿二郡、玉野・避翼・平戈・横河・雄勝・助川、竝陸奥國嶺基等驛家一」の記事と考えている。「直道」と「直路」の語の類似もあるが、『続日本紀』の編者は大野東人の行動を蒙恬のそれに擬したのではなかろうか。

秦は間もなく滅び漢が興ったが、秦の道路網は多く漢代に継承された。秦代に日本のことがどれほど知られていたか不明であるが、伝説としては始皇帝の命を受けて不老不死の薬を求めた徐福が日本に辿り付いたとされ、和歌山県や佐賀県にその渡来地と伝えられるところがある。

漢代になると『漢書』「地理志」や『後漢書』「東夷傳」などに倭についての若干の記事が出てくる。漢が滅んだ後に魏・呉・蜀の三国が鼎立する三国時代（二二〇～二六五）になり日本では弥生時代であるが、その『三国志』の『魏志』「東夷傳」倭人条[9]にやや詳細な記事があり、その邪馬台国の位置をめぐって多くの論議があるが、その中の対海（馬）国の項に「山険多森林道路如禽鹿径」、末盧国の項には「草木盛茂行不見前人」などと、当時の倭の道路が貧弱であったことを示す記述もある。

しかし、一大（支）国の首都に当ると見られる壱岐市原の辻遺跡[10]では両側溝を備えた弥生時代の道路が発掘されているので、すべての道路が貧弱であったとは思われない。対馬は地形急峻でもともと陸上交通困難でもっぱら海路が用いられていたところであったし、末盧国での記述も末盧国から伊都国へ行く途中の道と考えれば、小国が分立していた当時、それぞれの国の中心部ではある程度道路が整備されていたものの、国と国との間の道路は特には整備されていなかったのではなかろうか。

中国では南北朝になる四・五世紀代は日本では古墳時代であるが、当時日本では呉と呼んでいた南朝と交渉が深まり、『晋書』に東晋の義熙九年（四一三）から以後五〇二年の梁の武帝に対する遣使まで、一〇回余にわたる南朝への遣使のことが、『宋書』『南斉書』『梁書』などの中国正史に見える。特に『宋書』「東夷伝」倭国条には讃・珍・済・興・武のいわゆる倭の五王のことが記され、そのなかの「倭王武上表文」によれば、当時の日本が大和政権によって統一されつつあったことが知られる。

古墳時代の道路についてはあまり明確でないが、大古墳の築造にはある程度の道路の整備が必要とされたであろうことは想像に難くない。奈良県御所市鴨神遺跡[11]で発掘された道路は側溝を備えてはいないが、工事を施して築造されている。

日本における計画的大道の建設は、推古天皇一五年（六〇七）の遣隋使小野妹子の派遣が契機になったものであろう。当時の隋の皇帝は大運河（通済渠）の建設で知られる煬帝《ようだい》であるが、道路の建設にも力を注ぎ、中でも御道と呼ばれた道路は、幅一〇〇歩（約一五〇メートル）の大道であった。遣隋使の一行はこのような道路を通り、あるいはその工事を目にして、中央集権の国造りには道路網の整備が必要であることを痛感したことであろう。

翌年の遣隋使の帰国に同行した隋使斐世清の来朝に際して、これを飛鳥の東北にあって上陸地の難波とは反対方向の海石榴市《つばきいち》で迎えているが、これは当時の日本には外使を迎えるような道路が整備されていなかったから、大和川の水運を利用したのであろうと考えられている。結局、推古天皇二一年（六一三）に「自二難波一至レ京置二大道一」とあって、都と難波との間の道路が先ず整備されている。その後も白雉四年（六五三）に百済・新羅の貢調使の入朝に際しても、「修二処処大道一」とあるので、外使の入朝などを機会に畿内の道路が整備されていったと考えられる。

大化二年（六四六）正月の改新詔には畿内国の四至が記されているので、難波京からこれらの地に向う道路があり、想定される道路(12)はいずれも直線的な計画道路であったが、目的地に最短距離で達するように斜方位の道路であったと考えられる。すなわち、初期の道路は斜方位に通るのが一般であったが、その後畿内では都城の経営や大規模な条里の施行などに正方位地割が採られることになり、その基準線となる幹線道路は東西南北の正方位道路になった。斜方位道路から正方位道路への変換の時期は、少なくとも壬申乱には正方位の諸道が見えるので、それ以前の事になり筆者は斉明・天智朝と考えている。

『日本書紀』斉明天皇二年（六五三）是歳条に、「時好二興事一、廼使下水工穿上レ渠、自二香山西一、至二石上山一、以二舟二百隻一、載二石上山石一、順レ流控二引於宮東山一、累レ石為レ垣。時人謗曰、狂心渠」とあって、天皇が起したこの工事を誹謗している。また、同四年十一月壬午（三日）条に、蘇我赤兄が有馬皇子に「天皇所レ治政事、有二三失一矣。大起二倉庫一、積二聚民財一、一也。長穿二渠水一、損二費公糧一、二也。於レ舟載レ石、運積為レ丘、三也」と天皇の失政を挙げて叛乱を唆しているが、この「狂心渠」と呼ばれた運河の建設が怨嗟の的になっていたことは事実であろう。

この運河は何処を通っていたのであろうか。秋山日出雄[13]は下ツ道に沿って直線的流路をとる寺川をその一部と考えている。寺川の上流は桜井から鳥見山の東の谷に入るが、その支流の米川のまた支流は天香久山西麓を流れているから、十分にその可能性がある。また、天理市石上神宮の北側を流れる布留川は大和川に合流し、寺川はそのかなり南

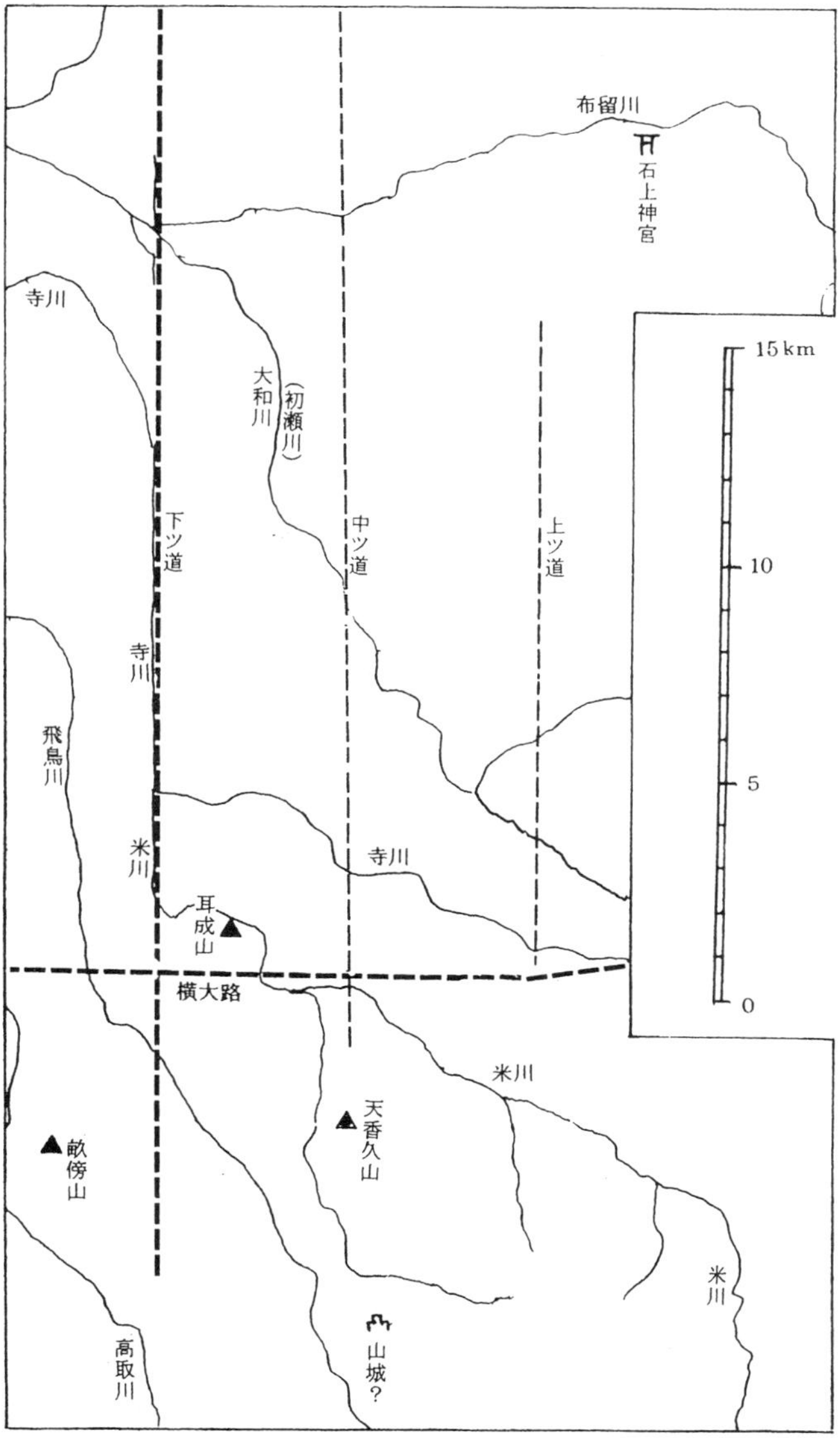

図8—9 下ツ道と寺川

で下ツ道から離れるが、この間を繋ぐ小流の痕跡があるので、秋山説が成り立つ可能性は高い（図8―9）。

ただし、秋山は下ツ道に沿って運河が掘られたというよりは、運河の堤防道として下ツ道が通されたと考えているので、運河の方に主体があるようであるが、下ツ道の全線にわたって運河が掘削されたわけではなく、また下ツ道は二三メートルの幅を有して約四五メートルの条里余剰帯の中央を通っていたと考えられるので、運河に主体があったとは考え難い。下ツ道の両側には約一〇メートルの路側帯があったから、この部分を運河の通路に利用したのではなかろうか。

奈良盆地の土地計画の最も主要な基準線となった下ツ道と、斉明天皇が掘った運河とが同一路線をとっていたとすれば、このことも正方位道路の敷設が斉明・天智朝と考える理由の一つである。さらに興味深いことは、煬帝が掘削した大運河に沿って通された道路は前記した御道と呼ばれる大道であったから、斉明天皇も下ツ道に沿って運河を掘削するについては、このことが念頭にあったのではなかろうか。

唐の道路についてはその実態は不明であるが、元和年（八〇六～八二一）李吉甫の撰になる中国全土の地理志である『元和郡県図志』には一部の欠損があるが、首都長安と東都洛陽から当時の一五道府に通じる幹線道路の距離が記されている。また、順宗永貞（八〇五）の政治改革に参画した柳宗元は「唐道八達」として、幹線道路が首都長安から八方向に放射していたとしている。

これら唐代の道路についての現代の研究として、厳耕望の大著『唐代交通図志』[14]があり、多くの文献を駆使して唐全土にわたる駅と道路、運河等を四四枚の図によって示している。しかし、小縮尺の図であるから現地に即した具体的な路線や駅の位置を知ることはできない。

一方、日本側の文献としては承和五年（八三八）に入唐した円仁（慈覚大師）の『入唐求法巡礼行記』があり、これに対する研究調査が平成一七～二〇年度科学研究費補助金基盤研究（B）「『入唐求法巡礼行記』に関する文献校訂及び古代東アジア諸国間交流の総合的研究調査」（研究代表者鈴木靖民）によって行われ、円仁の足跡を辿る現地調査[15]も実施されているので、当時の交通の実態や唐代から現代までの変化なども判明するものとして、その全面的成果の発表が期待される。

耕地を方格に区分する制度は中国に原型があると思われ、日本でも古くは方格地割を阡陌と称し、『日本書紀』を始めとする古代から中世の文献に見えている。阡陌の語は中国に由来し、南北の道路を阡、東西の道路を陌といい、両者によって区画される方格状土地区画を阡陌といったもので、『史記』「秦紀」に「開二阡陌一」などと見える。日本では『日本書紀』成務天皇五年秋九月条に、「則隔二山河一而分二國縣一、随二阡陌一以定二邑里一」と見え、阡を「たてさのみち」陌を「よこさのみち」と読ませているが、おそらくは後世のことを成務紀に付託したものであろう。

日本で実際に方格地割が施行された時期は不明で、広範囲にわたる方格地割の形成は八世紀に入ってからのことと思われるが、屯倉など一部の地区ではそれ以前に実施された可能性がある。

阡陌によって区画された土地は、当初は天平七年（七三五）の「弘福寺領讃岐國山田郡郡田圖」に見られるように固有名詞の地名を付していたが、天平末年頃から条・里・坪で呼ばれるようになったのは、平城京の条坊呼称を参考にしたものらしい。したがって、本来は土地区画の制度としての阡陌制と、土地呼称の制度としての条里制とは別であるが、現在は両者を統合して条里制といっている。

中国では土地を方格状に区画する制度としては、古くは井田法がある。周代には行われていたと伝えられる土地制度で、正方形の土地を「井」字形に区画したところから名付けられ、『孟子』に始めて見える。すなわち、一里（約四〇〇メートル）四方の土地を「井」字形に九等分すると一区画が一〇〇畝（約一・八ヘクタール）になり、周囲の八区画を八戸の家がそれぞれ私田として耕し、中央の区画を公田とし八戸が共同して耕して、その収穫を為政者に納入する制度である。ただし、この制度は儒家的な政治思想を説いたに過ぎないとする説と、実際に行われたとする説とがあり、後者の場合は秦代に廃止されたと考えられている。

隋・唐代の土地制度としては、北魏に始まった均田制が行われており、すなわち戸籍を整備して把握した人民に一定の土地を班給する制度で、日本の班田収受法はこれを模範にしたものである。しかし、これに関連する土地制度があったかどうかは不明である。日本の条里制は班田制を補完する役目があったから、隋・唐でも古くからの井田制や阡陌を継承する日本の阡陌の原型があった可能性があろう。中国では至る所に方格地割の名残らしい痕跡が見られるようである。

2　ロ　ー　マ

「全ての道はローマに通ず」と言われて、ローマから全領土に四通八達していた古代ローマ道[16]が直線的路線を採って計画的に敷設されていたことはよく知られている。かつては、日本の古代道は駅路などの幹線道路も自然発生の踏み分け道をいくぶん拡幅整備した程度の、道幅も一～二メートルほどの小路と考えられていたので、両者は全く異質のものとされていた。しかし、一九七〇年代後半頃から日本の古代道路も直線的であったことが知られるようになると、両者の比較も考えられるようになった。一九七六年に足利健亮[17]は日本古代の直線的計画道路をローマ道と対比しながら述べている。

筆者[18]は一九八二年にローマ南方のアルバーノ火山を横切るアッピア街道を踏査したが、先ず驚嘆したのは火山体を横切る道路の直線性（図8―10・11）である。日本の古代道路も平野部では一直線に通るが、山地の場合はこれほどまでの直線性は見られない。また一九八四年にはパリ西北方のローマ道を歩いたが、この地域は浅い谷と低い丘陵からなり、現在の交通路は谷部を通って集落もこれに沿って点在しているが、ローマ道は全て畑地や一部林になっている丘陵上に若干起伏を繰り返しながら直線的に通っている。一九九四年にスコットランドからイングランドにかけて旅行した際に、ローマ道を踏襲する現在道路をバスで通ったが、緩やかな起伏を繰り返しながら一直線に通る状況に一同驚嘆したものである。ヨーロッパでは一部の険しい山地を除いてはなだらかな起伏のある丘陵性の地形が卓越するので、直線的道路の敷設には好都合であったと考えられる。

次にローマ道は厳重な舗装を施したことで知られ現在も各所に舗石の残存を見るが、日本に限らずアジアの古代道路は一部版築によって築いたり砂利を入れたりしたところもあるが、一般に土を踏み固めた程度のものであった。しかし、ローマ道の道幅はあまり広くない（図8—12・13・14）。すなわち、法的に規定された道幅は車が行き違いできる最小限として二・四メートル、一般には二・七～三・四メートル程度の車道を中心に、その外側に舗装ないし未舗装の歩道や路側帯を置くこともあったが、車道だけの所も多く道幅自体はあまり広くはない。

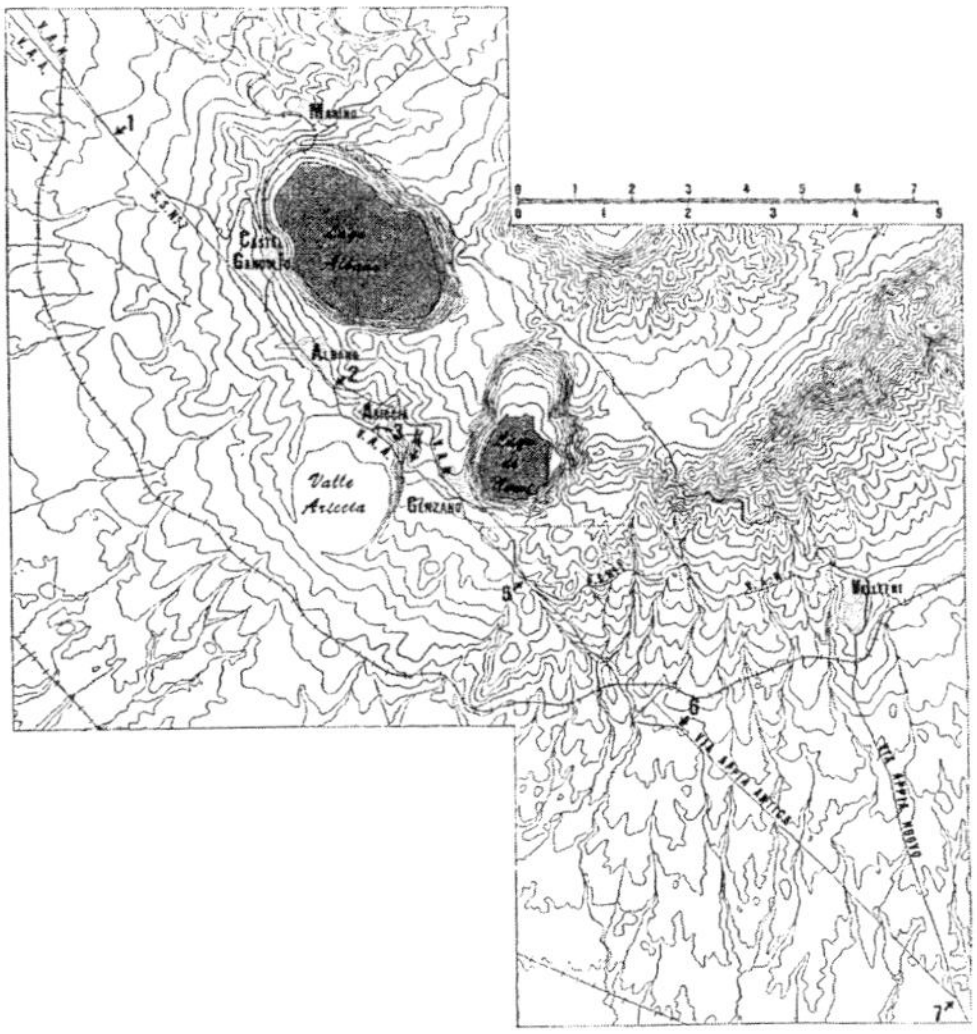

図8—10　アルバーノ山地を横切るアッピア街道
（等高線は25m間隔，点線はアッピア街道の想定規準線．木下図）

図8—11　アルバーノ山地東南斜面のアッピア街道
（25000分1地形図 Velletri および La Castella の部分を縮小）

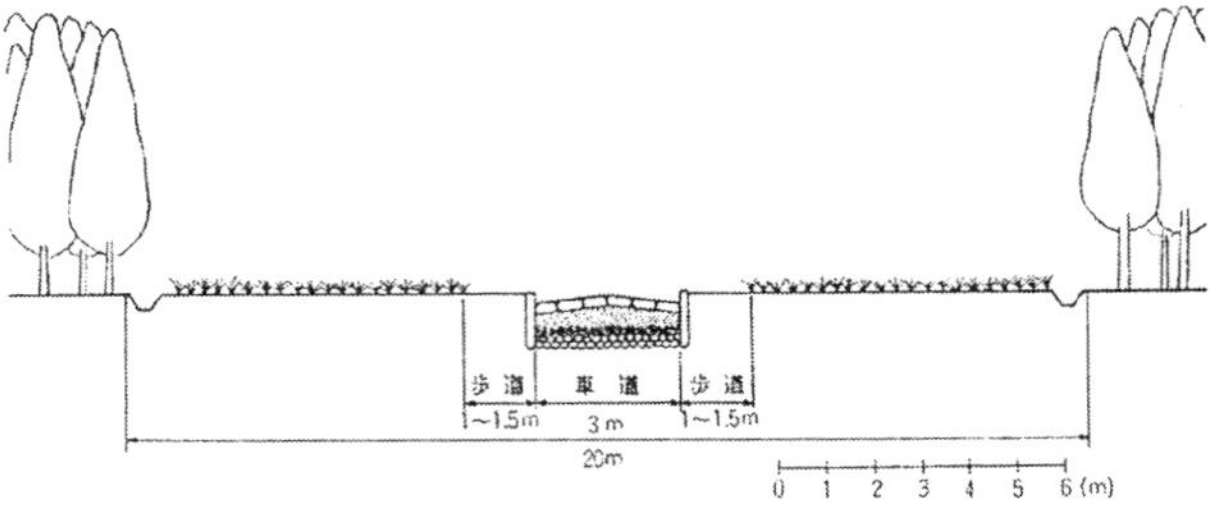

図 8―12　アッピア街道断面図
アッピア街道の標準的な断面図．すべての道がこのような姿をしていたわけではないが，当時の幹線道路の一つの典型であった（藤原 1985 より）．

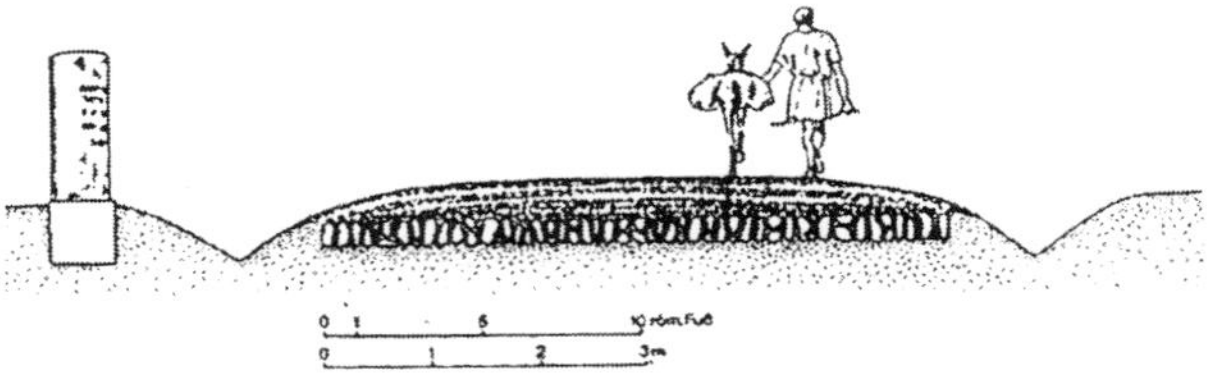

図 8―13　一般ローマ道の断面図

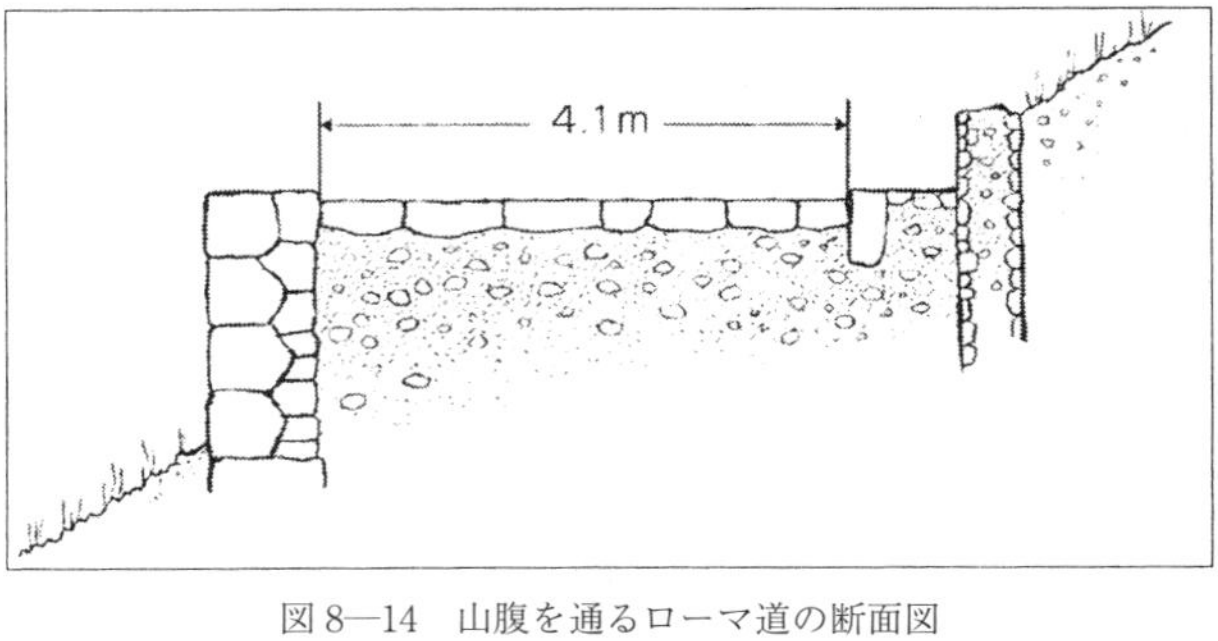

図 8―14　山腹を通るローマ道の断面図

これに対してアジアの古代道路は幅が広いことに特徴があり、文献に見えるところでは秦の馳道は幅五〇歩（約六七メートル）で、山中を通る直道の遺構も広い所では五〇メートル以上ある。また隋の御道は幅一〇〇歩であった。日本でも『日本霊異記』下巻十六「女人濫嫁餓二子乳一故得二現報一縁」と題する説話に幅一町（約一〇九メートル）の道路のことが見える。この道路は第六章三節二に述べたように、条里の坪をそのまま道路敷にしたと考えられる特殊なものであるが、一般には下ツ道や横大路の二三メートル（条里余剰帯を含めて約四五メートル）、難波大道の一八メートル（余剰帯あり）が広いほうで、駅路では一二メートル・九メートル、伝路は六メートル前後のことが多いが、駅路は余剰帯を伴なうことが多く、伝路にも余剰帯が認められることがある。いずれにしてもローマ道よりは広い。

ところで、ローマにも条里制と同様に農地を方格地割に区画する制度があり、早く小川琢治はこれと井田や阡陌との比較を行っている。ローマの方格状土地区画はその植民地の地割制度であったケントゥリア Centuria(19)（図8—15・16）であるが、山田安彦の説明によればその仕組みは先ず土地を直交する南北幹線道路カルド・マキシマムス Kardo

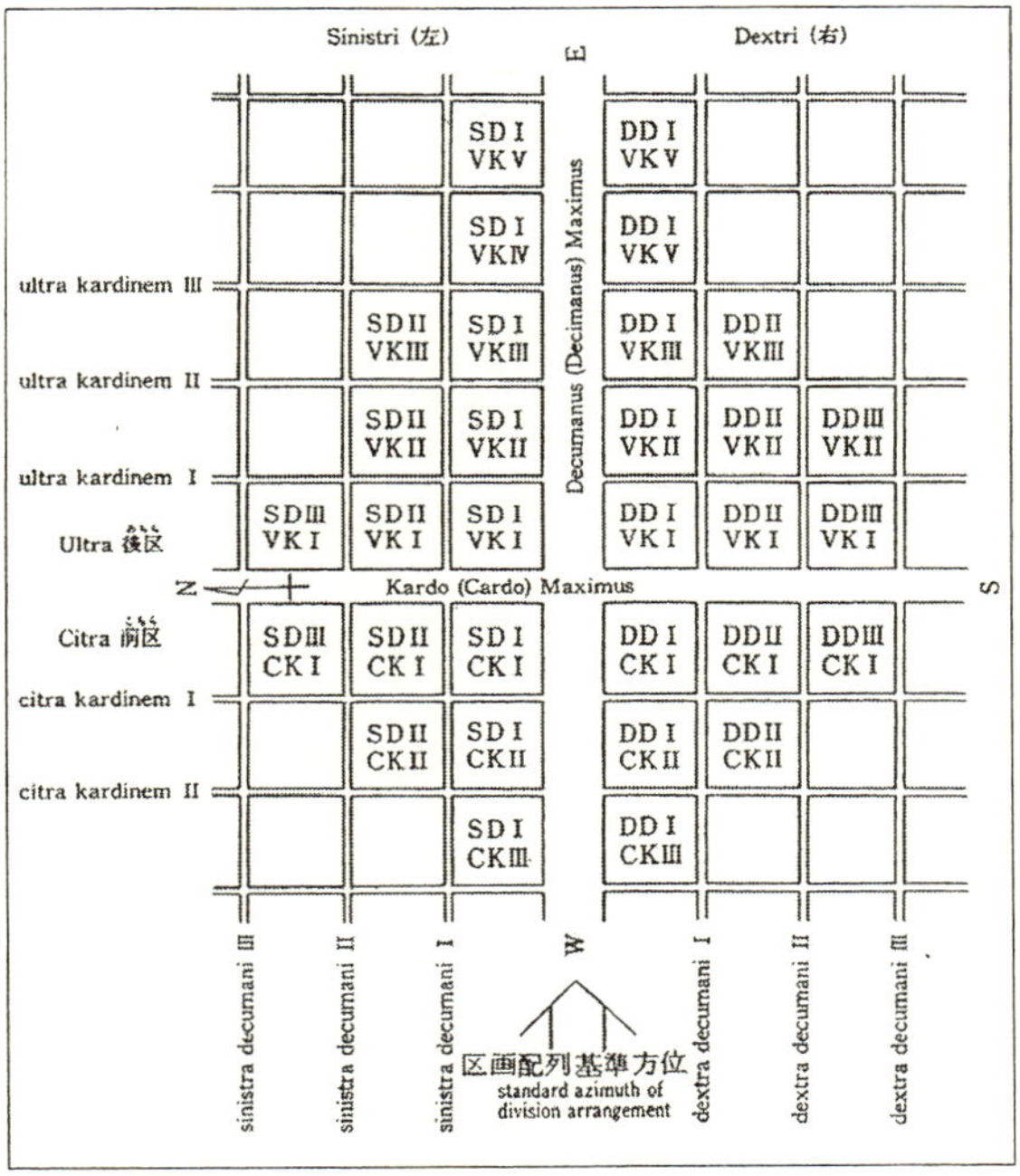

図8—15　ケントゥリア地割配列序列呼称法（山田安彦図）

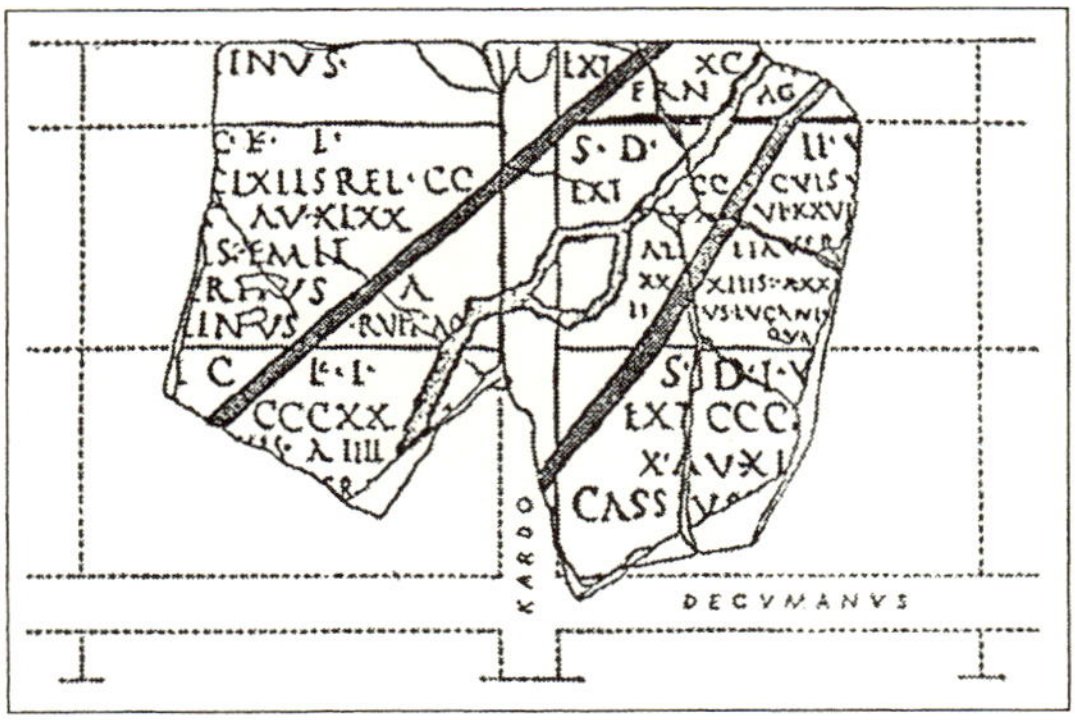

図8—16　ケントゥリア地割を刻んだ境界石の断片

Maximusと東西幹線道路デキュマヌス・マキシマムスDecumanus Maximusによって四区分して、両基準道路から二四〇〇ローマン・フィート（約七一〇メートル）ごとの方格地割を形成し、基準交差点から東を向いて東西基準道路から北側をシニストリSinistri（左）、南側をデクストリDextri（右）とし、また南北基準道路東方をウルトラUltra（彼方）、西方をシトラCitra（此方）として、また基準道路から離れる順に番号を付した。各ケントゥリアの内部は一二〇ローマン・フィート（アクトゥスActus）ごとに四〇〇の小区を作って、その四区画Herediumを植民者一人に付与したので、全区画は一〇〇人分ということになる（図8—17）。それで小川は百分田の名称を付している。なお、一平方アクトゥスの土地を二つ合わせた長方形の土地をユゲルムjugerumといい、これは牛二頭曳きの犂を用いて一農夫が一日に耕作しうる面積という。

以上の土地区画制度は条里制によく似ているが、条里制は道路を基準にしていることが多いので、ケントゥリアの場合もローマ道との関係が考えられる。シュバリエRaymond Chevallierは北イタリアのケントゥリアはエミリア（アエミリア）街道Via Emilaと密接な関係があり、ケントゥリアは街道と同時か、あるいは遅れて街道を基準に設定されたに違いないと述べている。[20] 筆者もエミリア街道と沿線のケントゥリア地割とをパルマ付近の地形図で検討したことがある（図8—18）。パルマは紀元前一八三年に殖民都市として建設されたが、その後の内戦で破壊されアウグスッス（在位前二七～一四）の時に再建されて、コロニア・ユリウス・アウグスタ・パルメンシスColonia Julia Augusta Parmensisと名付けられた。都市プランはエミリア街道とこれに直交する道路を基準に方格状街路を形成し外壁は四辺形であったとされる。図に見られるようにケントゥリア地割が現在も明瞭で、パルマ市街以西はまさしく街道に平行地割を形成しているが、エミリア街道はパルマで屈折するので以東には接続しない。広くエミリア街道縁辺を示す図8—19ではDがパルマであるが、全般的にはパルマ以東にケントゥリア地割が卓越し、大部分が街道を基準にしていることが判る。同図のB部を大きく示した図8—20によればフォレル付近ではケントゥリア地割が街道に平行しているが、

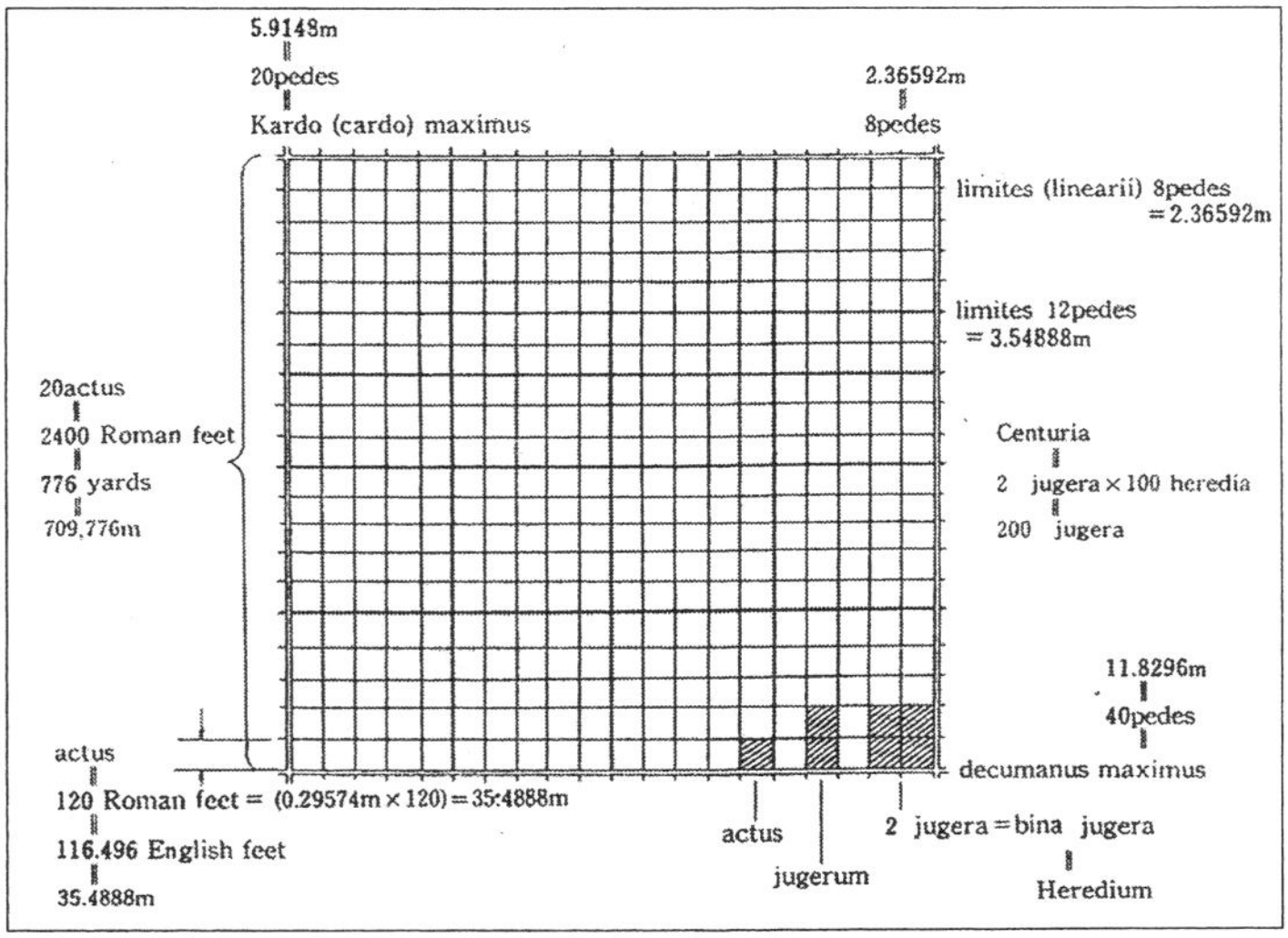

図 8—17　ケントゥリアの地割基本的原則形態（山田安彦図）

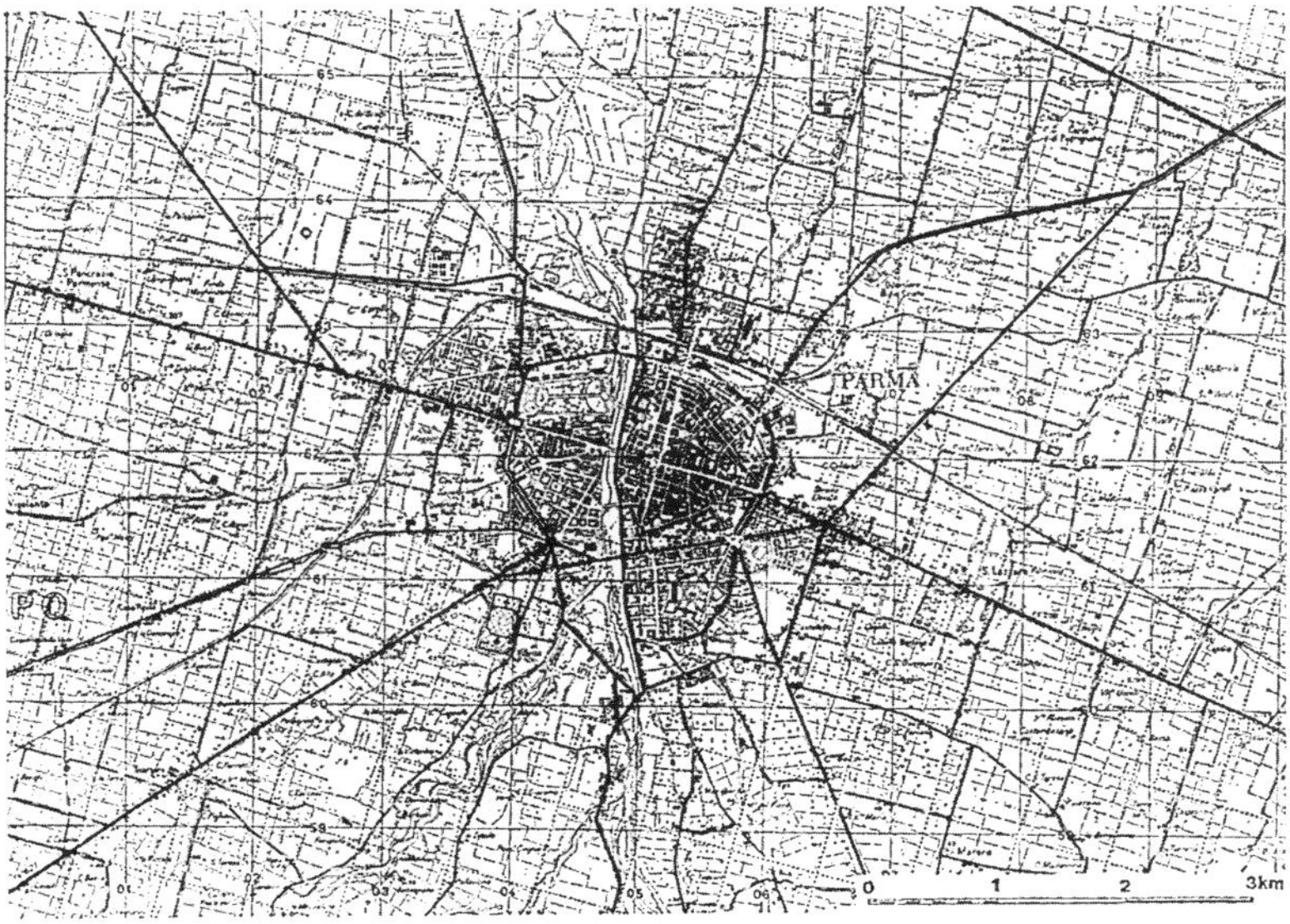

図 8—18　北イタリアのパルマ付近のエミリア街道とケントゥリア地割
（25000 分 1 地形図 Parma Est および Parma Ovest の部分を縮小して加筆）

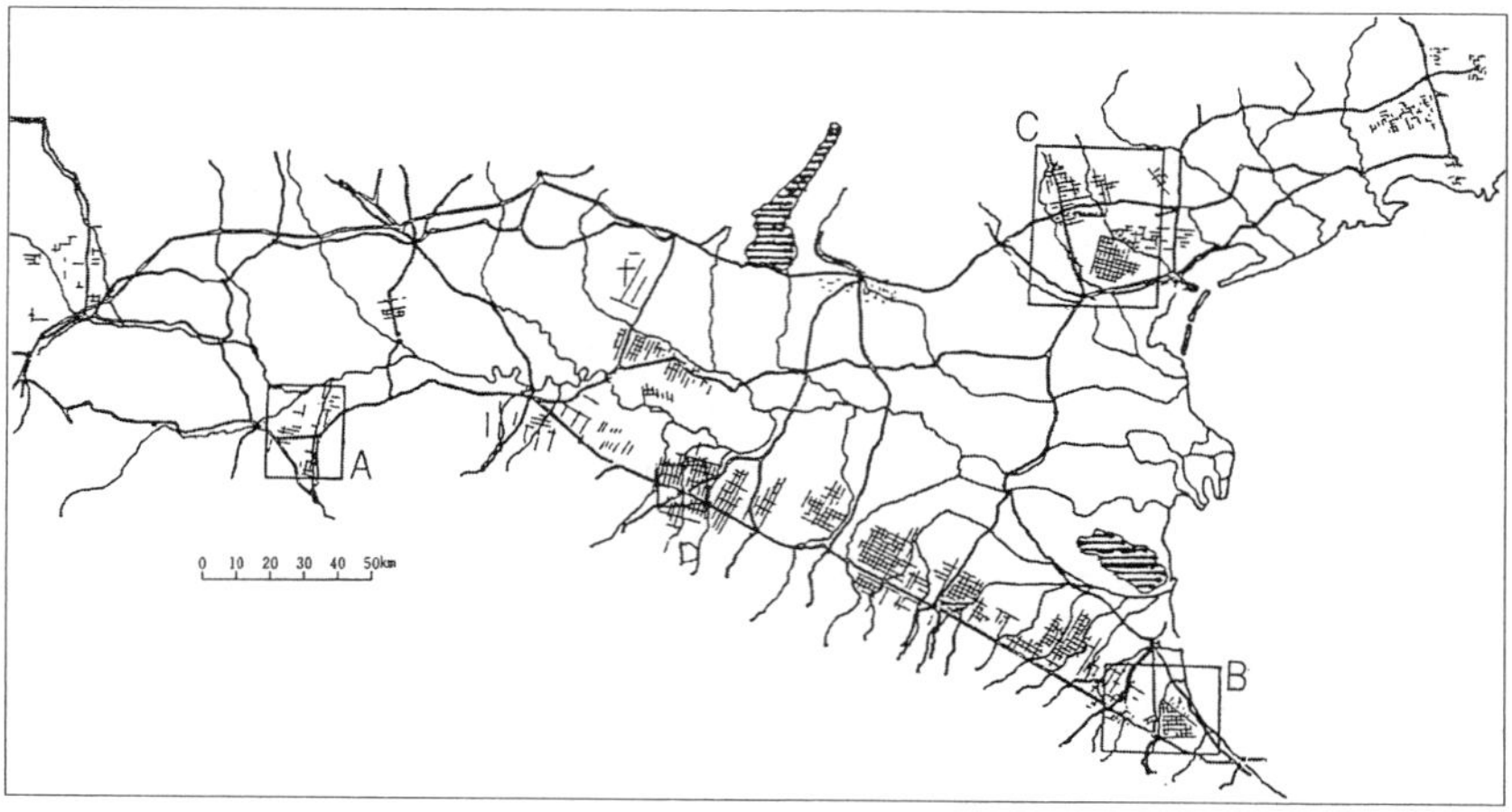

図 8—19　北イタリアポー河流域におけるケントゥリア地割の分布（山田安彦図に加筆）

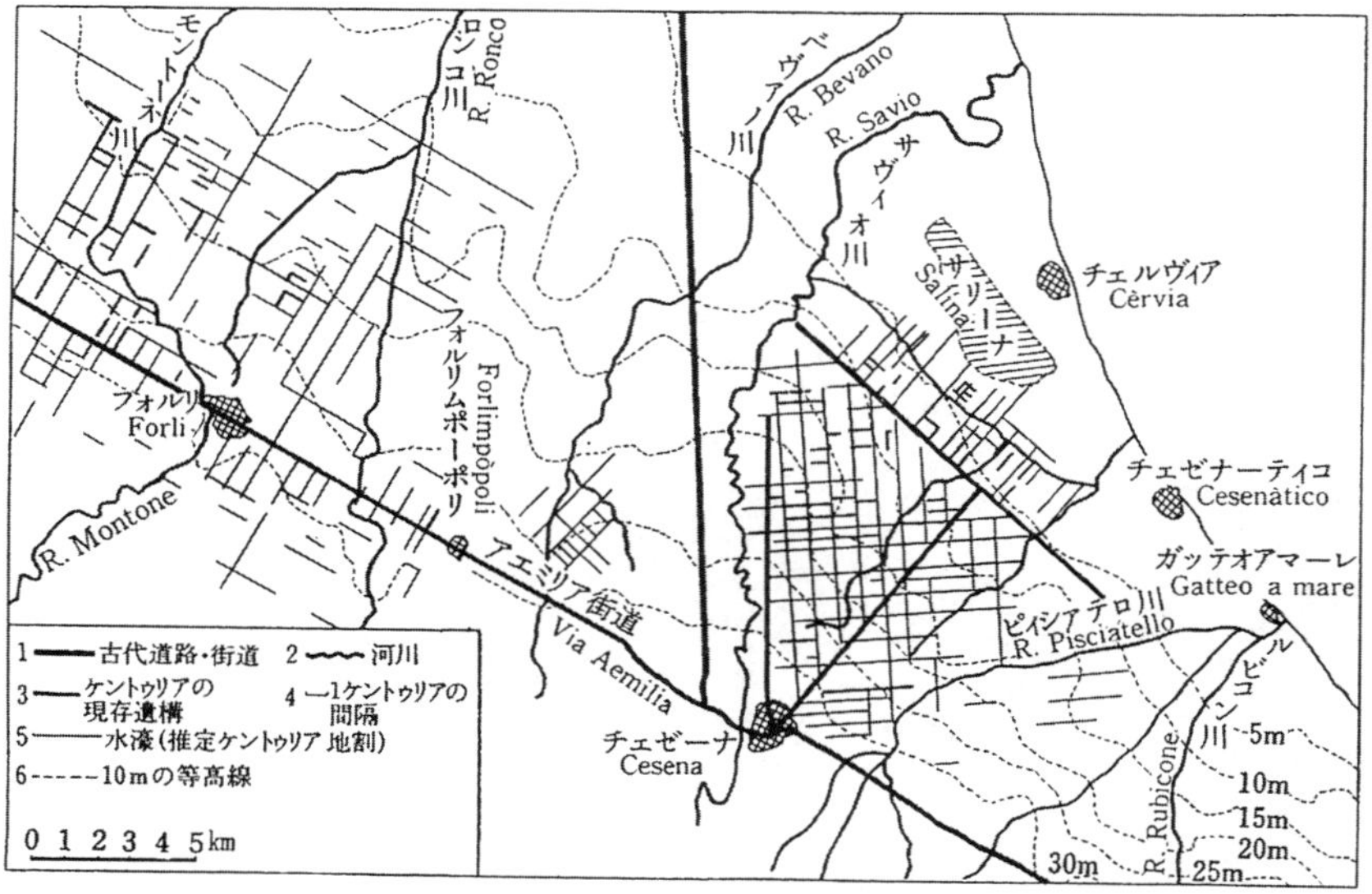

図 8—20　北イタリアのチェゼーナフォルリ近辺のケントゥリア地割（山田安彦図）

その東方フォルリムポーポリの東方から異方向の地割が多く、特にチェゼーナ以東は全く別系統の方向になっている。おそらくチェゼーナの少し西でエミリア街道から分かれて北に向かう街道を基準にしたものであろう。このことは、条里においても大規模条里に対して小地域に異方位の条里があるのと同様である。

ただし、条里は畿内を中心に展開しているが、ケントゥリアは植民地地割であることが異なる。因みに図8―19の右端に見えるルビコン川は本土と植民地との境界で、紀元前四九年にカエサルが「骰子《さい》は投げられた」の言葉を残して軍を率いたままこれを渡って本土に入ったことで有名である。

ところで、古代ローマについて一連の詳細な著述をした塩野七生はその『すべての道はローマに通ず』[21]で、秦とローマを対照してそのインフラストラクチャーとして、秦では万里長城の建設にローマはローマ道の敷設に代表させて、国家的規模の大事業について考え方の違いがあったとしている。

しかし、塩野は秦の道路についてはは全く言及することなく、一方ローマでもブリテン島北部にハドリアヌス帝が建設した堅固な防塁線があり、またライン河とドナウ河の間を結ぶリメスと呼ばれる防塁腺もあるので、むしろ同じ時期にユーラシア大陸の東西に栄えた両古代国家に見られる共通性に注目すべきであろう。

3　イ　ン　カ

旧大陸の古代文明とは全く無関係に、時代的にも遥か遅れて一五世紀になってから最盛期を迎えたインカ帝国でも計画的な道路網[22]が敷設されていた。ただし、インカには馬が居なかったから、緊急連絡にも飛脚が走ったので急傾斜地には階段を設けるなどの相違点はあったが、基本的には旧大陸の古代道路と変わりない。

インカ帝国の幹線道路は主として海岸と高原を通る両道があり、首都クスコを中心に北は現在のエクアドルのキトー、南は現在チリのタルカに達し、またこれら両道を互いに連絡する道が多くあった（図8―21）。道路の築造は専門

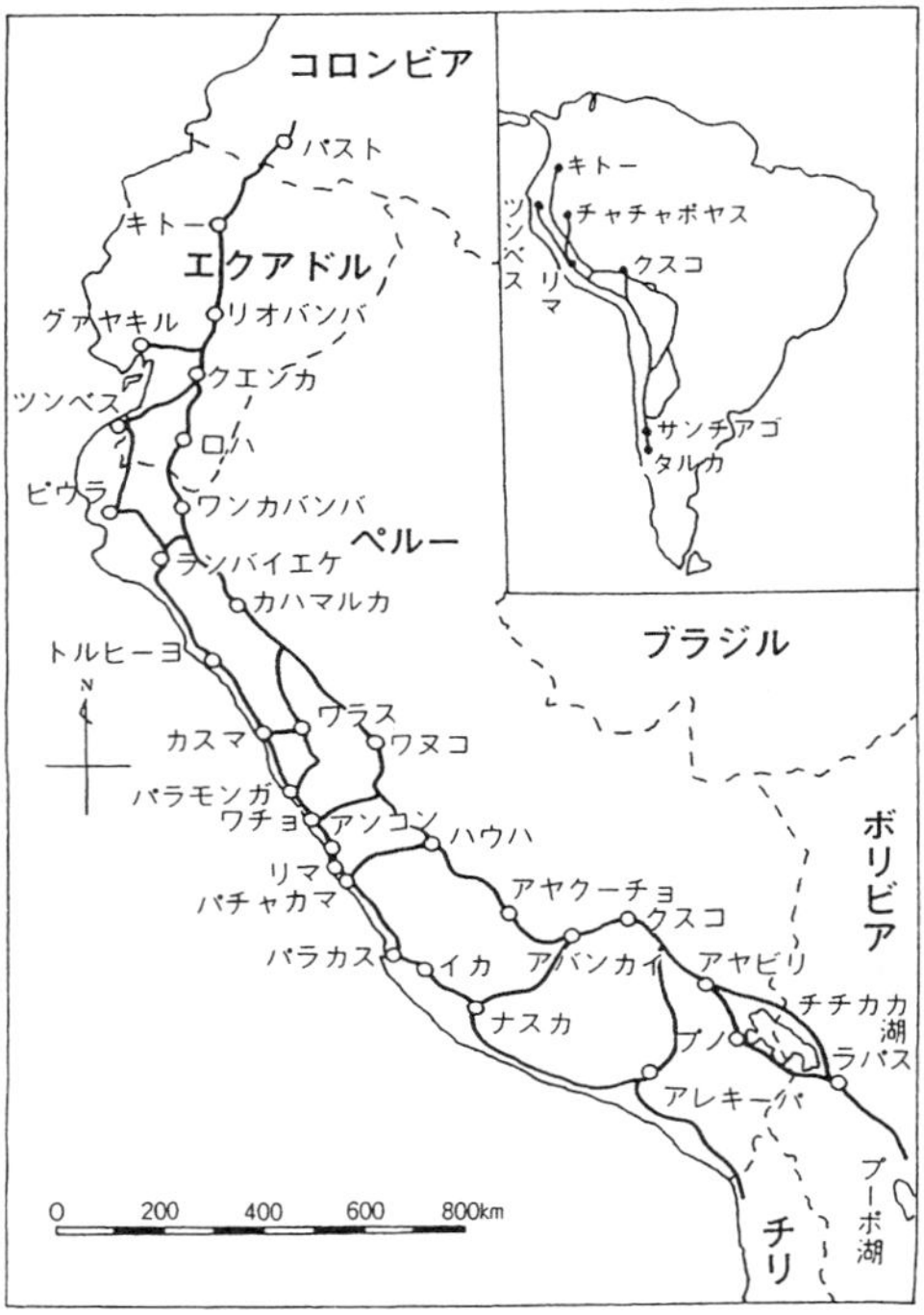

図8—21　インカ王道概念図（梅原隆治原図）

の技術者集団によって行われたが、道路の形態は二点間を最短距離で結ぶことが基本方針であったと思われ、可能な限り一直線である。そのため、稀には短区間であるがトンネルや階段を用いていた。階段はインカ道特有であるが、前記したようにインカには馬が居なかったから、全て徒歩で緊急連絡にも飛脚が走ったからである。

道幅は梅原隆治が調査したリマ北郊では約一〇《メートル》、アンコン東南では六〜七《メートル》であった。道路の構造についてはポール・コソック(23)が挙げる五種の類型（図8—22）があり、路面の外側に石またはアドベ（日乾煉瓦）で築いた側壁を有し、その外側に水路が通ることがあり、さらにその外側にやはり側壁で限られる一定幅の耕地帯を設けることがあって、全体の幅が一〇〇《メートル》を越えることもあるという（図8—23）。

このような道路に約三・二《キロ》ごとに宿駅（タンポ）を設置して、一五日ごとに交替する飛脚（チャスキ）が常置されていた。インカはスペイン人に征服されたが、その征服者達もインカ道には驚嘆している(24)。スペインにもかつてはローマ道が通っていたのであるが、その当時は全く機能が失われ遺構も忘れられていたのである。スペイン人はインカに馬を持ち込んだが、馬を見たことのないインカ人は怪物のように恐れたので、征服者達はこのように整備された道路を通って容易にインカ全土を制圧することができたのである。インカの場合、あまりにも道路が整備されていたた

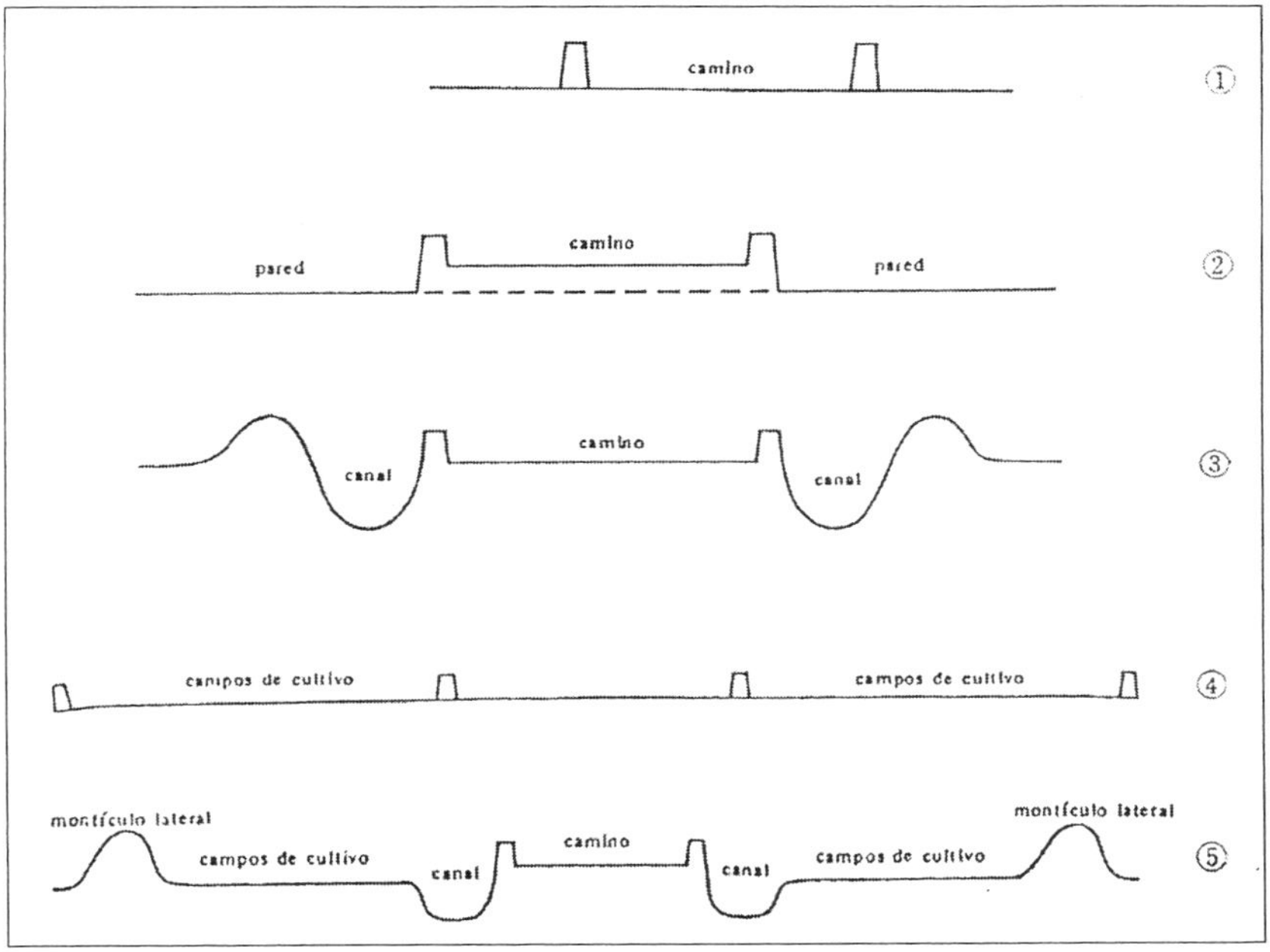

図8—22　ポール・コソックによるインカ道の5種の類型

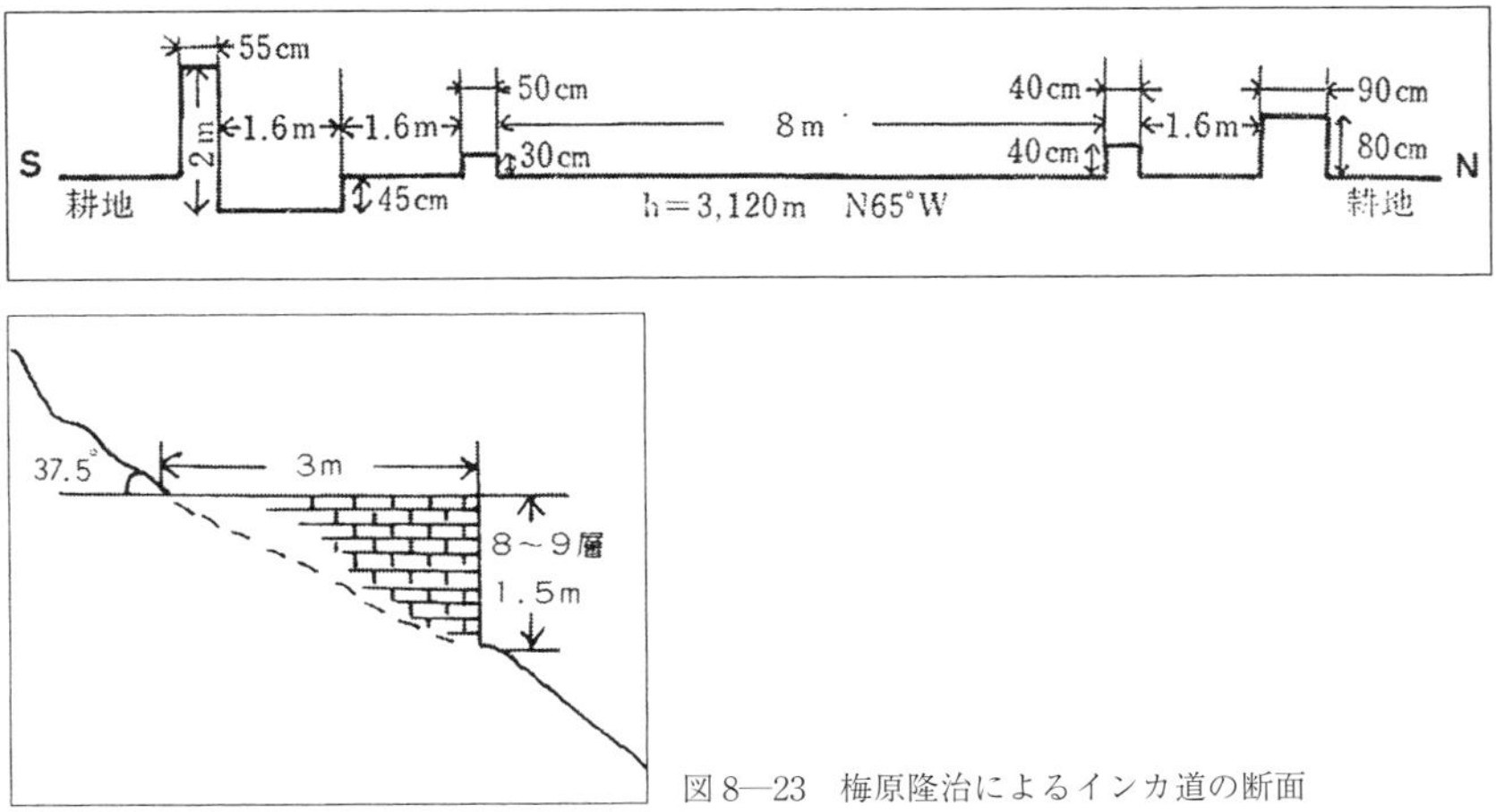

図8—23　梅原隆治によるインカ道の断面

めに滅んだことになる。

以上のように、世界の古代道路は場所と年代を問わず非常に共通性が見られるので、日本の古代道路を考える場合にもこのことを念頭に置いておく必要がある。

註

(1) 中国の古代道路については武部健一「中国古代道路史概観」、特に直道については張在明「中国陝西省富県における秦の直道遺蹟の発掘」、小鹿野亮「入唐求道巡礼行記—山越えの軍用道路・始皇帝の直道を歩く」、早川泉「秦の「直道」と道路構造」いずれも鈴木靖民・荒井秀規編『古代東アジアの道路と交通』勉誠出版、二〇一一年、黄暁芬・張在明「秦直道の研究」『日本考古学』三一、二〇一一年などによるところが多い。記して謝意を表したい。

(2) 史念海「秦始皇直道遺跡探索」『文物』一九七五年十期。

(3) 賀清海・王開「毛烏素沙漠中秦漢直道遺跡探尋」『成都大学学報古道論叢』一九八九年。王開主編『陝西古代道路交通史』人民交通出版社、一九八九年。

(4) 小鹿野亮「入唐求道巡礼行記—山越えの軍用道路・始皇帝の直道を歩く—」鈴木靖民・荒井秀規編『古代東アジアの道路と交通』勉誠出版、二〇一一年。

(5) 阿部義平「日本列島における都城形成—大宰府羅城の復原を中心に—」『国立歴史民俗博物館研究報告』三六、一九九一年。

(6) 足利健亮『日本古代地理研究』大明堂、一九八五年、一八九・一九〇頁。

(7) 和田萃「行基の道とその周辺」上田正昭編『探訪　古代の道』三、河内道・行基道、法蔵館、一九八八年。

(8) 木下良『事典　日本古代の道と駅』吉川弘文館、二〇〇九年、「出羽国」。

(9) 石原道博編訳『中国正史日本伝(1)』岩波文庫、一九五一年による。

(10) 長崎県教育委員会『原の辻遺跡　総集編Ⅰ』二〇〇五年。

(11) 奈良県橿原考古学研究所『鴨神遺跡』一九九三年。

(12) 木下良「「大化改新詔」における畿内の四至について—「赤石の櫛淵」の位置比定から—」『史朋』二六、史朋同人、一九九二年。
(13) 秋山日出雄「条里制の施行起源」橿原考古学研究所編『日本古文化論攷』吉川弘文館、一〇七〇年。
(14) 全六冊、第六冊はその遺稿を李啓文が整理、中央研究院歴史研究所専刊之八三、台湾台北市、二〇〇三年。
(15) その調査については現在までに以下の報告がある。酒寄雅志「円仁の足跡を訪ねて—山東半島—」『栃木史学』一九、國學院大學栃木短期大學史学会、二〇〇五年。平澤加奈子「同（Ⅱ）—山東から河北—」『栃木史学』二一、二〇〇七年。田中史生「同（Ⅲ）—河北から山西へ—」『栃木史学』二二、二〇〇八年。佐藤長門「同（Ⅳ）—江蘇省—」『栃木史学』二三、二〇〇九年。石見清裕「同（Ⅴ）—西安—」『栃木史学』二四、二〇一〇年。
(16) ローマ道については、ヨーロッパでは各路線について詳細な研究・調査がなされているが、概括的に記述したものとして、R/Shvalliere : ROMAN RORDS, University of Califonia Press, 1976. や藤原武『ローマの道の物語』原書房、一九八五年を参照した。
(17) 藤岡謙二郎・矢守一彦・足利健亮編『歴史の空間構造』大明堂、一九七六年。
(18) 木下良「日本の古代道路とローマ道の比較研究—序説—」『歴史地理学』一二四、一〇八四年。
(19) ケントゥリアについては以下の研究がある。小川琢治『支那歴史地理研究』続集、弘文堂、一九二九年、第三篇「阡陌と井田」の二「羅馬人の都邑及び田野区画法」。谷岡武雄『平野の地理』古今書院、一九六三年。米倉二郎「北イタリアベネト平野におけるローマンケントゥリアの遺構」『地図』二〇—三、一九七二年。山田安彦「ケントゥリアの形態と測量」『人文地理』一一—一、一九五九年。同「ケントゥリア地割と条里」『歴史地理研究と都市研究』下、大明堂、一九七八年。岩本次郎「ケントゥリアと条里制」『同朋』五七、一九八三年。足利健亮「ケントゥリア」講座考古地理学4『村落と開発』学生社、一九八五年。山田安彦『ケントゥリア地割と条里』大明堂、一九九九年。
(20) 前掲註(18)。
(21) 塩野七生『すべての道はローマに通ず』ローマ人の物語X、新潮社、二〇〇一年。
(22) インカ道については、全面的に以下の梅原隆治の研究に依拠した。梅原隆治「インカ古道に関する一考察」『論叢』関西学院高等学校、一九七六年。同「インカ王道上のタンポとチャスキ」『地域文化』八、関西学院大学、一九八四年。同「インカの古道」講座考古地理学3『歴史的都市』学生社、一九八五年。同「ペルーにおけるインカ道の諸形態」『歴史地理学』一四一、一九八八年。

(23) Paul Kosok : El Transporte en el Peru. (Rogger Ravines : TECnoloGIA ANDIN A, Instituto de Estudios Perunaos, 1978.) 所収。

(24) Cieza de Leon, Pegro de : CRONICA DEL PERU, Sevilla, 1953. 以下の引用部分は増田義郎「古代帝国と道路網」『季刊人類学』九、一九七九年による。「人間の歴史はじまってこのかた、この道ほど壮大なものはついぞ聞いたことがない。それは、深い谷、高い山、雪をいただいた峰、沼地、岩盤をつらぬいて走り、激流に沿って進む。そのような場所を平らにし、石を敷きつめ、山の斜面を大きくけずり、山をこわし、岩をくりぬき、川に沿って絶壁を掘り通し、雪をいただいた峰みねの間には階段と踊り場を作って前進しているのである。そして道全体がきれいにはきよめられ、宿場、宝の庫、太陽神殿、駅舎などが、道に沿ってずらりとならんでいる。ああ、アレクサンドロス大王にせよ、世界を支配した他の権力ある王たちにせよ、そのだれがあのような道を作らせたであろうか。また、あの道に設けられたような補給の設備を考え出したであろうか。」

おわりに

以上は筆者が約四〇年にわたって実施してきた古代道路の研究法についてまとめたものであるが、中で採り上げている事項の解釈はあくまでも筆者個人の見解に過ぎず、意見を事にする研究者も多いことと思うので、それぞれ読者は納得できる事柄を採用して頂きたい。

第一章で採り上げた地名については、これまでに多くの研究者によって広く利用されてきたものであるが、主要な峠道を意味する御坂・大坂については書き漏した。

第二章で採り上げた古代交通関係新地名はいずれも筆者が最初に気付いたものであるから、今後多くの研究者達によって新たに見つけ出されることが期待される。

第三章で採り上げた地方官衙・施設は、その機能を明確にすることによって、これらと交通路との関係もより深まることになるので、これらについての研究成果に注意しなければならない。

第四章で採り上げた条里は、特に条里余剰帯の存在はほとんど間違いなしに古代道路の路線を示すものであるが、条里自体は近年の圃場整備事業によって殆ど消滅しているので、旧版の地形図や一九四〇年代後半に米軍が撮影した空中写真によって検討しなければならない。

第五章と第六章で採り上げた地図と空中写真は古代道路調査の基本資料になるものである。地図の中でも小字名記入の字界図は是非入手したい。国土基本図や各自治体作製の五〇〇〇分の一ないし二五〇〇分の一基本図は、道路痕跡の微地形や微地割を知ることができるので極めて有用である。空中写真は地図類には抹消されている地物も認められるので利用価値が高いが、特に断続的でも一直線上に残る痕跡は道路跡である可能性が高い。

第七章では現地調査の必要性を述べたが、特に空中写真にそれらしい痕跡を認めても、実際には現地に道路の痕跡がないことがあるからである。また、現地調査によって想定が確認できることになる。

終章では考古学を始めとする関係諸学の研究成果の採用と、諸外国の古代道路との比較について述べた。筆者は歴史地理学を専門にするが、筆者が会長をしていた古代交通研究会では歴史地理学の研究者は数名に過ぎず、大部分の会員は考古学と古代史学の関係者であり、国文学や土木史学の研究者も入っていた。また、多くの会員は専門にこだわらず地方史の研究者であった。

諸外国の古代道路については、日本の古代道路が中国を範としたものであるから、中国のそれを参考すべきは当然のことではあるが、中国の古代道路は近年までほとんど実態が不明であった。ようやく近年になって秦の直道の調査が進展して、一部は発掘によって遺構も確認されるようになった。秦の直道は紀元前三世紀のことであり、日本のそれは七世紀に始まっているから約一〇〇〇年を隔てているが、かなりの共通点が認められる。

秦と同じ紀元前三世紀にはヨーロッパではローマが「全ての道はローマに通ず」と言われたローマンロードを広大な全領土に敷設している。筆者はまだ直道のことを知る前に、先ずローマ道と日本の古代道路の共通点を認めた。とすると、古代道路は洋の東西と一〇〇〇年の時代差を問わず共通性があることになる。さらに一五世紀になって最盛期を迎えたインカ帝国でも同様の道路が敷設されていたから、時と場所を問わず古代国家の道路には共通性があったことになるので、日本の古代道路を考える際にはこのことを念頭に置いておかなければならない。

あとがき

筆者が古代道路の研究調査を始めたのが一九七二年のことで、恩師藤岡謙二郎京都大学教授を代表として文部省科学研究費の助成を受けて実施した「日本の交通路・駅・港津に関する歴史地理学的研究」による調査で西海道肥前・肥後両国を担当したのがきっかけであるが、この調査で佐賀平野を一直線に通る古代道路の痕跡を認め、それまでの認識と異なる古代道路の実態を知ることになったので、以来古代道路の研究に専念するようになったものである。

既に四〇年近くになるので、その間に会得した古代道路の復原的研究法を纏めて、若い研究者に役立てたいと考えるようになった。一九九五年のことと思うが吉川弘文館の編集部長大岩由明氏の勧めを得て執筆を始めたがなかなか進展せず、特に古代交通関係の基本史料である『延喜式』兵部省「駅伝馬条」について述べるだけでもかなりの分量を占めることになるので、先ずこれとその他の史料に見える古代の道と駅について別書に纏めたのが、前著『事典日本古代の道と駅』（吉川弘文館、二〇〇九年）である。したがって、古代道路を知るためには本書と共に同書を参照して頂きたい。

筆者は歴史地理学の立場から古代道路の研究と調査を始めたが、古代駅伝制については日本史学・法制史学、駅家と道路の遺構については考古学、関係地名については地名学・民俗学、参考文献として『万葉集』その他の古典文学があるから国文学、道路の路線研究や構造については土木学など、極めて多岐にわたる関係諸学との共同研究を必要とする。そのようなことから、一九九二年に諸学の研究者が集まって古代交通研究会を結成し筆者が会長に選ばれたが、毎年大会を開いてその成果をまとめた機関紙『古代交通研究』一～一三号を発行し、また『日本古代道路事典』

（八木書店、二〇〇四年）も編纂した。

しかし、古代交通を専門にする研究者は少ないので、会を運営する事務局が維持できず、会員組織を解散して会誌の発行も取り止めざるを得なくなったが、有志によってなお随時大会を開くなど活動を続けている。二〇一〇年には「東アジアの古代道路」をテーマに大会を開催し、中国からは秦の直道の調査に当たっている陝西省考古研究院の張在明氏の参加をえた。筆者も日本も含めて東アジアの古代道路を研究するには、世界的に古代中央集権国家の道路が直線的路線をとって計画的に敷設されたことを、ローマ・インカの例を挙げて述べた。なお、筆者は本大会をもって会長を退いたが、なお研究は持続したいと思っている。

本書を書き始めてから一五年以上を経過し、その間にも新しい知見を得たものの、筆者自身も九〇歳を超え体力・筆力共に衰えたので、もうこれ以上延引することはできない。一方、最初に執筆を進めて頂いた大岩氏も定年退職されたので、御在職中に完成できなかったことをお詫びしたいと思っている。

なお、本書の校正に当っては、佐々木虔一氏に多大な御助力を戴いた。記して謝意を表したい。

二〇一三年二月

木　下　良

著者略歴
一九二二年　長崎県生れ
一九五三年　京都大学文学部史学科（地理学専攻）卒業
神奈川大学教授、富山大学教授、國學院大学教授を歴任
現在　古代交通研究会名誉会長

〔主要編著書〕
雪の国北陸　国府　日本古代律令期に敷設された直線的計画道の復原的研究　北陸道の景観と変貌　道と駅　古代を考える古代道路　事典日本古代の道と駅

日本古代道路の復原的研究

二〇一三年（平成二十五）五月十日　第一刷発行

著　者　木《き》下《した》　良《りょう》
発行者　前田求恭

発行所　株式会社　吉川弘文館
郵便番号一一三―〇〇三三
東京都文京区本郷七丁目二番八号
電話〇三―三八一三―九一五一（代）
振込口座〇〇一〇〇―五―二四四番
http://www.yoshikawa-k.co.jp/

印刷＝株式会社 三秀舎
製本＝誠製本株式会社
装幀＝山崎　登

ISBN978-4-642-04605-3

索　　引

あ　行

か　行

さ　　行

た　行

な　　行

は　　行

ま　行

や　　行